大清一統志

第十二册

河南（二）

河南（二）

目録

河南府圖

孟縣界
黃河
溫縣界
洛河
汜水界
孟津
北邙山
首陽山
河南府
洛陽
偃師
鞏
太室山
嵩山
少室山
登封
闕塞山
緱氏山
禹州界
鬼谷
箕山
小熊山
大熊山
汝州界

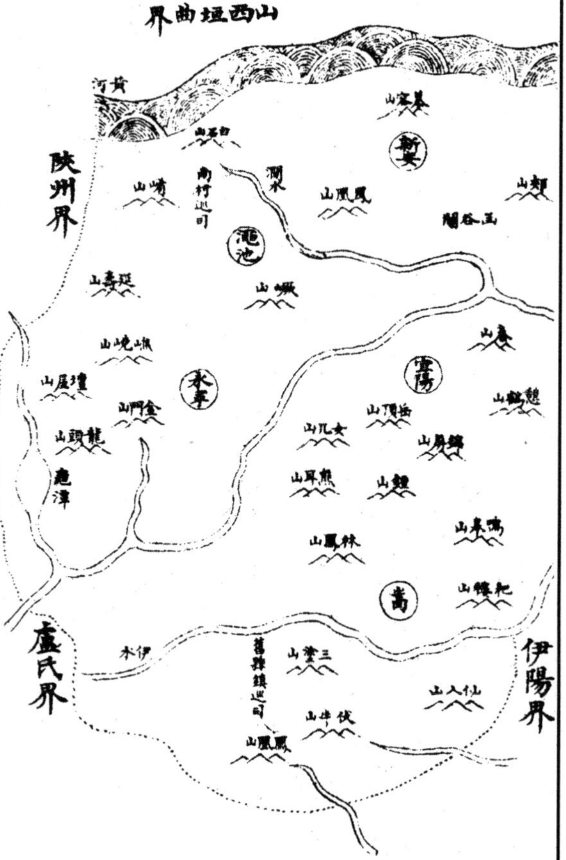
山西垣曲界
黃河
陝州界
南村巡司
澗水
澠池
新安
鳳凰山
永寧
宜陽
龍頭山
熊耳山
女几山
錦屏山
伊水
盧氏界
伊陽界
嵩
三塗山
舊縣鎮巡司
伏牛山
鳳凰山

河南府表

	河南府	洛陽縣
秦	三川郡莊襄王元年置。	
兩漢	河南郡漢二年改置。後漢建武初建都，十五年改河南尹，兼移司隸校尉治。	
三國	司州河南尹魏置州。	
晉	司州河南尹	
南北朝	洛州洛陽郡魏初置洛州，太和十七年建都，仍曰司州河南尹。東魏太平初復曰洛州，改置郡，又分置河南郡。周建東京。	
隋	東都河南郡開皇初罷郡，改置東京尚書省，旋廢。大業初建東京，改豫州。三年改郡，五年改東京爲東都。	洛陽縣大業元年改置新都，移治河南界，同爲郡治。
唐	東都河南府初置洛州總管府，後又置都督府。顯慶二年復爲東都。開元初改州爲河南府。天寶初改東京。上元二年罷京，寶應初復爲東都。	洛陽縣神龍三年改名永昌，景隆初復故。天授三年分置來廷縣，長安二年省。
五代	西京河南府梁建西都。唐同光初復爲東都。晉天福三年又曰西京。	洛陽縣
宋金附	西京河南府洛陽郡熙寧五年分爲京西北路治。金初曰河南府，興定元年升中京金昌府，屬南京路。	洛陽縣熙寧五年省入河南，元祐二年復置。金爲金昌府治。
元	河南路屬行中書省。	洛陽縣河南路治。
明	河南府改府，屬河南布政司。	洛陽縣府治。

洛陽縣			
洛陽縣 郡治。後漢建都，改「洛」曰「雒」，爲河南尹治。	河南縣 屬河南郡。	新城縣 惠帝四年置，屬河南郡。	
洛陽縣 魏復舊名，爲司州治。	河南縣	新城縣	
洛陽縣	河南縣	新城縣	
洛陽縣 魏建都。東魏爲州郡治。	宜遷縣 屬河南尹。東魏天平初更名，爲河南郡治。周復舊名。	新城縣 東魏天平初置。	新城縣 魏仍屬河南郡。東魏郡治。
	河南縣 初廢郡，大業初與洛陽同爲郡治。	開皇初廢。	伊闕縣 開皇十八年更名，屬河南郡。
	河南縣 永昌初更名合宮縣，神龍初復故。又垂拱四年分河南、洛陽置永昌縣，長安二年廢。		伊闕縣 屬河南府。
	河南縣		伊闕縣
	河南縣 金省入洛陽。		熙寧五年廢入河南。

續表

	偃師縣	宜陽縣
穀城縣 屬河南郡。	偃師縣 屬河南郡。 緱氏縣 屬河南郡。	
穀城縣	偃師縣 緱氏縣	
省。	省入洛陽。 緱氏縣	
	緱氏縣 魏太和十七年并入洛陽。天平初復置，屬洛陽郡。	甘棠縣 東魏置。
	偃師縣 開皇十六年復置，屬河南郡。 緱氏縣 開皇十六年廢，大業初復置，屬河南郡。	壽安縣 仁壽四年更名，屬河南郡。
	偃師縣 屬河南府。 緱氏縣 貞觀十八年省，上元二年復置，屬河南府。	壽安縣 初屬熊州，貞觀初屬穀州，顯慶二年屬河南府。
	偃師縣 緱氏縣	壽安縣
	偃師縣 慶曆二年省，四年復置。熙寧五年省，八年又置。金屬金昌府。熙寧八年省入偃師。 熙寧八年省入偃師。	壽安縣 慶曆三年廢，四年復屬河南府。金初更名宜陽。
	偃師縣 屬河南路。	宜陽縣
	偃師縣 屬河南府。	宜陽縣

	新安縣
宜陽縣屬弘農郡。	新安縣屬弘農郡。
宜陽縣	新安縣
宜陽縣	新安縣屬河南郡。
陽州 宜陽郡 魏孝昌初置郡。東魏天平初置州。周改名燕州。 宜陽縣州郡治。	周保定五年置中州。建德六年州廢，置新安郡。
興泰縣大業初置，屬河南郡。後省。 開皇初廢郡，大業初廢州，義寧二年復置郡。 宜陽縣屬河南郡。	開皇初改郡，置穀州。仁壽四年廢。義寧二年復置新安郡。
長安四年復置，神龍初復省入壽安。 武德初改郡爲熊州，貞觀初廢。 福昌縣武德初更名，貞觀初屬穀州，六年徙穀州來治。顯慶二年州廢，屬河南府。	新安縣武德初復置穀州，貞觀初州徙澠池，移縣來治，屬河南府。
福慶縣唐更名。	新安縣
福昌縣復故名。熙寧五年省入壽安。元祐初復置，屬河南府。金改屬嵩州。	新安縣
福昌縣初仍屬河南府，後省入宜陽。	新安縣
	新安縣

續表

	鞏縣	孟津縣
		平陰縣
	鞏縣 屬河南郡。	平陰縣 屬河南郡。
	鞏縣	河陰縣 魏大帝改名。
東垣縣 屬河南郡。	鞏縣	河陰縣
東垣縣 魏屬新安郡。	鞏縣 魏屬成皋郡。齊省。	河陰郡 東魏元象二年置。 河陰縣 魏初省，正始二年復，後爲郡治。
新安縣 大業初更名，屬河南郡。	鞏縣 開皇十六年復置，仍屬河南郡。	開皇初廢。 大業初省入洛陽。
	鞏縣 屬河南府。	
	鞏縣	
	鞏縣 金屬金昌府。 永安縣 初置鎮，景德四年升縣。金貞元初改名芝田。	河清縣 開寶初自孟縣界移治，屬河南府。金改名孟津，貞祐三年升爲陶州，尋復降。
	鞏縣 屬河南路。 省。	孟津縣 屬河南路。
	鞏縣 屬河南府。	孟津縣 屬河南府。

登封縣	
陽城縣	
崈高縣屬潁川郡。後漢省入陽城。 陽城縣屬潁川郡。	平縣屬河南郡。後漢廢。
陽城縣	
陽城縣屬河南郡，後省。	
陽城郡魏孝昌二年置。 陽城縣魏正光中復置，後爲郡治。	
嵩陽縣大業初改綸氏置，屬河南郡。 開皇初廢。十六年置嵩州，仁壽四年廢。 陽城縣屬河南郡。	
登封縣貞觀十七年省，光宅初復。登封元年更名，神龍初復曰嵩陽，二年又改屬河南府。 武德四年復置嵩州，貞觀三年省。 告成縣登封初更名，神龍初復曰陽城，二年復曰告成，天祐二年更名陽邑。	
登封縣 陽城縣唐復改名。周顯德中省入登封。	
登封縣金屬金昌府。	
登封縣屬河南路。	
登封縣屬河南府。	

續表

永寧縣	
澠池、宜陽二縣地。	綸氏縣屬潁川郡。後漢初省，建初四年復置。
	綸氏縣
澠池縣地。	省。
同軌郡西魏置同軌防。周置郡。	潁陽縣魏天安二年改置，屬中川郡。周廢入堙陽。 中川郡天平初置。周廢。 堙陽縣太和十三年置，移郡治。
開皇初廢。	開皇六年更名武林，十八年又改綸氏，大業初徙廢。
	潁陽縣載初元年改置武林縣，開元十五年更名，屬河南府。
	潁陽縣
	潁陽縣慶曆三年廢，旋復，熙寧初又省，元祐二年復。金仍廢入登封。
永寧縣屬河南路。	
永寧縣屬河南府。	

	澠池縣 魏移治。		
	澠池縣		
熊耳縣 西魏置北宜陽縣,廢帝二年更名。	金門郡 東魏天平初置,治金門縣。周郡縣俱廢。	南澠池縣 魏屬金門郡。周改名昌洛。	崤縣 魏太和十一年置,屬恒農郡。
熊耳縣 屬河南郡。義寧二年更名永寧,屬宜陽郡。		開皇十八年更名洛水,大業初省入宜陽。	大業初省入熊耳。
永寧縣 武德初屬熊州,三年分置函州。八年州廢,仍屬熊州。貞觀初屬穀州,顯慶二年屬河南府。			
永寧縣			
永寧縣 金正隆六年移治改。			

	澠池縣
盧氏縣地。	澠池縣屬弘農郡。
	澠池縣
	澠池縣
南陝縣魏屬金門郡。西魏廢帝改名長淵。	澠池郡魏置。周大象中廢。 北澠池縣魏太和十一年改置，郡治。 俱利縣東魏置，屬澠池郡，後廢。
長淵縣屬弘農郡。義寧元年更名長水。	澠池縣開皇初復舊名，屬河南郡。
長水縣初屬虢州，貞觀八年屬穀州，顯慶二年屬河南府。	澠池縣初屬穀州，貞觀初徙州來治，六年仍屬穀州。顯慶初屬洛州，後屬河南府。
長水縣	澠池縣
長水縣金改屬嵩州。	澠池縣金末置韶州。
省。	澠池縣至元八年州廢，屬河南路，後屬陝州。
	澠池縣屬河南府。

續表

	嵩縣
新安縣屬弘農郡。	陸渾縣屬弘農郡。
新安縣	陸渾縣
新安縣屬河南郡。	陸渾縣屬河南郡。
新安郡魏太和十二年置，十九年廢。東魏天平初復置。 新安縣郡治。	北陸渾縣宋廢縣。東魏改置，屬新城郡。 北荊州伊陽郡東魏置。周改北荊州曰和州。
仁壽四年廢入東垣。	開皇初省入南陸渾。 開皇初廢郡，改州曰伊州，尋徙廢。
	伊陽縣先天二年析置，屬河南府。
	伊陽縣
	順州紹興初置。金天德三年更名嵩州，屬南京路。 伊陽縣
	嵩州屬南陽府。 省入州。
	嵩縣洪武初改州爲縣，屬河南府。

南陸渾縣 東魏置，州郡治。 東亭縣 東魏置，屬宜陽郡。
陸渾縣 開皇初更名伏流，大業初又改屬河南郡。 廢入陸渾。
陸渾縣
省入伊陽。

大清一統志卷二百五

河南府一

在河南省治西三百八十里。東西距三百六十里，南北距五百十五里。東至開封府汜水縣界一百六十里，西至陝州界二百里，南至南陽府南陽縣界五百里，北至懷慶府孟縣界十五里。東南至開封府禹州界一百八十里，西南至陝西商州商南縣界五百三十里，東北至孟縣界七十五里，西北至山西解州平陸縣界二百十里。自府治至京師一千八百里。

分野

天文柳分野，鶉火之次。

建置沿革

禹貢豫州之域。周初曰洛邑，成王營爲東都。平王遷都之，是爲東周。秦莊襄王元年，置三川郡。韋昭曰：有河、洛、伊，故曰三川。漢改曰河南郡。史記：漢元年，項羽立楚將瑕丘申陽爲河南王，都洛陽。二年，陽降漢，於是置河南郡。後漢建武初，徙都之。十五年，改曰河南尹，兼移司隸校尉治此。三國魏置司州。元和志：魏陳留王以司隸校尉所掌置司州。晉初因之，永嘉後陷於苻秦，改爲豫州。義熙十二年，劉裕平河南，復置司州。治虎牢，在今開封府汜水縣界。後魏太宗置洛州。太和十七年自代徙都之，仍曰司州河南尹。東魏天平初，復曰洛州，改置洛陽郡，又分置河南郡。後周大象元年，移相州六府於洛陽，稱東京，置洛州總管府。

隋開皇元年，罷郡，改六府，置東京尚書省，其年廢。二年，廢總管，置河南道行臺。三年，廢行臺，以洛州領縣。大業元年，建東京，改洛州曰豫州，三年又改爲河南郡，置尹。五年，改東京爲東都。唐武德四年，復曰洛州，置總管府。尋罷府，置陝東道大行臺。九年，罷行臺，置都督府。貞觀十八年，府罷。顯慶二年，復爲東都。光宅元年，改曰神都。神龍元年，復曰東都。開元元年，改洛州爲河南府。天寶元年，改東都曰東京。上元二年，罷京。寶應元年，復爲東都。唐書方鎮表：至德元載，置東畿觀察使，廣德二年廢。大曆十四年復置。建中四年，置東畿節度使。貞元元年，廢節度，置都防禦使，二年升觀察使，五年復置都防禦使。元和三年罷，十三年復置。光啓元年，復置東畿觀察兼防遏使，三年升爲佑國軍節度使。光化三年罷節度，復爲觀察使。天祐元年罷。五代梁爲西都。後唐同光元年，復爲東都。晉天福三年，復曰西京。後周因之。宋曰河南府洛陽郡。熙寧五年，分爲京西北路治所，金初曰河南府，置德昌軍。興定元年，升爲中京金昌府，屬南京路。元曰河南路，屬河南江北行中書省。

明爲河南府，屬河南布政使司。本朝因之，屬河南省，領州一，陝。縣十三。洛陽、偃師、宜陽、新安、鞏、孟津、登封、永寧、澠池、嵩、盧氏、靈寶、閿鄉。雍正二年，升陝州爲直隸州，割靈寶、閿鄉二縣屬之。十二年，以盧氏縣改屬陝州。今領縣十。

洛陽縣。附郭。東西距七十五里，南北距一百里。東至偃師縣界三十五里，西至新安縣界四十里，南至嵩縣界七十里，北至孟津縣界三十里。東南至汝州界八十里，西南至宜陽縣治七十里，東北至孟津縣治四十里，西北至新安縣治三十里。周初洛邑，成王營爲王城，又於其東定下都，謂之成周。平王徙居王城，爲東周。戰國時，改王城曰河南，成周曰洛陽。秦置三川郡。漢改河南郡，治洛陽，以河南縣屬之。後漢遷都洛陽，改洛曰雒，爲河南尹治，仍領河南縣。三國魏復改曰洛陽，爲司州治。晉因之。後魏太和中亦遷都於此。東魏爲洛州洛陽郡治。隋大業元年，改建新都，又改置河南郡，治河南縣，移洛陽於郭下，同爲郡治。唐神龍三年，改洛陽曰永昌。景隆元年，復故，與河南縣俱爲河南府治。五代因之。宋熙寧五年，併洛陽入河南。元祐二年復置。金併河南入洛陽，爲金昌府治。元爲河南路治。明爲河南府治，本朝因之。

偃師縣。在府東少北七十里。東西距六十里，南北距八十里。東至鞏縣界二十五里，西至洛陽縣界三十五里，南至登封縣界五十五里，北至孟津縣界二十五里。東南至登封縣治九十里，西南至宜陽縣治一百四十里，東北至懷慶府温縣治八十里，西北至孟津縣治四十五里。殷西亳地。春秋時爲周尸氏邑。漢置偃師縣，屬河南郡。後漢因之。晉省入洛陽。隋開皇十六年復置，仍屬河南郡。唐屬河南府。五代因之。宋慶曆三年省，四年復置。熙寧五年省入緱氏，八年復置。金屬金昌府。元屬河南路。明屬河南府，本朝因之。

宜陽縣。在府西南七十里。東西距一百十里，南北距七十五里。東至洛陽縣界二十里，西至永寧縣界九十里，南至嵩縣界四十五里，北至新安縣界三十里。東南至嵩縣界四十里，西南至嵩縣界一百里，東北至洛陽縣界二十五里，西北至澠池縣界八十五里。戰國韓宜陽邑。漢置宜陽縣，屬弘農郡。後漢、晉、宋因之。後魏孝昌初，置宜陽郡。東魏天平初，置陽州，後又分置甘棠縣。後周改陽州曰熊州。而齊亦有宜陽縣，及周平齊始合爲一。隋開皇初，郡廢。仁壽四年，改甘棠曰壽安。大業初，州廢，二縣皆屬河南郡。義寧二年，復置宜陽郡。唐武德元年，改郡爲熊州，兼領壽安縣。二年，改宜陽縣曰福昌。貞觀元年，州廢，縣屬穀州。六年，自澠池徙州治福昌。顯慶二年，穀州廢，二縣皆屬河南府。五代因之。宋慶曆三年，廢壽安爲鎮，四年復置。熙寧五年，省福昌入壽安，元祐元年復置。金改壽安曰宜陽，以福昌縣屬嵩州。元初，併福昌入宜陽，仍屬河南府。明不改。本朝因之。

新安縣。在府西七十里。東西距七十八里，南北距九十里。東至洛陽縣界四十三里，西至澠池縣界三十五里，南至宜陽縣界三十里，北至懷慶府濟源縣界六十里。東南至宜陽縣界六十里，西南至永寧縣治一百六十里，東北至孟津縣治一百十里，西北至山西絳州垣曲縣治一百四十里。漢於今澠池縣界置新安縣，屬弘農郡。後漢因之。東晉末，分置東垣縣，屬河南郡。後魏屬新安郡。後周保定五年，置中州。建德六年，州廢，於東垣置新安郡。隋開皇十六年，改郡置穀州。仁壽四年，州廢，又省新安縣入東垣。大業初，改東垣曰新安，屬河南郡。義寧二年，復置新安郡。唐武德元年，復改穀州。貞觀元年，移州治澠池縣，以縣屬河南府。五代及宋因之。金屬金昌府。元屬河南路。明屬河南府，本朝因之。

鞏縣。在府東北一百二十里。東西距五十五里，南北距八十五里。東至開封府汜水縣界二十五里，西至偃師縣界三十里，南至登封縣界七十里，北至懷慶府温縣界一十五里。東南至開封府滎陽縣界六十里，西南至登封縣界八十里，東北至汜水縣界四十里，西北至孟津縣界七十里。春秋周鞏伯邑，戰國時東周所居。秦置鞏縣。漢屬河南郡，後漢、晉、宋因之。後魏改屬成臯郡。北齊省。隋開皇十六年復置，仍屬河南郡。唐屬河南府，五代及宋因之。金屬金昌府。元屬河南路。明屬河南府，本朝因之。

孟津縣。在府東北四十五里。東西距一百里，南北距二十五里。東至鞏縣界四十里，西至新安縣界六十里，南至洛陽縣界十五里，北至懷慶府孟縣界十里。東南至偃師縣界十五里，西南至洛陽縣治四十五里，東北至孟縣治十里，西北至懷慶府濟源縣治七十里。古孟津地。春秋周平陰邑。秦置平陰縣。漢屬河南郡，後漢因之。三國魏文帝改名河陰，晉、宋因之。後魏太宗併入洛陽，正始二年復置。東魏元象二年，置河陰郡。隋開皇初，郡廢。大業初，仍併縣入洛陽。唐爲洛陽、河清二縣地。宋開寶元年，徙河清縣於此，屬河南府。金改曰孟津。貞祐三年，升爲陶州，尋復爲縣。元屬河南路。明屬河南府，本朝因之。

登封縣。在府東南一百二十里。東西距一百五里，南北距九十里。東至開封府密縣界四十五里，西至偃師縣界六十里，南至汝州界五十里，北至鞏縣界四十里。東南至開封府禹州界六十里，西南至洛陽縣界一百十里，東北至密縣界三十五里，西北至偃師縣界三十里。古陽城邑。秦置陽城縣。漢元封元年，分置崈高縣，皆屬潁川郡。後漢省崈高入陽城。晉以陽城屬河南郡，後省。後魏太和十三年，置堙陽縣。正光中，復置陽城縣。孝昌二年，置陽城郡。東魏天平初，於堙陽置中川郡。後周廢中川郡。隋開皇初，廢陽城郡。十六年，於陽城縣置嵩州。仁壽四年，州廢。開皇六年，改堙陽曰武林，十八年改曰輪氏。大業元年，改曰嵩陽，與陽城皆屬河南郡。唐武德四年，復置嵩州。貞觀三年，州廢，屬洛州，十七年省嵩陽入陽城。永淳元年，分陽城、緱氏地復置嵩陽縣，二年省。光宅元年復置。萬歲登封元年，改陽城曰告成，嵩陽曰登封。神龍元年，俱復故名。二年，復曰告成、登封，皆屬河南府。天祐二年，改告成曰陽邑。後唐復曰陽城。周顯德中，省陽城入登封。宋因之。金屬金昌府。元屬河南路。明屬河南府，本朝因之。

永寧縣。在府西南一百九十里。東西距一百五十里，南北距一百四十里。東至宜陽縣界三十里，西至陝州盧氏縣界一百二十里，南至嵩縣界八十里，北至陝州界六十里。東南至嵩縣治一百四十里，西南至盧氏縣治一百六十里，東北至新安縣治一百六十里，西北至陝州界六十里。漢澠池、宜陽二縣地。晉以後爲澠池縣地。東魏置金門郡。西魏分置北宜陽縣，屬宜陽郡，廢帝二年，改曰熊耳。後周改置同軌郡。隋開皇初，郡廢，屬河南郡。義寧二年，改縣曰永寧，屬宜陽郡。唐武德元年，屬熊州。三年，分置函州。八年，州廢，仍屬熊州。貞觀元年，屬穀州。顯慶二年，州廢，屬河南府，五代及宋因之。金正隆六年，改屬嵩州。元屬河南路。明屬河南府，本朝因之。

澠池縣。在府西一百六十里。東西距八十五里，南北距一百二十里。東至新安縣界五十五里，西至陝州界三十里，南至永寧縣界三十里，北至山西絳州垣曲縣界九十里。東南至新安縣治一百二十里，西南至永寧縣界四十里，東北至新安縣界一百里，西北至垣曲縣界一百里。戰國時澠池邑，初屬韓，後屬秦。漢景帝置澠池縣，屬弘農郡。後漢、晉、宋因之。後魏太和十一年，改置北澠池縣，後又置澠池郡。周改置河南郡，大象中，郡廢，縣屬同軌郡。隋開皇初，仍爲澠池縣，屬熊州。十六年，屬穀州。大業中，屬河南郡。唐武德元年，屬穀州。貞觀元年，徙州來治。六年，州徙治福昌，以澠池屬之。顯慶二年，屬洛州。開元元年，屬河南府，五代及宋因之。金末，於縣置韶州。元至元八年，州廢，屬河南路，後屬陝州。明屬河南府，本朝因之。

嵩縣。在府西南一百六十里。東西距二百五十里，南北距三百三十里。東至汝州伊陽縣界五十里，西至陝州盧氏縣界二百里，南至南陽府南陽縣界二百八十里，北至宜陽縣界五十里。東南至尹陽縣界九十里，西南至盧氏縣界一百里，東北至洛陽縣界九十里，西北至永寧縣治一百四十里。春秋陸渾戎地。漢置陸渾縣，屬弘農郡。後漢因之。晉改屬河南郡。宋以後廢。東魏改置北陸渾縣，屬新城郡，又置北荆州伊陽郡及南陸渾縣。後周改北荆州曰和州。隋開皇初，郡廢，改置伊州，省北陸渾入南陸渾，又改曰伏流。四年，州移治承休。大業初改縣曰陸渾，屬河南郡。唐先天二年，又析置伊陽縣，俱屬河南府。五代時，省陸渾入伊陽。宋因之。紹興初，於縣置順州。金天德三年，更名嵩州，屬南京路。元至元三年，省伊陽縣入州。八年，屬南陽府。明洪武二年，廢州爲嵩縣，屬河南府。本朝因之。

形勢

洛邑，天下之中。史記周本紀。左據成皋，右阻黽池，前鄉崧高，後界大河。漢書翼奉傳。泝洛背河，左伊右瀍。西阻九河〔二〕，東門於旋。盟津達其後，大谷通其前。迴行道乎伊闕，邪徑捷乎轘轅。後漢張衡東京賦。前直伊闕，後據邙山。左瀍右澗，洛水貫其中。唐書地理志。

風俗

女修織紝，男務耕耘。漢班固東都賦。周人善賈，趨利而纖嗇。通典。多衣冠舊族，士嚮詩書，民習禮義；務本立業，有周召遺風。宋志、表。

城池

河南府城。周八里有奇，門四，濠廣三丈。明洪武元年築。本朝順治五年修，乾隆二十六年重修。洛陽縣附郭。

偃師縣城。周六里有奇，門四，濠廣一丈五尺。明洪武中增築。本朝順治九年修，康熙五十年、乾隆二十七年重修。

宜陽縣城。周四里，門四，濠廣二丈。明景泰元年修。本朝順治五年修，乾隆二十七年重修。

新安縣城。周四里有奇，門四。明洪武初建。崇禎九年，移北城跨慕容山，增拓二百步。本朝順治十三年修，乾隆十九年、二十七年重修。

鞏縣城。周七里有奇，門四，濠廣一丈五尺。明成化中重築。本朝順治六年修，康熙二十年、乾隆九年、二十七年重修。

孟津縣城。周四里，門四，濠廣四丈。明嘉靖中築，崇禎中甃甎。本朝順治六年修，康熙三十年重修。

登封縣城。周四里，門四，濠廣二丈。明景泰元年重築。本朝順治三年修，乾隆九年、二十七年重修。

永寧縣城。周四里有奇，門三，濠廣丈餘。明洪武中重建。本朝順治九年修，康熙二十五年、雍正七年、乾隆十年、二十七年重修。

澠池縣城。舊城周八里有奇，門六。南距澠水。明成化中重築，崇禎十年，截去西城一半，僅存三分之一，東西二門。本朝順治十一年修，康熙十五年、雍正十二年、乾隆十年、十九年、二十七年屢修。

嵩縣城。周五里有奇，門四，濠廣五丈二尺。明洪武中重建。本朝順治十七年修，雍正十二年、乾隆十七年重修。

學校

河南府學。在府治東南。宋爲西京國子監，在洛水南。金改爲府學，遷此。元燬。明洪武中重建。本朝順治八年修，康熙三十三年、雍正八年、乾隆二十七年重修。入學額數二十名。

洛陽縣學。在縣治東。明洪武五年建。本朝順治六年修，雍正八年、乾隆二十八年重修。入學額數二十名。

偃師縣學。在縣治東。元延祐四年建。本朝康熙二十八年修，乾隆二十八年重修。入學額數十五名。

宜陽縣學。在縣治西。舊在治東南，明洪武三年建。本朝雍正二年修，乾隆年間重修。入學額數十二名。

新安縣學。在縣治東南。宋崇寧間兵燬，元至元中徙建。明成化十四年修。本朝康熙四年修，乾隆十九年重修。入學額數十二名。

鞏縣學。在縣治南。元大德十一年建。本朝順治十三年修，康熙二十三年、乾隆元年、三十年重修。入學額數八名。

孟津縣學。在縣治東南。明嘉靖十六年改建。本朝順治十三年修，乾隆十年重修。入學額數十二名。

登封縣學。在縣治西南。元大德五年建。本朝順治九年修，雍正三年、乾隆三年重修。入學額數十二名。

永寧縣學。在縣治西。宋咸平中建。明洪武元年重建。本朝順治九年修，康熙二十八年重修。入學額數十二名。

澠池縣學。在縣治南。明洪武五年建。本朝康熙七年修，乾隆十年重修。入學額數八名。

嵩縣學。在縣治西。金明昌五年建。明洪武二年改建。本朝順治三年修，康熙十九年、乾隆十四年重修。入學額數十二名。

伊洛書院。在府城南五里。明成化七年建。

周南書院。本朝康熙三十九年建。四十三年，知府趙于京移建於府治東北。

天中書院。在府城十字街西。本朝順治初，巡道趙文蔚建。

嵩陽書院。在登封縣太室山麓。五代周時建，初名太室書院。宋至道初，賜九經、子、史。景祐二年，更名嵩陽，與睢陽、白鹿、嶽麓，號「四大書院」。明末傾圮殆盡。本朝康熙十三年，知縣葉封復建。十六年，少詹事耿介增修，有湯斌碑記。乾隆十五年，高宗純皇帝臨幸，御製嵩陽書院詩。

伊川書院。在嵩縣東北鳴皋鎮。元時建，久廢。本朝康熙二十七年，知縣徐士訥、知府汪楫相繼增修。有元趙孟頫書、薛友諒碑記。

户口

原額人丁九萬四千一百七十二，今滋生男婦大小共一百七十一萬一千四百一十五名口，計三十萬八千六十四户。

田賦

田地四萬三千九百八十九頃二十三畝，額徵地丁正、雜等銀二十一萬六千九百二十八兩二錢五分，正兑、改兑米一千九十九石八斗有奇，麥二千四百七十七石有奇，豆四千九百三十四石三斗有奇，耗米二百九十一石四斗有奇，耗麥五百五十五石一斗有奇，耗豆一千一百二二石七斗有奇。

山川

玉泉山。在洛陽縣東南三十里。上有白龍祠，祠前有白龍潭，禱雨多應。

委粟山。在洛陽縣東南。三國魏志：景初元年，營洛南委粟山爲圜丘。魏書高祖紀：太和十九年，行幸委粟山，議定圜丘。寰宇記：山在縣東南三十五里。

大石山。在洛陽縣東南四十里，南接登封縣界。亦名石林。馬融廣成頌：金山、石林，殷起乎其中。章懷太子曰：「石林，大石山也。」三國魏志：明帝獵於大石山，虎趨乘輿，孫禮便投鞭下馬，欲奮劒斫虎，詔令禮上馬。水經注：小狂水逕大石嶺南，開山圖所謂大石山也。王隱晉書：惠帝使校尉陳總、仲元詣洛陽山請雨，總盡除小祭，惟存大石而祈之，七日大雨。即是山也。元和志：大石山，一名萬安山，在潁陽縣西四十里。寰宇記：在洛陽縣東南四十五里，高二百丈。舊志：萬安山南麓曰黃花堆，亦名黃華山，有范仲淹墓。

周山。在洛陽縣南十五里。一名小亭山。下有周谷。皇覽：周靈王冢，在河南城西南柏亭西周山上。寰宇記：今在苑中，當河南縣西，一名小亭山。周地紀「山下有周谷，本周之采地」。

闕塞山。在洛陽縣南。一名伊闕山，亦名龍門山。左傳昭公二十六年：晉知躒、趙鞅帥師納王，使女寬守闕塞。杜預注：「洛陽西南伊闕口也。」史記：秦昭襄王十四年，白起攻韓、魏於伊闕。五十一年，西周君與諸侯約從，將天下鋭兵出伊闕攻秦，令秦毋得通陽城。水經注：昔大禹疏以通水，兩山相對，望之若闕，伊水歷其間北流，故謂之伊闕。春秋之闕塞也。陸機云：「洛有四闕，斯其一焉。」兩京記：隋煬帝登北邙，觀伊闕，曰：「此龍門耶？自古何爲不建都於此？」蘇威曰：「以俟陛下。」遂自故都移於今所。括地志：伊闕在洛陽南十九里，今名鍾山，又謂之龍門。宋祁曰：「伊闕，洛陽南面之險也。自汝、潁北出，必道伊闕，其間山谷相連，阻扼可恃。」舊志：山在府南二十五里，山之東有香山，西有龍門，又曰龕澗。又有八節灘，在龍門下。

秦山。在洛陽縣西南二十五里洛水南。俗傳此山爲秦頭魏尾，故名。亦名三山。相傳即周之三王陵也。

谷口山。在洛陽縣西南三十里，孝水出焉。山海經：縞羝山西十里曰廆山，交觴之水出其陽，俞隨之水出其陰。即此山也。

憩鶴山。在洛陽縣西南四十八里，接宜陽縣界。明統志：在宜陽縣東南四十里，世傳王子晉乘白鶴憩此。

八將山。在洛陽縣西三十里。相傳唐尉遲敬德與單雄信等八將戰於此。

北邙山。在洛陽縣北，東接孟津、偃師、鞏三縣界。亦作芒山。府志：一名郟山，周營王城，北枕郟山，即此。左傳昭公二十二年：王田北山。杜預注：「洛北邙也。」後漢建武十一年，城陽王祉葬於北邙，其後王侯公卿多葬此。章帝時，梁鴻登北邙，作五噫之歌。三國魏明帝嘗欲平北邙，令登臺望見孟津，以辛毗諫而止。後魏太和二十年，命代人遷洛者，悉葬邙山。水經注：洛陽穀門，北對邙阜，連嶺修亘，苞總衆山，始自洛口，西踰平陰，悉邙壟也。元和志：北邙山在偃師縣北二里，西自洛陽縣界，東入鞏縣界。舊説云此山是隴山之尾，乃衆山總名，連亘四百餘里。寰宇記：邙山在河南縣北十里，洛陽縣北二里〔二〕，一名平逢山。別阜曰佩印山，漢諸陵並在此。金志：正隆六年，更北邙山名太平山。舊志又有翠雲山，在洛陽縣西北三里，即邙山最高處，其南有避暑城。又有鳳凰山，在縣東北三十里，上有駱駝嶺，亦邙山之支阜也。又邙山，在孟津縣南二里，西自横水，東至叩馬邨，延亘百餘里。又在鞏縣北三里。

鳳臺山。在偃師縣東二十里，接鞏縣界。舊名訾王山，宋天聖八年，建太祖、太宗、真宗會聖宫於山上，改今名。

太平山。在偃師縣東南五十里。唐書地理志：緱氏縣太平山，本懊來山，天祐元年更名。

轘轅山。在偃師縣東南，接鞏、登封二縣界。左傳襄公二十一年：欒盈出奔楚，過周，王使候出諸轘轅。戰國策：張儀曰：「秦下兵三川，塞轘轅緱氏之口。」漢書：秦二世三年，沛公戰雒陽東，不利，從轘轅至陽城。後漢書：建武九年，幸緱氏，登轘轅。元和志：轘轅山在緱氏縣東南四十六里，道路險阻，凡十二曲，將去復還，故曰轘轅。後漢河南尹何進所置八關，此其一也。舊志：山在偃師縣東南五十五里，鞏縣西南七十里，登封縣西北二十八里。當太室之西，少室之北。一名崿嶺。

景山。在偃師縣南。詩商頌：陟彼景山。曹植洛神賦：陟通谷，陵景山。寰宇記：景山在緱氏縣東北八里。舊志：在偃師縣南二十里，崇麗爲諸山冠。其側有太子嶺，唐恭陵在焉。其西爲白雲山，雲出即雨。

緱氏山。在偃師縣南四十里。列仙傳：王子晉見桓良曰：「告我家，七月七日，待我於緱氏山頭。」果乘白鶴駐山巔，望之不到，舉手謝時人而去。水經注：休水側緱氏原，開山圖謂之緱氏山，俗亦謂之撫父堆。上有子晉祠。盧元明嵩山記：覆釜堆，亦名赴父堆，即緱嶺也。元和志：山在緱氏縣東南二十九里。寰宇記：山上有石室、飲鶴池。舊志：在偃師縣南四十里，其南十里爲萬安山，又西爲浮山。本朝乾隆十五年，高宗純皇帝駕幸嵩洛經此，有御製登緱山極目詩。

百坯山。在偃師縣南五十里。後漢書：和帝永元十六年，行幸緱氏，登百坯山〔三〕。注：「即柏坯山也。」

馬鞍山。在偃師縣南六十里，與登封縣少室山相接。相近又有皦光、香爐二山。

半石山。在偃師縣西南。山海經：半石之山，來需之水出其陽，而西流注於伊水；合水出於其陰，而北流注於洛。水經注：劉水出半石東山。寰宇記：山在緱氏縣南十五里。舊志：在偃師縣西南三十五里。又有牛心山，在縣西南六十里，與浮山相對。

首陽山。在偃師縣西北十五里，北接孟津縣界。後漢書：順帝陽嘉元年，遣大夫謁者詣首陽山請雨。水經注：河水逕平縣北，南對首陽山。春秋所謂首戴也，上有夷齊廟。元和志：在偃師縣西北二十五里。舊志：即邙山最高處，日出先照，故名，去孟津縣東南三十里。

壽安山。在宜陽縣東十三里。隋置壽安縣以此。相近爲藏龍山，有龍王廟，禱雨輒應。

鹿蹄山。在宜陽縣東南。水經注：林楮山南則鹿蹄山，世謂之非山。其山陰則峻絶百仞，陽則原阜隆平，甘水發於東麓。又云山在河南陸渾縣故城西北，俗謂之縱山。隋書地理志：興泰縣有鹿蹄山。唐書：高宗龍朔元年，獵於非山。舊志：在今縣東南五十里。

錦屏山。在宜陽縣城南數步。中有一峯聳出，謂之玉柱。其南有半壁山、黃金山。唐書地理志：壽安縣有錦屏山，武后所名。

萬安山。在宜陽縣南四十五里。唐書地理志：壽安縣西南四十里有萬安山。

石墨山。在宜陽縣西南二里。水經注：洛水逕九曲南，其側有石墨山，山石盡黑，可以書疏，故名。元和志：在壽安縣西南三里。

鍾山。在宜陽縣西南，與錦屏山相隔，藻河相對。俗名西山嘴。隋書地理志：興泰縣有鍾山。

岳頂山。在宜陽縣西南。峻極不可攀躋，由龍屋至山頂六十里。又西爲花果山。

神峪山。在宜陽縣西五里。亦名神林峪。其南有神龍泉。

公山。在宜陽縣西九里。山頂有周公廟。

靈山。在宜陽縣西十五里。俗名鳳凰山。中有靈泉，亦曰靈池。又西三里爲黃帝山。

女几山。在宜陽縣西九十里。晉書：張軌少隱於宜陽女几山。水經注：渠谷水出宜陽縣南女几山。元和志：在福昌縣西南三十四里。舊志：在今宜陽縣西南八十五里，俗云石雞山。

熊耳山。在宜陽縣西，接永寧縣界。後漢建武三年，赤眉餘衆向宜陽，帝自將征之，赤眉震怖乞降，積兵宜陽城西，與熊耳山齊。水經注：洛水之北有熊耳山，雙巒競舉，狀同熊耳。此自別山，不與禹貢導洛自熊耳同也。唐武德初，李密自桃林叛走南山，盛彥師率衆踰熊耳山南，據要道逆擊斬之。元和志：山在永寧縣東北四十五里。舊志：在今宜陽縣西百里。又有熊耳山，在澠池縣南二十里，其麓連跨澠池西境。按：禹貢熊耳山，在陝州盧氏縣界，詳陝州志。

𡾊山。在宜陽縣西北九十里，接永寧縣界。一名崛山，下有金絲澗。又有漢山，在縣西北三鄉寨北，上有光武廟。

慕容山。在新安縣治後。一名懷山。相傳慕容垂屯兵於此。其北麓有芝泉，流至北城下，注於泮池。明崇禎九年，移北城於山巔，由是山半在城内。

八陡山。在新安縣東八里。其山陡峻，亦名八將山，爲東西孔道。水經注：澗水東北流歷函谷東坂，謂之八特坂。即此。

長石山。唐書地理志：新安縣有長石山。舊志：在縣東南五里。

瞻諸山。在新安縣東南。山海經：廆山西三十里曰瞻諸之山，少水出其陰。舊志：山在縣東南二十五里。又有鏤腳山，在縣東南二十里。山海經曰「瞻諸山西三十里曰婁涿山，陂水出其陰」，疑即此。又有白石山，在縣南五里。舊志謂即山海經澗水所出之山也。

密山。在新安縣南十五里。水經注：豪水出新安縣密山。

穀山。山海經：白石山西五十里曰穀山，爽水出焉。舊志有郁山，在新安縣西南二十里，練谷水自山北流入穀。

爛柯山。在新安縣西南三十五里。羣峯秀錯，中有王喬洞，下有三石泉，西流入澗。縣志：傳語樵子王喬遇仙處。

闕門山。在新安縣西三十里。水經注：穀水東逕闕門山，山阜之不接者里餘，故得是名。二壁爭高，斗聳相亂，西瞻雙阜，右望如砥。隋書地理志：新安縣有闕門山。明統志：山在縣西三十里，一名扼山。舊志：東曰青龍，西曰鳳凰，兩山相對如闕，謂之闕門。俗亦曰鐵門。

隊山。在新安縣西北十八里。山形如隊，長垣河出此。

青要山。在新安縣西北七十里。山海經：青要之山，北望河曲，南望墠渚，畛水出焉，北流注於河。水經注：今謂之彊山。隋書地理志：新安縣有强山。縣志：在縣西北七十里，其山陡峻，自長泉寺以東，亘四五里，石磴參差，俯瞰河流，山畔一路如線，俗名大夫纏。又紫荆山，在縣西北一百十里，縣境諸山此爲最高，其絶頂一峯曰天壇。

䰛山。在新安縣西北。山海經：青要山東十里曰䰛山，正回之水出焉。水經注：彊山東阜也。隋書地理志：新安縣有魏山，蓋即䰛山之譌。

天陵山。在鞏縣東南六十里。寰宇記：潘岳家風詩所云天陵巖，謂此也。

虎頭山。在鞏縣南門外。其西有駱駝嶺並峙。

侯山。在鞏縣南二十五里。盧元明嵩山記云：漢王彦隱居此山，景帝累徵不出，就封爲侯，山因以名，至今人指所住爲王彦崖。舊志：在縣東南二十里。

青龍山。在鞏縣南四十里。宋太祖陵之左，故名。其尾接洛河者，名龍尾山，在縣西三里。

趙封山。在鞏縣南四十里。宋時種茶於此，封之以禁樵採，故名。

寒戰山。在鞏縣南五十里。山形高峻，下臨玉仙河，雖盛暑有寒氣逼人。

黑雲山。在鞏縣南六十里。相傳成湯禱雨於此。

亂石山。在鞏縣南八十里。下有羅漢、西流、牛鼻、湧水、菩池等五泉。

九山。在鞏縣西南。水經注：白相澗水逕九山東，其山孤峯秀出，嶕嶢分立。山際有九山廟，廟前有碑云：九顯靈君者，太華之元子，陽九列名，號曰九山府君也。隋書地理志：鞏縣有九山。寰宇記：在縣西南五十五里。

莨山。在鞏縣北，臨黄河。吕氏春秋：夏后氏孔甲田於東陽莨山。水經注：帝王世紀以爲即東首陽山。隋書地理志：鞏縣有東首陽山。舊志：蓋邙山支麓也。

大刀山。在鞏縣北八里。有神廟。又縣北八里有馬鞍山，乃邙山之尾。

神尾山。在鞏縣東北。宋元豐元年，都水監丞范子淵議引洛入汴，欲起鞏縣神尾山至士家堤，築大堤四十七里，以捍大河。

翠微山。在孟津縣東三十里。

柏崖山。在孟津縣西五十里黄河南岸。北魏侯景築城於上。唐時建柏崖倉，後復置柏崖縣，基址尚存。

穀城山。在孟津縣西六十里。瀍水出此。水經謂之穀城縣北山，博物記謂之潛亭山。

箕山。在登封縣東南。孟子：益避禹之子於箕山之陰。史記：太史公曰：「余登箕山，上有許由冢。」高士傳：箕山亦名許由山，在陽城縣南十三里。水經注：陽城縣南對箕山，山上有許由冢，下有牽牛墟，側潁水有犢泉，是巢父還牛處。明統志：山在登封縣東南三十里，一名崿嶺。

偃月山。隋書地理志：陽城有偃月山。舊志：在箕山之左，與石羊關相近。

大熊山。在登封縣東南。即古大萯山。山海經：大萯之山，狂水出焉，西南流注於伊水。舊志：今曰大熊山，在縣東南四十里，四圍陡峻，頂上寬平，可避兵。其下産鐵，山民鼓鑄爲業。漢志陽城縣有鐵官，即此。又小熊山，在縣南三十里，下有二洞，深不可測。山北有郈曰白栗坪，境頗幽勝。

陽乾山。在登封縣東南。漢書地理志：陽城縣陽乾山，潁水所出。元和志：在潁陽縣東二十五里。舊志：在少室山正南。

倚箔山。在登封縣西南。一名天箔山。水經注：倚薄水出倚薄山。元和志：潁陽縣有倚箔山，望之如立箔，山西北崖下有鍾乳，隋時充貢。唐書地理志：山有鍾乳，貞觀七年採。舊志：山在潁陽鎮北，其東爲石堂山，上有石室，名紫雲洞，即唐邢和璞隱處，其西即萬安山也。

嵩山。在登封縣北。古曰外方，又名嵩高，亦曰太室。其西曰少室。書禹貢：熊耳、外方、桐柏。左傳昭公四年：晉司馬侯曰：「陽城太室，九州之險。」史記封禪書：昔三代之君，皆在河、洛之間，故嵩高爲「中嶽」。漢書武帝紀：元封元年，登嵩高，吏卒聞呼萬歲者三。令祠官加增太室祠，以山下爲奉邑，曰崇高。地理志：崇高縣，武帝置以奉太室。山有太室、少室山廟。古文以崇高爲外方山。後漢書靈帝紀：熹平五年，復崇高山名爲嵩高山。白虎通：中央之嶽，加「嵩高」字者何？中嶽居四方之中而高，故曰「嵩高」也。韋昭曰：「嵩高有太室、少室之山，山有石室，故名。」戴延之西征記：東曰太室，西曰少室，相去十七里。嵩高其總名也。舊唐書：高宗永淳元年，於嵩山南造奉天宮。則天證聖元年，號嵩山爲神嶽。梁載言十道志：河南道名山，曰嵩高。元和志：嵩高山在告成縣西北三十三里，登封縣北八里，高二十里，周一百三十里；少室山，在告成縣西北五十里，登封縣西十里，高十六里，周三十里，潁水源出焉。金史地理志：少室山，宣宗置御寨其上。舊志：嵩山在登封縣北十里，其山東跨密縣，西跨洛陽，北跨鞏縣，延亘百五十里。太室中爲峻極峯，左右列峯各十二，凡二十四峯。又西二十里爲少室山，其峯三十有六。本朝乾隆十五年，高宗純皇帝駕幸嵩洛，有御製登嵩山華蓋峯歌，刻石山頂，永垂萬禩。

陽城山。在登封縣東北。漢書地理志：陽城縣陽城山，洧水所出。水經：洧水出密縣西南馬領山。酈注：「亦言出陽城山，山在陽城縣東北，蓋馬領之統目焉。」元和志：陽城山，在告成縣東北三十八里。舊志：山在今縣東北，俗名車嶺山。

天柱山。在永寧縣東南四十五里。中有王官谷。金史地理志：永寧縣有天柱山。

金門山。在永寧縣西南。水經注：金門谿水、黍良谷水皆出金門山。開山圖曰山多重固。建武二年，强弩偏將軍陳俊轉擊金門、白馬皆破之，即此也。劉昭後漢書注：「宜陽有金門山，山竹可爲律管。」明統志：在永寧縣西南三十里，一名律管山。

楊柏山。在永寧縣西南四十里。山間有谷，谷有八區洞。

松陽山。在永寧縣西南。松陽溪水出焉。隋書地理志：長泉縣有松陽山。

延壽山。在永寧縣西五里。有香泉，飲之多壽，因名。

龍頭山。在永寧縣西四十五里，蜿蜒抵洛水。

壇山。在永寧縣西。水經注：洛水逕檀山南，其山四絶孤峙，山上有塢聚，俗謂之檀山塢。隋書地理志：長泉縣有壇山。明統志作天壇山，一名壇屋山，在永寧縣西四十五里。

大通山。在永寧縣西五十里。有風穴，擊之如雹聲。

陽虛山。在永寧縣西五十里。一名陽峪。明統志：黄帝時蒼頡隨帝南巡，登陽虛之山，即此。　按：水經注：黄帝所登之陽虛，在陝西洛南縣界。此蓋別一山，後人誤指耳。

鵜鶘山。在永寧縣西。水經注：黄坊谿水出鵜鶘山。山有二峯，峻極於天，有大、小鵜鶘之名。舊志：山在縣西八十里。

嶕嶢山。在永寧縣西北三十五里。金史地理志：永寧有嶕嶢山。縣志又有鳳翼山，在縣北一里。

崤山。在永寧縣北六十里，西北接陝州界，東接澠池縣界。春秋僖公三十三年：晉人及姜戎敗秦師於崤。左傳：蹇叔曰：「殽有二陵焉，其南陵夏后皋之墓也，北陵文王之所避風雨也。」吕氏春秋：天下九塞，殽其一也。後漢書：建武三年，馮異與赤眉戰於崤底，大破之。班固西都賦：左據函谷、二崤之阻。杜預左傳注：「崤在澠池縣西，二崤之間南谷中，谷深委曲，兩山相嶔，故可以避風雨，古道由此。」魏武帝西討巴漢，惡其險而更開北山高道。西征記：崤上不得鳴鼓角，鳴則風雨總至。水經注：崤水出盤崤山，石崤水出石崤山。山有二陵，千崤水南導於千崤之山。漢建安中，曹操惡南路之險，更開北道，自後行旅多從之。山側附路有石銘云：晉太康三年，弘農太守梁柳修復舊道。太崤以東，西崤以西〔四〕，明非一崤也。魏書地形志：崤縣有三崤山。隋書地理志：熊耳縣有二崤山。元和志：三崤山〔五〕，又名嶔崟山，在永寧縣北二十八里，自東崤至西崤三十五里。東崤長坂數里，峻阜絶澗，車不得方軌。西崤全是石坂，十二里，險絶不異東崤。通典：文王避風雨處，即東崤山，在夏后皋墓北十里許。漢時移道於嶔崟山南，在夏后墓南可五里。曹操更開北道，即復春秋時舊路也。後周初更復南移，隋大業三年廢。武德初又通，貞觀十四年又廢。其道西至永寧縣界又東分爲二道，南道東南入福昌，北道東入澠池。寰宇記：一陵在峽石縣東北四十六里，本屬永寧。乾德二年，割屬當縣。明統志：崤山在永寧縣北六十里。舊志：崤底在縣西北七十里，崤谷之底也，有崤底關巡司，亦名崤坡。

大媚山。在澠池縣東一百三十里。有大媚洞。舊志作黛媚山。

馬頭山。在澠池縣西南。水經注：穀水出崤東馬頭山穀陽谷。魏書地形志：北澠池有馬頭山。元和志作穀陽山，在永寧縣西北五十五里，穀水所出。舊志：廣陽山在澠池縣西二十里，澠水所出。即此。又以爲馬頭山在縣東北六十里，疑誤。

韶山。在澠池縣北三十里。金以此名州，上有金烏、玉兔二峯。

石門山。在澠池縣北六十里。山勢中斷，兩崖對峙如門。又小龍門，在縣北七十里。唐駱賓王詩所謂「層巖遠接天，絶頂上棲烟」者。宋徐無黨有記。

桓王山。在澠池縣北九十七里。有周桓王墓。

天壇山。在澠池縣東北十八里。高五百丈，四絶如壇。後魏孝文帝西巡至此。

白石山。在澠池縣東北二十里。澗水出此。孔安國書傳：澗水出澠池山。水經注：山海經曰，白石之山，澗水出其陰。

世謂是山爲廣陽山。元和志：廣陽山亦名澠池山，在澠池縣東北二十五里。

田山。在澠池縣東北三十里。山平可種。又東十里爲白鹿山。又方山，在縣東北五十里。

篩山。在嵩縣東九十里。産錫。西十里有惠明山，産蒼术最佳。

白龍山。在嵩縣東南十里。高百丈，其頂平坦，約數十畝，有泉可飲。四圍阻險，相傳元左丞張伯玉立寨屯兵於此。

仙人山。在嵩縣東南七十里，接伊陽縣界。四圍壁立，一逕盤曲而上，頂平約數畝。崖間有洞，洞内有泉。元參政牛時中立寨於此。

牛心山。在嵩縣東南。元統志：嵩州東南九十里曰懷吉川，川南九十里曰牛心山，上下凡有四洞，一曰牛心，二曰獅子垛，三曰要兒溝，四曰青陽垛。

七峯山。在嵩縣南三十里。山有七峯，高插雲漢。

五重山。在嵩縣南。唐書食貨志：開元十五年，初税伊陽五重山銀錫。元和志：銀鑛窟，在伊陽縣南五里。

太和山。在嵩縣南。唐書地理志：伊陽縣有太和山。

三塗山。在嵩縣西南。周書：武王曰：「我南望過於三塗。」左傳昭公四年：司馬侯曰：「四嶽三塗，九州之險也。」十七年：晉侯使屠蒯如周，請有事於洛與三塗。杜預注：「三塗，山名，在陸渾南。」水經注：伊水歷崖口，山峽也，翼崖深高，壁立若闕，崖上有塢。伊水經其下，歷峽北流，即古三塗山也，在陸渾故城西南八十里許。元和志：在陸渾縣西南五十里。舊志：在今縣西南十里伊水北，俗呼爲崖口，又曰水門。

伏牛山。在嵩縣西南，接盧氏、内鄉二縣界。汝水所出。漢書地理志：定陵縣高陵山，汝水出焉。水經：汝水出梁縣勉鄉西天息山。酈注：地理志曰，高陵山即猛山也。亦言出魯陽縣之大孟山，又言出盧氏縣還歸山。博物志曰，汝出燕泉山。並異名也。元和志：天息山，一名伏牛山，在魯山縣西一百五十里。舊志：伏牛山在嵩縣西南百里，汝水、白河皆出焉。其東爲摘星樓山。

攻離山。在嵩縣西南。水經：淯水出盧氏縣攻離山。明統志：淯水出嵩縣雙雞嶺。「雙雞」蓋即「攻離」之譌也。

鴉石山。在嵩縣西南一百五十里，接盧氏縣界。下即古樓子關，伊水經其北。

林鳳山。在嵩縣西北一百里。其東爲淩星山。黄、賈二寨水出焉。

大礦山。在嵩縣西北一百里，接永寧縣界。高都水出焉。

奉牛山。在嵩縣北二十里。一名伊陽山。宋紹興初，翟興屯伊陽山，即此。

介立山。在嵩縣北四十里。一名孤山。水經注：焦澗水東流逕孤山南，其山介立直上，單秀孤峙，故世謂之方山。隋書地理志：陸渾縣有孤山。按：水經注，孤山即方山。隋志則分爲二山。

思遠山。在嵩縣北四十里。其山高大，與九皋、七峯等。相傳唐武后嘗幸此，建乘凉閣，後爲隆興寺。

露寶山。在嵩縣北六十里，接宜陽縣界。産銀、錫。按：此疑即水經注之鹿髆山，以聲相近而譌也。

耙耬山。在嵩縣東北二十五里方山之西。下有程伊川故宅。

方山。在嵩縣東北。隋書地理志：陸渾縣有方山。元和志：陸渾山俗名方山，在伊闕縣西五十六里。縣志：陸渾山有二，俱在嵩縣東北，一距縣四十里，在伊水之西。春秋時，陸渾戎居焉，秦因其地置陸渾縣。一距縣二十五里，晉、魏、隋、唐所置陸渾縣地也，今尚呼爲陸渾嶺。按：水經注陸渾山，在故縣西九十里，應在今縣西北界，與方山本二山也，元和志混而爲一。縣志所謂兩陸渾，皆非故山也。

鳴皋山。在嵩縣東北方山之東。元和志：鳴皋山在陸渾縣東北十五里，宋建炎二年，翟興破賊楊進於鳴皋山。明統志：山在嵩縣東北四十里。縣志：亦名九皋山。其南爲鶴山，二山相向，伊水經其下。鶴山之西爲鼂山，去縣二十里。

紫荆山。在嵩縣東北九十里，接洛陽縣界。

横嶺。在鞏縣東三十里，接開封府汜水縣界。隋義寧元年，李密據興洛倉，裴仁基自汜水西入，以掩其後。密選驍雄伏横嶺下以待仁基，即此。

五枝嶺。在鞏縣西南七十里。嵩山至此，分爲五枝。

瑶嶺。在鞏縣西八十里。宋置鐵冶於此。

分水嶺。有二：一在永寧縣南三十里，有泉分注；一在嵩縣東南五十里。

摩雲嶺。在永寧縣西八十里。

魚脊嶺。在永寧縣東北七十里。又有十八盤嶺，在縣西南一百二十里，接陝州盧氏縣界。
馬嶺。在澠池縣東二十里。又箭河嶺，在縣東北五十里。白廟嶺，在縣東南二十里。岡阜蜿蜒，延袤數十里。
紅絨嶺。在澠池縣北三十里。
伏流嶺。在嵩縣東。又鑾峪嶺，在縣西。黄松嶺，在縣北。又東爲青嶺。
漏明巖。在新安縣北六十里。舊名石門。兩壁峭立數十丈，中通一徑。
盧巖。在登封縣北十五里太室之東。唐盧鴻隱處〔六〕，有草堂、倒景臺、樾館、枕烟庭、雲錦淙、期仙磴、滌煩磯、冪翠亭、洞元室、金碧潭。
沙崖。在新安縣北五十五里。羣山四拱，中有小水，曰馬陵川。
大谷。在洛陽縣南。後漢靈帝中平元年置八關，此其一。初平二年，孫堅討董卓，進軍大谷，距洛九十里。章懷太子曰：「大谷口，在嵩陽西北八十五里，北出對洛陽故城。」元和志：在潁陽縣西北三十五里。寰宇記：在洛陽縣東南五十里。張衡東京賦曰：大谷通其前。陳思王洛神賦：經通谷。潘安仁閒居賦：張公大谷之梨。皆謂此。舊志：大谷口，即今之水泉口也。
佛光谷。在偃師縣南。寰宇紀：在緱氏縣南三十里，中有鳳凰臺。舊志：峪在萬安山下。
百花谷。在鞏縣東南三十餘里，接汜水縣界。隋義寧元年，越王侗計李密，使裴仁基自汜水入屯百花谷。
鬼谷。在登封縣東南。史記：蘇秦習於鬼谷先生。徐廣曰：「陽城縣有鬼谷。」元和志：在告成縣北五里，即六國時鬼谷先生所居也。
潁谷。在登封縣西南。左傳隱公元年：潁考叔爲潁谷封人。水經注：潁水右源出陽乾山之潁谷，即潁考叔爲封人處。

舊志：即陽乾山之東谷也。

湮谷。在登封縣西南。水經注：湮水出湮谷西南，西南流逕武林亭東，又西南逕湮陽亭東，又南入狂水。

柏谷。在登封縣少室山西北，去少林寺五里。述征記云：谷中無回車地，柏林蔭藹，窮日幽暗，殆弗覩陽景。隋開皇中，賜少林寺地一百頃，稱柏谷屯。

逍遥谷。在登封縣北，太室山南麓。唐時道士潘師正居此，高宗嘗幸焉。亦名承天谷。

莎栅谷。在永寧縣西三十里。唐有莎栅城。韓愈、孟郊有莎栅聯句詩。

黑谷。在嵩縣西南八十里。又留劍峪，在縣北。

瞿子峪。在鞏縣東二十里，接開封府汜水縣界。

岑原丘。在鞏縣西北。水經注：鞏縣北有山臨城，謂之崟崟丘。其下有穴，謂之鞏穴，潛通浦北，達於河。寰宇記作岑原丘，在鞏縣西北三十五里。

白司馬坂。在洛陽縣東北三十里，邙山東北垂也。亦曰白馬山。後魏孝昌三年，蕭寶夤以關中叛，蕭贊在洛陽聞之，懼而出走，至白馬山，爲人所獲。隋大業九年，楊玄感引兵向洛，使其弟玄挺爲先鋒，自白司馬坂踰邙山南入。唐貞觀十一年，河溢，毁河陽中潬城，帝親幸白司馬坂觀之。舊志又有鷄店坂，在縣東二十里。鷄店迤東，爲洛陽要地。

鄂嶺坂。在偃師縣南五十五里，接登封縣界。元和志：在緱氏縣東南三十七里。晉范陽王保於鄂坂，後於其上置關。即此也。

黄馬坂。寰宇記：在緱氏縣西北十里。舊志：黄馬崖，在偃師縣西南二十里。

澠坂。在澠池縣西北二十里。有南坂、北坂。

郟鄏陌。在洛陽縣西。左傳宣公三年：王孫滿曰：「成王定鼎於郟鄏。」襄公二十四年：齊人城郟〔七〕。漢書地理志：河南，故郟鄏地。皇甫謐帝王世紀：王城西有郟鄏陌。京相璠曰：「郟，山名。鄏，邑名。」隋書地理志：河南有郟山。舊志：即邙山也。

太白原。寰宇記：在河南縣西北六十八里，芒山之異阜也，金谷水出此。

萬畝原。在永寧縣東南十五里。元末屯兵於此。

硤石。在孟津縣西二十里。晉永嘉末，魏浚與流人數百家東保河陰之硤石。後魏永安二年，尒朱榮與元灝相持於河上，榮使尒朱兆、賀拔勝自馬渚西硤石夜渡。皆即此。

換香洞。在宜陽縣西南五十里。中有銀礦，明成化間，土民嘗竊採之，有司奏請閉塞，設巡司防守。

膽礬洞。在新安縣北四十里。内産膽礬，有寒風，不可入。

抵塢洞。在澠池縣北二十里。産銀。又西關洞，在縣北百里，産鉛。今俱封閉。

黄河。自陝州流入，經澠池縣北，又東經新安、孟津、鞏縣北，入開封府汜水縣界。書禹貢：導河東至於底柱，又東至於孟津，東過洛汭。書泰誓：惟十有三年春，大會於孟津。水經注：河水自底柱以下，五户以上，其間百二十里，河水竦石傑出，勢連襄陸，蓋亦禹鑿以通河，疑此閼流。其山雖闢，尚梗湍流，有一十九灘，水流迅急，勢同三峽。五户，灘名也。河水又東，清水注之，又東與教水合，又與畛水合，又東合滽滽之水，又東過平陰縣北，湛水注之，又東逕河陽故城南，又逕臨平亭北，又東逕洛陽縣北，又東逕平縣故城北。河水至斯，有盟津之目，又曰富平津，晉杜預造橋於此。又謂之陶河，又東溴水、洓水注焉，又東過鞏縣北，河水於此有五社渡，爲五社津。又東，洛水注之，謂之洛口。又東過成臯縣北。舊志：黄河自陝州，又東逕澠池縣北百里，其北岸與山西垣曲縣分界。又東逕新安縣北六十里，又東逕洛陽縣北五十里，今割屬孟津。又東逕孟津縣北五里，其北岸與濟源、孟縣分界。又東逕鞏縣北十里，其北岸與温縣分界。河自孟津而上，多循山麓，行至孟津，地平土疏，河勢漸漲，潰溢之患，自孟津始〔八〕。本朝乾隆十五年，高宗純皇帝駕幸嵩洛，御製有渡孟津河恭依聖祖仁皇帝元韻，暨渡河舟中作詩。

藻河。在宜陽縣西。逕鍾山、錦屏二山之門，北流入洛。引之可以灌田。一名鐵鎖溝，溝旁舊有鐵冶，今廢。

金線河。在宜陽縣西北。一名金絲澗。源出永寧縣巘山，東南流逕福昌鎮，東南入洛。又有渡羊河，亦自永寧縣東南流入洛。水經注：杜陽澗水，出杜陽谿，東南逕一全塢，東與槃谷水合，東南入洛。疑即此。

龍澗河。在新安縣西北二十里。發源青崖底，東南流入穀，居民引以溉田。又安溝河，在縣西北十五里，南流會龍澗入穀。又長垣河，在縣西北八里，源出隊山，南流入穀。又泥河，在縣西郭外，源出北山，南流入穀。又金水，在縣東門外，源出縣北十里朱家坡，孕、溝二水合流，南入穀。

市河。在鞏縣東門外。源出青龍山，旋繞山巖間，北流入洛。

石子河。在鞏縣東南。即古洞水也。水經注：洞水發南谿石泉，世亦名之爲石泉。又經盤谷塢東，世又名之爲盤谷水，又北入洛。隋末，劉長恭討王世充，渡洛水，陳於石子河西。胡三省通鑑注：「石子河，即洞水也。」舊志：在縣東南二十里，或謂之玉仙河。

澇河。在孟津縣西。源出洛陽縣瓦店邙山中。北流至縣西十二里上河頭，始出山口，又北入河，或有時伏流地中。又有青河，在舊縣南，積水成池，東流入河。

洗耳河。在登封縣南。源出箕山下，流入汝州汝水。

洛水。自陝州盧氏縣流入，東北經永寧縣南，又東北逕宜陽縣北，又東北逕洛陽縣南，與澗、瀍二水合，又東逕偃師縣南，合伊水，又東北逕鞏縣西北，又東至開封府汜水縣西北，入河。書禹貢：導洛自熊耳，東北會於澗、瀍，又東會於伊，又東北入於河。水經注：洛水自盧氏縣東，逕高門城南，東與高門水合，又東，松陽谿水注之，又東逕黄亭南，又東合黄亭谿水，又東得荀公澗口，又東逕檀山南，又東，庫谷水注之，又東得鵜鶘水口，又逕僕谷亭北，左合北水，又東合侯谷水，又東逕龍驤城北。又東，左合宜陽北山水，又東，廣由澗水注之，又東，右得直谷水，又東北過蠡城縣南，右會金門谿水，又東合款水，又東黍良谷水入焉。又東，太陰谷水北流注之，又東合白馬谿水，又東過陽市邑南，昌澗水注之，又東逕一合塢南，又東合杜陽澗水，又東合渠谷水，又東逕宜陽故城南，又東與厭梁之水合，又東南，黄中澗水注之，又東，禄泉注之，又東，共水入焉。又東合黑澗水，又東臨亭川水注之，又東北出散關南，又東與豪水會，又東，枝瀆左出焉。又東出關，惠水右注之，又與虢水會，又東北過河南縣南，與澗、瀍合，又東過洛陽縣南，伊水從西來注之，又東，合水注之，又東逕偃師故縣南，與緱氏分水，又東，休水自南注之，又東逕百谷塢北，又北，陽渠水注之，又北逕偃師城東，東北歷鄩中，逕訾城西，鄩水注之，又東逕訾城北，又東，羅水注之，又東，明樂泉水注之，又東逕鞏縣故城南，又東，濁水注之，又東北，洞水北入焉。又東北流入於河。謂之洛汭，即什谷也。張儀説秦曰：「下兵三川塞什谷之口。」謂此川也。元和志：洛水在洛陽縣南三里，自苑内上陽之南瀰漫東流，宇文愷築斜堤束令東北流〔九〕，當水衝，捺堰九折〔一〇〕，形如偃月，謂之月坡。宋史河渠志：元豐二年，導洛通汴，自鞏縣任邨沙谷口至河陰縣汴口，穿渠長五十一里。舊志：洛水在永寧縣南五里，東北逕宜陽縣北百步許。又東逕洛陽城南五里，又歷偃師城南，經鞏縣北三里，至縣東北二十里汜水縣界入河。

伊水。自陝州盧氏縣熊耳山發源，流逕嵩縣南一里，東北逕宜陽縣界，至洛陽縣南，又東北至偃師縣西南五里，合洛水。書禹貢：伊、洛、瀍、澗，既入於河。水經注：伊水自鸞川東北，逕東亭城南，又屈逕其亭東，東北過郭落山，陽水東流入伊水，其東北鮮水入焉，又與蠻水合，又東北過陸渾縣南，滽滽水東流注之。伊水歷崖口，逕三塗山，有七谷水注之，又北，蚤谷水注之，又東北逕伏流嶺東，北與温泉水合，又東北逕伏睹嶺，左納焦澗水，又東北，涓水注之，又東北，長水東流入焉。又有明水西南流入之，又與大戟水會，又北逕新城東，與吴澗水會，又北逕當堦城西，大狂水入焉。又北，土溝水、板橋水入焉。又北會厭澗水，又北逕高都城東，來需之水入之，又東北逕前亭西，又北入伊闕，又東北至洛陽縣南，逕圜邱東，又東北流注於洛水。元和志：伊水出鸞掌山，東北過伊闕，多雨暴漲，諸峽束水之處，其高或七八丈。又伊水，在河南縣東南十八里。唐書地理志：龍門山東抵天津，有伊水石堰，天寶十載，河南尹裴迥置。胡渭禹貢錐指：賈讓言：大禹鑿龍門，闢伊闕，當時伊水爲害必甚，故禹治四水，以伊爲先，伊既入洛，乃疏洛以入河，最後治瀍、澗。

孝水。在洛陽縣西。潘岳西征賦：澡孝水以濯纓，嘉美名之在兹。水經注：俞隨之水，出廆山之陰，北流注於穀，世謂之孝水，在河南城西十餘里。舊志：孝水在洛陽縣西三十里，亦名谷水，東流至縣西北入穀。後周於此築孝水戍，俗謂之王祥河，蓋因近祥墓而名。

金谷水。在洛陽縣西北，自新安縣流入。水經注：金谷水出太白原東南流歷金谷，謂之金水。又東南流逕晉衛尉石崇故居，又東南入穀水。新安縣志：金水在縣東北三十里，東流入洛陽界。又有羊馬川，在縣東北二十里，東流合金水入穀。洛陽縣志：金水在縣西二十里。舊經：金水保入澗，隋都洛，改流遶皇城，今在府東北七里，下流入瀍。

休水。在偃師縣東南六十里。水經注：休水導源少室山，西流逕穴山南，而北與少室山水合，又左會南谿水，又西南北屈，潛流地下，其故瀆北屈出峽，謂之大穴口，北歷覆釜堆，東屈零星塢，又經延壽城南緱氏縣治，又西屈北，屈逕其城西，又北流注於洛水。

劉水。在偃師縣南。水經注：劉水出半石東山，西北流經劉聚，謂之劉澗，其水西北流注於合水。舊志：劉澗源出南山，在偃師縣南五十里。又有碾子河，在縣西南十里。韓莊乾河，在縣南史家灣，俱北流入洛。

合水。在偃師縣西南四十五里。水經注：合水出半石山，北逕合水塢，東北流注於公路澗，俗謂曰光禄澗，北流與劉水合，又北流注於洛水。

鄩水。在偃師縣東北，與鞏縣接界。史記張儀傳：下兵三川，塞斜谷之口。徐廣曰：「一作『尋』，成皋鞏縣有尋口。」後漢書郡國志：鞏有尋谷水。水經注：鄩水出北山鄩谿，其水南流，世謂之温水泉，又東南逕訾城西北，東入洛水。京相璠曰：「今鞏洛渡北有鄩谷水，東入洛，謂之下鄩，亦謂之北鄩。」括地志：温泉水即鄩源，出鞏縣西南四十里。舊志：鄩谿在偃師縣東北十四里，温泉在邙山下。

甘水。源出宜陽縣東南，東北流至洛陽縣西南入洛。水經注：甘水出宜陽縣鹿蹄山，東北流，與非山水會，於河南城西北入洛。舊志：在洛陽縣西南三十里。

黑澗水。在宜陽縣西南。水經注：黑澗水南出陸渾西山，歷於黑澗，西北入洛，亦名皂澗。隋大業初，營顯仁宫，南接皂澗，北跨洛濱，即此。縣志：皂澗在縣東十里。

澠池水。在宜陽縣西。漢書地理志：宜陽縣有澠池。水經注：熊耳山際有池，世謂之澠池，東南逕宜陽縣故城西，謂之西度水，又東南流入於洛。明統志：有宜水在宜陽縣西五十里，本名西渡，自永寧縣流經宜谷西南，入於洛。

黄澗水。在宜陽縣西。水經注：黄中澗水出北阜，二源奇發，總成一川，東流注於洛。縣志：黄澗水在縣西六十里，自黄澗郈入洛。

渠谷水。在宜陽縣西。水經注：渠谷水出宜陽縣西女几山，東北流逕雲中隖，又東北入洛水。舊志：渠谷水在縣西七十里。又有流谷水在縣西八十里，俱出流漕郈石崖下，東入洛。

昌谷水。在宜陽縣西九十里，一名昌澗水，自永寧縣流入。水經注：昌澗水出西北宜陽山，東南流逕宜陽故郡南，又南注於洛。明統志：刀轅川在永寧縣東北三十五里，源出陝州界，東北流入宜陽縣界，名昌河。舊志：宜陽縣昌谷水，即永寧縣之刀轅川，源出澠池界，東南流入洛。

五延水。在宜陽縣西。水經注：厭梁之水，出宜陽縣北傅山大陂，自陂北流屈而東南注，世謂之五延水。又東南流逕宜陽縣故城東，東南流注於洛。舊志有横流澗水在韓城東、西兩關間，源出熊耳山，至韓城東南入洛，疑即此水。

共水。在宜陽縣西。水經注：共水出長石山共谷，南流得尹谿口，又南與李谷水合，世謂石頭泉，南流注於洛。舊志有汪洋河，在縣西四十里，自澠池縣流入，合鹿跑泉南注洛，土人引水溉田，曰宣利渠。

豪水。在宜陽縣東北，自新安縣流入。水經注：豪水出新安縣密山，東流歷九曲泉，而南流入於洛。

皁澗水。在新安縣東。水經注：皁澗水出新安縣東南，流經毌丘興盛墓東，又南經函谷關西，又東流入於穀。舊志：在縣東一里。

慈澗水。在新安縣東三十里。水經注：少水出瞻諸山陰，控引衆谿，積以成川，東流注於穀。世謂之慈澗。

波水。在新安縣東南。水經注：山海經曰：「婁涿之山，波水出於其陰，謂之百荅水，北流注於穀。」舊志有城潢河，在縣南十五里，東入穀，疑即波水。

溏溏水。源出新安縣北，東入孟津縣界。水經注：溏溏水出河南垣縣宜蘇山，俗謂之長泉水，伊、洛門也。其水北流分爲二，一水北入河，一水又東北流注於河。寰宇記：溏溏水在河清縣西南六十里。新安縣志：長泉在縣北六十四里，有長泉邨。孟津縣志：今有横水，在縣西，源出洛陽、新安二縣界。二溝中分，北流三里許相合，又北流五里許入河，横水鎮以此爲名。

羅水。在鞏縣西南，源出登封縣界。水經注：羅水出方山羅川，西北流，蒲地水注之，謂之長羅川，亦曰羅中，蓋肹子鄩羅之宿居，故川得其名耳。又西北，白馬谿水注之，西北流，白相澗水注之，又北，九山東谿水入焉，又於訾城東北入洛。隋大業十三年，李密自羅口襲興洛倉。羅口，即羅水入洛之口也。

明谿泉水。在鞏縣西南。左傳昭公二十二年：晉賈辛帥師軍於谿泉。杜預注：「鞏縣西南有明谿泉。」水經注：明樂泉水出南原下，五泉並導，故世謂之五道泉，即古明谿泉也。縣志：今有青龍河，在縣西南五十里，源出青龍山，匯羅漢、西流、牛鼻、湧水、菩池五泉之水，北流入洛。

湟水。在鞏縣西。後漢書郡國志：鞏縣有湟水。水經注：洛水又東，濁水注之，即古湟水也，水出南原，流逕黃亭入洛。舊志有乾石河，在縣西二十里，源出青龍山，疑即湟水。

瀍水。源出孟津縣西，流至洛陽縣北，又東南流入洛。孔安國書傳：「瀍出河南北山。」漢書地理志：穀城縣瀍水出潛亭北，東南入雒。水經注：穀城縣北有潛亭〔一一〕，瀍水出其北梓澤中，東南流，水西有一原，古舊亭之處〔一二〕。又東南流注於穀水。穀水自千金堨，謂之千金渠，又東南過洛陽縣南，又東過偃師縣，又東入於洛。元和志：瀍水在河南縣北六十里，今驗水西從新安東入縣界。唐書地理志：河南有瀍水，避武宗名曰吉水，宣宗立，復故。府志：瀍水在孟津縣西南五十里，源出穀城山，與九眼泉合，東南流經縣西二十里，入洛陽縣界〔一三〕，由邙山西，又東南經縣北，又折而南入於洛。

五渡水。在登封縣東。水經注：五渡水導源嵩高縣東北太室東谿，及春夏雨泛，水自山頂迭相灌澍，嶀流相承，爲二十八浦。陽旱輟津，石潭不耗，山下大澤周數里，清深潔肅。水中有立石，高十餘丈，廣二十許步，上甚平整，其水東流逕陽城西，石溜縈委，溯者五涉，故謂之五渡水，東南流入潁水。舊志：緣谿有五渡郵，在岳廟東十二里。

石淙水。在登封縣東南三十里，亦名平樂澗。水經注：平洛谿水，發玉女臺下平樂澗，世謂之平洛水。吕忱所謂勺水出陽城山，蓋斯水也。又東南流注於潁。唐武后與羣臣遊宴，賦詩於此。薛曜序云：石淙者，俗謂之平樂澗，樂、洛字古通用也。舊志：源出嵩山，南流經告成鎮東五里，又南入潁。

潁水。在登封縣南，東流入開封府密縣界。漢書地理志：陽城縣陽乾山，潁水所出，東至下蔡入淮。過郡三，行千五百里。水經注：潁水出陽城縣西北少室山，有三源奇發，右水出陽乾山之潁谷，其水東北流；中水導源少室通阜，東南流逕負黍亭東，亦或謂是水爲濦水，東與右水合；左水出少室南谿，東合潁水，又東，五渡水注之，經陽城縣故城南，又逕箕山北，東與龍淵水合，又東，平洛谿水注之，又東出陽城關，歷康城南。縣志：水在縣西，亦名雙谿河。又有少陽河，在縣西南十五里，源亦出少室山，東流入潁。

大狂水。源出登封縣西南，西流至洛陽縣界入伊水。水經注：大狂水出陽城縣之大𦬒口，西經綸氏縣故城南，左與倚薄山水合，又東，八風谿水注之，又西，得三交水口，又西逕缶高山北，西南與湮水合，又西逕湮陽城南，又西逕當堦城南，而西流注於伊。

三交水。在登封縣西。水經注：狂水又西得三交水口。水有三源，各導一谿，故名三交。

白馬谿水。在永寧縣東。水經注：白馬谿水出宜陽山澗，有大石，厥狀似馬，故名。又東北流注於洛。舊志：白馬水在縣東十餘里。

金門谿水。在永寧縣南。水經注：金門谿水南出金門山，北逕金門隝，西北流入於洛。

荀澗水。在永寧縣西南。水經注：荀公澗水出南山，荀澗即龐季明所入荀公谷也，其水歷谷東北流，注於洛。

庫谷水。在永寧縣西南。水經注：庫谷水自宜陽山南，三川並發，合爲一谿，東北流注於洛。又東有侯谷水，出南山，北流入洛。

醴泉水。在永寧縣西十里，南流入金門谿水。

高門水。在永寧縣西。水經注：高門水出北山，東南流合洛水枝津，水上承洛水，東北流經石勒城北，又東逕高門城北，東入高門，水亂流，南注洛。

黄城谿水。在永寧縣西。水經注：黄城谿水出鵜鶘山，東南流歷亭下，謂之黄亭谿水，東南入於洛水。

款水。在永寧縣東北。水經注：款水有二源並發，兩川逕引，謂之大款水，合而東南入於洛。明統志有大宋川，在縣東北二十里，源出橫塘山，經宜陽縣入洛。蓋即此水也。

穀水。

穀水。源出澠池東，東流合澗水，經新安縣南，又東至洛陽縣西南入洛，即古澗水也。周書：我乃卜澗水東、瀍水西，惟洛食。國語：靈王二十二年，穀、洛鬭，將毁王宫。韋昭注：「洛在王城南，穀在王城北，東入於瀍。靈王時，穀水盛出王城西，南流合於洛，兩水相格，有似於鬭，而毁王城西南也。」漢書地理志：澠池縣穀水，出穀陽谷，東北至穀城入雒。水經：穀水出弘農澠池縣南墦冢林、穀陽谷，東北過穀城縣北，又東過河南縣北，東南入於洛。酈注：今穀水出於崤東馬頭山穀陽谷，東北流歷澠池川，或謂之彭池，又東逕秦、趙二城南，又東經上崤北，又東，左會北溪，又東逕新安縣故城，南北夾流而東，又東逕千秋亭南，又東逕雍谷，與北川水合，又東逕缺門山，廣陽川注之，又經白起壘南，又東，石默溪水注之，又東逕毌丘興盛墓南，又東經函谷關南，東北流，皂澗水注之，又東北逕函谷關城東，右合桑爽之水，又東，澗水注之。自下通謂之澗水，故尚書曰「伊、洛、瀍、澗，既入於河」，而無穀水之目。又東，波水注之，又東，少水注之，又東，俞隨之水注之，又東逕穀城南，又東逕河南城西北，水之右有石磧，磧南出爲死穀，北出爲湖溝。魏太和七年，暴水流高三丈，此地停流成湖渚，造溝以通水，東西十里，決湖以注瀍水。穀水又逕河南王城北，又東逕乾祭門北，又東歷千金堨東注，謂之千金渠。又東，左會金谷水，又東分爲二，一水東逕金墉城北，又逕洛陽小城北，又東出爲陽渠；一水南自閶闔門東至偃師城南，注於洛。隋書煬帝紀：大業元年，開通濟渠，自西苑引穀、洛水達於河。通典：外傳所謂穀水，本澗水，水經都城苑中入洛。元和志：穀水在澠池縣南二百步，又在新安縣南二里。金史地理志：澠池縣有澠河，新安縣有穀水。按：穀、澗、瀍三水久混，據周書「澗東」之文，其水應在王城之西南流入洛，即水經注所謂「死穀」也。澗水既合於穀，不知何時又東合於瀍。禹貢錐指謂周景王壅穀入瀍，亦無確據。水經注自千金渠以東，乃瀍水經流，非澗、穀故道也。今輿圖載澠水在澠池南，東流即穀水也，澗水發源澠池東北白石山，至縣東南即合流，其下通謂之澗水，下流至洛陽西南入洛，不通瀍水，則又一變，而與周書合。至以在澠池南者爲澠水，別指新安西界南流入澗者爲穀水，誤。

澗水。

澗水。在澠池縣北。孔安國書傳：「澗出澠池山。」漢書地理志：新安縣，禹貢澗水在東南入雒。水經：澗水出新安縣南白石山，東南入於洛。酈注：山海經曰，白石之山，惠水出其陽，東南注洛；澗水出其陰，北流注穀。世謂曰赤岸水，亦曰石子澗，東北流歷函谷東坂，東北流注於穀。又今新安縣西北有一水，北出澠池界，東南流，逕新安縣入穀水，孔安國所言當斯水也。然穀水出澠池，下合澗水，得其通稱，或亦指之爲澗水。今孝水東十里有水，世謂之慈澗，又謂之澗水。按山海經，則少水也，而非澗水。又按：河南有離山水，謂之爲澗水，水出離山，東南流，歷穀城東南，注於穀。澗水，舊與穀水亂流，同入於洛，今穀水東入千金渠，澗水與俱東入洛矣。意所未詳，故並書之。通典：澠池縣有澗水。舊志：在澠池縣東北二十里，源出白石山，南流，合穀水。按：今澗水，即孔安國所謂出澠池山者，漢新安縣本在今澠池之東，地理亦合，然酈道元已無確指，而其下流穀水，擅名已久，故分著之，仍以穀水爲正流云。

金陵澗水。在澠池縣北九十里，源出桓王山下，北流入河。

高都水。在嵩縣東。元統志：高都水在嵩州西北四十里，有錫冶提舉司。縣志：源出大礦山，東南流至青山東，過高都入伊。又有吴郚水，出留劒峪，東南流入伊。龍駒水出黄松嶺，南流入伊。

樊水。在嵩縣東，源出露寶山，東南流入伊。水經注：焦澗水出鹿觭山，東流逕孤山南，東歷伏睹嶺南，東流注於伊，即此。又有馬澗水，出古城北，南流入伊。

順陽水。在嵩縣東，源出宜陽縣南五十里魚兒泉，南流入縣界，東南經鳴皋鎮東，入伊。水經注：涓水源出陸渾西山，東注號略，又東逕陸渾縣故城北，又東南入伊。疑即此。

空桑澗水。在嵩縣南八里，北流入伊。明統志：昔有莘氏女採桑於伊川，得子於空桑中，長而相殷，是爲伊尹，即此。

沙溝水。在嵩縣南十里。又乾澗水，在縣南十里。南莊水，在縣東南十五里。曲里水，在縣東南二十餘里。俱北流入伊。

汝水。在嵩縣南，東北流入伊陽縣界。漢書地理志：高陵山，汝水出，東南至新蔡入淮，過郡四，行千三百四十里。水經：汝水出梁縣勉鄉西天息山。酈注：今汝水出魯陽縣之大盂山黄柏谷〔一四〕，巖鄣深高，山岫邃密，石徑崎嶇，人蹟裁交。西即盧氏界也。其水東北流逕太和城西，又東流逕其城北，又東界堯山。元和志：水出魯山縣西一百五十里。

鸞峪水。在嵩縣西。水經注：鸞水出盧氏縣之鸞峪，東流入於伊。縣志：鸞峪水在縣西四十里，南折入伊。又有大章水，在縣西六十里，東南流入伊。

王母澗水。在嵩縣西，古名滽滽之水。山海經：鰲山，滽滽之水出焉，南流注於伊水。水經注：水出陸渾縣西南之王母澗，澗北山上有王母祠，故名。東流注於伊水。

黃寨水。在嵩縣西。其東又有賈寨水，俱出淩星山，東南流逕二寨，合流入伊。

馬回水。在嵩縣東北，源出青嶺，南流經馬回屯，西入伊。水經注：馬懷橋長水出新城西南山，東流入伊。即此。

諸家川。在洛陽縣東南六十里，源出登封縣界，西流入伊。

上宜川。在宜陽縣西南二十里萬安山下。唐開元十年，如興泰宮，獵於上宜川。相近又有方秀川，唐開元十四年，幸壽安，獵於方秀川。

馬陵川。在新安縣北四十里，自縣東北三十里，西北流逕沙崖，北入河。又有景陽川，在縣北三十里。

蘭谿。在偃師縣南四十里。寰宇記：賀蘭谿在緱氏縣南八里。即此。

回谿。在永寧縣。後漢建武三年，馮異與赤眉戰敗，棄馬步走，上回谿坂，尋復戰，大破赤眉於崤底，光武勞之曰：「始雖垂翅回谿，終能奮翼澠池。」章懷太子曰：「回谿，今俗所謂回阬，在永寧縣東北，長四里，闊二丈五尺。」元和志：在縣東北三十六里。明統志：在縣北六十里。即東崤山坂也。

七里澗。在洛陽縣東。晉泰始十年，立石橋於城東七里澗上。大安二年，陸機爲前鋒，進逼洛陽，長沙王乂拒破之，機軍赴七里澗，死者如積，水爲不流。水經注：穀水東合七里澗，澗有石梁，即旅人橋也，去洛陽宮六七里。

温谷澗。在洛陽縣北二十里。下有温泉，源出瓦店，流逕孟津縣界入河。

拜馬澗。在偃師縣南。寰宇記：緱氏縣有半馬澗。嵩山記云，半馬澗，人或云百馬澗，亦曰拜馬澗，古老傳王子晉得仙而馬還，國人思之不見，乃拜其馬於此。接佛光谷，下徹公路澗，舊志：在偃師縣南三十里。又有落鹿澗，在縣南三十五里。

滎錡澗。在鞏縣西。左傳昭公二十二年：王崩於滎錡氏。杜預注：「鞏縣西有滎錡澗。」舊志：今有擔車澗，在縣西三十里。

九經澗。在永寧縣西北一百里。相傳光武微時迷路，往來九次，遇一老人指之而出，故名。

通山溝。在偃師縣西北三十里。闊百尺，深二丈，導邙山澗谷之水，北至孟津入河。

飲馬溝。在鞏縣東七里。俗傳吕布軍虎牢時，飲馬於此。又醋峪溝，在縣東南七十里。

水峪溝。在鞏縣西二十里，源出邙山。又石澗溝，在縣西三十里。和泥溝，在縣西南二十里，宋修陵屯役之處。

同峪溝。在永寧縣西四十五里長水嶺北，二水合流，南入洛。

陽渠。在洛陽縣東。後漢書王梁傳：建武五年，梁爲河南尹，穿渠引穀水注洛陽城下，東寫鞏川，渠成而水不流。又張純傳：建武二十三年，爲大司空。明年，上穿陽渠，引洛水爲漕，百姓得其利。述征記：舊於王城東北開渠引洛水，名曰陽渠，東流經洛陽城，北出建春橋石門下，以輸常滿倉。水經注：陽渠今引穀水，亦謂之九曲瀆，河南十二縣簿之瀆，在河南鞏縣西，西至洛陽。按：陽渠以酈注考之，有二道，一在洛陽城北，自皋門橋東，歷大夏門、廣莫門，屈南逕建春橋石門下，即王梁之所引，道元所謂舊瀆者也；一在洛陽城南，自閶闔門南，歷西陽門、西明門，屈東歷津陽門、宣陽門、平昌門、開陽門，又東逕偃師城南，又東注於洛，蓋即張純所穿。又新唐志：河南縣有洛漕新潭，大足元年開，以置租船。宋史：開寶九年，幸西京，發卒自洛城市橋鑿渠至漕口三十五里，以便饋運。皆即陽渠故道也。

伊渠。在洛陽縣南二十五里。自伊闕北分伊水，北行至午橋莊，與洛渠交而出其上，亦爲三支，名莽渠、清渠、單渠，但以東別之，俱入洛。又有永濟渠，明萬曆三十三年鑿，亦引伊水灌田。又有新興渠，在縣西南四十里，引甘水灌田，明弘治中張鼐建。

通津渠。在洛陽縣南。元和志：隋大業元年，分洛水西北流，名千步磧，東北流入洛水。

洛渠。在洛陽縣西南二十五里，引洛水入渠溉田。又莽渠，在縣西南二十里。莽渠之北，又分三支，曰清渠、單渠、大陽渠，皆引洛渠東行，下流仍入於洛。明宣德初堙塞，弘治六年巡撫徐恪重疏。九年，副使張鼐復於洛渠南鑿一渠，出午橋上，由是洛渠并前爲五。

宣德渠。在宜陽縣西六十里，土人引以溉田。又有官莊渠、老老灣渠、鎖家營渠、安業渠，皆本朝康熙三十九年開濬。

神隄渠。在鞏縣北三里。明永樂間開。

宣利渠。在永寧縣南三里。明統志又有新興渠、萬箱渠，皆分洛水以溉田者。舊志：縣界又有龍頭、福興等渠，明洪武、永樂間，再經疏濬，尋堙塞。萬曆三十九年又重開福興渠，東西長二十五里，南北闊二里餘，溉田千二百畝有奇。本朝順治九年重修。

永定渠。在嵩縣南二里。又有伊陽、永順、濟民、鳴皋、永昌、順陽、永通諸渠，皆古渠也。又永泉、永豐橋北，永定、新永順、永清、永濟、新正、中安、安新諸渠，皆新渠也。并引伊水溉田。

千金堨。在洛陽縣北。水經注：河南縣城東十五里有千金堨，舊堰穀水。魏太和五年，更修此堰，謂之千金堨。積石爲堨，而開溝渠五所，謂之五龍渠。蓋修王梁、張純故蹟也。堨是都水使者陳協所造，水歷堨東注，謂之千金渠。晉世大水暴注，溝瀆泄壞，更於西開二堨二渠，名曰代龍渠，即九龍渠也。後張方入洛，破千金堨，頹毀殆盡。太和中修復。

五龍潭。在偃師縣西南七十里。又十五龍潭，在澠池縣北五十里黿山後，內有風、雨、雷三潭，皆西流入河。

黑龍潭。在偃師縣北一里，南流入洛，曰黑龍潭。又鞏縣東南七十里，嵩縣西南八十里，俱有黑龍潭。又嵩縣有白龍潭，在縣東南十五里；黄龍潭，在縣北八十里。皆禱雨有應。

二龍潭。在偃師縣北二里邙山之陽，水常不竭。

胭脂潭。在宜陽縣東，即洛水匯處，潭中之石紫色。

九龍潭。在登封縣太室山東巖之半，古名龍淵水。山巔諸水咸會於此，蓋一大峽也。峽作九壘，每壘結爲一潭，遞相灌輸，深不可測。水經注：龍淵水導源龍淵，東南流逕陽城北，又東南入潁。

黿潭。在永寧縣西北，南流入洛。

御史灘。在嵩縣北九十里，一名鸂鶒灘。古伊闕縣前臨大谿。康軿劇談録：每縣中僚佐有入臺者，即水中灘出。唐牛僧孺爲尉，忽報灘出，及雙鸂鶒飛下，不旬日，拜西臺御史。

鴻池。在洛陽縣東。後漢書安帝紀：永初三年，詔以鴻池假與貧民。水經注：穀水又東注鴻池陂，在洛陽東二十里，東西千步，南北千一百步，四周有塘。

天淵池。在洛陽縣東。魏志文帝紀：黄初五年，穿天淵池。水經注：渠水自大夏門，又東枝分，南入華林園，歷疏圃南，又逕瑶華宫南，景陽山北，又東注天淵池。池中有魏文帝九華殿，其水東出華林園，逕聽訟觀南，又東注洛陽縣之南池。

魏王池。在洛陽縣南。明統志：洛水溢爲池，爲唐都城之勝。貞觀中以賜魏王泰，故名。

泊池。在宜陽縣東南十五里。一名泊頭湖，廣可十畝，有蓮有藕。其地四面皆山，凡夏雨，四山之水皆泊於此，故名。

蓮花池。在鞏縣西南羅口保，廣二十畝〔一五〕。

天池。在澠池縣東南五十里。橫潦無源。唐貞觀十八年，獵於澠池之天池，即此。又大池，在縣東南四十里，廣百畝許。又藕池，在縣南三十里，汪洋千頃，昔人栽蓮於此，故名。

狄泉。在洛陽縣故洛陽城中。春秋僖公二十九年：盟於狄泉。左傳定公元年：晉魏舒合諸侯之大夫於狄泉，城成周。杜預左傳注：「狄泉，今洛陽城内太倉西南池水也。」帝王世紀：敬王徙居成周，城小不受王都，故壞狄泉而廣之。晉書五行志：永嘉元年，洛陽東北步廣里地陷，有蒼白二色鵝出，陳留董養曰：「步廣，周之翟泉地也。」水經注：穀水東流入洛陽縣之南池，即故翟泉也。在廣莫門道東，建春門路北，後爲東宫池。楊衒之洛陽伽藍記：太倉南有翟泉，周迴三里，水猶澄清，洞底明淨，高祖於泉北置河南尹，泉西有華林園。以泉在園東，因名蒼龍海。通典：在洛陽東三十餘里。

滴水泉。在洛陽縣西南四十里。土崖上覆，空廣一丈有奇，滴水如珠。又有靈泉，在縣南二里，唐李德裕有賦。

九眼泉。在洛陽縣北三十里，穀城山東南。一泉九眼，下入瀍水。

雙泉。在偃師縣南。寰宇記：在緱氏縣南十里。縣志又有靈泉，在縣南。

噴玉泉。在宜陽縣東南。宋司馬光有詩。又鹿跑泉，在縣西，一名魚兒泉，下合汪洋河。

柳泉。在宜陽縣西四十里，寬一丈許。旁植以柳，故名。

温泉。在新安縣西南三里羣山之陰，北流入澗。又嵩縣有温泉二，一在縣東南二十里，一在縣西七十里。

菡萏泉。在鞏縣東，下流入市河。

平泉。在澠池縣東南三十里。源出平地，東南流入洛。又温泉，在縣東二十五里。石泉，在縣東南四十里。寶泉，在縣南二十里。

古玉井。在洛陽縣東三十五里。魏明帝引穀水過九龍祠前，爲玉井綺闌。又璇華宫有玉井，皆以白石甃之。

甄官井。在洛陽縣東南。後漢初平二年，孫堅討董卓，進至雒陽，得漢傳國璽於城南甄官井。

琉璃井。在府城外發祥寺側。明統志：宋太祖汲此井浴，後甃以琉璃，至今石壓其上。

八角井。在孟津縣西耕子溝，禱雨有應。

龍井。在永寧縣嶕嶢山上，三井相連。

校勘記

〔一〕西阻九河　「九河」，讀史方輿紀要卷四八河南三同，文選卷三張衡東京賦作「九阿」。

〔二〕洛陽縣北二里　「北」，原脱，乾隆志卷一六二河南府山川（下同卷簡稱乾隆志）同，據太平寰宇記卷三河南道河南府補。

〔三〕登百坯山　「坯」，乾隆志作「坏」，後漢書卷四和帝紀作「岯」。下注同。

〔四〕太嶓以東西嶓以西　乾隆志及讀史方輿紀要卷四六河南一同。按，此處注語本自資治通鑑卷一八〇隋紀胡三省注，原作「太嶓以東，東、西嶓以西」，此誤脱一「東」字。

〔五〕三嶓山　乾隆志同。按，疑「三」當作「二」，即下文所言東嶓、西嶓也。

〔六〕唐盧鴻隱處　「盧鴻」，乾隆志及新唐書卷一九六本傳同，太平御覽卷五〇六逸民部作「盧鴻一」。

〔七〕齊人城郟　「城」，原作「成」，據乾隆志及左傳襄公二十四年改。

〔八〕自孟津始　「自」，原作「目」，據乾隆志改。

〔九〕宇文愷築斜堤束令東北流　「築」，原脱，乾隆志同，據元和郡縣圖志卷五河南道一補。

〔一〇〕捺堰九折　「折」，原脱，乾隆志同，據元和郡縣圖志卷五河南道一補。

〔一一〕穀城縣北有潛亭　「潛」，乾隆志同。按，戴震校水經注，改「潛」作「朁」，是。漢書卷二八上地理志「穀成」注：「禹貢瀍水出朁亭北，東南入雒。」

〔一二〕古舊亭之處　「舊」，乾隆志同。按，戴震校水經注，改「舊」作「朁」，是。參上條校勘記。

〔一三〕入洛陽縣界　乾隆志「縣」上有「舊」字。

〔一四〕今汝水出魯陽縣之大盂山黄柏谷　「大盂山」，乾隆志及水經注卷二一汝水同。按，本志前文伏牛山注作「大孟山」，且引地理志曰高陵山即猛山也，猛、孟音近相通，則似作「大孟山」爲是。

〔一五〕廣二十畝　「二十」，乾隆志作「十」。

大清一統志卷二百六

河南府二

古蹟

隋東都城。今洛陽縣治。隋書煬帝紀：大業元年，詔營建東京。二年，東京成。五年，改爲東都。舊唐書地理志：東都城，北據邙山，南對伊闕。洛水貫都，有河漢之象。南北十五里二百八十步，東西十五里七十步，周圍六十九里三百二十步。都內縱橫各十街，街分一百三坊、二市。每坊縱橫三百步，開東、西二門。唐書地理志：東都王城，曲折象南宮垣，名曰太微城；宮城象北辰藩衛，曰紫微城；都城，武后號曰金城。宋史地理志：西京皇城，周迴十八里五百二十八步，京城周五十二里九十六步。顧炎武肇域記：今洛陽城，乃隋、唐東南一隅。

新城故城。在洛陽縣南。古戎蠻子國。戰國時爲韓邑。戰國策：張儀曰：「秦攻新城、宜陽，以臨二周之郊。」史記：秦昭襄王十三年，白起攻新城。漢二年，漢王至雒陽、新城，三老董公遮説漢王爲義帝發喪。皆此地也。漢惠帝四年，置新城縣，屬河南郡。後漢至晉因之。東魏天平初，置新城郡，屬北荆州。魏書地形志：郡治孔城，後陷，徙治州城。隋開皇初，郡廢。十八年，改縣曰伊闕，以伊闕山爲名。大業初，屬河南郡。唐因之。元和志：縣北至河南府七十里。宋熙寧五年，廢爲鎮，入河南。六年，改隸伊陽，後仍屬洛陽。元統志：伊闕故城，在嵩州東北九十里。

河南故城。在洛陽縣西五里，即故洛邑王城也。書序：成王在豐，欲宅洛邑，使召公先相宅。周公曰：「我乃卜澗水東、瀍水西，惟洛食。」即此。其後平王徙都之，是爲東周，亦曰王城，左傳莊公二十一年：鄭、虢同伐王城是也。敬王始遷成周，後更名王城曰河南。帝王世紀：考王封弟揭於河南，是爲西周公，時又以成周爲東周也。漢爲河南縣，屬河南郡。博物記：王城方七百二十丈，郛方一十里，南望雒水，北至陜山。地道記：河南城東去洛城四十里。後魏太和中，都洛陽，仍以河南縣屬河南尹。東魏天平初，遷鄴，改縣曰宜遷，置河南郡。後周復曰河南。隋大業初，改營新都，移河南入郭下，故城廢。括地志：河南故城，在今縣北九里苑内東北隅。舊唐書地理志：河南縣，隋舊。武德四年，權治司隸臺。貞觀元年，移於大理寺。二年，徙理金墉城。六年，移治都内毓德坊。永昌元年，改爲合宫縣。神龍元年，復爲河南。三年，復爲合宫。景龍元年，復爲河南。宋亦曰河南縣，金始省入洛陽。

穀城故城。在洛陽縣西北。春秋周邑也。左傳定公八年：單子伐穀城。漢置穀城縣，屬河南郡。後漢因之。晉省。水經注：城西臨穀水，故名。括地志：故城在河南縣西北十八里苑中。寰宇記：故穀城在穀水之東岸。西晉併入河南。北齊天保中，常山王演使裨將嚴略增築以拒周，俗亦謂之嚴城。隋大業二年，又於此置青城宫，北隔苑城，與榆村店相對。

洛陽故城。在今洛陽縣東北三十里，即故成周城也。書序：召公既相宅，周公往營成周，作洛誥，曰：「我又卜瀍水東，亦惟洛食。」即此。其後遷殷頑民于此。春秋昭公二十六年：天王入于成周。又左傳昭公三十二年：晉魏舒、韓不信如京師，合諸侯之大夫于狄泉，令城成周。公羊傳曰：「成周者何？東周也。」其後更曰洛陽。顯王三年，秦敗韓、魏之師于洛陽是也。秦莊襄王元年，滅東周，置三川郡，封呂不韋爲文信侯，食河南洛陽十萬户。漢元年，項羽立申陽爲河南王，都洛陽。二年，屬漢。五年，帝即位，初都洛陽，尋西都長安，以縣爲河南郡治。後漢更始元年，都洛陽。二年，遷長安。世祖建武元年，幸洛陽却非殿，遂定都焉，改「洛」爲「雒」。三國魏復故，魚豢魏略曰：「漢，火行也。火忌水，故洛去水而加隹。魏於行次爲土，土，水之牡也，故除隹而加水，變『雒』爲『洛』。」晉書地理志：魏氏受禪，即都漢宫，司隸所部，置司州。晉仍居魏都，遂定名司州。河南郡置尹，洛陽置尉，五部三市，東西七里，南北九里，東有建春、東陽、清明三門，南有開陽、平昌、宣陽、建陽四門，西有廣陽、西明、閶闔三門，北有大夏、廣莫二門，司隸校尉、河南尹及百官列城內。永嘉五年，爲劉聰所破，聰以洛陽爲荆州。咸和三年，石勒以洛陽爲南都。咸康元年，石虎分河南等郡爲洛州。永和中，石氏亂。十二年，桓温入洛陽。興寧三年，陷於慕容暐。太和五年，燕荆州刺史慕容筑以洛陽降於苻秦。太元五年，苻堅以苻暉爲豫州牧，鎮洛陽。九年，秦亂，洛陽歸晉。隆安三年，姚興陷洛陽，以子紹爲豫州牧鎮之。義熙十二年，劉裕伐秦，姚洸以洛陽降。後魏太常八年，于密磾克洛陽，以爲豫州刺史鎮之。太和十七年，幸洛陽，定遷都之計，經始洛京，仍改洛州爲司州。十九年，新都始立。景明二年，從司州牧廣陽王嘉請築洛陽三百二十坊。東魏天平初遷鄴，仍改洛州，置洛陽郡。周平齊，置東京。隋開皇初，郡廢。大業初，移洛陽入新都郭下，故城廢。括地志：洛陽故城，在今縣東北二十六里。舊唐書地理志：隋自故洛城西移十八里，置新都，仍曰洛陽縣。武德四年，權治大理寺。貞觀元年，徙治金墉城。六年，移治都內之毓德坊，即今治也。

偃師故城。今偃師縣治，漢置縣，晉省。太安二年，成都王穎引兵内向，帝幸偃師，舍於豆田，即故縣也。隋復置。元和志：縣西南至河南府七十里，武王伐紂，於此築城，息偃戎師，因以爲名。

緱氏故城。在偃師縣南二十里。春秋滑國。春秋莊公十有六年：會滑伯同盟於幽。僖公三十三年：秦人入滑。左傳成公十三年：晉吕相絶秦曰：「殄滅我費滑。」杜預注：「滑國都費，今緱氏縣，後爲周緱氏邑。」左傳昭公二十二年：子朝作亂，晉荀躒帥師軍于緱氏。是也。戰國策：張儀曰：「塞轘轅、緱氏之口。」史記：秦二世二年，沛公將曹參下轘轅、緱氏，絶河津。漢置緱氏縣，屬河南郡。後漢至晉因之。後魏太和十七年，併入洛陽。天平初，復置，屬洛陽郡。隋開皇十六年廢，仍屬河南郡。寰宇記：縣在府東南六十里，晉、宋前緱氏縣在今縣東南二十五里。東魏天平元年，復於洛陽城中置緱氏縣。周建德六年，又自洛陽移於今縣北七里鈎鎖故壘。隋開皇四年，又移於今縣北十里洛陽故郡城。大業元年，復移於今縣東南十里。十年，又移縣據公路澗西，憑岸爲城。唐貞觀十八年省。上元二年，又置。今迴向南近孝敬陵西置。宋史地理志：熙寧八年，省緱氏爲鎮。偃師舊志有故縣村，在今偃師縣西南十五里。又有府店，在縣南三十五里。古滑城在其北二里許。

壽安故城。今宜陽縣治。相傳爲周時召伯聽政之所。水經注：甘水發於鹿蹄山山曲中，世人目其所爲甘棠。隋書地理志：河南郡壽安，後魏置縣曰甘棠。仁壽四年改。舊唐書地理志：河南府壽安，隋縣。義寧元年，移治九曲城。貞觀七年，移於今治，屬洛州。元和志：縣東北至河南府七十六里。宋史地理志：河南府壽安，慶曆三年廢爲鎮，四年復。續文獻通考：金改壽安爲宜陽。舊志：壽安故城，在今縣東南二十里，隋縣治也。

興泰故城。在宜陽縣西南。隋大業初，置興泰縣，屬河南郡。隋末廢。唐長安四年，立興泰宮，因復置縣。神龍元年，併入壽安。舊志：在縣西南四十五里萬安山下，舊址尚存。

福昌故城。在宜陽縣西，本故一全隖城，亦曰一泉隖。晉永嘉中，魏浚屯洛北石梁隖，族子該聚衆據一泉隖。水經注：洛水又東逕一合隖南。城在川北原上，高二十丈，南北東三箱，天險峭絶，惟築西面，即爲合固，「一合」之名起於是。劉曜之將攻河南也，晉將軍魏該奔於此，故于父邑也。後周明帝二年，於此置宜陽縣，兼置熊州。隋大業初，州廢。義寧二年，唐公淵子世民等救東都，復置宜陽郡。唐武德二年，改縣曰福昌，取縣西隋宮爲名。元和志：縣東至河南府一百五十里，縣城即魏一合隖城。後周置重兵於此，以備高齊。五代後唐避諱改爲福慶。宋初復故。元省入宜陽。縣志：今有福昌集，在縣西六十里。按：諸書皆作一合隖，以晉書別作一泉之文考之，「一合」當作「一全」。

宜陽故城。在今宜陽縣西。戰國時韓邑也。戰國策：東周君曰：「宜陽城方八里，材士十萬。」史記：韓昭侯二十四年，秦拔我宜陽。秦武王三年，欲通三川，使甘茂伐韓，茂曰：「宜陽大縣，其實郡也，今倍數險，行千里攻之，難。」王卒使茂將兵伐宜陽，五月而不拔，因大起兵擊之，遂拔宜陽。漢置縣。後漢建武三年，幸宜陽，降赤眉於此。晉永和十年，秦苻健以趙俱爲洛州刺史，鎮宜陽。後魏置宜陽郡。東魏置陽州。天平三年，陽州刺史是云寶以州降於西魏〔一〕。武定初復。高齊武平元年，斛律光救宜陽，築統關、豐化二城而還。周平齊，此城遂廢。括地志：故韓城，一名宜陽城，在洛州福昌縣東十四里，韓宜陽城也。金史地理志：福昌縣有韓城鎮。舊志：在今縣西五十里。

中州故城。今新安縣治。漢新安城在今澠池縣界，今縣即後周通洛防也。周保定五年，改函谷關城爲通洛防，置中州。建德六年州廢，置新安郡。隋改穀州，後廢。義寧二年，復置新安郡。唐貞觀元年，移州治澠池，移新安入廢州城。元和志：新安縣東至河南府七十里，縣城本名通洛城，周武帝將東封，令陝州總管尉遲綱築此城，以臨齊境。

東垣故城。在新安縣東。晉太元十一年，秦苻丕與慕容永戰，敗奔東垣，爲馮該所殺。元熙元年，晉宗室司馬道恭自東垣率三千人屯金墉城西。宋書州郡志：武帝北平關、洛，河南郡有東垣、西東垣二縣。魏書地形志惟東垣縣屬新安郡。隋大業初，改東垣爲新安。唐貞觀初，移縣入穀州故城，而此城廢。又唐武德元年，復析新安置東垣縣，屬穀州。其地在今孟津縣界。寰宇記：宋東垣縣在河清縣西二十五里，蓋即唐縣也。

鞏縣故城。在今鞏縣西南。周鞏伯邑。國語：景王田於鞏。左傳昭公二十六年：晉師克鞏，逐王子朝。史記：周惠公封其少子于鞏，以奉王，號東周惠公。秦莊襄王元年，使蒙驁伐韓，韓獻成皋、鞏。漢書地理志：鞏縣，東周所居。水經注：洛水東逕鞏縣故城南。元和志：鞏縣西南至河南府一百四十里。大業十三年，李密自潁州率羣盗十餘萬襲破洛口倉，因據鞏縣，仍築城斷洛川，包南北山，周迴三十餘里，屯營其中，後爲王世充所破。縣本與成皋中分洛水，西則鞏，東則成皋，後魏併焉。舊志：故城在今縣西南三十里，周五里餘，城址尚存。

永安故城。在鞏縣西南。宋初以太祖父永安陵所在，因割鞏、偃師二縣地置鎮，以奉陵寢。景德四年，陞鎮爲縣。九域志〔二〕：在西京東八十五里。金貞元元年，改曰芝田。元廢。縣志：今有芝田鎮，在縣西南四十里，偃師縣東南二十里。

平陰故城。在孟津縣東。左傳昭公二十二年：子朝作亂，晉籍談、荀躒帥師軍於平陰。二十三年：晉師在平陰。史記：秦二世三年，沛公北攻平陰。漢二年，南渡平陰津，至洛陽。漢置平陰縣。應劭曰：「在平城南，故曰平陰。」孟康曰：「魏文帝改曰河陰。」後魏太和二十年，營方澤于河陰。隋大業初，縣廢。唐開元中，復置平陰縣，在今開封府界。括地志：河陰故城，在洛陽縣東北五十里。寰宇記：城東有平川，謂之河陰川，北枕黄河，西抵邙山北址。後魏移縣理於故洛城西皇女臺側。隋開皇三年，又移於壽安縣東北嚴明城。舊志有古城，在縣西牛莊，周四里，其北面崩於河，或是其處。

河清故城。在孟津縣東。唐武德初，置大基縣，後改曰河清，在今懷慶府孟縣界。宋開寶元年，移治白波鎮。九域志：縣在西京北四十五里。明統志：金徙治孟津渡，改爲孟津縣。舊志：白波鎮在今縣東南二十里，即古温川驛。金時移於古渡口桃花店西一里柳林，濱河爲縣。元初因之。後以瀦水浸城，徙治西二里永安堤。北枕黄河，南臨漸池，無城郭，今爲舊縣鎮。明嘉靖壬辰河決，復移舊治西二十五里聖賢莊，即今治也。

平縣故城。在孟津縣東。漢高六年，封工師喜爲平侯。後爲平縣，屬河南郡。後漢初廢。水經注：河水又東逕平縣故城北，俗謂之小平，有高祖講武場。括地志：故平縣城，在偃師縣西北二十五里。通典：小平縣城在鞏縣西北，有津曰小平。

崈高故城。今登封縣治。漢書武帝紀：元封元年，行幸緱氏，登嵩高。御史乘屬，在廟旁吏卒咸聞呼萬歲者三。令祠官加增太室祠，以山下户三百爲之奉邑，名曰崈高。顏師古曰：「崈，古崇字。」後漢省。水經注：崈高縣，俗謂之崧陽城。隋大業初，改輪氏置嵩陽於此。唐萬歲登封元年，武后因封岳，改縣爲登封。元和志：縣西北至河南府一百三十五里。舊志有故城，在縣西北一里。

陽城故城。在登封縣東南。孟子：禹避舜之子於陽城。世本：夏后居陽城。史記：鄭君乙十一年，韓伐鄭，取陽城。秦二世三年，沛公戰洛陽，東還至陽城。漢置縣，屬潁川郡。晉屬河南。惠帝時，杜錫嘗爲陽城太守。又永嘉末，荀組以褚翼督新城、陽城等郡，蓋嘗置爲郡也。後罷。後魏正光中，復置縣。孝昌中，兼置陽城郡。隋開皇時，廢郡置嵩州，後屬河南郡。唐武德四年，王世充陽城令來降，以爲嵩州刺史。貞觀初罷。唐萬歲登封元年，改曰告成。元和志：縣西北至河南一百七十里。天祐三年，避朱温父諱，更名陽邑。後唐復曰陽城。周顯德中，省入登封。舊志：今爲告成鎮，在縣東三十五里。

潁陽故城。在登封縣西南。春秋鄭綸氏邑。竹書紀年：楚吾得帥師及秦伐鄭，圍綸氏。漢置綸氏縣，屬潁川郡。後漢建初四年，改置綸氏縣。晉廢。後魏天安二年，改置潁陽縣於此，屬中川郡。後周廢入堙陽縣。唐載初元年，析河南伊闕、嵩陽二縣地，置武林縣。開元十五年，復改曰潁陽，屬河南府。元和志：縣西北至府九十里，後魏於綸氏城置。是也。宋慶曆三年，廢爲鎮。四年復置。熙寧二年，又省入登封。元祐二年復置。金又廢爲鎮。舊志：潁陽鎮，在縣西南七十里。

永寧故城。在今永寧縣東北。初置曰熊耳縣，以近熊耳山爲名。隋書地理志：熊耳縣，後周置，及同軌郡。元和志：永寧縣，東至河南府二百里。漢澠池縣之西境。後魏文帝於縣東四十里置北宜陽縣，屬宜陽郡。廢帝二年，改爲熊耳縣。義寧二年，改置永寧縣。舊唐書地理志：永寧，隋熊耳縣所治。義寧二年，置永寧縣，治永固城。武德三年，移治同軌城。貞觀十四年，移於今所。十七年，移治鹿橋。金史地理志：永寧縣，正隆以前寄治河南府，後即鎮爲縣。蓋又非鹿橋故治矣。舊志有故縣鎮，在縣西南福田鄉。又有函州城，在縣東鄉馬村堡。

新安故城。在澠池縣東。今改爲搭泥鎮。史記：秦二世三年，項羽到新安，擊阬秦卒二十餘萬人新安城南。漢置縣，屬弘農郡。晉屬河南郡。後魏太和十二年，置新安郡。十九年罷。天平初，復置郡。隋仁壽四年，廢入東垣。其後改東垣爲新安，故城遂廢。括地志：故城在澠池縣東二十五里。寰宇記：隋大業初嘗移新安治此。新安，晉太康地志屬河東。

澠池故城。在今澠池縣西。史記：趙惠文王二十年〔三〕，與秦王會澠池。漢書地理志：高帝八年，復澠池中鄉民。景帝中二年，初城，徙萬家爲縣。寰宇記：縣在河南府西一百五十里。秦、趙所會之地，在今縣西十三里。漢爲縣，理此城西三里。周地圖說：魏賈逵爲令，時縣理蠡城。四夷郡國縣道記云：漢澠池城當與澠池水源南北相對。曹魏移今福昌縣西蠡城。後魏大統十一年，又移於今縣理西十三里故澠池縣爲理。隋大業元年，又移於今縣東二十五里新安驛〔四〕。十二年，復移理大塢城。唐貞觀三年，自大塢城移於今理。舊唐書地理志時移於雙橋，即今治也。

俱利故城。在澠池縣西。水經注：穀水東逕秦、趙二城南。赤眉從澠池自利陽南欲赴宜陽者也。世謂之俱利城。昔秦、趙之會，各據一城，秦王使趙王鼓瑟，藺相如令秦王擊缶處也。東魏置俱利縣，屬澠池郡，尋廢。元和志：東城在縣西十三里，西城在縣西十四里。

伊陽故城。今嵩縣治。元和志：伊陽縣北至河南府一百六十里，本陸渾縣南界之地，先天元年割置。寰宇記：在伊水之陽，去伊水一里。宋紹興初，升縣爲順州。金改嵩州。元至元三年，省伊陽入州。明初，復廢州爲縣。

東亭故城。在嵩縣西。魏書地形志：宜陽郡，領東亭縣。隋書地理志：陸渾有東魏東亭縣。元統志有故伊陽城，在嵩州西南九十里，蓋即東亭遺址。縣志：舊縣堡，在縣西南九十里。

陸渾故城。在嵩縣東北伏流城北二十餘里，古伊川地。左傳僖公二十二年：秦、晉遷陸渾之戎于伊川。宣公三年：楚子伐陸渾之戎。昭公十七年：晉荀吳帥師滅陸渾。漢置陸渾縣。後魏嘗置防蠻都督於此。東魏分置北陸渾縣，屬新城郡。隋初併入南陸渾。

南陸渾故城。在嵩縣東北，即故伏流城也。水經注：伊水逕伏流嶺，在陸渾縣南崖口北三十里許。後魏孝武西遷，以韋法保爲東洛州刺史，置柵於伏流。其地尋入東魏，置南陸渾縣。魏書地形志：北荊州伊陽郡，武定二年置，治伏流城，領南陸渾縣。元和志：陸渾縣東北至河南府一百三十里。伏流城，即今縣理。東魏孝靜帝武定二年所築，以城北焦澗水伏流地下，西有伏流坂，因名。五代時，省入伊陽。元統志：故城在嵩州東北三十里。

金門廢郡。在永寧縣南。後漢桓帝時李瑋以誅梁冀功，封金門亭侯。水經注：洛水過蠡城邑南，南對金門塢，在水南五里，舊宜陽縣治也。魏書地形志：陽州領金門郡。天平初，置治金門縣。隋書地理志：河南郡宜陽縣，有東魏金門郡，後周廢。

永昌廢縣。舊唐書地理志：垂拱四年，分河南洛陽置永昌縣，治都内道德坊。神龍元年廢。又天授三年，分洛陽置來庭縣，治都内從善坊。龍朔元年廢。

堙陽廢縣。在登封縣西南，潁陽鎮西。水經注：狂水逕綸氏縣故城南，又西逕堙陽城南，後魏太和十三年，分潁陽置堙陽縣。天平初，兼置中川郡。後周郡廢。隋開皇六年，改縣曰武林。十八年，又改曰輪氏。大業初，改置嵩陽縣。此城廢。

洛水廢縣。在永寧縣西，即故蠡城也。後漢建安中，澠池縣治此。魏志賈逵傳逵除澠池令時縣寄治蠡城是也。晉因之。水經注：洛水遇蠡城邑南故澠池縣治。其後澠池還治故城，因以此爲南澠池縣。魏書地形志金門郡有南澠池縣，即此。隋書地理志：後魏南澠池縣，後周改曰昌洛。開皇十八年，改曰洛水。大業初，省入宜陽。舊志：蠡城，在澠池縣西四十里，誤。

長水廢縣。在永寧縣西四十五里。本後魏南陝縣也。魏書地形志金門郡有南陝縣，蓋以北有陝縣，故名。元和志：長水縣東至河南府二百三十里。後魏宣武帝分盧氏東境置南陝縣。西魏廢帝改爲長淵。隋義寧元年，改爲長水。唐貞觀二年，自虢州割屬穀州。顯慶二年，屬河南府。宋因之。金改屬嵩州。元廢。縣志：今縣西有長淵鄉長水鎮。

崤廢縣。在永寧縣北。後魏太和十一年置，屬恒農郡，以有三崤山爲名。隋大業初，併入熊耳。舊志：廢崤縣，在縣北五十里，陝州東南九十里。

金墉城。在洛陽縣東。三國魏所築。延禧二年，魏主禪位於晉，出舍金墉城。晉楊后及愍懷太子、賈后之廢，皆徙金墉。永康二年，趙王倫遷惠帝于金墉城。其後每有廢置，輒於金墉城内。永和十一年，桓温救洛陽，屯故太極殿前，尋徙屯金墉，置戍而還。太和五年，秦王猛克洛陽，使鄧羌戍金墉。宋元嘉八年，到彦之北伐，下河南，留杜驥守金墉，爲河南四鎮之一。後魏太和十七年，至洛陽，幸金墉城。十九年，金墉宫成。東魏天平四年，西魏將獨孤信據金墉。元象元年，高歡毁金墉城。隋開皇十四年，於金墉城置總監，煬帝即位廢。唐初以洛陽縣治故金墉城。貞觀元年，移入郭下，金墉遂廢。通典：金墉城，在洛陽故城西北角，魏明帝築。

解城。在洛陽縣南。左傳昭公二十二年：王師軍于解。杜預注：「洛陽西南有大解、小解。」後漢書郡國志：洛陽有大解城。

高都城。在洛陽縣南。竹書紀年：梁惠成王十七年，東周與鄭高都。史記周本紀：赧王時，蘇代爲東周説韓相國，與周高都。後漢書郡國志：新城有高都城。括地志：一名部都城，在伊闕縣北三十五里。

伐惡城。在洛陽縣南。北齊書文宣帝紀：天保五年，於洛陽西南築伐惡城、新城、嚴城、河南城，帝自臨幸，欲以致周師。周師不出。

前城。在洛陽縣西南，亦曰泉亭，又曰前亭。左傳僖公十一年：揚、拒、泉、皋、伊、雒之戎入王城。昭公二十二年：王子朝作亂，司徒醜以王師敗績于前城。服虔曰：「前，讀爲泉，即泉戎也。」杜預注：「今伊闕北有泉亭。」水經注：伊水北逕前亭西，京相璠曰，今洛陽西南五十里伊闕外前亭。縣志：今龍門南五里有城址，又有戎城，在縣南三十里。

甘城。在洛陽縣西南。左傳僖公二十四年：甘昭公有寵於惠后。注：「甘昭公，王子帶也，食邑于甘。」後漢書郡國志：河南有杜城。水經注：京相璠曰，甘水西山上有故甘城，在河南城西二十五里。余按甘水東十許里洛城南有故甘城，北對河南故城，世謂之鑒洛城。鑒、甘聲相近，即古甘城也。

含嘉城。在洛陽縣東北。唐武德元年，王世充與李密戰敗，裒亡散萬人屯含嘉城。三年，秦王伐世充，世充使其子元恕守含嘉城。開元中，置含嘉倉於此。縣志：東城門東街北三里有含嘉門，門北即含嘉城。

胥靡城。在偃師縣東南。左傳襄公十八年：楚師伐鄭，侵費滑、胥靡。昭公二十六年：王入于胥靡。舊志：胥靡城，在縣東南四十里。

延壽城。在偃師縣南。漢書地理志：緱氏有延壽城。水經注：休水屆零星塢，又逕延壽城南。寰宇記：零星塢，一名延壽城，浮丘公接太子晉登仙之所。舊志：在偃師縣南三十五里。

曹城。在偃師縣南。元和志：在緱氏縣東一里。曹操與袁術相拒，築城於此。

古灰城。在偃師縣西南。寰宇記：在緱氏縣西北八里。

亳城。在偃師縣西。亦曰尸鄉，古西亳也。書序：自契至於成湯八遷，湯始居亳，從先王居。又盤庚五遷，將治亳殷。孔安國傳：「契父帝嚳都亳，湯自商丘遷焉。」又曰：「殷，亳之别名。」春秋時曰尸氏。左傳昭公二十六年：劉人敗王城之師于尸氏。史記：秦二世二年，曹參還擊趙賁軍尸北，破之。又高帝召田横，横乘傳詣洛陽，未至三十里，至尸鄉廄置，遂自剄。漢書地理志：偃師有尸鄉，殷湯所都。帝王世紀：尸鄉在偃師西二十里，即尸氏也。晉太康地道記：尸鄉南有亳坂，東有桐城，即太甲所放處。水經注：陽渠東逕亳殷南，昔盤庚所遷，改商曰殷，於此始也。亦曰陽亭。括地志：西亳故城，在偃師縣西十四里。通典：商有三亳：成湯居西亳，此即一也。至盤庚又自河北徙理於此亳。縣志：今縣西十里新塞鋪即故尸鄉。

柏谷城。在宜陽縣南。後周所置。北齊書段韶傳：柏谷城周之絶險，石城千仞，諸將莫肯攻。韶攻之，城潰。

陽市城。在宜陽縣西。水經注：昌澗水逕宜陽故郡南，舊陽市邑也。故洛陽都典農治此，後改爲郡。

九曲城。在宜陽縣西北。水經注：洛水東逕九曲南，其地十里，有坂九曲。穆天子傳所謂天子西征升于九阿是也。西魏大統三年，陳忻邀東魏陽州刺史段琛於九曲，破之。隋義寧元年，移壽安縣治此。括地志：九曲城，在壽安縣西北五里。

八關城。在宜陽縣東北。漢函谷新關之南塞也。後漢靈帝中平元年，以黄巾亂，置八關都尉官。水經注：惠水流逕關城北二十里，其城西阻塞垣，東抗惠水，八關都尉官治此。故世人總其統目有「八關」之名。元和志：八關故城，在壽安縣東北三十里。

古圈城。在新安縣東四十里孝水鋪後，周五里。元至正三年，義軍劉奉屯軍於此。又有金斗城，在縣北一里慕容山後。

白超城。在新安縣西。水經注：白超壘在缺門東一十五里。壘側舊有塢，故治官所在。魏、晉之日，引穀水爲水治，以經國用，遺跡尚存。元和志：白超故城在新安縣西北十五里。壘當大道，左右有山，道從中出。漢末黄巾賊起，白超築此壘以自固。東魏修築爲城，因名。

洛口倉城。在鞏縣東。隋大業二年，於鞏東南原上築倉城，周迴二十餘里，穿三千窖，窖容八千石，亦曰興洛倉。十三年，李密襲克興洛倉，築洛口城周四十里居之。又臨洛水築偃月城，與倉城相應。唐開元二十一年，復置洛口倉於此。金史地理志：鞏有洛口鎮。新志：鎮在縣東三十里。

鄩城。在鞏縣西南。左傳昭公二十三年：王師、晉師圍郊，郊、鄩潰。杜預注：「鞏縣西南有地名鄩中。」水經注：洛水東北歷鄩中，水南謂之南鄩，亦曰上鄩。京相璠曰，今鞏洛渡北有鄩谷水，東入洛，謂之下鄩，亦謂之北鄩。又有鄩城，蓋周大夫鄩肸之舊邑。括地志：故鄩城在鞏縣西南五十八里。

訾城。在鞏縣西南。左傳昭公二十三年：單子取訾。二十四年：王子朝用成周之寶珪于河，陰不佞拘得玉者〔五〕，王定而獻之，與之東訾。杜預注：「鞏縣西南訾城是也。」後漢書郡國志：鞏有東訾聚，今名訾城。縣志：在縣西南四十里，今爲訾店。

回洛城。在孟津縣東。東魏元象初，河陰之戰，諸軍皆北渡河橋，萬俟洛獨勒兵不動，西人畏而去之，高歡因名其所營地曰回洛。隋大業二年，於其地置回洛倉。十三年，李密遣兵襲回洛倉，破之，既而據回洛倉，大修營壍，以逼東都。唐武德三年，秦王攻王世充，分遣黄君漢自河陰攻回洛城，克之。唐書地理志：河陽縣有回洛故城。

同軌城。在永寧縣東。西魏置同軌防，以備東魏。後周置同軌郡。隋開皇三年，郡廢，移熊耳縣來治。義寧二年，縣移治永固城。唐武德三年，復移永寧縣來治。貞觀十四年，又徙廢。寶應初，僕固懷恩討史朝義於東京，軍於同軌城，即此。

高門城。在永寧縣西。水經注：洛水逕高門城南，即宋書所謂後軍外兵龐季明入盧氏，進達高門木城是也。縣志：即今縣西高門關也。

龍驤城。在永寧縣西。水經注：洛水東逕龍驤城北，龍驤將軍王鎮惡從劉公西入長安，陸逕所由故城得其名。舊志：在縣西南四十里。

石勒城。在永寧縣西。水經注：洛水枝津，流逕石勒城北，又東逕高門城北。縣志：在縣西長淵鄉馮西堡。

永昌城。在永寧縣西。通典：後周置黄櫨、同軌、永昌三城，以備齊。舊志：永昌城，在永寧縣西長水鎮。又有黄塘城，在縣東北管西保，亦後周時置。

大塢城。在澠池縣北十五里。元和志：後魏武帝入關，使行臺楊騰出關安撫，因舊城置大塢鎮。寰宇記：隋大業中，嘗移縣治此。

太和城。在嵩縣南太和山下，汝水所經。今名太和保。

號略。在嵩縣西北。左傳僖公十五年：晉侯賂秦伯以河外列城五，東盡號略。後漢書郡國志：陸渾西有號略。水經注：涓水東注號略，在陸渾縣西九十里。

唐聚。在洛陽縣東。左傳昭公二十三年：尹辛敗劉師于唐。後漢書郡國志：雒陽有唐聚。

褚氏聚。在洛陽縣東。左傳昭公二十六年：王宿于褚氏。杜預注：「洛陽縣有褚氏亭。」後漢書郡國志：雒陽有褚氏聚。

上程聚。在洛陽縣東。後漢書郡國志：洛陽有上程聚。劉昭注：「古程國，重黎後伯休甫之國也。關中更有程地，故此加爲上程。」

樊濯聚。在洛陽縣東。後漢書：清河孝王母宋貴人，建初七年葬於樊濯聚。注：「在洛陽城北。」

鄤聚。有洛陽縣東南。通志：古名鄤氏，左傳楚殺鄤子是也。今名蠻子城，即漢祭遵殺張滿處。

劉聚。在偃師縣西南。左傳昭公二十三年：單子、劉子、樊齊以王如劉。杜預注：「緱氏縣西北有劉亭。」漢書地理志：緱氏有劉聚。周大夫劉子邑。水經注：劉水逕劉聚，三面臨澗，在緱氏西南。括地志：「劉累故城，在緱氏縣南十五里。」蓋誤以劉子爲劉累也。

鄔聚。在偃師縣西南。左傳隱公十一年：王取鄔、劉之田于鄭。莊公二十年：王及鄭伯入于鄔。杜預注：「緱氏縣西南有鄔聚。」舊志：或謂之鄔鄉，今縣西南五十里有南鄔。

坎埳聚。在鞏縣東。左傳僖公二十四年：王出及坎埳，國人納之。後漢書郡國志：鞏有坎埳聚。水經注：京相璠曰，鞏東地名坎埳，在洞水東。服虔亦以爲鞏東邑名。

圉鄉。在洛陽縣東南。左傳昭公二十二年：單子伐東圉。杜預注：「洛陽東南有圉鄉。」

蒯鄉。在洛陽縣西南。左傳昭公二十三年：尹辛攻蒯。杜預注：「河南縣西南蒯鄉是也。」括地志：蒯亭在河南縣西十四里苑中。

楚坑。在新安縣西南。通志：項羽詐坑秦降卒處。

白社。在洛陽縣東。晉書：董京至洛陽，常宿白社中，孫楚時爲著作郎，數就社中與語。水經注：陽渠水逕建春門，水南即馬市，北則白社故里。

石梁隝。在洛陽縣東故洛城東，洛水北。晉永嘉末，將軍魏浚聚流民屯洛北石梁塢。劉琨承制，假浚河南尹。大寧三年，劉曜將劉岳攻後趙，拔孟津、石梁二戍。

柏谷塢。在偃師縣之東南。晉義熙十三年，劉裕伐秦。秦將姚洸遣趙元屯守柏谷塢。水經注：洛水逕柏谷塢北。西征記曰：塢在洛川南，因高爲塢，高十餘丈，劉武王入長安，舟師所保也。通典：柏谷塢在緱氏縣東北。元和志：鈎鎖故壘，在緱氏縣東北七里。司馬休之從宋武西征，營於柏谷塢，築壘相連如鎖，故名。舊志：塢在偃師縣東南十五里。

張白塢。在宜陽縣西北。後漢末，賊將張白騎據此。曹操使龐德破之於兩殽間。西魏大統四年，宇文泰自洛陽西還，留權景宣守張白塢。通鑑注：「塢在宜陽縣西北。」

袁術固。在偃師縣西南，漢末袁術所築也。水經注合水注：公路澗上有袁術固，四周絶澗，迢遞百仞，廣四五里。元和志：袁術固，一名袁公塢，在緱氏縣西南十五里。宋武北征記曰，少室山西有袁術固，可容十萬衆，一夫守隘，萬人莫當。舊志：在偃師縣西南三十五里。又元和志有公路壘，在緱氏縣南三里，袁術與曹操相拒處。

叩馬村。在孟津縣東三十里。相傳夷、齊叩馬諫武王處。

陽壺村。在澠池縣北百里，臨河。舊志以爲即瓠丘。左傳襄公元年晉人置宋五大夫處。

漢故宮。在洛陽縣東故洛陽城中。史記：漢五年，高祖置酒雒陽南宮。輿地志謂秦時已有南、北宮也。後漢建武元年，車駕入雒陽，幸南宮却非殿，遂定都焉。十四年，起南宮前殿。永平三年，帝思中興功臣，圖畫二十八將於南宮雲臺。是歲起北宮及諸官府。至八年北宮成。蔡質漢典職儀：南宮至北宮，中央作大屋複道三道，兩宮相去七里。舊志：南宮正門即端門，旁有鴻都、盛德、九龍及金商、青鎖諸門，其正殿曰崇德殿，旁有嘉德殿。崇德殿西，即金商門也。北宮禁門，亦曰省門，又名章臺門。北宮北門曰朔平門，省門内有崇玄諸門，門内即德陽殿。又有承明門及温德諸殿。初平元年西遷，董卓焚雒陽宮廟。三國魏黄初元年，營洛陽宮。時帝居北宮，起建始殿，朝羣臣，門曰承明，又於其北建崇華殿。青龍三年，大治洛陽宮。始於漢南宮崇德殿故址，起太極、昭陽諸殿，築總章觀，高十餘丈。是年崇華殿災，乃更作九龍殿。其北宮南又有式乾、顯陽諸殿，及太后所居曰永寧宮，皇后宮中殿曰含章殿，東宮門曰承華門。晉武都洛，大抵因漢、魏之舊。永嘉五年，劉曜入洛，焚燒宮廟。後魏太和十七年，幸洛陽，周巡故宮基址，詠黍離之詩，爲之流涕。景明三年，洛陽宮室成，始自金墉徙居之，饗羣臣於太極殿前。東魏天平元年遷鄴。二年，遣高隆之盡撤洛陽宮殿，運其材入鄴，故址遂成榛莽。

隋洛陽宮。在洛陽縣治故宮城内。隋大業初建。正殿曰乾陽殿，殿南門曰紫微門，門闕曰紫微觀，其别宮曰景華宮。唐武德四年，秦王平洛陽入宮城，命撤端門樓，焚乾陽殿，毁則天門及闕。貞觀四年，發卒修洛陽宮。顯慶元年，幸洛陽宮。麟德二年，乾元殿成，即隋乾陽故址也。垂拱四年，毁之，改營爲明堂。舊唐書地理志：東都宮城，在都城之西北隅。東西四里一百八十步，南北二里十五步。中有隔城四重，正門曰應天，正殿曰明堂。明堂之西有武成殿，即正衙聽政之所也。宮内别殿臺館三十五所。又上陽宮在宮城西南隅，南臨洛水，西距穀水，東即宮城，北連禁苑。正門正殿皆東向，正門曰提象，正殿曰觀風，其内别殿亭觀九所，上陽之西，隔穀水有西上陽宮，虹梁跨穀，行幸往來，皆高宗龍朔後置。武后常居東都，興修益廣，及天寶後漸廢。梁開平三年，遷西都，亦居洛陽宮。宋史地理志：西京宮城，周迴九里三百步，正殿曰太極，舊名明堂。太平興國二年，改宮城，東西有夾城，各三里餘。宮室合九千九百九十餘區。自金師入，西京宮室盡廢。

顯仁宮。在宜陽縣西南。大業元年，敕宇文愷等營顯仁宮，南接皁澗，北跨洛濱。隋書地理志：壽安有顯仁宮。

興泰宮。在宜陽縣西南，唐長安四年置。唐書地理志：壽安西南四十里萬安山有興泰宮，并析置縣。後廢。

福昌宮。在宜陽縣西。隋書地理志：宜陽有福昌宮。唐書地理志：福昌縣西十七里有蘭昌宮，又有故隋福昌宮，顯慶三年復置。

連昌宮。在宜陽縣西。唐書地理志：壽安西二十九里有連昌宮，顯慶三年置。元微之有連昌宮詞。

奉天宮。在登封縣北嵩山南逍遥谷之右。唐高宗永淳元年建。又三陽宮，在縣東告成鎮東五里石淙上，武后久視元年建，長安四年燬。

崎岫宮。在永寧縣西五里。又蘭峯宮，在縣西三十三里。皆唐顯慶三年置。又唐書地理志：澠池縣西五里有紫桂宮，儀鳳二年置。調露二年曰避暑宮，永淳元年曰芳桂宮，弘道元年廢。

上林苑。在洛陽縣東故洛陽城西，後漢時所置。永平十五年，車騎較獵上林苑，桓帝時屢幸焉。又桓帝永壽元年，洛水溢，壞鴻德苑。延熹二年，造顯德苑。靈帝光和三年，作罼圭、靈昆苑。後漢書注：罼圭苑有二：東罼圭苑，周千五百步，中有魚梁臺；西罼圭苑，周三千三百步。並在洛陽宣平門外。

禁苑。在洛陽縣西。隋大業初築。西苑，周二百里，亦曰會通苑，又名芳華苑，唐曰紫苑。六典：禁苑在皇城之西，北距北邙，西至孝水，南帶洛水支渠，穀、洛二水會於其間，苑牆周迴一百二十六里，東距上陽宮七里，中有合璧、冷泉、高山、龍鱗〔六〕、翠微、宿羽、明德、望春、青城、黄女〔七〕、凌波十有一宫，芳林、金谷二亭，凝碧之池。

濯龍園。在故洛陽城中。後漢書皇后紀：明帝幸濯龍中，並召諸才人，下邳王以下皆在側。續漢志：濯龍，園名。近北宫。洛陽伽藍記：有崇虚寺在城西，即漢濯龍園。

華林園。在故洛陽城中。王沈魏書：黄初四年，甘露降芳林園。魏略：明帝青龍三年，於芳林園中起陂池。又景初元年，起土山於芳林園西北陬。裴松之曰：「芳林園即今華林園。齊王芳即位，改爲華林。」晉泰始四年，幸華林園，與羣臣宴射賦詩。後魏太和十九年，游華林園，觀故景陽山。東魏天成二年燬。洛陽圖經：園在城内東北隅。

趙韓王園。在洛陽縣城内。李格非洛陽名園記：國初詔將作營治，故其經畫製作殆侔禁省。

富春園。在洛陽縣城東。唐元微之、白居易俱有詩。

東園。在洛陽縣東。洛陽名園記：文潞公東園，本藥圃地，薄東城，水渺瀰甚廣，淵映、瀍水二堂宛在水中，湘膚、藥圃二堂間列水石，西去其第里餘〔八〕。

獨樂園。在洛陽縣南。司馬光判西京留臺時作，光自爲序，蘇軾有詩。又有歸仁園，在舊歸仁坊，唐牛僧孺第。宋李昉建亭其中。董氏園、胡氏二園，在北邙山麓，臨瀍水岸，穿二土竇，深百餘尺，竇外有亭。

富鄭公園。在洛陽縣南。洛陽名園記：鄭公自還政事歸第，一切謝賓客，燕息此園幾二十年。

呂文穆園。在洛陽縣西南。洛陽名園記：伊水上流，有亭三，一在池中，二在池外。通志又有呂文穆窑，在洛陽城西二十五里相公莊。

金谷園。在洛陽縣西北。晉石崇金谷詩序：余有别廬在河南界金谷澗中，清泉茂樹，衆果竹柏，藥物備具，又有水碓、魚池。明統志：園在府城西十三里，有清凉臺，即崇妾緑珠墜樓處。

平望觀。在故洛陽城中。三國魏太和三年，改平望觀曰聽訟觀，每斷大獄，常幸觀臨聽之。水經注：渠水東出華林園，逕聽訟觀南。

平樂觀。在故洛陽城西。後漢明帝永平五年，於長安迎取飛廉、銅馬，置上西門外平樂觀。靈帝中平五年，帝自稱無上將軍，耀兵於平樂觀。水經注：今上西門外無他觀基，惟西明門外有臺，巍然廣秀，疑即平樂觀也。又言皇女稚殤，埋於臺側，故復名之曰皇女臺。縣志：今爲平樂保，在縣東北二十里。

宣武觀。在故洛陽城北。下有宣武場。晉書武帝紀：泰始元年，臨宣武觀，大閲諸軍。又山濤傳：武帝嘗講武於宣武場。水經注：渠水自大夏門東逕宣武觀，南望天淵池，北矚宣武場。又崇文觀，魏青龍四年建，召善屬文者居之。

銅駞街。在故洛陽城中。陸機洛陽記：洛陽有銅駞街，漢時鑄銅駞二枚在宫南。水經注：渠水自閶闔門枝分南出，經太尉、司徒兩坊間，謂之銅駞街。魏明帝置銅駞諸獸於閶闔南街，故名。

金市。在洛陽縣東。洛陽記：洛陽舊有三市：一曰金市，在宫西大城内，二曰馬市，在城東，三曰羊市，在城南。水經注：凌雲臺西有金市，北對洛陽壘。

夾馬營。在洛陽縣東北二十里。宋史太祖紀：後唐天成二年，生於洛陽夾馬營。縣志：真宗時建爲應天寺，後又改爲發祥寺。

義堂路。在偃師縣北。寰宇記：即北坡路，古驛路也。唐天寶中廢。又縣東洛水之曲，地名曲洛，穆天子傳天子東游黃澤宿于曲洛，即此。

封祀壇。在登封縣西。有碑，唐薛曜書。

王子喬壇。在偃師縣南。寰宇記：在緱氏縣東南五里。

蘇秦宅。在故洛陽城中。洛陽伽藍記：利民里南高顯略宅，每夜見赤光行堂前，掘地丈餘，得黃金百斤，銘曰：「蘇秦家金，得者爲吾造功德。」顯略遂造招福寺，人謂此地是蘇秦舊宅。寰宇記：蘇秦宅在洛陽利仁里。

狄仁傑宅。在洛陽縣城内。武后所賜。

宋璟宅。在洛陽縣城内。東京記曰：明教坊、龍興觀有宋璟宅。璟造宅悉東西相向，不爲斜曲。

盧仝宅。在洛陽縣城内。韓愈詩有「玉川先生洛城裏，破屋數間而已矣」之句。

曹彬宅。在洛陽縣城内。彬，真定人，爲宋將，退居洛陽。所居僅蔽風雨，彬處之怡然。

范仲淹宅。在洛陽縣城東南。

吕公著宅。在洛陽縣城内。明統志：在洛陽縣白獅子巷，張知白宅西。

阮籍宅。在洛陽縣東。水經注：穀水東南轉屈而東注，謂之阮曲，阮嗣宗之故居。

潘岳宅。在洛陽縣南七里。岳奉母卜居洛水，自嘗作閒居賦。

李渤宅。在登封縣西少室山。

田游巖宅。在登封縣北。唐書：高宗嘗奉天宮，游巖舊宅直宮左，詔不聽毀，天子自書榜其門，曰「隱士田游巖之宅」。

程伊川宅。在嵩縣東北耙樓山下，今即宅爲祠。

午橋莊。在洛陽縣南十里，即唐裴度所居緑野堂也。築山穿池，有風亭、水榭、燠閣、凉臺之勝。宋張齊賢致政後居之。有詩云：「午橋今得晉公廬，水竹煙花興有餘。」

平泉莊。在洛陽縣南二十里。周四十里，唐李德裕園也。德裕有平泉樹石記。

處士莊。在孟津縣舊河清縣。唐穆宗時，温造爲監察御史，舉朝壯其風力，後官至禮部尚書，歸里。白居易詩：「白石清泉抛濟口，緑幢紅旆照河陽。村人都不知時事，猶自呼爲處士莊」。

雙桂樓。在洛陽縣内。宋錢惟演留守西京時建。

石樓。在嵩縣東。宋司馬光有詩。

崇德閣。在洛陽縣城内。司馬光與邵雍期會於此閣，邵後至，光爲賦詩，有「林端高閣望已久，花外小車猶未來」之句。

棠棣堂。在洛陽縣舊洛州治城北。唐賈敦頤、敦實先後爲洛州刺史，並有惠政，後人爲建此堂。

九老堂。在洛陽縣舊東都履道坊。唐白居易故宅，集同時九老爲尚齒之會。九老，胡杲、吉皎、劉真、鄭據、盧真、張渾、李元爽、僧如滿也〔九〕，居易有詩并序。

緑野堂。在洛陽縣城内集賢里。唐裴晉公徙東都留守，治第集賢里，於午橋作別墅，號緑野堂。激波其下，野服蕭散，與白居易、劉禹錫爲文章把酒相歡。

耆英堂。在洛陽縣東舊資聖院。宋文彦博留守西都，慕唐九老，集洛中公卿大夫年德相若者爲「耆英會」，繪像堂中，凡十三人，文彦博、富弼、席汝言、王尚恭、趙丙、劉几、馮行己、楚建中、王慎言、張問、張燾、王君貺、司馬光也。

宁瞻堂。在洛陽縣城内。洛人爲留守文彦博建。彦博、司馬光俱有記。

非非堂。在洛陽縣城内。宋歐陽修有記。

叢翠亭。在洛陽縣城内。宋歐陽修有記。

伊川亭。在洛陽縣伊水上。金司諫許古致仕居伊陽〔一〇〕，郡守爲建此亭。

都亭。在洛陽縣城内。通志：即張綱埋輪處。本朝乾隆十五年，高宗純皇帝巡幸嵩洛過此，有御製題洛陽都亭詩。

饐爪亭。在洛陽縣南，下臨伊水。宋吕蒙正微時過此，見賣爪者遺一爪於路，取而食之，則味變矣。作相後，建亭其地，以「饐爪」名，示不忘貧賤也。

郲垂亭。在洛陽縣南。左傳文公十七年：周甘歜敗戎于郲垂。杜預注：「河南新城縣北有垂亭。」水經注：厭澗水東流逕郲垂亭南。服虔曰：「郲垂在高都南。」今亭在城南七里。

夕陽亭。在洛陽縣西。後漢安帝延光三年，楊震至雒陽城西夕陽亭飲酖卒。晉泰始七年，賈充出鎮關中，百僚餞之於夕陽亭。唐時亦爲餞送之所，更名河亭。

黄亭。在鞏縣西。春秋昭公二十二年：王猛居于皇。杜預注：「鞏縣西南有黄亭。」水經注：京相璠曰，訾城北三里有黄亭。即此亭也。

負黍亭。在登封縣西南。左傳定公六年：鄭伐負黍。杜預注：「陽城縣西南有負黍亭。」史記：鄭繻公十六年，敗韓兵於負黍。鄭君乙二年，負黍反，復歸韓。韓桓惠王十七年，秦拔我陽城負黍。水經注：潁中源流逕負黍亭東，京相璠曰，在陽城縣西南二十七里，世謂之黄城。縣志：黄城在縣東南二十里。

千秋亭。在澠池縣東。水經注：穀水又東逕千秋亭南，其亭壘石爲垣，世謂之城。潘岳西征賦曰「亭有千秋之號」，謂是亭也。寰宇記：亭在澠池縣東三十里。又有水曰千秋澗。舊志：今爲千秋鋪。

九華臺。在故洛陽城中。三國魏黄初七年築。

凌雲臺。在洛陽縣東。三國魏志文帝紀：黄初二年，築凌雲臺。述征記：在明光殿西。世説凌雲臺樓觀精巧，先稱平衆木輕重，然後造搆，乃無錙銖相負。

靈臺。在故洛陽城南。後漢書光武帝紀：中元元年，初起靈臺。洛陽記：靈臺在洛陽南，去城三里。水經注：靈臺高六丈，方二十步。

觀兵臺。在孟津縣東。相傳爲武王觀兵之所。一名選將臺。又有望馬臺，在縣北門外，相傳元魏牧馬於河陽，嘗登此以望。

測景臺。在登封縣東南。周禮：大司徒以土圭之法，測土深，正日景，以求地中。日至之景，尺有五寸，謂之地中。疏：「周公度日景之時，置五表，潁州陽城爲中表。」唐會要：儀鳳四年，太史令姚元辯奏於陽城測景臺，依古法立八尺表。調露元年，於陽城周公測景之所，得土圭長一丈二尺七寸。元和志：測景臺在告成縣城内西北隅，高一丈。開元十年，詔太史監南宫説立石表焉。舊志：臺在今縣東南三十里，周公廟在其後。又有觀星臺，在測景臺北，高五丈，闊二丈，磚甃尚完。

集仙臺。在登封縣東北八里。漢武帝築。

封禪臺。在登封縣太室中峯。唐武后封神嶽時建。

高霞臺。在永寧縣北七十里。明統志：禹治水至此，山獨出一臺，俗名鹿臺山。

會盟臺。在澠池縣西一里。相傳爲秦昭襄王、趙惠文王會處。

聘臺。在嵩縣空桑澗之西南。直北爲伊尹祠，中隔溪流，一山平兀如几，世傳成湯使者聘伊尹處。

玄武館。在洛陽縣北。魏正光元年，高貴鄉公至玄武館，羣臣奏請舍前殿。通鑑注：酈道元曰：「魏氏立玄武館於芒垂，蓋在邙山之尾，其地直洛城北。」

安樂窩。在洛陽縣天津橋南。五代時安審琦故宅。宋嘉祐中，王拱辰尹洛，請邵康節居之，名安樂窩。時遊城中，士大夫識其車音，争相迎候，或留信宿乃去。好事者别作屋以待其至，謂之「行窩」。按：衛輝府蘇門山中康節故居，舊名安樂窩。

石門幽居。在登封縣西潁陽城北。唐元丹丘所營。李白詩所云「故人棲東山，自愛丘壑美」，即此。

石經碑。在洛陽縣。通志：蔡邕正定六經，漢靈帝時詔書於碑，鐫刻立太學門外。魏正始中，又立古、篆、隷三字石經於堂西。

關隘

大谷關。在洛陽縣東南大谷口，接登封縣界。亦八關之一。元和志：在潁陽縣西北四十五里。舊志：今爲水泉關，兩岸陡絶，山徑崎嶇，可以戍守。又有龍泉關，在縣南十里。

伊闕關。在洛陽縣南二十五里伊闕口。後漢靈帝時，爲河南八關之一。

轘轅關。在偃師縣東南五十五里轘轅山上，東接鞏縣，南接登封縣界。後漢書郡國志：緱氏有轘轅關。又括地志：轘轅故關，在緱氏縣東南四十里。

趙保鎮關。在宜陽縣西南三十里。又穆册鎮關，在宜陽縣西南百二十里。舊皆置巡司。

函谷關。在新安縣東北。秦故關本在靈寶縣，漢時移此。漢書武帝紀：元鼎三年，徙函谷關於新安。應劭曰：「時樓船將軍楊僕數有大功，恥爲關外民，上書乞徙東關，於是徙關於新安，去弘農三百里。」水經注：即所謂散關，障自南山，横洛水，北屬於河，皆關塞也。通典：新安縣東北一里，有漢故函谷關，後周改爲通洛防以備齊。魏明帝景初元年，河南尹盧延上言，宜却函谷關於崤下。弘農太守杜恕議省函谷關。正始元年，弘農太守孟康上言，移函谷關號大崤關。又爲金關。按此關正始元年廢。縣志又有鬼門關，在縣東二十五里。今改名魁門關。

嵦坂關。在登封縣東南。晉書地理志：陽城有鄂坂關。通典：登封縣有嵦嶺故關。舊志：嵦嶺在縣東南三十里，即箕山也。

石羊關。在登封縣東南，告成鎮東二十里。元至正六年設。縣志：關據嶺上，潁水合流，至此匯爲巨浸而出，道路險隘，關口陡峻。又嵩陽關，在縣北。

鵶鶘關。在永寧縣西八十里鵶鶘山谷。唐書地理志：長水縣西有鵶鶘故關。

高門關。在永寧縣西八十里。唐書地理志：長水縣西有高門關、松陽故關。舊志：高門關在永寧縣西百二十里，即古高門城。又崇陽關，在縣西八十里。舊皆置巡司。崇陽，即松陽之訛也。

陸渾關。在嵩縣北。漢書地理志：陸渾縣有關。唐書地理志：陸渾有漢故關。舊志：在嵩縣北七十里。

南村關巡司。在澠池縣西北九十七里。路通山西絳州垣曲縣，設巡司駐此。

舊縣鎮巡司。在嵩縣西南七十里。設巡司駐此。又大嶺關，在縣南二百里，東去魯山縣百五十里，舊亦有巡司，今廢。又有白楊關，在縣東，有兵戍守。

彭婆鎮。在洛陽縣東南。九域志：洛陽有彭婆鎮。舊志：在縣南四十里。又有白沙鎮，在縣南六十里伊水東岸。

翟家莊鎮。在洛陽縣東南二十五里，爲洛中諸鎮最。

龍門鎮。在洛陽縣南二十里。金史地理志：洛陽縣有龍門鎮。

府店鎮。在偃師縣南三十五里。

福昌鎮。在宜陽縣西六十五里，即故縣也。九域志：壽安縣有柳泉、福昌、三鄉三鎮。舊志：柳泉鎮，在縣西北二十五里。又三鄉鎮，在縣西北八十里。

慈澗鎮。在新安縣東三十里。元和志：在新安縣東南二十里，後周保定六年置。舊志作磁澗鎮。又楊寺鎮，在縣東北四十里。倉頭鎮，在縣東北五十里。

闕門鎮。在新安縣西三十里闕門山側。一名鐵門鎮。

匡口鎮。在新安縣北六十里，黄河南岸，爲津濟處。明嘉靖二十二年，築城於此，今廢。又石寺鎮。在縣北三十里。北冶鎮，在縣北四十里，居民以陶冶爲業。又石井鎮，在縣北七十里。縣凡八鎮云。

黑石渡鎮。在鞏縣西南二十五里，洛水津渡處。漢李、郭同舟即此。隋末王世充與李密相持，世充夜渡洛水，營於黑石。元至和初，陝西諸王庫布哈等討燕特穆爾，進至鞏縣黑石渡，大敗河南兵。皆即此。明置巡司。又有青泥、回郭二鎮，俱在縣西南。「庫布哈」舊作「闊不花」，「燕特穆爾」舊作「燕帖木兒」，今改正。

長泉鎮。在孟津縣西。金史地理志：孟津縣有長泉鎮，蓋以長泉水爲名。

舊縣鎮。在孟津縣東北二十五里。即元時故縣也，明置巡司。又雙槐鎮，在縣東五里。油房鎮，在縣西。

告成鎮。在登封縣東南三十五里。又潁陽鎮，在縣西南七十里。皆故縣也。

崤店鎮。在澠池縣東五十五里。接新安縣界。

石泉鎮。在澠池縣東南五十里，泉出石穴，清澈甘美，故名。古建清涼寺，山水迴環，樹木森列，稱雄古鎮，題咏甚多。

鳴皋鎮。在嵩縣東北六十里。金史地理志：伊陽有鳴皋鎮。又辛店，在縣北八十里。

黑山寨。在澠池縣北五十里。岡阜圍繞，自成城郭，山下有泉，可飲萬人。又漫浪寨，在縣北四十里。

峽石堡。在新安縣西。水經注：穀水東逕雍谷谿，迴岫縈紆，石路阻陿，故亦有硤石之稱。唐書：武德三年，羅士信襲王世充峽石堡，拔之。即此。舊志：在縣西四十里。

横水店。在孟津縣西。唐書：寶應元年，討史朝義，官軍陳於横水。金疆域圖：孟津縣有横水店。

土壕鋪。在澠池縣西四十里，接陝州界。金貞祐末，富察阿爾遜次澠池土壕村〔一一〕，兵不戰而潰。即此。「富察阿爾遜」舊作「蒲察阿里不孫」，今改正。

周南驛。在洛陽縣治西。

首陽驛。在偃師縣西。

涵關驛。在新安縣南。

洛口驛。在鞏縣東。

義昌驛。在澠池縣東四十里。

蠡城驛。在澠池縣城西。

校勘記

〔一〕天平三年陽州刺史是云寳以州降於西魏　按，據資治通鑑卷一五七梁紀，大同三年（當東魏天平三年）十一月，是云寳殺其陽州刺史那椿，以州降魏（西魏）。則是云寳非陽州刺史。乾隆志「是云寳」作「陳國寳」，更謬。

〔二〕九域志　「域」，原作「城」，據乾隆志改。

〔三〕趙惠文王二十年　「文」，原脱，乾隆志同，據史記卷八一廉頗藺相如列傳補。

〔四〕又移於今縣東二十五里新安驛　「里」，原作「理」，據乾隆志改。

〔五〕陰不佞拘得玉者　「陰」，原重，乾隆志同，據左傳昭公二十四年删重。

〔六〕龍鱗　「龍」，原作「麓」，據乾隆志及唐六典卷七尚書工部改。

〔七〕黄女　「黄」，原作「皇」，乾隆志同，據唐六典卷七尚書工部改。

〔八〕西去其第里餘　「第」，原作「地」，乾隆志同，據李格非洛陽名園記改。

〔九〕胡杲吉旼劉真鄭據盧真張渾李元爽僧如滿也　乾隆志同，明一統志卷二九河南府宫室「劉真」作「劉真台」，「盧真」作「盧慎」，新唐書卷一一九白居易傳無李元爽、僧如滿，有狄兼謨、盧貞。

〔一〇〕金司諫許古致仕居伊陽　「許古」，原作「許右」，據乾隆志及金史卷一〇九許古傳改。

〔一一〕富察阿爾遜次澠池土壕村　「壕」，乾隆志同，金史卷一〇〇完顔伯嘉傳作「濠」。

大清一統志卷二百七

河南府三

津梁

石橋。在洛陽縣東故洛陽城東。水經注：穀水逕建春門石橋下，橋首建兩石柱，橋之右銘云：陽嘉四年乙酉壬申，詔書以城下漕渠東通河、濟，南引江、淮，方貢委輸，所由而至，使中謁者魏郡清淵馬憲監作石橋梁柱，敦敕匠工，盡要妙之巧。三月起作，八月畢成。

菜市橋。在洛陽縣東。唐置。宋志：開寶元年，詔發卒自洛城菜市橋鑿渠，抵漕口三十五里。即此。

瀍橋。在洛陽縣東門外。舊名和平橋，明成化十五年改今名。

仁惠橋。在洛陽縣南門外。明正統六年置。

伊橋。在洛陽縣南伊河上。

天津橋。在洛陽縣西南二十里。隋大業初遷都，以洛水貫都，有天漢之象，因建此橋。用大船維舟，以鐵鎖鉤連，南北夾路，對起四樓，名曰天津。唐貞觀十四年，更令石工累方石爲脚。宋建隆二年，留守向拱重修，甃以巨石，基址甚固，横亘洛水，爲都城之勝。舊志有上浮橋，在縣西南，即天津橋故處。又中浮橋，在縣正南，即唐洛中橋故處。下浮橋，在縣東南。皆秋冬積土木爲橋，春夏設水夫爲渡。

澗河橋。在洛陽縣西十里，跨澗水。明李賢有記。

皋門橋。在故洛陽城穀門上。晉惠帝建。潘岳西征賦「駐馬皋門」，即此。

十三里橋。在故洛陽城西。通鑑：晉太安二年，帝如十三里橋。注：「橋在洛城西，去城十三里，因以爲名。」

孝義橋。在偃師縣東。唐書地理志：天寶七載，河南尹韋濟以北坡道迂，自偃師縣東山下開新道通孝義橋。舊志：宋景德四年，又造訾店渡橋，詔賜名奉先橋。在縣東二十里洛水上。新志：在縣東十五里，今改名温泉橋。

通濟橋。在偃師縣東南四十里。

崿嶺橋。在偃師縣南五十五里崿嶺坂北，有上下二橋。

永濟橋。在宜陽縣東。元和志：在壽安縣西十七里。隋大業三年置，架洛水上。隋末毁廢。貞觀八年修，造舟爲梁，長四十丈三尺。

畫橋。在宜陽縣西韓城鎮。

洛橋。在宜陽縣西北。唐李益有詩。

東澗橋。在新安縣東五里。又西澗橋在縣西七里，南門外有南澗橋，俱跨澗水上。

尚義橋。在新安縣北門外。明天啓六年建。

市橋。在鞏縣東門外，一名柳橋。明弘治八年建。今廢。

趙公橋。在鞏縣南三十里。

河橋。在孟津縣東北。晉杜預請建橋於富平津，即此。久廢。

安福橋。在孟津縣西五里。

金門橋。在永寧縣南，以近金門水而名。

長淵橋。在永寧縣西。

雙津橋。在澠池縣西一里。

順陽橋。在嵩縣東門外，跨高都水。

錦陵橋。在嵩縣北。

隄堰

王公隄。在偃師縣南里許，東西長九里餘。明嘉靖間，知縣王環築以障伊、洛漲水。

烏江隄。在偃師縣西南。

防水隄。在鞏縣南。宋建以衛陵寢。

神隄。在鞏縣北五里，障黄河。又有鞏洛新隄，在縣北。

永安隄。在孟津縣北。唐武德中築，當河陽、孟津兩岸，高五丈，闊如之，延六七十里〔一〕。元時嘗徙縣治於石隄上，歷代漸損，在南岸者止二三里，在北岸者盡決。

白虎堰。在偃師縣北。舊黑龍溝水直衝縣城，元元統間築隄障溝水，東西分流環縣城，又合流入洛。

陵墓

夏后皋陵。在永寧縣北崤山側。

商

成湯陵。在偃師縣東北山上。寰宇記：在偃師縣東北八里山上。

周

昭王陵。在登封縣西北少室谷。

桓王陵。在澠池縣東北百二十里，臨河。

靈王陵。在洛陽縣西南。皇覽：靈王葬於河南城西周山上。

景王陵。在洛陽縣東四十里古洛陽。帝王世紀景王葬於翟泉是也。又威烈王陵，在城内東北隅。又三王陵，在縣西南十里秦山之巔。水經注：三王，景、悼、定也。崔浩潘岳西征賦注云：「定，當爲敬。」或云景已葬翟泉，景當作敬。

漢

世祖原陵。在孟津縣西。帝王世紀：在臨平亭南，西望平陰，東南去洛陽二十五里。舊志：在今縣西十五里，有廟。

明帝顯節陵。在洛陽縣東南。帝王世紀：在富壽亭西北，去洛陽三十七里。

章帝敬陵。在洛陽縣東南七十八里。又和帝慎陵，在洛陽東六十里。殤帝康陵，在洛陽東六十里。安帝恭陵，在洛陽東北六十七里。順帝憲陵在洛陽東北二十五里。冲帝懷陵，在洛陽東北二十五里。質帝静陵，在洛陽東南六十三里。桓帝宣陵，在洛陽東南六十里。靈帝文陵，在洛陽東北十里。按：東漢諸陵，原本從皇甫謐帝王世紀分注，其云洛陽乃古洛陽城也。證以今之道里方向，均多未符。今依縣志所載邑令龔崧林考正改注，且按其世次，順帝改列冲帝前。

三國　魏

文帝陵。在偃師縣西北二十五里，首陽山之南。

明帝高平陵。在洛陽縣東南大石山。

晋

武帝峻陽陵。在洛陽縣北。

後魏

世宗景陵。在洛陽縣北邙山。亦名宣武陵。

唐

孝敬帝恭陵。在偃師縣東南。唐書地理志：在太平山。寰宇記：在緱氏縣東北五里。舊志：在縣南景山側，亦名太子陵。

昭宗和陵。在偃師縣東南。唐書地理志：在太平山。寰宇記：在緱氏縣東北五里。

五代　唐

莊宗陵。在新安縣北七十里黄坂峪。

明宗徽陵。在新安縣東北十里護駕莊。

晉

高祖顯陵。在宜陽縣西北。

漢

高祖睿陵。在登封縣東測景臺左。

宋

宣祖永安陵。在鞏縣西南四十里。

太祖永昌陵。在鞏縣西南四十里。

太宗永熙陵。在鞏縣西南昌陵西一里。

真宗永定陵。在鞏縣西南昌陵北十里。

仁宗永昭陵。在鞏縣西南定陵西北五里。

英宗永厚陵。在鞏縣西南昭陵西一里。

神宗永裕陵。在鞏縣西南昭陵西三里。

哲宗永泰陵。在鞏縣西南昌陵西三里。

古

許由冢。在登封縣東南箕山上，有廟。舊志又有巢父冢，在縣東四十里。

商

伊尹墓。在偃師縣西十里。又比干墓，在縣西北十五里。按：比干諫死在朝歌，時殷遷都河北已四世矣，當以載在汲縣者爲正。

周

萇弘墓。在偃師縣東十里。晉趙鞅伐范氏，周人殺之，葬此。

韓昭侯墓。在宜陽縣西。

冉子墓。在孟津縣西耕子溝。寰宇記：在河清縣東南十七里。按：山東東平州亦有冉伯牛墓，未知孰是。

潁考叔墓。在登封縣之西南。

漢

祭遵墓。在洛陽縣北邙山。

劉寬墓。在洛陽縣北邙山，有二碑。

崔瑗墓。在故洛陽城東。

田横墓。在偃師縣西十里。

桓榮墓。在偃師縣西北。後漢書桓榮傳：賜冢塋於首山之陽。

三國　漢

關林。在洛陽縣南十五里。本朝康熙三十一年修，乾隆十五年，高宗純皇帝賜「聲靈於鑠」扁額，並御書對聯。

魏

王弼墓。在偃師縣東三里。按：弼墓所在，傳聞不一。水經注謂在尸鄉，今新寨即尸鄉故地，在縣之西。寰宇記又以爲在縣南，而元陳思忠撰弼墓碑記，則以爲在偃師縣治東三里許，舊有祠，其説較爲可據。

鍾繇墓。在偃師縣東八里。

杜畿墓。在宜陽縣西韓城鎮，子恕祔。

毌丘興盛墓。在新安縣北慕容山下。儉之父也。

晉

裴楷墓。在府城内。寰宇記：在洛陽縣修義坊。

王祥墓。在洛陽縣西。

張華墓。在洛陽縣北邙山。京洛朝市圖：在修義坊。

羊祜墓。在洛陽縣北邙山。

杜預墓。在偃師縣西北二十里山上。

南北朝　魏

王肅墓。在洛陽縣北邙山。

唐

狄仁傑墓。在洛陽縣金墉城。又孟津縣梁周村相傳乃仁傑故里，昔發冢得誌石者，未知孰是。

劉幽求墓。在洛陽縣東。

齊抗墓。在洛陽縣東。

孟郊墓。在洛陽縣東。韓愈爲墓誌。

張建封墓。在洛陽縣東四十五里。

姚崇墓。在洛陽縣東南萬安山。

白居易墓。在洛陽縣南龍門鎮東。本朝康熙四十八年，學使湯右曾建饗堂三楹，立石墓前。

賈島墓。在洛陽縣南伊闕東。

權德輿墓。在洛陽縣北。韓愈有神道碑。

葬此。

許遠墓。在偃師縣西南五里。肅宗時，遠與張巡守睢陽。安禄山亂，尹子奇陷城，巡死。生致遠於洛陽，至偃師，不屈死，葬此。

杜甫墓。在偃師縣西上樓村，從當陽侯葬。元和八年，元微之誌銘。

顔真卿墓。在偃師縣北一里。德宗時，李希烈陷汝州，盧杞自遣真卿往諭，希烈數挫辱，終不屈，死葬此。

李淳風墓。在新安縣西。

元德秀墓。在嵩縣東北二十五里陸渾嶺下。寰宇記：元德秀墓碑，李華文，李陽冰篆，顔真卿書。德秀有德行，人呼「四絶碑」。

盧殷墓。在登封縣北嵩山。殷，登封尉，韓愈爲墓誌。

宋

張詠墓。在洛陽縣東三十里。

范仲淹墓。在洛陽縣東南萬安山下。本朝康熙三十三年，重修墓宇。

呂蒙正墓。在洛陽縣南。

文彦博墓。在洛陽縣南。

二程子墓。在洛陽縣南七十里。

富弼墓。在洛陽縣西金谷鄉。

潘美墓。在洛陽縣西。

范祖禹墓。在偃師縣東。
錢若水墓。在新安縣西南一里。
蔡齊墓。在鞏縣南。
狄青墓。在鞏縣南。
趙普墓。在鞏縣西南。
曹彬墓。在鞏縣西南。
寇準墓。在鞏縣西南寇家灣。
包拯墓。在鞏縣西南。
邵康節墓。在嵩縣東北紫金山下。

明

鄭廷誨墓。在登封縣北嵩陽書院左。典史王大璧亦葬其旁，事詳名宦。本朝康熙十九年表其墓，乾隆三年修。

祠廟

賈太傅祠。在洛陽縣城東關，祀漢賈誼。

三賢祠。在洛陽縣東關。祀明儒閻禹錫、白良輔及大學士劉健，本朝康熙三十四年建。

王公祠。在洛陽縣東。後漢書：王渙爲洛陽令，卒，民思其德，爲立祠安陽亭西，每祀輒絃歌而薦之。桓帝悉毁諸房祀，特詔密縣存故太傅卓茂廟，洛陽留王渙祀焉。

董令祠。在洛陽縣城内東南隅。祀後漢洛陽令董宣。

韓文公祠。在洛陽縣南六十里。

李衛公祠。在洛陽縣城内。祀唐衛國公李靖。

萇弘祠。在洛陽縣西。寰宇記：在河南縣，俗謂之撞鐘祠。

狄梁公祠。有二：一在洛陽縣西白馬村，一在西關。祀唐狄仁傑。

范文正公祠。在洛陽縣城西。祀宋范仲淹。

邵子祠。有二：一在洛陽縣西關，本朝順治五年重建；一在嵩縣北，本朝康熙二十四年建，二十六年聖祖仁皇帝御書「學達性天」扁額，懸於祠堂。

二程子祠。有二：一在洛陽縣城西，明弘治十一年，如闕里之制，正殿祀明道、伊川二程子，兩廡從祀門人六十三人，本朝康熙二十六年，聖祖仁皇帝賜御書「學達性天」扁額；一在嵩縣東北二十五里，本朝順治六年因伊川宅重建。

劉文靖公祠。在洛陽縣西。祀明大學士劉健。

十賢祠。在洛陽縣治北。祀宋周子、二程子、邵子、張子、司馬光、朱子、呂祖謙、張栻，元許衡，有元吴澄記。

王子晉祠。在偃師縣南。水經注：撫父堆上有子晉祠，世有簫管之聲焉。舊志：昇仙太子廟，在縣南緱氏山，有碑，唐武后撰并書。本朝乾隆十五年，高宗純皇帝御書「即是丹梯」扁額，并御書對聯。

錢若水祠。在新安縣西南。

韓柱國祠。在新安縣北二十里廟頭村。祀隋韓擒虎。

嚴子陵祠。在鞏縣東關外。本朝康熙二十二年重建。縣志：因光武物色後西赴洛都，駐足於此，故有專祠。

杜工部祠。在鞏縣東，舊在康家店，後傾。本朝雍正五年，裔孫鏶移建少陵故居東站。

郭令公祠。在鞏縣西南回郭鎮。祀唐郭子儀。

冉子祠。在孟津縣西白坡鎮。

曹學正祠。在澠池縣南，祀明儒曹端。

伊尹祠。在嵩縣三聘臺北。

元聖廟。有二：一在洛陽縣東關石堰，一在嵩縣南、空桑澗西，祀商伊尹。

洛神廟。在洛陽縣城南洛水上。

周公廟。有二：一在洛陽縣西關，一在登封縣東測景臺後。

酈食其廟。在偃師縣西。水經注：陽渠水逕漢廣野君酈食其廟南。廟在北山上，成公綏所謂偃師西山也。廟東有兩石人對倚，石人西有二石闕，高丈餘。

唐太宗廟。在宜陽縣西南。

黃帝廟。在宜陽縣西。

伯夷叔齊廟。在孟津縣東叩馬村。明嘉靖時建，本朝順治年間修。

伏羲廟。在孟津縣西五里。相傳爲龍馬負圖處。

湯王廟。在孟津縣。舊志：孟津縣界凡有十所。

中嶽廟。在登封縣東八里華蓋峯下。漢志謂之太室廟。後魏太延元年重建，歷代增修。唐韋行儉、李方郁，宋盧多遜、王曾、陳知微、駱文尉，皆有碑記。規制宏敞，爲中州祠宇之冠。本朝康熙三十三年，聖祖仁皇帝御書「嵩高峻極」扁額。乾隆十五年重修，高宗純皇帝駕幸嵩洛，詣廟展謁，有御製謁嶽廟及嶽廟秩祀禮成詩，又御書「鎮兹中土」、「神嶽崇巖」、「靈符萬寓」諸扁額，并御書對聯。

潁源廟。在登封縣西南陽乾山。

潁考叔廟。在登封縣西南潁谷。今稱純孝伯廟。一在潁水源上。

啓母廟。在登封縣東北七里。漢書、武帝祀中嶽，見夏后啓母石是也。應劭曰：「啓生而母爲石。」嵩陽記：陽翟婦人，今龕中鑿石像，其銘漢安帝延光三年立。舊志又有少姨廟，在少室山，相傳啓母塗山氏之妹。唐楊烱有碑。

洛河龍神廟。在永寧西龍頭山下，臨洛水。

夏禹廟。在永寧縣西。

蕭相國廟。在永寧縣西。祀漢相蕭何。

帝堯廟。在澠池縣東堯村。

薄太后廟。在嵩縣東九十里。

寺觀

迎恩寺。在洛陽縣東關。明萬曆時建，本朝乾隆七年重修。十五年，高宗純皇帝聖駕經此，御書「具正法眼」扁額懸寺中。

白馬寺。在洛陽縣東二十里，故洛陽城西。漢明帝時，摩騰竺法蘭初自西域以白馬馱經而來，舍於鴻臚寺，遂取寺爲名，創置白馬寺，此僧寺之始也。洛陽伽藍記：寺在西陽門外三里。唐垂拱初，武后重修。通志：宋淳化、元至順間，俱敕修。明洪武二十三年重修。

永寧寺〔二〕。在洛陽縣故洛陽城中。洛陽伽藍記：熙平元年，靈太后胡氏所立，有九層浮圖，高千尺，窮極精妙。

荷澤寺。在洛陽縣城外天津橋之南，一名聖善寺。唐玄宗幸東都，大旱，召僧無畏盛一鉢水，持數百咒，頃之大雨即降，因於此地造寺。

香山寺。在洛陽縣西南二十五里。後魏熙平元年，建龍門十寺。觀遊之勝，香山爲首。唐白居易有修香山寺記。本朝康熙四十六年重修。乾隆十五年，高宗純皇帝巡幸嵩洛，經臨寺中，有御製香山寺雜詠、題香山寺諸詩，并御書「香巖浄域」扁額。

奉先寺。在洛陽縣西南三十里闕塞山後。魏時建。唐杜甫游龍門奉先寺詩「天闕象緯逼，雲卧衣裳冷」即此。

龍泉寺。在新安縣西北青要山上。一名長泉寺，五代周廣順二年建。俯瞰河流，爲一方勝槩。又偃師縣有龍泉寺，即温泉寺，明洪武時建，本朝順治十六年重修。

慈雲寺。在鞏縣青龍山内。漢明帝時西僧摩騰竺法蘭創建。

浄土寺。在鞏縣東北。一名石窟寺，亦名石佛寺，後魏景明間建。鑿石爲佛，佛與窟連，法像巍然，唐、宋題咏甚多。

會善寺。在登封縣西北十里。本後魏孝文帝避暑宫。隋開皇中賜名會善寺，有受戒石壇。通志：宋王著有記，又有元李溥光所書「茶牓」刻字。本朝乾隆十五年，高宗純皇帝鑾輿經此，有御製會善寺詩，并御書「靈鷲真如」、「空澄水月」二扁額及對聯。

少林寺。在登封縣西北二十五里少室山北麓。後魏太和二十年建。隋文帝改名陟岵，唐復名少林。内有唐武德初秦王告少林寺主教碑、開元中裴漼所書碑，沈佺期、宋之問皆有少林寺應制詩。寺東廊後有秦槐，相傳秦時封爲五品，寺右有面壁石，西北三里有面壁菴，即達摩面壁九年處。本朝雍正十三年修。乾隆十五年，高宗純皇帝巡幸嵩洛，駐蹕寺内，有御製少林寺作、題面壁石、宿少林用唐沈佺期韻諸詩，并御書行宫扁額曰「秀挹嵩雲」，初祖殿額曰「雪印心珠」，佛殿額曰「香凾雲梵」，毘盧殿額曰「法印高提」，達摩殿額曰「最勝覺場」，及諸對聯。

法王寺。在登封縣北十里嵩山南麓。漢永平十四年建。唐開元中改名功德。宋慶歷中復改今名。寺背負嵩岑，左右高峯，如張兩翼，俯瞰二熊諸山，排列如拱。

嵩嶽寺。在登封縣北，法王寺西。後魏永平二年建。初名閒居寺，隋開皇五年改今名。唐武后幸嵩山，以此爲行宫，送鎮國金佛貯焉。明洪武初重修，本朝乾隆四十三年重修。高宗純皇帝御製有詩。

龍潭寺。在登封縣東北二十五里，據太室左陲。相傳唐武后時曾建行宫於此。

福星寺。在永寧縣北鳳翼山麓。唐貞觀元年建，本朝康熙二十五年修。

雲門寺。在澠池縣北三十里。宋嘉祐元年建〔三〕，本朝康熙九年修。

雲巖寺。在嵩縣西南伏牛山上，有上、下二寺。

龍興寺。在嵩縣北思遠山。唐武后時嘗幸此，建乘涼閣，後改爲寺。

九真觀。在洛陽縣南五里。元時因安樂窩建。舊有東華、正陽、純陽、海蟾、重陽、丹陽、長真、長生、長春九真塑像。

雲溪觀。在洛陽縣北。通志：即今三井洞，宋邵康節嘗夏處，雲溪觀即此。

白鶴觀。在登封縣太室山上，去絶頂四五里。

隆唐觀。在登封縣北逍遥谷。唐高宗同武后如嵩山，幸潘師正之居，敕有司即其廬建隆唐觀，又於嶺上別立精思院以處之。亦作崇唐觀。

上清宫。在洛陽縣北八里，世傳老子修煉之所。正殿梁柱及瓦皆範鐵爲之，本朝康熙三十一年修。又有下清宫，在城北五里。

嵩陽宫。在登封縣北。北魏太和八年建，曰嵩陽寺。唐改爲觀，宋改天封觀，元至元間改曰嵩陽宫。宫前石幢載唐明皇求仙得藥事。有古柏三株，相傳漢武帝登嵩時封三「將軍柏」，今存其二，大者七人圍，次者五人圍。唐徐浩八分書嵩陽觀聖德感應頌，石刻尚存。即今嵩陽書院也。本朝乾隆十五年，高宗純皇帝駕幸嵩陽書院，御製詩有「石幢猶記舊宫名」句，并御製漢柏行古詩一首。

崇福宫。在登封縣北嵩山萬歲峯下。相傳漢建，曰萬歲觀。唐改名太乙觀，宋天禧三年改今名，爲真宗祝釐之所，設提舉管勾官，朝臣領之，韓維、司馬光及程、朱諸臣皆嘗爲此職。

名宦

漢

吴公。上蔡人。爲河南守。時賈生年十八，以能誦詩書屬文稱於郡中。吴公聞其秀材，召置門下。文帝初立，聞河南守吴公治平爲天下第一，乃徵爲廷尉。廷尉乃謂賈生年少，頗通諸家之書，帝召爲博士。

汲黯。濮陽人。武帝時河内失火，上使黯往視之，還報曰：「不足憂也。臣過河南，貧人傷水旱萬餘家，或父子相食，臣謹以便宜持節發河南倉粟以賑貧民。請歸節，伏矯制辠。」帝賢而釋之。

黄霸。陽夏人。武帝末，爲河南太守丞。明察内敏，又習文法，然温良有讓，足知，善御衆。爲丞，處議當於法，合人心，太守甚任之，吏民愛敬焉。

魏相。定陶人。昭帝時，爲河南太守。禁止姦邪，豪强畏服。

尹翁歸。平陽人。昭帝時爲緱氏尉。歷守郡中，所居治理。

召信臣。壽春人。元帝時，爲河南太守。治行常爲第一，數增秩賜金。

王嘉。平陵人。鴻嘉中，舉敦樸，能直言，召見宣室，對政事得失。由大中大夫爲河南太守，治甚有聲。

董宣。圉人。光武時，爲洛陽令。湖陽公主蒼頭殺人，匿主家，吏不能得。及主出行，以奴驂乘，宣扣馬大言，數主之失，叱奴下車，格殺之。主訴帝，帝召宣欲箠殺之。宣曰：「陛下聖德中興，而縱奴殺良人，將何以理天下？」即以頭擊楹，流血被面。

帝令小黄門持之，使宣叩頭謝主，宣兩手據地，終不肯俯，帝因敕强項令出。賜錢三十萬，悉以班諸吏。由是搏擊豪强，莫不震慄。卒於官。

索盧放。東郡人。建武六年，徵爲洛陽令，政有能名。

虞延。東昏人。建武中，爲洛陽令。時陰氏客馬成者爲姦盜，延收考之。陰氏屢請，獲一書，輒加篣二百。信陽侯陰就訴帝，帝親録囚，知延不私，謂成曰：「汝犯王法，身自取之。」竟伏誅。於是外戚斂手，莫敢干法。

祭肜。潁陽人。光武時，爲偃師長。肜有權略，視事五載，縣無盜賊，課爲第一。

周澤。安丘人。中元初，遷澠池令，奉公尅己，矜恤孤羸，吏人歸愛之。

袁安。汝陽人。永平中爲河南尹，政號嚴明，然未嘗以贓罪鞫人，曰：「凡學仕者，高則望宰相，次則希牧守，奈何錮人於聖世？」聞者感勵。在職十年，京師肅然，名重朝廷。

周紆。徐人。肅宗時，拜洛陽令。下車先問大姓主名，吏數閭里豪强以對，紆怒曰：「本問貴戚若馬、竇輩，豈能知此賣菜傭乎？」於是貴戚跼蹐，京師肅清。

張酺。細陽人。和帝時，爲河南尹。執金吾竇景家人擊傷市卒，吏捕得之。景怒，遣緹騎侯海等五百人毆傷市丞，酺部吏楊章等正海罪。景忿怒，移書辟章等六人爲執金吾吏，欲因報之，章等恐。酺即上言其狀，竇太后詔報，自今執金吾辟吏，皆勿遣。

王涣。郪人。永元十五年，爲洛陽令。平正明察，得寬猛之宜。其寃嫌久訟，法理難平者，莫不曲盡情詐，厭塞羣疑。又能發摘姦伏，京師稱歎以爲有神算。卒官，民爲立祠安陽亭西。

任峻。渤海人。自王涣後，選令皆不稱職。永元中，以峻補之，擢用文武吏，皆盡其能。糾剔姦盜，不得旋踵，一歲斷獄，不過數十。

周暢。安成人。永初二年，爲河南尹。時夏旱，久禱無應，暢因收葬洛城旁客死骸骨，凡萬餘人，應時澍雨，歲乃豐稔。

祝良。長沙人。順帝時，爲洛陽令。聰明博學，有才幹，以廉明見稱。

李膺。襄城人。延熹二年，爲河南尹。時河内張成善説風角，推占當赦，遂教子殺人，膺督促收捕。既而逢宥，膺愈懷憤疾，竟案殺之。宛陵大姓羊元羣，罷北海郡，贓罪狼籍，膺表欲案其罪，元羣賂宦豎，膺反坐輸作左校。司隸校尉應奉上疏救之，帝納其言，即拜膺爲司隸校尉。

劉祐。安國人。延熹中，爲河南尹，轉司隸校尉。時權貴子弟入京師者，至界首，輒改易輿服，隱匿財寶。威行朝廷。

羊陟。梁父人。靈帝時，拜河南尹。計日受奉，常食乾飯茹菜，禁止豪右，京師憚之。

李燮。南鄭人。靈帝時，爲河南尹。時既以貨賂爲官，詔書復横發錢三億以實西園，燮上書陳諫，辭意深切，帝乃止。

朱儁。上虞人。獻帝時，拜河南尹。時董卓擅政，數請公卿會議，徙都長安，儁輒止之。卓惡其異己，表遷太僕，儁不受。及卓入關，留儁守洛陽，與山東諸將通謀爲内應，既而懼爲卓所襲，乃棄官奔荆州。

三國　魏

賈逵。襄陵人。除澠池令。時縣寄治蠡城，城塹不固，張琰叛應高幹，逵陽與同謀，求兵修城，諸欲爲亂者盡誅之，遂修城拒琰。琰敗，魏武征馬超，至弘農，曰：「此西路之要。」以逵領弘農太守。

王昶。晉陽人。文帝時，爲洛陽典農。時都畿樹木成林，昶斫開荒萊，勤勸百姓，墾田特多。

司馬芝。温人。黄初中，爲河南尹。抑强扶弱，私請不行，爲教與羣下，吏莫不自勵。曹洪乳母與臨汾公主侍者繫獄，卞太后遣黃門詣府傳令，芝不通，敕洛陽獄考竟，上疏論之。居官十一年，數議科條所不便者。

傅嘏。泥陽人。正始中，爲河南尹。河南俗黨五官掾功曹典選職，皆授其本國人，無用異邦人者。嘏各舉其良而對用之，官曹分職，而後以次考覈之。治以德教爲本，持法有恒，簡而不可犯。

晉

杜預。杜陵人。武帝時，爲河南尹。預以京師爲王化之始，自近及遠，凡所施論，務崇大體。

王恂。東海人。爲河南尹，建立二學，崇明五經。鬲令袁毅餽以駿馬，恂不受。時太原諸郡以匈奴爲田客，多者數千。武帝詔禁募客，恂明峻其防，所部莫敢犯者。

樂廣。淯陽人。武帝時，爲河南尹。愍懷太子廢，詔故臣不得辭送，衆官不勝憤歎，皆冒禁拜辭。司隸校尉滿奮敕河南中部收縛拜者送獄，廣即便解遣。爲政無當時功譽，然去職遺愛，爲人所思。

曹攄。譙人。爲洛陽令。仁惠明斷，百姓懷之。時天大雨雪，宫門夜失行馬，攄使收門士。衆咸謂不然，攄曰：「宫掖禁嚴，非外人所敢盜，必門士以燎寒耳。」詰之，果服。以病去官，復爲洛陽令。

魏浚。東阿人。永嘉末，與流人數百家東保河陰之硤石。及洛陽陷，屯於洛北石梁塢，撫養遺衆，漸修軍器，歸者甚衆。其有恃遠不從者，遣將討之，不加侵暴，於是遠近感悅。假河南尹劉曜忌浚得衆，率衆圍之。浚夜遁走，爲曜所得，死之。

沈勁。武康人。升平中，慕容恪侵逼山陵，冠軍將軍陳祐守洛陽。勁自表補冠軍長史，募壯士擊賊，頻以寡制衆。糧盡城陷，遇害。

辛恭靖。狄道人。隆安中，爲河南太守。會姚興來寇，恭靖固守百餘日，以無救而陷，被執。興將任以東南之事，恭靖厲色曰：「願爲國家鬼，不爲羌賊臣。」興怒，幽之別室。三年，踰垣遁歸，安帝嘉之。

南北朝　魏

寇讚。上谷人。姚泓滅秦，雍人千餘家推讚爲主，歸魏，拜綏遠將軍。秦、雍之民，來奔河南、滎陽、河内者，户至萬數，拜讚南雍州刺史，治於洛陽，立雍之郡縣以撫之。流民自遠而至者，三倍於前。讚在州十七年，甚獲公私之譽。

甄琛。毋極人。世宗初，遷河南尹。時多寇盜，琛以里正乃流外四品，職輕任碎，不能督察，使盜得容姦，百賦失理，請少高里尉之品。又奏以羽林爲游軍，於諸坊巷司察盜賊，於是京邑清静，後皆踵焉。

高崇。蓨人。景明中爲洛陽令。爲政清斷，吏民畏其威風。每有摘發，不避强禦，縣内肅然。

宋翻。列人人。世宗初，爲河陰令。順陽公主家奴爲劫，攝而不送。翻將兵圍主宅，執主壻馮穆，步驅向縣，時正炎暑，立之日中，流汗霑地。縣舊有大枷，時人號曰「彌尾青」，翻置南牆下，以待豪右。於是威振京師。孝莊時，除司徒左長史、撫軍將軍、河南尹。

北齊

獨孤永業。中山人。乾明初洛州刺史。時宜陽深在敵境，周人於黑澗築城，戍以斷糧道。永業亦築鎮以抗之，治邊甚有威信。久在河南，善於招撫，歸降者萬計。選二百人爲爪牙，每先鋒以寡敵衆，周人憚之。

隋

樊子蓋。廬江人。大業中，爲檢校河南内史。車駕至高陽，追詣行在，帝勞其留守東都之功，曰：「昔高祖留蕭何於關中，光武委寇恂於河内，公其人也。」

唐

賈敦頤。冤句人。永徽中，遷洛州刺史。洛多豪右，占田類踰制。敦頤舉没者三千餘頃，以賦貧民。發姦擿伏，下無能欺。弟敦實爲洛州長史，亦寛惠，人心懷向。洛陽令楊德幹，杖殺人以立威，敦實喻止曰：「政在養人，傷生過多，不足貴也。」德幹爲衰減。始洛人爲敦頤刻碑大市旁，及敦實入爲太子右庶子，人復爲立碑於其側，故號「棠棣碑」焉。

張仁愿。下邽人。神龍中，檢校洛州長史。會穀貴多盜，仁愿一切捕殺，畿甸震懾，無敢犯。

李傑。滏陽人。先天中，爲河南尹。精於聽斷，雖行坐食飲，省治不少廢，由是府無淹事，人吏愛之。河、汴之交，舊有梁公堰，廢不治，南方漕弗通。傑調丁男復作之，不費而利。

李朝隱。三原人。開元中，擢河南尹。政嚴清，姦人不容息。太子舅趙家奴，怙勢横閭里，朝隱執而搒辱之，帝賜書慰勉。

裴寛。聞喜人。開元中，爲河南尹。不屈附權貴，郡中大治。子諝，代宗時以河南府參軍，遷河南尹。寛厚和易，爲治不鞫人以贓。

李憕。文水人。天寶中，爲河南少尹。尹蕭炅骫法殖私，憕裁抑其謬。後改東都留守，安禄山陷東都，死之。

盧奕。滑州人〔四〕。以御史中丞留臺東都。安禄山兵薄城下，奕與李憕堅守，城陷，朝服坐臺，被執，即數禄山罪，徐顧賊徒，曰：「爲人臣者，當識逆順。我不陷失節，死何恨？」臨刑罵賊不空口，逆黨爲變色。

蔣清。天寶十四載，爲河南府判官。禄山陷東都，死之。

喬潭。梁縣人。天寶中，爲陸渾尉。時元德秀隱居陸渾，貧無甔石，潭每分奉周之，及卒，庀其葬。

顧少連。吴人。德宗時，爲登封主簿。邑有虎孽，少連命塞陷阱，移文嶽神，虎不爲害。

鄭珣瑜。滎澤人。爲河南尹。未入境，會德宗生日，當獻馬，吏白珣瑜視事，且内贄，珣瑜曰：「未到官而遽事獻，禮歟？」不聽。性嚴重少言，未嘗以私託人，人亦不敢謁以私。清静惠下，賤斂貴發以便民。時韓全義伐蔡，河南主餽運。珣瑜密儲之陽翟，以給官軍，百姓不知僦運勞。有所取非詔約者，珣瑜輒挂壁不酬，及軍罷，凡數百封。有諫者，珣瑜曰：「苟以爲罪，尹宜坐之，終不爲萬人産沴也。」

韓愈。南陽人。元和初，權知國子博士，分司東都，即拜河南令。

李紳。譙人。元和間，爲河南尹。河南多惡少，或危帽散衣，擊毬官道，車馬不敢前。紳治剛嚴，皆望風遁去。

白居易。太原人。太和初，以太子賓客分司東都，踰年拜河南尹，復以賓客分司。

李德裕。贊皇人。文宗時，以太子賓客分司東都。政尚寬和，得士庶心。

柳仲郢。華原人。拜京兆尹。宣宗時，周墀薦爲河南尹。以寬惠爲政，或言不類京兆時，答曰：「輦轂之下先彈壓，郡邑之治本惠養，烏可類也？」

張全義。濮州人。僖宗時，爲河南尹。時黄巢兵火之後，城邑殘破，户不滿百。全義披荆棘，勸耕殖，躬載酒食，勞民畎畝之間，築南、北二城以居之。數年，人物完盛，人甚賴之。

五代　晉

楊昭儉。長安人。爲河南少尹。時河決數郡，發丁夫塞之。昭儉董其役，少主欲立碑，昭儉諫曰：「陛下刻石記功，不若下哀痛之詔。」少主嗟賞從之。

宋

韓琚。安陽人。大中祥符中，知永寧縣。時寺僧大起浮圖，通邑騷然，琚抗疏罷之。政爲畿邑最。

歐陽修。廬陵人。仁宗時，爲西京推官〔五〕。時尹洙爲府户曹參軍，梅堯臣爲主簿，修從洙游，爲古文議論當世事，迭相師友；與堯臣游，爲歌詩相倡和，遂以文章名冠天下。

陳堯佐。閬中人。後家於濟源。初爲西京轉運使，有治聲。天聖初，知河南府，人稱其政。

范祖述。華陽人。仁宗時，知鞏縣。開南山導水入洛，縣無水患。文彦博稱其能。

桑懌。雍丘人。仁宗時，爲澠池尉。時宿盜王伯爲民患，巡檢僞牒懌招致之。懌不知其僞也，挺身入賊中，與伯同卧起十餘日，共至山口，爲巡檢伏兵所執。懌曰：「巡檢懼無功耳。」即以伯與巡檢，使自爲功。朝廷知之，爲黜巡檢，擢懌右殿班直。

孫蓍。錢塘人。知偃師縣。蒲中優人詭僧服隱民間，以不語惑衆，相傳有異法，奔湊其門。蓍收按姦狀，立服辜。

范致虚。建陽人。徽宗時，知河南府。中人規萬華苑，欲奪故相富弼宅。致虚言：「弼和戎有大功，乃不保數畝之居耶？」得不取。

阮駿。興化人。爲河南少尹。金兵入京師，駿帥所隸兵擁護神御殿，抱神御，罵不絶口，卒被害。

孫昭遠。眉山人。建炎初，爲河南尹、西京留守。至洛，收集散亡，得義兵萬餘，柵伊陽，使民入保。金兵來攻，戰不利，叛兵反擊之，隨遇害。贈徽猷閣待制。

金

張特立。東明人。正大初，爲洛陽令。時軍旅數起，郡縣窘迫。東帥赫舍里永謙移鎮陝右，道經洛陽，責令治糗具，三日足，後期如軍法。縣素賢特立，争輸於庭，帥大奇服。「赫舍里永謙」舊作「紇石烈牙兀解」，今改正。

元

閻從。覃懷人。爲新安縣尉。有鬻麥客爲人所害，莫知主名。從集衆鞫之，衆皆跪，有一人隱樹而立，命卒引之前，服罪。後嘗於道中遇貴游，車馬僕從甚盛，飲嬉市肆〔六〕，從顧從者曰：「此巨盜也。」邏得之，果服，人以爲神。

布占。宣陽令。開宣利渠，導疏入臙脂潭，東歷七里河下楊店，民賴其利。「布占」舊作「蒲察」，今改正。

明

王俊。邠州人。洪武末，知嵩縣。屏貪吏，恤貧乏，濬順陽、濟民二渠溉田，民賴其利。

李守義。平度州人。永樂初，爲偃師主簿。縣北有山水爲害，守義修白虎堰以障之，害遂息，兼資灌溉之利。

吴祥。蠡縣人。永樂中，知嵩縣。爲政寬和，流民自歸者二百餘户。績最當遷，民乞留，詔增秩還任，閲三十二年而卒，邑人莫不哀痛。

陶鎔。洪熙末，知新安縣。上言：「縣在山谷，土瘠民貧，民食方艱，采拾不給，公私無措。驛傳頗有儲粟，謹貸粟千七百餘石賑給，俟秋成償官。」宣宗謂夏原吉曰：「縣所行良是，鎔能稱任使，勿拘以文法。」

李驥。郯城人。宣德中，知河南府。時境内多盜，驥令一户被盜，一甲坐之，犯者署其門曰「盜賊之家」。又爲勸教文，振木鐸以徇之。人咸改行。

陳宣。永壽人。弘治中，知河南府。留心學校，加意民瘼，創建伊洛淵源祠及觀德亭，修復諸渠，多嘉惠實政。

劉敏寬。安邑人。萬曆中，知宜陽縣。時洛水嚙田損賦，有司議均田，更張太甚，民多棄業而逃。敏寬惟課墾荒，公輸不足，則税逃田之見墾者足之，由是逃亡日復。

徐日泰。金谿人。崇禎中，知偃師縣。流賊陷城，日泰駡不屈，爲賊臠割死。

陳顯元。蘄州人。崇禎中，知新安縣。率民保關門寨，拒守月餘，力竭而陷。賊大殺寨中人，厲聲曰：「守寨者，我也，百姓何辜？」賊怒，支解之。

鄢廷誨。永福人。崇禎十四年，知登封縣。流寇至，廷誨抗節死。典史王大璧從死。

劉禋。中部人。崇禎末，知登封縣。時土寇據山爲亂，禋練兵備禦，賊不敢近。及李自成陷城，死之。

武大烈。臨潼人。崇禎末，知永寧縣。時萬安郡王居永寧，宗校馮藉爲横，大烈悉置之法。流寇薄城下，大烈拒守，凡三晝夜。城陷，與主簿魏國輔、教諭任維清、守備王正己、百户孫世英俱死之。

李邁林。崇禎末，知澠池縣。流賊陷城，死之。

本朝

武攀龍。交城人。順治四年，知洛陽縣。時兵火初靖，一意安民，修舉廢墜，善蹟尤多。洛志亦推攀龍始事云。

張朝瑞。廣寧人。順治五年，知登封縣。洞悉民隱，招徠流亡。遷御史，巡按湖北，瀕行，父老追送百餘里。

蔣應泰。大興人。康熙初，知河南府。寬樸簡易，端己率屬，救荒課士，除暴禁貪。凡獄有冤者，秋毫立辨。期年，病没於官，士庶感慟。祀名宦。

盧道悦。德州人。知偃師縣，簡易不擾。值歲歉後流亡未復，撫綏十年，荒蕪盡墾，民以安集。嘗築亭潯溪上爲遊息地，既去，人懷其澤，就亭爲祠以祀之。

汪楫。江都人。知河南府。爲政清平，持大體，絶干謁，豪右憚之。歲饑賑濟，活饑民數萬。

俞汝翼。寧夏人。康熙時，授偃師知縣。下車時，即革邑中陋規。剖決詞訟，案無留牘。歲荒，親詣藩司，面陳洛、偃、鞏、孟、登五縣困苦尤甚，因得并賑。尤留意造士，興復兩程書院。調任祥符，送者絡繹於道。

曾汝爲。合江人。康熙五十四年，知洛陽縣。悃愊無華，吏民安之。數斷大獄，不爲煩擾。後以積歲荒歉，虧糧罷官，洛民爲設義櫃，争先輸納。

校勘記

〔一〕延六七十里　乾隆志卷一六三河南府堤堰（下同卷簡稱乾隆志）作「延袤七十里」，疑「六」爲「袤」字之誤。

〔二〕永寧寺　「寧」，原作「安」，據乾隆志改。按，本志避清宣宗諱改字也。

〔三〕宋嘉祐元年建　「宋」，原作「唐」，乾隆志同。按，唐無嘉祐年號，顯誤。考明一統志卷二九河南府寺觀雲門寺注云：「澠池縣北，宋嘉祐初建。」據改。

〔四〕盧奕滑州人　「滑」，原作「涓」，乾隆志同，據新唐書卷一一六盧懷慎傳改。按，奕爲懷慎子，新唐書卷一九一忠義傳有傳。「奕」，本傳作「弈」。

〔五〕仁宗時爲西京推官　「西」，原作「四」，據乾隆志及宋史卷三一九歐陽修傳改。

〔六〕欽嬉市肆　「市」，原作「布」，據乾隆志改。

大清一統志卷二百八

河南府四

人物

漢

賈誼。洛陽人。年十八，以能誦詩書屬文稱於郡中。文帝詔爲博士，超遷至大中大夫。諸法令所更定，及列侯就國，其説皆誼發之。天子議以誼任公卿之位，絳、灌之屬盡毁誼，於是出爲長沙王太傅。歲餘徵入，見帝宣室，問鬼神事，至夜半，帝爲之前席。拜梁王太傅，數上疏陳政事，多所欲匡建。梁王勝墜馬死，誼自傷爲傅無狀，歲餘亦死。孫二人至郡守，賈嘉最好學，世其家。

劇孟。洛陽人。以俠顯。吴、楚反，條侯爲太尉，乘傳東將至河南，得孟，喜曰：「吴、楚舉大事而不求劇孟，吾知其無能爲也。」孟母死，遠方送喪千乘。及孟死，家無十金之財。

卜式。河南人。武帝時，上書願輸家財半助邊，又持錢二十萬與河南太守以給徙民。召拜爲中郎，令牧羊上林。歲餘羊肥息，上過其羊所，式曰：「治民亦猶是矣。惡者輒去，毋令敗羣。」拜式緱氏令，遷成皋令、齊王太傅，轉爲相。會吕嘉反，式上書願與子男及臨菑習弩、博昌習船者請行死之，以盡臣節。帝賢之，賜爵關内侯。元鼎中，爲御史大夫，言郡國不便鹽鐵，而船有算，可罷。貶秩太子太傅，以壽終。

周王孫。雒陽人。受易於杜陵田何。後丁寬復從受古義，號「周氏傳」。

賈捐之。誼曾孫。元帝初，上疏言得失，召待詔金馬門。珠厓屢叛，捐之建議棄之，遂罷珠厓郡。

桑欽。河南人。受古文尚書、毛詩於平陵塗惲子真。又著水經。

郭賀。洛陽人。祖堅伯，父游君，並修清節，不仕王莽。賀能明法，建武中爲尚書，曉習故事，多所匡益。拜荆州刺史，有殊政。永平中，徵拜河南尹，以清静稱。在官三年卒。

孫堪。緱氏人。明經學，有志操。建武中仕郡縣，公正廉潔，奉禄不及妻子，皆以供賓客。及爲長史，所在有迹。歷官光禄勳，數有直言，多見納用。

慶鴻。洛陽人。慷慨有義節，與杜陵廉范爲刎頸交。位至琅邪、會稽二郡太守，所在有異迹。

龐參。緱氏人。舉孝廉，拜左校令。坐法輸作。將軍鄧隲討凉州叛羌，參上書言宜養衆以待其疲。御史中丞樊準薦參卓爾奇偉，高才武略，有魏尚之風，召拜謁者〔一〕，督三輔諸軍屯。累官漢陽太守，在職能抑强扶弱，以惠政得民。元初元年，遷護羌校尉，畔羌懷其恩信。入爲大鴻臚。虞詡薦參有宰相器能，順帝時，以爲太尉，録尚書事。是時三公之中，參名忠直。

吴雄。河南人。順帝時，爲廷尉，斷獄平，後拜司徒。子訢，孫恭，三世廷尉，爲法名家。

种暠。洛陽人。舉孝廉，順帝末，爲侍御史。自以職主刺舉，志案姦違，乃劾諸爲八使所舉太守劉宣等罪惡，又請敕條舉近臣父兄，及知親爲刺史二千石，尤殘穢不勝任者。擢監太子於承光宫。中常侍高梵從中單駕出迎太子，暠手劍當車曰：「太子國之儲貳，今常侍來無詔，何以知非姦耶？」梵馳奏之，詔報，太子乃得去。帝嘉其持重。出爲益州刺史，在職三年，宣恩服遠，開曉殊俗。桓帝時，爲度遼將軍，誠心懷撫，信賞分明，羌胡皆來順服。累遷司徒。推達名臣皇甫規等爲稱職。長子岱，好學養志，不應徵辟。次子拂，爲太常。李傕、郭汜入長安，百姓多避兵，拂揮劍出戰死。拂子卲，官侍中，與馬騰等攻傕、汜，軍敗，死之。

尹勳。鞏人。家世衣冠，獨持清操，不以地勢尚人。州郡連辟察孝廉，三遷邯鄲令。政有異迹，五遷尚書令。桓帝誅梁冀，參建大謀，封都鄉侯，遷汝南太守。上書解釋范滂等黨議禁錮。拜大司農。坐竇武等事，下獄自殺。

杜密。陽城人。爲人沈質，少有厲俗志，爲司徒胡廣所辟，累遷北海相。宦官子弟爲令長有姦惡者，輒捕案之。後去官還家。桓帝時，徵拜尚書令，轉太僕。黨事起，免歸。與李膺名行相次，故時人亦稱李、杜焉。

三國　漢

孟光。洛陽人。獻帝時入蜀。博物識古，無書不覽，尤鋭意「三史」，長於漢家舊典。昭烈定益州，拜爲議郎，與許慈等並掌制度。後主時，累遷大司農，常於衆中責大將軍費禕，每直言無所回避。

郤正。偃師人。安貧好學，博覽墳籍，弱冠能屬文。爲秘書令，轉令史，澹於榮利，依則先儒，假文見意，號曰釋譏。後主七年，遷洛陽，蜀之大臣無翼從者，惟正舍妻子單身隨侍。後主賴正相導宜適，舉動無闕，乃歎息恨知正之晚。位終巴西太守。

魏

杜夔。河南人。以知音爲雅樂郎。因亂往依劉表，入魏爲軍謀祭酒，參太樂事，令創制雅樂。夔善鐘律，聰思過人，紹復先代古樂自夔始。

吴

徵崇。本姓李，河南人。治易、春秋左氏傳，隱於會稽，躬耕求志。人來從學，所教不過數人輒止，欲令其業必有成也。嚴畯薦崇，初見太子，以疾賜不拜。東宮官屬，皆從咨訪。

趙達。河南人。治九宮一算之術，究其微旨，應機立成，無不中效。孫權行師征伐，每令推步，皆如其言。

南北朝　魏

胡小虎〔二〕。河陰人。正光末，爲統軍於晉壽。梁將樊文熾犯邊，益州刺史邴虬遣長史和安固守小劍。文熾圍之，虬命小虎同往防拒。文熾掩襲擒之，逼使誘和安降，小虎謂安曰：「努力堅守，魏遣將已至。」賊以刀毆擊，言不能終，遂害之。

趙肅。洛陽人。孝昌中，起家殿中侍御史。大統十六年，除廷尉卿。肅久在理官，執心平允，凡所處斷，咸得其情。廉慎自居，不營產業。時人以此稱之。

北齊

房謨。洛陽人。少淳厚，深沈内敏。正光末，歷位昌平、代郡太守，所在著廉惠〔三〕。除太寧太守，尒朱榮之黨徵兵，謨不應。京都淪覆，被執，賊黨見謨，莫不遥拜。尒朱世隆嘉之，捨其罪。魏孝武帝入關，神武以謨忠貞，徵爲丞相右長史。以清直甚被賞遇。歷官兖、徐二州刺史。神武與諸州書敘其清能，以爲勸勵。後除晉州刺史，卒於州。世稱清白。子恭懿，沈深有局量，達於從政。入隋，仕終海州刺史。

元文遥。洛陽人。父晞有孝行。文遥敏慧夙成，起家員外散騎侍郎，累官尚書左僕射。齊因魏宰縣多用厮濫，至於士流恥居百里。文遥以縣令爲字人之切，遂請革選。士人爲縣，自此始也。初，文遥自洛遷鄴，有地十頃，有人冒相侵奪，即與之。及貴，其人將家逃竄，文遥追加撫慰，還以與之，愧而不受，遂相讓爲閑田。

于謹。洛陽人。沈深有識量，好孫子兵書。廣陽王元深引爲長流參軍，特相禮接。周文赴平凉，謹曰：「關右古稱天府，今若據其要害，招集英雄，足觀時變。且天子在洛，逼迫羣兇，請都關右，挾天子而令諸侯，千載一時也。」周文大悦。歷遷大丞相府長史，拜司空。恭帝元年，除雍州刺史，命出討梁，振旅而旋。進封燕國公，遷太傅，以爲三老，賜延壽杖。薨，謚曰文，配享文帝廟廷。謹有智謀，善於事上，名位雖重，愈存謙挹，朝參往來不過從兩三騎而已。朝廷凡有軍國之務，多與謹決，謹亦竭其智能，故功臣中特見委信，始終無間言。

于翼。謹之子。有識度，爲渭州刺史，夷夏感悦。遷司會中大夫。武帝以翼有人倫之鑒，皇太子及諸王相、傅以下，並委翼選置，時論僉謂得人。後爲安州總管。武帝將東伐，遣盧韞詣翼問策，翼贊成之。除陝州刺史。大軍復東討，翼自陝入，逕到洛陽，即除河陽總管。大象初，徵拜大司徒，除幽州總管。素有威武，兼明斥堠，突厥不敢犯塞。性恭儉，與物無競，常以滿盈自戒，故能以功名終。弟義，少矜嚴有操尚，篤志好學，歷官潼州總管。

賀若敦。洛陽人。少有氣幹。周文授都督，累遷驃騎大將軍，討平岷、蜀、荆州諸蠻。武成初，爲軍司馬，陳將侯瑱等圍逼湘州，令敦赴救。時秋水泛溢，江路遂斷，糧援既絶，相持歲餘，瑱等不能制，全軍而返。保定五年，遷中州刺史，鎮幽谷。建德初，追贈大將軍。

趙剛。洛陽人。少機辯，有幹能。魏孝武與齊神武搆隙，剛奉旨召東荆州刺史馮景昭。景昭集府僚議，司馬馮道和請據州待北方處分，剛抽刀投地，曰：「公若爲忠臣，可斬道和。」景昭遂率衆赴闕。論功封臨汝縣伯。又詔剛使三荆，聽便宜從事，使還稱旨，進爵武城侯，除潁川太守。洛陽不守，剛遠隔敵中，侯景別帥來寇，大破之。時有流言，傳剛東叛，齊神武因設反間，剛露板言狀，太祖知其無二，乃加賞賚。屢遷驃騎大將軍、開府儀同三司。孝閔帝踐阼，進浮陽郡公，出爲利州總管。

隋

元景山。洛陽人。少具器局，幹略過人。從周武帝平齊有功，拜大將軍，封平原郡公。高祖爲丞相，尉遲迥作亂，宇文胄與迥通，以書諷景山，景山執其使，封書詣相府。高祖受禪，大舉伐陳，以景山爲行軍元帥，大著威名，甚爲敵人所憚。

元暉。洛陽人。好學，涉獵書記。周太祖見而禮之，命與諸子遊處。累官武伯下大夫。使突厥，致其名王隨獻方物。隋開皇初，拜都官尚書，兼領太僕。奏請決杜陽水灌三畤原，溉舃滷之地數千頃，民賴其利。拜魏州刺史〔四〕，有惠政。子仁，器性明敏，官至日南郡丞。

宇文慶。洛陽人。沈深有器局。周初，受業東觀，頗涉經史。文州民夷相聚爲亂，慶應募從征，襲破之，以功授都督。誅宇文護，慶有謀焉。及破高緯，拔高壁，克并州，下信都，禽高湝，功並居最。進大將軍，封汝南郡公。高祖與慶有舊，甚見親待。開皇初，拜左武衛將軍，除凉州總管。

元褒。洛陽人。十歲而孤。性友弟，諸兄議別居，褒泣諫不得。家素富，褒一無所受，脱身而去，爲州里所稱。開皇初，拜安州總管，徙原州。有商人訟同宿者劫其金，褒察其寃捨之。商人訟褒受金縱賊，褒即引咎坐免。後盜發他所，帝歎異之，稱爲長者。終齊郡太守。

長孫平。洛陽人。有器幹，博覽書記。仕周，累遷小司寇。開皇三年，拜度支尚書，奏令民間每秋家出粟麥，儲之閭巷，以備凶年，名曰義倉，自是州里豐衍。轉工部尚書，名爲稱職。突厥可汗相攻，使平持節宣諭，遂各解兵。進位大將軍，判吏部尚書。卒，謚曰康。

長孫晟。洛陽人。性通敏，善彈射。年十八，爲司衛上士。高祖一見異之，謂人曰：「長孫郎，後之名將。」使突厥，察山川形勢，部衆强弱，皆盡知之。開皇中，突厥患邊，攝圖謀南侵。晟口陳形勢，手畫山川，定其虛實，皆如指掌。拜車騎將軍。又爲受降使者，突厥大畏，威行域外。晟好奇計，務功名。性至孝，居憂毀瘠，爲朝士所稱。終右驍衛將軍。謚曰獻。

賀若弼。敦之子。少慷慨，有大志。驍勇便弓馬，博涉書記。文帝陰有并江南志，高熲薦弼有文武才幹，拜吴州總管，獻取陳十策。開皇九年，以弼爲行軍總管，軍令嚴肅，秋毫不犯，督厲將士，擒陳將蕭摩訶。陳平，帝迎勞曰：「剋定三吴，公之功也。」加位上柱國，進爵宋國公。煬帝嗣位，與高熲、宇文弢等私議得失，爲人所奏，坐誅。

于仲文。謹之孫。少聰敏，及長，氣調英拔。歷官河南道行軍總管。討尉遲迥，擒其將席毘羅，河南悉平。入隋，拜行軍總管，統十二總管。擊胡，可汗見仲文軍容整肅，不戰而退。及還，令仲文勘録省中事，帝嘉其明斷。後進位光禄大夫，撰漢書刊繁三十卷，略覽三十卷。

元巖。洛陽人。好讀書，不治章句，剛鯁有器局。仕周爲内史中大夫。宣帝時，京兆郡丞樂運輿櫬詣朝堂，陳帝八失，將戮之，以巖切諫乃免。將誅烏丸軌，巖復脱巾頓顙切諫，帝怒，使閹豎搏其面，遂廢於家。入隋，封平昌郡公、益州總管府長史、河北道行臺右僕射。巖性嚴重，明達世務，正色廷諍，上及公卿皆敬憚之。

趙軌。肅子。少好學，有行檢。周蔡王引爲記室，以清苦聞。文帝時爲齊州別駕，有能名，在州四年，考最。徵入朝，與牛弘撰定律令格式，授原州總管司馬，人吏莫不改操。數年，遷陝州刺史，撫輯萌夷，甚有恩惠。尋轉壽州總管長史，秩滿歸。子弘安、弘智，並知名。

唐

長孫無忌。晟子。高祖兵渡河，授渭北道行軍典籤。從太宗征討有功，及即位，封齊國公，進司空，知門下尚書省事。久之，進位司徒，定議立晉王，與褚遂良同受顧命。高宗欲立武昭儀爲后，無忌固言不可。后既立，許敬宗搆無忌反狀，安置黔州。初，無忌與遂良悉心奉國，以天下安危自任，故永徽之政，有貞觀風。上元初，追復官爵。

長孫操。無忌從父弟。有學術。高祖辟相國府金曹參軍，檢校虞州刺史。從太宗征討，與聞秘謀。徙陝州，長老守闕頌遺愛。爲齊、揚、益三州刺史，課皆最，下詔褒揚。又無忌族叔順德，擊屈突通於潼關，執以獻，進驍衛大將軍。從爲澤州刺史，稱良吏。

趙弘智。新安人。事父篤孝，通書傳。太宗時，累遷弘文館學士。永徽初，爲陳王師，講孝經於百福殿，智舉五孝〔五〕，諸儒更詰辨，隨問悉酬，舌無留語。進國子祭酒。曾孫矜，客死柳州，踰十七年，子來章始壯，往求父喪歸葬，時人皆哀其孝。

劉允濟。鞏人。少孤，事母孝。工文詞，與王勃齊名。舉進士，累遷著作佐郎。采魯哀公後十二世接戰國，爲魯後春秋獻之。尋爲來俊臣所搆，當死，以母老丐餘年，會赦免。後修國史。除青州長史，有清白稱。

畢構。偃師人。擢進士第。居親喪，毀瘠甚。神龍初，爲中書舍人，敬暉等表諸武不宜爲王，構當讀表，抗聲析句，左右皆曉。三思疾之，出爲潤州刺史，政有惠愛。景龍末，召爲左御史大夫。會平諸韋，治其黨，構詳比輕重，皆得其情。出爲益州長史，政清嚴。睿宗嘉之，賜璽書、袍帶，再遷吏部尚書，授河南尹。卒，謚曰景。子炕，天寶末，爲廣平太守。拒安禄山，城陷，覆其家。贈户部尚書。

張説。洛陽人。永昌中，策賢良方正，累擢鳳閣舍人。張易之誣陷魏元忠，援説爲助，説廷對元忠無不順言，忤后旨，流欽州。睿宗時，同中書門下平章事。明皇即位，太平公主引蕭至忠、崔湜等爲宰相，罷説爲東都留守，説因使以佩刀獻帝，請先決策。及至忠等伏誅，召爲中書令，封燕國公，出爲并州長史。會王晙誅降虜阿布思，九姓疑懼，説輕騎慰安之。累遷左丞相。卒，謚文貞。説敦氣節，喜推籍後進。君臣朋友，大義甚篤。朝廷大述作，多出其手。明皇尊尚經術，開館置學士，修太宗之政，皆説倡之。

徐有功。名弘敏，以字行，偃師人。舉明經，累遷司刑丞。時武后畏唐大臣謀己，周興、來俊臣等揣旨置諸獄相鈎連，朝野震恐，莫敢正言。有功輒犯顔争枉直，后厲語折抑，有功争益牢。嘗曰：「天理人命所係，不可阿旨詭詞，以求苟免。」故常持平守正。凡三坐大辟，將死泰然，赦之亦不喜。酷吏爲少衰。轉司刑少卿，改司僕少卿，卒。

賈曾。洛陽人。少有名。明皇爲太子，遴選宫僚，以曾爲舍人。諫請罷止採女樂。開元初，與蘇晉同掌制誥，皆以文詞稱，時號「蘇、賈」。子至，從明皇幸蜀，拜起居舍人、知制誥，譔傳位肅宗册，帝嘆其繼美。

元行沖。名澹，以字行，洛陽人。博學，尤通訓故。擢進士第，累遷通事舍人。狄仁傑器之，曰：「君，吾藥籠中物，不可一日無也。」以系出拓跋，撰魏典三十篇，事詳文約，學者尚之。開元中，爲弘文館學士。明皇自注孝經，詔行沖爲疏，立於學宫。卒，謚曰獻。

劉知幾。河南人。與兄知柔俱以善文辭知名。擢進士第，累遷鳳閣舍人，兼修國史，擢太子率更令。介直自守。著史通内外四十九篇，又別撰劉氏家乘及譜考，議者高其博。嘗言：「史有三長，才、學、識，世罕兼之。」時以爲篤論。

盧鴻。洛陽人。博學善書籀。廬嵩山，開元初，備禮徵不至。五年，復詔齎束帛聘之，召升内殿，置酒，拜諫議大夫，固辭還山。將行，賜隱居服，官營草堂，恩禮殊渥。鴻到山中，廣學廬，聚徒至五百人。

陸堅。洛陽人。初爲汝州參軍，坐事貶涪州，再遷通事舍人，累官至給事中，兼學士。初名友悌。明皇嘉其剛正，賜名曰堅。從封泰山，封建安男。帝待之甚厚，圖形禁中，親製贊以褒之。卒，贈吏部尚書，謚曰懿。

元德秀。河南人。少孤，事母孝。舉進士，不忍去左右，自負母入京師。既擢第，母亡，廬墓側，食不鹽酪，藉無茵席，自以不及親在而娶，遂不肯婚。家貧，求爲魯山令，歲滿去職。愛陸渾佳山水，乃定居。不爲墻垣扃鑰，家無僕妾。歲饑，日或不爨，陶然彈琴以自娱。房琯每見歎息曰：「見紫芝眉宇，使人名利之心都盡。」蘇源明常語人曰：「吾不幸生衰俗，所不恥者，識元紫芝耳。」天寶中，卒，家惟枕履簞瓢而已。天下高其行，不名，謂之元魯山。

房琯。河南人。少好學，風度沈整。以廕補弘文生，歷官憲部侍郎。天寶末，明皇狩蜀，琯馳至普安上謁。帝喜甚，即拜文部尚書、同中書門下平章事。奉册靈武，言當時利病，辭吐華暢，帝爲改容。琯既有重名，帝傾意待之。後以賀蘭進明之讒，請自將平賊，敗於陳濤斜，廢不復振。

元結。德秀族弟。少不羈，十七乃折節向學。擢上第，復舉制科。蘇源明薦結可用，肅宗召詣京師，上時議三篇。爲山南西道節度參謀。募義士於唐、鄧、汝、蔡，降劇賊五千。命屯泌陽守險，全十五城。代宗立，丐侍親，歸樊上，授著作郎。益著書，自稱漫士〔六〕，更曰聱叟。拜道州刺史，進授容管經略使。民樂其教，罷還京師，卒。

獨孤及。洛陽人。天寶末，舉高第，補華陰尉。代宗以左拾遺召。既至，上疏陳政要，改太常博士，歷濠、舒二州刺史〔七〕，以治課加司封郎中，徙常州。卒，謚曰憲。及喜鑒拔後進，性孝友。爲文彰明善惡，長於論議。

韋應物。河南人。性高潔，所至輒掃地焚香。工於詩。永泰中，歷滁、江二州刺史，召爲左司郎中。貞元初，又歷蘇州刺史，世號「韋蘇州」，有集十卷。

蕭昕。河南人。中博學宏詞科，歷禮部侍郎。從代宗狩陝，權國子祭酒，請崇太學以樹教本。大曆中，持節使回紇，回紇恃功廷讓昕，昕徐曰：「僕固懷恩，我之叛臣，爾與連禍，又引吐蕃暴我郊甸，非天子卹舊功，則隻馬不得出塞。」回紇大慚，厚禮約和。德宗出奉天，昕年八十餘，步出城，僅至行在。以太子少師致仕，卒。昕薦張鎬、來瑱，擢杜黄裳、高郢、裴垍，其後並爲名相云。

盧坦。洛陽人。累遷侍御史。時赦令後，諸道獻錢，一切禁止。山南節度使柳晟、浙西觀察使閻濟美格詔輸獻，坦劾奏。再遷户部侍郎，判度支。河毀西受降城，宰相李吉甫議徙天德，坦以爲：「城當磧口，得制北敵之要，奈何以一時省費，墮萬世策？」吉甫不悦，出爲東川節度使。

李渤。洛陽人。隱居少室山。元和初，以右拾遺召，渤上書謝不拜。韓愈遺書勸之，始出。家東都，每朝政有闕，輒附章列上。九年，以著作郎召，遂起。歲餘，遷右補闕。以直忤旨，分司東都。渤雖處外，然志在朝廷，表疏凡四十五獻。太和中，召拜太子賓客，卒。

元稹。河南人。元和初，舉制科對策第一，拜左拾遺。性明鋭，遇事輒舉。始，王叔文、王伾蒙幸太子宮，撓國政，稹獻書請選正人輔導。又自以職諫諍，不得數召見，條上十事。拜監察御史，按獄東川，劾奏節度使嚴礪。分司東都，舉劾按故事追攝。長慶初，歷工部侍郎，進同中書門下平章事。稹尤長於詩，與白居易名相埒，天下傳諷，號「元和體」。

李中敏。潁陽人。元和中，擢進士第。性剛峭，拜侍御史。因旱上書，請斬鄭注，不省，以病告歸。注誅，召遷給事中。仇士良以開府階蔭其子，中敏曰：「謁者監安得有子？」士良慚恚。由是復棄官去。

杜甫。鞏縣人。祖審言，以詩名，與李嶠、崔融、蘇味道爲「文章四友」。中宗朝，官修文館直學士。甫少貧，舉進士不第，困長安。天寶末，奏賦三篇，帝奇之，使待制集賢院。肅宗立，拜左拾遺，上書救房琯，坐貶，客秦州。流落劍南，依節度使嚴武，武表爲參議，檢校工部員外郎〔八〕。大曆中，遊耒陽，一夕大醉，卒。少與李白齊名，詩稱「李、杜」。甫又善陳時事，律切精深，至千言不少衰，世號「詩史」。

曹確。河南人。擢進士第，累拜兵部侍郎。咸通中，以本官同中書門下平章事。時帝昵寵優人李可及，可及憑恩横甚，人無敢斥，擢爲威遠將軍，確諫不聽。進尚書右僕射，出爲鎮海節度使，卒。確邃儒術，器議方重，與畢諴同爲宰相，俱有雅望。

畢諴。構從孫。早孤，夜燃薪讀書，通經史，工辭章。性端慤，不妄與人友。太和中進士，累官翰林學士。党項擾河西，宣宗召訪邊事，諴援質古今，條破羌狀甚悉，即拜邠寧節度使。到軍遣吏懷諭，羌人皆順。懿宗時，同中書門下平章事。

楊牢。河南人。父茂卿，從事田氏府。趙軍反，殺田氏，茂卿死。牢自洛陽走常山，號伏叛壘，讐意感解，以尸還之。單縗冬月往來太行間，凍膚皸瘃，銜哀雨血，行路人爲牢泣。後擢進士第。

五代　晉

桑維翰。河南人。進士及第，晉主辟爲掌書記，常以自從。滅唐興晉，維翰力也。遷中書侍郎、同門下平章事。天福中，出爲相州節度使。出帝即位，拜中書令。事無巨細，一以委之。數月之間，百度寖理。遼兵入京師，左右勸維翰避禍，維翰曰：「吾爲大臣，安所逃死耶？」安坐府中不動，張彦澤使人縊殺之。

宋

王審琦。洛陽人。乾祐初，隸周祖帳下。性純謹，甚親任之。從世宗征劉崇，力戰有功，歷官殿前都虞候，領睦州防禦使。宋初，領泰寧軍節度。建隆中，出爲中正軍節度，爲政寬簡。開寶六年，加同平章事。審琦厚重有方略，尤善騎射。子承衎，頗涉學，曉音律，歷知壽州。

何繼筠。河南人。晉初補殿直。周祖討三叛，表繼筠從行。仕至行營都監。宋開寶二年，太祖親征晉陽，遼兵來援，召授方略，令赴石嶺關拒之，謂曰：「翼日亭午，候卿奏捷也。」至期，繼筠子承睿果來獻捷。以功拜建武軍節度。繼筠前後備邊二十年，與士卒同甘苦，得其死力。善揣邊事，邊人畏服，多畫像祠之。子承矩，開寶五年知河南府，奏罷横役，歷知潭、滄二州，及緣邊屯田使。請於順安砦西開易和蒲口，貯水爲屯田。遼兵南侵，屢遣内侍以密詔問禦遏之計。終齊州團練使。

劉保勳。河南人。少好騎射，習刑名之學，頗工詩。仕周至工部員外郎。宋初，拜户部，徙雲安監鹽制置使。歲餘，出羡餘百萬，轉運使欲以狀聞，保勳曰：「貪官物以爲己功，可乎？」歷官至幽州行府事。保勳性純謹，精於吏事，不憚繁劇，常語人曰：「吾受君命，未嘗辭避。接同僚未嘗失意。居家積貲，未嘗至千錢。」

聶崇義。洛陽人。少舉三禮，善禮學。漢乾祐中，累官國子禮記博士。校定公羊春秋。周顯德中，累遷太常博士，命摹畫郊廟祭器以聞。建隆間，考正三禮圖表上之，下工部尚書竇儀，俾之裁定，三禮圖遂行於世。

郭忠恕。洛陽人。七歲能屬文，舉童子科及第，尤工篆籀。周初爲周易博士，太宗召爲國子監主簿，令刊定歷代字書。坐罪流登州。所定古今尚書並釋文，並行於世。

石熙載。洛陽人。疏俊有量，居家嚴謹有禮法。太宗尹京邑，表爲開封府推官，後即位，累擢至尚書右僕射。卒，上爲悲歎，謂其事君之心，純正無他。熙載性忠實，遇事盡言，無所顧避，人有善即推薦之，時論稱其長者。子中立，景祐中，拜參知政事。練習臺閣故事，喜賓客。及卒，至不能辦喪。

种放。洛陽人。奉母隱終南豹林谷之東明峯，以講習爲業。從學者衆，得束脩以養母。咸平四年，張齊賢薦放孝行純至，可勵風俗，簡朴退静，無謝古人。召對崇政殿，詢以民政邊事，對曰：「明王之治，愛民而已，惟徐而化之。」即日授左司諫、直昭文館。後復表徙居嵩山天封觀側，就興唐觀基起第賜之。

呂蒙正。河南人。太平興國中，進士第一，累擢中書侍郎，兼户部尚書平章事。蒙正質厚寬簡，有重望，以正道自持，遇事敢言，每論時政，有未允者，必固稱不可，上嘉其無隱。至道初，判河南府，政尚寬静，委任僚屬，事多總裁而已。咸平六年，授太子太師，封蔡國公，改封許。景德二年歸洛，帝謂曰：「卿諸子孰可用？」對曰：「有姪夷簡，宰相才也。」富弼年十餘歲，蒙正一見驚曰：「此兒他日名位與吾似，而勳業遠過於吾。」知人類如此。卒，謚文穆。

錢若水。新安人。雍熙中，登第，累擢諫議大夫、同知樞密院事。真宗時，從幸大名，陳禦敵安邊之策。知開封府。時北邊未安，内出手札，訪若水以策，陳備邊之要五事。出知天雄軍，累拜并、代經略使。若水有器識，能斷大事。事繼母以孝聞，所至推誠待物。委任僚佐，總其綱領，無不稱治。

陳太素。緱氏人。第進士，累遷判大理事，任刑法二十餘年。朝廷有大疑獄，必召與議。太素推原人情，以傅法意，衆自以爲不及。終尚書兵部郎中。

范雍。河南人。舉進士，爲洛陽主簿。累官樞密使，進資政殿學士。趙元昊反，出知延州永興軍。終尚書左丞。雍爲治，尚恕喜寬，每虛懷薦士。子宗傑，爲兵部員外郎，歷陝西轉運使。

富弼。河南人。少篤學，有大度，舉茂才異等。慶曆初，知制誥。遼遣使求關南地，弼奉使，與遼主力争，反覆陳必不可狀。遼主欲增幣，曰：「當稱獻納。」弼争之，聲色俱厲，遼人氣折。還，拜樞密副使。上當世之務十餘條，及安邊十三策。出知青州。至和二年，召拜同中書門下平章事，封鄭國公。弼爲相，守典故，行故事，而傅以公議，百官任職，天下無事。神宗時，王安石用事，雅不與弼合，稱疾求退，出判河南。遂請老，以司空致仕，封韓國公。弼雖家居，朝廷有大利害，知無不言。卒，贈太尉，謚文忠。

尹洙。河南人。仁宗朝舉進士，遷太子中允。會范仲淹貶，洙奏：「仲淹，臣之師友，仲淹被罪，臣不可苟免。」出監唐州酒稅。西北久安，洙作敘燕、息戍二篇，以爲武備不可弛。爲韓琦所深知，琦知秦州，辟洙通判州事，官至起居舍人。洙内剛外和，博學有識度，尤深於春秋。自唐末歷五代，文格卑弱，洙爲古文振起之，其爲文簡而有法，有集二十七卷。世稱河南先生。兄源，亦以文章知名，世稱河内先生。

滕宗諒。河南人。舉進士，累官刑部員外郎，知涇州。范仲淹薦以自代，擢天章閣待制，終知蘇州府。宗諒尚氣，倜儻自任，好施與。及卒，家無餘財。著有諫疏二十餘篇。

种世衡。放之兄子。少尚氣節，家貲悉推與昆弟，惟取圖書。歷簽書同州、鄜州判官，累官至環慶路兵馬鈐轄。在邊數年，積穀通貨，所至不煩縣官，益兵增餉。善撫士卒，能得人死力。子古、諤、診，皆有將才，關中號爲「三种」。

邵雍。河南人。事李之才，受河圖、洛書、八卦六十四卦圖象，探賾索隱，妙悟神契，多所自得。及其學益老，德益劭，與人言無貴賤少長，一接以誠，故賢者悦其德，不賢者服其化。卒，贈秘書省著作郎。元祐中，謚康節。所著書曰皇極經世、觀物内外篇、漁樵問對，詩曰伊川擊壤集。

程顥。河南人。父珦，大中大夫，文彦博表其清節。顥舉進士，熙寧初爲御史裏行。神宗數召見，顥前後進説，大約以正心、窒慾、求賢、育才爲言，務以誠意感悟主上。王安石執政，議更法令，言者攻之甚力，顥被旨議事，安石方怒言者，厲色待之，顥徐曰：「天下事非一家私議，願平氣以聽。」安石爲之媿屈。顥得不傳之學於遺經，以興起斯文爲己任，辨異端，闢邪説，使聖人之道焕然復明於世，孟子之後，一人而已。及卒，文彦博題其墓曰「明道先生」。

程頤。顥弟。與兄同受學於周茂叔。年十八，游太學，著顔子好學論，胡瑗大驚異之，即延見，處以學職。哲宗初，擢崇政殿説書，每進講，色甚莊，繼以諷諫。出勾管西京國子監。頤學本於誠，以大學、語、孟、中庸爲標指，而達於六經。動止語默，一以聖人爲師。著易、春秋傳，世稱伊川先生。

李籲。洛陽人。從程伊川學，登進士第。元祐中，爲秘書省校書郎。卒，伊川謂其才識可以大受〔九〕。

張繹。壽安人。家微，年長未知學，傭力於市。聞邑官傳呼聲，心慕之，人曰：「此讀書所致耳。」即發憤力學。謂科舉之習不足爲，會程伊川還自涪，乃往受業。頤賞其穎悟，嘗言吾晚得二士，謂繹與尹焞也。

尹焞。洛陽人。少師事伊川。嘗應舉，發策有誅元祐諸臣議，不對而出，遂終身不就舉。靖康初，召至京師，不欲留，賜號和靖處士。紹興初，召爲崇政殿説書，兼侍講。移書秦檜，言和議一成，彼日益强，我日益怠。不報。乞放歸田里，遂出爲提舉江州太平觀。焞質直宏毅，實體力行，著有論語解。

朱光庭。偃師人。父景，歷光禄卿，病革，自占遺表，請上諮訪闕失，無一語求恩澤。光庭始學於胡瑗，瑗告以爲學之本在於忠信，終身行之。以父蔭擢第。哲宗初，司馬光薦爲左正言，首乞罷保甲、青苗等法，又論蔡確、章惇罪，宣仁后嘉其守正，遷左司諫。河北饑，持節行事，即發廩賑民。後出知潞州，卒。

孟厚。河南人。從伊川學。伊川之葬，門人畏禍莫敢至，獨厚與尹焞、張繹、范棫、邵溥送焉〔一〇〕。時號曰「高義孟公」。

种師道。世衡孫。少從張載學。累遷至涇原都鈐轄。童貫握兵權，見者皆旅拜，師道長揖而已。欽宗時，廢居南山豹林谷。金兵南下，拜太尉，請緩給金幣，使彼惰歸，扼而殲諸河。不聽。金兵退，請合關、河卒，屯滄、衛、孟、滑以備之。又揣敵必大舉，亟上疏請幸長安。召還，卒，謚忠憲。

种師中。歷知環、邠、秦州。金師大至，詔提兵入援，師中度河，即上言欲由邢、相間捷出上黨，擣其不意。不用。尼雅哈圍太原，詔與姚古犄角，進屯真定。知樞密院許翰督之出戰，師中約古及張灝俱進，失期不至，敵悉衆來攻，軍潰，師中獨以麾下死戰，力疾鬭死。師中老成持重，爲時名將，諸軍自是氣奪。詔贈少師，謚莊愍。「尼雅哈」舊作「粘罕」，今改正。

陳與義。河南人。天資卓偉。政和初，登上舍甲科，官太學博士。紹興初，召爲兵部員外郎，累遷翰林學士、知制誥，拜參知政事。與丞相趙鼎同心輔政，務尊主威而振綱紀。以疾授資政殿學士，知湖州，終提舉洞霄宮。與義容狀儼恪，不妄言笑，平居雖謙以御物，然内剛不可犯。其薦士於朝，退未嘗以語人。尤長於詩，上下陶、謝、韋、柳間。有簡齋集行世。

張玘。澠池人。建炎中，以家財募軍，禦金兵於白浪口，積功補成州刺史。董先爲制置司前軍統制，玘佐之，每戰冒矢石爲諸軍先。後從岳飛復京西六州，歷官至都統。救海州圍，中流矢卒。子世雄，没於符離之戰，贈武節大夫。

翟興。伊陽人。少以勇聞。以保衛陵寢功，補承信郎，累官至忠州團練使。劉豫遣蔣頤持書誘興以王爵，興斬頤，焚其書，豫乃屬其裨將楊偉害之。事聞，贈節度使。弟進，官至西北路制置使，死於賊。

金

辛愿。福昌人。博極書史，作文有繩尺。詩律精嚴，有自得之趣。性野逸，不修威儀，雅負高氣，不能從俗俯仰。正大末，没於洛下。

許古。伊陽人。明昌中登第，歷遷監察御史。上章請起任耆舊，又請明敕中外，盡言不諱。授右司諫。元兵越潼關而下，古請選募鋭卒，并力擊之。哀宗初致仕，居伊陽，郡守爲起伊川亭。古每乘舟出村落間，老稚争爲挽舟，其爲時人愛慕如此。

元

秦長卿。洛陽人。性倜儻。世祖素聞其名，及即位，以布衣徵至京師。長卿好論事，與劉宣同在宿衛，以氣岸相高。時尚書省立，阿哈瑪專政，長卿上書比之趙高、董卓，阿哈瑪大恨，除長卿知鐵冶事，誣以折閲課額，籍其家，使獄吏殺之。「阿哈瑪」舊作「阿合馬」，今改正。

李鑄。洛陽人。爲孟州同知。歲旱，徒跣詣濟源神祠禱之，少頃果雨。蝗忽集，鑄至田畔，焚香祝天，蝗悉去，衆皆異之，以爲誠感。比代郡，民遮道挽留，不忍其去。

張恭。偃師人。以兵部符署鷹房府案牘。親老，辭歸侍養，墾理先墓，身負水灌松柏。事母馮氏尤謹。歲凶，夫婦采野菜爲食，而奉甘旨無乏。天曆初，西兵至河南，居民悉竄，恭守視母病，項中一劍不去。母殁，居喪盡禮，人稱至孝。

楊樸。河南人。早以文學推擇爲吏，仕滁州全椒縣尹。縣陷於賊，樸度必死，盡殺其妻女，朝服坐堂上，賊欲降之，樸指妻女曰：「我已戕我屬矣，正欲死官守耳。」乃連唾之。賊縶樸倒懸樹上，割肉至盡，猶大罵勿絶而死。

蔡子英。永寧人。至正進士。察罕開府河南，辟參軍事，累遷至行參政。元亡，子英單騎走關中，亡入南山。明太祖求得之，館於儀曹，大哭不止。人問故，曰：「思舊主耳。」乃命有司送出塞，令從故主於和林。

明

魏敏。鞏縣人。性至孝，博通經史。洪武時，登進士，歷官通政。母病告歸省，未至而母卒，敏廬墓三年，哀毀如初。旌其門，祀鄉賢。

宋禮。永寧人。性沈毅，有大略。精於河渠、水利之學。洪武中，以諸生貢入禮部，授山西按察僉事。永樂中，累遷工部尚書。開會通河，至今賴之。

周濟。洛陽人。博學强記，居家以孝稱，素爲人推重。永樂中，舉於鄉，歷任御史。時鎮大同中官僭横，遣濟往察之。乃微行入郭宅，盡得罪狀，朝廷嘉之。又按四川，威州土官董敏、王允讐殺，累年不解，濟至慰諭之，敏等歸服。終安慶知府，在職多惠政。

曹端。澠池人。永樂間，授霍州學正。父喪，五味不入口。服闋，復任霍州，卒於官，州人爲罷市巷哭。端博通諸經，雅慕伊洛之學，師事宜陽馬子才、太原彭宗石，弦誦寒暑不間。所著有孝經述解，四書詳説，太極圖、西銘、通書解，家規輯略，存疑録，夜行燭，儒宗統譜等書。學者宗之，稱月川先生。

閻禹錫。洛陽人。從河東薛瑄，受濂洛之學，躬行深造，以明道淑人爲務。正統中，由舉人授昌黎訓導。聞母訃，徒步奔歸，廬墓三年。服闋，爲開州訓導。累擢御史，督畿内學政，取濂洛遺書，親爲講説，士多興感。

劉健。洛陽人。從事伊洛之學。天順四年，舉進士，累遷少詹事。孝宗時，進文淵閣大學士。時四方洊災，健屢陳時宜，皆嘉納之。武宗時，劉瑾等導爲盤游，入諫不聽，遂致仕歸。既去位，瑾猶銜之不已，尋以他事矯詔落職。瑾誅，復其官。卒，謚文靖。

孫應奎。洛陽人。正德進士，擢兵科給事中。疏參桂萼作威福，納財賄，勢侵六官，氣制言路。又劾吏部尚書方獻夫。帝頗納其言。後應奎爲張璁劾奏，下詔獄，尋釋還職。既又以奏參汪鋐，謫高平縣丞。累官户部尚書。

董相。嵩縣人。正德進士，授御史，守居庸。江彬擅啓關鑰，相執之。武宗至，命釋彬，相疏陳彬二十四罪，謫徐州同知。後武宗南巡，過徐州，知其名，拜按察副使。子遂、選，俱成進士，遂爲給事中，坐劾鄢懋卿，出爲山西副使。

王邦瑞。宜陽人。正德進士，累官至吏部侍郎。京師戒嚴，命邦瑞總督九門，兼督團營。見營務廢弛，極陳其弊，請罷十二團營，歸三大營。又條上興革六事，請盡撤中貴監軍。擢兵部尚書。與仇鸞忤，落職。鸞敗，起故官，卒。

尤時熙。洛陽人。弱冠舉嘉靖元年鄉試。讀王守仁傳習録，恨不獲師事之。聞郎中劉魁得其傳，遂師事焉。歷官元氏、章丘教諭，入爲國子監博士，六館士咸取法焉。尋以户部主事榷税滸墅，不私一錢。以母老乞終養，遂不出，日以修己淑人爲務，學者從之。

孟化鯉。新安人。年十六，慨然以聖賢自期。登萬曆進士，授户部主事。榷税河西務，改吏部，歷文選郎中。時内閣權重，每銓除，必先白化鯉獨否。中官請託，復不應，以故多不悦。尋以建言斥爲民。既歸，築書院與學者講習，從遊者恒數百人。

喬允升。洛陽人。萬曆進士，累官刑部尚書。執法不撓，多所平反。魏忠賢以爲趙南星黨，逐之。崇禎初，復官。以禁囚越獄，謫戍邊。允升端方廉直，以詿誤獲重譴，天下惜之。

呂維祺。新安人。萬曆進士。崇禎中，歷官兵部尚書。講學敦氣節。罷官居洛陽，流賊陷城，被執不屈，遇害。謚忠節。本朝乾隆四十一年，賜謚忠敬。同時以薦紳死難者，待詔郭顯星、平陽推官党克念、昌樂知縣劉芳奕，皆洛陽人。以舉人死難者：張民表，洛陽人；王翼明，嵩縣人，以布衣死難者：孫挺生，孟津人；馬明山、李登英，新安人。本朝乾隆四十一年，均予入忠義祠。

姚若時。登封人。官鳳陽通判。流賊陷城，死之。子城，請兵報父仇，亦死。本朝乾隆四十一年，予入忠義祠。

來秉衡。洛陽人。舉於鄉，爲賊將劉宗敏所執，令易服，欲官之，不可。並其母劉、妻吴，暨幼子，皆遇害。

張毓粹。偃師人。以諸生佐有司守城，城陷死之。本朝乾隆四十一年，予入忠義祠。其妻藺、子女幼孫六人俱死〔一二〕。

馬足輕。宜陽人。孝友好義。賊至，與其三子皆駡賊被殺。女三人，慮爲賊污，投崖死。足輕於本朝乾隆四十一年，予入忠義祠。

阮秦。洛陽人。以廣靈知縣家居，聞京師失守，不食死。妻朱氏殉之。

裴君合。偃師人。有孝行，聚衆保沙岸寨，賊攻之，力竭遇害。

李佩玉。嵩縣人。結寨衛鄉土，與隣境數寨相犄角，賊憚之。後賊大舉圍别寨，佩玉往救，戰死。本朝乾隆四十一年，予入忠義祠。

劉君培。新安人。攜從孫出避賊，遇賊將殺其從孫，君培曰：「此遺孫，幸舍之而殺我。」賊殺君培，從孫獲免。

傅世濟。嵩縣人。與兄世舟俱爲土寇所執，寇欲釋其一，世濟奪刃自刭，兄乃免。

屈動。嵩縣人。崇禎進士，官吏科給事中。上疏通蠲賑，補額欠，疏錢法，舉朝奉爲昌言。又薦方震孺、方岳貢等，一時號爲得人。

本朝

武君烈。嵩縣人。少力田，奉母避流寇居山中，遇土賊，將殺其母，君烈願以身代，賊義而釋之。順治初，由行伍屢擢至荆州都司。時土寇王進才以二十萬衆犯澧州，君烈往勦，身先士卒，突入賊營，斬首數十級，賊驚潰，降者數萬人。以功升遊擊，鎮襄陽。康熙七年，鄖陽山賊竊發，君烈勦之，戰死西山下。事聞，予卹。

王無黨。孟津人。崇禎末，李自成破孟津。難民奔河北，北岸疑其爲寇，不納。無黨大聲叩軍門，願以百口保無虞。即乘巨艦至南岸濟衆，全活數十萬。國初，授山西平陽道。姜瓖以大同叛，圍平陽。無黨誓死守，援至夾擊，賊大潰。以功晉山東濟東道，未至，卒。弟無咎，順治進士，仕至太常寺卿，善詩文。

史良植。洛陽人。順治丙戌進士。知吴縣，盜破城，死之。

郭一鶚。洛陽人。順治己丑進士，選庶吉士，改給事中，歷官廣東左布政使。值海寇警，議徙濱海居民，一鶚先僚屬出俸安插，全活甚多。祀鄉賢。

孫養翼。孟津人。順治己丑進士，由刑部主事歷升川北道僉事。時獻賊初靖，養翼招徠遺黎，歸而受廛者億萬户，遷荆南道，會討李來亨〔一二〕，督糧運功尤著。祀鄉賢。

耿介。登封人。順治壬辰進士，由檢討出爲福建巡海道，所部肅清。以憂歸里。詹事湯斌薦之，授少詹事，旋乞休。以昌明絶學爲己任，遠近學者，咸師宗之。所著有理學要旨、中州道學編、孝經易知、敬恕堂存稿。

魏鎔。孟津人。明舉人，官青州府推官。當順治壬辰秋，開釋株連七十餘人，皆與撫臬固争，乃得報。撫臬亦重其骨鯁，薦擢瓊州同知。

王無忝。孟津人。順治辛丑進士，任金華知府。地爲七閩咽喉，時耿逆甫平，城郭榛蕪，無忝招徠安集，輕徭薄賦，除苛解網，與民更始。祀鄉賢。

傅性良。登封人。順治中，以恩貢授永壽知縣。時賀珍作亂，擁衆數萬，突圍永壽，百姓惶懼思竄，性良諭以大義，設法死守，邑人獲全。陞蘇州同知，濬河修堰，開三吴水利。攝長洲、嘉定縣事，多惠政。尋引疾歸里。祀鄉賢。

魏灝。孟津人。順治中，以拔貢任杭州通判。取與不苟，攝新城篆，潔己愛民，浙人德之。

吕履恒。新安人。康熙甲戌進士，授寧鄉知縣。甫下車，即訪蠹吏置之法。歲饑，民多逃亡，減徵收以蘇民困。其有不能完課者，輒捐俸以代之。歷擢户部侍郎。履恒孝友性成，居官清介，雖貴顯不異寒素。弟復恒，以孝友力學稱，官儀封教諭，並祀鄉賢。

劉芳。永寧人。康熙己巳歲，洛水泛溢，芳父爲巨浪所漂，疾流如矢。芳追哭里許，躍入水援之，父子俱獲免。知縣佟賦偉表其里曰「孝子村」。

李學裕。洛陽人。雍正丁未進士。歷檢討御史，出爲四川建昌道。時大、小金川暨雜谷等土司相仇殺，學裕輕騎往諭，頑梗革心。官江蘇糧道，賑淮揚災，親歷郡邑，均查户口，芟除浮冒，民沾實惠。終安徽布政使。祀鄉賢。

任天篤。偃師人。自四世祖光玉至四世孫瑞豐，九世同居，家庭聚順，雍睦可風。乾隆五十一年旌。

吴端。嵩縣人。嘉慶二年，教匪滋事，端率子樂、孫科拒賊，同時被害。又同縣周培、周文漢，父子罵賊，被戕。

武億。偃師人。乾隆庚子進士，任博山縣知縣。興利除弊，廉潔自矢。後被劾鐫職，民以爲冤。嘉慶四年，億去官，事聞，諭調來京，而已先一月卒矣。億優於學，著録甚富，有經讀考異、羣經義證等書數百卷。

張士俊。洛陽人。嘉慶元年，投効湖北軍營，隨勦教匪立功，賞外委銜。十八年，派勦河南教匪，在滑縣東門擊賊陣亡。賞卹如例。

校勘記

〔一〕召拜謁者　「者」，原脱，乾隆志卷一六四河南府人物（下同卷簡稱乾隆志）同，據後漢書卷五一龐參傳補。

〔二〕胡小虎　乾隆志及魏書卷八七節義傳同，北史卷八五節義傳作「胡小彪」。按，北史節義傳蓋避唐太祖李虎諱改。

〔三〕所在著廉惠　「著」，原作「者」，據乾隆志改。

〔四〕拜魏州刺史　「魏」，原作「惠」，乾隆志同，據隋書卷四六元暉傳及北史卷一五元暉傳改。

〔五〕智舉五孝　「孝」，原作「經」，乾隆志同，據新唐書卷一〇六、舊唐書一八八趙弘智本傳改。

〔六〕自稱漫士　乾隆志同。按，據新唐書卷一四三元結傳，元結自稱浪士，及有官，人以爲浪者亦漫爲官乎，呼爲漫郎。此略誤。

〔七〕歷濠舒二州刺史　「濠」，原作「豪」，據乾隆志及新唐書卷一六二獨孤及傳改。

〔八〕檢校工部員外郎　「檢」，原脱，據乾隆志及新唐書卷二〇一文藝傳補。

〔九〕伊川謂其才識可以大受　「才識」，乾隆志作「才器」，義勝。按，宋史卷四二八道學傳亦稱「程頤謂其才器可以大受」。

〔一〇〕獨厚與尹焞張繹范棫邵溥送焉　「邵溥」，原作「邵傳」，乾隆志同，據雍正河南通志卷六一理學改。按，邵溥即張繹祭伊川文所謂「乙夜有素衣白馬至者，視之邵溥也」。溥字澤民，邵雍之孫，邵伯温之子。

〔一一〕其妻藺子女幼孫六人俱死　「藺」，原作「簡」，乾隆志同，據欽定勝朝殉節諸臣録卷一一改。

〔一二〕會討李來亨　「亨」，原作「亭」。按，考罪惟録、小腆紀年、清聖祖實録等文獻，明末清初舉兵者無「李來亭」者，有李來亨，稱茅麓山巨逆，蓋其人。因改。

大清一統志卷二百九

河南府五

流寓

漢

周黨。太原廣武人。建武中，將妻子居澠池。被徵，不得已，乃著短布單衣，穀皮綃頭〔一〕，光武引見，伏而不謁。自陳願守所志，賜帛四十疋。遂隱居澠池，著書上下篇而終。邑人賢而祀之。

班超。平陵人。兄固被召詣校書郎，超隨母至洛陽。家貧，常爲官傭書以供養，久勞苦，嘗投筆嘆曰：「大丈夫當立功異域，以取封侯，安能久事筆硯間乎？」後封定遠侯。永元中，上疏乞歸洛。

李膺。襄城人。舉孝廉，歷漁陽太守。以母老，乞不之官。居緱氏，教授常千人。桓帝時拜司隸校尉。及遭黨事，下獄免歸。居陽城山中。

三國　魏

胡昭。潁川人。居陸渾山中。躬耕樂道，以經籍自娱。

晉

王尼。城陽人，寓居洛陽。初爲護軍府軍士。胡母輔之等齎羊酒詣護軍門，門吏疏名呈護軍，護軍嘆曰：「諸名士持羊酒來，將有以也。」尼時給府養馬，輔之等入坐馬廄下，與尼炙羊飲酒，竟不見護軍。護軍大驚，即與尼長假，因免爲兵。

陸機。雲間人。吴亡，同弟雲入洛。王公聞二人才略，皆迎致之。

董京。不知何郡人。與隴西計吏俱至洛陽，嘗宿白社中，時乞於市，得殘碎繒絮，結以自覆，全帛佳綿，則不肯受。或見推排罵辱，曾無怒色。孫楚就社中載與俱歸。後數年遁去，於其所寢處，惟有一石竹子及詩二篇。

夏統。永興人。以母病詣洛市藥。會三月上巳，洛中王公子以下並至浮橋，士女駢填，車服燭路，統在船中曝所市藥，並不之顧。賈充就船與語，其應如響。欲使之仕，即俯而不答，爲歌河女之章，及小海唱，清激慷慨。充欲耀以文武鹵簿，又使妓女之徒繞其船三匝，統危坐如故。充曰：「此吴兒是木人石心也。」

南北朝　魏

馮亮。南陽人。博覽諸書，隱居嵩山。結架巖林，得棲遊之適。宣武召爲羽林監，領中書，固辭不出。

唐

徐文遠。名曠，以字行。客偃師，貧不能自給。兄文林鬻書於肆，文遠日閲之，因博通五經。性方正，舉動純重。大業初，爲國子博士。高祖幸國學，曠發春秋義，論難風生，隨方占對，人莫能屈，帝異之。

田游巖。三原人。入箕山，居許由祠旁，自號由東鄰。頻召不出。高宗幸嵩山，親至其門，游巖野服出拜，儀止謹樸，曰：「臣所謂泉石膏肓、烟霞痼疾者。」拜洗馬，尋放還山。

武攸緒。武后姪。恬淡寡慾，好易及莊周書。棄官隱於嵩山，盤桓龍門、少室間，冬蔽茅椒，夏居石室。市田潁陽，使家奴雜作，自混於民。睿宗時，召拜太子賓客，不就。詔賜嵩山舊居，令州縣存問。

武平一。名甄，以字行。潁川郡王載德子。博學通春秋，工文詞。武后時，隱嵩山，學浮屠法，屢詔不應。中宗復位，强起爲起居舍人。景龍初，兼修文館直學士。時外戚强盛，平一自請裁抑，帝慰免之。

盧仝。濟源人。居東都。韓愈爲河南令，愛其詩，厚禮之。仝自號玉川子，嘗爲月蝕詩，以譏切元和逆黨，愈稱其工。

賈島。范陽人。初爲浮屠，名無本。來東都。時洛陽令禁僧午後不得出，島爲詩自傷，韓愈憐之，因教其爲文，遂去浮屠，舉進士。

元

杜瑛。信安人。金末，避地河南緱氏山中。時亂後，文物凋喪，瑛搜訪諸書，盡讀之。杜門著書，屢徵不就。遺命表其墓曰「緱山杜處士」。

列女

漢

樂羊子妻。河南人。樂羊子嘗行路，得遺金一餅，還以與妻。妻曰：「志士不飲盜泉之水，廉者不受嗟來之食。况拾遺金求利，以污其行乎？」樂羊子大慚，乃捐金於野。遊學一年，來歸。妻引刀斷機，曰：「夫子中道而歸，何異斷其織乎？」樂羊子感其言，復遊七年不返。妻躬勤養姑，後盜有欲犯妻者，先劫其姑，妻聞操刀而出。盜曰：「釋汝刀從我者可全，不從者則殺汝姑。」妻仰天而嘆，舉刀刎頸而死。盜亦不殺其姑。太守聞之，即捕殺盜，賜縑布以禮葬之，號曰「貞義」。

晉

愍懷太子妃王氏。太尉衍女，字惠風。貞婉有志節。劉曜、王彌寇洛陽，將諸后妃去。妃乃拔刀向賊，曰：「我司徒之女，皇太子妃，死則死耳，終不爲賊婦。」賊殺之。其侍兒名六出者，曰：「主既死矣，何以生爲？」亦赴水死。

隋

華陽王楷妃元氏。河南人，元巖女。性婉順，楷被幽廢，事之愈謹。江都之亂，楷遇宇文化及之難，以妃賜其黨元武達。武達因醉逼之，妃誓不屈，自毁其面，血淚俱下。武達釋之，妃曰：「不能早死，致令將見侵辱，我之罪也。」因不食而卒。

韓顗妻于氏。洛陽人。字茂德，周大夫輔實女。顗從軍歿，氏哀毀骨立，慟感行路。其父以其幼少無子，欲嫁之，誓不許。以夫孽子世隆爲嗣，愛同己生，訓導有方，卒能成立。自孀居以後，蔬食布衣，不聽聲樂，以此終身。隋文帝聞而嘉歎，詔表門閭。

劉昶女。河南長孫氏婦。昶與文帝有舊，其子居士不遵法度，數得罪，女每垂泣誨之，不改，至破家產。女時寡居，每言歸，躬勤紡績，以致甘脆。後居士坐斬，昶賜死，女絕而復甦，遂布衣蔬食，以終其身。

唐

王蘭英。獨孤師仁之母。師仁父武都謀歸唐，王世充殺之。師仁始三歲，免死禁錮。蘭英請髡鉗得保養，許之。遊丐道路以食師仁，身啖土飲水，後詐爲採薪，竊師仁歸京師。高祖嘉其義，封蘭英永壽鄉君。

盧氏。狄仁傑之姨。居午橋別墅。仁傑因往候姨，適表弟挾弓矢攜雉歸，顧揖仁傑，意甚輕之。仁傑啓曰：「某忝爲宰相，弟有所欲，幸以相告。」姨曰：「相自貴耳，老姨止此一子，不欲其事女主。」仁傑慚而退。

竇烈婦。河南人。相邑令畢某妻。同州軍亂，令匿望仙里，不知所舍乃讐家也。夜半盜入，捽令首欲殺之。竇泣蔽捍，苦持賊袂，至中刀不解。令得脱走，賊亦去。竇幾死而愈。

宋

种放母。長安主簿洛陽种翌之妻。與放隱終南，結草爲廬。淳化間，放被召，母曰：「常勸汝勿聚徒講學，果爲人知而不得安處。」放稱疾不起，母盡取其筆硯焚之，轉入窮谷。帝嘉之，詔賜以緡錢養母。及母卒，又賜錢帛助喪。

程子母侯氏。治家有法，不喜鞭笞奴婢。諸子或加訶責，必戒之曰：「貴賤雖殊，人則一也。」二程子在襁褓，即教以經史，常飲食，置二子於坐，或絮羹，即叱止之。故程子兄弟飲食衣服，細微悉當，皆母教然也。

尹焞母朱氏。焞應舉不對歸，告其師程伊川曰：「焞不復舉進士矣。」伊川曰：「子有母在。」歸告其母，母曰：「吾知汝以善養，不知汝以禄養。」伊川曰：「賢哉，母也。」

元

趙彬妻朱氏。名錦哥，洛陽人。天曆初，西兵掠河南，氏被執，逼與亂。度不能脱，紿兵曰：「幸釋我，舍後井旁有瘞金，當發以遺汝。」兵信之，乃隨之行，氏得近井，即抱三歲女投井死。

齊闢妻劉氏。河南人。闢應募爲千夫長，戰死。劉氏貧無所依，守志不奪。有議婚者，劉氏紿之曰：「吾三月三日有心願，償畢，當從汝。」是日竟往天安寺，登浮屠絶頂，祝天曰：「妾夫已死，不敢失節也。」遂投地死。

王氏。名安哥，偃師人。從父避兵邙山丁家洞。賊搜獲，欲污之。不從，投澗死。

秦氏二女。宜陽人。父有危疾，醫云不可攻。姊閉户默禱，鑿己腦和藥進飲，遂愈。久後復病欲絶，妹封股肉置粥中，父小啜即甦。

明

張景輝妻賀氏。登封人。元末，夫死於寇。賀抱子俊，求夫骨於積屍中，手聚土掩之。其弟諷改醮，賀剔去一齒，示不二節。洪武初，俊官主簿，坐事罰工，自慚累其母，上疏陳狀，因嘉賀節，復俊官，仍命禮部榜示天下，以勵風俗。

真丘郡主。伊王女，下嫁蔡昇，卒〔二〕，觸牆而死。詔旌其墓。

曹昂妻張氏。洛陽人。正德中，爲流賊所執，抱子投濠水死。詔旌其門。時鞏縣常自省妻李氏、譚思妻張氏、劉麟妻韓氏，並死賊難。

戴濬妻王氏。澠池人。濬亡，氏欲殉之，救免。會姑馬氏卒，遂縊。馬亦以孀居著節者。

王自選妻張氏。永寧人。未嫁而殉。事聞，立祠祀之。郡之以殉夫著者：馬通妻李氏，嵩縣人；王鑑妻張氏，宜陽人；王盤妻唐氏，河南衛人；董維翰妻葉氏，董大河妻莊氏，洛陽人；李之臣妻王氏，鞏縣人；楊讓妻張氏，新安人；張希蘭妻陳氏，澠池人。

閻氏女。洛陽人。鄰少年欲逼之，不從見殺。

康流來妻趙氏。鞏縣人。流來墮水死。趙聞，趨投水中，越三月，二屍相抱浮出。

張邦才妻左氏。澠池人。夫卒，事姑以孝聞。姑死，縊於姑側。詔爲建烈孝祠。

李清標妻王氏。澠池人。明末，遇賊自縊，賊剖其腹。子儀罵賊死。時死賊難者：郭永祚妻左氏，温廷樫妻于氏、子婦金氏，張彦珩妻賈氏，董景行妻敦氏，杜敦孝妻喬氏，董維正妻李氏，徐毓淳妻董氏，董正妻王氏，皆洛陽人。李永悦妻宋氏，偃師人。喬作霖妻李氏，鞏縣人。李麟正妻馬氏，孫養翼妻李氏，皆孟津人。馬雲錦妻鎖氏，張世延妻史氏，程某妻康氏，皆永寧人。節婦：焦一霑妻周氏，子復亨妻楊氏，謙亨妻牛氏，皆登封人。吕維禧妻郭氏、其姒張氏，范聲國妻燕氏，傅之恕妻孫氏，嵩縣人。魏氏，鞏縣人。陳明廷女，劉中桂女，雷躍龍女，陳善女，樊從儉女，仝憂國女，仝希曾女，皆新安人。

張讚妻郭氏。永寧人。城陷，罵賊死。妾趙氏、盧氏，子婦程氏，史氏暨其二女，皆死。

李氏。永寧人。明末，寇劫之上馬，罵不絶口，自墮馬數四，賊刳其雙目。女曰：「早殺我，我必不從汝。」賊腰斬之。

本朝

呂維禔妻楚氏。新安人。明季寇逼，夫殉難，氏自縊死。同縣杜昆妻温氏，守正被戕，俱順治年間旌。

孫得盛妻張氏。鞏縣人。得盛死於獄，張白其冤得雪，後投井死。同縣鄭慈妻李氏，守正被戕，俱順治年間旌。

李宗沆妻王氏。孟津人。夫亡殉節，順治年間旌。

劉誠妻楊氏。登封人。夫亡殉節。同縣靳爾順妻田氏，俱順治年間旌。

張論妾石氏。永寧人。明季寇逼，石曰：「吾誼不可辱。」投井死。同縣張璿妻郭氏，亦因寇逼投水死。俱順治年間旌。

劉含章妻王氏。澠池人。夫亡，氏甫生女，撫之三歲，營葬畢，即自縊死。同縣節婦王熙妻杜氏，俱順治年間旌。

范九玉妻康氏。洛陽人。饁夫於田，遇强暴，堅拒，被殺。康熙年間旌。

張景齡妻韓氏。洛陽人。景齡殁，生遺腹子。逾年，母家欲令改適，絶粒死。雍正年間旌。

高金曰聘妻張氏。澠池人，夫亡殉節。雍正年間旌。

郭如莪妻曹氏。洛陽人。夫亡守節。同縣節婦郭致太妻鄧氏、郭繼曾妻何氏、張于默妻徐氏、董九苞妻劉氏、周繹文妻黄氏、于依仁妻武氏、陳謙妻徐氏、董嘉賴妻杜氏、馬璐妻周氏、廖唐臣妻朱氏、胡瑜妻張氏、秦偉妻王氏、郭允紆妻孫氏、宫瓊區妻谷氏、胡顯令妻張氏、王錫爵妻張氏、王宏毅妻胡氏、王燧妻李氏、苗穗妻孫氏、朱麟妻馬氏、廖爾濬妻黨氏、裴汝翼妻王氏、胡敬聖妻王氏、郭贊妻胡氏、邢僐妻李氏、謝君愛妻蘇氏、胡朝用妻吴氏、岳定妻王氏、伏文鑄妻王氏、來迎祉妻張氏、許毓珵妻張氏、董策妻李氏、董爾性妻百氏、畢星妻張氏、劉賓妻王氏、淩選妻王氏、張文明妻苗氏、畢思聰妻陳氏、王者賓妻黄氏、苗觀生妻姚氏、王士俊妻胡氏、馬永正妻張氏、宋際升妻曹氏、董樂天妻張氏、孫應辰妻楊氏、郭玿妻高氏、曹樸妻于氏、倪肇本妻趙氏、劉景星妻趙氏、王蘭妻李氏、趙生蕙妻曹氏、閻耀妻王氏、呂行正妻寇氏、范文魁妻崔氏、孫簡臣妻張氏、王敏修妻張氏、張永壽妻王氏、郝禮招妻曹氏、潘輝曾妻溫氏、張兆齡妻王氏、王佩妻李氏、袁昌普妻郝氏、羅士敏妻耿氏、賈長庚妻鄭氏、趙德妻張氏、黃永妻吳氏、董重光妻呂氏、宋良士妻楊氏、董金壽妻孟氏、李性生妻田氏、楊楷齡妻張氏、程繼宗妻左氏、孟企魯妻許氏、李獻有妻黃氏、李本澍妻王氏、劉君榮妻趙氏、呂淳妻衛氏、李秉靈妻劉氏、黃霖妻劉氏、劉汝翼妻楊氏、賈璜妻張氏、劉元卿妻馬氏，烈婦魏繼珍妻梁氏、郭閏妻董氏、許玉有妻胡氏、王篤妻劉氏、鄭天緒妻孫氏、晉二舉妻邢氏，貞女趙富聘妻孫氏王氏女、朱氏女，烈女韓國佑女、李氏女、孫氏女、黃氏女，均乾隆年間旌。

武建烈妻張氏。偃師人。夫亡守節。同縣節婦楊色粹妻張氏、李希勉妻董氏、呂章祚妻劉氏、郭允昌妻李氏、李經明妻魏氏、史云恭妻武氏、李作相妻姬氏、楊言妻李氏、武勳妻董氏、劉熾妻郭氏、郭淡吉妻李氏、郭登朝妻劉氏、劉芳聞妻干氏、田生端妻常氏、王宗祚妻底氏，生員李興聖妻尚氏、孫垂芳妻于氏、李考妻陳氏、王德渥妻李氏、郭正乾妻端木氏、張章程妻魏氏、邱學文妻孫氏、魏之玕妻周氏、鮑洲妻蘇氏、馬倬妻魏氏、邱海鼎妻闞氏、趙琚妻武氏、宋相德妻張氏、王斅妻張氏、昝某妻劉氏、王璞妻賀氏、閻灼妻張氏、李希程妻張氏、王仁澍妻李氏、李廷榮妻季氏、張泳妻章氏、張紹觀妻郭氏、劉某妻李氏、齊國正妻李氏、張震妻章氏、王翔龍妻陳氏、史廷楠妻張氏、姬大成妻劉氏、郭承儀妻尚氏、王剬妻張氏、滑克儉妻傅氏、薛文成妻楊氏、鮑克明妻袁氏、張繩武妻李氏，烈婦王萬益妻劉氏，烈女楊氏女，均乾隆年間旌。

江文焕妻耿氏。宜陽人。夫亡守節。同縣節婦裴九圍妻王氏、陳呈學妻程氏、楚有常妻陳氏、孫一師妻張氏、王所居妻張氏、侯珏妻段氏、呂正文妻徐氏、張成祥妻孫氏、張迎祥妻陸氏，烈婦史學曾妻王氏、董收成妻崔氏、董學成妻孫氏，貞女王氏女，烈女姚氏女，均乾隆年間旌。

呂繼曾妻杜氏。新安人。夫亡守節。同縣節婦翟宏道妻王氏、陳進妻張氏、鄧掄升妻席氏、耿鐸妻游氏、耿煓妻賈氏、耿炎妻王氏、耿琯妻鄧氏、裴欲仁妻高氏、朱帝錫妻孟氏、王興基妻汪氏、白庚瞟妻耿氏、呂兆瓚妻張氏、裴繩祖妻陳氏、游廣仁妻高氏、陳光登妻張氏、李兆昆妻王氏、李成統妻裴氏、郭浹妻孫氏、郭君錫妻王氏、孟文乾妻董氏、郭謙吉妻盛氏、張天福妻鄧氏、常鵬妻郭氏、王允正妻陳氏、郭玉麃妻邵氏、王公田妻許氏、王全圖妻介氏、徐紹曾妻白氏、游乾德妻王氏、呂文曾妻樊氏、呂焜高妻李氏，烈婦朱氏、陳生新妻田氏，烈女李氏女大姐、朱氏女正姐，均乾隆年間旌。

張爾緒妻程氏。鞏縣人。夫亡守節。同縣節婦張秀古妻李氏、孟大有妻張氏、崔傑妻趙氏、李子隆妻段氏、馬曰祥妻李氏、李莊妻孫氏、白紈妻李氏、崔雲翼妻張氏、韓丕顯妻孫氏、宋明典妻蔡氏、孫廣生妻楊氏、章爾爵妻張氏、王銘妻張氏、陳光宗妻李氏、曹文德妻張氏、李維榮妻高氏、李維繇妻薄氏、張爾教妻吳氏、李彬妻李氏、李藴妻翟氏、董仁魁妻楊氏、焦正儒妻魏氏、崔宗周妻張氏、曹東里妻劉氏、張愜妻禹氏、趙青陽妻劉氏，烈婦張大生妻王氏、凌秀妻朱氏、丁太花妻王氏，烈女謝氏女，均乾隆年間旌。

王軾聘妻趙氏。孟津人。趙，王軾童養媳，有惡少年調之，不從，赴水死。同縣節婦閻二典妻朱氏、王無咎妾于氏、魏業炌妻李氏、孫國輔妻趙氏、李思皇妻王氏、王無我妻周氏、王景旦妻孟氏、柴士彦妻孫氏、鄭應銓妻曹氏、馬冠千妻劉氏、梅汝梅妻曹氏、潘士輔妻謝氏、呂緒妻王氏、陳庠妻梁氏、王景坦妻孟氏、甯王重妻高氏，又烈婦王氏，均乾隆年間旌。

趙爾純妻趙氏。登封人。夫亡守節。同縣節婦杜天育妻耿氏、耿爾心妻李氏、傅生幹妻吳氏、耿旼妻傅氏、李宗賢妻文氏、劉長發妻耿氏、劉印黄妻范氏、張學智妻馬氏、閔鋭妻蔣氏、王璐妻陳氏、謝沛妻喬氏，烈婦劉文建妻孫氏，均乾隆年間旌。

鎖瑜妻任氏。永寧人。夫亡守節。同縣節婦鎖去矜妻張氏、張懷宗妻劉氏、王籍妻李氏、吉逍妻楊氏、韋蓋妻雷氏、徐拱賓妻楊氏、楊克儉妻王氏、宋廷瑞妻尚氏、徐章妻張氏、杜無偏妻李氏、胡玥妻金氏、程穀妻宋氏、李珍妻張氏、韋綬妻常氏、孟灝妻雷氏、王有鼇妻李氏、張輅妻田氏、張某妻高氏、楊望之妻張氏，烈婦王欽妻陰氏、張汴妻陳氏、陳法妻王氏、張檢妻顔氏、王玉妻趙氏、鄭進昌妻李氏，烈女曲登姐，均乾隆年間旌。

劉曜如妻茹氏。澠池人。曜如爲諸生，早殁，氏撫孤守節，歷五十餘年。同縣節婦張榖妻王氏、楊士奇妻劉氏、王鳳捷妻樊氏、韓天瑞妻席氏、陳行言妻姚氏、席瑄妻韓氏、趙象德妻高氏、秦兆盛妻范氏、馬朋瑞妻高氏、席琦妻李氏、馬守端妻姚氏、王豫吉妻張氏、闞增職妻張氏、席功允妻張氏、劉元臣妻楊氏、趙正道妻石氏、邵化南妻王氏、許廷相妻鄒氏、許登高妻董氏、馬登雲妻柳氏、楊精一妻鄭氏、梁綱妻馬氏、侯天寵妻鄭氏，烈婦趙萬一妻侯氏、檀郭氏、張小桃妻崔氏，均乾隆年間旌。

王廷璟妻張氏。嵩縣人。夫亡守節。同縣節婦李登雲妻甯氏、趙國玠妻董氏、韓國賢妻盧氏、高自隆妻仝氏、王甡妻朱氏、焦世顯妻劉氏、趙克昌妻董氏、傅翰妻李氏、閻兆鳳妻張氏、杜沐青妻詹氏、王元吉妻李氏、張蔭琛妻屈氏、張蔭坤妻何氏、王之偉妻屈氏、傅有極妻雷氏、朱良模妻汪氏、何崇妻靳氏、焦沂妻賀氏、楊第楷妻李氏、楊錫妻董氏、陳景虞妻王氏、呂復尚妻張氏、楊和妻王氏、楊爾禄妻李氏、黄成桂妻曹氏、傅又悦妻趙氏，烈婦蘇有臣妻安氏、王拴妻朱氏、賀萬清妻張氏、仝四妻張氏、張朋妻趙氏、毛永會妻郭氏，均乾隆年間旌。

郭人文妻馬氏。洛陽人。夫亡守節。同縣節婦董默妻郜氏、張志信妻商氏、李世俊妻張氏、任尚信妻劉氏、任明妻王氏、牛龍章妻趙氏、武九德妻王氏、葉銈霖妻阮氏、蘇景延妻呂氏、董君錫妻李氏、王伯盛妻清氏，烈婦李長年妻胡氏、馬興泰妻李氏、侯百全妻陳氏，烈女胡氏女、梅氏女、湯氏女、許氏女，均嘉慶年間旌。

柳減繼妻藍氏。偃師人。許字庶吉士柳減，未婚，夫亡殉節。同縣節婦張所行妻蔡氏、宗源漯妻曹氏、孫鈺妻趙氏、趙奇逢妻張氏、魏應會妻呂氏、王瑞麟妻朱氏，烈婦翟秀章妻邢氏、王斯祥媳陳氏、齊大林妻楊氏、王月妻蕭氏，均嘉慶年間旌。

梁朝妻亢氏。宜陽人。夫亡守節。同縣節婦郭如擢妻王氏、閻朝昇妻周氏、王錦妻張氏，烈婦劉生林母王氏、王拴子妻賈氏，均嘉慶年間旌。

李檜妻王氏。新安人。夫亡守節。同縣節婦張成章妻鄧氏、游允昇妻孫氏、孫茂妻郭氏、呂嗣溱妻胡氏、呂燕徵妻方氏、郭粹善妻何氏、郭詩妻龔氏、鄧思懌妻王氏、郭煥文妻馬氏，烈婦燕景春妻高氏，均嘉慶年間旌。

孫坤妻魏氏。鞏縣人。夫亡守節。同縣烈婦馬紹舉妻牛氏，均嘉慶年間旌。

吴南英妻岳氏。孟津人。夫亡守節。同縣方文同妻馬氏、王德備妻雷氏，均嘉慶年間旌。

王朝拔妻朱氏。登封人。夫亡守節。同縣范兆鼇妻傅氏，烈婦張旺成妻王氏，均嘉慶年間旌。

田敬妻郭氏。永寧人。夫亡守節。同縣節婦廉堂豐妻韋氏、賀文寶妻趙氏、張志妻賈氏、孫肖元妻韋氏、李大武妻王氏、張芝瑞妻程氏、郭太乙妻余氏，烈婦任小黑妻高氏、蕭順妻段氏、孟盧氏、楊氏、黄氏、楊天祚妻賈氏、郭嵩妻孟氏，烈女吴氏女，均嘉慶年間旌。

茹永林妻許氏。澠池人。夫亡守節。同縣張德隆妻王氏、董體善妻席氏、鄒中選妻王氏，烈婦史學道媳葉氏、馬石娃妻王氏，烈女李氏女、劉氏女，均嘉慶年間旌。

劉玉麟妻史氏。嵩縣人。夫亡守節。同縣節婦李永義妻黄氏、傅道仲妻張氏、魏龍光妻李氏、童程淵妻董氏、杜雙捷妻楊氏、高永悦妻宋氏、李宗元妻張氏、李合龍妻鄭氏，烈婦董某妻楊氏，均嘉慶年間旌。

仙釋

晉

祝雞翁。洛陽人。居尸鄉北山下。養雞至千餘頭，皆有名字，呼名即種別而至。後之吴山，莫知所終。

佛圖澄。天竺人。本姓帛氏。少學道，永嘉四年，來適洛陽。自云百有餘歲，嘗服氣自養，善誦神咒，能役使鬼神，弟子徧於郡國。

南北朝　魏

達摩。天竺人。梁普通七年，武帝迎至金陵。旋辭帝，折蘆渡江，止嵩山少林寺，面壁九年而化。魏宋雲使西域，於葱嶺見師手攜雙履，問所往，曰：「西天去。」

慧可。武牢人。姬氏子，初名神光。少博極載籍，尤善談老、莊，後覽佛乘，盡棄去。造少室，事達摩，遂受法衣，是謂二祖。

唐

譚峭。居嵩山十餘年。得辟穀養氣之術，夏則裘，冬則單衣。既而入南嶽煉丹，能出入水火。後登青城山仙去。

土產

縑。通志：開封、河南、汝寧等府，俱出。

鐵。漢書地理志：宜陽有鐵官。明統志：鞏、宜陽、登封、新安、嵩五縣出。

錫。明統志：永寧、嵩二縣出。

瓷器。元和志：河南府貢白瓷器。

硯。唐書地理志：虢州有瓦硯。

牡丹。明統志：洛陽縣出牡丹，宋歐陽修花品序云：「牡丹出洛陽者，爲天下之第一。」

麝香。唐書地理志：虢州土貢。明統志：盧氏縣出麝香鹿。

柿。通志：各府州多有，惟鞏、洛間最勝。有數種，曰黄柿，曰朱柿，曰火毬柿。又一種差小謂之軟棗，味甚甘，土人又謂之牛乳柿。

菖蒲。通志：出嵩山五渡水中，一名堯韭，一名昌陽。

藥。唐書地理志：河南府土貢枸杞、黄精、酸棗。元和志：虢州貢天門冬。明統志：登封出鍾乳。按：唐書地理志虢州貢梨。宋史地理志河南府貢蜜蠟。寰宇記虢州土貢黄丹。明統志「銀，嵩、盧氏二縣出。」今無開採者。附記於此。

校勘記

〔一〕穀皮綃頭 「穀皮」，原作「縠布」，乾隆志卷一六四河南府流寓（下同卷簡稱乾隆志）同，據後漢書卷八三周黨傳改。

〔二〕下嫁蔡昇卒 乾隆志同。按，「昇」字當重，蓋誤脱也。

南陽府圖

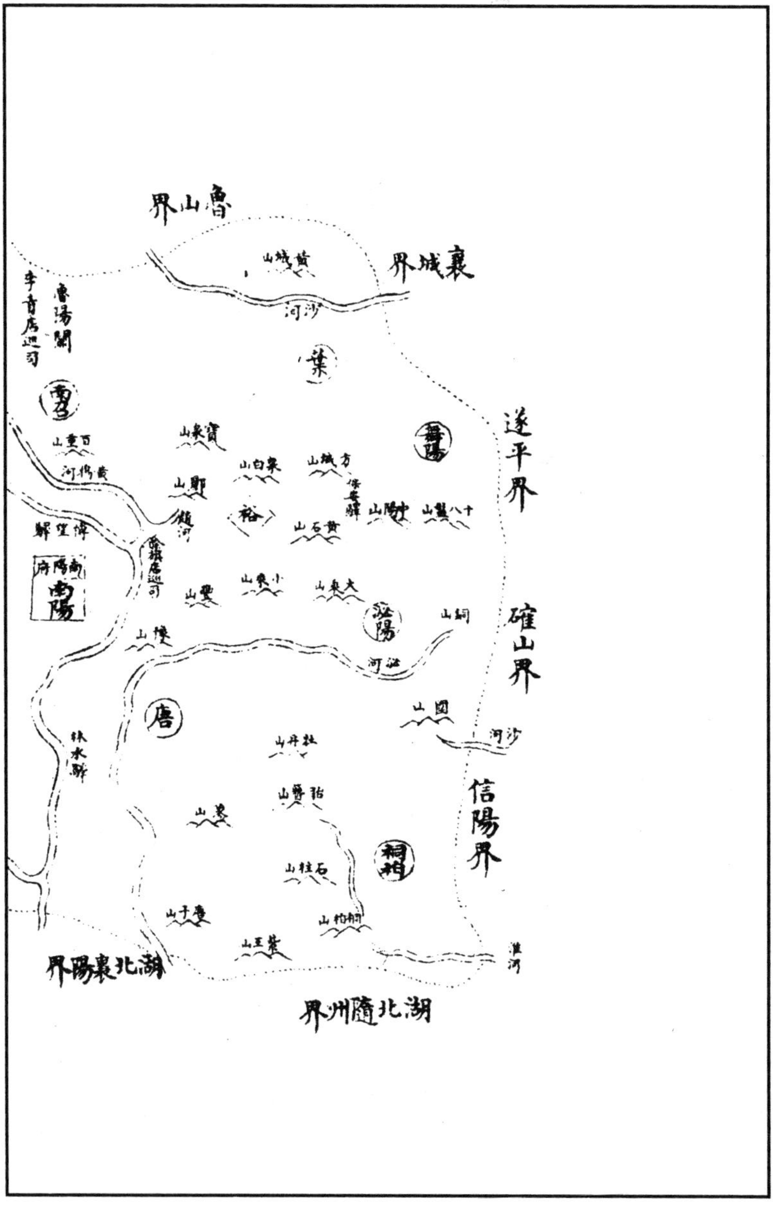
魯山界
襄城界
遂平界
確山界
信陽界
湖北襄陽界
湖北隨州界
南陽府

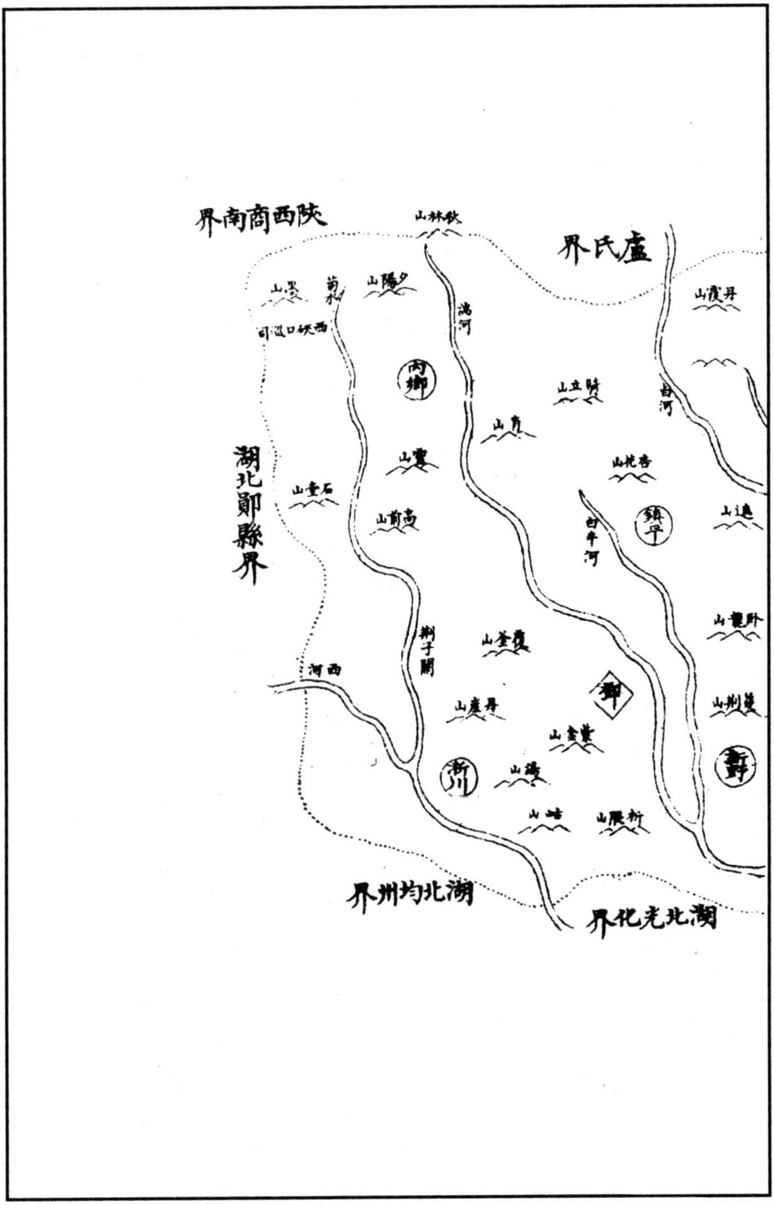
陝西商南界
盧氏界
湖北鄖縣界
湖北均州界
湖北光化界
內鄉
淅川
鎮平
鄧
新野
西峽口巡司
湍河
白河
白牛河
荊子關
西河
夕陽山
丹霞山
石堂山
騎立山
杏花山
卧龍山

南陽府表

	南陽府	南陽縣			
秦	南陽郡				
兩漢	南陽郡治宛。	宛縣郡治。	杜衍縣屬南陽郡。後漢省入宛縣。	博望縣屬南陽郡。	雉縣屬南陽郡。
三國	南陽郡魏置荊州。	宛縣		博望縣	雉縣
晉	南陽國	宛縣		博望縣屬南陽國。	雉縣屬南陽國。
南北朝	南陽郡宋仍名郡。魏屬荊州。	宛縣	上陌縣魏分置。周以宛縣省入，更名上宛。	宋永初後省。	宋省。魏改置北雉縣。西魏因置雉陽郡。
隋	開皇初廢。	南陽縣開皇初改屬南陽郡。			郡縣俱廢。
唐	武德三年置宛州，貞觀八年廢。	南陽縣初置宛州，州廢，屬鄧州。			
五代		南陽縣			
宋金附	金末置申州。	南陽縣金末爲申州治。			
元	南陽府至元八年升府，屬河南行省。	南陽縣府治。			
明	南陽府屬河南布政司。	南陽縣			

	南召縣
西鄂縣屬南陽郡。	西鄂縣及雉縣地。 淯陽縣屬南陽郡。
西鄂縣	淯陽縣
西鄂縣屬南陽國。	淯陽縣屬南陽國。孝武更名云陽。
宋省。魏復置。周又省。 向城縣魏置，屬清陽郡，兼置雉陽郡。 北淯郡魏置。西魏置蒙州。 武川縣魏置，郡治。	云陽縣周省入武川。
向城縣郡廢。 淯陽郡仁壽中改名清州，大業初爲郡，後廢。 武川縣郡治。後廢。	
向城縣武德八年屬北澧州，貞觀九年屬鄧州。	武德三年復置云陽縣，八年省。
向城縣周顯德三年廢入南陽。	
	南召縣成化十一年置，屬南陽府。

續表

唐縣			
棘陽縣地。			
襄城郡 魏置。	上馬縣 魏置。	西淮郡 魏置，後改置洞州洞川郡。周廢州。	鍾離縣 魏置，郡治。
廢。	上馬縣 屬春陵郡。	開皇初廢郡。	開皇十六年更名洞川，大業初省入上馬。
唐州 天祐三年移置，更名泌州。	泌陽縣 初屬湖州，貞觀初廢。開元中復置，天寶初改名，屬唐州，後爲州治。		
唐州 後唐復故。	泌陽縣		
唐州 淮安郡 置郡，屬京西南路。金仍曰州，屬南京路。	泌陽縣		
唐州 屬南陽府。	泌陽縣		
唐縣 初降爲縣，屬南陽府。	省入州。		

	泌陽縣
湖陽縣	
湖陽縣 屬南陽郡。	比陽縣地。
湖陽縣	
省入棘陽。	
南襄州 魏置，後改南平州。西魏改昇州，又改湖州。周改置昇平郡。 湖陽縣 魏復置，州郡治。 魏置順陽郡。西魏改柘林郡。周廢郡，置柘林縣。	東荊州 魏置。西魏更名淮州。
仁壽初改名昇州，大業初廢。 湖陽縣 屬春陵郡。 大業初省入湖陽。	淮安郡 開皇初改顯州，大業初改郡。
武德初復置湖州，貞觀初廢。 湖陽縣 屬唐州。	唐州 淮安郡 武德四年復曰顯州，貞觀九年改唐州，天祐三年徙州治泌陽。
湖陽縣	
湖陽縣 金貞祐初廢，尋復置。	
至元三年省。	

續表

比陽縣屬南陽郡。
比陽縣
比陽縣屬南陽國。
比陽縣魏改置爲東荊州治，尋更名陽平。 郢州 安陽郡魏置。西魏改鴻州。周廢州，改置真昌郡。 比陽縣宋屬廣平郡。齊廢。魏復置，郡治。 江夏郡魏置。 江夏縣郡治。
比陽縣開皇七年更名饒良，大業初又改名，郡治。 開皇初廢。 大業初廢。 開皇初廢。 慈丘縣開皇初改名。
比陽縣州治。天祐三年改爲唐州。 慈丘縣
比陽縣 慈丘縣周省入比陽。
比陽縣
比陽縣至元三年省入泌陽。
比陽縣洪武初改置，屬南陽。

續表

	桐柏縣
舞陰縣 屬南陽郡。	
舞陰縣	
舞陰縣	
昭越縣 魏置，屬初安郡。 城陽郡 魏置，領城陽縣。 舞陰郡 魏孝昌中置。 舞陰縣	華州 上川郡 梁置。西魏改淮州，又改純州，尋廢。 淮安縣 梁置。
大業初更名同光，尋廢。 開皇初廢。 開皇初廢。 顯岡縣 開皇初更名，屬淮安郡。	開皇初廢郡。 桐柏縣 開皇初更名，屬淮安郡。
貞觀三年省。	武德初復置純州，貞觀初廢。 桐柏縣 屬唐州。
	桐柏縣
	桐柏縣
	桐柏縣 至元三年廢。
	桐柏縣 成化十二年復置，屬南陽府。

	鎮平縣
平氏縣屬南陽郡。復陽縣屬南陽郡。	涅陽縣屬南陽郡。
平氏縣 復陽縣	涅陽縣
西平氏縣屬義陽郡。省。義陽縣屬義陽郡，復廢。	涅陽縣屬南陽國。
宋省，齊復置。	涅陽縣屬南陽郡。
平氏縣屬淮安郡。	課陽縣開皇初更名。
平氏縣	武德初屬鄧州，貞觀初省入穰縣。
平氏縣	
開寶五年省入唐州。	鎮平縣金末改置，屬中州。
	鎮平縣屬南陽府。
	鎮平縣洪武十年省入南陽縣，十三年復置，仍置南陽府。

續表

續表

	鄧州			
			穰邑地	
安衆縣 屬南陽郡。	南陽郡地。	樂成縣 屬南陽郡。後漢省。	穰縣 屬南陽郡。	冠軍侯國 元朔六年分穰、宛二縣地置，屬南陽郡。
安衆縣			穰縣	冠軍縣
省入宛縣。			穰縣 屬義陽郡。	冠軍縣
	荆州 魏太和末移置。		穰縣 魏屬新野郡。	冠軍縣
	南陽郡 開皇初改鄧州，大業初改郡。		穰縣 郡治。	冠軍縣
	鄧州南陽郡 武德初復置州，屬山南道。		穰縣 州治。	貞觀初省入新城。
	鄧州南陽郡 梁置宣化軍。唐曰成勝軍。周改武勝軍。		穰縣	
	鄧州南陽郡武勝軍 屬京西南路。金曰鄧州武勝軍，屬南京路。		穰縣	
	鄧州 屬南陽府。		穰縣	
	鄧州 屬南陽府。		省入州。	

	淅川縣
朝陽縣屬南陽郡。	析縣地。
朝陽縣	
朝陽縣屬義陽郡。 廣平郡東晉置。 廣平縣郡治。	
新城縣魏太和中析冠軍置，屬南陽郡。西魏更名臨湍。 朝陽縣宋初屬順陽郡，大明元年省。 魏廢。 魏廢。	淅川縣魏置，屬淅川郡。周省入中鄉。
新城縣復舊名，屬南陽郡。	
臨湍縣武德二年置酈州，八年州廢，屬鄧州，天寶初更名。	武德初復置淅州，領淅川縣。貞觀八年州縣皆省入內鄉。
漢改臨瀨。宋建隆初省入穰縣。	梁復置淅川縣。
	淅川縣屬鄧州。
	淅川縣省入內鄉。
	淅川縣成化八年復析內鄉置，屬鄧州。

博山縣 綏和初分析置，屬南陽郡。後漢更名順陽。		南鄉縣 後漢建武中置，屬南陽郡。
順陽縣	南鄉郡 魏置。	南鄉縣 郡治。
順陽縣 屬順陽郡。	順陽郡 太康末更名，咸康四年復曰南鄉。	南鄉縣
順陽縣 齊更名從陽。魏移順陽郡來治。西魏析置鄭縣，更名清鄉。周省〔順〕陽郡縣入清鄉。	順陽郡 魏復改名。齊又改曰從陽。	南鄉縣 初屬順陽郡，後爲南鄉郡治。又魏置左南鄉縣及左鄉郡。西魏改郡名秀山，縣名安山，尋廢入淅州。
順陽縣 復置，屬南陽郡	淅陽郡 開皇初廢郡，大業初又改置郡。	大業初省。
省入冠軍。	廢。	
順陽縣 太平興國六年復置，屬鄧州。金省入穰城。		
初復置，後省入內鄉。		

	新野縣
丹水縣 屬弘農郡。後漢屬南陽郡。	新野縣 屬南陽郡。 新都侯國 永始初分新野之東鄉置，屬南陽郡。後漢省入新野。
丹水縣	新野縣
丹水縣 屬順陽郡。	義陽郡 太康中徙置。惠帝時改新野郡。 新野縣 郡治。
丹水縣 魏置丹川郡。周廢。	新野郡 周廢。 新野縣 周改名棘陽。 漢廣郡 魏置。西魏更名黄岡。周廢。
丹水縣 屬淅陽郡。	新野縣 開皇初復名，屬南陽郡。
省入淅川。	新野縣 武德四年置新州，旋廢屬鄧州，後省入穰縣。
	新野縣 復置，屬鄧州。
	新野縣

	内鄉縣
棘陽縣 屬南陽郡。	
棘陽縣	
棘陽縣 屬義陽郡，後屬新野郡。	
棘陽縣 宋屬河南郡。魏改名南棘陽，郡治，又分置西棘陽縣。西魏省，改縣曰百寧。周廢入新野。 河南郡 宋置，領河南縣，後廢。	析陽郡 魏分南鄉郡置，後廢。
	内鄉縣 開皇初復名，屬析陽郡。
	内鄉縣 武德三年於縣置析州，又分置默水縣。貞觀八年州廢，屬鄧州，省默水入。
	内鄉縣
	内鄉縣
	内鄉縣
	内鄉縣

續表

析縣 屬弘農郡。後漢屬南陽郡。	酈縣 屬南陽郡。		
析縣	酈縣		
析縣 屬順陽郡。	酈縣		
宋省。魏置西析陽縣，郡治。西魏更名內鄉。周改中鄉。	修陽郡 魏分析縣地置修陽、蓋陽二縣。周廢。	東恒農郡 魏太和中置。西魏改爲武關縣。	南酈縣 魏更名，屬恒農郡，分置北酈縣，屬東恒農郡。後周省北酈，仍曰酈縣。
		廢縣入菊潭。	菊潭縣 開皇初更名。
			菊潭縣
			菊潭縣 周省入內鄉。

續表

裕州			
堵陽縣地。			堵陽縣 屬南陽郡。
			堵陽縣
			堵陽縣 屬南陽國。
	方城縣 後魏置，屬襄城郡。西魏置襄邑郡。	北襄城郡 齊置，屬寧蠻府，治堵陽城。後魏更名襄城。西魏改襄邑，尋廢。	宋省。
	方城縣 開皇初郡廢，屬淯州。大業初屬淯陽郡。		
	方城縣 武德初置北澧州，貞觀八年更名魯州，尋廢，屬唐州。		
	方城縣		
裕州 金泰和八年置，屬南京路。	方城縣 慶曆四年省入南陽，元豐初復置。		
裕州 屬南陽府。	方城縣 州治。		
裕州 屬南陽府。	省入州。		

	舞陽縣
	舞陽縣屬潁川郡。　定陵縣屬潁川郡。
	舞陽縣　定陵縣
	舞陽縣屬襄城郡。　定陵縣屬襄城郡。
襄州北南陽郡魏孝昌中置宣義郡，後改名置州。齊廢。　北平縣郡治。	宋省。　定陵郡魏永安中置。　北舞陽縣魏皇興初改置，後爲郡治。
真昌縣開皇九年更名，屬淮安郡。	開皇初廢。　北舞縣開皇初更名，屬潁川郡
武德初屬北澧州，貞觀初省入方城。	舞陽縣開元四年復置，屬仙州。二十六年改屬許州。　武德初屬道州，貞觀初廢。
	舞陽縣
	舞陽縣屬潁昌府。金泰和八年屬裕州。
	舞陽縣至元三年併入葉縣，後復置。
	舞陽縣屬裕州。

續表

	葉縣
紅陽縣 屬南陽郡。後漢省。	昆陽縣 屬潁川郡。 葉縣 屬南陽郡。
	昆陽縣 葉縣
	昆陽縣 屬襄城郡。 葉縣 屬襄城郡。
漢廣郡 魏永安中置。	昆陽縣 郡治，齊改置汝墳縣。 葉縣 宋大明初省。魏復置，屬南安郡。齊移襄州來治。周廢州，置南襄城郡。
廢。	汝墳縣 屬潁川郡。 葉縣 開皇初廢郡，屬潁川郡。
	武德初屬汝州，貞觀初省。 葉縣 武德四年置葉州，尋廢，屬北澧州。貞觀中屬許州。開元三年置仙州，尋廢，屬汝州。大曆四年復置仙州，分置仙鳧縣。五年州縣俱省，屬汝州。
	葉縣
	葉縣 金泰和八年改屬裕州。
	昆陽縣 復置。至元三年省，移葉縣來治，屬裕州。至元中徙廢。
	葉縣

南安郡 魏太和十三年置郢州，尋改南中府。東魏天平初置郡。周廢郡，改置定南縣。	
建城郡 魏太和十八年置，景明末罷。永熙二年復領赭陽、北方城二縣。齊廢。	大業初省入葉縣。
河山縣 魏太和二十一年置，屬魯陽郡。	大業初省。

大清一統志卷二百十

南陽府一

在河南省治西南六百一十里。東西距五百八十里，南北距三百四十里。東至汝寧府遂平縣界二百六十里，西至湖北鄖陽府鄖縣界三百二十里，南至湖北襄陽府襄陽縣界一百七十里，北至汝州魯山縣界一百七十里。東南至汝寧府信陽州界三百八十里，西南至湖北襄陽府均州界二百五十里，東北至許州襄城縣界二百七十里，西北至陝西商州商南縣界四百二十里。自府治至京師二千一百四十五里。

分野

天文柳、星、張分野，鶉火之次，兼角、亢、氐分野，壽星之次。

建置沿革

禹貢豫州之域。春秋爲申、鄧二國地。文獻通考：申在南陽宛縣，鄧在南陽新野。戰國分屬楚、韓。秦始置南陽郡。史記秦本紀：昭襄王三十五年，初置南陽郡。注：「今鄧州也。」通鑑注：「秦置南陽，以在南山之南，漢水之北也。」漢因之，郡治宛。三國魏置荊州。晉書地理志：南陽、襄陽、南鄉屬魏，而荊州之名，南北雙立。晉爲南陽國。南北朝宋仍曰南陽郡，南齊因之。後魏屬荊州。州治府西南境穰縣。隋開皇初，郡廢。大業初，屬南陽郡。時復置南陽郡，移治穰縣。唐武德三年，改置宛州。貞觀八年，州廢，屬鄧州。時東境置唐州。五代、宋皆因之。金末於南陽縣置申州，與鄧州俱屬南京路。元至元八年，升爲南陽府，屬河南江北行省。明屬河南布政使司。本朝因之，屬河南省。領州二，縣十一。

南陽縣。附郭。東西距八十里，南北距一百二十里。東至唐縣界五十里，西至鎮平縣界三十里，南至新野縣界七十里，北至南召縣界五十里。東南至唐縣界三十里，西南至鄧州界四十里，東北至裕州界七十里，西北至河南府嵩縣界一百六十里。周初申國，春秋楚宛邑。漢置宛縣，爲南陽郡治。三國魏及晉因之。後魏分置上陌縣。周省宛縣入上陌，改曰上宛。隋開皇初，改南陽縣，屬鄧州。大業初，屬南陽郡。唐武德三年，置宛州。貞觀八年，州廢，縣仍屬鄧州。五代及宋因之。金末，置申州於此。元、明俱爲南陽府治。本朝因之。

南召縣。在府西北一百二十里。東西距二百五十五里，南北距九十五里。東至裕州界三十五里，西至内鄉縣界二百二十里，南至南陽縣界五十里，北至魯山縣界四十五里〔一〕。東南至南陽縣界一十五里，西南至鎮平縣界二百里，東北至魯山縣界九十里，西北至嵩縣界一百九十里。本漢西鄂、雉縣地。明初置巡檢司，成化十二年，置南召縣。本朝順治十七年，省入南陽縣。雍正十二年，復置，屬南陽府。

唐縣。在府東一百二十里。東西距一百二十里，南北距一百六十里。東至泌陽縣界七十里，西至南陽縣界五十里，南至湖北襄陽府棗陽縣界八十里，北至裕州界八十里。東南至桐柏縣界四十里，西南至新野縣界六十五里，東北至泌陽縣界一百十里，西北至南陽縣界一百二十里。本漢棘陽縣地。後魏分置襄城郡上馬縣。隋郡廢，屬春陵郡。唐武德四年，屬湖州。貞觀元年廢。開元十六年，復置上馬縣。天寶元年，改曰泌陽，屬唐州。天祐三年，自比陽移唐州來治，改曰泌州。五代後唐復曰唐州。晉又曰泌州，漢復曰唐州。宋曰唐州淮安郡，屬京西南路。金曰唐州，屬南京路。元屬南陽府。明初，省縣入州，後廢州爲唐縣，屬南陽府。本朝因之。

泌陽縣。在府東二百里。東西距一百三十里，南北距一百六十里。東至汝寧府確山縣界一百里，西至唐縣界三十里，南至桐柏縣界三十里，北至舞陽縣界一百三十里。東南至桐柏縣界七十里，西南至唐縣界三十里，東北至汝寧府遂平縣界一百二十里，西北至裕州界一百一十里。漢置比陽縣，屬南陽郡。後漢、晉因之。宋屬廣平郡，齊因之。後魏太和中，於縣置東荆州。西魏改州爲淮州。隋開皇初，又改顯州。大業初，改爲淮安郡。唐武德四年，復曰顯州，置總管府。貞觀元年，府罷。九年，改曰唐州。天寶初，曰淮安郡。乾元初，復曰唐州，屬山南東道。天祐三年，徙州治泌陽，以比陽爲屬縣。五代、宋、金因之。元至元三年，省入州，治泌陽縣。明初，省泌陽縣入州。洪武十四年，改置泌陽縣於故比陽縣，屬南陽府。本朝因之。

桐柏縣。在府東南三百里。東西距二百三十里，南北距一百二十里。東至汝寧府信陽州界一百二十里，西至唐縣界一百十里，南至湖北德安府隨州界二十里，北至泌陽縣界一百里。東南至隨州界二百八十里，西南至襄陽府棗陽縣界二百七十里，東北至汝寧府西平縣界一百五十里，西北至唐縣界一百四十里。漢置平氏、復陽二縣，屬南陽郡。後漢因之。晉省復陽，以平氏屬義陽郡。宋省。梁置淮安縣，又置華州及上川郡。西魏初，改州曰淮州。廢帝三年，又改純州，尋廢。隋開皇初，郡廢，改縣曰桐柏。大業初，屬淮安郡。唐武德初，於縣置純州。貞觀元年，州廢，縣屬唐州。五代及宋、金因之。元至元三年廢。明成化十二年，復置，屬南陽府。本朝因之。

鎮平縣。在府西七十里。東西距九十里，南北距九十里。東至南陽縣界四十里，西至内鄉縣界五十里，南至鄧州界五十里，北至南陽縣界四十里。東南至新野縣界四十里，西南至淅川縣界九十里，東北至南召縣界一百六十里，西北至内鄉縣界九十里。漢置涅陽縣，屬南陽郡。後漢、晉以後因之。隋開皇初，改曰淉陽。大業初，仍屬南陽郡。唐武德初，屬鄧州，貞觀元年，省入穰縣。金末，始置鎮平縣，屬申州。元屬南陽府。明洪武十年，省入南陽縣。十三年，復置，仍屬南陽府。本朝因之。

鄧州。在府西南一百二十里。東西距一百五十五里，南北距一百四十里。東至新野縣界五十五里，西至淅川縣界一百里，南至湖北襄陽府襄陽縣界九十里，北至鎮平縣界五十里。東南至新野縣界五十里，西南至襄陽府光化縣界六十里，東北至南陽縣界六十里，西北至内鄉縣界九十里。春秋鄧國地。戰國秦穰邑。漢置穰縣，屬南陽郡。後漢因之。晉初屬義陽郡，後改屬新野郡。宋、齊因之。後魏太和中，移置荆州於此。隋開皇初，改曰鄧州。大業初，改南陽郡。唐武德二年，仍曰鄧州。三年，置總管府。四年，府廢。天寶初，復曰南陽郡。乾元初，仍曰鄧州，屬山南道。五代梁置宣化軍節度，唐改威勝軍，周改武勝軍。宋亦曰鄧州南陽郡武勝軍節度，屬京西南路。金曰鄧州武勝軍節度，屬南京路。元爲鄧州，屬南陽府。明洪武初，省穰縣入州，仍屬南陽府。本朝因之。

淅川縣。在府西南二百四十里。東西距一百二十五里，南北距二百里。東至鄧州界九十里，西至湖北鄖陽府鄖縣界三十五里，南至湖北襄陽府均州界六十里，北至内鄉縣界一百四十里。東南至襄陽府光化縣界一百三十里，西南至鄖縣界一百九十里，東北至内鄉縣界一百二十里，西北至陝西商州商南縣界三百里。本漢析縣地。後魏始置淅川縣，屬淅川郡。後周省入中鄉。唐武德初，復置淅州，領淅川縣。貞觀八年，州縣皆省入内鄉。五代梁置淅川縣。宋屬鄧州。金因之。元初復并入内鄉。明成化八年，仍分内鄉，置淅川縣，屬鄧州。本朝屬南陽府。

新野縣。在府東南五十里。東西距五十五里，南北距九十里。東至唐縣界四十里，西至鄧州界十五里，南至湖北襄陽府襄陽縣界五十里，北至南陽縣界四十里。東南至襄陽府棗陽縣界四十里，西南至襄陽府光化縣界五十里，東北至泌陽縣界五十里，西北至鎮平縣界四十里。漢置新野縣，屬南陽郡。後漢因之。晉初，爲義陽郡治，後改置新野郡。宋、齊及後魏因之。後周郡廢，改縣曰棘陽。隋開皇初，復曰新野。大業初，仍屬南陽郡。唐武德四年，於縣置新州，旋廢，縣屬鄧州。乾元後，省入穰縣。

宋、金爲新野鎮。元復置縣，屬鄧州。明因之。本朝屬南陽府。

内鄉縣。在府西一百九十里。東西距八十里，南北距四百八十里。東至鎮平縣界四十里，西至淅川縣四十里，南至鄧州界三十里，北至河南府盧氏縣界四百五十里。東南至新野縣界一百九十里，西南至淅川縣界一百二十里，東北至南陽縣界二百里，西北至陝西商州商南縣治五百里。春秋楚析邑。漢置析縣，屬弘農郡。後漢改屬南陽郡。晉屬順陽郡。劉宋省。魏置西析陽縣，爲析陽郡治。西魏改内鄉。後周改中鄉。隋避諱復曰内鄉。大業初，屬析陽郡。唐武德二年，改置析州於此。貞觀八年，州廢，縣屬鄧州。五代及宋、金、元、明因之。本朝屬南陽府。

裕州。在府東北一百二十里。東西距一百四十里，南北距一百三十里。東至舞陽縣界六十里，西至魯山縣界八十里，南至唐縣界七十里，北至葉縣界六十里。東南至泌陽縣界一百六十里，西南至南陽縣界一百二十里，東北至葉縣界六十里，西北至南召縣六十里。春秋楚方城地。秦置陽城縣。漢改堵陽縣，屬南陽郡。後漢因之。晉屬南陽國。劉宋改爲赭陽。後魏改置方城縣，屬襄城郡。西魏爲襄邑郡治。隋開皇初，郡廢，縣屬淯州。大業初，屬淯陽郡。唐武德初，於縣置北澧州。貞觀八年，改曰魯州。九年，州廢，縣屬唐州。五代因之。宋慶曆四年，省入南陽。元豐元年，復置，仍屬唐州。金泰和八年，始置裕州，屬南京路。元屬南陽府。明洪武初，省方城縣入州，仍屬南陽府。本朝因之。

舞陽縣。在府東北二百七十里。東西距六十五里，南北距一百五十里。東至汝寧府西平縣界四十五里，西至葉縣界二十里，南至泌陽縣界八十里，北至許州郾城縣界七十里。東南至汝寧府遂平縣界七十五里，西南至裕州界四十里，東北至許州襄城縣界七十里，西北至葉縣界一十里。戰國魏舞陽邑。漢置武陽、定陵二縣，屬潁川郡。後漢因之。晉屬襄城郡。劉宋省。魏皇興初，改定陵置北舞陽縣。永安中，置定陵郡。隋開皇初，郡廢，改縣曰北舞。大業初，屬潁川郡。唐初，屬道州。貞觀初廢。開元四年，復置舞陽縣，屬仙州。二十六年，改屬許州。五代因之。宋屬潁昌府。金泰和八年，改屬裕州。元至元三年，省入葉縣，後復置，仍屬裕州。明因之。本朝屬南陽府。

葉縣。在府北一百三十里。東西距七十五里，南北距九十里。東至舞陽縣界五十里，西至汝州魯山縣界二十五里，南至裕州界六十里，北至許州襄城縣界三十里。東南至舞陽縣界七十里，西南至鄧州界一百二十里，東北至許州襄城縣界三十里，西北至汝州寶豐縣界十八里。春秋楚葉邑。漢置葉縣，屬南陽郡。後漢因之。晉屬襄城郡。劉宋大明元年省。魏復置。北齊移襄州來治。後周州廢，置南襄城郡。隋開皇初，郡廢。大業初，縣屬潁川郡。唐武德四年，於縣置葉州。五年，州廢，縣屬北澧州〔二〕。貞觀中，屬許州。開元四年，置仙州。二十六年，州廢，縣屬汝州。大曆四年，復置仙州。五年，又廢，縣仍屬汝州。五代及宋因之。金泰和八年，改屬裕州。元、明因之。本朝屬南陽府。

形勢

西通武關、鄖關，東南受漢、江、淮，宛亦一都會也。史記。武關瞰其西，桐柏揭其東，疏滄浪而爲隍〔三〕，廓方城而爲墉。湯谷湧其後，淯水盪其胸。推淮引湍，三方是通。張衡南都賦。北連中原，東通吳會。西接巴蜀，南控蠻越。宋熊剛大義。鄧爲襄、漢樊籬，南陽又爲鄧州樊籬，古形勝之國。虞允文奏議。

風俗

政尚忠樸，有先王遺風。史記。南陽好商賈，召父富以本業。漢書。被召、杜、韓、黄之化，易商賈爲本業，轉爭訟爲篤厚。玉海。俗有武斷之風，人勤農桑之務。方輿勝覽。惇樸尚農，俗以殷富。舊志。

城池

南陽府城。周六里有奇，門四，池廣二丈。明洪武三年建。本朝康熙二十三年修，乾隆七年重修。南陽縣附郭。

南召縣城。周二里，門四，池廣二丈。明成化中建。本朝雍正十二年重築，乾隆十年修，二十八年重修。

唐縣城。周六里，門四，池廣二丈。明洪武三年建，正德十二年重建，嘉靖中增築。本朝順治九年修，康熙二十五年、雍正八年、乾隆十年、十八年、二十三年、二十八年重修。

泌陽縣城。周五里，門四，池廣一丈五尺。明成化五年建，正德六年、崇禎十四年增建。本朝順治六年修，康熙二十四年、五十四年、乾隆十八年、二十七年重修。

桐柏縣城。周四里，門四，池廣一丈五尺。明成化十三年建，嘉靖中重建。本朝順治、康熙中修，乾隆二十七年重修。

鎮平縣城。周五里有奇，門四，池廣一丈五尺。明正德九年建。本朝康熙二十七年修，乾隆十八年重修。

鄧州城。内城周四里有奇，門四，池廣一丈五尺。外城周十五里有奇，門五，池廣六丈，引刁河水注之。明洪武二年建，嘉靖三十二年、三十五年復營葺外城，萬曆中增濬外城河，崇禎七年、十年重建。本朝順治三年增治内城，康熙三十年修，乾隆十年重修。

淅川縣城。周四里有奇，門四，池廣二丈。明成化中及正德十二年屢加增築，萬曆五年濬濠加深。本朝順治三年修，乾隆十年重修。

新野縣城。周四里，門四，池廣二丈五尺。明天順五年建，正德六年增高，嘉靖四年濬濠。本朝康熙二十五年修，乾隆八年、二十八年重修。

内鄉縣城。周八里，門四，池廣一丈二尺。明正德六年甃甎，萬曆二十七年增築。本朝順治二年修，乾隆十二年重修。

裕州城。周九里，門四，池廣二丈。明洪武三年建，正德六年修。本朝順治十二年修，康熙二十六年、雍正十二年重修。

舞陽縣城。周八里，門四，池廣二丈，外築護城隄廣一丈。明成化十九年建，正德、隆慶中重建。本朝康熙二十八年修，雍正三年、乾隆六年、二十八年重修。

葉縣城。周六里，門三，池廣十丈，引昆水注其中。明正德六年增築，嘉靖三年濬池，隆慶、萬曆中重建。本朝順治十二年修，康熙二十九年、雍正二年、乾隆十四年、二十九年重修。

學校

南陽府學。在府東門外。明永樂七年建。本朝順治十年修。入學額數二十名。

南陽縣學。在縣治東。明洪武九年因元舊址建。本朝順治九年修，康熙六年、二十年、雍正四年重修。入學額數十五名。

南召縣學。在縣治西北隅子城内。明成化十二年建，正德十六年重建。本朝雍正四年修，乾隆七年重修。入學額數十二名。

唐縣學。在縣治東南。明洪武三年建。本朝順治十二年修，康熙六年重修。入學額數十五名。

泌陽縣學。在縣治西。明洪武十四年因元舊址建。本朝順治十三年修，康熙二十五年重修。入學額數十二名。

桐柏縣學。在縣治南。明成化中建。本朝順治十一年修，康熙十二年、十四年重修。入學額數八名。

鎮平縣學。在縣治東。元至元初建，在縣治西北。明萬曆中遷建。本朝順治八年修，康熙二十三年重修。入學額數十二名。

鄧州學。在州治西南。明洪武五年，因金舊址重建。萬曆八年，遷於内城。本朝順治十四年修，康熙三十三年、乾隆十四年重修。入學額數十五名。

淅川縣學。在縣治東南。明成化中建，萬曆二十二年重建。本朝順治十三年修，康熙二十六年重修。入學額數八名。

新野縣學。在縣治東。明洪武六年徙建。本朝康熙二十八年修，乾隆九年重修。入學額數十五名。

内鄉縣學。在縣治東南。元大德八年建。明洪武七年重建。本朝順治十五年修，康熙二十六年重修。入學額數十五名。

裕州學。在州治西。明洪武三年建。本朝順治十五年修，康熙二十八年、雍正二年、乾隆二年重修。入學額數十五名。

舞陽縣學。在縣治東南。明洪武五年，因宋舊址建。本朝順治四年修，康熙三十年重修。入學額數十五名。

葉縣學。在縣治東南。明洪武三年，因金舊址建。本朝順治十三年修，康熙二十九年重修。入學額數十五名。

南陽書院。在南陽縣東。舊爲南汝道駐節之所，本朝康熙三十年改建書院。

諸葛書院。在南陽縣西南卧龍岡。元至大二年敕建。本朝康熙三十年修。

臨湍書院。在鄧州西關。舊在州東南，名韓文公書院，明嘉靖間始建於此，改今名。本朝康熙二十一年修，乾隆十八年重修。

白水書院。在新野縣北。本朝康熙三十年，因明舊址重建。

户口

原額人丁三十七萬七千四百七十八，今滋生男婦大小二百三十一萬六千八百七十七名口，計四十七萬七千五百五十四户。

田賦

田地十四萬九千二十四頃七十二畝，額徵地丁雜項銀二十九萬八千九百二十三兩七錢有奇。

山川

紫山。在南陽縣西北二十五里。一名紫靈山。水經注：宛縣有紫山，山東有一水，東西十五里，南北二百步，湛然中滿，無所通會，冬夏常温。

磨山。在南陽縣西北四十里。石可爲磨礎，故名。

蘘山。在南陽縣北二十五里。一名黄山。昔居民患蠱，遇神女於此，教食蘘荷得解，因名。相近有北筮山。

精山。在南陽縣北。後漢書朱儁傳：孫夏屯宛中，儁急攻之，夏走，追至西鄂精山，破之。元和志：精山在南陽縣西北二十七里。

蒲山。在南陽縣東北四十里。自紫山迤邐東行，岡巒陡起，逆折而北，横亘數里。

豫山。在南陽縣東北十五里。孤峯峭立，下有三十六陂。漢召信臣、東漢杜詩、晉杜預作陂溉田，民被其利，遺址猶存。水經注：淯水南逕豫山東，山上有神廟，俗名之爲獨山也。

豐山。在南陽縣東北三十里。山海經：豐山有獸焉，其狀如蝯，名曰「雍和」。神耕父處之，常遊清泠之淵，出入有光。有九鐘焉，是知霜鳴。注：「清泠水在西鄂縣山上，神來時，水赤有光耀，今有屋祠之。霜降則鐘鳴，故言之也。」元和志：豐山在向城縣南三十二里。

百重山。在南召縣南七十五里。亦名百里山。山巒重複，幾及百里。其最著曰鹿鳴、武陽、亂石、栢禽、鯉魚五山，皆高峻深險，乃三鴉之第一鴉也。通典：方城有百重山。

雉衡山。在南召縣南。本名衡山。漢書地理志：南陽郡有雉衡山，醴水所出。水經注：醴口水出南陽雉山，亦云導源雉衡山。即山海經云衡山是也。馬融廣成頌曰「面據衡陰」，指謂是山，在雉縣界，故世謂雉衡山。

礬山。在南召縣南。產礬石。

燕尾山。在南召縣西南。對形如燕尾。又縣境西有香鑪山、張屠山、金斗山、挂鼓山、鉢盂山，西南有壺山、板山〔四〕，西北有伏牛山。

望山。在南召縣西南二十里。相傳光武登此山，以望南陽，因名。

丹霞山。在南召縣西北三十里三鴉路中。一名留山，上有棲霞寺。後一峯巉巖千仞，左右兩峯夾立，旁近諸峯朝拱。金末，武善自三峯敗走南陽，收潰兵屯留山，即此地。「武善」舊作「武仙」，今改正。

鹿鳴山。在南召縣北三十里。

孤山。在唐縣東南五十里。平地介立，爲縣境諸山之右臂。又葉縣西南六十里亦有孤山。

石羊山。在唐縣東南七十里。山多白石如羊。相近有黿山、尖山、香鑪山〔五〕。

石柱山。在唐縣東南八十里。山上兩石，屹立如柱，柱有鐵環，相傳大禹導淮繫舟於此。

馬武山。在唐縣東南九十里。層峯疊嶂，其中坦平，相傳漢馬武屯兵於此，上有劍臺峽。

白玉山。在唐縣南五十里。一名髮山。上有卓錫泉。

午峯山。在唐縣南五十里。當縣之午，五峯並峙。

花山。在唐縣南六十里。山上有彩石輝映，望之如花，因名花山坡。五代晉天福六年，安從進攻唐州不克，退至花山，即此。通鑑注：花山在湖陽北。

大王山。在唐縣南六十里。昂藏獨上，爲縣治之中峯。

蓼山。在唐縣南九十里。去湖陽城二里，古蓼國以此名。山上有蓼王廟。唐書地理志：淮安郡湖陽有蓼山。

唐子山。在唐縣南百里。唐因以名州。山麓西南有唐子亭，即唐子鄉也。王莽末，劉縯起兵，自新野進屠唐子鄉。殺湖陽尉，蓋在此。相近有紫玉山，頂有龍潭二，旱禱輒應。

獅子山。在唐縣南百里。下有獅子崖，崖麓黄石大小布地，皆八楞，如人磨琢者，俗名繡毬石。

雙鳳山。在唐縣西北二里。兩峯並峙，其狀如鳳。又縣西八里有鳳凰山。

富春山。在唐縣西北七十里。首入唐河，突起高阜，西南一帶，山峯參錯，延亘百里。内有紫金崖，洞口常出雲霧。又内鄉縣南十五里亦有富春山，下臨七里河。

萬子山。在泌陽縣東四十里。羣峯峻起，山多蘭蕙。相近有鍋石山、駱駝山、黑石山。

銅山。在泌陽縣東六十里。大胡之支山，舊産銅。俗傳鄧通鼓鑄其下，下有鄧莊村。其東爲小銅山，去縣七十五里，産蒼术、黄精。

天橋嶺山。在泌陽縣東六十里。峯巒奇秀，仰觀天橋，人罕能到。

牛心石山。在泌陽縣東六十里。高數十丈，上平坦，容百餘人。

截軍山。在泌陽縣東八十里。高險如城。對峙爲棋盤山，上有石棋盤。

祝家衡山。在泌陽縣東南七十里。又有石碑、石婆諸山，羣峯列峙，翠秀插天。

磐石山。在泌陽縣南三十里。蔡水出焉。俗稱盤古山。水經注：蔡水出南盤石山，故亦曰盤石川。

慈丘山。在泌陽縣西北五十里。隋因置慈丘縣。水經注作茈丘山，古名重丘。史記：秦會韓、魏、齊兵伐楚，敗其兵於重丘。元和志：慈丘山在慈丘縣西五十里，今俗呼爲三山。

扶予山。在泌陽縣西北七十里。潕水所出。水經注：山海經曰「朝歌之山，潕水出焉，東流於滎。」經書「扶予」者，其山之異名乎。

華山。在泌陽縣西北七十里。山後即馬仁陂。

羅漢山。在泌陽縣西北九十里。徑險仄，惟攀蘿可上。

虎頭腦山。在泌陽縣北五十里。特出諸峯，爲縣之主山。又虎頭山，在縣東北九十里。水經注謂之奥山，奥水所出也。

玲瓏山。在泌陽縣北九十里。石洞空虚，曲折相通，名玲瓏洞，其下象河出焉。相近有光石腦山，一名覆甌山。

中陽山。在泌陽縣東北五十里，接舞陽縣界。一名中陰山，又名上界山，瀙水出焉。漢書地理志：南陽郡舞陰有中陰山。水經注：郭景純曰，瀙水出蔵山。許慎云出中陽山，皆山之殊目也。按：寰宇記謂中陽山即慈丘山，誤。

雙山。在泌陽縣東北五十里。兩峯並峙。

大胡山。在泌陽縣東北七十里。其下春水河出焉。一曰大狐山，亦名壺山。上平衍，有池泉，中有古風洞。後漢書樊英傳：隱於壺山之陽。注：「山在今鄧州新城縣北。」水經注：大胡山在沘陽東北三十餘里，廣員五六十里。張衡賦南都所謂天封大胡者也。元和志：大胡山在慈丘縣東南，沘水所出。按：文選注：「天封、大狐皆山名。」通志：「天封山一名大胡。」則是本一山也。

大復山。在桐柏縣東三十里。桐柏山之支峯。後漢書郡國志：南陽郡平氏桐柏大復山，淮水出。盛弘之荆州記：桐柏淮源湧發其中，潛流三十里，東出大復山南。蕭德言括地志：大復山南有淮源廟。

桐柏山。在桐柏縣西南三十里，東南接湖廣德安府隨州界，西接襄陽府棗陽縣界。上有玉女、卧龍、紫霄、翠微、蓮花諸峯，淮水出焉。書禹貢：導淮自桐柏。傳：「桐柏山在南陽之東。」漢書地理志：南陽郡平氏，桐柏山在東南。元和志：桐柏山在桐柏縣西南九十里。禹貢錐指：大復、胎簪皆其支峯，禹貢則總謂之桐柏也。

琵琶山。在桐柏縣西一里。又有牡丹山，在縣西北六十里，産牡丹。

胎簪山。在桐柏縣西三十里。禹貢疏：胎簪蓋桐柏山之旁小山也。水經注：淮水出南陽平氏縣胎簪山，東北過桐柏山。寰宇記：山在縣西北三十里。

黑石山。在桐柏縣北五里。山石延亘，數里無樹，其色純黑，故名。

圍山。在桐柏縣北四十里，接泌陽縣界。四圍皆山，舊出銀礦。

高老山。在桐柏縣東北一百里。亦名栲栳山，一名高樂山。峯巒峻起，高出羣山。相連者有石門山，兩山對峙如門，下有小嶺，横亘若限。

大木山。在桐柏縣東北一百里，接汝寧府信陽州界。大木水出焉。水經注：即晉將軍祖逖自陳留將家避難所居也。元和志：在縣東北五十五里，山上有池，時人號天目。寰宇記：大木山，俗名天目山。

遮山。在鎮平縣東三十里。巒岫岧嶢，澗谷深阻，遮隔前後，亘十餘里。

甕山。在鎮平縣西北三十里。上有石穴如甕。又五里爲金冢山。

騎立山。在鎮平縣西北九十里。山勢昂聳，狀如立騎。本名岐棘山，音訛耳。其上有五峯並峙，曰聖朵、禪庵朵、摩雲朵、嬌女朵、啞女朵，一名五朵山。金天興元年，思烈承制授洪鄂三合五朵山一帶行元帥府事，即此。又有龍湫三穴，謂之上、中、下三潭，即照河之源也，其陽有悔來坡，極峻險。「洪鄂三合」舊作「黃楓三合」，今改。

杏花山。在鎮平縣北十里。其地宜杏，故名。下有小龍潭，溢流入湼水。

析隈山。在鄧州南七十里。名勝志：左傳僖公二十五年秦人過析隈，因記其地而名山。

紫金山。在鄧州城西南隅。岡阜崛起，城據其上，因山爲墉。

禹山。在鄧州西南六十里。上有禹廟，下有龍潭。又西十里爲上禹山，亦有禹廟。其南爲泉池，平地湧泉，溉田數十頃。

湯山。在鄧州西南七十里。有東西兩峯對峙，東峯有成湯廟，下有温泉，其東南有河池，與温泉相接。九域志：穰縣有五壟山，今湮。

洞兒山。在鄧州西南百里。俗名杏兒山。連亘數十里，巖洞甚多，下有一堵泉。又峭山，在州西六十里，以高聳得名。

覆釜山。在鄧州西北八十里，跨内鄉縣境。以形似名，俗呼爲吐霧山。山右有五龍泉。魏書地形志：南陽郡新城有覆釜山。

永青山。在鄧州西北九十里。山多松竹，四時常青，西北即内鄉縣界。

鐓峯山。在鄧州西北。山左有濟漯泉，北爲界山，下有雅祖洞。

白崖山。在鄧州西北。唐朱朴所云北有白崖聯絡者也。自山而西，羣山連亘，以達於武關。又赤石山，亦在州西北，朝水出焉。

岵山。在淅川縣東二十里。山頂有泉，容升水，恒取不竭。唐書地理志：鄧州内鄉有岵山。宋史孟珙傳：紹定六年，金將武善上岵山之絶頂窺視，珙設伏破之。

馬蹬山。在淅川縣東三十里，與内鄉縣接界。宋史孟珙傳：金將武善爲宋軍所撓，退屯馬蹬山。

雷山。在淅川縣東南二十里，下臨丹水。

太白山。在淅川縣東南八十里。峯巒高峻，下臨丹水。相近有玉照山，北有石壁，高仞許，截然如削，其色青瑩。其下溜水漣漪。

石杯山。在淅川縣南。一峯雄壯，上有隋石杯、太子廟。

象山。在淅川縣南二十里。旁有大池數畝，深十丈許。相近爲火焰山，山勢壁立，崖色丹黃如火焰。

四峯山。在淅川縣南四十里。其峯四出，屹然如削。又鷹子山，亦在縣南境，蕭齊永元初，陳顯達攻魏，引兵渡均水，西據鷹子山。

泰山。在淅川縣南六十里，半入湖廣均州界。

龍山。在淅川縣西二十里，狀如遊龍，偃伏於淅江之首。相近有王子山。又三十里爲淩老山，五峯上峙，屹若天際。

岝峉山。在淅川縣西百里。峯巒峭拔，洞穴玲瓏。

丹崖山。在淅川縣西北九十里。水經注：丹水南有丹崖山。山悉赬壁霞舉，若紅雲秀天。

篢鎖里山。在淅川縣西北九十里。二山對峙。其東南有鎖里洞、篢里洞。

獨阜山。在淅川縣西北九十里。四面無麓，兩峯拱峙淇河中，相去四里。俗以雌、雄呼之。

蔓荆山。在新野縣北四十里白河滸。積沙高數丈，峯巒如堆雪，多産蔓荆。又有小蔓荆山，在縣西四里。

靈山。在内鄉縣南二十里，一名雲山，南接鄧州界。又有馬户山，在縣南二十里。名勝志：山有穴，昔有神馬出焉。石勒時，立黄攀神祠於上。

孤峯山。在内鄉縣西南十里。一峯特峙，高矗天表。

高前山。在内鄉縣西南十里。頂有池甚清泠。亦名天池山。山海經：翼望山東南五十里，曰高前之山，其上有水焉，甚寒而清，帝臺之漿也。

臺子山。在内鄉縣西南一百二十里。一峯平起若臺，或譌爲太子山。其南又有南山，深僻多溪澗，人跡罕到，有白龍、黄龍、五龍等泉，南接湖廣光化縣界。

石堂山。在内鄉縣西五十里。山洞若堂，又名靈堂。

墨山。在内鄉縣西北五十里，一名石墨山。水經注：黄水北有墨山，山石悉黑，繢綵奮發，黝焉若墨，故謂之墨山。隋書地理志：淅陽郡南鄉有石墨山。

霄山。在内鄉縣西北百里。亦名蕭山，刁水出焉。又西北百五十里有花山，每春花如列錦。

夕陽山。在内鄉縣北六十里。竹木蓊鬱。其陽有蚌湖潭，廣四十步，冬夏不涸。

秋林夏館山。在内鄉縣北一百五十里。泉石甚勝，湍水出焉。元和志：翼望山在臨湍縣西北二百里。即此。

老君山。在内鄉縣北三百里。突嶠懸崖，隱見雲表。相近有擂鼓山。

馬山。在内鄉縣東北五十里。有疊嶂懸崖，下臨默河。其相接者爲金斗山，舊設巡司。

聖朵山。在内鄉縣東北八十里。壁立霄漢，形如筆架，爲一縣之勝。

大乘山。在裕州東南四十里。嶙峋聳翠。對峙者爲小乘山。

平頂山。有二：一在裕州西北三十五里，其側有龍潭，旱禱多應；一在葉縣北三十里，接汝州郟縣界。西麓有風、水二洞。

酈山。在裕州西北六十里。趙水出焉。又北有小酈山，即今駐鶴山，故此山亦謂老酈山。

七峯山。在裕州北三十里。上有七峯列峙，下有暖泉，三時俱凉，至冬則温，潘河出焉。下有滑石洞，産滑石。魏書地形志方城縣有七石山，即此。相近有當陽山。

泉白山。在裕州北五十里。與七峯對峙，絶頂有泉，下流如布。又寶泉山，在州北六十里，上有甘泉，民資灌溉。

黄石山。在裕州東北五十里。聳然高出諸山，一名小武當山。下有青龍潭，西有白虎峯，南有火精嶺，北有真龜洞。其西有牛心山，賈河出焉。

瞻山。在舞陽縣東南十八里。出城即見，故名。

牛腦山。在舞陽縣東南七十里。即伏牛山。九域志：舞陽縣有伏牛山。

蘇家寨山。在舞陽縣南七十里。高千餘丈，壁立險絶，舊有蘇氏避兵於此。其相屬諸山，曰百藥山、虎頭崖、九頭崖、白石崖、鑾王嶺、馬鰲嶺、走馬嶺、千人嶼、鎗鋒垜、鷄窩、龍窩，地皆奇勝。按：舊志，泌陽縣東北二十里亦有蘇家寨山，與此接界，即一山也。

十八盤山。在舞陽縣南八十里，周迴十八盤。

馬鞍山。在舞陽縣西南四十里。九域志：舞陽縣有馬鞍山。

高陵山。在舞陽縣北，定陵城西。漢書地理志：高陵山，汝水出。

於東山。在葉縣東南六十里。亦作于東。水經注：潕水逕於東山西。

方城山。在葉縣南四十里，跨裕州境。後魏因置方城縣。左傳僖公四年：楚屈完對齊侯曰：「楚國方城以爲城。」注：「方城山在葉縣南。」水經注：潕水東北逕方城。郡國志曰葉縣有方城。郭仲産曰：「苦菜、于東之間，有小城名方城。」苦菜即黄城也，及於東通爲方城矣。世謂之方城山。元和志：在方城縣東北五十里。

豹子山。在葉縣南六十里。勢極險阻，其西有雲夢山。

西唐山。在葉縣西南六十里。一曰唐山，又名青山。後漢書高鳳傳：鳳受業於西唐山中。注：「山在今唐州湖陽縣西北。」水經注：昆水出魯陽唐山。又醴水東流，歷唐山下，即鳳隱處。通志：石門山在葉縣西南，其西有青山，昆水所出，即西唐山也。按：通典以湖陽縣唐子山爲西唐山，誤。

北渡山。在葉縣西北十八里。產美石。

黄城山。在葉縣北十里。俗名花山，與方城山相連。水經注：南陽葉方城邑西有黄城山〔六〕，是長沮、桀溺耦耕之所，有東流水，則子路問津處。唐書地理志：臨汝郡葉有黄城山。括地志：在縣西南二十五里。

河山。在葉縣北十三里。上有龍泉。

分水嶺。在南召縣北。水自嶺而下，南北分流，北流入於汝，南流入於淯，俗呼爲分頭嶺，亦曰魯陽關。寰宇記：在向城北七十里，即三鵶之第二鵶也。從此而北五十里，爲第三鵶，入魯山縣界。又裕州西北亦有分水嶺，東接七峯，西接歷山。

青衣嶺。在泌陽縣東八十里。上平廣，有池不涸。其西北去縣百里爲父子嶺，極峻險。

愁斯嶺。在淅川縣北二十餘里。秦、晉之境，往來攀陟，故名。

卧龍岡。在南陽縣西南七里。起自嵩山之南，綿亘數百里，至此截然而止，回旋盤繞。相傳諸葛草廬在焉。

望城岡。在唐縣東二里。行者至此，城郭了然。又縣西南六里有馬營岡，西二里有廟兒岡，十里有沙岡，北十五里有棗林岡，東北七十里有長洋岡。

顯望岡。在泌陽縣北。元和志：顯望岡在比陽縣西北六十里，隋顯州以此名。

柘林岡。在鄧州南七十里。或云古柘林郡置此。

拜臺岡。在内鄉縣西南一百十里丹水東岸。上有望兵臺，可以眺遠。

招撫岡。在裕州東北二十里。相傳光武曾駐此，招撫降衆。

月兒巖。在内鄉縣北一百二十里。巖間白石方丈餘，形如滿月，三十里間，望若懸鑑，故名。

大紅崖。在桐柏縣北三十里。險峻可以避兵。

滴玉崖。在鎮平縣北三十五里。崖頂有泉。

紅崖。在鄧州西四十里。山勢透迤，刁河環繞，爲一州之勝。

石穴崖。在淅川縣東三十里。兩峯對峙如門，亦名石門。金武善置大砦於山上。

鮎魚崖。在淅川縣西十里，與王子山對峙。亦金武善結砦處。

鐵牛隴。在桐柏縣東。上有鐵堆，狀若伏牛。

圈子石。在泌陽縣東南七十里，銅山東南水中，内有四柱。

散鴉坪。在南召縣南十八里。縣志：羣鴉引光武至此得路，俱散去，故名。

子陵洞。在南召縣西十五里。石洞深邃莫測，世傳嚴子陵曾寓此。一名空山。

水簾洞。有二：一在桐柏縣西南十餘里，一在淅川縣東南白崖山北，皆懸崖瀑布，下垂如簾。

桃花洞。在桐柏縣西三十里。高丈餘，深五丈許。

雙石洞。在淅川縣東南百里。有二洞相連，洞口大石壁立。

漢王洞。在淅川縣西北百里。洞極深邃。

栗河。在南陽縣東南十里。淯水支流，自馬渡堰分流，至新野縣界，仍入於淯。

潦河。源有二，一出南陽縣西馬峙岼，一出縣北曹峯山，南流，俱合爲一，經鎮平縣東，名爲三攔河，又南流至新野縣界，合湍水。

十二里河。在南陽縣西十二里。源出紫山，東南流循魯家川，南入淯水。又西有江石河，達北河，俱流入淯水。

黃渠河。在南陽縣北二十五里。源出紫山，東流逕豫山之東，其流漸大，名雕兒河，折而南，入淯水。又鐵河，在縣北四十里，源出三賢山，南流；白跳河在縣北五十里，源出羅漢山，東南流。皆入淯水。

秋河。在唐縣東南七十里。自湖廣隨州北流入縣界，西合三家河，入泌水。又老龍峽河，在東南九十里，自桐柏縣流經縣界西北，入秋河。

清水河。在唐縣南三十五里。源出縣之石柱山，東北流，入泌水。又土橋河，亦在縣南，接清水支流，入泌水。

澗河。在唐縣西五十里。源出南陽縣周人陂，南流，至縣西南七十里，入泌水。又綿洋橋河，在縣西南五十里，南流會澗河，入泌水。老陽河，在縣西南七十里湖陽故城西；桐河，在縣西北五十里；皆入泌河。

昆河。在唐縣東北三十里。源出泌陽縣馬仁陂，西南流，至縣北，入泌水。又江河，亦源出馬仁陂，西南流，經縣東南，入澧水。

鄧莊河。在泌陽縣東四十里。源出桐山，經鄧莊鎮，西流入泌水。又高邑河，在縣東三十里高邑鎮，西流入泌水。又縣西四十里有牡丹河，西北二十里有後河，官莊鎮有官莊河，北有春水河，東北七十里有石河，九十里白失鎮有党子河，玲瓏山下有象河，下流俱入泌水。

盧家寨河。自桐柏縣西北，流經唐縣南，入泌水。

月河。在桐柏縣北，發源泌陽縣，又岔河在縣東，皆入淮。

鑼鼓河。在鎮平縣西南五里。中有石竅，水觸則鳴。

沙溝河。在鎮平縣西四十里。源出騎立山聖朵峯，南流入湍水。

桐子河。在鄧州南六十里。又有茱萸河，亦名磚灘河，在州西南八十里。得子河，在州西四十里。俱流入淯水。

茱萸河。在鄧州西南六十里。源出禹山下，折而東流，沙嶼縈迴，映帶左右，又東入淯河，擅鄧西林泉之勝。

曲河。在鄧州西北三十里。源出内鄉縣靈山之南夫子崖，亦名夫子崖水，有大、小二龍泉，合流由州西北流，至冠軍城曲河堰入湍河。明嘉靖間，自曲河鋪南，開渠三十里，曰文渠，導水西南流，至紫金山北，後仍由故渠達城下。春夏溉田，冬則引入城濠。

洪河。在淅川縣西北一百二十里。源出陝西商南縣商嶺，東南流入淅水。

趙河。源出裕州西北酈山之麓，東南流，經州南，又西南流，經唐縣北二十里圓潭，南流入泌水。又潘河，源出當陽山，流逕城東，入趙河。

滔河。在淅川縣西南。自湖北鄖縣流入，經縣西香鑪山下，合丹水。又湖河，在縣西五里，源出黑馬、黃龍二泉，合流入丹水。

小淯河。在新野縣西北十三里。源自鄧州東南流入境，會潦河入於淯。

默河。在内鄉縣東十里。源出馬山，西南流入湍水。又螺螄河，在縣北關，源出蓮花池。青山河，在縣東北五十里，源出聖朵山。長城河，在縣北二十里，源出屈源崗〔七〕，南入湍水。又縣北有小水河、箕河、孤莊河，下流俱入湍水。

賈河。在裕州東六十里。源出牛心山，東流，入舞陽縣界，入於溎水〔八〕。

拐河。在裕州北六十里。源出七峯山，東流入葉縣界，注於澧水。

燒車河。在葉縣南三十餘里。水經注：燒車水，西出苦菜山，東流側葉城南，而下注醴水。元和志：燒車水在葉縣南二十四里，以光武燒王尋等輜重於水濱，故名。

石潭河。在葉縣東北二十五里。中有大石，一作石塘河。九域志：葉縣有石塘河。

梅谿水。在南陽縣西二十里。水經注：梅谿水出宛縣北紫山，南逕百里奚故宅，又逕宛西呂城東，又南逕杜衍縣東，土地墊下，湍溪是注。古人於安衆堨之，令游水是瀦，謂之安衆港。又南，謂之石橋水，又謂之女谿，之流而左注淯水〔九〕。隋書地理志：菊潭有梅谿。

醴水。源出南召縣雉衡山。東流經葉縣南，又東經舞陽縣北，又東入許州郾城縣界。水經注：醴水導源雉衡山，東流歷唐山下，又東南與皋水合，又東南逕唐城北，南入城而西流，出城又屈而東南流，逕葉縣故城北，又逕其城東，與燒車水合，又東逕葉公廟北，又東與葉縣西陂水會，又東注葉陂，又東逕郾縣故城南，左入汝。

洱水。源出内鄉縣熊耳山，東南流經南召縣西，入於淯水。漢書地理志：熊耳之山，出三水，洱水其一焉，東南至魯陽入於沔。水經注：洱水出弘農郡盧氏縣之熊耳山，東南逕酈縣北，又東南逕房陽城北，又逕西鄂縣南，又東南流注於淯水。

淯水。自河南府嵩縣東南流入，經南召縣西，又東南流經南陽縣東，分流爲二：西一支南流，經新野縣，西合潦河、湍水，又南流合刁河，又南流入湖北襄陽縣界；東一支曰溧河，南流至郭家灘，合泌水，又西南流入襄陽界，還入淯，又南流入漢，俗謂之白河，府境諸水悉會焉。桑欽水經：淯水出弘農盧氏縣攻離山，東南過南陽西鄂縣西北，又東過宛縣南。注：淯水東流逕酈縣故城北，又東南流雉縣之雉衡山，東逕百章郭北，又東，魯陽關水注之，又東南流逕博望縣西北故城東〔一〇〕，又東南逕西鄂故城東，又南，洱水注之，又南逕預山東，又西南逕史定伯碑南，又西爲瓜里津，又西南逕晉蜀郡太守鄧義山墓南，又南逕宛城東，又屈而逕其縣南，又南，梅溪水注之，又南入淯陽縣，逕小長安，又西南逕其縣故城南，又逕安樂郡北，又南入新野縣，又南與湍水會，又南逕新野縣故城西，又東與朝水合，又東南與棘水合，又東南逕士林東，又南逕鄧塞東，又逕鄾城東，南入於沔。明統志：白河源出嵩縣雙雞嶺。

魯陽關水。在南召縣魯陽關南七里。一名三鴉水，一名鴉河。源出分水嶺，下流，一南入淯，一東北出而入魯山縣界。水經注：魯陽關水出分水嶺，南水自嶺南流，北水從嶺北注，其水南流逕魯陽關，歷雉衡山，西南逕皇后城西，又西南逕雉縣故城南，又屈而東南流注於淯。

赭水。自裕州西南流，逕唐縣西爲黃水，又西南流，逕新野縣東爲棘水，又南流入於淯。水經注：赭水出棘陽縣北，數源並發，南流逕小赭鄉，謂之小赭水，東源方七八步，騰湧若沸，故世名之騰沸水。南流逕於赭鄉，謂之赭水。堨以爲陂，水決南潰，下注爲灣，灣分爲二：西爲赭水，東爲滎源。赭水參差，流結兩湖，故有東陂、西陂之名。二陂所導，俱水枝分〔一二〕，東南至會口入泚。二湖流注，合爲黃水。逕棘陽縣之黃淳聚，又謂之黃淳水。又南逕棘陽縣故城西，是謂棘水。又南逕新野縣，歷黃郵聚，謂之黃郵水。後漢吳漢擊秦豐，戰於黃郵水上是也。自新野縣東而南流，入於淯水，謂之棘口。按：赭水亦名堵水，漢置堵陽縣以此名，後更名赭陽。元和志：堵水在方城縣西，去縣三十五里。寰宇記：「堵水一名栢水。」皆即此水也。

泚水。亦名泌水。源出泌陽縣東銅山，西南流經縣南，又西南流經唐縣西北，名曰唐河，又西南流經新野縣東，入於淯水。呂氏春秋：齊令章子與韓、魏攻荆，荆使唐蔑將兵應之，夾泚而軍。水經注：泚水出泚陽東北大胡山，東南流逕其縣南，泚水又西，澳水注之，又西南歷長岡月城北，又會馬仁陂水〔一三〕，又南逕會口，與赭水枝津合，又南與澧水會，又南趙、澧二渠出焉，又西南流，謝水注之，又西南流，逕新都縣故城西，又西南與南長、陂門二水合，又西南流於淯水。元和志：比水在比陽縣南，去縣二里。明統志：比水源出唐縣大胡山，一名馬仁陂，乃聚澤也，溉田萬頃。漢因此水置比陽縣。

蔡水。在泌陽縣南，俗名田市河。水經注：泚陽故城南有蔡水，出南磐石山，故亦曰磐石川，西北流注於泚。

澳水。在泌陽縣西北，俗名涼河。水經注：澳水北出茈丘山，東流屈而南轉，又南入於泚水。

舞水。亦作潕水。源出泌陽縣西北，平地湧出，勢若飛舞，東北流逕葉縣東南，名千江河，又東經舞陽縣南，爲三里河，其南有舞泉流入焉。又東會港河，又東合滚河，下流入汝寧府西平縣界。山海經：朝歌之山，潕水出焉，東流於滎。水經：潕水出潕陰縣西北扶予山。注：滎水上承赭水，東流於潕陰縣北，左會潕水之道〔一三〕，潕水又東北，河水注之，又東北逕於東山西，又東北歷舞陽縣故城南，又東至西平。舞陽縣志：港河，出馬鞍山，東逕縣南八里，名八里河。滚河，出蘇家寨山，合流入舞水。

瀙水。在泌陽縣東北。源出中陽山，東流逕象河關，入汝寧府遂平縣界。漢書地理志：潕陰中陰山，瀙水所出，東至上蔡入汝。水經：瀙水出潕陰縣上界山。注：山海經謂之視水也。「視」宜爲「瀙」。東與此水合〔一四〕，又東北殺水入焉，又東，淪水注之，又東合奧水口，又東至吴房。

此水。在泌陽縣東北。水經注：此水出潕陰縣旱山，東北流入於瀙。又淪水，出宣山南，東流注瀙。又奧水，西出奧山，東入於瀙。

淮水。源出桐柏縣西三十里，東流入汝寧府信陽州界。漢書地理志：桐柏山，淮水所出。東南至淮陵入海，過郡四，行三千四百二十里。應劭風俗通：南陽平氏縣，桐柏大復山在東南，淮水所出也。水經注：淮水與澧水同源俱導，西流爲澧，東流爲淮，自潛流地下三十里許，東出桐柏之大復山南，謂之陽口水，又東逕義陽縣，石泉水注之，又逕義陽縣故城南，九渡水注之，又東至平春。舊志：伏流數里，湧三泉，因浚爲井，曰淮井。又六七里，成河。縣志：淮井在縣西三十里。本朝乾隆五十年，撫臣畢沅奉命履勘淮源，赴桐柏山，至陽口地方，乃淮伏流發見之所，似非初源，遂行至山頂，大石盤陀，廣十四畝，石旁有潭，圍徑丈許，泉深尺餘，汲之不竭，其爲淮瀆真源無疑。計自山頂至陽口，上下三十餘里，中間井泉不一，俱匯入陽口云。

澧水。自桐柏縣西北流經唐縣南，入泚水，俗名三家河。水經注：澧水出自桐柏山，與淮同源而別流西注，故亦謂水爲派水，西北流逕平氏縣故城東北，又西北合溲水，又西逕泚水，泚水自下亦通謂之爲派水。

湼水。源出鎮平縣騎立山之三潭，東南流經鄧州，東北至湍灘入於湍水，亦名照河。水經注：湼水出湼陽縣西北岐棘山，東南逕涅陽縣故城西，又東南逕安衆縣，又東南流注於湍水。舊志有嚴陵河，亦出岐棘山，東南流經鄧州東北，爲白牛河，又東入涅水。又淇河，在鎮平縣東十二里，源出杏花山，南流合東三里河，入涅水。又西三里河，亦出杏花山。又九曲河，在縣西北八里。皆流入涅水。

朝水。自内鄉縣西南流，經鄧州南，又經新野縣西，至縣南新店鋪入淯水。水經注：朝水出赤石山，東南逕冠軍縣界，地名沙渠，又東南逕穰縣故城南，又東南分爲二水，一水枝分東北，爲樊氏陂。朝水又東逕朝陽縣故城北，而東南注於淯水。舊志謂之刁河，在鄧州西南十五里。按：刁河出内鄉縣霄山，朝水出鄧州赤石山，其發源本異，而舊志謂刁河即朝水，以音近而訛也。俗又易刁爲夕明河，愈失其實矣。

白水。在新野縣西南。水經：白水出朝陽縣西，東流過其縣南，又東至新野縣西，東入於淯。隋書地理志：南陽郡穰有白水。

湍水。在内鄉縣北界山中，南流經縣城東，又東南流經鄧州北，又東南流至新野縣西，合淯水。水經注：湍水出弘農界翼望山，東南流逕南酈縣故城東，又南，菊水注之，又逕其縣東南，歷冠軍縣西北，又逕冠軍縣故城東，又逕穰縣爲六門陂，又逕穰縣故城北，又東南逕魏武故城之西南，又東過白牛邑南，東南流逕安衆縣故城南，東南流，涅水注之，又東南至新野縣東，入於淯。元和志：湍水在内鄉縣北七十里。寰宇記：湍河在廢菊潭縣南七里。明統志：湍水源出熊耳山槍竿嶺。

丹水。自陝西商州流入内鄉縣西南境，又東南流經淅川縣西南，匯黑馬、黄龍二泉，東注均水。史記：周赧王三年，秦人大敗楚師於丹陽。即丹水之陽也。水經注：丹水自商縣東南流出武關，又東南流入臼口，歷其戍下，又東南會淅水，又東南逕一故城南，名曰三户城，又逕丹水縣故城西南，東南流至其縣南，黄水注焉，又南逕南鄉縣故城東北，又東逕南鄉縣北，又南合汮水。寰宇記：丹水，漢因置丹水縣。

均水。自陝州盧氏縣東南，流逕内鄉，西至西峽口，爲三渡河，又南流入淅川縣，爲馬蹬河，又南流合丹水入湖北均州界。

亦曰湯河，俗名五渡河，又名老鸛河。水經注：均水發源弘農郡之盧氏縣熊耳山，縣即淅縣之北鄉，均水之東南流注，逕其縣下，南越南鄉縣，又南流與丹水合，又南逕順陽縣西，西有石山，南臨均水，又南流注於沔水。

淅水。源出陝州盧氏縣界，南流經内鄉縣西南，又南經淅川縣東南，與丹水合流，入均水。水經注：淅水出淅縣西北弘農盧氏縣大嵩山，南流逕修陽縣故城北，縣即淅之北鄉也。又東入淅縣，流結成潭，謂之龍淵。又東逕其縣故城北，又歷其縣之東，而南流入丹水縣，注於丹水。又丹水南合汋水，謂之淅水。隋書地理志：析陽郡内鄉有淅水。元和志：鄧州内鄉縣淅水，自盧氏縣界流入，與丹水合。

黄水。在内鄉縣西五里。源出丹水諸山，東南流繞縣城南，入湍水。漢書地理志：析有黄水，出黄谷。水經注：黄水出北子山黄谷，南逕丹水縣南，注於丹水。

菊水。在内鄉縣西北五十里，亦名菊潭，隋以此名縣。漢書地理志：弘農郡析有鞠水，出析谷。注：師古曰：「鞠水即菊潭也。」水經注：菊水出石澗山芳菊谿，亦言出析谷，蓋谿澗之異名也。源旁悉生菊草，潭澗滋液，極成甘美，東南流入於湍。荆州記：菊水出穰縣，芳菊被涯，水極甘，谷中皆飲此水至上壽。元和志：菊水出臨湍縣東石澗山。

昆水。一名渾河，亦名萬泉河，源出葉縣西青山西麓，東流經縣南關外，又東至舞陽縣北舞鎮，入於汝。又有歐陽河，在葉縣南三里，合昆水。水經注：昆水出魯陽縣唐山，東南流逕昆陽故城西，又屈經其城南，又東逕定陵城南，又東注汝水。

滍水。自汝州寶豐縣東，流經葉縣北，又東經舞陽縣北，又東入許州襄城縣界，俗名沙河。左傳僖公三十三年：楚人與晉人夾泜水而軍。後漢書光武紀：光武擊王尋、王邑，從昆陽城西水上衝其中堅，會大風，雨下如注，滍水盛溢，尋、邑大敗。水經注：滍水出南陽魯陽縣之堯山，東南逕昆陽縣故城北，又東逕西不羹亭南，於定陵城北，東入汝。新志有小滍河，在南召縣東北，自神林川流入滍水。

湛水。在葉縣北三十里。自汝州寶豐縣流入，又東入許州襄城縣界。左傳襄公十六年：楚公子格及晉師戰於湛阪。

注：「昆陽縣北有湛水，東入汝。」水經注：湛水出犨縣北魚齒山西北，東南流，歷魚齒山下，爲湛浦，方五十餘步，今水北悉枕翼山阜，於父城東南，湛水之北，山有長坂，蓋即湛水以名坂，故有湛坂之名也。湛水逕蒲城北。京相璠曰昆陽縣北有蒲城，蒲城北有湛水者是也。

邢家川。在桐柏縣西，西北流入三家河。

白馬湖。在唐縣西南七十里。匯諸水，延袤五里，入唐河。

映山湖。在桐柏縣東百里。周廣數百尺，湖平如鏡，突出一山，若卧牛然。近湖田畝，資其引溉。

蔈草湖。在鄧州南十里。湖水由中渠達刁河。

芰湖。在新野縣南十里。湖水漣漪，多產芰荷，因名。

滌清湖。在舞陽縣東北四十里。周圍十里，亦名飲馬湖。

高父陂。明統志：在唐縣，凡四十處，宋治平初知州高賦所作。

長洋陂。在泌陽縣西南五里。又縣西有黑龍陂、黄陂，東北有石堰陂、古陂、紫湖陂。

馬仁陂。在泌陽縣北七十里。上有九十二岔水，悉注陂中。周五十餘里，四面山圍如壁，惟西南隅稍下，可洩水。漢太守召信臣築壩蓄水，復作水門，以時啓閉。分流碌磁等二十四堰，灌溉民田千餘頃，今故跡猶存。水經注：馬仁陂水出潕陰北山，泉流競湊，水積成湖，蓋地百頃，謂之馬仁陂。歷其縣下西南，堨之以溉田疇，公私引利，水流遂斷，故瀆尚存。又潕陰城東有馬仁陂，郭仲產曰，陂去沘陽五十里，蓋地百頃。其所周溉田萬頃，隨年變種，境無儉歲，陂水三周其隍，自隍西南而會於沘。

萬糧陂。在桐柏縣西。陂地一頃四十二畝有奇。

楝林陂。在鎮平縣西南，一名醋桶渠。民藉以種菽黍。又有柳林陂、唐陂、小龍陂、會鄉陂，皆在縣西南。

鉗盧陂。在鄧州東南五十里。一名玉池陂，今名迪陂。南北長八里有奇，東西濶三里，接唐堵堰，引刁河水，又接柳渠、賈家堰諸水入陂内，有東、西、中三渠。張衡南都賦：其陂澤則有鉗盧、玉池。注：「鉗、盧大陂，下多良田。」太平寰宇記：鉗盧陂，召信臣所鑿，溉田三萬頃。舊志：州界諸陂，皆召信臣、杜詩所營者，凡三十有一，自後代有廢興，元季盡堙。明洪武初，孔顯知州事，稍爲疏導。正德中，州人王瑞倡義修復，於常額外清理得三十一。嘉靖三十三年，知州王道行修陂凡三十有八，堰一十有四。啓、禎以後，又皆堙廢。

六門陂。在鄧州西。即今六門隄。水經注：湍水逕穰縣爲六門陂。漢孝成之世，南陽太守召信臣，以建昭五年斷湍水，立穰西石堨。至元始五年，更開三門，爲六石門，故號六門堨也。溉穰、新野、昆陽三縣五千餘頃。晉太康三年，鎮南將軍杜預復更開廣，利加於民。舊志：州境又有白牛等四十餘陂。

樊陂。在新野縣西北。漢樊弘父重，善農稼，開此陂以灌溉，因名。後漢書注：樊陂在鄧州新野縣西南，今訛爲瓦亭陂。水經注：朝水枝分，東北爲樊氏陂，東西十里，南北五里，俗謂之凡亭陂。陂東有樊氏故宅，樊氏既滅，庾氏取其陂。寰宇記：樊陂在新野縣西南，昔有樊、鄧之邑，蓋因地以名之。

葉陂。在葉縣東南。有東、西二陂。水經注：醴水東與葉西陂水會。縣南有方城山，山有湧泉北流，畜之以爲陂，方二里，陂水散流，又東逕葉縣南，而東北注醴水。醴水又東注葉陂，陂東西十里，南北七里，二陂並沈諸梁之所堨也。

召渠。在唐縣西，亦名召堰。漢召信臣守南陽，障水溉田，民賴其利。唐盧庠爲刺史，使郡從事李允之修復，一歲增良田萬頃。宋嘉祐二年，唐州守趙尚寬修召信臣故跡，濬渠溉田，人亦謂之趙渠。

永國渠。在鄧州北。宋熙寧五年，御史張商英言：聞獻議者請開穰縣永國渠，引湍水灌溉民田，失召信臣故址，所鑿焦家莊，地勢偏卬，水不通流。詔宦者程昉疏治。

龍潭。在桐柏縣東三十里。天將雨，其水沸騰如雷，亢旱常禱雨於此。

柳泉。在鎮平縣東遮山北。廣五丈餘，溉田甚溥。

龍女泉。在淅川縣白崖山西峯下。凡三石竅，泉湧其中。

黃龍泉。在淅川縣西二十里。其並出者爲黑馬泉，自山腰湧發，南臨爲湖，入丹水，居民引以溉田。

五海泉。在淅川縣西北十二里。冬夏不涸，中有五泉，五鍋覆之。

峩嵳泉。在内鄉縣南十五里。又有啞女泉，與峩嵳泉異源同流，皆可溉田。又縣南有白玉泉、蒿玉泉、煖水泉，西南有涼水泉，西有青泉、丹泉，西北有五眼泉。

諸葛井。在南陽縣西南卧龍岡。青石爲牀，有汲綆渠百十道。

聖井。在裕州東。其地四面皆下，井居其中，獨高丈餘，泉常仰溢。

扳倒井。在裕州東三十里。俗傳光武嘗渴飲於此。色澄澈，常流不竭，溉田數十頃。

校勘記

〔一〕北至魯山縣界四十五里　乾隆志卷一六五南陽府建置沿革（下同卷簡稱乾隆志）同。按，據例，「魯山縣」上當出「汝州」二字。下文亦有不合敘例處。

〔二〕縣屬北灃州　「灃」，原作「澧」，據乾隆志及新唐書卷三八地理志改。

〔三〕疏滄浪而爲隍　「疏」，乾隆志同，文選張衡南郡賦作「流」。

〔四〕西南有壺山板山　「板山」，乾隆志作「方山」。

〔五〕相近有龜山尖山香鑪山　「香鑪山」，乾隆志作「香火山」。

〔六〕南陽葉方城邑西有黃城山　乾隆志同。按，戴震校水經注，移「邑」字於「葉」下，是。

〔七〕源出屈源崗　「屈源崗」，乾隆志作「屈原岡」。

〔八〕入於溠水　「溠」，原作「湺」，據乾隆志及下文溠水條改。

〔九〕之流而左注湞水　「之」，乾隆志同。按，戴震校水經注，謂「之」爲「南」字之訛，是。

〔一〇〕又東南流逕博望縣西北故城東　乾隆志同。按，戴震校水經注，謂「西北」二字衍文。

〔一一〕俱水枝分　「俱」，乾隆志同。按，戴震校水經注，謂「俱」乃「其」之誤刻。

〔一二〕又會馬仁陂水　「又」，乾隆志同，戴震校水經注改作「右」。

〔一三〕左會澕水之道　乾隆志同。戴震校水經注，改「之」作「其」，從下句作「其道稍西，不出其縣南」。

〔一四〕東與此水合　「此水」，乾隆志同。按，戴震校水經注改作「泌水」。疑「比水」爲「沘水」之誤刻，沘水即泌水。一統志史臣不以「此水」爲誤，且下文又單出此水一條，甚謬。

大清一統志卷二百十一

南陽府二

古蹟

宛縣故城。今南陽縣治。春秋楚邑。秦昭襄王十五年，白起攻楚取宛。十六年，封公子市於宛。二十七年，使司馬錯攻楚，赦罪人，遷之南陽宛。於是始兼南陽之名。三十五年，初置南陽郡，治宛。二世三年，沛公略南陽郡，圍宛，宛降。漢三年，漢王出滎陽，南走宛，尋出兵宛、葉間。後亦爲南陽郡治。後漢更始元年，劉縯拔宛，更始入都之，既而封其宗室，賜爲宛王。後漢建武二年，遣吴漢擊降之。魏太和初，使司馬懿督荆、豫諸州，鎮宛。嘉平中，王昶亦鎮焉，自是遂爲重鎮。晉屬南陽國，屢爲石勒、慕容儁、苻堅所陷。太和九年，復歸於晉。劉宋仍爲南陽郡治。後魏太和二十二年，攻宛，拔北城，南陽太守房伯玉降，縣遂屬魏，爲荆州治。北周廢宛縣入上陌。隋初并廢南陽郡。唐武德三年，置宛州，領南陽、上宛、上馬、安固四縣，並寄治宛城。八年，州廢，以上馬入唐州，餘二縣入南陽縣，屬鄧州。元和志：縣西南至鄧州一百二十里。按：水經注：南陽郡治大城西南隅即古宛城也，荆州刺史治，故亦謂之荆州城。括地志：南陽縣城，在宛大城之南隅，其西南二面皆古宛城也。

育陽故城。在南陽縣南六十里。一作淯陽。漢置縣，屬南陽郡。後漢因之。光武紀：伯升破嚴尤、陳茂於淯陽。注：「淯陽縣屬南陽郡，在今鄧州南陽縣南。」晉屬南陽國，東晉嘗置淯陽郡，旋復舊。孝武避簡文帝諱，改曰云陽。宋書州郡志：南陽領縣雲陽，漢舊縣，故名淯陽〔一〕，晉孝武改。魏書地形志：南陽郡雲陽，二漢、晉曰淯陽，東晉改，魏因之。後周省入武川。唐武德三年復置，八年省。元統志：今南陽縣西南有故城，俗呼爲緑楊村，古淯陽城也。

杜衍故城。在南陽縣西南二十三里。漢高帝七年，封王翳爲侯國，後置縣，屬南陽郡。後漢省入宛縣。建武三年，祭遵引兵擊鄧奉弟衆於杜衍。後漢書注：杜衍縣，屬河南郡，故城在今鄧州南陽縣西南。寰宇記：杜衍故城，在今縣西南一十三里。

武川故城。在南陽縣北。後魏縣也，並北淯郡治此。西魏改置蒙州。隋改曰淯州，大業初又改淯陽郡，皆治武川。隋末郡縣皆廢。

博望故城。在南陽縣東北六十里。漢縣。武帝元朔六年，封張騫爲侯國，屬南陽郡。後漢因之。晉屬南陽國。宋永初後省。括地志：博望城在府城東南四十里。元統志：在府城東北七十里，臨柘水。

西鄂故城。在南召縣南。兩漢縣，屬南陽郡。漢地理志「南陽郡西鄂」注：應劭曰：「江夏有鄂，故此加『西』。」晉屬南陽國。宋永初後省，後魏復置。後周廢。括地志：西鄂故城，在向城縣南二十里。

雉縣故城。在南召縣南。漢置縣，屬南陽郡。漢書地理志注：師古曰：「即陳倉人所逐二童子名寶雞者，雄止陳倉爲石，雌止此縣，故名雉縣。」後漢因之。晉屬南陽國。宋永初後省。後魏改置北雉縣，初屬南陽郡，後改屬北淯郡。西魏因置雉陽郡，隋初郡縣俱廢。元統志：故雉城，在南陽縣北八十里豫山後。

向城故城。在南召縣南。本漢西鄂縣地。後魏孝文帝置縣，屬淯陽郡，兼置雉陽郡。隋初郡廢。唐武德八年，以縣屬北澧州。貞觀九年，屬鄧州。元和志：向城縣，西南至鄧州九十里。後孝文帝於古向城置。周顯德三年，省入南陽。元統志：向城縣，在南陽縣北六十里。明統志：向城有二，一在府東北，臨向渠，一在府北。

上馬故城。今唐縣治。漢棘縣地。後魏於此置襄陽郡，領襄城、石馬二縣，後併爲一縣，因訛「石馬」爲「上馬」。唐貞觀元年省。開元十三年復置。天寶元年，更名泌陽。宋、元因之。明省入唐州，遂改爲唐縣。元和志：泌陽縣，東至唐州一百里。

湖陽故城。在唐縣南八十里。古蓼國地。秦置湖陽縣，二漢因之。史記：秦二世二年，沛公還攻湖陽。漢志：南陽郡湖陽，古蓼國也。後漢仍屬南陽郡。光武封姊爲湖陽公主，即此城。晉省入棘陽。杜預左傳桓公十一年注：蓼國，即今棘陽縣東南湖陽城是也。後魏置西淮及南襄州，後郡廢，州改爲南平州。西魏改曰昇州，後又改爲湖州。後周改置昇平郡。隋開皇初，郡廢。仁壽初，復曰昇州。大業初，州廢，以縣屬舂陵郡。唐武德四年，復置湖州。貞觀元年，州廢，縣屬唐州。宋因之。金貞祐元年廢，尋復置。元至元三年省。按：元和志，湖陽縣東北至唐州一百六十里，時州治比陽縣。寰宇記，縣在州西南六十里，時州治泌陽縣，即今唐縣故城也。

昭越故城。在泌陽縣東。後魏置，屬初安郡。隋開皇初郡廢，大業初改爲同光，尋廢。

比陽故城。在泌陽縣西。戰國魏地。漢置縣，屬南陽郡。後漢更始初，立王匡爲比陽王。晉屬南陽國。宋屬廣平郡。後魏得其地，置樂陵鎮。太和中，詔樂陵鎮將韋珍移治比陽〔二〕，置東荆州於此，改縣曰陽平。西魏得之，常置重兵以防東魏。隋開皇七年，改爲饒良。大業初，又改比陽，屬淮安郡。大業末，淮安蠻酋楊士林殺郡官而據其郡。唐武德二年請降，詔以爲顯州道行臺。貞觀九年，廢顯州，自棗陽移唐州於此。天祐三年，權知唐州事衛審符奏州郭殘破，又不居要路，請移理於比陽縣。從之。自是比陽爲唐州屬縣。元至元三年省入泌陽。按：隋書地理志有比陽故縣，魏置西郢州，西魏改爲鴻州，後周改爲真昌郡，開皇初郡廢，大業初縣廢，與此比陽不合。魏書地形志亦不載。

舞陰故城。在泌陽縣西北。漢縣，屬南陽郡。後漢更始初，封李軼爲舞陰王。建武三年，封岑彭爲舞陰侯。建安十五年，封女義玉爲舞陰長公主。晉義熙元年，姚興割舞陰郡歸晉，郡蓋興所置，尋廢。劉宋因之。齊建武五年，爲魏所陷，仍屬南陽郡。孝昌中，置舞陰郡。隋開皇初，郡廢，改縣曰顯岡，屬淮安郡。唐武德四年，改爲顯州，領比陽、慈丘、平氏、顯岡、桐柏五縣。貞觀三年，省顯岡〔三〕，九年州廢。元和志：舞陰故城，在比陽縣西北六十里。

期城故城。在泌陽縣西北。後魏孝昌中置郡，領東、西二舞陽縣。東魏改西舞陽爲臨舞。隋開皇初，郡廢。十八年，改東舞陽爲昆水。大業初亦廢。

慈丘故城。在泌陽縣北五十里。隋書地理志：淮安郡慈丘，後魏孝文置江夏縣，并置江夏郡。隋開皇初，郡廢。十八年，更置慈丘於其北境。元和志：慈丘縣，東南至唐州七十里。漢比陽縣地，隋取境内慈丘山改名。五代周省入比陽。

桐柏故城。在桐柏縣東。本漢平氏縣地。梁置縣曰淮安，並立華州，又立上川郡。西魏改華州爲淮州，後又改爲純州，尋廢。隋開皇初，郡廢，更名曰桐柏。唐屬唐州。宋開寶六年，移治淮瀆故廟。按：元和志：「桐柏縣，西北至唐州一百二十里。故平氏之東界，梁分置義鄉縣。隋開皇十八年，改曰桐柏，以山爲名。」此故縣也。寰宇記：「桐柏縣在唐州界南一百六十里。」此即今縣也。今有故縣鎮，在縣之東六十四里。

義陽故城。在桐柏縣東。本漢平氏縣之義陽鄉。武帝元狩四年，封衛山爲義陽侯。元鳳四年，又封傅介子。五鳳三年，又封烏厲温敦〔四〕，皆未置縣。魏黄初三年，徙封章陵王據於此，始置縣，并立爲郡。晉太康中，立義陽郡，治新野，統縣義陽，後改新野爲郡，以義陽縣屬之，仍移治石城，而故郡縣皆廢。水經：淮水過桐柏山，東逕義陽縣故城南。注：義陽郡治也，世謂白茅城。

復陽故城。在桐柏縣東。故湖陽之樂鄉。漢元康元年，封長沙頃王子延年爲復陽侯國。漢書地理志注：應劭曰：「在桐柏大復山之陽。」晉省。

平氏故城。在桐柏縣西。漢縣，屬南陽郡。後漢因之。更始初，立申屠建爲平氏王，晉爲西平氏縣，屬義陽郡。宋省。齊永明五年，陳顯達城平氏，復置。隋屬漢廣郡。開皇初，郡廢，屬淮安郡。唐因之。宋廢。水經注：澧水西北流逕平氏縣故城東，又溲水北屈逕平氏縣城西。元和志：平氏縣東北至唐州七十里。

安衆故城。在鎮平縣東南。漢縣，屬南陽郡。武帝元朔四年，封長沙定王子丹爲侯國。傳至崇，在新莽時，討莽，國絶。後漢建武二年〔五〕，紹封崇從父弟寵爲安衆侯，仍屬南陽郡。晉省入宛縣。永康初，封劉喬爲安衆縣男，即故縣。水經注：湍水又東南逕安衆縣故城南，縣本宛之西鄉。元統志：安衆故城，在南陽縣西南三十里。金時割屬鎮平。

涅陽故城。在鎮平縣南。漢置縣，屬南陽郡。漢書地理志注：應劭曰：「在涅水之陽。」高帝七年，封呂勝爲侯邑。武帝元封三年，復封朝鮮降人路最。晉屬南陽國。宋、齊亦屬南陽郡。後魏因之。隋開皇初，改曰課陽〔六〕。唐貞觀初，省入穰縣。水經注：涅水東南逕涅陽故城西。括地志：涅陽故城，在穰縣東北六十里。明統志：俗呼爲赤眉城。

穰縣故城。在鄧州外城東南隅。戰國時韓邑。史記：韓襄王五十一年，秦取我穰。又秦昭王十六年，封魏冉爲穰侯。漢置穰縣，屬南陽郡。後漢更始二年，立廖湛爲穰王。晉屬義陽郡。後魏屬新野郡。太和二十二年，詔以穰民首歸大順，標其所居曰歸義鄉，遂置荆州治此。隋爲南陽郡治。唐爲鄧州治。宋、金、元皆因之。明初省入州。按：舊唐書志漢南陽郡以宛爲理，後魏移於穰，與魏志異。

朝陽故城。在鄧州東南。漢縣，屬南陽郡。漢書地理志注：應劭曰：「在朝水之陽，故名。」晉屬義陽郡，宋初屬順陽郡。大明八年省。水經注：朝水東逕朝陽城北。寰宇記：朝陽故城在今穰縣東南，俗謂之朝濕城。按：府志朝陽城在鄧州南八十里，亦曰朝城，俗呼刁城。城南屬湖廣襄陽府，北屬鄧州。又宋志有廣平令，南渡以朝陽縣境立。

平晉故城。在鄧州東南。本後魏之晉城。梁武帝普通六年，晉安王綱自襄陽遣司馬董當門攻魏晉城。唐志：鄧州南陽郡穰，武德四年析置平晉縣。六年，省平晉入焉。

樂成故城。在鄧州西南三十里。漢縣。後漢省。漢書地理志：南陽郡，樂成侯國。按：唐襄陽郡有樂成鄉，即此。

冠軍故城。在鄧州西北四十里。漢元朔六年，割穰縣盧陽鄉、宛縣臨駣聚爲冠軍侯國，屬南陽郡。漢書地理志注：應劭曰：「武帝以封霍去病，去病功冠諸軍，故曰『冠軍』。」後漢、晉、魏皆因之。唐貞觀元年，省入新城。元和志：冠軍城在臨湍縣南四十里。

新城故城。在鄧州西北八十里。本穰縣地。漢成帝綏和二年，封趙欽爲新城侯。後魏太和十二年，置縣，屬南陽郡。西魏改臨湍。隋開皇初復故。唐武德二年，移縣治虎遥城，兼置酈州。八年州廢，屬鄧州。貞觀三年，還治故臨湍聚。天寶初，復曰臨湍。五代漢曰臨瀨。宋建隆初，省入穰縣。按：臨湍城，今名南古城。其南有張村城，去臨湍十里，當即唐之虎遥城也。

順陽故城。在淅川縣東。本漢淅縣之順陽鄉。哀帝綏和二年，封孔光爲博山侯國。後漢明帝時，更名順陽，皆屬南陽郡。章帝時，封馬廖爲侯邑。晉于酇縣置順陽郡，而以順陽縣屬之。劉宋因之。蕭齊避諱，郡縣皆改曰從陽。建武五年，没於後魏，仍移治順陽。西魏析置鄭縣，尋改爲清鄉。後周又并順陽入清鄉。隋開皇初，廢郡，又改爲順陽，屬南陽郡。唐武德六年，省縣入冠軍爲順陽鎮。宋太平興國六年，復升爲縣，屬鄧州。金省入穰城。元復爲縣，至元二年，省入内鄉。括地志：順陽故城，在穰縣西一百四十里。明統志：内鄉縣有順陽保。

淅川故城。在今淅川縣東三十里。後魏置縣。周省。唐復置，尋廢。金天興二年，武善自順陽徙治淅川。元初，省入内鄉。明成化六年，始移今治。寰宇記：淅川縣，在鄧州西二百里。縣志：淅川故城，今名馬蹬城。「武善」舊作「武仙」，今改。

南鄉故城。在淅川縣東南。本漢析縣及順陽鄉地。後漢建武中，改封順陽侯嘉子參爲南鄉侯，遂置縣，屬南陽郡。三國魏置南鄉郡。晉廢，屬順陽郡。咸康中，復析置南鄉郡。宋因之。後魏移郡治順陽，改置南鄉郡治此。西魏置析州。隋開皇初，郡廢。大業初，又改淅州，置淅陽郡，縣廢入焉。唐初，郡縣皆廢。水經注：丹水逕南鄉縣故城東北，漢建安割南陽右壤爲南鄉郡，逮晉封宣帝孫暢爲順陽王，因立順陽郡，而治南鄉故城。興寧末，太守王靡之改築今城，城北半據在水中，春夏水漲，望若孤洲矣。

安山故城。在淅川縣東南。西魏縣。隋志：南鄉，舊置左南鄉縣，并置左鄉郡。西魏改郡爲秀山，改縣曰安山。後周秀山郡廢。大業初，并安山縣入焉。　按：縣又有龍泉、湖里、白亭三縣〔七〕，俱西魏置，屬南鄉郡。後周俱省入南鄉。舊志白亭店，在縣西三十里，即故白亭縣。

丹水故城。在淅川縣西。本古鄀國。左傳僖公二十五年：秦、晉伐鄀。注：「鄀，在商密，秦、楚界上小國。」秦置丹水縣，漢因之，屬弘農郡。後漢屬南陽郡。晉、宋、齊屬順陽郡。後魏置丹川郡，治此。後周郡廢，隋以縣屬淅陽郡。唐省縣入淅川。括地志：丹水故城在内鄉縣西南一百三十里，去丹水二百步，所謂内鄉，近西硖口。通典：内鄉，本楚之丹邑，有漢丹水縣故城，在今縣西南。寰宇記：丹水，漢因水名置縣，今廢，城在内鄉縣西南，其城南臨丹水。

新都故城。在新野縣東。本新野之都鄉。漢永始元年，封王莽爲新都侯國，屬南陽郡。後漢省入新野，謂之東鄉。後漢書志：新野有東鄉，故新都。

新野故城。在今新野縣治南。漢縣。魏正始中，王昶督荆、豫諸軍事，自宛徙屯新野。晉永寧初，進封新野公歆爲新野郡王。水經注：淯水南逕新野縣故城西。元和志：新野縣，晉惠帝立新野郡。開皇三年罷郡，縣屬鄧州。寰宇記：鄧州新野，舊廢入穰縣。九域志穰城縣有新野鎮，即古縣也。元始改置今治。

棘陽故城。在新野縣東北。古曰黄棘。史記：楚懷王二十五年，與秦昭王盟於黄棘。漢高帝七年，封杜得臣爲棘陽侯，置縣。漢書注：應劭曰：「在棘水之陽，故名。」晉屬義陽郡，惠帝改屬新野郡。宋大明中，屬河南郡。齊因之。後魏置漢廣郡，治南棘陽，兼領西棘陽縣。西魏改郡曰黄岡，以西棘陽省入，而改南棘陽爲百寧縣。後周廢郡，又省百寧入新野縣。寰宇記：棘陽故城，古謝國之地，有廢城，在今湖陽縣北。元統志：棘陽鎮，在新野、湖陽二縣間，即故城也。

河南故城。在新野縣東北。劉宋置。宋書州郡志：河南，江左僑立。孝武大明中，分沔北爲境，領河南、新城、河陰、棘陽、襄鄉五縣，惟棘陽爲實土。蕭齊因之，後没於魏。通鑑：後魏正始三年，梁將王茂侵荆州，遣雷豹狼襲河南城〔八〕。注：「河南城，當在故棘陽縣界。」

析縣故城。在内鄉縣西北。本春秋時楚邑。左傳僖公二十五年：秦人過析、隈。注：「析，楚邑，一名白羽。」又昭公十八年：楚子遷許於析，實白羽。史記：楚襄王元年，秦發兵出武關取析。注：「鄧州内鄉縣城，本楚析邑，一名丑，漢置析縣，因析水爲名。」後漢屬南陽郡，晉屬順陽郡，宋省。後魏置析陽郡於此，領東西二析陽縣，此爲西析陽。後周改曰中鄉，隋改曰内鄉。元和志：縣東南至鄧州二百四十里。府志：内鄉有舊縣城，在今縣西北一百二十里内鄉保，即析縣城也。

修陽故城。在内鄉縣西北。後魏置修陽縣，兼置修陽郡。水經注：淅水南流，逕修陽縣故城北，縣即析之北鄉也。後周時，郡縣皆廢。

菊潭故城。在内鄉縣西北。唐開元二十四年，析新城置，屬鄧州。括地志：菊潭城，在新城縣西北四十里。元和志：菊潭縣，東南至鄧州一百五十里。按：顔師古云菊潭即酈縣，此謂隋之菊潭也。唐菊潭，本武陶戍之地，開元間分臨湍三千户置，非酈縣故城也。其故址在今内鄉縣北六十里菊潭保，五代周省入。

酈縣故城。在内鄉縣東北。本楚酈邑。史記：楚襄王十八年，楚人説王曰：「楚之故地漢中、析、酈，可得而復有也。」漢置酈縣。武帝元封元年，封黄同爲侯國，屬南陽郡。後漢、魏、晉、宋、齊因之。後魏析置南、北酈，南酈縣屬恒農郡，北酈縣屬東恒農郡。水經注：湍水東南流逕南酈縣故城東，史記所謂下酈也。今城亦謂之下酈，又謂之南酈。其北有北酈城，後周復合爲酈縣。隋開皇初，改曰菊潭。唐屬鄧州〔九〕。五代周顯德五年，併入臨瀨。縣志：今縣北十里有栗城，即酈城之譌。

方城故城。今裕州治。本漢堵陽縣地。後魏置縣，爲襄城郡治。西魏改置襄邑郡。隋開皇初，郡廢，以縣屬淯陽郡。唐貞觀九年，屬唐州。宋慶曆四年，廢爲鎮，屬南陽縣。元豐元年，復爲縣，仍隸唐州。金、元爲裕州治。明初省入州。元和志：方城縣，取方城山爲名，東南至唐州一百六十里。州志有襄邑城，在裕州南二里。

堵陽故城。在裕州東六里。本秦陽城縣。漢改名，屬南陽郡。史記：曹參與南陽守齮戰陽城郭東。注：應劭曰：「今堵陽。」後漢書朱祐傳：建武二年，更封堵陽侯。注：「故城在今唐州方城縣。」晉屬南陽國，劉宋時省。齊置北襄城於此，永泰元年，地入於魏，改襄城郡。西魏改襄邑郡，尋廢。魏書地形志：襄城郡治赭陽城。水經注：赭水南逕赭鄉，以水氏縣，故曰赭陽。

按：魏志襄城郡領赭陽縣，又建城郡亦領赭陽縣。蓋建城之赭陽後并入方城，故方城縣有赭陽城。襄城郡治此。

北平故城。在裕州東南。後魏置縣，爲宣義郡治，後改襄州北南陽郡治。北齊郡廢，隋改真昌。唐初省入方城。隋志：真昌，舊曰北平，開皇九年改焉。唐志：方城，武德二年曰北澧州，領方城、真昌二縣。貞觀九年省真昌。

舞陽故城。在今舞陽縣西。戰國時魏邑。史記：魏信陵君謂安釐王曰：「秦葉縣、昆陽與舞陽鄰。」漢置縣，高帝六年，封樊噲爲侯國。魏明帝初，又封司馬懿於此。劉宋省。齊永明五年，陳顯達破羌人桓天生，進據舞陽，即故城也。水經注：陂水東逕舞陽縣故城。括地志：舞陽故城，在葉縣東十里。舊唐書地理志：許州舞陽，漢縣，治所在古城内。元和十三年，移治於吴城鎮。元和志：舞陽縣，東北至許州一百六十里。金時又移今治。

紅陽故城。在舞陽縣西北紅山之南。漢置縣，成帝河平元年，封王立爲侯國，屬南陽郡。後漢省。

定陵故城。在舞陽縣北十五里。漢置縣，屬潁川郡。後漢更始初，光武徇昆陽、定陵，皆下之。晉亦曰定陵縣，屬襄城郡。後魏皇興元年，改置北舞陽縣。永安中，又置定陵郡。隋開皇初，郡廢，改縣曰北舞，仍屬潁川郡。唐初縣廢。章懷太子後漢書注：「定陵故城，在今郾城西北。」水經注：汝水又東南，逕定陵縣故城北。寰宇記：定陵城在舞陽縣北六十里。九域志舞陽縣有北舞鎮，即故定陵縣也。

昆陽故城。今葉縣治。戰國時魏邑，後屬秦。史記：蘇秦説魏襄王曰：「南有昆陽。」又信陵君謂安釐王曰「秦葉陽、昆陽與舞陽鄰」是也。漢置縣，屬潁川郡。後漢更始元年，光武徇昆陽，下之。建武二年，封傅俊爲侯邑。晉屬襄城郡。後魏永安中，置廣漢郡，治此。北齊縣省。唐初，屬汝州，貞觀元年省。水經注：昆水逕昆陽縣城西南，蓋藉水以氏縣也。元和志：昆陽故城，在葉縣北二十五里。元史地理志：初即葉縣行隨州事，就置昆陽爲屬邑。至元元年，罷州，併昆陽入葉縣。

南安故城。在葉縣南。本漢葉縣地。後魏太和十三年，置郢州。十八年，改南中府。東魏天平初，改置南安郡，領南安、南定二縣。後周郡廢，改置定南縣。隋大業初，省入葉縣。　按：隋志葉縣有東魏定南郡，周廢爲定南縣，大業初省入。蓋即故南安郡也。

葉縣故城。在今葉縣南三十里，名舊縣店。春秋時楚邑。左傳成公十五年：楚遷許於葉。昭公十八年：又遷於析，以葉封沈諸梁，號爲葉公。史記：秦昭襄王十五年，取楚葉。自後亦曰葉陽。漢置縣，屬南陽郡。晉因之。北魏屬南安郡，齊移襄州於此。金泰和中，屬裕州。元至元中，移治昆陽，而此城廢。元和志：縣西北至汝州二百十里。

建城故城。在葉縣西南。本春秋時楚卷邑。左傳昭公二十五年：楚子使季然郭卷。注：「卷城，在葉縣南，爲卷築郭也。」後漢書郡國志：葉有卷城。水經注：澧水逕建城東。「建」當爲「卷」字。魏志：襄州建城郡，太和十八年置。景明末罷。永熙二年復置，領赭陽、北方城二縣。隋志：淯陽郡方城縣有魏置建城郡及建城縣，後齊並廢。

汝墳故城。在葉縣東北十五里。北齊改昆陽所置。隋志：潁川郡汝墳，後齊置漢廣郡，尋廢。縣志：今有汝墳店。

南召故城。舊屬南陽縣。明成化十年，始析南陽北壤置南召縣。本朝順治十六年，裁併南陽。

鍾離廢縣。在唐縣東南。後魏置西淮郡，治鍾離縣。隋志：上馬有鍾離縣，置洞州洞川郡。後周州廢，開皇初郡廢。十八年，改鍾離曰洞川縣。大業初，廢入上馬。

柘林廢縣。在唐縣西南。後魏置順陽郡。西魏改爲柘林郡。後周省郡，改置柘林縣。大業初，廢入湖陽縣。

城陽廢縣。在泌陽縣南。隋書地理志：後魏城陽縣，置殷州城陽郡。開皇初，郡廢，其縣尋省。

淮南廢縣。在桐柏縣界。隋書地理志：桐柏，舊置淮南縣。開皇末，改爲油水。大業初廢。

默水廢縣。在内鄉縣北。唐書地理志：内鄉，本淅陽郡治〔一〇〕。武德二年曰淅州〔一一〕，並置默水縣。貞觀八年州廢，省默水入内鄉。縣志：今有北古舊縣，在内鄉縣東北馬山之陽，蓋即古默水縣也。

仙鳧廢縣。在葉縣南。唐書地理志：大曆四年，復以葉、襄城置仙州，又析置仙鳧縣。五年，州廢，省仙鳧。寰宇記：仙鳧縣，分葉縣南界置。

河山廢縣。在葉縣西北。魏書地形志：魯陽郡，領縣河山，太和二十一年置。隋志：犨城，後魏置河山縣。大業初廢入焉。縣志：今有河山保，在葉縣西北十餘里，犨城在今寶豐縣。

高陽廢縣。在葉縣北。魏書地形志：漢廣郡高陽，太和元年置。舊志：縣北平頂山側有高陽里，蓋猶以故縣得名。

吕城。在南陽縣西南三十里。周穆王時，封吕侯於此。國語：史伯曰：「當成周者，南有申、吕。」水經注：梅溪逕宛西、吕城東。括地志：故吕城在南陽西三十里。詩地理考：郡國志汝南新蔡有大吕亭，故吕侯國。輿地廣記蔡州新蔡縣，故吕國。今以左傳考之，楚有申、吕，時新蔡屬蔡，非楚邑，當以在宛縣爲正。元統志：今南陽縣西有董吕村，即古城。

申城。在南陽縣北二十里。周宣王時，封申伯於此。後爲楚邑。漢書地理志：宛本申伯國。後漢書郡國志：宛有屈申城。括地志：故申城，在南陽縣北三十里。

武城。在南陽縣北。一名武延城。春秋時，申地，後屬楚。左傳僖公六年：蔡穆公將許僖公以見楚子於武城。又襄公七年：秦人侵晉，楚子師武城，爲秦援。杜預注：「武城在宛縣北。」元統志：武延城在南陽縣北百里。明統志：俗呼西城，相近有濛城，俗呼東城。

三公城。在南陽縣東南三十里。水經注：郭仲産言宛城南三十里有城甚卑小，相承名三公城。漢時鄧禹等歸鄉餞離處也。

長安城。在南陽縣南。一作小長安聚。後漢書：光武與莽前隊大夫甄阜戰於小長安。注：「淯陽有小長安聚，故城在今鄧州南陽縣南。」又郡國志：淯陽，邑有小長安。寰宇記：小長安城，在南陽縣南三十七里淯水東。

皇后城。在南陽縣東北。後漢書：陰皇后隨家屬徙淯陽。水經注：魯陽關水逕皇后城西。建武元年，世祖遣侍中傅俊持節迎光烈皇后於淯陽，俊發兵三百餘人，宿衛皇后道路，歸京師。蓋税舍所在，故城得其名矣。

岐州城。有二，俱在南召縣西六十里，名東、西岐州城。後魏置東、西二岐州於此。

謝城。在唐縣南。周申伯自申遷於此。詩：「肅肅謝功，召伯營之。」又「申伯番番，既入於謝」。疏：「申伯先受封於申國，本近謝，今命爲州牧，故邑於謝。」詩緝：「申國在宛，謝城在棘陽。」盛弘之荆州記：棘陽東北百里有謝城。水經注：謝水出謝城北，城周迴側水，世祖建武十三年，封樊重少子丹爲謝陽侯，即其國也。按：朱子詩集傳：揚之水、黍苗以謝爲信陽，崧高以謝爲南陽。故今羅山縣亦有謝城，蓋因詩集傳而傅會，當以此地謝城爲正。

青臺城。在唐縣北七十里，接裕州界。唐元和十二年，李愬遣方城鎮將李榮宗擊淮西青臺城，拔之。又元平章劉祥築青臺城以圖襄陽。今爲青臺店。

舜城。在泌陽縣北三十里。亦名舜子城。衆山環抱如城，俗謂爲舜所居處。

吴軍城。在泌陽縣東北八十里。相傳吴元濟築。

光武城。在桐柏縣東一百十里。相傳光武起兵時曾屯此。

澧陽城。在桐柏縣西三十里澧水之陽。齊永明六年，魏人築城於澧陽，即此。

隔城。在桐柏縣西北。南北朝宋所置。齊永明六年，羌人桓天生引魏兵據隔城，即此。

紫城。在鎮平縣西北。俗傳漢安衆侯藩邸，今猶有遺址。又有安國城，在縣東北三里。安衆侯劉崇起兵討莽時所築。

東陽城。在鄧州東。本漢穰縣之東陽聚。後漢建武三年，延岑自走東陽，朱祐等擊破之。後漢志：育陽，有東陽聚。

注：「東陽故城，在鄧州南。」州志：蓋即今之穰東鎮。

魏武城。在鄧州西南五里餘。曹操攻張繡時所築。

白牛城。在鄧州東北三十里。後漢書安成侯賜傳：建武三十年，封賜子嵩爲白牛侯。注：「白牛在鄧州東。」州志：今爲白牛店。

馬圈城。在鄧州東北七十里。漢涅陽縣地。後魏置馬圈鎮。南齊永元初，陳顯達攻馬圈，拔之。梁普通六年，曹義宗圍魏荆州，取順陽、馬圈。通典：魏馬圈城，去襄陽三百里。在今鄧州穰縣北。明統志有馬尾鎮，在順陽保北，即古馬圈城也。

龍城。在淅川縣東南一百二十里，周圍六里。相傳元世祖爲太弟時駐兵於此，有龍見之瑞，因名。又縣西二十里有張陂城，周圍半里。

三户城。在淅川縣西南。左傳哀公四年：晉人執戎蠻子以畀楚師于三户。注：「今丹水縣北有三户亭。」後漢桓帝時，封河間孝王子博爲三户亭侯，即此。

商於城。在淅川縣西。戰國時秦地。史記：張儀謂楚懷王曰：「秦願獻商於之地六百里。」注：裴駰曰：「地在南鄉、丹水間，有商城在其中，故曰商於。」通典：今内鄉縣七里有於村，亦曰於中，即古商於地。縣志：今南鄉縣南有商於保。

漢王城。在内鄉縣夏館山中。相傳漢高祖所築，城内有試劒池云。其西有赤眉城。

房陽城。在内鄉縣東北。水經注：湍水逕房陽城北。漢哀帝四年，封孫寵爲侯國。

吴城。在舞陽縣東三十里。唐元和中，吴元濟築此以拒官軍。元濟平，移舞陽縣治此。後徙今治，遂爲吴城鎮。金史地理志：舞陽縣有吴城鎮。

東不羹城。在舞陽縣西北。左傳昭公十一年：楚子城陳、蔡、不羹。注：「定陵縣西北有不羹亭。」後漢書郡國志：襄城有西不羹，定陵有東不羹。又有楚城，在縣北五十里，相傳楚平王所築。

方城。在葉縣南。左傳僖公四年：屈完對齊桓公曰：「楚國方城以爲城。」文公三年：晉陽處父伐楚以救江門於方城。襄公十六年：晉荀偃伐楚，遂侵方城之外。注：「方城山在南陽葉縣南。」史記：秦昭襄王八年，魏公孫喜、韓暴鳶共攻楚方城。荆州記：葉東界有故城始犨縣，東至溉水，達沘陽界，南北聯數百里，號爲方城，一謂之長城。水經注：酈縣有故城一面，號爲「長城」。城之西隅，其間相去六百里，南北雖無基築，皆連山相接，而漢水流其南。又楚霸南土，欲争强中國，多築列城於北方，故號此城爲萬城，或作方城。

唐城。在葉縣西南、西唐山南。因山爲名。

蒲城。在葉縣北二十里。水經注：湛水逕蒲城北。京相璠曰，昆陽縣北有蒲城，蒲城北有湛水。舊志有蒲城店。

安樂鄉。在南陽縣南。後漢建和六年，封胡廣爲侯邑。後魏置安樂戍於此。

密陽鄉。在淅川縣西。左傳僖公二十五年：楚鬬克屈禦寇，以申、息之師戍商密。注：「商密，鄀别邑。今南鄉丹水縣。」漢書地理志：丹水密陽鄉，故商密也。

藍鄉。在新野縣東。後漢書齊王縯傳：縯還保棘陽，甄阜留輜重於藍鄉。縯潛師夜襲藍鄉，盡獲之。注：「比陽有藍鄉。」又郡國志：棘陽有藍鄉，伯升襲甄阜處。按：明統志泌陽縣有古藍鄉，誤。

南就聚。在南陽縣南。後漢書郡國志：宛有南就聚。

夕陽聚。在南陽縣西北。袁山松後漢書：賈復從擊鄧奉，追至夕陽聚。後漢志：宛有夕陽聚。

宜秋聚。在唐縣東南。後漢書齊王縯傳：縯會下江兵五千餘人至宜秋。注：「宜秋，聚名，在沘陽縣。」又郡國志：平氏縣有宜秋聚。

黄郵聚。在新野縣東。後漢書：吴漢與秦豐戰黄郵水上，破之。注：「南陽新野縣有黄郵水，黄郵聚也。」

百章郭。在南召縣南。水經注：淯水東逕百章郭北。元統志：俗訛爲擘獐郭。

永饒冶。在南陽縣南。晉時置冶此地，有令掌之。後廢。

宜陽栅。在桐柏縣西。唐元和中，李愬討吴元濟，自唐州徙屯宜陽栅，即此。

百花洲。在鄧州城東南隅。宋州守范仲淹營爲游詠之所。又菊臺，在洲南，仲淹嘗植菊於此。

天春園。在内鄉縣治内。宋邵雍有詩。

百里奚宅。在南陽縣西七里。

張衡宅。在南陽縣北故西鄂城東。遺址尚存，一名平子讀書堂。

宗資宅。在南陽縣郭。明統志：宗爲南陽名族，世居於宛。宅負縣郭，一門仕宦至卿府者三十四人。

祖逖宅。在桐柏縣西南桐柏山下，有石碑存焉。

鄧晨宅。在新野縣北二十四里。元和志：晨起兵新野，王莽焚其冢墓，洿其宅。

鄧禹宅。在新野縣板橋里。水經注：湍水至新野縣西北，東分爲鄧氏陂。漢太傅鄧禹故宅與奉朝請西亭侯鄧晨故宅隔陂。南雍州記：禹與鄧晨宅隔陂，雖垣牆已平，基塹可識。

陰皇后宅。在新野縣東北。有擣衣石存焉。

樊噲宅。在舞陽縣西北隅。有垣基，廣百步。

石樓。在南陽縣北。水經注：洱水南道側有二石樓，相去六七尺，雙峙齊竦，高可丈七八，柱圍二丈有餘。石質青緑，光可以鑑。其上欒櫨承栱，雕簷四柱，窮巧奇刻，妙絶人工。題云「蜀郡太守姓王字子雅，南陽西鄂人。生三女，無男。而家累千金。父殁，一女築墓，二女建樓，以表孝思」云。

漸嘉樓。在鄧州城内。宋謝絳爲州守時建，爲一郡之勝，黄庭堅有詩。

看花樓。在鄧州紫金山後。舊有月池、菊園。

春風閣。在鄧州治内。宋范仲淹建。

表忠閣。在淅川縣東三十里。宋歐陽修讀書於此。明彭淩霄爲建閣。

昇仙閣。在裕州東北黄石山。葛仙翁修真之所。

燕居堂。在南陽縣東六十里。元府尹莊文昭建，以教闔郡子弟。

清德堂。在唐縣治内。唐李適之爲刺史，人爲作清德頌。宋頓起知州事，慕其流風，爲建堂立碑。

萊公堂。在鄧州治内。宋寇準嘗爲州守，後人追思，爲建此堂。

議事堂。在新野縣儒學内。世傳先主與徐庶議，枉顧諸葛亮於此，後人建堂。今爲文昌祠。

秋香亭。在唐縣治内。元至正間建。

嘉賓亭。在鄧州治内。宋范仲淹爲州守時建。黄庭堅有詩。

覽秀亭。在鄧州城上。宋謝絳爲州守時建。范仲淹有詩。

兼隱亭。在内鄉縣治内。宋邵雍有詩。

半山亭。在内鄉縣西北一百二十里湯河半山間。宋張舜民建。有窪尊石刻存焉，金元好問有樂府。

心遠亭。在裕州舊方城縣治。相近有美哉亭。宋陳與義俱有詩。

光武臺。有五：一在府城西北，一在唐縣，一在鄧州，一在新野縣北二十里，一在葉縣南二十里。

讀書臺。在南陽縣南。明統志：西鄂城西南有張平子讀書臺。

飼鴉臺。在南召縣北。元統志：三鴉路中大山側有石臺，相傳漢光武北趨河朔，至此失路，得鴉引於馬前，飼之於此。

曲水臺。在桐柏縣南五里。宋慶曆間建。臺側石銘猶存。

漢王臺。在鄧州東南。漢高祖所築。

翫龍臺。在葉縣內。相傳葉公好畫龍，神龍降此。唐王維有詩。

講武臺。在葉縣東二十二里。唐武后講武於此，上有温泉。

樊重石室。在唐縣南故湖陽縣界。荆州記：樊重母畏雷，爲石宅避之，悉以文石爲階，今遺址尚存。

孔嵩舊居。在南陽縣南。水經注：三公城東有大將軍何進故宅，城西有孔嵩舊居。

諸葛草廬。在南陽縣西南七里卧龍岡。

校勘記

〔一〕故名淯陽　「淯」，乾隆志卷一六六南陽府古蹟同，宋書卷三七州郡志作「育」。

〔二〕詔樂陵鎮將韋珍移治比陽　「韋珍」，原作「韋鎮」，據乾隆志及魏書卷四五韋珍傳改。
〔三〕貞觀三年省顯岡　「三年」，乾隆志及舊唐書卷三九地理志同，太平寰宇記卷一四二山南東道唐州作「二年」。
〔四〕又封烏厲温敦　「烏」，原脱，乾隆志同，據漢書卷九四下匈奴傳補。
〔五〕後漢建武二年　「後」，原作「復」，據乾隆志改。
〔六〕隋開皇初改曰課陽　「課陽」，乾隆志作「淉陽」。按，隋書卷三〇地理志南陽郡領課陽縣，注云：「舊曰涅陽，開皇初改焉。」此本志所本。新唐書卷四〇地理志及芒洛冢墓遺文四編韓智門誌（參中華書局點校本隋書卷三〇校勘記一四條）作「淉陽」，乾隆志亦有所本。
〔七〕縣又有龍泉湖里白亭三縣　乾隆志同，疑上「縣」爲「舊」字之誤。
〔八〕梁將王茂侵荆州遣雷豹狼襲河南城　「狼」，原作「狠」，乾隆志同，據資治通鑑卷一四六梁紀改。「王茂」，魏書卷七三楊大眼傳、南齊書卷八和帝紀作「王茂先」。南史卷五五王茂傳則云「王茂字休連，一字茂先」。
〔九〕唐屬鄧州　「鄧」，原作「郡」，據乾隆志及舊唐書卷三九地理志改。
〔一〇〕本淅陽郡治　「淅陽」，原作「析縣」，乾隆志同，據新唐書卷四〇地理志改。
〔一一〕武德二年曰淅州　「淅」，原作「析」，乾隆志同，據新唐書卷四〇地理志改。按，舊唐書卷三九地理志謂「武德元年置淅州」。

大清一統志卷二百十二

南陽府三

關隘

魯陽關。在南召縣北，即三鵶路。水經注：魯陽關，左右連山插漢，秀木干雲。通典：向城縣北有三鵶路。元和志：魯陽關在向城縣北八十里，鄧、汝二州於此分境，荆、豫逕途，斯爲險要。按：故向城，有石川路，即百重山，爲三鵶路第一鵶。又北十里有分水嶺，嶺北爲第二鵶。由故向城而北，有魯陽關，入汝州魯山縣界，爲第三鵶。皆道狹路深。晉張協詩所謂「朝登魯陽關，峽路峭且深」是也。明初，設鵶路鎮巡司，今廢。

石夾口關。在唐縣東北。鑿石爲道，北臨河，南負山，僅通車馬。

象河關。在泌陽縣東北一百二十里。東出遂平、西平，北達舞陽、葉縣，爲要隘之道。舊有巡司。

桐柏關。在桐柏縣東九十里，與信陽州接界。亦爲桐柏鎮，舊有巡司。

堨河關。在鄧州南四十里。亦名構林關，明初置，今廢。

荆子關。在淅川縣西北三十里。有土城，周二里。金正大八年，武善由荆子口會鄧州軍。今名荆子關，有副將駐此。

花園頭關。在淅川縣西北一百八十里，路通陝西商南縣。本内鄉縣西南界，明成化中，改屬淅川。舊有巡司。

黨子口關。在内鄉縣西南一百十里，道通湖北光化。

仙翁關。在裕州東北，道出汝、潁。

昆陽關。在葉縣西南。又有大小關口，在縣南方城山間，路通裕州。明初，置關於此，尋廢。

賒旗店巡司。在南陽縣東九十里。本朝乾隆十一年置巡司。

李青店巡司。在南召縣北。設巡司及把總駐此。

西硤口巡司。在内鄉縣西北一百二十里。有古城，設巡司駐戍守〔一〕。又魁門關，在縣西北。金斗關，在縣東北，舊置巡司，今俱廢。又有半川亭口，在縣西北一百六十里。

石橋鎮。在南陽縣北五十里。九域志：縣有博望、羅渠、石橋、安衆、北趙、故城六鎮。

明陽鎮。在唐縣西南。金史地理志：泌陽有明陽鎮。縣志：縣西南有綿洋河，蓋即明陽之訛。鎮在河側。

桐河鎮。在唐縣西五十里。又名桐河店。

古路鎮。在泌陽縣泌水東南岸，去城二里。

饒良鎮。在泌陽縣西七十里。或云即隋饒良縣治。

羊栅鎮。在泌陽縣西北七十里。金史地理志：比陽縣有羊栅鎮。

吴城鎮。在桐柏縣東五十里。又縣東六十四里有故縣鎮，西北九十里有平氏鎮。按：舞陽縣東三十里亦有吴城鎮。唐元和中移縣治此，金徙今治。

板橋鎮。在鄧州東。金史地理志：穰城有順陽、新野、穰東、板橋四鎮〔二〕。

急灘鎮。在鄧州東四十里。西枕湍河，當襄、陝之衝。

千金鎮。在鄧州西。宋史范致虛傳：靖康二年，致虛軍出武關，至鄧州千金鎮。

張村鎮。在鄧州西六十里。金史地理志：南陽有張村鎮。九域志：穰縣有張村、曲河〔三〕、延陵、刁澗、陽管、穰東、穰廷、廣晉八鎮。

馬尾鎮。在內鄉縣順陽保北。即秦、漢沮陽故城，後魏置以拒齊。

平臺鎮。在裕州西南。金史地理志：方城有平臺鎮。又九域志：縣有青臺、許封、羅渠、新寨四鎮〔四〕。

北舞鎮。在舞陽縣北五十里。即隋北舞縣。元置巡司於此，後廢。九域志：舞陽縣有孟寨、北舞、順化三鎮。

臨墳鎮。在葉縣界。金史地理志：葉有臨墳鎮。按：今有墳臺店，在縣東南三十里。

舊縣鎮。在葉縣南三十里。元置巡司，明初廢。

保安鎮。在葉縣南六十里。又縣東北五十里有洛岡鎮，接襄城縣界。

樵峪寨。在淅川縣南二十里。宋孟珙破金武善，屯兵於此。

土門村。在鎮平縣南三十里。就沙岡鑿南、北門。相傳曹操攻張繡，鑿地道爲遁處。

胡村。在淅川縣西北九十里。輿程記：自縣西北水行四十里，至幕匳，四面皆山，又四十里至胡村。

湖陽店。在唐縣南八十里，即故縣也。

宛城驛。在南陽縣治東，兼置遞運所。

林水驛。在南陽縣南六十里。有驛丞，兼置遞運所。

博望驛。在南陽縣北六十里。有驛丞，兼置遞運所。

淯陽驛。在新野縣治西。舊在城東南，今改置。

赭陽驛。在裕州治。

保安驛。在葉縣南六十里。有驛丞，管巡檢事，兼置遞運所。

滍水驛。在葉縣治西北。

津梁

雙橋。在南陽縣東二十里，跨栗河上。

板橋。在南陽縣東九十里，跨淯河上。

石橋。有二：一在南陽縣南十五里，一在南陽縣北石橋鎮。

瓜里橋。在南陽縣北四十里，即淯水之津。後漢書郡國志：宛有瓜里津。劉珍東觀漢記：鄧奉拒光武瓜里。水經注：淯水逕史定伯碑南，又西爲瓜里津，水上有三梁，謂之瓜里渡，自宛道途，東出堵陽，西道方城。

博望橋。在南陽縣北博望驛。

平氏橋。在唐縣南十里。

桐江橋。在唐縣西三十里。
官莊橋。在泌陽縣西四十里。
象河橋。在泌陽縣東北一百二十五里。
正善橋。在桐柏縣東。又縣西有淮井橋。
三道橋。在桐柏縣東四十五里。明天啓七年建，本朝乾隆元年修。
東安橋。在鎮平縣東沙溝。
茱萸河橋。在鄧州西南四十里。
穰東橋。在鄧州東北六十里。
普濟橋。在淅川縣東關外，跨小金河。即元董達橋，明萬曆十一年改建。
溧河橋。在新野縣東二十里。
木寨橋。在内鄉縣西北。其地有鬼門關，兩旁皆石街，延袤數里。
雲溪橋。在内鄉縣順陽保。
雲虹橋。在裕州東門外，跨潘河。
陌陂橋。在裕州東南。
舞泉橋。在舞陽縣南，跨舞水。
邵奉橋。在葉縣東八里。相近又有廉村橋，俱跨昆水上。

望仙橋。在葉縣南門外。相近又有昆水橋。

澧水橋〔五〕。在葉縣南，舊縣鎮北。

汝墳橋。在葉縣北湍水上。明天啓中建，本朝乾隆四年修。

湛河橋。在葉縣北三十里。

泌河渡。在泌陽縣南，路通信陽州。

五里河渡。在泌陽縣西，路通唐縣、南陽。又靈稷渡，在縣西二十里，亦通唐縣、南陽渡口。

湍灘渡。在鄧州東湍灘鎮。又州西北三里有斜潭渡，州東北五里有趙河渡，七里有湍河渡。

馬蹬河渡。在淅川縣東三十里。又縣東南八十里有程寬埠口渡，南三里有南河渡，西關口有西河渡。

新店渡。在新野縣南三十里，白河經流處也。路通湖北襄陽縣。

江石渡。在新野縣西南二十里。又有兩河渡，在縣西北三里，爲湍、潦二水合白河處，路通鄧州。

沙河渡。在舞陽縣北北舞鎮。一曰北舞渡。

淮安渡。在葉縣東四十里澧河下流。又縣東南有輝河渡、干江渡。縣南有澧河渡，縣西北有嚴村渡，縣北有問津渡、沙河渡，縣東北有洛岡渡。

隄堰

六門隄。在鄧州西三里，亦名鹿門隄。漢召信臣所築。宋真宗時，知州謝絳復修，壅湍水注鉗盧陂溉田，兼障泛溢之害，詳前「六門坡」。

沙窩鋪隄。在新野縣北。又有車兒灣隄、石樓口隄，明嘉靖、隆慶中屢加修築。又有古隄，起自古城西南隅至土丘寺，延袤二十五里，萬曆中修。

上石堰。在南陽縣東北四十里，引淯水溉田千餘頃。又有馬渡、蜣螂、沙堰諸堰，漢召信臣所置，溉田甚多。後漢杜詩、晉杜預皆增廣之。又縣東南有稗子堰、六軸堰、小兒堰、羊皮堰、李家堰、宋家堰、將軍堰、岳廟堰、虎尾堰、張公堰、龍王堰、竹扒堰、聚寶堰、喬家堰、杏子堰、小河堰、大河堰、波水堰，西南有陶家口堰、畢家堰、棠梨堰、小石堰，西有泉水堰。

黑龍堰。在唐縣南。又縣西南有柳花堰、莽修堰，縣北有葦陂堰、青臺堰。

泥溝堰。在泌陽縣東十里。又縣東有觀音堰、官堰、龍王堰、黑龍堰，西有饒良堰，北有粉徐堰、碌礎堰、石頭堰，東北有胡伯川堰。

祁河堰。在鄧州東。又州東有長流堰、洋河堰，東南有短堰、工堰，南有白洛堰、劄口堰，西南有雙口堰、呂公堰，西有柳堰、得子堰、倪家堰、牛氏堰、九重堰、姬家堰，西北有黑龍堰、曲河堰、青岡堰、黃家堰、永寧堰〔六〕、小堰，北有三郎堰，東北有白牛堰、白馬堰、竹箐堰、馬龍堰、鸛鵲堰。

楚堰。在鄧州西北六十里，亦名楚堨。相傳晉杜預所作，引湍水溉田。元至正間，楊彥開修。明永樂中，蕭用謙、夏茂同修。水經注：冠軍縣西北有楚堨，高下相承八重，周十里，方塘蓄水，澤潤不窮。元和郡縣志：楚堰，在臨湍縣南八里，擁斷湍水，溉田五百餘頃。舊志又有默河、黑龍、三郎、白牛等堰，皆引湍水；永安、青岡等堰，皆引刁河水溉田。

石口堰。在淅川縣東。又有何家堰、旺泉堰、玉泉堰、沱泉堰、阮家堰、秦家堰、楊其堰，西有柳家泉堰、五海堰、白浪堰、雞鳴泉堰，北有蒿平堰、老龍泉堰、韓家堰、蕭家堰、黑馬堰、馬裕堰〔七〕、湧泉堰、楊母堰、洪水堰、鬧峪口堰、胡裕堰、黃龍泉堰、清泉堰、磨峪堰、蹇楊溝堰〔八〕。

三泉堰。在新野縣東。又縣東有苦竹堰、紙坊堰、駙馬堰、柳堰、土堰〔九〕、長平堰，縣南有黑龍堰、短堰、二郎堰，縣西有藁蔿堰，縣北有蜣螂堰、石橋堰、沙堰、棠梨堰、眉兒堰。

黄水河堰。在内鄉縣南。又縣西南有塔子灣堰、十字堰、珍珠堰，西北有青山河堰、馬山堰、東俞公堰、默河堰、木寨堰、北峪堰，北有長城堰、螺螄河堰、鄭渠堰、三層堰、揣家堰、老高堰、西俞公堰、西河堰、磨石河堰、宿家堰，又有鬼谷堰、白蓮堰、四渡河堰、八迭堰〔一〇〕、瓦屋堰、侯公堰。

梁子堰。在裕州境。又有霍陂堰、月皮堰〔一一〕、潘河堰。

昆水三堰。在葉縣。上堰在縣西南，中堰在東，下堰在縣東南。

上閘。在鄧州南。昔時瀦水溉田處。宋端平二年，襄陽帥趙范敗元兵於上閘，即此。

陵墓

古

丹朱墓。在淅川縣西北七里。

周

百里奚墓。在府城西七里。墓前有七石，俗名七星冢。

宋玉墓。在唐縣東華嚴寺後。

扁鵲墓。在鎮平縣西北。禱疾輒愈。

魏冉墓。在鄧州新城東。

巫馬期墓。在内鄉縣北二十里。

沈諸梁墓。在葉縣南三十里。後漢書郡國志注：皇覽曰，方城西北三里，有葉公諸梁墓，近人祠之曰葉公丘。

漢

張璣墓。在南陽縣東二里仁濟橋西。璣墓久湮，本朝順治年間，同知張三異訪得其處，因建祠。

召信臣墓。在南陽縣南。

張衡墓。在南陽縣北。水經注：淯水逕西鄂縣南，水北有張平子墓，墓之東側墳有平子碑，文字悉是古文，篆額是崔瑗之辭。

宋均墓。在南陽縣東北。墓前有二石獸，踴踞相向，狀若羚羊，左刻「天禄」，右刻「辟邪」，字古文最奇，右刻爲雷所轟。

宗資墓。在南陽縣東北。按：歐陽修集古録：「天禄」、「辟邪」四字，在宗資墓前石獸膊上。沈存中筆談：今南陽縣北，宗資碑旁兩獸鐫其膊，一曰「天禄」，一曰「辟邪」。而一統志云宋均墓在南陽縣東北古城内，有二獸，左刻「天禄」，右刻「辟邪」，論地則皆南陽，按方俱在東北，兩存之，以俟考據。

鄧禹墓。在南召縣西十八里。

杜茂墓。在唐縣南，洪沙河北岸。

周勃墓。在唐縣舊縣治北城下。

劉崇墓。在鎮平縣安國城南。

馬武墓。在鄧州舊城東門外，馬武山南。

岑彭墓。在内鄉縣西南二十里。

張釋之墓。在裕州西北四里。

韓稜墓。在舞陽縣西南四十里。

韓詔墓。在舞陽縣西南四十五里。

樊噲墓。在舞陽縣北二十四里，地名樊村。

王喬墓。在葉縣東南三十里。按：後漢書本傳：葬於城東，土自成墳。

諸葛氏墓。在葉縣北平山下。有斷石幢，相傳此地有諸葛舊墳墟，疑是亮祖塋也。石幢爲隋開皇二年物。

三國　魏

黄權墓。在南陽縣東北豫山下。水經注：淯水逕豫山東，山南有魏車騎將軍黄權夫妻二冢，地道潛通，其冢前有四碑，其二魏明帝立，二是其子及臣吏所樹者也。

張詹墓。在鄧州西北。水經注：湍水逕冠軍縣故城東，水西有漢太尉長史張敏碑，碑之西有魏征南將軍司馬張詹墓，墓有碑。

晉

范晷墓。在淅川縣東南九十里，丹水東岸。

宋

賈黯墓。在鄧州西北，故冠軍城内。范鎮爲墓銘。

梅詢墓。在葉縣南二十五里。

元

博都里翀墓。在淅川縣東南百里丹水西岸。「博都里翀」舊作「孛术魯翀」，今改。

明

郭雲墓。在南陽縣東門内。

鐵鉉墓。在鄧州南，地名下刁河。有荒邱，舊傳爲鉉墓。按：鉉死節江寧，此或其先塋也。

李賢墓。在鄧州南十里刁河之陽。

孝子喬璣墓。在新野縣北三里白河南岸，弟璋墓亦在焉。又縣北二里有孝子齊雲墓，縣南五里有孝子周官墓。

祠廟

忠武祠。在府西南卧龍岡，即諸葛亮故廬。舊爲祠以奉之，春、秋祭祀，前代碑文俱存。

二忠祠。在府西門外。祀唐御史中丞張巡、明兵部尚書鐵鉉。

三太守祠。在南陽縣豫山之巔。祀漢召信臣、杜詩、晉杜預。

鐵忠烈祠。在鄧州城東南隅。祀明鐵鉉。本朝康熙三十三年重建。

李文達祠。在鄧州城東南隅。祀明大學士李賢。

三君子祠。在鄧州西關。祀唐韓愈、宋寇準、范仲淹。

理學名儒祠。在内鄉縣東門内。祀元國子祭酒博都里翀。明萬曆間，改建於縣學東北隅。

積德祠。在内鄉縣北。元末有袁氏伯仲，多財好施，後以禦寇闔門死難，鄉人立祠祀之。

雙忠祠。在裕州城南門内。祀明同知郁采、監察御史任賢。

七貞祠。在裕州南門内。祀明烈婦楊氏、胡氏、劉氏、二余氏、二趙氏。

王喬祠。在葉縣南舊縣北門外。後漢書王喬傳：喬葬於城東，百姓爲立廟，號葉君祠，牧守每班禄，皆先拜謁之。吏人祈禱，無不立應。

漢光武廟。在南陽縣南。光武中興，始基於宛，故南陽諸縣多立廟祀焉。

范蠡廟。在南陽縣南三十里。水經注：三公城側有范蠡祠。蠡，宛人，祠即故宅也。後漢末，有范曾爲大將軍司馬，討黃巾賊，至此祠爲立碑。夏侯湛之爲南陽，又爲立廟焉。

淮瀆廟。在桐柏縣東。唐書地理志：桐柏有淮瀆祠。府志：廟初建於桐柏鎮西，漢延熙六年，移建桐柏鎮東，歷代皆有封號。明洪武初，改稱東瀆大淮之神。本朝康熙二十九年，重修大殿。三十三年，聖祖仁皇帝御書「靈瀆安瀾」額。

禹王廟。有二：一在桐柏縣西淮井上，一在淅川縣西十五里。

白龍廟。在鄧州東太平村湍河南岸。下有石潭，時啓時閉。宋宣和間，禱雨輒應，賜名惠潤，尚有斷碑。

高密侯廟。有二：一在淅川縣東南五十里，一在新野縣南五十里，祀漢鄧禹。

漢昭烈廟。有二：一在新野縣南關外，一在鎮平縣西南先主山上。

漢高祖廟。有二：一在裕州東三十里，一在葉縣平頂山東。

舞陽侯廟。在舞陽縣治西北，祀漢樊噲。

葉公廟。在葉縣南舊北門外。寰宇記：在縣東北三里古塚前。

寺觀

彌陀寺。在南陽縣東門外。晉永昌三年建，今呼爲東寺。

文殊寺。在南陽縣東南。唐貞觀二年建。

興國寺。在南陽縣東南。宋至和元年建。

崇善寺。在南陽縣西。元至元間敕建。

鐵佛寺。在南陽縣東北上石堰東北。宋元祐三年建。

棲霞寺。在南召縣西北丹霞山。唐長慶四年建。

菩提寺。在唐縣治東。宋紹聖三年建。

羅漢寺。在桐柏縣東。宋元豐八年建。

永慶寺。在桐柏縣東北三里。宋大觀元年建。

福勝寺。在鄧州南關。宋天聖中建。名勝志：寺東北隅有古塔，凡十三層，高百丈，中有一井，水常泛溢，俗呼爲「海眼」云。

龍巢寺。在淅川縣東三十里。後魏太和中建。龍巢於此，故名，今其窟尚存。又香嚴寺，在縣東南白崖山。唐建，久廢。

乾明寺。在新野縣東南。名勝志：漢陰皇后故宅，後建爲寺。

吉祥寺。在内鄉縣東北。宋政和中建。

天寧寺〔一二〕。在内鄉縣東北馬山之陽。金明昌初重建。

開化寺。在裕州城内西北隅。宋元豐八年建，明洪武二年修，本朝順治十八年重修。

觀音寺。在裕州西南二十里。宋元豐八年建。

顯慶寺。在舞陽縣南。唐顯慶中建。

開元寺。在舞陽縣治西。唐開元中建。

奉恩寺。在葉縣河山里。唐天寶元年建。

元妙觀。在南陽縣西北二里。元至正中建。

太極觀。在鎮平縣治東北。

佑德觀。在鄧州南關。元中統二年建。

回陽觀。在淅川縣東南雷山下。唐貞觀三年建，古鐵雲板、石柱猶存。

奉仙觀。在内鄉縣治東。宋元祐初建。

長生觀。在内鄉縣南永青山。宋淳化中建。

仙翁觀。在裕州東北黄石山，葛仙翁上昇處。唐開元中建。

雙鳧觀。在葉縣治東北隅。唐建。

普濟宫。在内鄉縣西石堂山，即麻衣子修真之所。本名靈堂觀，唐貞觀中敕賜今額，歲時旱澇皆禱焉。本朝康熙二十年重修。

煉真宫。在裕州城北。後漢湖陽公主所建。

萬觀宫。在裕州東北黄石山麓。唐開元中建。

名宦

漢

鄭弘。剛人。宣帝時爲南陽太守。著治迹，條教法度爲後所述。

召信臣。壽春人。元帝時遷南陽太守。躬耕勸農，開通溝瀆，起水門凡十處，以廣灌溉，歲增田畝至三萬頃，民得其利，蓄積有餘，禁止奢靡，斥罷遊遨。户口增倍，盜賊獄訟衰止，吏民親愛，號之曰召父。

翟義。上蔡人。成帝時爲南陽都尉，行太守事。威振南陽。

王常。舞陽人。更始以常行南陽太守事，令專命誅賞。常性恭儉，遵法度，南方稱之。

杜詩。汲人。建武七年，遷南陽太守。性節儉而政治清平，以誅暴立威，善於計略，省愛民役。造作木排，鑄爲農器，百姓便之。又修治陂池，廣拓土田，比室殷足，時人方於召信臣。南陽爲之語曰：「前有召父，後有杜母。」

鮑昱。屯留人。建武中，爲比陽長。政化仁愛，境内清静。

阮況。永平中，爲南陽太守，有能名。

魯丕。平陵人。建武初，爲新野令。視事期年，州課第一。

鮑德。屯留人。肅宗時，爲南陽太守。時歲多凶災，惟南陽豐穰，吏人愛悦，號爲「神父」。郡學久廢，德修起黌舍，備俎豆黻冕，行禮奏樂，又尊饗國老，宴會諸儒，百姓歡服。

周章。隨人。仕郡爲功曹。時大將軍竇憲免，封冠軍侯就國。太守行春到冠軍，猶欲謁之，章進諫曰：「今日公行春，豈可越儀私交？且憲退就藩國，禍福難量，明府剖符大臣，舉止進退，其可輕乎？」太守不聽，章前拔佩刀絶馬韁乃止。

韓稜。舞陽人。永元中，遷南陽太守。發摘奸盜，郡中震慄〔一三〕，政號嚴平。

法雄。郿人。建平中，除平氏長。善政事，好發摘奸伏，賊盜稀發，吏人畏愛之。南陽太守鮑德上其理狀，乃遷宛陵令。

黄昌。餘姚人。拜宛令。政尚嚴猛，好發奸伏，大姓戰懼，皆稱神明。

趙戒。成都人。順帝時，遷南陽太守。糾豪傑，恤吏人，奏免中官貴戚子弟爲令長貪濁者。

成瑨。陝人。桓帝時，爲南陽太守。郡舊多豪强，中官黄門盤牙境界，瑨下車，振威嚴以檢攝之，署郡人岑晊爲功曹，張牧爲賊曹吏，委心晊、牧，褒善糾違，肅清朝府。郡人語曰：「南陽太守岑公孝，弘農成瑨但坐嘯。」

王暢。高平人。桓帝時，拜南陽太守。奮厲威猛，其豪黨有釁穢者，莫不糾發，豪右大震。後納功曹張敞之諫，更崇寬政，慎刑簡罰，教化遂行。郡中以奢靡相尚，暢常布衣皮褥，車馬羸敗，以矯其弊。

吴樹。下邳人。桓帝時，爲宛令。將之官，辭梁冀，冀賓客布在縣界，以情托樹，樹對曰：「小人奸蠹，比屋可誅。宛爲大都，士之淵藪，侍坐以來，未聞稱一長者，而多托匪人，誠非敢聞。」冀默然不悦。樹到縣，遂誅殺冀客爲人害者數十人。

郭晊。陽翟人。爲南陽太守，政有名績。

劉寛。華陰人。桓帝時，爲南陽太守。温仁多恕，吏人有過，但用蒲鞭示辱。每行縣，止息亭傳，輒引學官、祭酒及處士、諸生，執經對講。見父老，慰以農里之言；少年，勉以孝悌之訓。人感德興行，日有所化。

劉陶。潁陰人。除順陽長。縣多姦猾，陶到官，宣募吏民有氣力勇猛能以死易生者，不拘亡命姦臧，於是剽輕劒客之徒過晏等十餘人皆來應募。陶責其先過，要以後效，使各結所厚少年，得數百人，皆嚴兵待命。於是覆按姦宄，所發若神。以病免，吏人思而歌之曰：「悒然不樂，思我劉君。何時復來，安此下民。」

种拂。洛陽人。桓帝時，拜宛令。時南陽郡吏好因休沐游戲市里，爲百姓所患。拂出逢之，必下車公謁以愧其心，自是莫敢出者。政有能名。

楊彪。華陰人。光和中，爲南陽太守，以仁愛爲政。既去，百姓思之。

秦頡。中平初，爲南陽太守。黄巾張曼成攻殺前郡守，頡擊斬之。

羊續。平陽人。中平三年，爲南陽太守。時江夏兵趙慈叛，續入郡界，乃羸服間行，採問風謡，令長貪潔，吏民良猾，悉逆知其狀，郡内驚竦。乃發兵擊趙慈斬之，餘賊並詣續降。賊既平，乃班宣政令，候民病利，百姓歡服。府丞常獻生魚，續受而懸於庭，後又進之，續乃出前所懸者以杜其意。續妻與子祕俱往郡舍，續閉門不内，妻自將祕行。其資藏惟有布衾、敝袛裯、鹽、麥數斛而已，顧敕祕曰：「吾自奉若此，何以資爾母？」使與母俱歸。

應余。建安中，爲南陽郡功曹。時宛將侯音叛，余與太守東里衮迸竄得出。音遣騎追逐相及，賊便射衮，余身當箭，被七創，謂追賊曰：「我以身代君。」因涕泣，血淚俱下。賊見其義烈，釋衮不害。賊去之後，余亦命絶。

三國　魏

田豫。雍奴人。獻帝時，遷南陽太守。先時，郡人侯音反，衆數千人，在山中爲盜。前太守收其黨餘五百餘人，奏表皆當死。豫開其自新之路，破械遣之，諸囚皆叩頭願自效。即相告語，羣賊一朝解散，郡内清净。

楊俊〔一四〕。獲嘉人。獻帝時，爲南陽太守。宣德教，立學校，吏民稱之。

晉

杜預。杜陵人。咸寧中，守南陽。修召信臣遺蹟，引滍、淯諸水，灌田萬餘頃。分疆刊石，使有定分，公私同利，衆庶賴之，號曰杜父。

吾彦。吴人。爲順陽内史。清身率下，威刑嚴肅，衆皆畏懼。

潘尼。中牟人。爲宛令。在任寬而不縱，恤隱勤政，厲公平而遺人事。

劉璠。相人。爲順陽内史，江、漢之間翕然歸心。

魏該。東阿人。爲順陽太守。王敦謀逆，梁州刺史甘卓不從，欲觀該去就，試以敦旨動之。該曰：「我惟忠於國，王公舉兵向天子，非吾所宜與也。」及蘇峻叛，率衆救臺城。病卒。

丁穆。譙國人。孝武時，爲順陽太守。會苻堅遣衆來寇，穆戰敗，被執至長安，稱疾不仕。堅又傾國南寇，穆與關中人士倡義謀襲長安，事泄遇害。

南北朝　齊

劉思忌。新野太守。魏主引兵至新野，思忌拒守。攻之不克，築長圍守之，城陷不屈，遂遇害。

魏

韋珍。杜陵人。孝文初，以桓誕爲東荆州刺史，令珍爲使，與誕招慰蠻左。珍至桐柏山，窮淮源，宣揚恩澤，凡所招降七萬餘户，置郡縣而還。

韋孝寬。杜陵人。普泰中，除淅陽郡守。時獨孤信爲新野郡守，與孝寬情好款密，政術俱美，荆部吏人，號爲連璧。

周

薛慎。汾陰人。保定初，爲湖州刺史。時界雜蠻夷，恒以劫掠爲務，慎乃集諸豪帥，具宣朝旨，殷勤戒諭。一年之間，翕然向化。又蠻俗婚娶之後，父母雖在，即與别居。慎親自誘導，示以孝慈，有數户蠻别居數年，遂還侍養，風化大行。

樂遜。猗氏人。天和初，爲湖州刺史。人多蠻左，未習儒風，遜勸厲生徒，加以課試，數年之間，化洽州境。

隋

李孝貞。柏人人。開皇中，爲蒙州刺史，吏民安之。

蘇孝慈。扶風人。開皇中，爲析州刺史，有惠政。

柳旦。解人。開皇中，爲析州刺史，有能名。

張奫。清河人。高祖時，爲顯州刺史，有能名。

皇甫無逸。京兆萬年人。大業中，爲淯陽太守，治爲天下最。

唐

吕子臧。河東人。武德初，拜鄧州刺史，與馬元規並力擊朱粲。時粲新衂復張，臧嬰城守，會霖雨，雉堞摧剥，或勸其降，曰：「我天子方伯，肯降賊乎！」率麾下數百人赴敵死。

馬元規。安陸人。持節下南陽，與呂子臧擊朱粲。爲所圍，城陷，不屈死之。

雷四郎。鄧州總管。武德三年，王世充陷鄧州，死之。

陳君賓。貞觀初，爲鄧州刺史。州承喪亂之後，百姓流冗，君賓加意勞徠，不期月皆還業。明年，四方霜潦，獨君賓所治有年，倉儲充羨，蒲、虞二州民就食其境。太宗下詔勞之。

魯炅。薊人。明皇時，爲南陽太守，尋遷山南節度使，保南陽。賊使哥舒翰招下不從，田承嗣繼至，被圍凡一年，晝夜戰，人至相食，城中一鼠直四百，卒無救至。至德二載五月，乃率衆突圍走襄陽。承嗣尾擊，炅殊死戰，賊引去。初賊欲剽亂江湖，賴炅適扼其衝，故南夏以完。

趙矜。德宗時，爲舞陽簿。吴少誠反，矜誓不從叛，以縣來歸。

張嘉瑜。貞元十五年，吴少誠陷唐州，嘉瑜時爲守將，死之。

狄兼謨。太原人。文宗時，爲鄧州刺史。歲飢，發粟賑濟，民不流徙。

盧祥。會昌人。爲唐州刺史，興復召信臣陂堰，甚有勞勣。

宋

蘇易簡。桐山人。淳化初，知鄧州，以詩書飭吏事，甚得人心。

趙延進。頓丘人。淳化中，知鄧州。飛蝗不入境，下詔褒之。

寇準。下邳人。至道初，知鄧州。以寬慈待民，民甚德之。

張知白。清池人。咸平中，知鄧州。會關右流傭至境，知白既發倉廩，又募民出粟以濟。

謝絳。富陽人。真宗時，知鄧州。距州百二十里有美陽堰，引湍水溉公田，水來遠而少，利不及民。瀕堰築新土爲防，歲數壞，輒調民增築，奸人蓄新茭以時其急，往往盜決。絳按召信臣六門堰故迹，距城三里，壅水注鉗廬陂，溉田至三萬頃。

范仲淹。吳人。仁宗時，知鄧州。後徙荆南，鄧人遮使者請留，仲淹亦願留鄧，許之。

趙尚寬。河南人。嘉祐中，知唐州。州經五代亂，土曠民稀，尚寬乃按視圖記，得漢召信臣陂渠故迹，益發卒復疏三陂一渠，溉田萬餘頃。又教民自爲支渠，轉相浸灌，四方之民來者，請以荒田計口授之。又貸民官錢買耕牛。比三年，榛莽復爲膏腴，增户萬餘。三司使包拯上其事，進秩賜金，民圖像以祠。王安石、蘇軾作新田、新渠詩以美之。

高賦。中山人。繼趙尚寬，知唐州。益募兩河流民，計口給田使耕，作陂堰四十四，再滿再留，比其去，田增闢三萬一千三百餘頃，户增萬一千三百八十，歲增税二萬二千二百五十有奇。璽書褒諭，宣布治狀以勸天下。民爲立生祠。

劉蒙。渤海人。神宗時，知湖陽縣。議免役法，蒙以爲不便，不肯與議。退而條上其害，即投劾去。

燕若沖。元豐中，知南陽縣。政治清平，修陂堰，闢土田，比屋殷富，歲資豐稔。

董敦逸。永豐人。元祐初，知穰縣。提舉官調民鑿馬渡港，云可溉田二百頃，敦逸言於朝，以爲利不補害。核實如敦逸言，免役夫十六萬，全舊田三千六百頃。

劉汲。丹稜人。建炎初，以直龍圖閣知鄧州。金兵來攻，汲募得敢死士四百人禦之，力不敵，遂死之。

金光庭。羅源人。知南陽縣。建炎初，金人陷南陽，不屈死。

呂由誠。開封人。監鄧州酒稅。臨事精敏，老吏不能欺。會營兵竊發，聚衆閉城，守貳逃匿，由誠親往招諭，賊斂兵聽令。以功遷秩。

李道。相州人。爲武勝軍承宣使，武興巒楊再興連歲寇掠，道破其衆，擒再興及其二子。

金

舒穆魯兀毅。明昌中，同知武勝軍節度事。别郡有殺人者，屢鞫不伏，兀毅訊不數語，即具服。河東北路田多山坂磽瘠，大比時定爲上賦，民力久困。朝廷命相地更賦，兀毅以三壤法平之，民賴其利。「舒穆魯兀毅」舊作「石抹兀毅」，今改正。

劉從益。渾源人。大安初，知葉縣。修學勵俗，有古良吏風。葉自兵興，户減三之一，田不毛者萬七千畝有奇，其歲入七萬石如故，從益請於大司農爲減一萬，流亡歸者四千餘家。被召卒，葉人立石頌德，以致哀思。

烏庫里黑漢。天興間，權唐州刺史，行帥府事。鎮防軍有歸宋之謀，獨裕州聶都統一軍在州，黑漢與之固守。宋兵攻益急，求救不至，城中糧盡，人相食，黑漢殺愛妾啖士，士争殺其妻子。總領趙醜兒開四門納宋軍，黑漢率兵巷戰，軍敗被獲，不屈死之。「烏庫里黑漢」舊作「烏古論黑漢」，今改正。

元

梁曾。中統十六年，除南陽知府。南陽在宋末爲邊鄙，桑柘未成而歲賦絲，民甚苦之。曾請折輸布以便民。

尚野。滿城人。至元二十八年，南陽縣尹。初至官，獄訟充斥，野裁決無留滯，涉旬遂無事。

喜同。河西人。爲南陽縣達魯噶齊。居二歲，妖賊起，抵南陽。南陽無城無兵，喜同見賊勢盛，與家人訣，策勵義兵，奮力與賊搏。賊退，明日復至，知無後援，戰愈急，南陽遂陷。喜同突圍，身被數創，見執，被害。「達魯噶齊」舊作「達魯花赤」，今改正。

莊文昭。至正間，爲南陽府尹。勸民耕種，興水利，置義倉，建燕居堂以教郡子弟，民既殷富，教化大行。

明

段堅。蘭州人。成化中，爲南陽知府。召州縣學官，具告以古人爲學之指，使轉相勸誘。創志學書院，聚秀民講説古今要義及濂洛諸儒遺書；建節義祠，祀古先烈女；去豪强貪墨必盡，而訟獄徭賦務底於平。居數年，大治。

郁采。山陰人。正德中，爲裕州同知。流賊率衆來攻，采與都指揮詹濟、在籍御史任賢共堅守，斬獲甚多。城陷，被執，采罵賊不輟，賊碎其輔頰而死。濟、賢亦不屈被害。

唐天恩。常熟人。正德中，爲葉縣知縣。流賊陷城，死之。

岳鍾秀。山陽人。萬曆中，知新野縣。部内多豪猾，持長吏短長，鍾秀課農桑，省徭役，月朔集父老，以孝友勉其子弟。久乃化其至誠，即豪猾亦自斂。比歸，士民泣送數百里，署中古木多巢烏，亦隨車飛噪，數日乃還。縣人作義烏傳紀之。

何騰蛟。黎平衛人。崇禎中，授南陽知縣。地當羣盜往來，騰蛟戰守有備，賊來輒挫。從巡撫陳必謙破賊安皋山，斬首四百餘級。又討平土寇，益知名。

艾毓初。米脂人。崇禎中，授内鄉知縣。毓初生長邊陲，習戰事。六年冬，流賊來犯，埋大礮於外，城中燃線發之，賊死無算，遂解去。歷官右參議，分守南陽，與知府顔日愉卻賊有功。賊復至，偕總兵猛如虎、劉光祚堅守，食盡援絶，自縊死。如虎、光祚亦死之。

孫澤盛。掖縣人。爲鄧州知州。崇禎十年，張獻忠破其城，澤盛與同知薛應齡皆戰死。

顔日愉。上虞人。崇禎初，除葉縣知縣，後以南陽要衝，命爲知府。大治守具。十四年，賊猝至登城，日愉擊殺之幾盡，城獲全。日愉亦負重傷，殞於城上。贈太僕卿。

潘弘。山陽人。崇禎十三年，爲舞陽知縣。明年，李自成、羅汝才攻陷南陽，縱兵覆所屬州縣。民慮賊屠城，請委曲紓禍，弘叱曰：「吾守土吏，當與土存亡，豈能降賊求活耶？」賊薄城，發礮擊之，多斃。城中人潛與賊約降，縛弘以獻。弘怒駡不屈，死。子登瀾，亦赴井死。

劉振世。豐潤人。崇禎中，爲鄧州知州。十四年，流賊陷城，振世與吏目李國璽、千户余承蔭、李錫皆抗節死。

姚運熙。山東人。崇禎中，爲南陽知縣。十四年，賊攻陷南陽，運熙與主簿門迎恩、訓導楊氣開皆死之。

鍾其碩。成縣人。崇禎中，爲鎮平知縣。城陷被執，駡賊死。

龔新。南昌人。崇禎中，爲内鄉知縣，流賊陷城，不屈死。

王士昌。寧州人。爲泌陽知縣。崇禎十四年，張獻忠破信陽，獲左良玉旗幟，假之以登城。士昌懷印端坐，被縛，不屈死。

姚昌祚。臨晉人。崇禎十四年，爲泌陽知縣。甫數月遘變，手斬數賊，力屈死。典史雷晉暹亦戰死。

邱懋素。崇禎十五年，爲南陽知府。李自成再陷南陽，懋素駡賊不屈，闔門被害。

韓醇。四川人。崇禎中，爲新野知縣。流賊陷城，不屈死。又主簿江朝瀛，歙縣人，典史惠永禎，朝邑人，同時殉節。

本朝

王燕翼。河間人。順治二年，知南陽府。時拐河土寇未靖，燕翼招撫來歸，地方安堵。初赴任時，單騎就道，止以一蒼頭自隨。粗衣菲食，内鄉令某饋一羊裘，曰：「此亦民膏也。」卻之。

馬迪吉。夏縣人。順治二年，知鄧州。修治城池，拊循户口，百廢俱舉，流民復業。會土寇劉二虎率衆數萬掩城，迪吉鼓勵士民，誓以死守。糧盡，殺牛爲食，撤屋爲薪，人無異志，賊計窮遁去。

趙耀。阜平人。順治二年，知舞陽縣。時流氛未息，耀申請招撫，單騎入裕州。土寇李好寨，諭降之。西平寇渠劉洪起，亦投戈來附。招集流亡，民復業者相繼。

胡養素。直隸人。順治三年，知内鄉縣。多善政，流寇餘黨攻城，死之。

張光祁。歙縣人。順治四年，知鄧州。治尚嚴明，而居心寬厚。鄧自明季以來，僉里長解糧，當其役者家輒破。光祁申請更制，立官解法，州人感德若更生。祀名宦。

任克溥。平山衛人。順治七年，除南陽府推官。摘奸伏，革積弊，官吏肅然奉法。

許鴻翔。榆林人。順治十一年，知葉縣。時拐河土寇作亂，鴻翔練鄉兵，躬擐甲胄，削平之。

張蓋。濮州人。順治十五年，知舞陽縣。值歲凶，民飢盜起，蓋區畫賑濟，捕緝有方，民無流離而盜以息。境内戴之如父母云。

張三異。漢陽人。順治間，任南陽府同知。時烽烟初靖，郡邑彫敝，三異安輯流移，勸開磽壤，又創興水利，蓄洩有方，旱澇無患。祀名宦。

田介。京山人。康熙三年，知唐縣。時邑民爲錢糧所累，多逃竄者。介募新墾以抵荒糧，編現户以補逃丁，民困盡除。任事三年，凡城池、公署、學校修理咸備。祀名宦。

高以永。嘉興人。知内鄉縣。招民開墾荒蕪，貸給牛種，兼督令樹桑、麻、棗、栗，自是田疇彌望。時大兵駐襄陽，鄰内鄉南鄙，將吏多出金誘民爲奴僕，逃則繫縲其家室。以永莅任甫三日，有二悍卒奪門稱將軍命，縛人於市，以永械送巡撫，正其罪，邑人獲安。祀名宦。

李之性。商丘人。任歸德營把總。值吴逆變，檄調南陽守禦。康熙十五年，攻魏家寨陣殁。詔加優卹，廕二子，祀名宦。

校勘記

〔一〕設巡司駐戍守　乾隆志卷一六六南陽府關隘（下同卷簡稱乾隆志）無「駐」字。按，駐、戍二字不必同出，蓋衍其一。

〔二〕穰城有順陽新野穰東板橋四鎮　「穰城」，原作「攘城」，據乾隆志及金史卷二五地理志改。

〔三〕曲河　「河」，原作「阿」，乾隆志同，據元豐九域志卷一京西路改。

〔四〕縣有青臺許封羅渠新寨四鎮　「寨」，原作「塞」，乾隆志同，據元豐九域志卷一京西路改。

〔五〕澧水橋　「澧」，原作「灃」，據乾隆志及雍正河南通志卷八橋梁改。按，此澧水據其方位，當是本志卷二一〇南陽府山川之醴水，又稱澧河。下文淮安渡條「澧河」亦訛作「灃河」，亦據乾隆志改。

〔六〕永寧堰　「寧」，原作「安」，據乾隆志改。按，本志避清宣宗諱改字也。

〔七〕馬裕堰　「馬」，乾隆志及雍正河南通志卷一八水利皆作「烏」，疑此誤。

〔八〕蹇楊溝堰　「蹇」，乾隆志作「寨」。

〔九〕土堰　乾隆志作「上堰」。

〔一〇〕八迭堰　雍正河南通志卷一八水利同，乾隆志作「九迭堰」。

〔一一〕月皮堰　乾隆志作「日皮堰」，雍正河南通志卷一八水利作「日陂堰」。

〔一二〕天寧寺　「寧」，原作「安」，據乾隆志改。按，本志避清宣宗諱改字也。

〔一三〕郡中震慄　「慄」，原作「懷」，據乾隆志改。

〔一四〕楊俊　「俊」，原作「浚」，據乾隆志及三國志卷二三魏書楊俊傳改。

大清一統志卷二百十三

南陽府四

人物

漢

陳恢。宛人。沛公圍宛城三帀，南陽守欲自剄，舍人陳恢踰城見沛公，曰：「爲足下計，莫若約降，封其守，因使止守，引其甲卒與之西。諸城未下者，聞聲争開門而待足下，通行無所累。」沛公乃以宛守爲殷侯，封陳恢千户。引兵西，無不下者。

直不疑。南陽人。文帝時爲郎。有同舍告歸，誤持其同舍郎金去。亡金者疑不疑，不疑買金償之。後告歸者至，歸金，亡金郎大慚，以此稱爲長者。或毁其盗嫂，不疑曰：「吾乃無兄。」然終不自明也。遷至中大夫，拜御史，封塞侯，謚曰信。

張釋之。南陽堵陽人。以貲爲騎郎，事文帝，拜謁者僕射。從登虎圈，上問上林尉諸禽獸簿，尉不能對，虎圈嗇夫從旁代對，響應無窮者。詔拜嗇夫爲上林令，釋之曰：「陛下以嗇夫口辯而超遷之，臣恐天下隨風靡，争口辯，無其實也。」文帝乃止。拜公車令。太子與梁王共車入朝，不下司馬門，釋之追止太子、梁王，劾不敬。拜中大夫。爲廷尉，持議平，天下稱之。景帝時，出爲淮南王相，病卒。子摯，官至大夫，免。以不能取容當世，故終身不仕。

杜延年。南陽杜衍人。初補軍司空，遷諫大夫。因發上官桀逆謀，封建平侯，擢爲太僕右曹給事中。霍光持刑罰嚴，延年輔之以寬，數言宜修孝文時政，以儉約寬和，順天心，悦民意。光納其言。舉賢良。議罷酒榷、鹽鐵，皆自延年發之。霍光薨，延年坐免官。召拜北地太守，徙西河，徵入爲御史大夫。病篤，賜安車駟馬就第，卒，謚曰敬侯。

杜欽。延年子。少好經書，目偏盲。茂陵杜鄴與欽同姓字，俱以才能稱，京師衣冠謂欽盲子夏，欽乃爲小冠，京師更謂欽小冠子夏。王鳳奏請欽爲大將軍武庫令。詔舉賢良方正、能直言士，合陽侯梁放舉欽，歷陳災異。爲議郎，以病免。徵詣大將軍幕府，國家政謀，鳳常與欽慮之。欽數稱達名士，救解罪過，及繼功臣絶世，鎮撫四夷，當世善政，多出於欽者。優游不仕，以壽終。兄子業有材能，爲太常，數言得失，不事權貴。

孔休。南陽宛人。守新都令。王莽時，去官歸家，莽請爲國師，嘔血託病，杜門自絶。光武即位，求子孫賜穀以旌表之。

樊重。南陽湖陽人。性温厚有法度，三世共財，子孫朝夕禮敬，常若公家。其營理産業，物無所棄，課役僮隸，各得其宜。貲至巨萬，而賑贍宗族，恩加鄉閭，縣中稱美，推爲三老。年八十餘終。後光武過湖陽，祠重墓，追爵謚爲壽張敬侯，立廟湖陽。

鄧晨。南陽新野人。娶光武姊元。更始立，以晨爲常山太守。光武自薊走信都，晨亦間行會鉅鹿下，光武曰：「偉卿以一身從我，不如以一郡爲我北道主人。」晨從光武追銅馬、高胡羣賊於冀州，發積射士千人，又遣委輸給軍不絶。晨好樂郡職，歷中山、汝南太守，吏民稱之。後拜光禄大夫。建武十九年，封西華侯。卒，謚曰惠。

李休。南陽宛人。王莽竊位，漢祚中移。休少好學，游心典謨，鈎深極奥，窮覽妙旨，古今疑義，前人所希論，後學所不覽者，休盡剖判，靡不明晰。凡朝臣優禮請者皆不就。永壽三年卒于家。

鄧禹。南陽新野人。年十三，受業長安，見光武知非常人，遂相親附。及聞光武安集河北，即杖策北渡，追及於鄴，説以延攬英雄，務悦民心。光武大悦，常與定計議，任使諸將，多訪於禹，所舉皆當其才。赤眉西入關，光武欲乘釁并關中，以禹沉深有大度，故授以西討之略，拜前將軍，持節西入關。河東都尉守關不開，禹守十日攻破之。樊參將數萬人度大陽攻禹，禹逆擊於解南，大破之，斬參首，遂定河東。拜大司徒，封酇侯，時年二十四。是時赤眉所過殘賊，百姓不知所歸，聞禹乘勝獨克，師行有紀，皆望風迎降，日以千數，禹所至輒停車以勞來之。建武十三年，定封高密侯。禹內文明，篤行淳備，事母至孝。天下既定，常欲遠名勢。有子十三人，各使守一藝，修整閨門，教養子孫，皆可爲後世法。資用國邑，不修産利，帝益重之。顯宗即位，拜爲太傅。薨，謚曰元侯。

吴漢。南陽宛人。説彭寵歸光武，拜偏將軍。尋拜大將軍，持節北發十郡突騎，幽州牧苗曾陰敕諸郡，不肯應調。漢將二十騎先馳至無終，收曾斬之，北州震駭，城邑莫不望風弭從。光武北擊羣賊，漢常將突騎五千爲軍鋒，數先登陷陣。拜大司馬，封廣平侯，東方悉定。建武十一年，率岑彭等伐公孫述，與述戰於廣都、成都之間，八戰八克。護軍高午殺述，振旅浮江而還。漢性强力，每從征伐，帝未安，恒側足而立。諸將見戰不利，或失其常度，漢意氣自若，方整厲器械，激揚吏士，帝歎曰：「吴公差强人意，隱若一敵國矣。」嘗出征，妻子在後買田業，漢還，讓之曰：「軍師在外，吏士不足，何多買田宅乎？」遂盡以分昆弟外家。病篤，車駕親臨，問所欲言。對曰：「願陛下慎無赦而已。」薨，謚曰忠侯。

賈復。南陽冠軍人。少好學，習尚書。光武以爲偏將軍，從擊青犢於射犬，大戰，至日中，賊堅陳不卻，復被羽先登，所向皆靡，賊乃敗走。拜執金吾，遷左將軍。復從征伐，未嘗喪敗。數與諸將潰圍解急，身被十二創。諸將每論功自伐，復未嘗有言。帝輒曰：「賈君之功，我自知之。」十三年，定封膠東侯。復爲人剛毅方直，多大節，以列侯就第，闔門養威重。卒，謚曰剛侯。

岑彭。南陽棘陽人。光武徇河內，召見彭，拜刺姦大將軍。從平河北，拜廷尉，行大將軍事。圍洛陽，説朱鮪面縛出降，遷征南大將軍。南擊秦豐，潛兵渡沔水，從川谷間，伐木開道，直襲黎丘，擊破諸屯兵，豐敗走。更封武陰侯。敕彭擊蜀，長驅入江關，徑拔武陽，使精騎馳廣都，去成都數十里。公孫述大驚，以杖擊地曰：「是何神也？」乃使客夜刺殺彭。彭持軍嚴整，秋毫無犯。謚曰壯侯。蜀人爲立廟武陽。

朱祐。南陽宛人。世祖討河北，以祐爲護軍，常力戰陷陣，拜建義大將軍。建武二年，討延岑破之。四年，圍秦豐於黎丘，破其將張康於秦陽，斬之。擊延岑餘黨陰、酇、筑陽三縣賊，悉平之。祐爲人質直，尚儒學。將兵率衆，多受降，以克定城邑爲本，不存首級之功。禁制士卒，不得虜掠百姓。十三年，定封高侯。

馬武。河南湖陽人。從世祖擊羣賊，常爲軍鋒，力戰無前。爲侍中、騎都尉。破龐萌，走隗囂，以功定封楊虛侯。武爲人闊達敢言，在御前面折同列，無所回忌。顯宗時，征西羌，以武爲將軍，屢破之。

劉隆。南陽安衆侯宗室。從世祖爲騎都尉，與馮異共拒朱鮪、李軼，累拜誅寇將軍。討平李憲，屯田武當。後以中郎將副馬援擊交阯，破之，獲其帥徵貳，降二萬餘人。還爲驃騎將軍，行大司馬事。後定封愼侯。卒，謚曰靖。

馬成。南陽棘陽人。少爲縣吏。世祖討河北，以成爲期門，從征伐，遷護軍都尉。建武四年，拜揚武將軍，督發會稽、丹陽、九江、六安四郡兵，擊李憲，盡平江、淮地。後屯常山、中山，以修北邊，繕治障塞。在事五六年，北方無事。定封全椒侯。

陳俊。南陽西鄂人。光武徇河北，以爲安集掾。從擊銅馬賊於清陽，拜强弩將軍。與五校戰於安次，俊下馬，手接短兵，所向必破。建武二年，別擊金門、白馬賊於河内，又拔南武陽。是時太山豪傑多擁衆與張步連兵，拜俊太山太守，行大將軍事。定太山，與耿弇共破張步。徙琅琊太守。齊地素聞俊名，入界，盜賊皆解散。帝美其功，詔俊得專征青、齊。十三年，定封祝阿侯。

杜茂。南陽冠軍人。初歸光武於河北，爲中堅將軍。常從征伐，拜大將軍。擊五校賊於魏郡、清河、東郡，悉平諸營保，道路流通，拜爲驃騎大將軍。建武七年，詔引兵屯田晉陽、廣武，鎮守北邊。十五年，定封參蘧鄉侯。

任光。南陽宛人。更始初，爲信都太守。及王郎起，郡國皆降之，光武自薊還，不知所向，聞信都獨爲漢堅守，即馳赴之。拜光爲左大將軍，使將兵從。光移檄於他邑，旬日之間，兵衆大盛，因攻城邑，遂屠邯鄲。建武初，定封阿陵侯。

王常。潁川舞陽人。下江兵起，常説其將帥，引兵與漢軍合，破王尋、王邑。建武二年，常將妻子詣洛陽。光武見常，甚勤勞之，拜爲左曹，封山桑侯。帝於大會中，指常謂羣臣曰：「此家率下江諸將，輔翼漢室，心如金石，真忠臣也。」是日遷爲漢忠將軍。南擊鄧奉、董訢，北擊河間、漁陽，從破蘇茂、龐萌，平沛郡賊。七年，拜横野大將軍，位次與諸將絶席。卒，謚曰節。

李通。南陽宛人。首謀與光武起兵，光武即位，徵爲衛尉。建武二年，封固始侯，拜大司農。帝每征討四方，嘗令通居守京師，鎮撫百姓。修宫室，起學宫，後拜大司空。通布衣倡義，助成大業，特見親重。然性謙恭，嘗欲避權勢，自爲宰相，謝病不視事。卒，謚曰恭。

卓茂。南陽宛人。學於長安，事博士江生，習詩書及曆算，究極師法，稱爲通儒。嘗出行，有人認其馬，默解與之，他日馬主别得亡者，乃詣茂送焉。後以黄門遷密令，數年教化大行。平帝時，遷京部丞。王莽居攝，以病免。更始立，以茂爲侍中祭酒，知更始政亂，乞骸骨歸。光武即位，訪求茂，拜太傅，封褒德侯。建武四年薨。初，茂與同縣孔休、陳留蔡勳、安衆劉宣、楚國龔勝、上黨鮑宣六人，同志不仕莽，並名重當時。

來歙。南陽新野人。父仲，哀帝時爲諫大夫，娶光武祖姑，生歙。漢兵起，王莽以歙劉氏外屬，乃收繫之，賓客共篡奪得免。建武五年，拜中郎將，持節使隗囂。囂將殺歙，歙爲人有信義，言行不違，西州士大夫皆信重之，多爲其言，故得免而東歸。八年，歙將二千人，伐山開道，從番須、回中逕至略陽，斬囂守將，因保其城。囂鋭攻之，歙堅守，自春至秋，帝自將上隴，圍解。詔歙率馮異等入天水，攻拔落門，天水屬縣皆降，隴西平。歙乃傾倉廩，轉運諸縣以賑贍之，於是隴右遂安，而涼州流通焉。十一年，與蓋延、馬成進攻公孫述將於河池、下辨，陷之，乘勝遂進。蜀人大懼，使刺客刺歙，未殊，馳召蓋延，延悲哀不能仰視。歙叱延曰：「虎牙何敢然！今使者中刺客，故呼巨卿，欲相屬以軍事，而反效兒女涕泣乎？」延收淚强起，受所誡。又自書表，投筆抽刃而絶。帝省書覽涕，賜策贈中郎將、征羌侯印綬，謚曰節。

韓歆。南陽人。光武時爲大司徒。以從征伐有功，封扶陽侯。好直言，無隱諱，帝每不能容。嘗證歲將饑凶，言甚剛切，坐免歸田里，自殺。歆素有重名，死非其罪，衆多不厭，帝乃追賜錢穀，以成禮葬之。

丁綝。潁川定陵人。王莽末守潁陽尉。世祖略地潁陽，綝說其宰，遂與俱降。因從征伐，將兵先渡河，移檄郡國，攻營略地，下河南、陳留、潁川二十一縣，拜河南太守。及封功臣，綝願封本鄉，帝從之，封新安鄉侯。後復徙封陵陽侯。

尹敏。南陽堵陽人。習歐陽尚書，兼善毛詩、穀梁、左氏春秋。建武二年，上疏陳洪範消災之術，拜郎中。帝以敏博通經記，令校圖讖。敏對曰：「讖書非聖人所作，恐疑誤後生。」帝不納。敏與班彪親善，每相遇，輒日旰忘食，夜分不寢。後三遷長陵令。永平十一年，遷諫議大夫。卒於家。

洼丹。南陽淯陽人。世傳孟氏易。王莽時，常避世教授，專志不仕。建武初，爲博士，遷大鴻臚，作易通論七篇，世號洼君通。丹學義研深，易家宗之，稱爲大儒。十七年卒於官。

孔喬。南陽宛人。學古文尚書、春秋左氏傳。常幽居修志，鋭意典籍，至乃歷年身不出門，鄉里莫得瞻見。建武初，公車徵不行。卒於家。

李善。南陽淯陽人。本同縣李元蒼頭。建武中疫疾，元家相繼死，惟孤兒續始生數旬，而貲財千萬。諸奴僕謀殺續，分其財產，善力不能制，乃潛負續逃去。隱山陽、瑕丘界中，親自哺食，乳爲生湩。續年十歲，善與歸本縣，修理舊業，告奴婢於長吏，悉收殺之。時鍾離意爲瑕丘令，上書薦善行狀，光武詔拜善及續並爲太子舍人。善以能理劇，累遷九江太守。未至，道病卒。續至河間相。

茨充。南陽宛人。舉孝廉，之京師，同侶馬死，充到前亭，舍車，持馬還相迎。鄉里號之曰：「一馬兩車茨子河。」光武時，爲桂陽太守。

張堪。南陽宛人。早孤，讓父餘財數百萬與兄子。受業長安，志美行厲。世祖召拜郎中，遷謁者。詣大司馬吴漢，伐公孫述，在道追拜蜀郡太守。時漢軍餘七日糧，陰具船欲去，堪馳說漢不宜退師。成都既拔，堪慰撫吏民，蜀人大悅。後領驃騎將軍，擊破匈奴於高柳，拜漁陽太守，卒。

樊仲華。南陽新野人。與光武少游舊。建武初，徵爲侍御史，遷河東都尉，歷揚州牧，卒天水太守。顯宗追思其政，詔賜家錢百萬。子融，有俊才，好黄老，不肯爲吏。

樊宏。南陽湖陽人。少有志行。赤眉多所殘殺，聞宏仁厚，皆稱曰：「樊君素善，何心攻之。」引兵而去。世祖即位，拜光禄大夫，位特進。建武十五年，定封壽張侯。宏爲人謙柔畏慎，不求苟進。所上便宜及言得失，輒手自書寫，毁削草本。宗族染其化，未嘗犯法，帝甚重之。卒，遺令薄葬。謚曰恭。

陰識。南陽新野人，光烈皇后前母兄。建武元年，爲騎都尉，遷侍中。十五年，定封原鹿侯。帝每巡郡國，識嘗留鎮守京師。入雖極言正議，及與賓客語，未嘗及國事，帝敬重之。常指識以敕戒貴戚，激厲左右焉。顯宗即位，拜識爲執金吾，位特進。卒，謚曰貞。

陰興。光烈皇后母弟。建武二年，爲黄門侍郎，守期門僕射。將武騎從征伐，平定郡國。雖好施接賓，然門無俠客。與同郡張宗、上谷鮮于裒不相好，知其有用，猶稱所長而達之。張汜、杜禽與興厚善，以爲華而少實，但私之以財，終不爲言，是以世稱其忠平。九年，遷侍中，帝欲封之，興固讓。後拜衛尉，領侍中。卒，追謚翼侯。

任延。南陽宛人。年十二，顯名太學，號爲任聖童。更始元年，拜會稽都尉。建武中，拜武威太守。帝戒之曰：「善事上官，無失名譽。」延對曰：「履正奉公，臣子之節。上下雷同，非陛下之福。善事上官，臣不敢奉詔。」帝歎息曰：「卿言是也。」顯宗時，又歷潁川、河内二郡太守。病卒。

郭丹。南陽穰人。少從師長安，嘗爲都講，諸儒咸敬重之。王莽徵之，逃於北地。更始初，徵拜諫議大夫。更始敗，諸將悉歸光武，獲封爵，丹獨保平氏不下，爲更始發喪盡哀。建武十三年，大司馬吴漢辟舉高第，再遷并州牧，轉爲左馮翊。永平三年，爲司徒。在朝廉正公直，與侯霸、杜林、張湛、郭伋齊名相善。出典州郡，入爲三公，家無遺産。

趙憙。南陽宛人。少有節操。更始徵爲郎中，拜中郎將。更始敗，亡走。遇更始親屬，皆饑困不能前，憙見之悲感，所裝縑帛資糧，悉以與之，將護歸鄉里。時鄧奉反於南陽，憙與奉善，數遺書切責之。光武得憙書，乃驚曰：「趙憙長者也。」即以憙守簡陽侯相，累拜太尉。帝崩，憙受遺詔，典喪禮。時舊典不存，皇太子與東海王等雜止同席，憙正色階殿，扶下諸王，以明尊卑，整禮儀，嚴門衛，内外肅然。封節鄉侯。肅宗即位，進太傅，録尚書事。建初五年，薨。謚曰正侯。

宋均。南陽安衆人。以父任爲郎，好經書，善論難。調補辰陽長，後爲謁者。詔均監馬援軍討武陵蠻。援卒，軍士多病死，乃矯制調伏波司馬吕种入賊營，告以恩信，因勒兵隨其後，蠻夷共斬其大帥降。於是散其衆，遣歸本郡，爲置長吏而還。累遷九江太守。永平七年，徵拜尚書令。每有駮議，多合上旨。出爲河内太守，以疾上書乞免。均性寬和，不喜文法，常以爲吏能宏厚，雖貪污放縱，猶無所害。至於苛察之人，身或廉法，而巧黠刻削，毒加百姓，災害流亡，所由而作。帝後聞其言追悲之。

朱暉。南陽宛人。早孤有氣節。初，光武與暉父岑俱學長安，及即位，岑已卒，召暉拜爲郎。尋以疾去，卒業於太學。性矜嚴，進止必以禮。新陽侯陰就慕暉賢，自往候之，暉避不見，致禮，閉門不受。就歎曰：「志士也，勿奪其節。」後爲衛士令，再遷臨淮太守，坐法免。建初中，南陽大飢，盡散其家資，以分宗里故舊之貧羸者。元和中，拜尚書僕射，上便宜陳密事，深見嘉納。尚書張林請封錢用布帛爲租，暉言不可施行，帝發怒切責，暉等皆自繫獄。詔出之。遷爲尚書令，以老病乞身，拜騎都尉。和帝時，竇憲北征，暉復上疏諫。頃之病卒。子佶，修儒術，安帝時至陳相。

馮魴。南陽湖陽人。有方略。建武三年，徵詣行在所，見於雲臺。拜虞令，遷郟令，再遷魏郡太守，以高第入爲太僕。中元元年爲司空，二年封陽邑鄉侯。永平七年，爲執金吾。魴性矜嚴公正，在位數進忠言，多所納用。子柱，爲侍中，以恭肅謙約稱。位至將作大匠。

樊鯈〔一〕。宏之子。謹約有父風，事後母至孝。及母卒，哀思過禮，毁病不自支，世祖常遣中黄門朝暮送饘粥。永平元年，拜長水校尉，與公卿雜定郊祀禮儀。北海周澤、琅琊承宮並海内大儒，鯈皆以爲師友，而致之於朝。二年，徙封鯈燕侯。廣陵王荆有罪，詔鯈與任隗雜理其獄，事竟，奏請誅荆。帝怒曰：「諸卿以我弟故欲誅之，即我子，卿等敢爾耶？」鯈對曰：「天下，高帝天下，臣等以荆屬托母弟，故敢請耳。如令陛下子，臣等專誅而已。」帝歎息良久。十年卒，謚曰哀。初，鯈删定公羊嚴氏春秋章句，世號「樊侯學」，教授門徒，前後三千餘人。次子梵，爲郎二十餘年，三署服其重慎，悉推財物二千餘萬與孤兄子。官至大鴻臚。

鄧訓。禹第六子。少有大志，樂施下士。永平中，理虖沱、石臼河，以通漕運。拜訓謁者，使監領其事。訓考量隱括，知大功難立，奏罷其役。更用驢輦，歲省費億萬計，全活徒士數千人。歷官至護羌校尉。訓雖寬中容衆，而於閨門甚嚴，兄弟莫不敬憚。諸子進見，未嘗賜席接以温色。永元四年，卒官。謚曰平壽敬侯。

鄧彪。南陽新野人。彪少勵志修行。父卒，讓國與異母弟鳳，顯宗高其節。後仕州郡，歷遷太尉，在位清白，爲百僚式。和帝即位，以彪爲太傅，録尚書事。當時宗其禮讓。以老病上還樞機職，詔賜養牛酒而許焉。

韓棱。潁川武陽人。四歲而孤，以孝友稱。顯宗時，徵辟，五遷爲尚書令，以才能稱。肅宗嘗賜寶劍，自手署其名曰「韓棱楚龍淵」。竇憲爲大將軍，威震天下，尚書以下議欲拜之，伏稱萬歲。棱正色曰：「上交不諂，下交不瀆，禮無人臣稱萬歲之禮〔二〕。」議者慚而止。在朝數薦良吏應順、吕章、周紆等〔三〕，皆有名當時。及竇氏敗，棱典案其事，數月不休沐。遷南陽太守，後爲司空卒。孫演，順帝時爲丹陽太守，官至司徒。

丁鴻。綝之子。年十三，從桓榮受歐陽尚書，善論難。綝卒，鴻當襲封，讓國於弟盛，顯宗甚賢之。永平十年，徵拜侍中。建初四年，詔鴻及諸儒論定五經同異於白虎觀，鴻以才高，論難最明，時人歎曰「殿中無雙丁孝公」。和帝即位，歷遷爲司徒。時竇憲兄弟擅權，鴻因日食上封事，收憲印綬，憲自殺。

孔嵩。南陽人。家貧親老，乃變姓名，爲新野縣阿里街卒。正身厲行，街中子弟，皆服其訓化，遂辟公府。之京師，道宿下亭，盜共竊其馬，尋問知其嵩也，乃相責讓曰：「孔仲山善士，豈宜侵盜乎！」於是送馬謝之。官南海太守。

高鳳。南陽葉人。少爲書生，專精誦讀，晝夜不息。妻嘗之田，曝麥於庭，令鳳護雞，時天暴雨，而鳳持竿誦經，不覺潦水漂麥。其後遂爲名儒，乃教授於西唐山中。鄰里有争財者，持兵而鬭，鳳往解之，不已，乃脱巾叩頭固請，於是争者懷感，投兵謝罪。建初中，舉直言到公車，託病逃歸。推其財産，悉與孤兄子。隱身漁釣，終於家。

宋意。均族子。顯宗時舉孝廉，拜阿陽侯相。建初中，徵爲尚書。肅宗親恩篤，故叔父濟南、中山二王，特加恩寵，及諸昆弟並留京師。意以爲人臣有節，不宜踰禮過恩，乃上疏諫，帝納之。鮮卑擊破北匈奴，南單于乘此請兵北伐，因欲還歸舊庭，議欲從之，意復諫止。後遷司隸校尉。永元初，竇憲兄弟貴盛，羣黨負勢放縱，意隨違舉奏，無所迴避。二年，病卒。

賈宗。復少子。少有操行，多智略。初拜郎中。建初中，爲朔方太守，敵畏之不敢入塞。徵爲長水校尉。宗兼通儒術，每讌見，帝使與丁鴻等議論於前。章和二年，卒。

任隗。光子。少襲父封，清静寡欲，所得奉秩，常以賑恤宗族，收養孤寡。擢羽林左監，歷官司空。隗義行内修，不求名譽，而以沈正見重於世。竇憲擊匈奴，國用勞費，隗奏議徵憲還，前後十上。獨與司徒袁安同心畢力，持重處正，鯁言直議，無所回隱。永元四年，卒。

尹勤。南陽人。篤信好學。屏居人外，荆棘門生，時人重其節。和帝時，爲司空。後以定策立安帝，封福亭侯。

杜安。潁川定陵人。少有志節，年十三，入太學，號「奇童」。京師貴戚慕其行，或遺之書，安不發，悉壁藏之。及後捕案貴戚賓客，安開壁出書，印封如故，竟不罹其患，時人貴之。公車特徵，拜宛令，歷仕至巴郡太守，卒。

杜根。安子。性方實，好絞直。永初元年，舉孝廉，爲郎中。時和熹鄧后臨朝，權在外戚。根以安帝年長，宜親政事，乃上書直諫。太后大怒，令撲殺之。執法者以根知名，私語行事人，使不加力，既而載出城外，根蘇，因得逃竄。及鄧氏誅，根方歸鄉里，徵詣公車，拜侍御史。順帝時，遷濟陰太守。子翊世，拜議郎，遷尚書，在朝正色，百僚敬之。

鄧隲。訓長子。少辟大將軍竇憲府，及女弟爲皇后，累遷車騎將軍，定策立安帝。隲謙遜不欲久在內，連求還第，歲餘許之。永初元年，封上蔡侯，隲辭讓不獲，遂逃避使者，詣闕自陳，太后不聽，疏至五六，乃許之。拜大將軍。時人士荒飢，盜賊羣起，隲崇節儉，罷力役，推進賢士楊震等，故天下復安。

鄧閶。訓幼子。和熹皇后立，以閶爲黃門侍郎。永初元年，封西華侯。母新野君寢病，上書求還侍養，太后以閶最少，孝行尤著，特聽之。新野君卒，閶至孝骨立，有聞當時。元初五年，卒。遺言薄葬，不受爵贈，太后從之。

鄧康。禹孫。少有操行，紹封爲越騎校尉。康以太后久臨朝政，宗門盛滿，數上書諫争，太后不從，遂謝病不朝。安帝徵康爲侍中，順帝立爲太僕，有方正稱，名重朝廷。卒，謚曰義。

樊準。宏之族曾孫。少勵志行，修儒術，以父産業數百萬讓孤兄子。永元十五年，召見，拜郎中。鄧太后臨朝，儒學陵替，準上疏，以爲宜博求幽隱，寵進儒雅，太后深納其言。是後屢舉方正敦樸仁賢之士。再遷御史中丞，復言災異，陳時政。擢守光禄大夫，使冀州。到部，開倉廩食〔四〕，慰安生業，流人咸得蘇息。還拜鉅鹿太守，三轉爲尚書令，明習故事。元初三年，爲光禄勳。卒官。

左雄。南陽涅陽人。安帝時，舉孝廉，遷冀州刺史。永建初，徵拜議郎，數言事，其辭深切。拜尚書，再遷尚書令。言守相長吏，惠和有顯效者，可就增秩，勿使移徙；鄉部親民吏，皆用儒生清白任從政者。又言孝廉年不滿四十，不得察舉，皆先詣公府，諸生試家法，文吏課牋奏，副之端門，練其虚實，以觀異能。自是牧守畏慄，察選清平，多得其人。帝封宋娥爲山陽君，梁冀襄邑侯，雄再上封事。自雄掌納言，多所匡肅。遷司隸校尉，坐法免。後爲尚書。永和三年，卒。

張衡。南陽西鄂人。少善屬文，通五經，貫六藝。時天下承平日久，王侯以下莫不踰侈，乃擬班固兩都作二京賦，因以諷諫，精思傅會，十年乃成。安帝雅聞衡善術學，徵拜郎中，再遷爲太史令。遂乃研覆陰陽，妙盡璇璣之正，作渾天儀，著靈憲、算罔論，言甚詳明。復造候風地動儀，皆服其妙。後遷侍中，順帝引在帷幄，諷議左右，宦官懼其毀己，讒之。永和初，出爲河間相。徵拜尚書。四年，卒。所著詩、賦、銘、七言、靈憲、應閒、七辯、巡誥、懸圖，凡三十二篇。

來歷。歙曾孫。永元中，爲侍中。延光二年，遷太僕。中常侍樊豐等共讒陷太尉楊震，歷惡其傷害忠良，絶不與通。豐又搆讒太子，歷與光禄勳祋諷等十餘人俱詣鴻都門，證太子無過。帝使中常侍奉詔脅羣臣，諫者失色，各稍自引起，歷獨守闕，連日不肯去。帝大怒，免歷官。順帝即位，拜車騎將軍，復爲大鴻臚。陽嘉二年，卒官。

趙康。南陽人。隱於武當山，清静不仕，以經傳教授。同郡朱穆，年五十，奉書稱弟子。及康殁，穆葬之如師。

朱穆。暉之孫。年五歲便有孝稱。及壯耽學，鋭意講誦。初舉孝廉，梁冀辟之，使典兵事。因推災異奏記，以勸戒冀。舉高第，爲侍御史。嘗感時澆薄，慕尚敦篤，作崇厚論，又著絶交論。梁冀驕暴不悛，奏記切諫。擢冀州刺史，徵詣廷尉，輸作左校。居家數年，徵拜尚書。穆深疾宦官，及在臺閣，志欲除之，帝不納。自此中官數毀之，憤懣發疽，卒。禄仕數十年，蔬食布衣，家無餘財。

董班。南陽宛人。少游太學，宗事李固。才高行美，不交非類。嘗耦耕澤畔，惡衣蔬食。聞固死，乃星行走赴，哭泣盡哀，殉屍不肯去。桓帝嘉其義烈，聽得襚斂歸葬。班遂送喪到漢中，葬畢而還。三公並辟，隱身莫知所歸。

韓韶。潁川舞陽人。少仕郡，辟司徒府。尚書選三府掾能理劇者，以韶爲嬴長〔五〕。病卒。同鄉李膺、陳實、杜密、荀淑等爲立碑頌焉。子融，少能辨理，而不爲章句學，五府並辟，獻帝初，官至太僕。

宗資。南陽安衆人，均之孫。學孟氏易、歐陽尚書。舉孝廉，拜議郎。補御史中丞，後拜汝南太守。署范滂爲功曹。

宗慈。南陽安衆人。舉孝廉，九辟公府，有道徵，不就。後爲修武令。時太守出自權豪，多取貨賄，慈遂棄官去。徵拜議郎，未到，道疾卒。南陽羣士，皆重其義行。

岑晊。南陽棘陽人。有高才，郭林宗、朱公叔等皆爲友，李膺、王暢稱其有幹國器。太守成瑨請爲功曹，時語曰：「南陽太守岑公孝，弘農成瑨但坐嘯。」宛富賈張汎，用勢縱橫，晊勸瑨收捕，遇赦，竟誅之。汎妻上書訟寃，帝震怒，晊亡匿齊、魯之間，會赦出。後州郡察舉，三府交辟，並不受。

賈彪。潁川定陵人。志節慷慨，與同郡荀爽齊名。舉孝廉，補新息長。延熹元年，黨事起，彪謂同志曰：「吾不西行，大禍不解。」乃入洛陽，説竇武、霍諝，大赦黨人。後以黨禁錮，卒於家。初，彪兄弟三人，並有高名，而彪最優。故天下稱曰：「賈氏三虎，偉節最怒。」

張璣〔六〕。南陽涅陽人。靈帝時，舉孝廉。官長沙太守，深於醫。侍中王仲宣，年二十餘，璣見之曰：「子年至四十，當有疾，鬚眉脱落，後半年且死。豫服五石湯可免。」仲宣聞而惡之，受方不飲。後二十年，果如璣言，其神異如此。著傷寒論二十二篇。

何進。南陽宛人。靈帝時以女弟爲貴人，累遷虎賁中郎將，出爲潁川太守。黄巾賊張角起，以進爲大將軍，鎮京師。角别黨馬元義謀起洛陽，進發其姦，封慎侯。弟苗，擊盜有功。孫晏，少知名，好老莊言，著述凡數十篇。

三國　漢

黄忠。南陽人。從昭烈入蜀，自葭萌還攻劉璋，常先登陷陣，勇毅冠三軍。建安二十四年，於漢中定軍山擊魏夏侯淵，一戰斬之。遷征西將軍，賜爵關内侯。卒，謚曰剛。

傅彤。義陽人。爲將軍，從昭烈征吴，次猇亭。昭烈退軍，彤斷後拒戰。吴將詰令降，彤駡曰：「何有漢將軍降者！」遂戰死。子僉爲都督，景耀六年臨危授命。論者嘉其父子奕世忠義。

陳震。南陽人。隨昭烈入蜀。建興三年，遷尚書令，奉命使吴。諸葛亮與兄瑾書曰：「孝起忠純之性，老而益篤，及其贊述東西，歡樂和合，有可貴者。」還，封城陽亭侯。

王連。南陽人。爲梓潼令。昭烈起事葭萌，進軍來南，連閉城不降，昭烈義之。成都平，以爲什邡令，轉廣都，遷司鹽校尉，較鹽鐵之利，有裨國用。於是簡取良材以爲官屬，若呂乂、杜祺、劉幹等終皆至大官，自連所拔也。歷官領丞相長史，封平陽亭侯，卒。

來敏。義陽新野人，來歙之後也。涉獵書籍，善左氏春秋，尤精於倉、雅訓詁，好是正文字。昭烈定益州，署敏典學校尉。後主踐阼，累遷光禄大夫。子忠，博覽有父風。

鄧芝。義陽新野人，漢司徒禹之後也。昭烈與語奇之，擢郫令，遷廣漢太守，入爲尚書。吴嘗請和，諸葛亮遣芝修好，吴遂絶魏，與蜀連和。封陽武亭侯。延熙六年，遷車騎將軍。涪陵國人殺都尉叛，率軍征討，即梟其渠帥，百姓安堵。爲大將軍二十餘年，賞罰明斷，善卹卒伍。身之衣食，資仰於官，不苟素儉，然終不治私産，妻子不免飢寒，死之日，家無餘財。性剛簡，於時人少所敬貴，惟器異姜維云。

呂乂。南陽人。少好讀書鼓琴。爲緜竹令，累遷巴西、蜀郡太守，入爲尚書令。衆事無留，門無停賓，歷職内外，治身儉約，謙靖少言，爲政簡而不煩，號爲「清能」。子雅，清厲有文才，著格論十五篇。

董厥。義陽人。爲丞相亮府令史。亮稱之曰：「董令史，良士也。吾每與之言，思慎宜適。」

胡濟。義陽人。爲丞相亮主簿，有忠蓋之效。亮嘗曰：「從事於偉度，數有諫止。」

宗預。南陽安衆人。丞相亮以爲主簿。遷參軍右中郎將，將命使吴，孫權嘉其抗直，甚愛待之。延熙中，復東聘吴，賜爵關内侯，累拜鎮軍大將軍。

魏

文聘。南陽宛人。爲劉表大將。魏武征荆州，琮舉州降，聘欷歔流涕，魏武愴然曰：「卿真忠臣也。」以爲江夏太守，使典北兵。文帝時累功遷後將軍，封新野侯。孫權以五萬衆圍聘於石陽，甚急，聘堅不動，權乃解去，聘追擊破之。在江夏數十年，有威恩，名震敵國。卒，謚曰壯。

韓嵩。南陽義陽人。少稱好學，雖貧不改操。爲劉表別駕從事，正諫不從，漸見違忤。遣嵩詣魏武觀虚實，嵩還，深陳魏武威德，表大怒，欲殺嵩。考殺隨嵩行者，知嵩無他意，乃止。荆州平，嵩疾病，就在所拜授大鴻臚印綬。

杜襲。根之子。避亂荆州，劉表待以賓禮。襲南適長沙。建安初，魏武以爲西鄂長。時長吏皆斂民保城郭，不得農桑。襲自知恩結於民，遣老弱分散就田，留丁壯備守，吏民感恩，咸爲用命。後領丞相長史，隨魏武討張魯，留督漢中軍事。綏懷開導，百姓自出徙洛、鄴者八萬餘口。魏武東還，當選留府長史，鎮守長安，選多不當，魏武令曰：「釋騏驥而不乘，焉皇皇而更索？」遂以襲爲之。夏侯尚暱於太子，襲謂尚非益友，不足殊待，以聞魏武。太子初甚不悦，後乃追思。文帝踐阼，爲尚書。明帝時，封平陽鄉侯，爲大將軍師，以疾徵還。卒，謚曰定。

韓暨。南陽堵陽人。舉孝廉，司空辟，皆不就。同縣豪右陳茂譖暨父兄，幾至大辟。暨結死士擒茂以首祭父墓，由是顯名。太祖平荆州，辟爲丞相士曹屬，後遷樂陵太守。黄初七年，遷太常，進封南鄉亭侯。崇明正禮，廢去淫祀，多所匡正。後拜司徒。卒，謚曰恭。

劉廙。南陽安衆人。魏國初建，爲黄門侍郎。上疏諫征蜀，後徙署丞相倉曹屬。著書數十篇。及與丁儀共論刑禮，皆傳於世。文帝即位爲侍中，賜爵關内侯。

鄧艾。義陽棘陽人。爲典農綱紀上計吏。司馬懿奇之，辟爲掾，遷尚書郎。時欲廣田蓄穀，使艾行陳、項已東至壽春，艾以爲宜開河渠，引水澆溉，大積軍糧，又通運漕之道，乃著濟河論以喻其指，事皆施行。出參征西軍事，行安西將軍，解雍州刺史王經圍於狄道。姜維趣上邽，艾與戰於段谷，大破之。以爲鎮西將軍、都督隴右諸軍事，封鄧侯。又破維於侯和。景元四年，諸軍征蜀，艾自陰平道行無人之地七百餘里，鑿山通道，造作橋閣。山高谷深，至爲艱險，艾以氊自裹，推轉而下，將士皆攀木緣崖，魚貫而進。軍到雒，蜀主降。艾檢御將士，無所虜掠，綏納降附，蜀人稱焉。詔進太尉，增邑二萬户。

州泰。義陽棘陽人。好立功業，善用兵，官至征虜將軍，假節都督江南諸軍事。卒，謚曰壯。

吴

趙咨。南陽人。博聞多識，應對辯捷。仕吴爲中大夫，使魏，魏主嘉美之，遂拜騎都尉。

晉

滕修。南陽西鄂人。仕吴，孫晧時爲廣州刺史，甚有威惠。會晉師伐吴，修率衆赴難，至巴丘而晧已降，乃縞素流涕而還。入晉，拜安南將軍、廣州牧，封武當侯，委以南方事。在南積年，爲邊夷所附。卒，謚曰忠。孫含〔七〕，爲庾冰輕車長史，討蘇峻有功，封夏陽縣侯，授平南將軍、廣州刺史。曾孫恬之，爲龍驤將軍、魏郡太守，戍黎陽，爲翟遼所執，死之。

鄒湛。新野人。少以才學知名。仕魏，歷通事郎、太學博士。晉泰始初，轉廷尉平、征南從事中郎，深爲羊祜所器重。元康中，拜祭酒，轉少府。所著書及論事議二十五首，爲時所重。子捷，亦有文才，爲散騎侍郎、太傅參軍。

樂廣。淯陽人。性沖約，有遠識，寡嗜慾，與物無競。裴楷辟爲太尉掾，轉太子舍人。衛瓘見而奇之，曰：「此人之水鏡，見之瑩然，若披雲霧而覩青天也。」累遷侍中、河南尹。凡論人必先稱其所長，則所短不言自見。人有過，先盡宏恕，然後善惡自彰。廣與王衍俱名重於時，故天下言風流者，謂王、樂爲稱首焉。時王澄、胡母輔之等皆任放爲達，或至裸體。廣聞而笑曰：「名教内自有樂地，何必乃爾。」位終尚書令。

魯褒。南陽人。好學多聞，以貧素自立。元康末，褒傷時貪鄙，乃隱姓名，而著錢神論以刺之，時共傳其文。褒不仕，莫知所終。

劉喬。南陽人。少爲秘書郎，以誅楊駿功，賜爵關中侯，累遷散騎常侍、御史中丞。時齊王冏腹心董艾勢傾朝廷，百僚莫敢忤，喬二旬之中奏劾艾罪者六。張昌之亂，喬與劉弘共討昌。惠帝西幸長安，喬復與諸州郡舉兵迎大駕。後爲都督豫州諸軍事、鎮東將軍、豫州刺史，卒於官。

王豹。順陽人。少而抗直。初爲豫州別駕，齊王冏爲大司馬，以豹爲主簿。冏驕縱失天下心，豹兩致牋極諫，遂被殺。將死，曰：「懸吾頭大司馬門，見兵之攻齊也。」衆庶冤之。

張輔。南陽西鄂人。少有幹局。初補藍田令，不爲豪强所屈。累遷尚書郎，封宜昌亭侯，轉御史中丞，多所糾劾。及孫秀執權，將繩輔以法，輔以牋與之，秀雖凶狡，知輔雅正，乃止。後爲秦州刺史。

郭舒。順陽人。始爲領軍校尉，坐擅放司馬彪，繫廷尉，世多義之。夏侯含辟爲主簿，含坐事，舒自繫理，含事得釋。劉弘牧荆州，引爲治中。弘卒，舒率將士推弘子璠爲主，討滅逆賊郭勱，保全一州。王澄引爲別駕。荆土士人宗廞嘗因酒忤澄，澄怒，叱左右棒廞，舒厲色謂左右曰：「使君過醉，汝輩何敢妄動！」澄恚，因遣掐其鼻，炙其眉頭，舒跪而受之。澄意少釋，而廞遂得免。後爲王敦參將，敦謀爲逆，舒諫不從。仕至梁州刺史。

趙彭。南陽人。爲晉故東萊太守。張賓薦之於石勒，勒徵爲魏郡太守。彭泣辭曰：「受人之榮，復事二姓，臣志所不爲，亦明公之所不許也。」徵辟再四，卒不受。

范汪。晷之孫。少孤貧。年十三，喪母，居喪盡禮。及長，布衣蔬食，燃薪寫書，遂博學多通，善談名理。解褐，參護軍事。蘇峻平，賜爵都鄉侯。復爲庾亮平西參軍，從討郭默。徵拜中書侍郎。時庾翼將悉郢、漢之衆以事中原，汪上疏諫。桓温西征蜀，委以留府。蜀平，進爵武興縣侯。温頻請爲長史，皆不就，自求爲東陽太守，温甚恨焉。在郡有惠政，累遷徐、兗二州刺史。既而桓溫北伐，令汪率文武出梁國，以失期免爲庶人。朝廷憚溫不敢執，談者爲之嘆恨。汪屏居吴郡講肆，不言枉直。卒於家。贈散騎常侍，謚曰穆。

范堅。汪之從父。博學屬文。拜佐著作郎、撫軍參軍。討蘇峻，賜爵都亭侯。累遷尚書右丞、護軍長史。子啓，以才義顯，終黄門侍郎。父子並有文筆傳於世。

朱序。義陽平氏人。世爲名將。累遷兖州刺史。寧康初，拜梁州刺史、鎮襄陽。苻堅遣其將苻丕率衆圍序，序累戰破賊。督護李伯護密與賊相應，襄陽遂没，序陷於堅。太元中，堅悉衆南侵，謝石拒之。堅遣序説石使降，序至謂石曰：「若堅百萬之衆悉到，莫可與敵，及其未會擊之，可以得志。」於是石選勇士八千，涉淝水挑戰，堅衆小卻，序時在其軍後，倡云堅敗，衆遂大奔，序乃得歸，拜龍驤將軍，加都督司、雍、梁、秦四州諸軍事，豫州刺史。卒。

劉驎之。南陽人。少尚質素，虚退寡欲。好游山澤，志存遯逸。車騎將軍桓沖聞其名，請爲長史，固辭不受。沖嘗到其家，驎之於樹條桑，使者致命，驎之曰：「使君既枉駕光臨，宜先詣家君。」沖聞大愧，於是乃造其父。父使驎之於内，自持濁酒蔬菜供賓。沖敕人代驎之斟酌，父辭曰：「若使從者，非野人意也。」沖慨然，至昏乃退。去驎之家百餘里，有一孤姥，病將死，嘆息謂人曰：「誰當埋我，惟有劉長史耳，何由令知？」驎之先聞其有患，故往候之，值其命終，乃身爲營棺殯送之。其仁愛惻隱若此。

劉耽。喬之孫。少有行檢，爲宗族所推。博學，明習詩、禮、三史。歷度支尚書，加散騎常侍。在職公平廉慎，所在著績。桓靈寶，耽女壻也，及輔政，以耽爲尚書令加侍中，不拜。卒，贈左光禄大夫。子柳，有名譽，歷尚書左、右僕射，徐、兖、江三州刺史。

范甯。汪之子。少篤學，多所通覽。時以浮虚相扇，儒雅日替，甯以爲其源始於王弼、何晏，著論斥之。解褐，爲餘杭令，遷臨淮太守，封陽遂鄉侯，徵拜中書侍郎。在職多所獻替，有益政道。時博求明堂辟雍之制，甯據經傳奏上，皆有典證。孝武雅好文學，甚被親愛，朝廷疑議，輒咨訪之。出補豫章太守。又大設庠序，遣人往交州採磬石以供學用，遠近至者千餘人，資給衆費，一出私禄〔八〕。并取郡四姓子弟，皆充學生，課讀五經。免官，卒於家。初，甯以春秋穀梁未有善釋，沈思積年，爲之集解，其義精審，爲世所重云。

南北朝 宋

韓延之。南陽堵陽人。初拜建威將軍、荆州從事，轉平西府録事參軍。劉裕伐司馬休之，未至江陵，密與書招之。延之報書，辭甚激厲。以裕父名翹，字顯宗，於是己字顯宗，名子爲翹，蓋示不臣劉氏也。

范泰。甯之子。仕晉位至御史中丞。入宋，拜金紫光禄大夫，加散騎常侍。時議建國學，以泰領國子祭酒，泰上表陳奬進之道。又言事者以國用不足，欲更造五銖錢，泰極諫其不便。景平初，加位特進致仕。泰博覽篇籍，好爲文章，愛奬後生，孜孜無倦。撰古今善言二十四篇，及文集傳於世。卒，謚曰宣。子蔚宗，少好學，善爲文章，能隸書，删衆家後漢書爲一家之作，自以爲博贍不及班氏，整理未必愧也。

宗炳。南陽涅陽人。居喪過禮，爲鄉閭所稱。武帝辟爲主簿，又召爲太尉行參軍，俱不就。家貧無以相贍，身營稼穡。武帝數致餼賚，悉不受。好山水，愛遠遊，西陟荆、巫，南登衡岳。疾還，嘆曰：「老疾俱至，名山恐難徧覩，惟當澄懷觀道，卧以遊之。」凡所游履，皆圖之於室，謂人曰：「撫琴動操，欲令衆山皆響。」古有金石弄，爲諸桓所重，桓氏亡，聲遂絶，惟炳傳焉。

宗彧之。炳從弟。早孤，事兄恭謹。家貧好學，州辟主簿，舉秀才，不就。公私餼遺，一無所受。元嘉初，帝使陸子真觀采風流，三詣彧之，辭疾不見。子真還，表薦之，徵拜員外散騎侍郎，亦不就。卒於家。

師覺授。南陽涅陽人。與宗少文並有素業，以琴書自娱。母殁，一號而絶，良久乃蘇。後撰孝子傳八卷。臨川王義慶辟爲州祭酒主簿，並不就。

宗越。南陽葉人。父爲蠻所殺，讐嘗出郡，越於市中刺殺之。太守夏侯穆擢爲隊主。蠻有爲寇盜者，常使越討伐，往輒有功。元嘉中，隨柳元景伐魏，還補後軍參軍。累立戰功，封始安縣子。後領南濟陰太守，下獄死。越善立營陣，每數萬人止頓，自騎馬前行，使軍人隨其後，馬止營合，未嘗參差。

宗慤。炳從子。少時，炳問其志，答曰：「願乘長風破萬里浪。」元嘉中，江夏王義恭舉慤有膽勇，除振武將軍，遣攻林邑。林邑王傾國來拒，以具裝被象，前後無際，士卒不敢當。慤曰：「吾聞獅子威服百獸。」乃製其形與象相禦，象果驚奔，衆潰亂，遂克林邑。收其珍異雜物不可勝計，慤一無所取。孝武初，以功進左衛將軍，封洮陽侯。後爲雍州刺史。卒，謚曰肅。

朱修之。序之孫。初爲州主簿。元嘉中，累遷司徒從事中郎，隨到彦之北伐，留戍滑臺，太武嘉其守節，以爲侍中。修之潛謀南歸，及至，以爲黄門侍郎。孝武初，累遷荆州刺史，以功封南昌縣侯。修之治身清約，凡所贈貺，一無所受，惟以撫納羣蠻爲務。官至崇憲太僕，加特進、金紫光禄大夫。卒，謚曰貞。

齊

劉虬。南陽涅陽人。少而抗節好學，須得禄便隱。宋泰始中，爲當陽令，罷官歸家，静處斷穀，餌朮及胡麻。齊建元初，豫章王嶷爲荆州，辟爲别駕，不應命。永明三年，詔徵爲通直郎。建武二年，徵國子博士。皆不就。其冬，虬病，正晝有白雲徘徊檐户之内，又有香氣及磬聲，其日卒。

庾震。新野人。喪父母，居貧無以葬，賃書以營事，至手掌穿，然後葬事獲濟。南陽劉虬爲撰孝子傳。

庾蓽。新野人。仕齊爲驃騎功曹史。博涉羣書，有口辯。後爲荆州别駕。清身率下，杜絶請託。皮被蔬食，妻子飢寒。累遷會稽郡丞，行郡府事，清節愈厲。太守、永陽王饋之，謝不受。天監元年卒。

庾杲之。華從子。少有貞立，學涉文義。仕齊爲尚書駕部郎，清貧自業，食惟有韮葅、瀹韮、生韮、雜菜，或戲之曰：「誰謂庾郎貧，食鮭常有二十七種。」言三九也。累遷尚書左丞。出爲王儉衛軍長史，時人呼入儉府爲芙蓉池。後爲太子右衛率，加通直常侍。歷在上府，以文學見遇。卒，謚曰貞。

樂頤。南陽涅陽人。少而言行和謹。仕爲京府參軍。時父在郢病亡，頤忽思父涕泣，因請假還，中路得凶問，徒跣號咷，水漿不入口數日。嘗遇病，與母隔壁，忍痛不言，嚙被至碎，恐母之憂己也。吏部郎庾杲之往候，頤爲設食，惟枯魚菜葅，杲之不能食。母聞之，自出膳魚羹數種，杲之曰：「卿過於茅季偉，我非郭林宗。」仕至郢州治中，卒。

劉渢。南陽人。母早亡。父紹，仕宋爲中書郎，被敕納路太后兄女爲繼室。渢年數歲，路氏不以爲子。路氏生溓，渢憐愛之不忍舍，恒在床帳側，輒被驅捶，終不肯去。路氏病經年，渢晝夜不離左右，每有增加，輒流涕不食。路感其意，慈愛遂隆。溓事渢過於同產，事無大小，必諮而後行。渢後爲始安王遥光諮議，遥光有異志，渢諫不從。事敗，渢静坐圍舍。溓爲度支郎，亦奔亡，遇渢仍不復肯去，以衣帶結兄衣，俱見殺。何蔭聞之，嘆曰：「兄死君難，弟死兄禍，美哉。」

宗元卿。南陽人。早孤，爲祖母所養。祖母病，元卿在遠輒心痛，大病則大痛，小病則小痛，以此爲常。鄉里號曰「宗曾子」。

宗測。炳之孫。少静退，不樂人間。居母喪，身負土植松柏。豫章王辟爲參軍。永明三年，詔徵太子舍人。皆不就。遂往廬山，止祖炳舊宅。魚復侯子響，命駕造之，測避不見。後子響奄至所住，測不得已，巾褐對之，竟不交言。建武二年，徵爲司徒主簿，亦不就。卒。著有續高士傳三卷。

庾易。新野人。志性恬静，不交外物。齊臨川王映表薦之，餉麥百斛，易辭不受。以文義自樂。建武三年，詔徵爲司徒主簿，不就。卒。

梁

范縝。南陽舞陰人。少孤貧，事母孝謹。及長，博通經術，尤精三禮。性質直，好危言高論。仕齊，位尚書殿中郎。永明中，與魏氏和親，簡才學之士爲行人，縝將命，著名鄰國。後爲宜都太守，遷尚書左丞。坐事徙廣州，還爲國子博士。卒。有文集十五卷。

范雲。縝從弟。六歲讀毛詩，日誦九紙。性機警有識，善屬文，下筆輒成，時人每疑其宿搆。沈攸之兵圍郢城，雲父抗爲府長流，入城固守，留家屬居外。雲爲軍人所得，攸之召與語，聲色甚厲，雲容貌不變，徐自陳説。攸之笑曰：「卿定可兒。」仕齊，歷除尚書殿中郎。會文惠太子幸東田觀穫，雲時從。文惠顧雲曰：「此刈甚快。」雲曰：「三時之務，亦甚勤勞，願知稼穡之艱難，無徇一朝之宴逸。」文惠改容謝之。入梁爲吏部尚書，封霄城縣侯。雲以舊恩超居佐命，盡誠翊亮，知無不爲。帝亦推心任之，所奏多允。遷尚書左僕射，卒。謚曰文。有集三十卷。

蔡道恭。冠軍人。少寬厚，有大量。仕齊爲西中郎中兵參軍，遷右衛將軍，出爲司州刺史。梁天監初，論功封漢壽縣伯，進號平北將軍。魏圍司州，時城中不滿五千人，食裁半歲。魏軍攻之，晝夜不息。道恭固守，相持百餘日，斬獲無算，魏軍憚之。會疾篤，乃呼兄子僧勰及將卒謂曰：「吾所苦勢不能久，汝等當以死固節，無令吾没有遺恨。」遂卒。贈鎮西將軍。

曹景宗。新野人。少以膽勇聞，每讀穰苴、樂毅傳，輒放卷太息曰：「丈夫當如是。」仕齊，以軍功累加遊擊將軍。用奇兵破魏師，梁武帝表爲竟陵太守，後除郢州刺史，加都督。天監元年，改封竟陵縣侯。六年，破魏將楊大眼於淮水，振旅凱入。帝於華光宴飲賦韻，景宗不得韻，意色不平，起求賦詩，詩韻已盡，惟餘「競」、「病」二字，景宗便操筆，須臾而成。其詞曰：「去時兒女悲，歸來笳鼓競；借問行路人，何如霍去病。」帝嘆不已。進爵爲公，拜侍中、領軍將軍。卒，謚曰壯。

張惠紹。義陽人。少有武幹，仕齊爲竟陵橫桑戍主。母喪歸鄉，聞梁武帝起兵，乃自歸，累有戰功。武帝踐阼，封石陽縣侯，遷驍騎將軍。時東昏餘黨作亂，惠紹馳率所領赴戰，賊乃敗走。遷太子右衛率。天監六年，魏軍攻鍾離，惠紹與馮道根等攻斷魏連橋，短兵接戰，魏軍大潰，以功爲冠軍將軍。後爲司州刺史，在州和理，吏民親愛之。徵還爲右衛將軍，加通直散騎常侍。卒，謚曰忠。子澄，以軍功歷遷衛尉卿、太子左衛率。卒，謚曰愍。

樂藹。南陽淯陽人。方頤隆準，舉動醞藉。仕齊爲豫章王嶷驃騎行參軍。嶷常問藹城隍風俗、山川險易，藹隨問立對，若案圖牒，嶷益重焉。永明八年，巴東王子響反，及敗，焚燒府舍，官曹文書一時蕩盡。武帝見藹，問以西事，藹占對詳敏，帝悦，用爲荆州中從事。梁天監初，累遷御史中丞。性公彊，居臺憲甚稱職。出爲廣州刺史。

宗夬。炳之孫。少勤學，有局幹。仕齊爲驃騎行參軍。時竟陵王子良集學士於西邸，並見圖畫，夬亦預焉。鬱林爲南郡王，居西州，使夬掌書記，以筆札貞正見許。後出爲秣陵令，遷尚書都官郎，與傅昭俱以清正免禍。入梁，爲太子右衛率、五兵尚書，參掌大選。

庾域。新野人。少沈静，有名鄉曲。梁文帝爲郢州，辟爲主簿，嘆美其才，曰：「荆南杞梓，其在斯乎？」長沙宣武王爲梁州，以爲録事參軍，帶華陽太守。時魏軍攻圍南鄭州，有空倉數十所，域手自封題，指示將士曰：「此中粟皆滿，足支二年，但努力堅守。」衆心以安。軍退，以功拜羽林監，遷懷寧太守。罷仕，還家。妻子猶事井臼，域身衣大布，餘俸專充供養。母好鶴唳，域在位營求，孜孜不怠，一旦雙鶴來下，論者以爲孝感所致。入梁，爲寧朔將軍，巴西、梓潼二郡太守。魏襲巴西，域固守。魏軍退，封廣牧縣伯，遷寧蜀太守。

庾子輿。域之子。幼而岐嶷，五歲讀孝經，手不釋卷。齊永明末，除州主簿。時父在梁州遇疾，子輿奔侍醫藥，言淚恒并。尋丁母憂，哀至輒嘔血。梁天監初，爲尚書郎。父出守巴西，子輿以蜀路險難，啓求侍從以孝養，獲許。父卒寧蜀，子輿哀慟將絶者再。奉喪還鄉，經灧澦、瞿塘，秋水猶壯，子輿撫心長叫，其夜五更，水忽退減，安流南下。及渡，水復舊。行人爲之語曰：

「灩預如幞本不通，瞿塘水退爲庾公。」後除巴陵内史。

庾黔婁。易之子。少好學，多所講誦。性至孝，不曾失色於人。仕齊爲編令，政有異績。先是，縣境多猛獸暴，黔婁至，猛獸皆度往臨沮界，時以爲仁化所感。徙孱陵令，到官未旬，父易在家遘疾，黔婁忽心驚流汗，即日棄官歸。至時，易疾始二日，醫云：「欲知差劇，但嘗糞甜苦。」易泄利，黔婁輒取嘗之，味轉甜滑，心愈憂苦。至夕，每稽顙北辰，求以身代。居喪過禮，廬於冢側。後除蜀郡太守。入梁，累遷至散騎常侍。

庾於陵。黔婁弟。七歲能言玄理。及長，清警博學有才思。齊隨王子隆爲荆州，召爲主簿，使與謝朓、宗夬抄撰羣書。永元末，除東陽遂安令，爲人吏所稱。梁天監初，拜太子洗馬，時論以爲美。累遷中書黄門侍郎，終鴻臚卿。

劉之遴。虬之子。八歲能屬文，十五舉茂才，明經對策，沈約、任昉見而異之。調爲太學博士。時張稷新除尚書僕射，託任昉爲讓表，昉令之遴代作，操筆立成。昉曰：「荆南異氣，果有異才。」後爲荆州中從事。之遴篤學明審，博覽羣籍。時劉顯、韋陵並稱强記，之遴每與討論，或不過也。累遷都官尚書、太常卿。鄱陽王範得班固所撰漢書真本，獻東宫，令之遴等參校異同。之遴録其狀數十事，及著春秋大義十科、左氏十科、三傳同異十科合三十事上之，帝大悦。尋避難還鄉，湘東王繹嘗嫉其才學，乃密送藥殺之。前後文集五十卷。

劉之亨。之遴弟。好學，美風姿，善占對。梁武帝嘗曰：「之遴必以文章顯，之亨當以功名著。」後舉秀才，除太學博士，累遷步兵校尉。大通六年，出師南鄭，之亨以司農卿爲行臺承制，大致克復。軍士有功皆録，惟之亨爲蘭欽所訟，執政因而陷之，故封賞不行。久之，帝讀陳湯傳因感悟，乃封爲臨江子，固辭不拜。代兄之遴爲南郡太守，有異績。子廣德，亦好學，位湘東太守。

庾詵。新野人。幼聰警篤學，經史百氏，無不該綜。而性托夷簡，特愛林泉，十畝之宅，山池居半。蔬食布衣，不修産業。梁普通中，詔爲黄門侍郎，不起。卒，謚貞節處士。撰帝歷二十卷。易林二十卷。子曼倩，亦早有令譽，爲荆州諮議參軍。所著喪服儀、文字體例、老子義疏、算經、七曜歷術，並所著文章，凡九十五卷。

樂法才。藹之子。幼與弟法藏俱有美名。仕爲建康令，不受奉秩，比去將至百金，縣曹啓輸臺庫，武帝嘉其清節。除南康内史，歷位少府卿、江夏太守。表求還鄉，棲心物表。尋卒。法藏，位征西録事參軍。法藏子子雲，美容貌，善舉止，以江陵令除光禄卿。魏克江陵，子雲守節死。

胡僧祐。南陽冠軍人。少勇決，有武幹。仕魏爲銀青光禄大夫。以大通三年避尒朱氏之難歸梁，頻上封事，武帝器之。侯景之叛，圍王僧辯於巴陵，元帝拜僧祐武猛將軍，封新市縣侯，以援僧辯。前至赤沙亭，會陸法和至，乃與并軍，大敗景將任約軍，擒約送江陵，景聞之遂遁。累遷車騎將軍〔九〕。及魏軍至，以僧祐都督城東諸軍事，中流矢，卒。

庾肩吾。易之子。八歲能賦詩。初爲晉安王國常侍〔一〇〕，隨在雍州，被命與劉孝威等抄撰衆籍，號「高齋學士」。累遷太子率更令、中庶子。簡文即位，爲度支尚書。後宋子仙破會稽，購得肩吾，欲殺之，先謂曰：「吾聞汝能作詩，今可即作。若能，將貸汝命。」肩吾操筆便成，辭采甚美，子仙乃釋以爲建昌令，仍間道奔江陵。歷江州刺史，封武康縣侯，卒。

陳

岑之敬。棘陽人。五歲讀孝經，每焚香正坐，親戚咸加歎異。年十六，策春秋左氏、孝經，擢爲高第。梁武帝召入面試，之敬剖釋縱横，左右莫不嗟服。除童子奉車郎，尋爲壽光學士。入陳，累遷征南府諮議參軍。之敬博涉文史，雅有詞筆。性謙謹，未嘗以才學矜物，接引後進，恂恂如也。每母忌日營齋，必躬自灑掃，涕泣終日，士君子以篤行稱之。

樊毅。湖陽人。家本將門，少習武，善騎射，仕梁爲右中郎將。隨蕭循討陸納，以功封夷道縣伯。尋除天門太守，進爵爲侯。陳太建初，爲豐州刺史，轉左衛將軍。五年，衆軍北伐，毅攻廣陵楚子城，拔之，擊走齊軍。詔以毅爲大都督，後改封逍遥郡公，入爲侍中、護軍將軍。弟猛，膽氣過人，爲湘州司馬。會武陵王紀叛，猛率軍拒之，手擒紀父子三人，斬於艑中。以功累封安山縣侯。入陳，累遷南豫州刺史。

魏

張燿。南陽西鄂人。仕魏爲步軍校尉，後爲别將，以功封長平男，歷岐東、荆東刺史。天平初，鄴都草創，以燿忠直素著，有稱一時，轉營構左都將，勤於其事。宫殿成，除東徐州刺史。卒，謚曰懿。

周

趙文深。宛人。少學楷隸。初仕魏爲大丞相府法曹參軍。文深雅有鍾、王之則，筆勢可觀。當時碑牓，惟文深及冀儁而已。大統中，追論立義功，封白石縣男。太祖以隸書紕繆，命文深與黎季明、沈遐等，依説文及字林，列定六體，成一萬餘言，行於世。

庾信。肩吾子。幼聰敏，博覽羣書。起家梁湘東王國常侍，與東海徐陵並爲抄撰學士。文並綺艷，故世號「徐庾體」。梁元帝使聘於周，遂留不遣。江陵平，累遷驃騎大將軍、開府儀同三司，進爵義成侯。明帝、武帝並雅好文學，信特蒙恩禮。信雖位望通顯，常有鄉關之思，乃作哀江南賦以致其意。

宗懔。南陽涅陽人。少聰敏，好讀書，晝夜不倦，語輒引古事，鄉里呼爲「小兒學士」。梁元帝鎮荆州，以爲記室。嘗夕被召宿省，使製龍川廟碑，一夕便就，帝嘆美之。後歷臨汝、建城、廣晉三縣令，遭母憂去職，哭輒嘔血。每日有烏數千，集於廬舍，候哭而來，哭止而去，時論以爲孝感所致。魏破江陵，入關，周太祖以懔名重南土，甚禮之，拜車騎大將軍。世宗即位，詔與王褒等刊定羣書於麟趾殿。

隋

樂運。湞陽人。少好學，涉獵經史。事母及寡嫂甚謹，以孝義聞。周天和中，爲露門學士，前後犯顔屢諫，武帝多被納用。宣帝嗣位，輿櫬詣廟堂，陳帝八失，帝怒將戮之。内史元巖諫，獲免。隋開皇初，爲湋陽令，轉高唐令。運長願處一諫官，從容諷議，而性訐直，爲人所排抵，遂不被任用。乃發憤録夏殷以來諫争事，集而部之，凡四十一卷，名曰諫苑，奏上之。文帝覽而嘉焉。

唐

韓思彦。鄧州南陽人。授監察御史，昌言當世得失。巡察益州，會蜀大飢，開倉賑民，然後以聞，璽書褒美。後太白晝見，勸帝修德答天譴。帝讓中書令李義府曰：「八品官能言得失，而卿冒没富貴，主何事耶？」後義府譖思彦，出爲山陽丞，至官閲月自免去。上元中，復召見，詆外戚擅權，武后惡之，遷賀州司馬。子琬，開元中，爲殿中侍御史，强直敢言。

張巡。鄧州南陽人。博通羣書，曉戰陣法，氣志高邁，略細節。開元中，擢進士第，出爲清河令，治績最，更調真源令。天寶中，安禄山反。巡起兵討賊，遂入雍丘。賊四萬薄城，巡每戰輒克。拔衆至睢陽，與太守許遠、城父令姚誾等合。賊將尹子奇合衆十萬來攻，巡厲士固守，日中二十戰，氣不衰。遠自以材不及，請稟軍事居其下，詔拜巡御史中丞。數敗賊，固守數月，救兵不至。食盡，巡殺愛妾以饗士，乃使南霽雲冒圍至臨淮告急，賀蘭進明忌巡聲威，不肯救，城遂陷。見執，子奇謂巡曰：「聞公督戰大呼，輒眥裂血面，嚼齒皆碎，何至是？」曰：「吾欲氣吞逆賊，顧力屈耳。」遂大罵被害。巡讀書不過三復，終身不忘。守睢陽，士卒居民，一見問姓名，其後無不識。待人無所疑，賞罰信，與衆共甘苦寒暑，故下争致死力，能以一當百。巡死後十日，收東京，咸謂蔽遮江淮，巡有功云。贈揚州大都督。

趙雲卿。穰人。少嗜學，履尚清鯁。開元中，擢進士第，累官秘書少監。敦友誼，不以夷險易操。與殷寅、顔真卿、柳芳、陸據、蕭穎士、李華、邵軫善，時爲語曰「殷顔柳陸，蕭李邵趙」。

張建封。南陽人。父玠，少任俠，安禄山使李廷偉徇山東，玠率豪傑斬之。建封喜文章，慷慨尚氣，自許以功名顯。代宗時，盜起蘇、常間，李光弼討之。建封請前喻賊，開譬禍福，一日降數千人，由是知名。擢監察御史，出爲壽州刺史，屢拒李希烈。賊平，累拜御史大夫，除泗濠節度使。貞元中來朝，時宦者主宫市，諫章列上，皆不納。建封得間言之，帝頗順聽。及還鎮，帝賦詩以餞，又以鞭賜之，曰：「卿節誼歲寒弗渝。」卒，贈司徒。

韓翃。南陽人。與盧綸、吉中孚、錢起、司空曙、苗發、崔峒、耿湋、夏侯審、李端皆能詩齊名，號「大曆十才子」。家居無聊，一日夜將半，客扣門賀曰：「員外除駕部郎中、知制誥。」翃愕然曰：「誤矣。」客曰：「制誥闕人，中書請補，御批曰：『與韓翃。』」時有同姓名者，爲江淮刺史，又批曰：『與詩人韓翃。』」

趙宗儒。驊子。第進士，授校書郎。貞元六年，以司勳員外郎領考功事，黜陟詳當，無所回憚。累遷檢校右僕射，守太常卿。太和初，進太子太傅。帝召訪政理，對曰：「堯舜之化，慈儉而已。」帝納其言。二歲，授司空，致仕，卒。

庾敬休。新野人。夷澹多容可，不飲酒食肉，不邇聲色。擢進士第，又中弘辭，辟宣州幕府，歷官翰林學士。文宗將立魯王爲太子，慎選師傅，敬休以户部侍郎兼魯王傅。言蜀道米價騰涌，百姓流亡，請以本道闕官職田賑貧民。詔可。再爲尚書左丞，卒。

范傳正。順陽人。好古，性精悍。舉進士、弘辭，皆高第。授集賢殿校書郎，歷歙、湖、蘇三州刺史，有殊政，拜宣歙觀察使，改光禄卿，卒。

宋

周湛。穰人。舉進士，授祕書省著作佐郎。鄧州美陽堰，歲役工數十萬，溉州縣職田，而利不及民，湛奏罷之。爲鹽鐵判官，立勘同法，歲減天下計帳七千。歷江南西路、夔州路轉運使。治煩劇能得其要，所至條上利害，前後至數十百事。拜右諫議大夫，徙知相州，卒。

賈黯。穰人。擢進士第一，遷左正言，果於言事，首論韓琦、富弼、范仲淹可大用。尋擢知制誥，請召史臣同侍經筵。除翰林學士。唐介等坐言陳升之皆外補，黯奏介等敢言，請寛之。英宗即位，遷給事中，權御史中丞，上用人五事。後議以濮王爲皇伯，執政弗從，數争論，以病求出知陳州。未行，卒。口占遺奏數百言。黯修潔自喜，在朝數言事，人稱其介直。

王襄。南陽人。擢進士第。以軍器監主簿言事稱旨，擢庫部員外郎。遷顯謨閣待制，權知開封府。縲繫滿獄，襄晝夜決遣，閱月獄空。大觀中，爲兵部侍郎使高麗。歷吏部尚書，同知樞密院事。後以延康殿學士，罷知亳州。

元

暢師文。南陽人。幼警悟，家貧無書，手録口誦，過目輒不忘。弱冠謁許衡，與姚燧、高凝相友善。至元五年，陳時政十六策，丞相安圖奇其才，辟爲三部令史。尋拜監察御史，糾劾不避權貴，上所纂農桑輯要書。至大初，修成宗實録，賜鈔百錠，不受。時制作多出其手。累官至翰林學士，卒。「安圖」舊作「安童」〔一一〕，今改。

白景亮。南陽人。明法律，善書算，由征東行省譯史有勞，超遷南恩知州，陞沔陽府尹。奏最於朝，特授衢州路總管，有惠政。性廉介勤苦，自奉甚薄，妻尤儉約，惟以脱粟對飯而已。部使者上其事，特詔褒美，賜以宮錦。改台州路總管，卒。

博都里翀。其先隆安人。祖德，從憲宗南征，因家鄧之順陽。翀勤學，隱居不仕，學行爲州里所敬。大德十一年，用薦授襄陽縣教諭，累遷集賢直學士、兼國子祭酒。作屋以居學者，有六年未及釋褐者，皆使就試而官之。帝師至京，有旨朝臣皆郊迎，大臣俯伏進觴，帝師不爲動，惟翀舉觴立進曰：「帝師釋迦之徒，天下僧人師也。余，孔子之徒，天下儒人師也。請各不爲禮。」帝師笑而起，舉觴卒飲，衆爲之慄然。除江浙行省參知政事，卒。翀狀貌魁梧，不妄言笑。其爲學一本於性命道德，而記問宏博，文章簡奥典雅，深合古法，學者仰爲儀表。所著有文集六十卷。子遠，以廕除授秘書郎，轉襄陽縣尹。需次居南陽，賊起，遠以忠義自奮，傾財募丁壯，得千餘人，與賊戰。俄而賊大至，遠被害。

成遵。穰人。幼敏悟，讀書日記數千言。至順辛未至京師，虞集見之曰：「公輔器也。」元統中進士第，授翰林國史院編修官。至正二年，拜監察御史。是歲言事並舉，劾凡七十餘事，皆指訐時弊，執政者惡之。出爲陝西行省員外郎，改禮部郎中，奉使山東、淮北，察守令賢否，得循良者九人，貪懦者二十一人，奏之。遷中書右司郎中。時刑部獄案久而不決者積數百，遵與其僚分閲之，共議輕重，各當其罪。累官中書左丞。

明

郭雲。南陽人。武勇有材略，狀貌魁梧。元季，聚鄉人爲義兵，保裕州。元主北奔，河南郡縣皆下，雲獨堅守。徐達圍之，雲出戰被執，植立不跪，且罵且求死。達壯之，繫送京師。太祖奇其狀貌，用爲溧水知縣，民皆稱之。擢南陽指揮僉事，兼知府事。卒。

李仁。唐縣人。以常遇春薦，知黄州府事，由給事中擢吏部侍郎。時銓法未畫一，仁詳考舊典，參以時宜，按地劇僻，爲設官煩簡，凡庶司黜陟及課功覈實之法，皆精心籌畫，銓法秩然。進尚書，謫青州知府，政最，擢户部侍郎。

周炳。舞陽人。事母孝謹，母常病甚，哀號籲天，願以身代。母思獐肉，炳求之不得，悲痛愈切，晚忽有獐入室，殺以啖母，病遂愈。洪武間，詔旌其門。

劉淳。南陽人。洪武末爲原武訓導。周王聘爲世子師，薦於朝，補右長史，以正輔王。時端禮門槐盛夏而枯，淳引咎徵陳戒，王用其言修省，枝枯復榮，因旌其槐曰「攄忠」。

鐵鉉。鄧州人。洪武中，由國子生授禮科給事中，調都督府斷事。嘗讞疑獄立白，太祖喜，字之曰鼎石。建文初，爲山東參政，李景隆北伐，鉉督餉無乏。燕兵攻濟南，鉉乘城守禦，以計盡毀其攻具。燕遂隄水灌城，衆懼，鉉令軍士僞降，燕王喜，亟下令退軍，自乘駿馬入甕城。鉉伏兵城上，急下鐵板，中王馬首，王大驚，取他馬疾馳去。鉉率衆掩擊，大敗之。擢山東布政使，尋進兵部尚書。已而燕師渡淮，鉉猶屯淮上，被執不屈，令一回顧終不得，遂磔於市。福王時，贈太保，謚忠襄。

李賢。鄧州人。舉鄉試第一。宣德進士，授驗封主事，遷文選郎中。上正本十策，景帝命翰林寫置左右，備省覽。超擢兵部侍郎，轉吏部。採古二十二君行事可法者，曰鑑古録，上之。英宗復位，命兼翰林學士，入直文淵閣，尋進尚書。賢氣度端凝，奏對皆中機宜，帝深眷之，遇事必召問可否。務持大體，尤以惜人才、開言路爲急。憲宗即位，進少保、華蓋殿大學士、知經筵事。卒，謚文達。

李擴。唐縣人。天性孝友，由貢生爲任縣知縣。累表陳情，挂冠歸養，天順中旌表。

李震。南陽人。襲指揮使。從征有功，進都指揮僉事。尋充貴州右參軍，擊苗於偏橋，敗之。又從方瑛大破天堂諸苗，進武岡，克牛欄等五十四砦。瑛卒，即以震充總兵官，鎮貴州、湖廣。成化年間破賊征苗，斬獲無算，威震西南，呼爲「金牌李」，以功封興寧伯。

王鴻儒。南陽人。舉鄉試第一，成化進士，授南京户部主事。累遷山西副使，督學政九年，士風甚盛。正德時，升南京吏部侍郎，清正自持，門無私謁。卒，謚文莊。鴻儒爲學，務窮理致用，宏博淵粹，爲世所推。弟鴻漸，鄉試亦第一，累官山東右布政使，以廉靖稱。

柴昇。内鄉人。成化進士，授工科給事中。弘治時，陳國家大體二，當時急務四，直聲藉甚。歷廣東布政使，討南海賊有功。正德間，進吏部侍郎。劉瑾誅，昇署部事，釐正瑾所行苛政二十四事。擢南京兵部尚書，陳積弊十三事，多裁抑中貴，尼不行，遂致仕歸。世宗即位，賜璽書存問。

劉宗周。裕州人。爲諸生，性至孝，母疾，籲天祈代。父卒，廬墓三年。弘治中旌表。

喬璣。新野人。與弟璋俱爲諸生。父卒，兄弟哀毀踰禮，及葬，同廬墓三年。正德二年旌表。

任賢。裕州人。爲監察御史。正德六年，流賊掠裕州，賢方里居，招邑子三千共守，城陷被執，罵賊死。一家殉難者十三人。

李豫。淅川人。爲諸生，以孝行著。正德九年，流賊過其門不敢犯，里人多賴以全。父母喪，廬墓六年。嘉靖中旌表。

梁震。新野人。襲榆林衛指揮使。嘉靖七年，充延綏遊擊，廉勇好讀兵書，善訓士，力挽强命中，數先登。擢延綏副總兵。敗敵於黃甫川，論功進右都督，移鎮大同。大同兵驕，不循約束，震至，嚴申軍令，鎮兵帖服。毛伯温督師，與震修鎮邊諸堡，不數月工成。卒，謚武壯。震有機略，號令明審，前後百十戰，未嘗少挫。

何天縉。淅川人。親殁，家貧無以葬，以衣抱土爲墳，廬墓三年。天啓間旌表。

張鳳翔。王明揚。俱南陽人。先後舉於鄉。崇禎中，流寇至，二人俱罵賊死。又周讜、孟繼孔，同時死難。本朝乾隆四十一年，俱予祀忠義祠。

許曰琮。唐縣人。早喪父。母殁，廬墓三年。崇禎中城破，遁居南山。賊招之不出，脅以死，自鐫其背曰「誓不從賊」。嘔血而卒。本朝乾隆四十年，予祀忠義祠。

許宣。内鄉人。崇禎中爲諸生。及二弟宲、宫，俱慷慨好義。賊陷鄧州，宣兄弟結里中壯士，直入其城，擒斬僞官，堅守許家寨，賊怒攻破之。宲從母常氏，先投井死。宣、宫與其妹俱罵賊被殺。宫妻鍾氏、宲妻陳氏並自經。時人稱「許氏七烈」。本朝乾隆四十一年，宣及宗、宫俱予祀忠義祠。

陳預抱。舞陽人。母段氏早寡，撫預抱及其弟預養、預懷，皆爲諸生。力田好學，善承母志。流賊陷城，母先赴井，三子從之。預抱妻黄氏、子默通，預養及妻馬氏、子默恒、默言，亦相攜入井。三世九人，一時盡節。本朝乾隆四十一年，預抱等六人予祀忠義祠。

本朝

彭而述。鄧州人。由陽曲知縣歷官雲南左布政使，常與平獞賊莫扶豹。而述少孤，事母有孝行。流寇餘孽猶熾，率家衆捍衛，保全鄉里。鄧人避亂，僑寓楚省，而述官楚時悉力貲給，鄉人德之。子始摶〔一二〕，博極羣書，康熙時官御史，終浙江學使，入祀鄉賢祠。

許宸。内鄉人。父惟清。明季，流寇七經内鄉，清毁家糾衆登陴固守，城賴以全。宸由丹陽知縣，歷擢商雒道，計擒巨寇何儕山，升江南按察使。拒絶請託，翦除吏蠹。告歸卒，入祀鄉賢祠。

于肖龍。内鄉人。順治乙未進士，授新化知縣，擢户部主事。居官淡泊，不求温飽，絶請謁，時人謂之「大隱」。入祀鄉賢祠。

王業鞏。淅川人。邑諸生。父瞽。順治二年，賊過邑境，鞏負父奔逃，賊射殺其父，鞏憤駡不絶聲，賊割其耳鼻，至斷舌而死。又孟廷詔，鎮平縣貢生，性至孝，值寇至，廷詔負母走山中，與寇遇。寇憐其孝，釋之。順治十五年旌。

安信。鄧州人。由歲貢除封丘訓導。至性肫篤，事親孝聞，愛異母弟不殊同産，施及鄉黨，及鄰省飢民到境求食者，賑救甚至。

沈得榮。南陽人。任南陽千總。嘉慶二年，隨勦陜西教匪，於梅子壩陣亡。事聞議卹，予雲騎尉世職。

王珝。裕州人。貢生。分發甘肅州判。嘉慶二年，珝家居，值賊匪入境，偕弟舉人玫，捐貲團練鄉勇，悉力抵禦。被執不屈死之，其家同時遇害者十人。事聞，議卹。

靳丕周。南召人。武生。嘉慶二年，教匪入境，丕周率衆拒賊，被執不屈死。又武生靳丕承、靳丕顯，生員賀書、賀清鎮，俱同時罵賊遇害。

裴涑桐。泌陽人。候選從九品。嘉慶二年，賊匪入境，罵賊死。事聞議卹。同縣監生崔枚，與子永遠、永安、永壽等，均以禦賊被害。

党象三。桐柏人。武生。嘉慶二年，教匪竄入邑境，象三率義勇首先迎拒，殺賊數人。賊蜂擁圍困，身受重傷，自刎死。時同縣首先奮勇，被賊殺害者：徐標、鄒虎、徐盛東、黄居敬、焦文榮、吴明三、易祥、王念、侯邦富、周朝佐、張志從、馮國龍、劉發、黄光禮、樂榮富、張約、曹珠、周方臣、江東海、許兼修、張朝楷、任懷暢、陳乾、陳謀、孫貴、陳儒、馬法璜、楊立成、陳彦禮、闞國太、夏從貴、陶十金。

何中魁。南陽人。武生，任撫標千總。嘉慶四年，隨勦陜西教匪，於高垣子擊賊陣亡，事聞議卹。同縣外委徐景太、馬進孝同時戰殁，並賞卹如例。

許天貴。南陽人。由雲騎尉，在南陽鎮標效力。嘉慶十八年，隨勦滑縣教匪，擊賊陣亡。恩賞騎都尉世職。同縣外委馮國棟任源潭鎮，同時陣亡，賞卹如例。

李有時。淅川人。任荆子關外委。嘉慶十八年，隨勦滑縣教匪，擊賊陣亡，賞卹如例。

校勘記

〔一〕樊鯈　「鯈」，原作「儵」，乾隆志卷一六七南陽府人物同，據後漢書卷三二樊鯈傳改。下文同改。

〔二〕禮無人臣稱萬歲之禮　下「禮」字，乾隆志同，後漢書卷四五韓棱傳作「制」。此蓋誤録。

〔三〕在朝數薦良吏慶順吕章周紆等　「吕章」，原作「吕昌」，乾隆志同，據後漢書卷四五韓棱傳改。

〔四〕開倉廪食　「廪」，乾隆志同，後漢書卷三二樊準傳作「稟」，李賢注云：「稟，給。」

〔五〕以詔爲羸長　「羸」，原作「羸」，乾隆志同，據後漢書卷六二韓詔傳改。

〔六〕張璣　「璣」，乾隆志同，雍正河南通志卷七一方伎傳作「機」。按，張仲景名醫學文獻多作「機」，傷寒雜病論仲景自序傳本亦作「機」，四庫全書總目著録傷寒論亦作「張機撰」。清一統志改作「璣」，不知所本。

〔七〕孫含　「含」，原作「舍」，據乾隆志及晉書卷五七滕修傳改。

〔八〕一出私禄　「禄」，原作「録」，據乾隆志及晉書卷七五范甯傳改。

〔九〕累遷車騎將軍　「遷」，原作「遣」，據乾隆志改。

〔一〇〕初爲晉安王國常侍　「晉」，原脱，據乾隆志及南史卷五〇庾肩吾傳補。

〔一一〕安圖舊作安童　「童」，原作「同」，據乾隆志及元史卷一七〇暢師文傳改。

〔一二〕子始摶　「摶」，原作「搏」，據乾隆志改。按，乾隆志載其字直上，與「摶」義相合。

大清一統志卷二百十四

南陽府五

流寓

三國 漢

諸葛亮。琅邪陽都人。漢末避亂，寓居南陽，躬耕隴畝，好爲梁父吟，每自比管、樂。建安中，昭烈屯新野，詣亮，凡三往，乃見。

宋

李之儀。無棣人。徽宗時，編管太平，久之徙唐州〔一〕。

金

胡德新。河北士族也。言禍福有奇驗。與燕人王鉉，邂逅葉縣郵落中，鉉謬以兵官對，胡曰：「公當科甲。」衆愕然，以實告。遂邀鉉至野田，密謂曰：「某行宛、葉道中，見往來者十且八九有死氣，陳、許間亦有大半當死者。若吾目可用，時事可知矣。某亦不逃此阨。」明年，元兵起，所過廬舍蕭然，胡亦舉家及難。

列女

漢

鄧閶妻耿氏。有節操。痛鄧氏誅廢，子忠早喪，乃養河南尹豹子嗣爲閶後，教之書學，遂以通博稱。永壽中，嗣與伏無忌、延篤著書東觀，官至屯騎校尉。

樊調妻梁氏。名嫕，梁竦女，嫁南陽樊調。肅宗時，諸竇陷竦以惡逆，考死獄中，家屬徙九真。永元九年，嫕上書自訟，帝覽章感悟，令驗問之。嫕辭證明審，遂得引見，具陳其狀。加號梁夫人，徵還竦妻子。

晉

朱序母韓氏。序鎮襄陽，苻堅遣其將苻丕等率衆圍序，韓登城行視，謂西北角當先受弊，遂領百餘婢，并城中女子，於其角斜築二十餘丈。賊攻西北角，果潰，衆遂固守新築城，賊引退。襄陽人謂此城爲「夫人城」。

唐

陸家姑。張巡姊，嫁陸氏。虢王巨自彭城東走臨淮，巡姊遮王，勸勿行，不納。賜百縑，不受。爲巡補縫行間，軍中號陸家姑，先巡被害。

元

喜同妻邢氏。喜同守南陽，見賊勢盛，與家人訣曰：「吾與汝等不能相顧矣。」已而城陷，氏聞同力戰死，帥家人數人出走，遇賊奪刀砍之，且罵且前，亦見殺。一家死者二十餘人。

博都里遠妻雷氏。遠戰死。雷爲賊所執，欲妻之。乃詆賊曰：「我參政冢婦，縣令嫡妻，肯從汝狗彘以生乎？」賊醜其言，將辱之。雷大罵不從，遂見殺。舉家皆被殺。「博都里遠」舊作「孛术魯遠」，今改。

李青妻張氏。名春兒，葉縣人。青歿，一慟幾絶，囑匠曰：「棺宜極寬大，以納死者衣服弓箭之屬〔二〕。」匠如其言。既殮，乃自縊死，同棺葬之。本朝雍正八年，旌表其墓。

明

張誦妻丁氏。鄧州人。誦卒，丁與妾王氏，茹苦撫孤。事聞旌表，仍免二丁，供掃除塋域。

于傅妻賈氏。裕州人。初許字傅，傅貧不能娶，母陰許富人。女覺，自縊死。

李瓊妻許氏。名婉妹，葉縣人。未嫁，瓊死於寇。父母欲奪其志，遂縊。事聞旌表，仍賜其弟以諸生奉祀。府屬之以殉夫著者：南陽王家士妻蘇氏，王可敬妻趙氏；南召辛存妻臧氏；唐縣謝紀妻朱氏，郭屏翰妻趙氏，張宗性妻趙氏，吴之龍妻項氏；鄧州李永茂妻周氏；内鄉韓宗信妻李氏，張宏基妻許氏；新野李澄妻王氏，趙文表妻張氏，馬廷鋭妻范氏；淅川彭光澤妻李氏，馮世泰妻李氏，全光妻李氏，謝調元妻王氏，尉其志妻王氏；裕州度宏信妻趙氏，劉賜妻趙氏，邢繼宗妻趙氏；舞陽張偉妻傅氏，孟子學妻張氏。未婚而殉者：南陽衛李澤妻郭妙才，唐縣張某妻宋氏，鎮平龔熙姜妻張氏，鄧州程子通妻申氏，淅川張邦彥妻全氏。皆被旌。

李占鼇妻許氏。内鄉人。兄宣、宷等倡義殺賊，賊怒攻許氏寨，破之，一家皆遇害。氏早寡，依母兄，自縊未絶，賊斷繩墜，欲脅辱之。大駡，賊刃交下，析骸而死。

馬一變妻張氏。新野人。崇禎九年，夫婦皆被寇掠，張紿賊曰：「釋吾夫即從汝。」寇信之。張度夫遠去，就爨下舉火自焚死。有子未晬，賊憐其節，畀金老嫗囑撫養而去。南陽自正德、崇禎兩遭寇亂，女子不受污死賊者：南陽王統妻熊氏〔三〕，史洛書妻曹氏，田陽生妻徐氏，熊文烇妻周氏；南召黄文獻妹；唐縣趙天裕妻朱氏，趙應麟妻安氏，李氏女，沈鑾妻趙氏，許田女；泌陽闞河静妻焦氏、子婦焦氏，徐翶妻高氏，吉應正妻焦氏，鄧文炳妻張氏；桐柏張整妻劉氏，楊憲妻吴氏，涂士明妻楊氏；鄧州李雙桂妻彭氏，王之蕃妻李氏，金時輝妻李氏，唐壯行妻李氏，丁之正母喬氏、妻王氏，唐瑾妻張氏、子婦楊氏，温茂葉妻楊氏，丁如汴妻劉氏，賈漢相妻高氏，秦東海女；内鄉封安民妻闞氏，符尚國妻郭氏，高攀妻胡氏，張慎忠妻李氏，王震妻劉氏；新野常憲妻陳氏，馬鳴遠妻黄氏，鄭剛妻夏氏，齊毓泰妻李氏，李勝梓妻劉氏，陶爾鑽妻李氏，郝天蒼女；淅川李芳馨妻李氏，顧行妻蕭氏，魏國昌妻趙氏；裕州李樂妻楊氏，權信妻胡氏，余光妻劉氏，田萃妻余氏，侯璋妻余氏，崔世禄妻鄭氏，吴璲妻梁氏，馮昌妻郭氏，張素妻杜氏，張鼎垣妻王氏，趙旦妻宋氏，朱色正妻陳氏，樊中萃妻辛氏；舞陽張鸞妻楊氏，楊彪女，焦佐女，戴海女，郭氏女，臧世英妻苗氏；葉縣鄭榮女，李氏二女，張氏女，苗氏女，馬肇圖妻鄭氏。

本朝

孟良玉妻張氏。鎮平人。良玉早殁，撫遺腹子廷詔成立。廷詔以孝行聞。

韓應琦妻周氏。唐縣人。應琦仕總兵，駐江西。金聲桓叛，氏與妾白氏、子文焕、文炳、文煐，皆自殺。事平，封夫人。

杜六妻段氏。葉縣人。夫亡守節，侍姑疾者八年。姑思食肉，段貧無一錢，即割臂肉以進，姑立愈。同縣唐希堯妻何氏，亦守志，割股療姑疾。

任龍妻孫氏。葉縣人。龍殁，氏撫孤子之魁，娶李氏婦，生二子鏡、欽。之魁殁，與李偕守，爲鏡娶杜氏。鏡殁，杜殉之，爲欽娶孫氏。欽復早世，孫誓志不二。節烈萃於一門。

王其楫妻于氏。舞陽人。未婚而其楫殁，于年十四，自製縞素往哭，投繯者三，以救免。乃毀容，操作以事孀姑，閲九年，夫之兩弟皆娶，于曰：「姑有奉矣。」題絶命詩，墜樓死。康熙年間旌。

張天章聘妻白氏。南陽人。未婚。天章商於外八年，父母議將改適，氏自縊死。同縣節婦馬士元妻毋氏，烈婦郭振江妻李氏，王玉良妻曾氏，均雍正年間旌。

李元善妻史氏。南陽人。早寡，舅姑繼殞，子復殤，家業耗盡，孤苦守志。舅有少子，氏撫之以延一綫，卒至成立。雍正年間旌。

蔣玉潤妻趙氏。唐縣人。守正捐軀。同縣烈婦劉宗妻邱氏，胡守義妻魏氏，烈女李梅姐，均雍正年間旌。

崔洪恩妻魏氏。泌陽人。夫亡殉節。同縣烈女牛舜姐，均雍正年間旌。

王烈女。鄧州人。父文秀遠傭，欲攜女去。其姊先許陳氏，陳慮有他意，往篡取之。女望見退避，陳誤以爲是媳也，牽之碎其衷衣，女抱憤自殺。雍正年間旌。同州王氏女，亦遇暴不辱死。

謝郿妻陳氏。淅川人。夫亡殉節。同縣烈婦李士龍妻張氏，均雍正年間旌。

張德妻孫氏。裕州人。守正捐軀。雍正年間旌。

劉氏女羣姐。葉縣人。守正捐軀。同縣烈婦王錫祥妻王氏、龔良翰妻陳氏，均雍正年間旌。

藍瑞寬妻朱氏。南陽人。夫亡守節。同縣節婦任三賢妻王氏，傅江妻馬氏，劉懷玉妻張氏，魏明德妻谷氏，韓之傑妻阮氏，張採妻劉氏，李元珽妻高氏，陳桂芳妻夏氏，白登科妻韓氏，楊鎮國妻韓氏，邢民式妻梁氏，李維楫妻劉氏，賈天錫妻王氏，王國璽妻王氏，王建若妻何氏，李鵬舉妻王氏，李榮妻吳氏，武文舉妻翁氏，冉良玉妻劉氏，范信妻華氏，李守龍妻孫氏，李立妻閻氏，許兆鰲妻劉氏，許爾魁妻馬氏，鄭成貴妻王氏，李德全妻王氏，白雲潔妻朱氏，馬亨妻李氏，孫希武妻唐氏，張友桂妻李氏，胡忠妻郭氏，張玉璞妻李氏，袁宏基妻張氏，王宣妻許氏，許楷妻熊氏，任守信妻蔡氏，張維貞妻丁氏，袁自華妻徐氏，王立妻閻氏、又李氏，馬瑞圖妻黨氏，謝宜陞妻魏氏，許可望妻賈氏，徐京策妻吳氏，吳文彪妻梁氏，周正子妻杜氏，張樞妻章氏，吳起敬妻李氏，袁則天妻吳氏，金琮妻呂氏，李棫妻孫氏，張治妻嚴氏，徐文妻唐氏，古玉書妻劉氏，裴有勳妻王氏，徐大鵬妻李氏，王瑚妻韓氏，李從雲妻高氏，郭廷顯妻邵氏，徐良臣妻張氏，吳長榮妻邢氏，徐琳妻周氏，崔天福妻馬氏，賈秉禮妻徐氏，蔡玉妻姚氏，傅啓昌妻王氏；烈婦周正海妻李氏，邢雲妻徐氏，梁素妻畢氏，李光宗妻劉氏，常斗妻董氏，栗大妻張氏，萬瑞徵妻周氏，邢二妻許氏，尹全妻高氏，張梅妻王氏，陳鋭妻張氏，呂氏高氏，兩王氏，陶氏，暴史氏；烈女屈氏女，籍氏女，馮氏女，均乾隆年間旌。

唐氏女。南召人。守正捐軀。同縣烈婦孔某妻王氏，劉某妻王氏，牛某妻屈氏，均乾隆年間旌。

羅萬化妻王氏。唐縣人。夫亡守節。同縣節婦毛之錦妻劉氏，趙吉妻張氏，方際剛妻周氏，方至妻王氏，曲元善妻仝氏，陳法聖妻張氏，路必逵妻許氏，李文英妻梁氏，衛增妻馬氏，李閥妻湯氏，廉希賢妻余氏，仝榮妻馬氏，張艾妻韓氏，徐同瀚妻杜氏，仝梓妻劉氏，白璜妻趙氏，張邦相妻曲氏，田錫爵妻陳氏，石玉田妻劉氏，韓鵬羬妻丁氏，馬世信妻楊氏，馬瑞雲妻王氏，曲上元妻曹氏，王瑚妻韓氏，李廷英妻邵氏，陳東陽妻劉氏，劉漢選妻宋氏，田節妻韓氏，方維憲妻仝氏，趙九德妻楊氏，張璟妻王氏，李梓妻謝氏，惠秉智妻楊氏；烈婦劉墨妻王氏，鍾鴻博妻張氏，谷祿妻喬氏，白士雅妻趙氏，王魁妻馮氏，岳大妻王氏，閆坤妻王氏，王某妻郭氏，張曲氏，羅天才妻李氏，靖同妻史氏；貞女杜氏女；烈女方維銓聘妻段氏，張氏女，喬氏女，均乾隆年間旌。

邱烒妻郭氏。泌陽人。夫亡守節。同縣節婦邱鐸妻馮氏；烈婦曹三妻赤氏，劉洪瑞妻王氏，鄭某妻江氏，閆某妻楊氏；烈女李迎姐，宋妮；孝女張桂姐，均乾隆年間旌。

李登瀛妻鄭氏。桐柏人。夫亡守節，同縣節婦劉作昌妻楊氏，闞文妻唐氏；烈婦張克義妻朱氏，王茂林妻黎氏，高國柱妻陳氏，徐國至妻曹氏，李天成妻張氏，梁應武妻樊氏；烈女賀郡姐，均乾隆年間旌。

侯文遠妻牛氏。鎮平人。夫亡守節。同縣烈婦魏某妻時氏，丁某妻李氏，均乾隆年間旌。

劉顯妻王氏。鄧州人。夫亡守節。同縣節婦孫宗咸妻梁氏，劉天禄妻徐氏，馬震妻李氏，鄧顯章妻史氏，趙必得妻段氏，趙敞妻張氏，胡在慤妻劉氏，孫雲錦妻梁氏，丁崇鑅妻孫氏，廖元良妻史氏，廖鳳池妻歸氏，王卓妻孫氏，彭瑞圖妻黄氏；烈婦劉登妻賈氏，吕少美妻武氏，錢四妻高氏，高黄衣妻習氏，妾某氏，曹某妻周氏，李某妻蕭氏；烈女香姐、王周姐，均乾隆年間旌。

王廷璽妻鞏氏。淅川人。夫亡守節。同縣節婦蒙起瑞妻劉氏，博良楝妻徐氏；烈婦石基妻李氏，何林妻趙氏，胡從魁妻王氏；烈女宋嬌女。均乾隆年間旌。

酆大慶妻焦氏。新野人。夫亡守節。同縣節婦劉鎮漢妻趙氏，韓錫章妻張氏，楊琈妻平氏，徐有林妻魯氏，張雲章妻陳氏，喬聚秀妻陳氏，喬千秋妻廖氏，喬千常妻閆氏，樊恬妻馬氏，趙篤明妻高氏，魯仕任妻宋氏，王曰詩妻張氏，張又繹妻史氏，劉洵妻張氏，劉深妻杜氏，郭玉瑞妻陳氏，齊士連妻鄭氏，董之屏妻魯氏，鮑擢用妻樊氏，陳言妻田氏，王曰緒妻張氏，張某妻信氏，姜懷信妻張氏，周世篤妻匡氏，齊朝佐妻田氏，陳生輝妻田氏，馬獻瑞妻樊氏，張星瑞妻左氏，趙必昌妻史氏，蔡文焕妻何氏，郭坤載妻王氏；烈婦趙景鮮妻于氏，張信氏，均乾隆年間旌。

鄭坦妻侯氏。内鄉人。夫亡守節。同縣節婦陳白妻謝氏，龐鳴臯妻李氏，齊允興妻沈氏，杜元勳妻許氏，劉方慶妻張氏，張嵩妻楊氏，孫玠妻李氏，王志誠妻別氏；烈婦馮玉妻田氏，李桐妻程氏，馬誨妻陳氏；烈女戴六姐，均乾隆年間旌。

朱世法妻程氏。裕州人。夫亡守節。同州節婦景入朝妻霍氏，賈藻妻唐氏，袁坤妻彭氏，齊於龠妻劉氏，賈心讓妻張氏，張大成妻劉氏，王翰城妻賈氏，孟長明妻王氏，屈龍美妻侯氏，張如莫妻荆氏，張如楠妻李氏；烈婦陳三妻劉氏，姚五妻王氏，婁希印妻盧氏、又楊氏，李秀成妻王氏，魏某妻楊氏，均乾隆年間旌。

蔡勳妻吳氏。舞陽人。夫亡守節。同縣節婦趙愷妻王氏，張易妻黃氏，郭述儀妻李氏，郭追儀妻高氏，蔡日融妻高氏；烈婦王仲舉妻張氏，范小起妻辛氏，張永恭妻王氏，韓成文妻賈氏，鄭寒時妻惠氏，李德立妻陳氏，安二白妻陳氏，宋振玉妻周氏，安珩妻李氏；烈女閻勤姐、連氏女、宋氏女、劉氏女，均乾隆年間旌。

杜宗歐妻王氏。葉縣人。夫亡守節。同縣節婦李大祥妻程氏，任欽妻孫氏，王九齡妻牛氏，李珽璵妻程氏，王九德妻李氏，祁衍中妻王氏，韓生妻米氏，劉士驥妻王氏，毛喜盛妻馮氏，趙珩妻韓氏，徐祥妻鄭氏，杜國妻任氏，王元祚妻高氏，杜廷楫妻張氏，霍文璧妻高氏，樊枝桂妻侯氏，毛時省妻李氏，毛之龍妻劉氏，張振漢妻高氏，劉玉琦妻鄭氏，王廷讚妻陳氏，張修妻孫氏，萬士則妻程氏，趙泰妻杜氏，席居宸妻魏氏，高巖妻徐氏，魏湜妻陳氏，王廷策妻岳氏，鄭顯仕妻陳氏，岳體中妻魏氏，楊偉妻譚氏，任永福妻魏氏，任岱年妻劉氏，毛翼妻陳氏，沈士林妻程氏，焦瑀妻吳氏，程浩妻馬氏，孫世鑑妻杜氏，李庚妻杜氏，張文彩妻徐氏，劉元墀妻樊氏，孫偔妻馬氏；烈婦裴華妻張氏，史良妻趙氏、又吳氏，石勇妻王氏，司連妻莊氏，均乾隆年間旌。

徐珠妻盧氏。南陽人。夫亡守節。同縣節婦王明妻胡氏，吕蘭妻白氏，韓周侯妻戴氏，劉淳喜妻蕭氏，李汝林妻李氏，劉士煥妻楊氏，李龍見妻邢氏，劉大運妻張氏，周銘妻王氏，張樹聲妻劉氏，楊秉秀妻趙氏，陸德元妻樊氏，許順妻蘇氏，宋喜需妻王氏，尹佳妻王氏，張樹烈妻邱氏，郭希賢妻王氏，鄧明妻尚氏，吕振綱妻翟氏，郭維城妻史氏；烈婦侯敬妻袁氏，謝國榮妻李氏，張元妻趙氏，郭岳氏、牛氏、吳氏、喬氏、田氏，趙珩妻劉氏；烈女邵大女、李氏女、周氏女，均乾隆年間旌。

焦存誠妻劉氏。南召人。夫亡守節。同縣節婦李志道妻王氏，褚景曾妻王氏，王度賢妻任氏，李榮清妻王氏；烈婦馬某妻丁氏；烈女屈氏女，均嘉慶年間旌。

姚志灝妻蔡氏。唐縣人。夫亡守節。同縣節婦盧振德妻薛氏，曲廷奇妻周氏，李如林妻馬氏，常宏振妻郝氏，吳彩妻惠氏，劉元潮妻李氏，朱英妻喬氏，同燮妻侯氏，趙連元妻郭氏，呂音律妻趙氏，趙鐸妻劉氏，李思賢妻楊氏，姚經常妻方氏，謝樹熙妻李氏，王家讓妻郭氏，趙魁方妻任氏，毛振翮妻李氏，姚階敌妻王氏；烈婦黄馬氏，張架妻李氏，李小羣妻王氏、又郭氏；烈女張五女，趙氏女，高氏女，均嘉慶年間旌。

吴肇姬妻韓氏。泌陽人。夫亡守節。同縣節婦李鐸妻曹氏，王焕章妻禹氏，崔涵性妻段氏；烈婦李榛妻喬氏，張計貴妻裴氏，陳牛妻韓氏，燕文舉妻董氏，張郝氏，朱謝氏，張高氏，楊氏，張氏，胡氏，宋氏；烈女馬氏女，均嘉慶年間旌。

魏遴妻王氏。桐柏人。夫亡守節。同縣烈婦湛可富妻劉氏，均嘉慶年間旌。

袁中榜妻王氏。鎮平人。守正捐軀。同縣烈婦李氏，袁天和妻劉氏，王三妻時氏；節婦侯德彰妻牛氏，張常氏，徐李氏，均嘉慶年間旌。

王肅極妻周氏。鄧州人。年八十七歲。嘉慶二年，教匪驟至，氏姪孫王永坤率衆堵禦，爲賊所執，立時遇害。氏罵賊不屈，亦遭慘殺。其同時婦女殉難者：唐縣則侯某妻郭氏、陳氏，陳某妻崇氏，姜某妻靄氏，管某妻王氏，王某妻劉氏，喬某妻李氏；桐柏則焦某妻趙氏，易某妻周氏，江某妻陰氏，陳某妻葉氏，陶某妻李氏；新野則張某妻張氏，張某妻馬氏；葉縣則顧某妻郝氏，均嘉慶年間旌。

彭留銓妻李氏。鄧州人。夫亡守節。同州節婦孫天民妻丁氏，彭沖霄妻程氏，彭登瀛妻曹氏，孫皋妻郭氏，孫理順妻華氏，李彬妻王氏，丁大綱妻劉氏，彭應元妻陳氏，林安妻孔氏，劉達盧妻丁氏，劉超妻曾氏，程武妻劉氏，彭瑞芝妻涂氏，安明遠妻張氏，李德泰妻劉氏，初嵩峻妻楊氏；烈婦陳宗瑶妻胡氏，王國泰妻劉氏，孫廣平妻楊氏，劉趙氏，烈女李氏女，均嘉慶年間旌。

張登妻王氏。淅川人。夫亡守節。同縣節婦陳錫爵妻冠氏，楊際乾妻趙氏，陳尚選妻楊氏，孫國佑妻李氏，孫耀祖妻杜氏，李克顯妻白氏，姚從聖妻岳氏；烈婦鄭殿華妻桂氏，解玉寬妻張氏，均嘉慶年間旌。

陶恪修妻吴氏。新野人。夫亡守節。同縣節婦李紹文妻樊氏，韓泰恒妻錢氏，齊國相妻陶氏，韓泰來妻藺氏，李明業妻樊氏，馬國全妻盧氏，孝杜妻高氏，劉月妻李氏，曹應廷妻曹氏，李顯璞妻葛氏，李林紹妻宋氏，楊若敏妻閻氏，劉洽妻翟氏，李國楠妻韓氏，趙維明妻湯氏，馮廷耀妻夏氏；烈婦吴氏，李氏，吴氏，俞氏，均嘉慶年間旌。

黄思躋妻陳氏。内鄉人。夫亡守節。同縣節婦李宗文妻陳氏，龐擎天妻周氏，何泰來妻黄氏，高平心妻徐氏；烈婦王氏；烈女張氏女，均嘉慶年間旌。

賈雲鴻妻劉氏。裕州人。夫亡守節。同州節婦吴兆熊妻王氏，王琢妻郭氏；烈婦賈淮洛妻李氏，楊某妻馬氏；烈女趙静妮，均嘉慶年間旌。

温某妻董氏。舞陽人。守正捐軀。同縣烈婦王佃妻師氏，孟王氏；烈女王氏女，均嘉慶年間旌。

孫峻妻張氏。葉縣人。夫亡守節。同縣節婦孫士磊妻雷氏，張鎬妻王氏，孫克述妻杜氏，陳鴻儒妻孫氏，孫世瑄妻陳氏，屈自當妻崔氏，祁有章妻魏氏，祁珩妻孫氏；烈婦王二住妻余氏，孫羊羣妻齊氏，蘇保妻董氏，李星妻楊氏，張駱駝妻盧氏，張秉元妻朱氏，又宋氏，黄氏，劉起運媳杜遂姐；貞女張氏女，均嘉慶年間旌。

仙釋

漢

南陽公主。下嫁王咸。綏和間，王莽秉政，公主謂咸曰：「國危世亂，但當退而修身。」咸不能從，公主遂於華山結廬，歲餘精思丹道，乘雲氣冉冉而去。咸追之於嶺上，見遺朱履一雙，取之，已化爲石。後人名曰公主峯。

陰長生。新野人。不好榮位，潛居隱身，專務道術。聞馬明生者得度世之法，乃求見於太和山中，執役二十年不懈，偕入青城山，以太清金液神丹授之。丹成，著九篇，自云〔四〕：「漢興以來，高士得仙者四十五人，迨余爲六云。」

晉

王喬。河東人。顯宗時爲葉令。喬有神術，每月朔望，嘗自縣詣臺闕。帝怪其來數，而不見車騎，密令太史伺望之。言有雙鳧從東南飛來，舉羅張之，但得一雙舄，則四年中所賜尚書官屬履也。後天下玉棺於堂前，吏人推排，終不摇動。喬曰：「天帝獨召我也。」乃沐浴服飾寢其中，蓋便立覆。宿昔葬於城東，土自成墳。其夕縣中牛皆流汗喘乏，而人無知者。

麻衣子。姓李，名和。生而紺髮美姿。稍長入終南山，忽遇一道者，授以道術，戒之曰：「南陽之間，湍水之陽，有山靈堂，巖洞其旁，神開汝鄉，汝則往之，可以翕神功於蒼茫。」麻衣往求之，居洞中十有九年。義熙間，大旱，忽有少年十三人謂麻衣曰：「吾屬龍也，上帝以師道業成，敕令輔師令化耳。」翼日雨果大至。宋大明初，年百有一歲，儼坐而逝。

梁

法聰。新野人。八歲出家，至襄陽傘蓋山白馬泉，築室以棲〔五〕。境内虎災，聰入定，須臾十七大虎至，聰令弟子以布繩繫項而去，自是無害。又見白黿自聰手取食，曰：「此雄龍也。」所居夜放光明，不假燈燭。年九十二，端坐而化。

唐

慧忠。諸暨冉氏子。得法曹溪，居南陽白崖山黨子谷四十餘年，道行升聞。肅宗以師禮迎居千福寺。大曆十年冬，示寂。

本朝雍正十二年，加封真寶大澄禪師。

天然。初習儒業，將舉進士第，道遇禪客，曰：「選官何如選佛。」天然悟，即謁馬大師。大師曰：「我子天然，遇留即止。」後振錫南陽，見山巒疊出，方四顧之，頃一老人云：「此大留、二留、三留之山也。」師遂棲止之。唐長慶中，示寂。寶曆初，謚知通禪師。

宋

景知常。鄧州人。少從趙亶禊學道，顔如丹渥。太宗知其名，召至，俄辭去。常遇吕真人，時或語唐昭宗以來事，殆數百歲人。或祁寒浴谿，或大暑偃地。有書生病憊，噓酒飲之即能行。所居夜神光滿室。卒，舉其棺甚輕，開視惟衣衾，有異香焉。

張虚白。鄧州南陽人。通太乙六壬術，遇真人得祕訣。徽宗召管太乙宫，入禁中，終日論道，無一言及時事。金人尤重之，以爲神仙。忽語人曰：「某年月日，我當化去。」至期，果然。

張仙姑。南陽人。有祕術，人有疾，仙姑輒瞑目潛爲布氣攻之，雖沈痼無不愈。徽宗嘗召至東都，後不知所終。

明

智通。燕人。自幼神清貌秀，穎悟善記。初慕全真，謁道人不合。遂落髪入法門，禮璧峯金師，即聞奧旨，夙契脗合。往遊大乘山，因駐錫焉，久之緇素雲集。永樂中，召至京師，居天界寶刹，端坐而化。

土產

鐵。南陽、内鄉二縣俱有冶。

錫。裕州出，有洞。

絹。寰宇記：土貢。

絲布。元和志：土貢。

木綿麻靛。境内皆出。

漆。南陽、淅川二縣出。

礬紅。舞陽縣出。

石青。南陽縣鐵朵山出。一名石緑，一名青緑。

屏風石。出桐柏縣北二十里。山石瑩白，有文綵如繪者。

香橙。鄧州出。

羊桃。内鄉縣出。

白菊花。内鄉縣出。風俗通：南陽酈縣有甘谷，其山多菊，水自山上流，得其滋液，谷旁人悉飲此水，多壽。

白花蛇。南陽出。

緑毛龜。出唐縣雙鳳山聖母池中。或曰内鄉縣清泉亦有之。

藥。紫石英，鄧州覆釜山出。滑石，裕州當陽縣出。鶴虱，唐縣出。杜仲，鎮平縣出。牛蒡子、飛生急靈皮，内鄉縣出。

按：舊志南陽府土産銅。寰宇記鎮平縣騎立山出有銅礦，今無開採者。附記於此。

校勘記

〔一〕久之徙唐州　「州」，原作「川」，乾隆志卷一六七南陽府流寓（下同卷簡稱乾隆志）同，據宋史卷三四四李之儀傳改。

〔二〕以納死者衣服弓箭之屬　「箭」，乾隆志作「劒」。

〔三〕南陽王紞妻熊氏　「紞」，原作「統」，據乾隆志及雍正河南通志卷六八列女改。

〔四〕自云　「自」，原作「目」，據乾隆志改。

〔五〕築室以棲　「室」，原作「石」，乾隆志同，據明一統志卷三〇南陽府仙釋改。

汝寧府圖

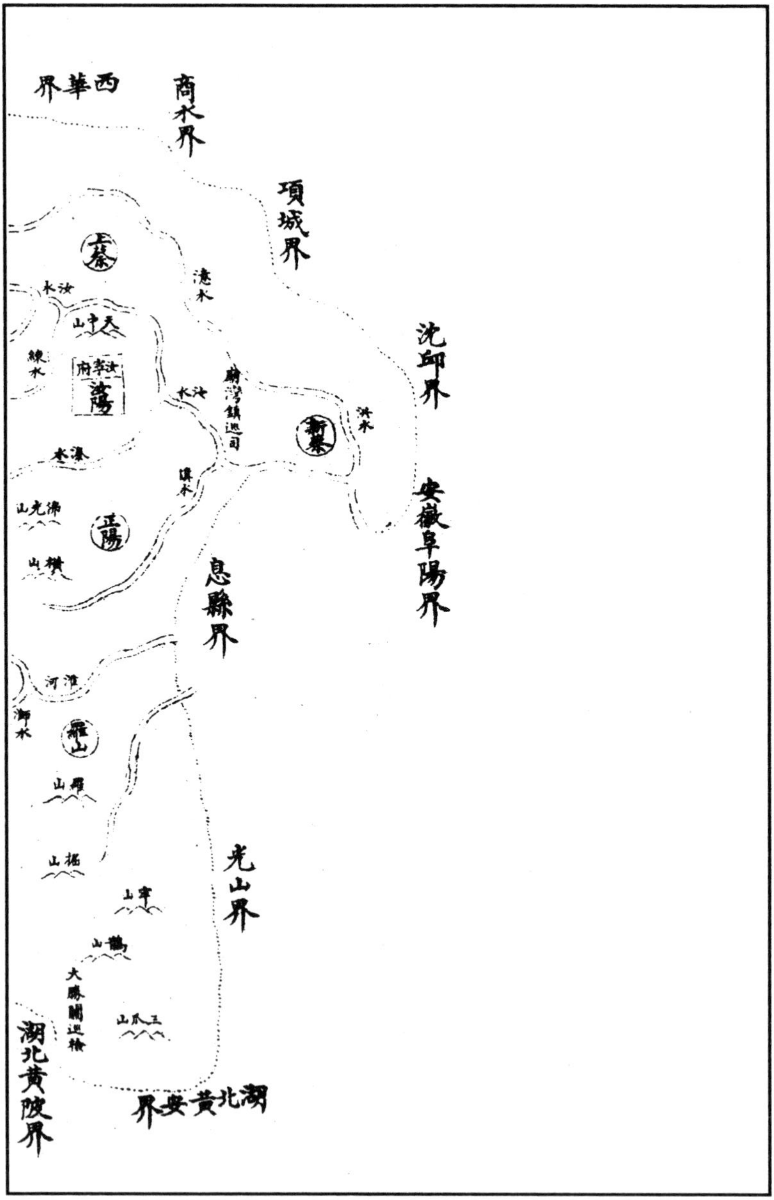
西華界
商水界
項城界
上蔡
沈邱界
新蔡
汝寧府
安徽阜陽界
正陽
息縣界
淮河
羅山
光山界
湖北黃陂界
湖北黃安界

郾城界
舞陽界
九頂山
遂平
泌陽界
金頂山
確山
平頂山
朗陵山
三山
沙河
明港驛
大木山
平昌關
桐柏界
三角山
楊家寨巡司
賢首山
信陽
石城山
黃土關
士雅山
雞翅山
平靖關
湖北隨州界
黃峴關
武陽關
湖北應山界
湖北孝感界

汝寧府表

	汝寧府	汝陽縣
秦	潁川郡地。	上蔡縣地。
兩漢	汝南郡 治平輿。	平輿縣 郡治。 宜春縣 屬汝南郡。後漢曰北宜春。
三國	汝南郡	懸瓠城。 平輿縣 北宜春縣
晉	汝南郡 東晉治懸瓠城。	平輿縣 屬汝南郡。 北宜春縣
南北朝	汝南郡 宋元嘉末僑置司州。魏改名豫州。周改舒州。	上蔡縣 魏徙置，州郡治。 齊廢。 宋省。
隋	汝南郡 開皇初廢郡，復曰豫州。大業初改蔡州，尋復爲郡。	汝陽縣 大業初改名，郡治。 平輿縣 大業初復置，屬汝南郡。
唐	蔡州汝南郡 初曰豫州，寶應初更名，屬河南道。後置彰義軍。	汝陽縣 州治。 平輿縣 貞觀初廢，天授二年復屬蔡州。
五代	蔡州汝南郡	汝陽縣 平輿縣
宋金附	蔡州汝南郡淮康軍 屬京西北路。金曰蔡州鎮南軍，屬南京路。	汝陽縣 平輿縣
元	汝寧府 至元三十年升府，屬河南行省。	汝陽縣 府治。 省入汝陽。
明	汝寧府 屬河南布政司。	汝陽縣

	正陽縣
安成縣屬汝南郡。	慎陽縣屬汝南郡。
安成縣魏爲豫州治。	慎陽縣
安成縣屬汝南郡。	慎陽縣
齊廢。保城縣宋孝武置，屬汝南郡。義陽郡魏永安三年置郢州，天平四年改置。齊廢。	慎陽縣郡治。西淮州淮川郡梁置州郡，領真陽、梁興二縣，治白狗堆。齊廢州郡，改置齊興郡，尋廢。
省入汝陽。	真陽縣開皇十六年廢慎陽，置真丘縣。大業初更名，屬汝南郡。
	真陽縣載初元年更名淮陽，神龍初復屬蔡州。
	真陽縣
	真陽縣金泰和八年屬息州。
	真陽縣至元三年省，後復屬汝寧府。
	真陽縣洪武四年省入汝陽。弘治十八年復置，移治。

續表

	上蔡縣	新蔡縣
	上蔡縣	
安陽縣屬汝南郡。	上蔡縣屬汝南郡。	
安陽縣	上蔡縣	
南安陽縣太康初改名。	上蔡縣	新蔡郡惠帝分汝陰置。
白狗縣齊置。 安陽縣宋復舊。	臨汝縣魏改置，屬汝南郡。齊廢。 武津縣宋置，屬汝陽郡。齊廢。	廣寧郡東魏置蔡州。齊廢州，改郡名。
開皇初更名淮川，大業初省入真陽。 省入真陽。	上蔡縣開皇中改置武津縣，大業初改名，屬汝南郡。	開皇初廢郡，十六年置舒州，大業初廢。
初復置淮川縣，貞觀初廢。 初復置，屬豫州，後廢。	上蔡縣屬蔡州。	武德初仍置舒州，貞觀初廢。
	上蔡縣	
	上蔡縣	
	上蔡縣屬汝寧府。	
	上蔡縣	

續表

續表

	西平縣
新蔡縣	
新蔡縣 屬汝南郡。 鮦陽縣 屬汝南郡。	西平縣 屬汝南郡。 定潁縣 後漢永初二年置，屬汝南郡。
新蔡縣 鮦陽縣	西平縣 定潁縣
新蔡縣 屬汝陰郡。 鮦陽縣 屬汝陰郡，後屬新蔡郡。	西平縣 定潁縣
新蔡縣 魏爲新蔡郡治。齊分置永康縣，屬廣寧郡。周改名濦水。 齊廢。	襄城郡 魏置，隸豫州。齊改名文城。 西平縣 郡治。 宋廢。
新蔡縣 開皇十六年改名廣寧，大業初復改曰新蔡，屬汝南郡。 鮦陽縣 開皇十一年復置，屬淮陽郡。	開皇初廢。 大業末廢。
新蔡縣 屬蔡州。 初屬沈州，貞觀初廢。	西平縣 初復置，屬蔡州。貞觀初省入郾城，天授二年復置。
新蔡縣	西平縣
新蔡縣 金屬息州。	西平縣
省入息州。	西平縣 屬汝寧府。
新蔡縣 洪武四年復置，屬汝寧府。	西平縣

	遂平縣	確山縣
	吳房縣屬汝陽郡。瀙陽縣屬汝南郡。	朗陵縣屬汝南郡。
	吳房縣　瀙陽縣	朗陵縣
	吳房縣　瀙陽縣	朗陵縣
武陽縣魏置，屬襄城郡。	遂寧縣宋省。魏改置，屬襄城郡。義綏縣屬襄城郡。齊省。瀙陽縣宋曰瀙陽。齊省。	安昌縣魏改置，兼置初安郡。
開皇十八年改曰吳房，大業初廢。	吳房縣大業初復舊名，屬汝南郡。	朗山縣開皇初廢郡，徙置。十八年更名，屬汝南郡。
	遂平縣貞觀初廢，八年復置，屬蔡州，元和中改名。	朗山縣初置朗州，貞觀初廢，屬蔡州。
	遂平縣	朗山縣
	遂平縣	確山縣大中祥符五年更名。
	遂平縣初省入汝陽，大德中復置。	確山縣屬汝寧府。
	遂平縣屬汝寧府。	確山縣洪武初省入汝陽，十四年復置，仍屬汝寧府。

續表

	信陽州
陽安縣屬汝南郡。	汝南、江夏二郡地。 平春縣後漢置，屬江夏郡。
陽安縣	平春縣
陽安縣	移義陽郡來治。 平陽縣徙置平陽縣，爲郡治。 平春縣屬義陽郡，太元中改曰平陽，尋徙廢。
陽安縣東魏置陽安郡及永陽縣。齊郡縣俱廢。	司州義陽郡宋泰始中置州。魏正始初改曰郢州。梁曰北司州。東魏武定七年改曰南司州。周改曰申州。 平陽縣州郡治。 平春縣宋孝建三年復置，屬義陽郡。齊屬南義陽郡。魏廢。
	義陽郡開皇初廢郡，大業二年改州名義州，旋又爲郡。 平陽縣開皇初更郡治。
	申州義陽郡復置州，屬淮南道。 義陽縣
	申州義陽郡 義陽縣
	信陽軍開寶九年降義陽軍，太平興國初改名，屬京西北路。 信陽縣改名，軍治。
	信陽州初復置州，至元十四年升府，尋復降州，屬汝寧府。 信陽縣州治。
	信陽州洪武十五年降州爲縣，成化十二年復爲州，仍屬汝寧府。 省入州。

鄳縣 屬江夏郡。	鍾武縣 屬江夏郡。後漢省。			
鄳縣				
鄳縣 太康中分屬義陽郡。				
鄳縣 魏正始初改屬齊安郡。齊改名爲齊安郡治。	環水縣 宋置，屬義陽郡。魏廢。	慕化縣 齊置，屬淮安郡。	鍾武縣 宋初復置，屬義陽郡。	西楚州 城陽郡 魏太和三年置城陽郡。梁置楚州。東魏曰西楚州。齊更名永州。
鍾山縣 開皇初廢郡，更名，屬義陽郡。		淮源縣 大業初改名，屬義陽郡。	廢。	初廢郡，大業初廢州。
鍾山縣 屬申州。				
鍾山縣				
開寶九年省入信陽。				

續表

	羅山縣
成陽侯國 屬汝南郡。後漢省。	鄳縣地。
成陽縣 梁置。	寶城縣 宋孝建三年置，屬義陽郡。南齊更名保城。魏屬齊安郡，改置高安縣。
大業末省。	羅山縣 開皇十六年改置，屬義陽郡。
	羅山縣 武德四年置羅州，八年州廢，屬申州。
	羅山縣
	羅山縣 開寶九年廢，雍熙初復置，屬信陽軍。
	羅山縣 屬信陽州。
	羅山縣 洪武四年改屬鳳陽府，七年還屬汝寧府，成化十六年復屬信陽州。

大清一統志卷二百十五

汝寧府一

在省治南四百六十里。東西距二百四十五里，南北距五百九十五里。東至陳州府項城縣界七十五里，西至南陽府泌陽縣界一百七十里，南至湖北黄州府黄陂縣界四百八十里，北至陳州府西華縣界一百十五里。東南至光州息縣界一百八十五里，西南至湖北德安府隨州界三百七十里，東北至陳州府項城縣界八十里，西北至許州郾城縣界一百九十里。自府治至京師二千三百里。

分野

天文角、亢分野，壽星之次。

建置沿革

禹貢豫州之域。周爲蔡及房、沈、道、柏諸國地。戰國屬楚。秦爲潁川郡地。漢置汝南郡，屬豫州。後漢、魏、晉因之。魏爲豫州刺史治。晉移義陽郡於西南境。宋元嘉末，僑置司州。郡境後入魏，南境仍屬宋，置司州。齊因之。元和志：宋文帝於懸瓠城今理置司州。後魏皇興中，改爲豫州。東魏置行臺。後周置總管府，大象二年，改豫州爲舒州。隋開皇初，郡廢，仍改舒州爲豫州。仁壽四年，改溱州。大業二年，改蔡州，尋復爲汝南郡。元和志：隋文改爲豫州，移入懸瓠城今理。唐武德四年，復爲豫州，置總管府。貞觀元年，府罷。天寶初，仍曰汝南郡。乾元初，復爲豫州。寶應初，又改蔡州，元和志：寶應元年，以避代宗廟諱改。屬河南道，置彰義軍節度。五代因之。宋曰蔡州汝南郡淮康軍節度，屬京西北路。金曰蔡州鎮南軍，屬南京路。元初亦曰蔡州。至元三十年，升汝寧府，屬河南行省。明屬河南布政使司。

本朝屬河南省，領州二，光、信陽。縣十二。汝陽、正陽、上蔡、新蔡、西平、遂平、確山、羅山、光山、固始、商城、息。雍正二年，升光州爲直隸州，割光山、固始、商城、息四縣屬之。今領州一，縣八。

汝陽縣。附郭。東西距一百四十里，南北距一百二十五里。東至新蔡縣界九十里，西至遂平縣界五十里，南至正陽縣界九十里，北至上蔡縣界三十五里。東南至光州息縣界一百二十里，西南至確山縣界四十五里，東北至陳州府項城縣界九十里，西北至西平縣界六十里。周蔡國。漢上蔡縣地。晉爲上蔡之懸瓠城。東晉移汝南郡治懸瓠。後魏又移上蔡縣於此。隋大業初，改曰汝陽，仍爲汝南郡治。唐初爲豫州治，寶應後爲蔡州治。五代、宋、金因之。元至元三十年，爲汝寧府治，省平輿縣入焉。明仍爲汝寧府治。本朝因之。

正陽縣。在府南一百二十里。東西距一百五里，南北距一百十三里。東至新蔡縣界七十里，西至確山縣界三十五里，南至羅山縣界九十里，北至汝陽縣界二十三里。東南至光州息縣界四十五里，西南至信陽州界七十里，東北至汝陽縣界五十里，西北至確山縣界三十五里。漢置慎陽縣，屬汝南郡。後漢、晉、宋因之。後魏永安三年，於縣置郢州。東魏天平四年，廢州，置義陽郡。北齊廢郡。隋開皇十一年廢縣，十六年置真丘縣。大業初，改曰真陽，屬汝南郡。唐載初元年，改曰淮陽，神龍初復故，屬蔡州。五代及宋因之。金泰和八年，改屬息州。元至元三年，省入息州。尋復置，屬汝寧府。明洪武四年，省入汝陽。弘治十八年復置，屬汝寧府。本朝因之。雍正元年，改曰正陽。

上蔡縣。在府北七十里。東西距一百三十五里，南北距八十里。東至陳州府項城縣界一百里，西至西平縣界三十五里，南至汝陽縣界三十五里，北至陳州府西華縣界四十五里。東南至新蔡縣治一百八十里，西南至遂平縣治六十里，東北至陳州府商水縣治九十里，西北至許州郾城縣界七十里。周蔡國。戰國屬楚，爲上蔡邑。秦置上蔡縣。漢屬汝南郡，後漢及晉、宋、齊因之。後魏神龜三年，改置臨汝縣，仍屬汝南郡。北齊廢。隋開皇中，置武津縣，屬溱州。大業三年，復曰上蔡，屬汝南郡。唐屬蔡州。五代及宋、金因之。元明屬汝寧府。本朝因之。

新蔡縣。在府東南一百四十里。東西距一百十里，南北距七十里。東至安徽潁州府阜陽縣界五十里，西至汝陽縣界六十里，南至光州息縣界二十五里，北至陳州府項城縣界四十五里。東南至光州固始縣治一百八十里，西南至正陽縣界五十里，東北至陳州府沈丘縣界五十里，西北至上蔡縣治一百八十里。春秋時，蔡徙都此。秦置新蔡縣。漢屬汝南郡。後漢因之。晉分屬汝陰郡，惠帝分立新蔡郡。劉宋因之。後魏仍爲新蔡郡治。東魏置蔡州。北齊州廢，改置廣寧郡。隋開皇初郡廢，十六年，縣改廣寧，置舒州。仁壽初，改縣曰汝北。大業初，州廢，縣復曰新蔡，屬汝南郡。唐武德初，復置舒州。貞觀初，州廢，縣屬豫州。寶應初，屬蔡州。五代及宋因之。金泰和八年，改屬息州。元至元三年，省入息州。明洪武四年復置，屬汝寧府。本朝因之。

西平縣。在府西北一百二十里。東西距一百十里，南北距七十里。東至上蔡縣界三十里，西至南陽府舞陽縣界八十里，南至遂平縣界四十里，北至許州郾城縣界三十里。東南至上蔡縣界三十里，西南至南陽府泌陽縣界一百十里，東北至陳州府商水縣治一百二十里，西北至許州郾城縣治六十里。春秋時柏國。漢置西平縣，屬汝南郡。後漢建初七年，置西平國。章和二年，仍爲縣。晉、宋因之。後魏分置襄城郡。北齊改爲文城郡。隋開皇初郡廢，大業末縣廢。唐武德初復置。貞觀初，省入郾城。天授二年復置，屬豫州。寶應初，屬蔡州。元和十二年，改屬溵州，尋復故。五代及宋、金因之。元、明屬汝寧府。本朝因之。

遂平縣。在府西北九十里。東西距一百里，南北距六十里。東至上蔡縣界三十里，西至南陽府泌陽縣界七十里，南至確山縣界三十里，北至西平縣界三十里。東南至汝陽縣界四十里，西南至泌陽縣治一百八十里，東北至上蔡縣治六十里，西北至南陽府舞陽縣治一百二十里。春秋時房國。漢置吴房縣，屬汝南郡。後漢及晉因之。宋省。後魏改置遂寧縣，屬襄城郡。北齊因之。隋大業初，復曰吴房，仍屬汝南郡。唐貞觀初廢。八年復置，屬豫州。寶應初，屬蔡州。元和十二年，改曰遂平，屬唐州。長慶初，還屬蔡州。五代及宋、金因之。元至元七年，省入汝陽。大德八年復置。明屬汝寧府。本朝因之。

確山縣。在府西南九十里。東西距一百二十里，南北距一百五十里。東至汝陽縣界五十里，西至南陽府泌陽縣界七十里，南至信陽州界九十里，北至遂平縣界六十里。東南至正陽縣界五十五里，西南至信陽州界九十里，東北至汝陽縣界四十五里，西北至遂平縣治九十里。周爲道國。漢置朗陵縣，屬汝南郡。後漢、晉因之。宋分置初安郡，尋廢。後魏改置安昌縣及初安郡。隋開皇初，郡廢。十八年，改安昌縣曰朗山，屬蔡州。大業初，屬汝南郡。唐初置北朗州。貞觀初，州廢，縣屬豫州。寶應初，屬蔡州。五代因之。宋大中祥符五年，改曰確山，屬蔡州。金因之。元屬汝寧府。明洪武初，省入汝陽。十四年復置，仍屬汝寧府。本朝因之。

信陽州。在府西南二百七十里。東西距一百八十里，南北距一百八十里。東至羅山縣界六十里，西至南陽府桐柏縣界一百二十里，南至湖北德安府應山縣界九十里，北至確山縣界九十里。東南至應山縣界九十里，西南至德安府隨州界七十里，東北至正陽縣界七十里，西北至南陽府泌陽縣治一百四十里。春秋楚冥阨地。漢置鄳、鍾武二縣，俱屬江夏郡。後漢省鍾武，增置平春縣，皆屬江夏郡。晉屬義陽郡。東晉孝武改平春曰平陽，後又移義陽郡治平陽。劉宋泰始中，於義陽郡置司州。齊因之。後魏正始元年，改曰郢州。梁大通二年，改曰北司州。東魏武定七年，改曰南司州。後周平齊，改州曰申州，郡曰宋安。隋初郡廢，改縣曰義陽。大業初，改州曰義州，尋復曰義陽郡。唐初，復曰申州。天寶初，亦曰義陽郡。乾元初，復曰申州，屬淮南道。五代因之。宋開寶九年，降爲義陽軍。大平興國元年，改曰信陽軍信陽縣，屬京西北路。端平後荒廢。元至元十四年，升爲信陽府。明年，降爲州，屬汝寧府。明洪武十五年，降州爲縣。成化十二年，復爲州，仍屬汝寧府。本朝因之。

羅山縣。在府南二百三十里。東西距九十里，南北距二百里。東至光州光山縣界三十里，西至信陽州界六十里，南至湖北黄州府黄安縣界一百八十里，北至正陽縣界二十里。東南至光山縣界七十里，西南至湖北漢陽府孝感縣界一百二十里，東北至光州息縣界三十里，西北至正陽縣界九十里。漢鄳縣地。宋孝建三年，分置寶城縣，屬義陽郡。南齊曰保城縣，後魏屬齊安郡。北齊改置高安縣。隋開皇初，縣廢。十六年，改置羅山縣，屬義陽郡。唐武德四年，於縣置羅州。八年，州廢，縣屬申州。五代因之。宋開寶九年，縣廢。雍熙二年復置，屬信陽軍。元屬信陽州。至元二十年，移州來治。明洪武初，復故。四年，改屬鳳陽府。七年，屬汝寧府。成化十六年，屬信陽州。本朝屬汝寧府。

形勢

北接陳、汝，控帶許、洛。通典。三關之險，九塞之雄。輿地志。豫州居四方之中，汝南又居豫州之中。元統志。其水洄曲，其地平舒。圖經。

風俗

汝南之俗，皆急疾有氣勢。漢書地理志。尚淳質，好儉約。隋志。猶有申伯遺俗。元和志。信陽，其習俗近荆楚。宋史地理志。尚氣力，好商賈。寰宇記。

城池

汝寧府城。周九里，門四，池廣十丈。開南隄石門，引汝水爲濠。明洪武八年築。本朝康熙元年修，雍正七年重修。汝陽縣附郭。

正陽縣城。周四里有奇，門四，池廣三丈，外有隄，隄外復爲小濠。明正德二年築，七年甃甎。本朝順治、康熙年間屢修。

上蔡縣城。周九里，門四，池廣一丈。明正德六年築，嘉靖六年甃甎。本朝順治三年修，康熙二十五年、乾隆二十九年重修。

新蔡縣城。周二里有奇，門四，池廣一丈二尺。明洪武五年築，正德十一年甃甎。本朝順治十三年修，康熙二十七年重修。

西平縣城。周五里，門四，池廣二丈。明正德十四年築。本朝雍正二年修，乾隆二十九年重修。

遂平縣城。周九里，門四，池廣一丈五尺。明正統十二年築，正德八年甃甎。本朝順治、康熙年間屢修，乾隆二十九年重修。

確山縣城。周六里有奇，門三，池廣二丈五尺。明成化間築，正德中甃甎。本朝順治十六年修，康熙二十六年，乾隆二十八年重修。

信陽州城。周九里，門四，又有小南門，池廣六丈五尺。明洪武十三年築。本朝順治十五年修，康熙四十五年、乾隆二十八年重修。

羅山縣城。周五里，門四，南面臨小黄河，三面爲濠，廣三丈。明景泰元年築。本朝順治十七年修，雍正七年重修。

學校

汝寧府學。舊在府治西南，金皇統中建，元徙建府治東南。明洪武六年重建。本朝屢修。入學額數十六名。

汝陽縣學。舊在縣治西南，元建，明洪武八年重建，成化九年徙建於縣治西。本朝屢修。入學額數十五名。

正陽縣學。在縣治南。明正德二年建。本朝順治十七年修，康熙二十五年、乾隆二十五年重修。入學額數八名。

上蔡縣學。在縣治南。明洪武四年建。本朝康熙二十五年修。入學額數十五名。

新蔡縣學。舊在縣治南，元大德八年建，明天順間改建於城外，嘉靖三十三年徙建縣治南。本朝順治五年修，康熙二十七年重修。入學額數十二名。

西平縣學。在城内東南隅。明洪武三年建。本朝乾隆二十八年修。入學額數十二名。

遂平縣學。在縣治東。元大德中建。明洪武三年修。本朝順治七年修，康熙十年重修。入學額數十二名。

確山縣學。在縣治東。元至元二十二年建。明洪武七年重建。本朝順治七年修，十五年重修。入學額數八名。

信陽州學。舊在城内東北隅，明洪武四年改建州治東。本朝順治六年修。入學額數十五名。

羅山縣學。在縣治東北。元延祐四年建。明洪武四年重建。本朝順治四年修，乾隆十二年、十九年重修。入學額數十二名。

天中書院。舊在府城北門外，明嘉靖十三年建，本朝順治十八年徙建於府治東南，康熙四十五年復徙建南門外。

汝南書院。在府城北。明成化七年建，崇禎中徙建於城北隍池。

新建書院。在府城東。

大呂書院。在新蔡縣城内。本朝康熙三十年建。

慎獨書院。在正陽縣城内。本朝康熙三十九年，知縣安圻建。

户口

原額人丁十一萬八千八百五十一，今滋生男婦大小共一百九十三萬四千九百五十七名口，共三十六萬六千六百九户。

田賦

田地五萬八千四十三頃四畝，額徵地丁雜項銀二十三萬七千一百兩一錢一分有奇。

山川

天中山。在汝陽縣北三里。一名天臺山。高止丈餘，上土下石，以在天地之中，自古考日景測分數，莫正於此。唐顔真卿立天中山碑。

横山。在正陽縣西四十里。又遂平縣西四十五里亦有横山。山形横峙，南北截然。名玉山，山有玉，因改名。

九頂山。在西平縣西南七十五里。金史地理志：西平有九頂山。舊志：亦名九女山，其西北爲雞山。

諸石山。在西平縣西南百里。勢甚高峻，懸崖有石刻。又南爲雲莊山。府志：汝水源出二山之間。

嵖岈山。在遂平縣西五十里。唐書李愬傳：愬遣將董少玢等攻淮西，下馬鞍山，拔道口柵；别將馬少良等，下嵖岈山，又進取西平之冶鑪城。寰宇記：岞岈山，在遂平縣西五十六里。明統志：山一名嵯峨山，中空有洞穴，可深入。山前爲馬鞍山。府志：山空洞百孔，風嘘則鳴，故又名玲瓏山。縣志：馬鞍山，在縣西六十里。

嶴崍山。在遂平縣西七十里。石色蒼翠，天氣晴朗，輒有彩雲出。又西三十里爲平頭垛山，有石磴，攀援可至，其頂平衍可佃。旁有二池，水常不涸。相連者爲牛心山。

嵢峰垛山。在遂平縣西七十里。山頂北拱，下有黑龍池，即石洋河之源也。又有洪山，龍陂之水出焉。

確山。在確山縣東南二里。宋以此名縣。亦曰浮石山。相近有登高山，峯巒聳秀。

黄山。在確山縣東南二十五里。相近又有驚牛山。

朗陵山。在確山縣東南四十里。漢以此名縣。漢書地理志註：應劭曰：「朗陵山，在縣西南。」元和志：一名大朗山。府志：一名月明山。

佛光山。在確山縣東南五十里。勢極高峻。府志：春時天氣晴霽，常現圓光，初如明鏡，漸如車輪。

蟠山。在確山縣南二里。環繞城郭，其狀若龍，亦名蟠龍山。

三山。在確山縣南二十里。三峯並峙，因名。

大儀山。在確山縣西南十五里。十里河出焉。

平頂山。在確山縣西南四十里。頂平約一頃餘，有營壘舊址。又十里爲盧莊山，相近爲九里山，旁有摩旗嶺。

中泉山。在確山縣西十里，三里河出焉。又南泉山，在縣西十五里。北泉山，在縣西北十里。三山脈絡相接，延亘數十里。

金頂山。在確山縣西四十五里。山頂雲霧多緋紫色，望若金光。又五里有峰子山，狀若駝峰。

秀山。在確山縣西北十里。飛煙積翠，視諸山特秀。

樂山。在確山縣西北四十里。舊曰朗山，隋以此名縣，宋時避諱改今名。山麓有李愬營壘遺跡。府志：山頂有皓月池，及雙龍泉，泉流爲馬莊河。又東一泉名紫花磵，流爲黃酉河，即練水也。

義陽山。在信陽州東。本名武山，後依山立義陽郡，因更名。寰宇記：義陽山，在信陽縣東五十步。

震雷山。在信陽州東二十里。府志：上有二石沼，旱澇水不增減，人或以石投之，則聲如震雷，相傳有龍潛於內。又響山，在州東十五里，履之有聲如鼓。

黽山。在信陽州東南五里。以形似名。又五里爲劈破山，兩峰雙峙，狀若中劈。

鍾山。在信陽州東南十八里。隋以此名縣。寰宇記：鍾山，在廢鍾山縣西，信陽縣界。

麒麟山。在信陽州東南三十里。又有筆架山，亦在州東南三十里。

石城山。在信陽州東南七十里。即古之冥山也，亦名固城山，山上有石城。莊子：南行至郢北而不見冥山。戰國策：蘇秦説韓昭侯曰：「韓卒之劍戟，皆出於冥山。」水經注：溮水東逕石城山，山甚高峻。魏書地形志：酈有石城山。括地志：石城，即楚之冥阸。元和志：石城在鍾山縣西南二十一里石城山上。寰宇記：石城山，在故鍾山縣東南。吕氏春秋之九塞，此其一也。晉於此山上置義陽郡，今廢城猶在。石城山南有天井，闊百步。

士雅山。在信陽州南六里。通志：晉祖逖字士雅，嘗避兵於此，因名。通鑑：梁天監三年，後魏元英圍義陽，結壘於士雅山。

萬善山。在信陽州南五十里。衆山競秀，一水環流。上有普濟寺。相近又有龍爬山、紫雲山。

金山。在信陽州南五十六里。山勢連環五十餘里。通鑑：後魏永平元年，梁將胡武城攻郢州，於州南金山之上連營。輿地紀勝：金山，在信陽軍東南十里。按：府志有釜山，在州南五十六里。「釜」與「金」字形相近而訛也。

峴山。在信陽州南七十里。通鑑：梁天監三年，魏圍義陽，詔曹景宗、王僧炳馳救。僧炳將二萬人據鑿峴，景宗爲後繼，既而景宗頓鑿峴不進，義陽遂降於魏。注：「鑿峴，在關南，即峴山也。」

鷄翅山。在信陽州南七十里。一名鷄頭山。水經注：九渡水出鷄翅山。

賢首山。在信陽州西南七里。峰巒秀麗，亦名賢隱山。水經注：溮水東北流，逕賢首山西。通鑑：齊建武二年，魏遣劉昶攻義陽。蕭衍赴救，率精兵從間道夜發，逕上賢首山。梁天監二年，魏元英寇義陽，司州刺史蔡道恭遣將楊由，帥城外居民保賢首山，即此地。山上有梁王壘，以蕭衍得名。

秀峰山。在信陽州西南十里，山峰圓秀，狀若連珠。又三十里爲臘梅山，山多臘梅，故名。

董奉山。在信陽州西南五十里。今名董峰山，峰巒峻起，高出羣山。上有黑龍潭。寰宇記：董奉山，在信陽州西南六十里，昔董奉居於此山，學道得仙，有祠在焉。

三角山。在信陽州西五十里。高峰插雲，狀若鼎足。又十里有七盤山，七峰相峙，頂平如盤。又十里有四望山，可眺數百里外。相近有鴉山，又十里爲觀音山。

卓斧山。在信陽州西五十里。寰宇記：卓斧山上有寺，下有石潭。

堅山。在信陽州西五十里。高聳如削，俗呼尖山。

大木山。在信陽州西北一百二十里。晉書：祖逖在雍丘，置家口於大木山下。府志謂之天目山，詳見南陽府桐柏縣。

老君山。在羅山縣東一百八十里。相傳老子嘗停車，故名。

牢山。在羅山縣東南九十里。層巒叠嶂，勢極險峻。

羅山。在羅山縣南十里。亦名龍山，亦名小羅山。隋縣治在此山下，因以名縣。魏書地形志：保城有羅山廟。元和志：羅山，在羅山縣西南九里。縣志又有大羅山，在縣南一百里。

獨山。在羅山縣南五十里，突兀挺峙。又二十里爲小確山。又九里爲大確山。

掘山。在羅山縣南八十里。一名窟籠山，竹竿河、月兒灣河皆出於此。

鵲山。在羅山縣南九十里。相傳昔有羣鵲棲其上，風雨至，鵲先噪，人常以爲候。

三爪山。在羅山縣南一百六十里。山形如指爪。又有翻車山，在縣南一百四十里。

仙居山。在羅山縣南二百三十里。

子路山。在羅山縣西南五十里。

黄神山。在羅山縣西南九十里。

靈山。在羅山縣西南一百二十里，與信陽州接界。山視衆山獨高。下有白馬洞，小黄河出焉。

霸山。在羅山縣靈山東。魏書地形志：鄳有霸山廟。

六斗山。在羅山縣西南一百三十里。六峰並峙，形如南斗，因名。

紅山。在羅山縣西南一百四十里。土石皆赤。

走馬嶺。有二：一在西平縣西，一在確山縣南五十里。確山又有瘦驢嶺，路最高險，在縣西南隅。

重光嶺。在信陽州西南八十里。有怪松、懸瀑之勝。

東岡。在汝陽縣東三十里。又中岡在城東南六十里，南岡在城南三十里，西岡在城西五里。

南龍岡。在正陽縣南三里。勢甚高峻，拱峙如屏。

蔡岡。在上蔡縣東三十里。周二十里。

蘆岡。在上蔡縣西五里。俗名原王岡，南北迤延四十餘里。

冢岡。在新蔡縣西四里。今名仰止岡，岡勢聳峙，上多古冢。又縣東二十五里有頓家岡。

猴兒崖。在確山縣西南五十里。山勢聳仄，惟猿猴棲止其間。

大滴水崖。在信陽州西五十里。懸流如噴雪。又州西南有小滴水崖，俗名潭溝。

白雲洞。在上蔡縣城内東北隅。高二丈餘，周數百步，相傳嘗有白雲出洞中。

烏龍洞。在信陽州震雷山東。其中深邃，風過有聲如雷。

金丘。在新蔡縣東五十里。宋泰始二年，汝南人周伯符將兵侵淮西，至金丘，即此。

琥珀丘。在新蔡縣。寰宇記：在縣南三十里。

穆家河。在汝陽縣東南五里。源出城南黑龍潭，繞城東北入荆河。

荆河。在汝陽縣東北二里。源出天中山，流經石羊橋，匯懸瓠池水，經城北大隄，受穆家河，至射橋南入瀙水。又縣西北十二里有馬常河，經金鄉店南，東流入瀙水。

朱馬河。有二：一在上蔡縣西二十里，名西朱馬河；一在縣東三十里，名東朱馬河。二水分流，南至龔家橋合流，過豬滸鎮入洪河。又三十里有小茅河，東入洪河。又枯河，在東岸鎮東北，俗傳魏都許昌時運河。又二十里有包河，在洪河北。

流堰河。源出西平縣西南五十里螺翅坑，東流經上蔡縣界爲朱里橋河。又金水河，在西平縣西南十八里。雙叉河，在縣南二十里。皆入流堰河。

閼泥河。在西平縣北十五里。發源黄龍池，東流與白波河俱入周家泊。又官橋河，在縣西二十里；沙溝河，在縣東八里，俱流入周家泊。

吴寨河。在確山縣南四十里。發源竹溝截軍山，至三河尖入淮。又十里河，在縣南十里，源出大儀山；又三里河，源出中泉山；楊村河，在縣北十里。皆流入吴寨河。又黑河，在城北，源出秀山，東流合三里河。

溝河。

塘下溝河。源出確山縣金牛山，東流合淇河，經正陽縣北，又東北入汝。淇河，源出確山縣横山，東流至正陽縣，匯塘下溝河。

三灣河。在信陽州南六十里。源出湖北應山縣界，東北流，合㶏水入淮。

九渡河。在信陽州南七十里。亦名九曲河，源出鷄翅山，經州東南二十里，有卧牛河合流，謂之雙河，又東北流，合於㶏水。水經注：九渡水出鷄翅山，溪澗瀠委，沿泝九渡。於溪之東山有一水，發自山椒下數丈，素湍直注，頹波委壑，可數百丈，望之若霏幅練，下注九渡水，九渡水又北流，注於淮。

洋河。在信陽州東北六十里。一名盱河，源出大埠關之西港，東流入淮。

灤清河。在羅山縣北二十里。一名灤水澗，北流入淮。

慎水。在正陽縣南一里，流繞縣城東北，入汝。漢置慎陽縣，以此水得名。漢志注：應劭曰：「慎水出縣東北入淮。」水經注：慎水源出慎陽縣西，東流逕慎陽縣故城南，又東南積爲上慎、中慎、下慎等陂。元和志：慎水出縣西南二十里。

汶水。在正陽縣東北五十里，慎水分流也。水經注：汶水首受慎陽故城南陂〔二〕，陂水兩分，一水逕慎陽城，一水東北流注七陂，又東入汝。明統志：汶水在府城南九十里，水自青龍陂入汝，今稱汶口。

汝水。自南陽府舞陽縣界流入，經西平縣北，又東南經上蔡縣東，又南經汝陽縣東北，又東南流經新蔡縣北，又東南入光州息縣界，即潕水本流，俗謂之洪河。按：汝源出天息山，由許州郾城縣流入，經西平縣。水經注汝水逕鄧城西，又東南流，潕水注之，又東逕懸瓠城北，又東南合溱水，又東南逕平輿縣南，安城縣故城北，又東南汶水注之，又東南逕平陵亭北，又東南逕陽遂鄉北，又東逕灤亭北，又東南逕新蔡縣故城南，又東南左會澺水，又東南逕壺丘城北，又東與清陂合，又東至褒信縣。元和志汝水經郾城縣西北，去縣七十八里，西去上蔡縣十五里，在平輿縣南四十二里，經汝南縣西南二里，經新蔡縣南二里。此古汝水舊道也。自元末因汝水泛溢爲蔡害，於舞陽堨斷故汝，遂以潕水及西平縣西諸山之水爲汝水上源。縣志謂汝源出舞陽縣黑龍泉，下入八里河，東至西平縣合水鎮北，與雲莊諸山水合流，東逕西平城北，又至城東十餘里，分爲二，一東南出，會流堰河入汝陽縣界，一北出，會周家泊水，東入上蔡縣界。明嘉靖中，西平水斷，汝水祗上承遂平灈、瀙諸水，流繞府城而東下，郡人指流堰河及朱里河、灈、瀙爲汝源，又非雲莊舊流，蓋汝源凡三易矣。本朝乾隆二十二年、二十三年濬治，自蘇家樓至江南阜陽界，共三百三十五里，挑土培隄，如其里數。

澺水。亦名洪河。自許州郾城縣流入，經西平縣東北，又東經上蔡縣北，又東經汝陽至新蔡縣東南五里，入於汝。本汝水分流也。本朝乾隆二十二年，於新蔡縣境内開濬深通，加築隄堰。二十三年，復於汝陽縣之謝家灣，挑濬直溝一道，長一百四十餘丈。又於柳家灣濬溝一道，長一百十餘丈，至今河流暢達。水經注：澺水上承汝水，别流於奇領城東，東南流爲練溝，逕邵陵縣西，東南流注，至上蔡西岡北，爲黄陵陂，陂東流於上蔡岡東爲蔡塘，又東逕平輿縣故城南爲澺水，自葛陂南逕新蔡縣故城東，而東南流注於汝。九域志：上蔡縣有鴻河。舊志：洪河出西平縣北周家陂。明嘉靖中，周家陂水淤，而縣西諸山溪水仍集舊渠，東流入上蔡縣界，爲洪河上源。又潕水自舞陽東，經西平縣北，合雲莊諸山水，亦爲洪河上源。

瀙水。自南陽府泌陽縣流入遂平縣南，東北流經上蔡縣界，又東南流經汝陽縣東南入汝，俗名沙河。本朝乾隆二十三年，於汝陽縣之張家橋，至遂平縣唐家岡，修築兩岸土隄一千五百二十餘丈，以防漲溢。漢書地理志：舞陰縣瀙水，東至上蔡入汝。水經：瀙水東過吴房縣南，又東過灈陽縣南，又東過上蔡縣南，東入汝。注：灈水入瀙，吴房縣之西北，即兩川交會也。遂平縣志：沙河在縣南里許，源出泌陽縣白牦垛山，東流合縣西嵖岈諸山水，性善決，舊有上、下河口八十處。明萬曆五年，知縣徐世隆築隄捍禦，後復别潰。汝陽縣志：沙河自遂平東北分爲二：一東北至上蔡縣西南十二里蔡家埠口入汝，今涸。一東至汝陽縣界入汝。

灈水。在遂平縣北五里。一名石羊河，源出嵖峰垛山之黑龍池，東南流，合瀙水。本朝乾隆二十三年，自吴家橋至靳家橋，築隄一萬一千九百九十丈。又於靳家橋挑濬河道，長一千九百丈。水經注：灈水出吳房縣西北輿山，合白羊淵，東逕灈陽縣故城西，東流入瀙水，亂流逕其縣南，又東入於汝。明萬曆末，塞舊河口，於縣東七里開渠，曲折導南流入沙河，謂之新河，俗呼玉帶水。

練水。源出確山縣之樂山，逕縣北三十里，俗稱黃酉河，東流至汝陽縣西，有斷濟河、寨河、冷水諸小川匯入焉，至縣東南入於汝。宋端平初，孟珙與元人圍蔡州，決練江，即此。又寨河亦出樂山，一名馬莊河，東流至汝陽縣西十五里，北流入練水。

溱水。源出南陽府桐柏山，流入確山縣境，一名沙河，又名吳寨河，東北流至汝陽縣東南，入汝水。水經注：溱水出浮石嶺北青衣山，亦謂之青衣水，東南逕朗陵縣故城西，又南屈逕其縣南，又東北逕北宜春縣故城北，又東北逕馬香城北，又東北入汝。府志：溱水入汝陽縣東南三十里沙河口入汝，又東南出，逕平輿、安成故縣北，折而南，入正陽縣境，又東過息縣境，又東北逕新蔡縣之官津店、三岔口，入於汝。按：府志溱水再入汝，與水經注異。汝陽縣東南入汝之汝，以灈、瀙爲汝水也。新蔡縣三岔口入汝之汝，以潕、澺爲汝水也。自汝水故道全失，而俗所稱汝河，俱非復舊時水道矣。

淮水。自南陽府桐柏縣流入，經信陽州北四十五里，又東經正陽縣南，羅山縣北，又東入光州息縣界。水經注：淮水逕義陽縣故城南，九渡水注之，東過平春縣北，又東，油水注之，又東北與大木山水合，又東北流，左會湖水，又東逕安陽縣故城南，又東得溮口水，又東至谷口，又東逕新息縣南。元和志：淮水經義陽縣東北三十七里，鍾山縣北四十里，正陽縣南八十里，羅山縣北二十里。

溮水。自湖北隨州流入信陽州南，環抱州城，又東北至羅山縣界入淮。水經注：溮水源南出大潰山，東北流，翼帶三川，亂流北注，又北逕賢首山西，又北出東南屈逕仁順城南，又東南流歷金山北，又東逕鍾武故城南，又東逕石城山北，又逕鄳縣故城南，又東逕七井岡南，又東北注於淮。舊志有黃土河，在州西南七十里，即溮源也。流經州西南四十里，名楊柳河，又名楊龍河。

油水。在信陽州西五十里，合白鷺水，至卓斧山下入淮。水經注：水出平春縣西南油溪，東北流，逕其縣故城南，又東北注於淮。隋志：淮源縣有油水。府志謂之游河。

大木水。在信陽州北九十里。水經注：水西出大木山，東逕城陽縣北，又東入淮。府志曰明港河，源出天目山白龍潭，東流至杜家灣入淮。

谷水。源出羅山縣掘山，東北流入光山縣界入淮。水經注：谷水南出鮮金山，北流合瑟水，又東北入於淮。府志曰竹竿河，在縣東三十里。又月兒灣河，亦出掘山，流入竹竿河。又羊馬河，在縣東南三十里，亦流入竹竿河。

瑟水。源出羅山縣靈山，東北流經縣城南，又東流合谷水。水經注：水出西南具山，東北逕光淹城東〔二〕，西北逕青山東、羅山西，又東北流注於谷水。府志曰小黄河。又縣西南五里有馬寨河，東流入小黄河。

南湖。在汝陽縣南。周圍千頃，前亘長隄，後倚郡郭，爲汝南遊覽勝地。城東北又有三角湖，中多菱芡，俗謂之菱角河。城北十里有十家湖，水産魚蓮，旱種秔稻，居民賴之。

西湖。在汝陽縣西南。宋孔武仲隱居於此，有翠光亭、待月臺諸勝，今廢。又羅山縣西南一百三十里亦有西湖，蓄水溉田。

朱湖。在上蔡縣東四十五里。又黨家湖，在縣北二十五里。

蓮花湖。在新蔡縣東二里。又車輞湖，在縣南六里。又東湖，在縣東古城外，周四十餘里，明季湮。

姚家湖。在西平縣南十五里。又二十里爲朱家湖。

菱角湖。在遂平縣東二十五里。周圍五十里，縣境諸水下流皆匯入焉。又有劉家湖，在縣西南三十五里。陳家湖，在縣西五里。冷水湖，在縣西北十五里。孟家湖，在縣北二里。

臺湖。在信陽州東三十五里。又有蔡家湖，在州南三十里。車輞湖，在州北四十里。馮家湖、楊家湖，在州北六十里，皆州境鍾水處。

武昌湖。在羅山縣西五十里。蓄水灌田，凡三百餘頃。

鴻郤陂。在汝陽縣東十里。一名鴻隙陂，亦名鴻池陂，又名洪池陂，受淮北諸水。漢志：汝南舊有鴻郤大陂，郡以爲饒。成帝時，關東數水，陂溢爲害。翟方進遣掾行視，以爲決去陂水，其地肥美，省隄防費，而無水憂，遂奏罷之。後歲旱，民失其利，童謡曰：「壞陂誰？翟子威〔三〕。飯我豆食羹芋魁。反乎覆，陂當復。誰云者？兩黄鵠。」後漢書：安帝永初三年，詔以鴻池陂假與貧民。又鄧晨爲汝南太守，修復鴻郤陂田數千頃，起塘四百餘里，汝土以饒。水經注：鴻郤陂水散流，其陂首受淮川，左結鴻陂，下合慎水。元和志：鴻郤陂，在汝南縣東十里。宋秦觀曰：鴻池陂，非特灌溉之利，菱芡魚蒲之饒，實一郡瀦水處也。陂既廢，水無歸宿，汝水散漫爲害。

高黄陂。在汝陽縣南六十里。宋史孟珙傳：珙追金兵至高黄陂。

石塘陂。在正陽縣西北二十里。後漢永平五年，汝南太守鮑昱甃石堰水，灌田四百頃。今湮。金史地理志：真陽有石塘陂。

青陂。在新蔡縣西南，接息縣界。久廢。史記：陳勝將吕臣，與當陽軍黥布擊秦軍，破之青陂。水經注：青陂水，上承慎陽縣之慎水於上慎陂，又東爲綢陂，又東結爲牆陂，又東爲壁陂，又東爲葛陂，陂東對大吕亭。又東分爲二水，一水南入淮，一水東南逕白亭北，又東逕吴城南，又東北逕壺丘東，而北流入於汝。金石録：漢靈帝建寧三年，新蔡長河南緱氏李言上請修復青陂，奏可。功成，於陂塘南樹碑，碑稱青陂在縣坤地，源起桐柏淮川，别流入於潺湲，逕新蔡牆陂，衍入褒信界，灌田五百餘頃。

葛陂。在新蔡縣北七十里。後漢書：靈帝中平五年，校尉鮑鴻攻黄巾於葛陂。晉書：石勒掠豫州諸郡，臨江而還，屯於葛陂。水經注：澺水左迤爲葛陂，陂方數十里，水物含靈，多所包育。元和志：周迴三十里，在平輿縣東北四十里，費長房投杖成龍處。按：明統志葛陂在府城西南三十里。據後漢書注，葛陂在新蔡縣西北，以今地形考之，當在新蔡之北，項城之南，不應在汝陽之西南，疑明志誤。

二十四陂。寰宇記：二十四陂，在西平縣界，並魏典農都尉鄧艾所置也。

杜溝。在上蔡縣東。舊有溝五，皆漢杜詩所浚，東流入溵水。縣志：蔡地西亢而東卑，五溝浚，民始無泛溢之患，故蹟猶存。

蔡溝。在上蔡縣東南三十里。一水流衍，貫洪河而東入潁。世傳龜行之蹟成溝，所謂白龜浮於蔡河是也。

上渠溝。在遂平縣西南三十五里。源出嵖岈山，東流合楊奉溝入沙河。又五里溝，在縣西十里。五龍溝，在縣西南三十五里。三道溝，在縣南三里。

紫花澗。在遂平縣西南四十里。源出確山縣境，經馬鞍山，北流入沙河。

龍陂港。在正陽縣東六十里。源出遂平縣洪山，流入縣境，合清水港入於淮。縣志：唐元和十三年，以蔡州牧地爲龍陂監，蓋因此港而名。

清水港。在正陽縣南四十里。源出確山縣横山，通板橋河。又白水港，在縣西南三十里，源出確山縣張家堰。俱東南流入淮。

柴潭。在汝陽縣南三里。金史：天興三年，册柴潭神爲護國靈應王。宋史：紹定六年，孟珙與元人共攻蔡州，珙進逼柴潭，立栅潭上，遂奪柴潭樓。蔡州恃潭爲固，外即汝河，潭高於河五六丈，珙鑿潭隄，決入汝水，潭涸，實以新葦。蒙古亦決練江，於是西軍皆濟，蔡州旋拔。

龍潭。有二：一在上蔡縣西，流繞縣城之北；一在羅山縣東五里，上有龍王廟。

黑龍潭。在信陽州西賢首山麓，與浉河通。旁有釣魚臺。

周家泊。在西平縣北三十五里。亦名周家陂，縣北諸水，多匯於此，東流爲洪河。明嘉靖初，爲汝水所淤，俱變爲良田。

栗渚。在汝陽縣西北汝水之灣。亦名栗園。水經注：灣中有地數頃，上有栗園，歲貢三百石，以充天府。水渚即栗洲也。林中有栗堂、射墩，甚閑敞，平南王肅起高臺層樓，下際水湄，降眺栗渚，左右列樹，四周參差競峙。寰宇記：灣中有地數頃爲栗園，今謂之栗川，其旁有溪，曰錦繡溪。

嶼崍塘。在遂平縣西五十里。源出嵖岈山，東流入汝河。

西陽池。在府治內。宋劉敞詩：「獨有西陽池，可爲賞心具。」即此。

鵞鶖池。在汝陽縣北二里汝水之曲。一名懸瓠池，俗呼鵞鴨池。唐書：李愬入蔡州，夜半至懸瓠池，旁皆鵞鶖池，愬令擊之以亂軍聲，即此。

蓮華池。在西平縣城東八里。有蓮花數畝，昔爲遊觀勝地。

五龍池。在西平縣西南三十里。遇旱禱雨於此。又白龍池，在縣西北四十五里，閼泥河之源也。按：晉太康地記西平有龍淵水，淬刀劍特堅利，故劍有龍泉之名，或即此也。

黑龍池。在羅山縣西南一百二十里。淵深莫測，投以石，輷然有聲。又有白龍池，相去三十里，池上常有白氣，蓋龍所潛也。

北泉。在確山縣西北十里，樂、秀二山之間，泉水湧作蓮花狀。宋曹庠、魏著、夏侯沖、賀填嘗隱於此。又中泉，在縣西十里中泉山。南泉，在縣西十五里南泉山。

大乘寺泉。在羅山縣西南一百二十里。引流灌田，其利甚溥。

扳倒井。在信陽州南二十里。井水歘出。

雙井。在信陽州北二十里。明統志：二井相去十步而泉通。

校勘記

〔一〕汶水首受慎陽故城南陂　按，水經注卷二一汝水，云汶水「首受慎水於慎陽縣故城南陂」。此有脱誤。乾隆志卷一六八汝寧府山川（下同卷簡稱乾隆志）更誤「慎」為「汶」。

〔二〕東北逕光淹城東　「淹」，原作「掩」，據乾隆志及水經注卷三〇淮水改。

〔三〕翟子威　「威」，原作「畏」，據乾隆志及漢書卷八四翟方進傳改。按，翟方進，字子威。

大清一統志卷二百十六

汝寧府二

古蹟

古懸瓠城。即今汝陽縣治。本漢上蔡縣地。晉時謂之懸瓠城。東晉移汝南郡治此，興寧二年，燕李洪等攻汝南，敗晉兵於懸瓠是也。爲南北朝相争要地，屯兵置戍。宋泰始三年，入於魏，爲豫州刺史治。梁天監七年降梁，尋復爲魏取。太清初，仍入於梁，尋又没於東魏。水經注：汝水東逕懸瓠城北，今豫州刺史汝南郡治，城之西北，汝水枝别左出，西北流，又屈西東轉，又西南會汝，形若垂瓠。隋開皇初，郡廢。大業初，置郡，改縣曰汝陽。唐因之。元和十二年，李愬定襲蔡之謀，因夜半至懸瓠城，擒吴元濟，即此地。元和志：蔡州理城，古懸瓠城也。汝水屈曲，形若垂瓠，故城取名焉。寰宇記：亦名懸壺城。

平輿故城。在汝陽縣東南六十里。故沈國。戰國時爲楚邑。春秋文公三年：晉人伐沈。注：「平輿縣北有沈亭。」又定公四年：蔡滅沈。史記秦始皇二十一年，李信伐楚，攻平輿；二十三年，王翦取陳以南至平輿是也。漢置縣，爲汝南郡治。後漢、晉因之。東晉徙郡治懸瓠，而平輿爲屬縣。後魏因之。水經注：汝水逕平輿縣故城南，舊沈國也。北齊縣廢。隋大業初重置，仍屬汝南郡。唐武德中，屬豫州，貞觀元年廢，天授二年重置。元和志：故城在汝南縣東北六十里。寰宇記：在今汝陽縣東、汝水南。今新蔡縣西九十里有故城，即隋縣也。

安成故城。在汝陽縣東南。漢置縣，建始元年，封王崇爲安成侯國〔一〕，屬汝南郡。後漢曰安城。建武初，又封銚期爲侯。三國魏爲豫州治。晉仍屬汝南郡。後魏因之。北齊廢。括地志：安成故城，在汝陽東南七十里。

宜春故城。在汝陽縣西南。漢置縣。武帝元朔五年，封衛伉爲宜春侯國，屬汝南郡。後漢曰北宜春，安帝永初三年，封后父閻暢爲侯國。晉亦曰北宜春，宋省。水經注：溱水逕北宜春縣故城北。豫章有宜春，故加「北」矣。括地志：故城在汝陽縣西南六十七里。

白狗故城〔二〕。在正陽縣東南。梁置西淮州，又置淮川郡，治白狗堆，爲北面重鎮。東魏天平二年，豫州刺史堯雄攻白狗堆，陷其城，擒北平太守苟元廣，是也。北齊廢州，置齊興郡，旋又廢爲白狗縣。隋開皇初改曰淮川，大業初省入真陽。唐武德四年，復置淮川縣，屬息州。貞觀初，仍廢入真陽。唐書李愬裨將閻士榮下白狗柵，即白狗城也。寰宇記：白狗城，在縣西南七十里。

安陽故城。在正陽縣西南。漢文帝八年，封淮南厲王子勃爲安陽侯國〔三〕，屬汝南郡。後漢建武中，封吴漢兄子彤爲侯國。晉太康元年，改曰南安陽。劉宋復曰安陽。後漢屬義陽郡。隋省縣入真陽。唐初復置，屬豫州，後廢。括地志：安陽故城，在新息縣西南八十里。

慎陽故城。在正陽縣北四十里。漢高帝十二年，封欒説爲侯國。元狩五年，國除爲縣，屬汝南郡。顔師古漢書注：「『慎』字本作『滇』。闞駰云永平五年失印更刻，遂誤以『水』爲『心』也。」劉宋改爲滇陽。水經注：慎水東逕慎陽縣故城南，縣取名焉。元和志：真陽縣，北至蔡州一百里，明移今治。

武津故城。在上蔡縣東。劉宋置縣，屬汝陽郡。泰始四年，魏將趙懷仁寇武津，豫州刺史劉勔遣將擊破之。魏書地形志：汝陽郡武津，有武津城，隋改臨汝爲武津而縣廢。

上蔡故城。在上蔡縣西。故蔡國，叔度所封，十八世平侯徙新蔡，遂以此爲上蔡邑。後屬楚。左傳昭公十一年楚靈王滅蔡，使公子棄疾爲蔡公是也。漢屬汝南郡，安帝永初元年，封鄧騭爲上蔡侯。水經注：汝水東南過上蔡縣西。九江有下蔡，故加「上」也。劉宋徙上蔡縣治懸瓠城，而此城廢。元和志：上蔡縣，南至蔡州七十里，本漢舊縣，後魏神龜三年於此置臨汝縣。高齊廢。隋開皇十二年，移於今理，爲上蔡縣。寰宇記：上蔡故城在今縣西南十里。按：隋志大業初，改上蔡爲汝陽，因復改武津爲上蔡。元和志作開皇十二年，誤。

新蔡故城。今新蔡縣治。左傳昭公十三年楚平王歸蔡隱太子之子廬於蔡，是爲平侯。漢志：汝南郡新蔡，蔡平侯自蔡徙此，故名。後漢建武二十八年，封吳漢子國爲新蔡侯。晉惠帝時，封弟清河王子籥爲新蔡王。元和志：縣西北至蔡州一百五十里。

葛陵故城。在新蔡縣西北五十里，以近葛陂而名。後漢建武十五年，徙封銚期子丹爲葛陵侯。水經注：鮦陽縣有葛陵城，城之東北有楚武王冢，民謂之楚王琴城。

鮦陽故城。在新蔡縣東北七十里。漢置縣，屬汝南郡。應劭曰：「鮦水之陽。」後漢永平元年，封陰慶爲侯邑。晉屬汝陰郡，後屬新蔡郡。咸康二年，省入新蔡，後復置。劉宋因之。後魏永安中陷，武定中復。齊廢。隋開皇十一年復置，屬淮陽郡。唐初屬沈州，貞觀初廢。章懷太子曰：「鮦陽城在新蔡縣北。」

定潁故城。在西平縣。東漢安帝永初二年，分上蔡縣置，屬汝南郡。延光中，封尚書令郭鎮之爲侯邑。晉仍屬汝南郡。劉宋省。

武陽故城。在西平縣西南。後魏置武陽縣，屬襄城郡。隋開皇十八年，改曰吴房。大業初省。

西平故城。在今西平縣西。漢置縣，屬汝南郡。後漢更始初，封李通爲西平王。建初七年，徙封廣平王羨爲西平王，章和二年除。永初元年，又封鄧弘爲西平侯。應劭曰：「西平，故柏子國也。」水經注：潕水東過西平縣北，其西有呂墟，即西陵亭也。西陵平夷，故曰西平。唐貞觀元年省。天授元年，分郾城復置。寰宇記：故城在縣西七十里。舊志：在縣西北四十五里。

吴房故城。今遂平縣治。故房子國。左傳：楚靈王遷房於荆，昭公十三年，平王復之。漢書：高帝八年，封功臣楊武爲吴房侯。注：孟康曰：「吴房，本房子國，以吴夫槩封此，故曰吴房。」元和志：縣東南至蔡州九十里。後魏置遂寧縣，隋改灈陽，大業初又改吴房。唐書：元和十二年，李愬討吴元濟，攻吴房，克其外城而還。既而元濟平，因改縣曰遂平。按：縣志高宗南渡後，廢縣爲吴房鎮，設尉司，屬西平縣。後没入金，仍爲遂平縣。元初省入汝陽，大德八年復置。明仍元舊。本朝因之。

灈陽故城。在遂平縣東南。漢置縣，屬汝南郡。後漢建武二十八年，封吴漢孫旦爲侯邑。晉因之。宋志作瞿陽。後魏因之。北齊省。章懷太子曰：「其地在吴房東。」

朗陵故城。在確山縣西南三十五里。漢置縣，屬汝南郡。後漢建武十五年，封臧宫爲侯邑。三國魏咸熙初，封何曾爲朗陵侯，晉武帝即位，進爵朗陵公，皆即此地。劉宋縣廢。後魏延興二年，拜大陽酋長桓誕爲東荆州刺史，治朗陵，後徙比陽，改置安昌縣於此。元和志：朗山縣，東北至蔡州九十里。本漢安昌縣地。後魏太平真君二年，於朗陵故城復置。隋開皇三年，移於今理，屬豫州。十六年，改爲朗山縣。寰宇記：故城在今朗山縣西南三十五里。

陽安故城。在確山縣東北。漢置縣，屬汝南郡。綏和二年，封丁明爲陽安侯。元始元年，除爲縣。後漢及晉因之。東魏兼置陽安郡，領永陽一縣。北齊郡縣皆廢。

義陽故城。在信陽州南四十里，亦曰仁順城。東晉自石城移郡治此。水經注：溮水逕仁順城南，故義陽郡治是也。初，魏置義陽郡，治安昌，後省。晉初又置義陽郡，治新野，後移徙不一，晉末始移治於仁順城。劉宋又移置司州於此，齊因之。南朝諸王多以義陽爲封號。梁天監三年，入後魏，改置郢州。大通二年，仍入梁，改曰北司州。東魏武定七年，復入魏。北周改爲永安郡。隋初郡廢，復改平陽縣曰義陽。唐爲申州治。舊唐志：晉自石城徙居仁順，即今州理也。宋避諱，始改曰信陽。元志：宋端平間，信陽軍地荒凡四十餘年，至元十四年，改立信陽府，尋降爲州。二十年，徙州治羅山縣，而此城廢。按：元以前，信陽軍治信陽縣，即舊義陽縣也。元改軍爲州，始别置羅山縣，而移州治於羅山縣故地，然猶領羅山、信陽二縣，至明，信陽州則有羅山縣，無信陽縣，當是舊信陽並省入州矣。

鍾武故城。在信陽州東南。漢宣帝元康初，封長沙頃王子度爲侯國，屬江夏郡。後漢書：建武三年，臧宫將兵狥江夏，擊鍾武，下之。注：「故城在今申州鍾山縣西南。」劉宋復置，屬義陽郡，後魏省。水經注：淮水東逕鍾武故城南，本江夏之屬縣也。

環水故城。在信陽州東南。劉宋置縣，屬義陽郡。齊屬北義陽郡，後魏廢。宋書州郡志：義陽太守，環水長，明帝泰始三年，屬永安郡，後省永安還此。

鍾山故城。在信陽州東南十八里。漢鄳縣地。隋置縣，屬義陽郡。隋志：鍾山，舊曰鄳，後齊改曰齊安，仍置郡。開皇初，郡廢，縣改曰鍾山是也。唐屬申州。元和志：鍾山縣，西至申州四十里。宋開寶九年，省入信陽。寰宇記：廢鍾山縣，在申州東南十八里。

平春故城。在信陽州西北。後漢建初四年，封子全爲平春王，後爲侯國，屬江夏郡。晉太元中，避諱改曰平陽，尋移治仁順城，而故城廢。劉宋孝建中，仍析平陽置平春縣，屬義陽郡。蕭齊屬南義陽郡，後魏廢。水經注：淮水逕平春縣故城南，漢章帝子全國也。

淮源故城。在信陽州西北。隋置縣，屬義陽郡。隋志：淮源，後齊置，曰慕化，屬淮安郡。開皇初，郡廢。大業初，縣改名焉。唐省。輿地紀勝：淮源城，在信陽城西北六十五里。

成陽故城。在信陽州東北。漢高帝十一年，封奚意爲成陽侯國，屬汝南郡。後漢省。後魏太和三年，置城陽郡。水經

注：淮水東逕城陽縣故城南，魏城陽郡治也。後入於梁，置城陽、義興二縣，兼置楚州。尋没於東魏，置西楚州。北齊改置永州。隋開皇九年，州廢，縣屬汝南郡。大業末，縣廢。又州北六十里，有楚王城，亦曰楚城。梁大通二年，夏侯夔遣别將屠楚城。中大通二年，樊毅克齊楚子城。唐元和十二年，李愬攻蔡，别將王義破楚城。皆即此地。舊傳楚文王破申時所築。

鄳縣故城。在羅山縣西南九里，即春秋楚冥阨之地。戰國策：楚弋者對襄王曰：「王出寶弓，涉鄳塞，而待秦之倦。」淮南子天下九塞，楚有鄳阨是也。漢置鄳縣，屬江夏郡。後漢建武初，封鄧邯爲鄳侯，後魏正始初，改屬齊安郡。水經注：溮水逕鄳縣故城南。元和志：羅山縣，本漢鄳縣。梁武帝置西汝南郡於此。開皇三年，併入鍾山。十六年，於鍾山析置羅山縣。

寶城故城。在羅山縣西。劉宋孝建三年，置寶城縣，屬義陽郡。南齊改寶城，屬北義陽郡。後魏屬齊安郡。北齊省。

保城廢縣。在汝陽縣南三十里。劉宋孝武置縣，屬汝南郡。後魏因之。隋志：汝陽，大業初廢保城入焉。金史：汝陽，鎮一，保城。

永康廢縣。在新蔡縣東南。隋志：新蔡，後齊置永康縣，後改名瀗水。大業初，廢入焉。

舒城廢縣。在新蔡縣北。隋志：開皇十六年，置舒州及舒城縣。大業初，州廢，縣省入新蔡。唐書：武德四年，以新蔡、褒信、舒城置舒州。貞觀元年廢，省舒城入沈丘。

義綏廢縣。在遂平縣北。後魏置縣，屬襄城郡。北齊省入遂平。

安昌故縣。在確山縣西。漢河平四年，封張禹爲安昌侯國，屬汝南郡。後漢省。宋志：豫州初有初安、綏城二郡，綏城郡領安昌、招遠二縣，尋俱廢。後魏改置於朗陵，而故縣廢。

馬鄉城。在汝陽縣南六十里。魏書地形志：平輿有馬鄉城。按：水經注溱水逕馬鄉城北，疑即此城也。今爲馬鄉店。

臨淮城。在正陽縣南八十里。今朱家店即其故址。

晉王城。在上蔡縣東北八十里。内有晉王井，井水深緑，有門甚邃，人不敢入。相傳爲李克用屯兵處。

四望城。在新蔡縣東二十五里。後魏新蔡郡治四望城。太和十一年，豫州刺史王肅於四望陂南築之以禦梁。梁太清二年，豫州刺史羊鴉仁以二魏交逼，糧運懸斷，乃棄懸瓠歸於義陽，仍留夏紹等停四望城防備，即此城也。元和志：在朗山縣東南七十里。

壺丘城。在新蔡縣東南。左傳文公九年：楚侵陳，克壺丘。水經注：汝水東南徑壺丘城北，故陳邑也。

毛城。在新蔡縣西。梁大通二年，義陽來降，以夏侯夔爲司州刺史，鎮義陽。夔進拔魏毛城，逼新蔡，即此。

櫟城。在新蔡縣北二十里。亦曰櫟亭，今呼野櫟店。左傳昭公四年：吴伐楚入櫟，注：「汝陰新蔡縣東北有櫟亭。」水經注：汝水東逕櫟亭北，春秋之棘櫟也。城在新蔡故城西北，半淪水。按：信陽州北五十里亦有櫟城。齊建武二年，魏寇司州之櫟城，戍主魏僧珉拒破之。州志：櫟城，即長臺關也。

冶鑪城。在西平縣西七十五里。戰國韓王鑄劍處。漢置鐵官於此，晉亦置鐵官，别領户。今城址猶存。漢書地理志：西平有鐵官。唐書李愬傳：愬别將馬少良等下嶕岈山，又進取西平之冶鑪城。

棠谿城。在西平縣西北百里。古房國地，亦作棠谿。左傳：吴夫槩奔楚，爲棠谿氏。戰國策：蘇秦曰：「韓之劍戟，出於棠谿。」孟康曰：「吴房縣棠谿亭是也。」後漢光武建武十年，封泗水王子煇爲棠谿侯。水經注：吴房縣西北有棠谿城。元和志：今西平縣界有棠谿村。

道城。在確山縣東北。左傳僖公五年：道、柏方睦於齊。杜預注：「道國，在陽安縣南。」元和志：道城在確山縣東北二十里，今爲故城鎮。

下梁城。在信陽州東南三十里。齊建武三年，救義陽，蕭衍議屯下梁之城，即此。

曹城。在信陽州東南三十五里，今名曹店。元和志：故曹城，在義陽縣東三十八里。梁將曹景宗將兵侵魏所築。

武城。在信陽州東北二十五里。春秋時楚舊城也。相傳武城黑之邑，因名焉。又太子城，與楚王城相去四里許，門垣基址俱存，中可容萬人。又烏壘城，在州北六十里。

謝城。在羅山縣西北三十里，淮河之南、溮河東北。相傳古申伯所都。又霸王城，在縣西南五十里。金牛城，在縣南大勝關西。

汶港柵。在正陽縣東北汶水上。唐元和十二年，李愬討淮西，遣兵下白狗、汶港二柵，即此。又新興柵，在西平縣西南。吳元濟圍新興柵，即此地也。

興橋柵。在遂平縣東南三十里。相近有張柴村。唐書：淮西將李祐守興橋柵，率士卒刈麥於張柴村，李愬誘而擒之。既而愬襲蔡州，命祐爲前驅，自文成柵東行六十里，夜至張柴村，盡殺戍卒及烽子，據其柵。復東行七十里，入蔡州。

文成柵。在遂平縣西南五十里。唐李愬討淮西，降其將吳秀琳於文成柵，即其地置行吳房縣，權隸溵州，後還故治。寰宇記：吳房故城，在今縣西南四十里，即故文成柵也。通鑑注：在蔡州西南一百二十里。

二孝莊。在汝陽縣西三十五里。漢孝子蔡順、董永嘗寓於此，因名。

月旦里。在舊府治前。後漢許劭兄弟所居，亦名二龍鄉。寰宇記：平輿縣二龍津，許劭、許虔俱有高名，汝南稱平輿有二龍。文獻通考：汝陽有二龍鄉、月旦里。

翟廷尉故里。在上蔡縣城東。

漆雕開故里。在上蔡縣城南。

相公園。在信陽舊州治。後宋范純仁爲守時，創此園種花養竹，爲燕游之所，後人因以名之。

王粲宅。在汝陽縣城内。西有古井，名王井。世傳粲嘗寓居於此。

陳堯叟宅。在正陽縣治東北。宋陳堯叟嘗寓居於此。

黄憲宅。在正陽舊縣治前，爲黄徵君祠，明孫繼皐有碑記〔四〕。

懸瓠樓。在汝陽縣城西北隅。今廢。水經注：懸瓠城上西北隅，平南王肅起高臺於小城，建層樓於隅阿〔五〕，下際水湄，降眺栗渚。

翫花樓。在上蔡縣城西三里。今廢。

白雲樓。在信陽舊州治子城東北。宋時建。

方丈竹堂。在汝陽縣城内。後魏孝文帝幸懸瓠，享從征侍臣於方丈竹堂。

燕譽堂。在舊府治内。宋郡守吴育、劉敞俱有賦詠。

木鴈堂。在舊府治内。宋劉敞有詩。

咸喜堂。在信陽舊州治東。取詩「周邦咸喜」之義以名。

柔惠堂。在信陽舊州治内。取詩「柔惠且直」之義以名。

環翠堂。在信陽舊州治内。又有環碧堂，皆宋時建。畢公信有詩。

三秀堂。在信陽舊州治東城上。舊名視牧軒，宋宣和中杏上產芝，敕改今名。

臨波亭。在舊府治後圃。宋劉敞有詩。

見山亭。在府治前牙城上。金史哀宗紀：天興二年八月丁丑，帝閱兵於此。

來瑞亭。在舊府治内。宋劉敞通判蔡州，有白雀巢於廡閣，因作賦記之，遂建兹亭。

牡丹亭。在舊府治東園。宋吴育建，劉敞有詩。今廢。

沈亭。在汝陽縣。春秋文公三年：叔孫得臣會晉人伐沈。杜預注：「平輿北有沈亭。」

翠光亭。在汝陽縣西湖。

水鑑亭。在汝陽縣城東北甕淵池上。本名芷亭，宋劉敞判府時更名。今廢。

大吕亭。在新蔡縣東。後漢書郡國志：新蔡有大吕亭。注：「晉諸山記曰故吕侯國〔六〕。」水經注：青陂東對大吕亭，西南有小吕亭，故此稱大。

繁陽亭。在新蔡縣北。左傳襄公四年：楚爲陳叛故，猶在繁陽。又定公六年：吴敗楚舟師，楚子期又以陵師敗於繁陽〔七〕。注：「繁陽，楚地，在汝南鮦陽縣南。」

柏亭。在西平縣西。故柏子國。左傳僖公五年：江、黄、道、柏方睦於齊。漢書地理志「西平」注：應劭曰：「故柏子國也，今柏亭是。」

桑里亭。在確山縣東。左傳成公六年：晉侵蔡，楚救蔡，禦諸桑隧。杜預注：「朗陵東有桑里，近上蔡西南。」

鵲山亭。在羅山縣南鵲山下。宋曾鞏有詩。

司馬亭。在羅山縣南獨山下。宋司馬池嘗憩於此，後人思之，因爲作亭。

桃臺。在汝陽縣東六十里。春日桃花盛開，絢若錦霞。今廢。

然身臺。在汝陽縣東。漢平輿令張憙於此焚身禱雨。

待月臺。在汝陽縣西湖。宋孔武仲有詩。

雞黍臺。在汝陽縣北三十里。漢張劭故里。

石母臺。在正陽縣東南。寰宇記：石母臺，在平輿縣西北五十步。

蓍臺。在上蔡縣東三十里蔡岡之上。四周皆産蓍草。

八卦臺。在蓍臺右。伏羲畫卦於此。有漢蔡邕題畫卦碑。按：陳州睢寧縣北八卦壇，亦名八卦臺。

戹臺。在上蔡縣東六十里蔡溝鎮。即孔子絶糧處，舊有孔戹廟，在鎮外，久廢。本朝康熙二十八年，移建於此。按：陳州睢寧縣南弩臺，亦名戹臺，昔孔子戹於陳、蔡之間，後人遂因以「戹」名臺耳。

高皇臺。有二：一在上蔡縣東北，一在確山縣東南。相傳漢高祖築。

光武臺。在上蔡縣東北。相傳漢光武所築，下有光武井。

鐵丘臺。在新蔡縣西南五十里。上有漢光武廟。

鳳凰臺。在遂平縣西南。高丈許，相傳唐時有鳳集其上。

申伯臺。在信陽州東北。世傳申伯所築。古申國在州北二十里，有顔真卿碑。

釣魚臺。在羅山縣西北二十里。世傳孟嘉垂釣處。

幽蘭軒。在府署内。一名幽蘭閣。金哀宗自歸德遷汝寧，於府治爲行宫，築軒其中，後燬。

李斯井。在上蔡縣西南，地即其故宅。寰宇記：李斯井，在縣南二里。

平淮西碑。在汝陽縣城内裴度廟中。唐韓愈撰文，後改命段文昌爲之。宋政和中知州陳珦磨去段文〔八〕，仍刻韓文於碑。

關隘

平靖關。在信陽州東南九十里，南至湖北應山縣亦九十里。其地爲天下九塞之一，有大小石門，鑿山通道，極爲險隘，即春秋時冥阨也。左傳定公四年：吴伐楚，自淮涉漢，楚左司馬戌請還塞大隧、直轅、冥阨，自後擊之。戰國策：魏信陵君説安釐王曰：「秦攻魏，道涉山谷，行三千里而攻黽阨之塞，所行甚遠，所攻甚難。」史記正義：申州有平靖關，蓋即古鄳阸之塞。元和志：故平靖關城，在義陽縣南七十六里，此關因山爲障，不營濠隍，故名平靖關，爲三關之一。輿地紀勝：左傳之大隧即黄峴，直轅即武陽，冥阨即平靖。平靖今名行者陂，武陽今名大寨嶺，黄峴今名九里關。

武陽關。在信陽州東南一百五十里，西南至湖北應山縣一百三十里。一名武勝關，又名澧山關。輿地紀勝：在信陽軍南九十里。薛氏曰「三關之險，大寨嶺爲平易」是也。

黄峴關。在信陽州南九十里，南至湖北應山縣亦九十里。一名百雁關。輿地紀勝：在信陽軍南百里。按：南齊志義陽有三關之隘，謂平靖、武陽、黄峴三關也。義陽城與三關，勢如首尾，自魏晉以後，三關之險常爲南北重鎮。梁天監八年，魏元英將取三關，至義陽，策之曰：「三關相須如左右手，若克一關，兩關不待攻而自破。攻難不如攻易，宜先攻東關。」又恐其并力於東，使李華向西關，分其兵勢。英自率諸軍向東關，至長簿，長簿潰。乃圍武陽，克之。進攻黄峴及西關，梁將皆走。宋黄震曰：「三關險要，關外百里皆險也。敵得信陽，將與我分險而守，營要坡以抗武陽，營雞頭以抗平靖，營石門以抗黄峴，是舉三關棄之也。」

元昂吉爾亦上言：「河南邊郡，與宋對境，唐州東南皆大山，信陽在蔡州南，南直九重、武陽、平靖、五水等關，宋兵必經諸關以入，信陽實其咽喉，請城之以扼宋。」詔從之。明時置巡司於黄峴關，名九里關巡司，今裁。「昂吉爾」舊作「昂吉兒」，今改正。

黄土關。在信陽州西南六十里，東接三關，爲首尾相顧之地。

平昌關。在信陽州西北七十里。又西南一百六十里，即泌陽縣。俗訛爲平常關。設有州同駐此。

長樂關。在信陽州北五十里。一名長臺關。

大埠關。在信陽州東北三十五里。明置巡司戍守，今廢。

破關。在羅山縣南一百二十里。

廟灣鎮巡司。在汝陽縣東七十里。本朝雍正十二年設巡司。

楊家堂巡司。在信陽州西六十里。本朝乾隆十八年設巡司。

大勝關巡司。在羅山縣南一百四十里。宋寶祐末，元兵分道南侵，出光山，會軍渡淮，入大勝關。明初置巡司。

石門。在羅山縣西南八十里，曰小石門。又十里爲大石門，皆鑿鳥道以通往來。

玲瓏山寨。在遂平縣西嵖岈山。元末，土豪立寨。明初，鄧愈自信陽討平之。

鷹窩寨。在確山縣西南五十里。山嶺高險，惟一徑可通，乃昔人避兵之處。又連珠寨，在確山縣西南五十里，山嶺參錯，蜿蜒數十里，與諸寨相接，若連珠然。

興安寨。在信陽州武陽關西南。塹山堙谷，包羅寬廣。宋時防禦金、元之地。

太平寨。在羅山縣南一百二十里。有四門，碓磑井竈之類具存。又孫家寨，在縣東南百四十里，可容千人。皆元末土人避兵處。

黄岡鎮。在汝陽縣東南四十里。又寒凍鎮，在縣東九十里。

楊埠鎮。在汝陽縣東南九十里，下臨洪河。明成化中嘗置巡司，今裁。

射子鎮。九域志：汝南有射子、陳砦、王臺、金鄉四鎮。今有射橋集，在縣東五十里，即射子鎮。又金鄉店，在縣北三十里，即金鄉鎮也。

正陽鎮。在正陽縣北舊縣治東。明景泰四年置巡司，正德初廢。

邵店鎮。在上蔡南二十里。九域志：縣有東岸、苽陂、邵店三鎮。府志：東岸店，在城東六十里。華陂店，在縣北四十里，即苽陂。

重渠鎮。在西平縣東南二十五里。

蔡砦鎮。在西平縣西南三十里。

儀封鎮。在西平縣西南五十里。

毛城鎮。在確山縣東南三十里。九域志：縣有黄特、毛宗、謙恭、石子四鎮。按：金史確山有毛宗鎮，即此。

竹溝鎮。在確山縣西六十里。又明港鎮，在縣南九十里。二鎮俱有關，明置巡司，今裁。

銅鐘店。在正陽縣南六十里。元置巡司，明廢。正德初，以真陽鎮置縣，移巡司於此，尋廢。

瓦店。在新蔡縣東北五十里，接沈丘縣界。明萬曆中置巡司，今裁。

汝陽驛。在汝陽縣治西。

上蔡驛。在上蔡縣治西。亦名白馬驛。

西平驛。在西平縣治南。

遂平驛。在遂平縣治。

確山驛。在確山縣治西。

信陽驛。在州治。舊有白雲驛，在州東北，宋置，明廢。

明港驛。在信陽州北九十里。設驛丞兼巡檢駐此。

津梁

濟民橋。在汝陽縣東門外，跨汝河上。明成化十九年建，本朝順治八年重修。又宏濟橋，在縣北門外，跨汝河。又金梁橋二，在南、北水門上。

治平橋。在汝陽縣東八十里楊埠鎮。舊爲板橋，横跨洪河。本朝順治十七年重修，名曰治平。

溱濟橋。在汝陽縣南二十里，跨溱水上。元至元六年建。

白馬橋。在汝陽縣西南十五里。相傳唐李愬擒吴元濟，乘白馬過此，故名。

板橋。在正陽縣商山道中。唐温庭筠詩：「雞聲茅店月，人跡板橋霜。」即此。

忠烈橋。在上蔡縣南門外。明知縣霍恩死節於此。

百尺橋。在上蔡縣西北。

洪橋。在上蔡縣北，有東、西二橋，俱跨洪河。

三里港橋。在新蔡縣北三里，邑之要津。今建石橋，並築堤植樹，以防傾圮。

重渠橋。在西平縣東南二十里，跨流堰河。

迎恩橋。在西平縣北門外，跨汝水。明萬曆元年建。

柏亭橋。有二：南橋在西平縣西一里，北橋在縣北二里。

沙河橋。在遂平縣南一里，跨沙河。

大石橋。在遂平縣西南三十里。本朝順治十二年建。

三善橋。在遂平縣西南三十里。本朝順治十三年建。

石洋橋。在遂平縣北五里，跨石洋河。

昇仙橋。在遂平縣東北。相傳馬丹陽飛昇處。

吴寨河橋。在確山縣南三十里，跨溱河上。本朝順治十七年建，康熙二十九年修，雍正十年易石重建。

竹溝橋。在確山縣西六十里竹溝鎮，跨竹溝河上。

義丘橋。在確山縣北四十里，跨黄西河。

司天橋。在信陽州城内。一名竹馬橋。

明月橋。在信陽州北門内。

紅羅橋。在信陽州南五十里，跨三灣河。
雙溪橋。在信陽州北二十里。
大通橋。在羅山縣南門外。明景泰元年建。
梅花橋。在羅山縣南一百里。方廣數丈，有白石理數十條，形如梅幹，故名。
攀龍橋。在羅山縣西北。舊名太平橋。
柏家渡。有二：上柏家渡，在新蔡縣南十五里；下柏家渡，在縣南三十里。
孫招渡。在新蔡縣北。又有張六廟渡口、樊家渡、九里港渡，俱在縣北，與市集相近。
浉河渡。在信陽州南門外。
洋山渡。在信陽州西北三十里，通桐柏縣。
長臺渡。在信陽州北五十里。

隄堰

黄公隄。在汝陽縣城西北隅。明萬曆中，兵巡道黄煒築。
岳公隄。在汝陽縣北汝河東岸。明萬曆中，汝陽縣知縣岳和聲築，逶迤五十里，以障汝水。
荆河隄。在汝陽縣東北。明萬曆中，知府霍鵬濬河四十餘里。

蒼陵堰。在汝陽縣西南十八里。唐刺史夏夔堰汝水灌田千頃，俗呼上白堰。又南落堰，在城西南三十里，俗呼下白堰。府志：縣境凡有堰二十。

姬家堰。在西平縣東。又有陳家堰、趙家堰，俱在縣東南。流河堰、郎家堰、張家堰，俱在縣南。陳家堰、聶家堰，俱在縣西南。樊家堰，在縣西。闞家堰、劉家堰，俱在縣東北。

溢水堰。在遂平縣東二十里。又縣東有柳子堰、丘坡堰，東南有白泉堰，南有石砦堰、鐵池堰、豐陰堰，西有橫山堰、龍泉堰、石泉堰，西北有青龍堰、胡二堰、盧湖堰，東北有趙家堰、泥溝堰。

陵墓

金

哀宗陵。在汝陽縣北、汝水之旁。金史本紀：哀宗崩於幽蘭軒，奉御完顏講善收葬之汝水上。「講善」舊作「絳山」，今改。

周

漆雕開墓。在上蔡縣北華陂鎮。

蔡侯墓。在上蔡縣東北一里，蔡侯胡之墓也。

申伯墓。在信陽州西北六十里古謝城内。

漢

袁安墓。在汝陽縣東三十里。

陳蕃墓。在汝陽縣東六十里射橋西。

張熹墓。在汝陽縣射橋西。

董永墓。在汝陽縣西二里。

張劭墓。在汝陽縣北雞黍臺西二里許。府志：旁一冢，爲劭母墓。

黄憲墓。在正陽縣舊縣治内吏隱堂後，顔魯公書碑。

吴公墓。在上蔡縣東南。

郅惲墓。在西平縣東門外。

南北朝　陳

袁憲墓。在確山縣西北二十里。

宋

謝良佐墓。在上蔡縣西二里許。

元

范谷英墓。在上蔡縣南二十五里。

明

羊可立墓。在汝陽縣西十五里寨湖上。府志：有神宗御賜盡忠言事碑。

忠義十八人墓。在西平縣北三里。府志：明正德七年，流寇犯境，都御史彭澤令遼東軍李英祥等十八人爲前鋒，至西平縣北汝河橋，遇賊千餘人，與戰，自旦至暮，殺傷數百人，矢盡力竭，爲賊所殺。澤傷悼之，令有司收葬於此，號忠義墓。

崇簡王墓。王，英宗子，名見澤。封於汝寧，在確山縣南十里蟠龍山前，諸墓皆祔。

何景明墓。在信陽州西五里釣魚臺北山。

李思齊墓。在羅山縣東北十里。洪武初諭葬。

祠廟

四公祠。在府學東。祀唐顔真卿、裴度、韓愈、李愬。本朝康熙元年重建。

二孝子祠。在汝陽縣西關。祀漢蔡順、董永。

范張祠。在汝陽縣北三十里。祀漢范式、張劭。

黄叔度祠。在正陽縣舊縣治南。祀漢徵君黄憲。明嘉靖四十一年建，今歲時有司致祭。

霍愍節公祠。在上蔡縣東門内。明正德七年敕建，祀知縣霍恩。

聖門三賢祠。在上蔡縣南關，祀漆雕開、曹卹、秦冉，今廢。

上蔡先生祠。在上蔡縣南門外，宋儒謝良佐居址存焉。元時即其地建上蔡書院，明正統五年復建祠以祀。

烈女祠。在上蔡縣西甕城内。明正德中敕建，祀烈女田臘梅、程蘭香，烈婦邱氏。

郅公祠。在西平縣東門外。祀漢郅惲。

忠節祠。在西平縣北門外。明正德七年敕建，祀死事知縣王佐、縣丞毛秀、教諭程輔德、訓導彭輔，及邑紳徐文英等共六十四人。

貞烈祠。在西平縣北門外。祀貞女烈婦死流賊之難者周采蘋、李明良、賈慧姿、劉氏、左氏。

范公祠。在遂平縣學西。祀後漢范滂及滂母。

景賢祠。在信陽州學内。祀申伯、子貢、姚崇、范純仁、劉安世，明成化十五年建。

何先生祠。在信陽州學東南。祀明何景明。

黄公祠。在信陽州治東南。祀明汝南道黄煒。

申伯祠。在信陽州北門内。明成化十六年建。

兩相祠。在信陽州西。祀唐姚崇、宋范純仁，皆嘗守申州，故祀之。

子貢祠。在信陽州北門外。

子路祠。在羅山縣西南五十里。

裴晉公廟。在府治。唐裴度討平淮西有功，故立廟祀之。

何許二先生廟。在府學東。明嘉靖中建，祀副使許逵。本朝康熙元年重建，合祀明副使何景明。

張明府廟。在汝陽縣東關外二里許。祀漢平輿令張熹。水經注：平輿城南里餘有神廟，世謂之張明府祠。寰宇記：平輿縣張熹廟，熹仕漢爲平輿令。天久旱，熹躬爲請雨，因焚身而雨澍，後人感德，因而廟存。

狄梁公廟。在汝陽縣南。唐狄仁傑爲豫州刺史，申理詔獄有功，故立廟祀之。

顔魯公廟。在汝陽縣南。唐顔真卿奉詔至蔡州，諭李希烈，爲所害，後人立廟祀之。又有祠在確山縣西北十里，舊傳其地即殉節處。

岳鄂王廟。在汝陽縣西門月城内。明正德六年建。宋紹興初，岳飛嘗統軍克復蔡州。又信陽州治東北亦有廟。

白馬將軍廟。在汝陽縣西三十五里。祀唐節度使李愬。愬雪夜乘白馬入蔡州，擒吴元濟，故名。

白龜廟。在上蔡縣蓍草臺山。祀白龜之神，有司春、秋致祭。

伏羲廟。在上蔡縣東三十里。

孔戹廟。在上蔡縣東蔡溝店。孔子絶糧於此，故名。有司春、秋致祭。

靈應廟。在確山縣西北樂山上，俗傳漢相陳平主之。宋崇寧初，賜額曰「靈應」。水旱祈禱如響。

義陽侯廟。在羅山縣西建城保。祀漢義陽侯傅介子。

寺觀

清戒寺。在汝陽縣治西南隅。唐大曆元年建，時名草寺，後名清涼。明弘治十四年，敕賜今額。

吉祥寺。在汝陽縣南關。唐武德三年建，中有浮圖九級。

廣教寺。在正陽縣東三十里，俗呼柳寨寺。岡嶺高峻，閭河環繞，林木交翠，清幽殊常。

永安寺。在上蔡縣東八十里。其地突起，居蘆鎮之左，汝水經其南，包水繞其右，亦勝境也。

蟾虎寺。在上蔡縣西五里蘆岡絶頂。澗水環抱，修竹茂林，景最清幽。

金剛寺。在西平縣南二十里義亭岡之陽。古刹久廢，明正統七年，僧德暠掘地得石佛像三，因重建。明季後燬，復修。

南泉寺。在確山縣西五十里。寺中多植牡丹，俗又呼牡丹寺。

北泉寺。在確山縣西北十里。隋時建。唐名資福寺。宋崇寧中，改爲萬壽禪寺，尋改今名。

通慧寺。在確山縣西北十里。舊名中泉寺，明弘治十四年重修，敕賜今額。

賢隱寺。在信陽州城西南七里賢隱山。山舊名賢首，故又名賢首寺。僧在松建。本朝順治五年修。

大乘寺。在羅山縣西南一百二十里。始建未詳，宋曾鞏有題大乘寺詩。

靈山寺。在羅山縣西南一百里靈山上，寺因山得名。拓基於宋，至明宣德七年，創建佛殿，弘治間增修，邑人張仲簡有記。

白勝寺。在羅山縣治東北。唐時建，爲楚白公勝故居，故名。

壺仙觀。在汝陽縣北十五里。唐天寶中建。宋名壺公祠，即費長房遇仙處。

白雲觀。在上蔡縣治東北隅。明成化三年建。又確山縣東五里有白雲觀，明宣德初因元舊址重建；羅山縣西有白雲觀，明宣德初建。按：金史哀宗本紀敕有司安奉御容於乾元寺，今此寺無考。

名宦

漢

召信臣。壽春人。元帝時，遷上蔡長。其治視民如子，所居見稱述。

寇恂。昌平人。建武初，拜汝南太守。盜賊清浄，郡中無事。恂素好學，乃修鄉校，教生徒，聘能爲左氏春秋者，親受學焉。

歐陽歙。千乘人。建武初，遷汝南太守。推用賢俊，政稱異跡。以尚書教授數百人。

杜詩。汲人。建武初，轉汝南都尉，所在稱治。

鄧晨。新野人。建武中，爲汝南太守，興鴻郄陂數千頃田，汝土以殷，魚稻之饒，流衍他郡。

宋均。安衆人。建武中，遷上蔡令。時府下記，禁人喪葬不得侈肆。均曰：「送終踰制，失之輕者。今有不義之民，尚未循化，而遽罰過禮，非政之先。」竟不施行。

鮑昱。屯留人。永平中，拜汝南太守。郡多陂池，每歲決壞，修費三千餘萬。昱乃上作方梁石洫，水常饒足，溉田倍多，人以殷富。

張敏。鄭人。永元中，遷汝南太守。清約不繁，用刑平正，有理能名。

何敞。平陵人。永元中，遷汝南太守。敞疾文俗吏以苛刻求當時名譽，故在職以寬和爲政。立春日，常召督郵還府，分遣儒術大吏，按行屬縣，顯孝悌有義行者，及舉冤獄，以春秋義斷之。百姓化其恩禮，其出居者皆歸養父母，追行喪服。推財相讓者，二百許人。又修理鮦陽舊渠，墾田增三萬餘頃。里人共刻石頌德。

李法。南鄭人。和帝末，爲汝南太守，政有聲迹。

王龔。高平人。建光初，遷汝南太守。政崇温和，好才愛士，引進郡人黃憲、陳蕃等，憲雖不屈，蕃遂就吏。蕃性氣高明，初到，龔不即召見，乃謝病去。龔怒，除其録，功曹袁閬言蕃以賢見引，不宜退以非禮。龔改容謝，乃復厚遇待之。由是後進知名之士，莫不歸心焉。

王堂。郪人。永建中，遷汝南太守。搜才禮士，不苟自專。憲章朝右，簡覈才職，委功曹陳蕃。匡政理務，拾遺補闕，任主簿應嗣庶〔九〕。自是委誠求當，郡内稱治。

宗資。安衆人。桓帝時，爲汝南太守。署范滂爲功曹，委任政事。

范滂。征羌人。汝南太守宗資請署功曹。滂任職，嚴整疾惡，其有行違孝悌、不軌仁義者，皆掃迹斥逐。顯薦異節，抽拔幽陋。滂外甥西平李頌，爲鄉曲所棄，中常侍唐衡以頌請資用爲吏，滂寢而不召。資遷怒，捶書佐朱零，零曰：「范滂清裁，猶以利刃齒腐朽。甘受笞死，滂不可違。」資乃止。

尹勳。鞏人。桓帝時，遷汝南太守，上書解釋范滂、袁忠等黨議禁錮。

劉陶。定陰人。舉孝廉，除慎陽長。縣多姦猾，陶募剽輕劍客之徒過晏等十餘人，貰其先過，要以後效，使各結所厚少年，得數百人，皆嚴兵待命。於是覈案姦軌，所發若神。以疾免。吏民思而歌之曰：「邑然不樂，思我劉君。何時復來，安此下民。」

荀淑。潁陰人。建和中，補朗陵侯相。莅事明理，稱爲神君。後淑卒，縣爲立祠。

張熹。武城人。靈帝時，爲平輿令。大旱躬雩，未獲嘉應，乃積柴自焚，火既燎，即澍雨。

楊奇。華陰人。靈帝時，爲汝南太守。持身廉介，專以慈祥爲政，郡中稱治。

許劭。平輿人。徐璆爲汝南太守，所在化行。劭爲郡功曹，璆甚敬之。府中聞劭爲吏，莫不改操飾行。

滿寵。昌邑人。獻帝時，爲汝南太守。袁紹門生賓客，布在諸縣，擁兵拒守。寵募其服從者五百人，攻下二十餘壁，誘其未降渠帥，於坐上殺十餘人，一時皆平。得户二萬，兵二千人，令就田業。

趙儼。陽翟人。建安中，爲朗陵長。縣多豪猾，儼取其尤甚者，收縛案驗，皆當死，而表府解放之，自是恩威並著。時豫州諸郡多附袁紹，惟陽安郡不動，而都尉李通急録户調，儼以書與荀彧，請垂慰撫，以勸忠節。彧既白曹操，悉以綿絹還民，上下歡喜，郡内遂安。

三國　魏

田豫。漁陽人。文帝時，爲汝南太守，所在有治聲。後罷官居魏縣，會汝南遣健步詣征北，感豫宿恩，過拜之，啓其貧羸，流涕而去。還爲故吏民説之，汝南爲具資數千匹，遣人餉豫，豫一不受。

鄧艾。棘陽人。明帝時，爲汝南太守。開闢荒野，軍民並豐。

南北朝 宋

李熙國。元嘉初，鮦陽令。在事有方，人思其政。

陳憲。元嘉中，爲汝南太守。魏太武圍汝南懸瓠城，憲相拒四十餘日，殺傷魏人萬計，汝水爲之不流，魏人燒攻具而退。

梁

蔡道恭。冠軍人。梁初，爲司州刺史。天監三年，魏圍司州，時城中衆不滿五千人，食裁支半歲。魏軍作大車載土，四面俱前，欲以填塹，道恭於塹内列艨艟鬬艦以待之。魏又潛作伏道，以决塹水，道恭載土狆塞之。相持百餘日，斬獲不可勝計。魏大造梯衝，攻圍日急，道恭於城内作土山，多作大槊，施長刃，使壯士刺魏人登城者。魏軍將退，會道恭疾篤，乃呼兄子僧勰，屬以死固節，令取所持節，曰：「稟命出疆，憑此而已。即不得奉以還朝，方欲攜之同逝，可與棺柩相隨。」衆皆流涕，遂卒。

鄭紹叔。開封人。天監四年，爲司州刺史。時義陽爲魏所陷，司州移鎮關南。紹叔創立城隍，繕兵積穀，招納流民，百姓安之。又能頃心接物，多所薦舉，士以此歸焉。

陳慶之。國山人。中大通二年，除南、北司二州刺史。破魏潁州刺史婁起等，罷義陽鎮兵，停水陸轉運，江湘諸州並得休息。開田六千頃，二年之後，倉廩充實，高祖每嘉勞之。

魏

張萇年。漁陽人。明元帝時，爲汝南太守。郡人劉崇之兄弟分析，家貧惟一牛，争不能決，訟於郡庭。萇年謂曰：「汝曹當以一牛故致此競，脱有二牛必不争。」乃以己牛一頭賜之。於是境中各相戒約，咸敦敬讓。

韋珍。杜陵人。太和中，爲郢州刺史，有聲績，朝廷嘉之，遷龍驤將軍，賜驊騮二匹，帛五十疋、穀三百斛。珍乃召集州内孤貧者，謂曰：「天子以我能撫綏卿等，故賜以穀帛，吾何敢獨當。」遂以所賜悉分與之。

辛穆。狄道人。爲汝陽太守。值水澇民饑，上表請輕租賦，帝從之。遂敕汝陽一郡聽以小絹爲調。

北齊

元景安。魏昭成五世孫。天統四年，除豫州刺史，綏和邊鄙，人物安之。又管内蠻多華少，景安被以威恩，咸得安輯。

郎茂。新市人。爲保城令。有能名，百姓爲立清德頌。

周

薛端。汾陰人。孝閔時，爲蔡州刺史。爲政寬惠，民吏愛之。轉基州刺史，蔡州父老，請留端者千餘人。

隋

麥鐵杖。始興人。大業中，爲汝南太守，羣盜屏跡。

唐

狄仁傑。太原人。高宗時，爲豫州刺史。時越王兵敗，支黨餘二千人論死，仁傑釋其械，密疏申理，有詔悉謫戍邊。囚出寧州，父老迎勞曰：「狄使君活汝耶。」因相與哭碑下，囚齋三日乃去。至流所，亦爲立碑。初，宰相張光輔討越王，多暴索，仁傑拒之。光輔怒曰：「州將輕元帥耶？」仁傑曰：「亂河南者一越王，公董士三十萬，乃縱使暴横，是一越王死，百越王生，且殺降以爲功，冤痛徹天。如得上方斬馬劒加君頸，雖死不恨。」光輔還，奏仁傑不遜，左授復州刺史。

潘好禮。宗城人。第明經，爲上蔡令，治在最。開元中，遷豫州刺史，勤力於治，清廉無所私。

盧從愿。臨漳人。開元中，左遷豫州刺史。政嚴肅，奏課爲天下第一。寶書勞問，賜絹百疋。

裴度。聞喜人。元和中，拜門下侍郎平章事、彰義軍節度、淮西宣慰招討處置使，討吴元濟。入對延英，曰：「主憂臣辱，義在必死。賊未授首，臣無還期。」帝壯之。度屯郾城勞諸軍，宣朝廷厚意，士奮於勇。時諸道兵悉中官統監，奏罷之，使將得顓制號令。李愬夜入懸瓠城，縛吴元濟以報。度持節徐進，撫定其人，民始知有生之樂。度以蔡牙卒侍帳下，或謂反側未安，不可去備。度曰：「吾爲彰義節度，元惡已擒，蔡人皆吾人也。」衆感泣。申、光平定，度入朝。會帝以二劒付監軍梁守謙，使悉誅賊將。度遇諸郾城，復與入蔡，商罪議誅。守謙請如詔，度固不然，騰奏申解，全宥者甚衆。

馬揔。系出扶風。元和中，副裴度宣慰淮西，爲彰義節度留後。蔡人習爲惡，相捍訐，揔爲設教令，明賞罰，磨治洗汰，其俗一變。

宋

袁廓。梓潼人。宋初爲西平縣主簿。勾稽漏籍，得民丁萬餘。州將薦其勤職，就遷上蔡令。又以課最，擢太子右贊善大夫。

呂端。安次人。太宗時，知蔡州，有善政。吏兵列奏借留。

柳開。大名人。雍熙初，以殿中侍御史貶上蔡令。會大舉北征，開部送軍糧，師還上書，願從邊軍效死。帝憐之，復授殿中侍御史。

張榮。真宗時，知蔡州。歲饑，民相率持杖劫人倉，州民三百十八人有罪，皆當死。榮與推官江嗣宗議，取爲首者杖脊，餘悉論杖罪。詔褒之。

盧士宏。新鄭人。仁宗時，知信陽軍。官捕爲妖術者，餘黨懼及，羣聚山谷間。士宏請減其罪，招之，即相率歸命。

王質。單父人。以館職出知蔡州。清静慈惠，蔡人德之。

吴育。建安人。慶曆中，知蔡州。設伍保法，以檢制盗賊。時京師有告妖人千數聚確山者，詔遣中使往招捕者十人，至則以巡檢兵往索之。育曰：「使者欲得妖人還報耶？」曰：「然。」曰：「育在此，雖不敏，聚千人境内，毋容不知。此特鄉民用浮屠法以利錢財耳，一弓手召之可致也。今以兵往，人相驚疑，請留毋往。」中使以爲然。頃之，召十人者至，械送闕下，皆無罪釋之，而告者服辜。

富弼。河南人。皇祐中，除禮部侍郎，徙知蔡州。不以名位自驕，專意民事，有情必達。

魯有開。譙人。仁宗時，知確山縣。大姓把持官政，有開治其最盛者，遂以無事。興廢陂，溉民田數千頃。富弼守蔡，薦之，以爲有古循吏風。

孫瑜。博平人。仁宗時，知蔡州。毁吴元濟像，以其祠祀裴度。大水緣城隙入，瑜使囊沙數千扞其衝，城得勿壞。

黄好謙。嘉祐中，調新蔡令。歲饑，嬰兒多棄道上。好謙勸富民賑恤，令小兒給壯者之半，全活甚衆。

呂公著。壽州人。英宗時，由龍圖閣直學士出知蔡州。

丁諷。治平中，知蔡州。設法賑饑，活者六十萬人，籍爲兵者又數千。詔移知亳州。蔡人攀慕號呼，事聞，復還任。及代去，閉城斷橋，不得行者累日。

范純仁。吴人。神宗時，加直龍圖閣，知慶州。黜知信陽軍。

劉安世。魏人。元祐中，知信陽軍。有治行。

葛書舉。江陰人。神宗時，知正陽縣。有惠政，民思之。

歐陽修。廬陵人。神宗時，改宣徽南苑使、判太原府，辭不拜，徙蔡州。凡歷數郡，不見治跡，不求聲譽，寬簡而不擾，故所至民便之。

劉攽。新喻人。哲宗時，出知蔡州。給事中孫覺、胡宗愈，中書舍人蘇軾、范百禄，言攽博記能文章，政事侔古循吏，宜留京師。至蔡數月，召拜中書舍人。

歐陽棐。廬陵人。元符末，知蔡州。蔡地薄賦重，轉運使又爲覆折之令，多取於民，民不堪命。會有詔禁止，而佐吏憚使者，不敢以詔旨從事。棐曰：「州郡之於民，詔令苟有未便，猶將建請。今天子知覆折之病民，手詔止之，若有憚而不行，何以爲長吏？」命即日行之。

向宗回。開封人。神宗時，知蔡州。擒劇賊，殲其黨類。歲饑，發廩，興力役，饑者得濟，而官舍帑廩一新。

趙士眞。宋宗室，權知信陽軍。建炎二年，寇劉滿至，士眞拒之。兵潰遇害，後贈右朝奉大夫。

郭贊。内江人。建炎二年，爲汝陽丞。金人陷蔡州，守臣爲所執，乘間而逃。獨贊朝服詬叱，不肯降，遂見殺。

舒繼明。羅山人。紹興間，守信陽。僞齊劉豫襲郡城，繼明奮身與敵，矢盡被擒，不屈死。

金

劉肅。洺水人。金末，調新蔡令。先時，縣賦民以牛多寡爲差，民匿不耕。肅至，命樹畜蕃者不加賦，民遂殷富。瀕淮民有竄入宋境，籍爲兵而優其糧。間有歸者，頗艱於衣食，時出怨言，曰：「不如渡淮。」告者以謀叛論。肅曰：「淮限宋境一水耳，果欲叛，不難往也。口雖言而心無實，準律當杖八十。」奏可。

徹伯爾。不知其所始。哀宗時，爲忠孝軍元帥。天興二年，自息州入援，哀宗度蔡城不守，傳位承麟，羣臣入賀。徹伯爾不拜，謂所親曰：「事至於此，有死而已，安能更事一君乎？」遂戰死。「徹伯爾」舊作「蔡八兒」，今改正。

毛佺。恩州人。貞祐中，爲盜。宣宗南渡，率衆歸國，署爲義軍招撫。哀宗遷蔡，以佺爲都尉。圍城之戰，佺力居多，城破自縊。其子先佺戰死。

温屯察遜。衛尉七十五之子。哀宗幸蔡，授殿前左副檢點。圍城中，數引軍潛出巡邏。時尚食須魚，城西有積水曰練江，往捕必軍衛乃可。察遜常自領兵以往，所得重千餘斤，分賜將士。後知其出，左右設伏伺而邀之，力戰死。「温屯察遜」舊作「温敦昌孫」，今改正。

完顏講善。哀宗之奉御也。蔡城破，哀宗傳位承麟，即自縊於幽蘭軒，内族色勒從死。遺言講善，使焚幽蘭軒。火方熾，子城破，元兵突入，獨講善留不去，爲兵所執。問講善，以名對曰：「吾君終於是，吾候火滅灰寒，收瘞其骨耳。」兵笑曰：「若狂者耶？汝命且不保，能瘞而君耶？」講善曰：「吾君有天下十餘年，身死社稷，忍使暴露遺骸，與士卒等耶？吾逆知君輩必不遺吾，吾是以留，果瘞吾君之後，雖寸斬吾不恨矣。」兵以告，其帥本展曰：「奇男子也。」許之。乃掇其餘燼，裹以敝衾，瘞於汝水之旁。再拜號哭，將赴汝水死。軍士救之得免，後不知所終。「完顏講善」已見哀宗陵注。「色勒」舊作「斜烈」，「本展」舊作「奔盞」，今並改正。

元

棟阿達什。威烏爾人。任正陽縣達魯噶齊。教民於窪下田改種禾稻，民獲有秋。縣距朱皋倉三百餘里，民苦輸納，爲請於省府，以金代輸，民便之。「棟阿達什」舊作「朶阿達實」，「威烏爾」舊作「畏兀兒」，「達魯噶齊」舊作「達魯花赤」，今並改正。

張昇。其先定州人，後徙平州。至大中，知汝寧府。民有告寄束書於其家者，逾三年取閱，有禁書一編，且記里中大家姓名於上。昇亟呼吏焚其書，曰：「妄言誣民，且再更赦矣，勿論。」同列懼，皆引起。既而事聞，廷議謂昇脱姦軌，遣使窮問，卒無迹可指，乃詰以擅焚書狀。昇對曰：「昇備位郡守，爲民父母，今斥誣訴，免冤濫，雖重得罪不避。」乃坐奪俸二月。旁郡移文報吳人侯君遠占有兵寇，應在吳分野，同列欲召屬縣爲備禦計，昇曰：「此訛言也，久當自息，毋庸惑民聽。」衆論韙之。部使者舉治行，爲諸郡最。

明

萬孟雅。南昌人。洪武初，爲汝寧知府。廉公有威，吏民畏服。時天下初定，户籍脱漏，里胥因緣爲奸，孟雅奏清之〔一〇〕，於是賦役始得其平。

錢鉞。仁和人。成化中，爲汝寧知府。持身清謹，事至皆自剖決，吏胥無所用其奸。開固始水田，置文廟雅樂，在職九年，流移歸附，增户八千有奇。

張子麟。藁城人。弘治中，爲汝寧知府。有巨猾争河灘退地殺人，獄久不決。子麟至，一訊立服。值饑疫，施醫藥，興水利，全活萬計。又創建連廒百二十楹，儲穀二十萬石，荒饉賴之。

霍恩。茂山衛人。正德中，爲上蔡知縣。流賊趙燧等陷城，恩被執，賊脅之跪，罵曰：「吾此膝肯爲賊屈乎？」賊日殺人於前以懾之，罵益厲。賊以刃抉其舌，支解之。恩妻劉氏亦自縊，未絶，復以簪刺心死。事聞，贈光禄少卿，劉氏宜人，建忠節坊旌之。

王佐。潞州人。正德中，爲西平知縣。流賊趙燧攻城，佐手殺數十人，矢斃其渠帥。賊忿，急攻三日，佐力屈被執。罵不絶口，賊懸諸竿，殺而支解之。贈光禄少卿，立祠致祭。時縣丞毛秀、教諭程輔德、訓導彭輔，皆不屈死。詔從祀佐廟。

石瓚。介休人。正德中，爲羅山知縣。流賊猝至，瓚親與賊戰，面中一矢，自拔去。賈勇更進，賊遂退，羅山獲全。民因號其城爲石公城。主簿王續宗，寧州人，助瓚城守，追賊至牢山，遇害。贈羅山知縣。

王崇古。蒲州人。嘉靖中，爲汝寧知府。舉節孝，祀忠烈，摘發墨吏奸胥。崇藩有中貴人怙寵恣睢，憚崇古威嚴，輒避匿不敢出。時横山盗任泰等嘯聚爲亂，崇古密調兵，出不意，一鼓擒之。

閆東。内江人。嘉靖中，爲新蔡知縣。以田賦不均，倣古方田法，履畝定税，積弊一清。縣地窪下，多水患，東開九溝，疏洪、汝注於淮，民不憂潦。

岳和聲。嘉興人。萬曆中，爲汝陽知縣。歲荒民疫，乃條上災狀，蠲逋賦，廣儲備，極補救之法。汝水每當泛溢，百里内田廬淹没，和聲築堤汝水東岸，逶迤五十里，水患遂息。

魏廷相。嘉善人。萬曆進士，授汝陽知縣。汝民治田無桔槔，廷相示工人以式，令倣爲之，至今號魏公車。又開運河，便漕輓。特詔褒之。

陳幼學。無錫人。萬曆中，授確山知縣。政務惠民，積粟備荒，墾萊田八百餘頃，給貧民牛具。覈黄河退地百三十餘頃，以賦民。里婦不能紡者，授以紡車。置屋分處貧民，建公廨以居六曹吏，節公費代正賦之無徵者，栽桑榆諸樹三萬八千餘株，開河渠百九十八道。布政司劉渾成弟燦成助妾殺妻〔一二〕，治如律。行太僕卿陳耀文家人犯法，立捕治之。

胡來進。諸城人。萬曆末，爲遂平知縣。先是，石洋河水無所洩，歲受淹没。來進别開一渠，長二里有奇，引水南入沙河，由是水患遂息。

王建和。貴池人。崇禎初，爲汝寧知府。屬邑旱澇不均，建和勘災輕重，力請蠲緩，民困以蘇。崇藩戚畹鍾振家倚勢恣行，有司莫敢問，建和白於王，申之學使者，窮治其罪，一郡稱快。

王世琮。達州人。崇禎中，爲汝寧推官。討土寇，流矢貫耳而不動，時號王鐵耳。上官薦爲兵備僉事，分巡其地。十五年，李自成陷城，被執，厲聲大罵，賊用礮擊殺之。

李燦。韓城人。崇禎中，爲汝寧知府。會土賊嘯聚，謀盡刈田間麥，使城中饑困。燦乃僞授賊渠殷守祖等爲千總，賊喜入城邀賞，燦先伏力士於壁後，盡殲之，民賴以安。

王信。寧州人。崇禎中，爲正陽知縣。單騎出撫土寇，會流賊數萬猝至，被執，不屈死。賊攜其首以去，邑諸生田育性率鄉勇追至淮南始奪歸，面如生。閲四日，其子來覓屍，猶舒指握子手，若相訣者。詔贈光禄寺丞，建祠祀之。

嚴栻。常熟人。崇禎中，爲信陽知州。時流寇充斥，栻賈勇登陴，悉力守禦。賊興世王犯州，栻自製火器擊殺之，賊相戒不敢犯境。

官篆。膠州人。崇禎十五年，上蔡既陷，篆以汝寧通判署縣事。時民舍盡燬，篆廣招流亡。會左良玉駐城南，兵日肆淫掠，篆入良玉營，以大義奪還之，民獲完家室者甚衆。後賊黨賀一龍掠地上蔡，篆出禦之，陷陣死。

許永禧。曲沃人。崇禎中，爲上蔡知縣，有惠政。十五年，李自成遣數騎抵城下，大呼曰：「今日不迎降，明日屠爾城。」衆懼，永禧歎曰：「賊勢如此，彈丸邑豈能保，吾一死盡職而已。」明日，賊果大至。永禧具袍笏北面再拜，據案秉燭端坐，賊入，遂自刎。

高斗垣。繁峙人。崇禎中，爲西平知縣。性孤鯁，以清慎得民。十五年，流寇陷城，不屈死。時遂平知縣劉英，貴州人，亦誓衆死守，城陷，罵賊死。

郝瑞日。陝西人。崇禎中，以固始朱皋鎮巡檢署羅山縣事。時當殘破之後，瑞日單騎攜二童至縣，止僧寺。闖賊遣僞官至，土寇萬朝動潛與之通，劫瑞日於家。瑞日乘間殺朝動，懷印奔鳳陽，爲雨阻，復見執，賊愛其勇，欲留之。瑞日大罵不屈，賊臠之，并殺其僕二人。

傅汝爲。江陵人。崇禎末，爲汝寧知府。流寇薄城，汝爲拊循士卒，嬰城固守。城陷，赴北河死。汝陽令文師頤，廣西人，亦死之。

高孝誌。江都人。崇禎末，爲信陽知州。流賊來犯城，或勸以他避，孝誌曰：「死社稷、君，命也，安所逃乎？」與訓導李逢旭、陳所聞，里居静海知縣張映宿，俱死之。孝誌贈參議，餘贈卹有差。

本朝

綫縉。廣寧人。順治二年，守汝寧。時值亂後，郡無太守者數年。初下車，城中居民不滿數十家。縉省刑薄賦，與民更始。乃修學宫，勸開墾，流亡漸集，遺黎始有安堵之樂。至今稱國初賢守云。

許應鯤。褒城人。順治十年，知汝陽縣。性慈惠，視民如子。是冬大兵征楚，牧馬汝寧，勢且入城内，百姓驚恐。應鯤往力争，以受侮自經，兵將亦遂拔營去。郡人感其以死衛民，建祠尸祝焉。

金鎮。山陰人。康熙時，爲汝陽知縣。汝陽舊賦每畝四分，國初知縣行權宜之法，增至九分。因請上官疏聞於朝，仍依正供，民困頓舒。後值歲荒，乃捐俸築城，貧民藉以全活者甚衆。以擢任去，士民追送境外，有垂泣者。

何顯祖。義州人。康熙二十六年，知汝寧府。仁慈爽亮，政事練達。下車日，十四城利弊，即時興除。吏畏民懷，聲名籍甚。後有陝西運米之役，極言汝寧地瘠民貧，不可例他郡，上官卒從其議。去任後，民立祠祀之。

吴琠。沁州人。知確山縣。性明決，每興利除弊，惟恐不及。清賦役，伸冤抑，鋤豪强，閭里肅清。及去，士民建銅川書院以誌遺愛。祀名宦。

朴士秀。漢軍鑲黄旗人。康熙四十年，知確山縣。聽訟明決，革除火耗及一切陋規，創建義學，督課生徒。祀名宦。

校勘記

〔一〕封王崇爲安成侯國　「成」，原作「城」，據乾隆志卷一六八汝寧府古蹟（下同卷簡稱乾隆志）及漢書卷一〇成帝紀改。

〔二〕白狗故城　「狗」，乾隆志作「苟」。下同。

〔三〕封淮南厲王子勃爲安陽侯國　「勃」，原作「敦」，據乾隆志及漢書卷一五上王子侯表上改。

〔四〕明孫繼皋有碑記　「皋」，原作「高」，據乾隆志及雍正河南通志卷四八祠祀改。

〔五〕建層樓於隅阿　「阿」，原作「河」，據乾隆志及水經注卷二一汝水改。

〔六〕晉諸山記曰故吕侯國　「晉諸山記」，乾隆志同，後漢書郡國志注作「地道記」。疑此誤。

〔七〕楚子期又以陵師敗於繁陽　「繁陽」，乾隆志同，左傳定公六年作「繁揚」。

〔八〕宋政和中知州陳珦磨去段文　「政和」，原作「政治」，據乾隆志及夷堅志甲志卷二改。

〔九〕任主簿應嗣庶　乾隆志同。按，「庶」字當删。考後漢書卷三一王堂傳云「臣理政務，拾遺補闕，任主簿應嗣。庶循名責實，察言觀效焉」；「庶」字從下讀。清一統志史臣誤讀史文，以「庶」爲人名，甚見乖謬。

〔一〇〕孟雅奏清之　「清」，原作「請」，據乾隆志及雍正河南通志卷五六名宦改。

〔一一〕布政司劉渾成弟燦成助妾殺妻　「燦成」，原作「燦臣」，乾隆志同，據明史卷二八一陳幼學傳改。

大清一統志卷二百十七

汝寧府三

人物

漢

尹更始。汝南人。宣帝時，從沛郡蔡千秋受穀梁春秋。官至諫大夫、長樂户將。又受左氏傳，取其變理合者以爲章句，傳子咸，及翟方進、瑯琊房鳳。

桓寬。汝南人。治公羊春秋，舉爲郎，遷廬江太守丞。博通善屬文，推衍鹽鐵之議，增廣條目，極其論難，著數萬言。

翟方進。上蔡人。父翟公，好學，爲郡文學。方進年十二三，失父孤學，給事太守府爲小史，從汝南蔡父相，蔡父大奇其形貌，曰：「小史有封侯骨，當以經術進。」乃西至京師，從博士受春秋。積十餘年，經學明習。以射策甲科爲郎，累爲丞相，封高陵侯。方進知能有餘，兼通文法吏事，以儒雅緣飾法律，號爲「通明相」。子宣，亦明經篤行君子人也，官南郡太守。

翟義。方進少子。以父任爲郎，累遷東郡太守。王莽居攝，義心惡之，乃謂姊子上蔡陳豐曰：「新都侯必代漢家，其漸可見。吾身守大郡，父子受漢厚恩，義當爲國討賊，欲舉兵西誅，設令時命不成，死國埋名，猶可以不慚於先帝。今欲發之，乃肯從我乎？」豐年十八，勇壯，許諾。遂與嚴鄉侯劉信等舉兵，移檄郡國，言莽鴆殺孝平皇帝，矯攝尊號。兵敗，亡至固始界。莽捕得義，尸磔陳都市。

周嘉。安成人。高祖父燕，宣帝時，爲郡決曹掾。太守欲枉殺人，燕諫不聽。後因家守闕稱冤，詔遣覆考，燕代太守繫獄，當下蠶室，不食而死。燕五子皆至刺史、太守，嘉仕郡爲主簿。王莽末，從太守何敞討賊。敞爲流矢所中，賊圍繞數十重，白刃交集，嘉乃擁敞以身扞之，仰天號泣。賊兩相視曰：「此義士也。」給其車馬，遣送之。後舉孝廉，拜尚書侍郎。光武引見，問以遭難之事，嘉對曰：「太守被傷，命懸寇手，臣實駑怯，不能死難。」帝曰：「此長者也。」詔尚公主，嘉稱病篤，不肯當。遷零陵太守，卒，吏民爲立祠焉。從弟暢，性仁慈，位至光禄勳。

王琳。汝南人。年十餘歲，喪父母。因遭大亂，百姓奔逃，惟琳兄弟獨守冢廬，號泣不絕。弟季出遇赤眉，將爲所捕，琳自縛請先季死，賊矜而放遣之，由是顯名鄉邑。後辟司徒府，薦士而退。

許揚。平輿人。少好術數。王莽輔政，官酒泉都尉。及莽篡位，變姓名爲巫醫，逃匿他界。莽敗，方還鄉里。建武中，太守鄧晨欲修復鴻郤陂，聞揚曉水脈，署爲都水掾。揚因高下形勢，起塘四百餘里，數年乃立，百姓得其便。初，豪右大姓因緣陂役，競欲辜較在所，揚一無聽，遂共譖揚受取賕賂。晨收揚下獄，而械輒自解。晨驚曰：「果濫矣。太守聞忠信可以感靈，今其效乎！」即夜出揚。時天大陰晦，道中若有火光照之。及卒，晨爲起廟，圖畫形像，百姓皆祭祀之。

戴憑。平輿人。習京氏易，舉明經，徵拜侍中。光武謂曰：「侍中當匡輔國政，勿有隱情。」憑對曰：「陛下嚴。伏見前太尉西曹掾蔣遵清亮忠孝，學通古今，陛下納膚受之訴，遂致禁錮。」帝怒。憑出，自繫廷尉，有詔敕出。後敕尚書解遵禁錮。正旦朝賀，帝令羣臣能説經者，更相難詰，義有弗通，輒奪其席以益通者，憑遂重坐五十餘席。京師語曰：「解經不窮戴侍中。」

鄭敬。新遷人。爲郡門下掾，與郅惲厚，隱弋陽山中。惲從敬留數十日，別去。敬清志高世，光武連徵不到。新遷都尉逼爲功曹，廳事前樹時有清汁，以爲甘露。敬曰：「明府政未能致甘露，此青木汁耳。」辭病去。隱處精學蛾陂中，與同郡鄧敬折芰爲坐，以荷薦肉，瓠瓢盈酒，言談彌日。蓬廬蓽門，琴書自娱。

郅惲。西平人。年十二失母，居喪過禮。王莽時，上書言：「劉氏享天命，陛下取之以天，還之以天，可謂知命。若不早圖，不免於竊位。」莽大怒，收繫詔獄，脅惲自告狂病恍惚。惲瞋目罵曰：「所陳皆天文聖意，非狂人所能造。」遂繫須冬，會赦得出。光武時舉孝廉，爲上東城門候。帝嘗出獵，夜還，惲拒關不開，帝乃迴從東中門入。明日，惲上書諫，賜布百匹。後令惲授皇太子韓詩，侍講殿中。及郭后廢，太子意不自安，惲乃説太子引愆退身，奉養母氏。太子從之，帝竟聽許。惲再遷長沙太守，坐事左轉芒長，免歸。避地教授，卒。

郅壽。惲子。善文章，以廉能稱，三遷尚書令。朝廷每有疑議，嘗獨進見。肅宗奇其智策，擢京兆尹。後爲尚書僕射。時大將軍竇憲威傾天下，嘗使門生齎書詣壽，有所請託，壽即送詔獄，上書陳憲驕恣，又因朝會譏刺憲等，辭旨甚切。憲怒，陷以事，自殺。

唐羌。汝南人。和帝時，辟公府，補臨武長，棄官還家，不應徵召。著唐子三十餘篇。

周磐。安成人。少遊京師，好禮有行。居貧養母，儉薄不充，迺就孝廉之舉。和帝初，拜謁者，除任城長，遷陽夏、重合令，皆有惠政。後思母棄官還鄉里。母歿，哀幾毀滅。服終，遂廬冢側。教授門徒常千人，公府三辟皆不應。將卒，命二子編簡寫堯典一篇，置棺前，示不忘聖道。

廖扶。平輿人。習韓詩、歐陽尚書，教授常數百人。父爲北地太守，永初中，坐羌没郡下獄死。扶感父以法喪身，遂絶志世外，專精經典，尤明天文讖緯、風角推步之術，州郡公府辟召皆不就。逆知歲荒，聚穀數千斛，悉用給宗族姻親，又斂葬疫死不能自收者。常居先人冢側，未曾入城市，人因號爲北郭先生。子孟舉、偉舉，並知名。

張劭。汝南人。少遊太學，與山陽范式爲友，二人並告歸鄉里。式謂劭曰：「後二年當還，過拜尊親，見孺子焉。」乃共剋期日。後期方至，劭具以白母，請設饌以候之。母曰：「二年之別，千里結言，爾何相信之審耶？」對曰：「巨卿信士，必不乖違。」母曰：「若然，當爲爾醞酒。」其日，巨卿果到，升堂拜母，盡歡而別。後劭寢疾，臨盡歎曰：「恨不見吾死友。」尋卒，見夢於式。式往奔喪，未及到而喪已發引，至壙將窆而柩不肯進。移時見式素車白馬，號哭而來，其母望之曰：「是必范巨卿也。」式因執紼引柩，於是乃前。遂留止冢次，爲修墳樹，然後去。

蔡順。安成人。少孤養母。嘗出求薪，客卒至，母望順不還，乃噬指，順即心動馳歸。跪問其故，母曰：「有急客來，吾噬指以悟汝耳。」母終，未及葬，里中災，火將逼其舍，順伏棺號哭叫天，火遂越燒他室，順獨得免。母平生畏雷，亡後每有雷震，順輒圜冢泣曰：「順在此。」後舉孝廉，順不能遠離墳墓，遂不就。

薛包。汝南人。好學篤行，喪母以孝聞。父娶後妻而憎包，分出之，包日夜號泣不去。被杖，廬於舍外，旦入灑掃。父怒，又逐之，乃廬於里門，晨昏不廢。歲餘，父母慚而還之。既而弟子求分財異居，包不能止，乃中分其財，奴婢引其老者，田廬取其荒頓者，器物取朽敗者。弟子數破其產，輒復振給。建光中，公車徵拜侍中，稱疾不起，詔賜告歸，加禮如毛義。

周爕。安成人。決曹掾燕後。生而醜狀駭人，其母欲棄之，父不聽，曰：「吾聞聖賢多異貌，興我宗者乃此兒也。」始在髫髻而知廉讓。十歲通詩、論語。及長，專精禮、易，不讀非聖之書，不修賀問之好。結廬岡畔，非身所耕漁不食。延光二年，安帝以纁幣聘，宗族勸之。爕曰：「夫修道者度時而動，動不以時，焉能享乎？」因自載到潁川，辭疾而歸。

戴良。慎陽人。曾祖父遵，平帝時爲侍御史。王莽篡位，稱病歸鄉里。好施尚俠，食客常三四百人，時人爲之語曰：「關中大豪戴子高。」良少誕節，母憙驢鳴，良常學之以娛樂焉。良才既高達，議論尚奇，多駭流俗。辟司空府，不至，悉將妻子逃入江夏山中，優游不仕。

許峻。平輿人。善卜占之術，多有顯驗，方之前世京房。所著易林行於世。孫曼，少傳峻學，顯名恒帝時。

黄憲。慎陽人。年十四，潁川荀淑與語，移日不能去，曰：「吾之師表也。」同郡戴良才高倨傲，見憲未嘗不正容。陳蕃、周舉嘗相謂曰：「時月之間，不見黄生，則鄙吝之萌復存於心。」太守王龔在郡，禮進賢達，卒不能屈憲。郭林宗少遊汝南，稱「叔度汪汪若千頃波，澄之不清，淆之不濁，不可量也」。初舉孝廉，又辟公府，人勸其仕，憲亦不拒之，暫到京師而還，竟無所就。年四十八終。天下號曰「徵君」。

魏桓。安陽人。桓帝時數被徵，鄉人勸之行。桓曰：「夫干禄求進，所以行其志也。今後宫千數，其可損乎？厩馬萬匹，其可減乎？左右權豪，其可去乎？」皆對曰：「不可。」桓乃慨然歎曰：「使桓生行死歸，於諸子何有哉？」遂隱身不出。

袁著。汝南人。年十九，爲郎中。見梁冀凶縱，不勝其憤，詣闕上書，冀密遣捕著。著乃變易姓名，後託病僞死，結蒲爲人，市棺殯送。冀廉知其詐，陰求得，笞殺之。

陳蕃。平輿人。年十五，閑處一室，庭宇蕪穢，父友問之，蕃曰：「大丈夫當掃除天下，安事一室乎？」徵拜議郎，歷遷大鴻臚。以救白馬令李雲，免。復徵拜議郎，遷光禄勳。時封賞踰制，内寵猥盛。蕃上疏諫，帝頗納其言。後代楊秉爲太尉。時中常侍復被任用，排陷忠良，李膺等皆以忤旨抵罪。蕃因朝會，固理膺等，請加原宥，又諫請劉瓆、成瑨等。宦官由此疾蕃彌甚，猶以蕃名臣，不敢加害。及竇后臨朝，以蕃爲太傅，蕃與后父大將軍竇武同心盡力，徵用名賢，謀誅曹節、王甫等。事泄，節等矯詔害之。子逸，蕃友人陳留朱震匿之得免。後大赦黨人，乃追還，逸官至魯相。

袁閬。汝南人。爲郡功曹。閬數辭公府之命，不修異操，而致名當時。

周乘。安成人。天資聰明，高峙岳立，非陳蕃、黄憲之儔不交也。蕃常歎曰：「周子居真治國之器，譬諸寶劍，則世之干將。」舉孝廉，爲泰山太守，甚有惠政。

郭亮。朗陵人，李固弟子。梁冀誣殺固，露其屍於四衢，令有敢臨者加其罪。亮年始成童，遊學洛陽，乃左提章鉞，右秉鈇鑕，詣闕上書，乞收固屍。不許，因往哭臨，遂守喪弗去。夏門亭長呵之，亮曰：「義之所動，豈知性命，何爲以死相懼？」太后聞而不誅，亮由此顯名。又鄭遂，汝南人，亦固弟子，與趙承等共論固言迹，以爲德行一篇。

李咸。西平人。孤特自立，家貧母老，躬耕奉養。舉茂才，累經州郡，以廉幹知名。建寧三年，拜太尉，在朝清忠，權倖憚之。熹平初，竇太后崩，宦官欲議別葬。時咸病，扶輿而起，擣椒自隨，謂妻子曰：「若太后不得配食桓帝，吾不生還矣。」上疏力爭，從之。尋以老乞歸，悉還所賜物，乘敝牛車，使子男御，晨發京師。家舊貧狹，庇蔭草廬。卒。

王儁。汝南人。少爲范滂、許章所識，與南陽岑晊善。爲人外静而内明，不應州郡三府之命，公車徵不到，避地居武陵。躬自耕釣，歸儁者百餘家。獻帝都許，復徵爲尚書，不就。

伍孚。吴房人。質性剛毅，勇壯好義。獻帝時爲越騎校尉。忿董卓凶毒，志手刃之，乃朝服懷佩刀以見卓。孚語畢辭去，卓送至閤，以手撫其背，孚因出刃刺之，不中。卓呼左右執殺孚。孚大言曰：「恨不得磔裂姦賊於都市，以謝天地。」言未畢而斃。

許劭。平輿人。少峻名節，好人倫，多從賞識，與從兄靖俱有高名。好共覈論鄉黨人物，每月輒更其品題，故汝南俗有「月旦評」。司空楊彪辟舉方正、敦樸，皆不就。後避地豫章而卒。兄虔亦知名，汝南人稱平輿淵有二龍焉。劭子混，清醇有識鑒，仕魏至尚書。

三國　漢

許靖。平輿人。少與從弟劭俱知名。察孝廉，除尚書郎，典選舉。董卓秉政，靖懼誅，出奔至會稽。孫策渡江，走交州，靖身坐岸邊，先載附從，疏親悉發，乃從後去。劉璋使使招靖入蜀，爲巴郡、廣漢太守。昭烈克蜀，以靖爲左將軍長史，及即尊號，拜司徒。年逾七十，愛樂人物，誘納後進，清談不倦。丞相諸葛亮皆爲之拜。

陳到。汝南人。自豫州隨先主，名位常亞趙雲，俱以忠勇見稱。建興初，官至永安都督、征西將軍，封亭侯。

費禕。鄳人。少遊學入蜀，會先主定蜀，禕遂留益土，仕爲太子舍人。後主踐位，爲黄門侍郎。丞相亮南征還，羣僚於數十里逢迎，年位多在禕右，而亮特命禕同載，由是衆人莫不易觀。使吴，辭義不屈，孫權每視其醉，問以國事，并論當世之務，禕輒辭以醉，退而撰次所問，事事條答，無所遺失。權甚器之，謂禕曰：「君天下淑德，必當股肱蜀朝。」建興中，代蔣琬爲尚書令。禕識悟過人，省讀書記，舉目暫視，已究其意旨，終亦不忘。常以朝晡聽事，其間接納賓客，飲食博戲，盡人之歡，事亦不廢。遷大將軍，録尚書事，當國功名，略與琬比。子恭爲尚書令，顯名當世。

費觀。鄳人。先主時，爲巴郡太守、江州都督。建興初，加振威將軍。楊戲贊曰：「當官理任，衎衎辦舉。」

張通。汝南人。後主時，爲殿中督。後主東遷洛陽，時擾攘倉卒，蜀之大臣無翼從者，惟郤正及通捨妻子單身隨侍。

魏

和洽。西平人。舉孝廉，大將軍辟，皆不就。魏武定荆州，辟爲丞相掾。時毛玠、崔琰選用先尚儉節〔一〕，洽言曰：「古之大教，務在通人情而已，凡激詭之行，則容隱僞矣。」文帝踐阼，爲光禄勳，封安城亭侯。明帝太和中，高堂隆奏時風不至，洽言消復之術，莫大於節儉。轉太常，清貧守約，至賣田宅以自給。子適〔二〕，才爽開濟，官至吏部尚書。

吴

陳化。汝南人。博覽衆書，氣幹剛毅，仕吴爲郎中。使魏，善應對。大帝嘉其奉命光國，拜犍爲太守，遷太常、兼尚書令。正色立朝，勸子弟廢田業，絶治産，仰給官廩，不與百姓争利。子熾，有志操。

屈晃。汝南人。吴大帝時，爲尚書僕射。帝幽閉太子和，晃率諸將吏，泥頭自縛，詣闕固諫。帝大怒，牽入殿，杖一百。後孫晧即位，詔曰：「故僕射屈晃，志匡社稷，忠諫忘身，其封晃子緒爲東陽亭侯。」

蔡珪。汝南人。爲吳將，守秣陵。弟敏，守沔中。時南北爲互市，諸將多相襲奪以爲功，珪與敏書曰：「軍國固當舉信義以相高，聞疆埸之上，往往有襲奪互市，甚不可行。弟慎毋爲小利而忘大備也。」候者得書，以呈周浚，浚曰：「君子也。」及渡江，求珪得之，問其本，曰：「汝南人也。」浚戲曰：「吾固疑吳無君子，而卿果吾鄉人。」

孟宗。鄳人。性至孝。母病，冬節思食筍，時地凍無筍，宗入竹林哀泣。有頃，出筍數莖，作羹供食，母病尋愈。人以爲至孝所感。官至吳司空。

晉

李秉。平春人。有雋才，官至秦州刺史〔三〕。秉嘗答司馬文王問，因以爲家誡曰：「昔侍坐於先帝時，有三長吏俱見，臨出，上曰：『爲官長當清、當慎、當勤。』並受詔。上又問：『必不得已，於斯三者何先？』或對曰：『清固爲本。』次復問吾，對曰：『清慎之道，相須而成，必不得已，慎乃爲大。夫清者不必慎，慎者必自清。』」

張光。鍾武人。以牙門將伐吳有功，遷江夏西部都尉。初光以百餘人戍馬蘭山，北兵圍之百餘日，光以兵少路遠，自分敗没。會梁王肜遣兵迎光，遂還長安。肜表光處絶圍之地，有耿恭之忠，宜加甄賞以明奬勸。於是擢新平太守。後鎮魏興，爲楊難敵所圍，嬰城固守，自夏迄冬，憤激成疾。佐吏及百姓咸勸光退，光按劍曰：「吾受國厚恩，不能翦除寇賊，何得退還也！」聲絶而卒，遠近傷惜之。子二：炅、邁。炅少辟太宰掾，邁多才略，有父風。

李重。鍾武人。少好學，有文辭。早孤，與羣弟居，以友愛著稱。爲尚書吏部郎，務抑華競，不通私謁。特留心隱逸，由是羣才畢舉。子式，有美名，官至侍中。

和嶠。洽孫。少有盛名，朝野許其能整風俗，理人倫。起家太子舍人。庾顗見而歎曰：「和嶠森森如千丈松，施之大厦，必有棟梁之用。」武帝時，爲黄門侍郎，遷中書令，帝深器遇之。舊監、令共車入朝，時荀勗爲監，嶠鄙勗爲人，每同乘，高抗專車而坐。乃使監、令異車，自嶠始也。惠帝時，拜太子太傅，加散騎常侍，卒。弟郁，以清幹稱，歷官尚書令。

周浚。安成人。性果烈，以才理見知，有人倫鑒識。初仕魏爲尚書郎，後隨王渾平吴，封成武侯。移鎮秣陵，有威德。武帝問浚：「卿宗後生，稱誰爲可？」浚曰：「臣叔父子恢稱重臣宗，從父子馥稱清臣宗。」帝並召用。恢與同郡和、郁等號三十四友。馥少與成公簡齊名，起家爲諸王文學，累遷吏部郎，選舉精密，論望益美。惠帝時，以功封永安伯。馥自經世故，每欲維正朝廷，忠情懇至。以東海王越不盡臣節，每言論厲然，越深憚之。後以建策遷都，爲越所搆，卒。子密，性虚簡，時人稱爲清士。

周顗。浚子。少有重名。元帝時，爲尚書左僕射，領吏部。顗性寬裕，而友愛過人，王導甚重之。及敦搆逆，顗奉詔詣敦，敦憚其辭正，不知所答。長史郝嘏等勸顗避敦。顗曰：「吾備位大臣，豈可復草間求活耶？」俄被收，路經太廟，顗大言曰：「天地先帝之靈，賊臣王敦傾覆社稷，神祇有靈，當速殺敦。」語未畢，收人以戟傷其口，血流至踵，觀者皆爲流涕，遂遇害。後追贈左光禄大夫、儀同三司，謚曰康。

周嵩。顗之弟。狷直果俠，每以才氣陵物。元帝朝，累遷御史中丞。時帝以王敦勢盛，漸疏忌王導等。嵩上疏諫，帝感悟，導等獲全。及敦既害顗，使人弔嵩，嵩曰：「亡兄天下人，爲天下人所殺，復何所弔？」敦甚銜之，密使妖人李脱誣嵩及周筵潛相署置〔四〕，遂害之。

畢卓。新蔡鮦陽人。少希放達，爲胡母輔之所知。

干寶。新蔡人。少勤學，博覽書記，以才器召爲著作郎。平杜弢有功，賜爵關内侯。累遷散騎常侍。著晉記二十卷，稱良史。性好陰陽術數，撰集古今神祇、靈異、人物變化，名爲搜神記，及雜文集，皆行於世。

孟嘉。宗曾孫。少知名。太尉庾亮領江州，辟部廬陵從事。後爲桓温參軍，温甚重之。九月九日，温宴龍山，風吹嘉帽墮落，嘉不之覺。温命孫盛作文嘲嘉，嘉即答之，其文甚美，四座嗟歎。轉從事中郎，遷長史，卒。

南北朝

齊

周彦倫。顗七世孫。初仕宋，入齊，歷中書郎，兼著作。工散隸書法，每賓友會同，辭韻如流，聽者忘倦。兼善老、易。清貧寡欲，終日長蔬，雖有妻子，獨處山舍。王儉謂曰：「卿山中何所食？」彦倫曰：「赤米白鹽，緑葵紫蓼。」後轉國子博士。著四聲切韻行於世。

梁

周捨。彦倫子。幼聰穎，既長，博學善誦詩書，音韻清辨。從兄綿，爲剡縣贓污，籍没資財，捨推宅助焉。武帝時，拜尚書祠部郎。禮儀損益，多自捨出。時王亮得罪歸，故人莫至，捨獨敦恩舊。亮卒，身營殯葬，時人稱之。捨居職屢徙，而常留省内，預機密二十餘年，稱賢相。性儉素如布衣。普通五年，以右驍衛將軍知詹事，卒。

隋

周法尚。安成人。少有風概，好讀兵書，周宣帝優寵之。入隋爲黄州總管，密詔使經略江南。伐陳之役，陳城州刺史熊門超拒戰，法尚擊破之，擒超於陣。遷永州刺史〔五〕，安集嶺南，陳桂州刺史錢季卿等先後降。煬帝嗣位，累進右光禄大夫。少子紹範最知名。

董展。汝南人。以才藝稱，鄉里號爲智囊。官至光禄大夫、殿中將軍。尤長於畫，與展子虔齊名。曾作道德經變相，爲時所稱。

唐

周允元。安成人。弱冠舉進士。延載初，累遷右肅政、御史中丞、同鳳閣鸞臺平章事。武后宴宰臣，詔陳書傳善言，允元曰：「恥其君不如堯、舜。」武三思劾奏其語指斥，后曰：「聞其言足以爲誡，安得爲過耶？」

袁滋。朗山人。彊學博記，少依元結讀書，結重之。建中初，歷侍御史。刑部、大理覈罪人失其平，憚滋守法，因權勢以請，滋終不署奏。德宗招來西南夷，選郎吏可撫循者，皆憚行，至滋不辭，帝嘉之。累遷華州刺史，召爲左金吾衛大將軍，耆老遮道。後遷湖南觀察使，累封淮陽郡公，卒。滋性寛易，與之接者，皆自謂可見肺肝。薄居處衣食。能爲春秋，工篆隸，有古法。

周墀。汝南人。少孤，事母孝。及進士第，官集賢殿學士。屬詞高古，文宗雅重之。武宗朝，累拜義成節度使，宿將暴驁不循令者，墀命鞭其背，一軍大治。進同中書門下平章事。河東節度使王宰求領宣武，駙馬都尉韋讓求爲京兆，墀持不與，由是妄進者少衰。會帝召宰相議河湟事，墀對不合旨，罷爲劒南東川節度使。鄭顥言於帝曰：「世謂墀以直言相，亦以直言免。」帝悟，加檢校尚書右僕射。卒。

趙匡凝。蔡州人。嗣父德諲爵，由唐州刺史爲山南東道節度使，以威惠聞。天祐元年，封楚王，時諸道不上供，惟匡凝歲貢賦天子。朱全忠遣人諭止之，匡凝流涕曰：「吾爲國屏翰，敢有他志！」遂絶全忠。全忠怒，出兵攻之，因敗自殺。

宋

孫何。汝陽人。父庸。周顯德中，獻贊聖策九篇，世宗奇其言。宋初爲河南簿。太平興國中，歷殿中丞，知龍州。何十歲識音韻，十五能屬文，篤學嗜古，王禹偁雅重之。淳化三年，舉進士。解褐將作監丞，累遷右司諫。真宗初，獻五議，帝覽而善之。咸平二年，舉入閣故事，何次當待制，獻疏請罷掊克之臣，復周官唐式。是冬從幸大名，詔訪邊事，疏上，真宗嘉之。景德初，知制誥，賜金紫，掌三班院。卒。何樂名教，勤接士類。好學，著駁史通十餘篇，有集四十卷。

孫僅。何弟。少勤學，與何俱有名於時。咸平元年，舉進士，兄弟連冠貢籍，時人榮之。解褐舒州團練推官，會詔舉賢良方正之士，趙安仁以僅名聞，擢光禄寺丞，累遷給事中。天禧元年卒。僅性端慤，中立無競。篤於儒學，士大夫推其履尚。有集五十卷。

王美。蔡州人。十世同居，咸平中，有司請加旌表，詔從之，仍蠲其課調。

祖士衡。上蔡人。少孤，博學有文。楊億謂劉筠曰：「祖士衡儒學日新，後生可畏也。」舉進士，授大理評事，累遷起居舍人，知制誥，爲史館修撰。士衡兒時，有僧相之曰：「是兒神骨秀異，他日有名於時。若年過四十，當位極人臣。」年三十九卒。

祖無擇。上蔡人。進士高第，歷官廣南轉運使，入直集賢院。時封孔子後爲文宣公，無擇言以祖謚加後嗣，非禮也。於是議改爲衍聖公。神宗時，王安石諷求其罪，謫忠正軍節度副使。尋知信陽軍，卒。無擇爲人好義，篤於師友。少從孫明復學經術，又從穆修爲文章。兩人死，力求其遺文，彙次之傳於世。以言語政事爲時名卿，因小累放棄，士論惜之。

謝良佐。上蔡人。與游酢、呂大臨、楊時在程門，號「四先生」。登進士第。建中靖國初，官京師，以口語繫詔獄，廢爲民。良佐記問該贍，對人稱引前史，至不差一字。事有未徹，則顙有泚。與程頤別一年，復來見，問其所進，曰：「但去得一矜字爾。」頤喜曰：「是子力學，切問而近思者也。」所著論語説行於世。

朱勝非。蔡州人。以上舍登第。靖康初，爲東道副總管。建炎改元，試中書舍人，兼權直學士院。時方草創，勝非憑敗鼓草制，辭氣嚴重如平時。總制使錢蓋進職，勝非言蓋棄師誤國，封還貼黃，蓋遂罷。諫官衛膚敏坐論元祐太后兄子徙官，勝非言以外戚故去諫臣，非所以示天下。累遷尚書右僕射，兼御營使。苗、劉之亂，保護功居多，太后語高宗曰：「賴相此人。」

元

高興。蔡州人。少慷慨，多大節。力挽二石弓，嘗步獵南陽山中，遇虎跳踉大吼，衆皆驚走，興神色自若，發一矢斃之。至元間，屢立戰功。嘗召入朝，悉獻江南所得珍寶，帝曰：「卿何不少留以自奉？」對曰：「臣素貧賤，今幸富貴，皆陛下所賜，何敢隱俘獲之物！」帝曰：「直臣也。」累官左丞相。卒封公，謚武宣。

張桓。藁城人。父木，知汝寧府，因家焉。桓以國子生，累官陝西行臺監察御史，以言事不合去。未幾，汝寧盜起，桓避之確山。賊久知桓名，襲獲之，羅拜請爲帥，弗聽。囚六日，擁至渠魁前，桓直趨據榻坐，與之抗論逆順。其徒捽桓起跪，桓仰天大呼，詈叱彌厲，且屢唾賊面，賊猶不忍殺，謂桓曰：「汝但一揖，亦恕汝死。」桓瞋目曰：「吾恨不能手斬逆首，肯聽汝誘脅而折腰哉？」賊遂刺之。後賊語人曰：「張御史真鐵漢，害之可惜。」事聞，贈禮部尚書，謚忠潔。

明

趙好德。汝陽人。洪武初，由户部尚書改吏部。帝嘉其典銓平明，嘗召與四輔官坐論治道，命畫史圖像禁中。終陝西參政。子毅，性孝，善屬文，工草書，累官詹事府少詹事。

孫顯。信陽人。父喪，廬墓三年，鄉里推重之。洪武中，領鄉舉入太學。太祖臨幸，説書稱旨，授給事中，累陞工部尚書。後廷諍忤旨，謫戍雲南，籍其家，止牛一頭，茅屋數間。使者還報，帝嘉歎，召復原職，在途卒。

梁銘。汝陽人。以廕補燕山前衛百户。洪武末，北平被圍，銘戰甚力，屢建奇功，積官後軍都督同知，鎮守寧夏，封保定伯。宣德初，爲左副總兵，征交趾卒。銘處心坦易，臨事寬簡，而勇敢精悍，能撫恤士卒，時論重之。

衡岳。西平人。洪武末，舉於鄉。時詔選諸生詣詹事府議事，岳敷陳時政，切直不迂，擢潮州府同知，歷西安、慶陽知府。永樂十年，朝覲入京，以言事忤旨，謫戍交趾。洪熙初，以薦起南城知縣，改南豐。常於官舍種蔬以自給，家人或有慍色，岳曰：「不猶愈於謫戍時耶？」後擢知桂林府。前後歷四郡，及歸，貧無以爲養，士論莫不高之。

趙敏。毅子。能文章，工書畫。以鄉舉授兵部主事，擢吏部郎中。正統十四年，扈從土木，失車駕所在，衆欲南奔，敏曰：「昔嵇紹蕩陰之事，諸君猶不聞耶？」乃易服躍馬而北，陷陣死焉。贈奉直大夫，廕一子。

尚褫。羅山人。正統進士，除行人。嘗上書請毋囚繫大臣。擢南院御史，以劾周銓下獄，謫雲南驛丞。又因災異上書，陳數事，悉格不行，量移豐城知縣。成化初，擢湖廣僉事，有司上其治行，賜詔旌異。

徐廷璋。羅山人。景泰進士，授給事中。嘗陳時政七事，劾罷四巡撫，直聲振中外。成化初，錦衣都指揮門達有罪，廷臣會鞫，皆畏達不敢問，廷璋怒叱加刑，達乃伏辜。歷右僉都御史，巡撫延綏，改甘肅，又撫寧夏，皆有聲。

朱儉。上蔡人。幼孤，每逢父忌日，輒卧冢大慟。向母問父形容，繪像事之。母卒，貧不能葬，芟舍於野，負土爲墳，隆冬盛雪不少輟。及葬，羣鵲來巢，枯木復榮。天順中旌表。

梁珤。銘子。襲父爵。正統中，征鄧茂七有功，破貴州叛苗，擒其王韋同烈，進封保定侯。尋討平清浪蠻寇，擊敗凉州賊兵。成化中，掌都督左軍府事。卒，贈蠡國公，謚襄靖。

尹冕。西平人。爲諸生。母劉氏殁，悲號廬墓側，形容枯槁。墓旁産紫芝十六莖，復有雙柳交幹而生。父聰殁，復廬墓三年。成化中旌表。

劉政。確山人。父母相繼殁，廬墓六載。歲大旱，獨周其墓田五六里得雨。有不肖數火其廬，火皆自息。王賓，亦確山人。冬月，母病思筍，不可得，竇日夕號泣，竹忽生笋，母食之而愈。及殁，廬墓，芝産於側。並成化中旌表。

曹鳳。新蔡人。成化進士，授祁門知縣。弘治初，用廉能，擢御史，多所論建。出知蘇州府，舉治行卓異。正德初，歷右副都御史，巡撫延綏。鳳雅操方正，數與鎮守中官忤，召理院事，以憂歸。劉瑾銜其不通饋問，屢陷之。遂卒。明年，瑾誅，遣官諭祭，仍給金營葬。

李遜學。上蔡人。成化進士，改庶吉士，授檢討。歷浙江、陝西、山東學政，所至務從寬厚，尋陞户部侍郎。滿考當廕子，乃廕弟之子爲國子生。正德間，累遷禮部尚書，敭歷中外三十餘年，忠清端亮，始終靡間。

徐文英。西平人。成化進士，歷官苑馬寺少卿，致仕家居。正德六年，流賊掠境，文英率鄉勇禦之，兵敗遇害，贈太僕寺卿。同時與難者，生員徐固輪、戚壽、義官賈得山等六十四人。

趙時中。羅山人。成化中，舉鄉薦，歷官御史。正德初，忤劉瑾，廷杖落職。遭父喪廬墓，有白鳩來巢。事聞，詔旌其門。

吴文紳。正陽人。天性至孝。成化十一年，母楊氏遘疾，文紳朝暮侍湯藥。及卒，結廬墓側，林中枯木復榮，人咸異之。

何景明。信陽人。生有異質，八歲能詩古文。登弘治進士，授中書舍人。正德初，劉瑾竊柄，遂謝病歸，坐罷。瑾誅，起故秩。九年，乾清宫災，疏言「義子不當畜，邊軍不當留，番僧不當寵，宦官不當任」，留中。尋進吏部郎，官至陝西提學副使。景明志操耿介，尚節義，與李夢陽並有國士風，海内號曰何李。所著詩歌、雜文行世。

孟洋。信陽人〔六〕。有文學，與何景明、崔銑輩稱十才子。登弘治進士，授行人，遷御史。正德中，疏論大學士靳貴不協人望，梁儲縱子殺人，並宜罷。下詔獄，謫桂林教授。稍遷汶上知縣。嘉靖中，擢僉都御史，督儲南京。聞母病，即解印馳歸。抵家甫月餘，而母殁。服闋，拜南京大理卿，尋卒。貧不能殮，僚友醵金賻之。

張來儀。遂平人。正德初，爲四川羅江知縣，以廉能稱。會蜀寇青頭保爲亂，府檄來儀於劍州禦之，兵敗被執。賊欲跽之，大駡不屈，遇害。

方珏。汝寧千户所人。貌魁梧，力能舉鼎，並挽雙弓。正德六年，流賊至汝。珏隨都指揮余英拒賊韓莊，英先奔，衆潰，珏獨奮力戰，手刃數十人。矢盡刀折，下馬撤屋椽復戰，賊圍繞數匝，攢射死。

戴璜。新蔡人。諸生。正德七年，流寇猝至，璜方與其子奎讀書村墅。賊得璜欲用之，不從。脅以刃，璜瞋目詈賊，賊怒殺之。掠其子入壘，賊帥詢其故，歎曰：「壯士也，何爲害之？」遂斬害璜者，釋其子，令葬璜，面如生。

熊應周。新蔡人。正德七年，流寇掠邑境，應周隨父紘匿村舍〔七〕，爲賊所得。將殺紘，時應周年十六，長跪哀號，以身翼蔽其父，求以死代。賊大感動，俱舍之。

张杰。羅山人。正德十五年，貢太學，爲齊東知縣。事親孝，後父母相繼殁，廬墓六年。墓地高故無水，一日墓傍湧泉，清冽不竭。縣令楊鉞、賈璘〔八〕，皆詣廬旌禮焉。

馬録。信陽人。正德進士，授固安知縣，擢御史。嘉靖初，按江南諸府有聲。中官黄錦誣劾高唐判官金坡，逮繫五百餘人，録力争，得少解。移按陝西，污吏聞風遁去。繼按山西，治妖賊李福達獄，武定侯郭勛移書爲解，録不從，劾勛庇姦亂法，勛已伏罪。會廷臣交劾勛，勛與張璁、桂萼合謀，爲蜚語聞上，遂大反前獄，録謫戍廣西南丹衛，竟卒戍所。隆慶初，追贈太僕少卿。

羊可立。汝陽人。父傑，嘉靖間舉人，歷榆社、府谷知縣，遷鄜州。歸隱城南柳塘村，人稱爲南溪先生。卒祀鄉賢。可立，萬曆進士，由安邑知縣，擢御史。劾張居正以私憾搆遼庶人憲𤊨獄。按鹺兩浙，定鹽法條例。累擢太常卿，言壽宫事，彈申時行。時居正私人乘間謀中之，謫大理評事，出爲天雄推官，移瑞州通判。卒。

趙賢。汝陽人。嘉靖進士，爲户部主事，出監臨清倉，治遼東餉，皆勵清操。歷荆州知府，以治行聞。遷右僉都御史，巡撫湖廣，畫便宜十事上之，復奏行救荒四事。時張居正綜覈吏治，諸司振飭，賢特爲巡撫冠。再撫山東，奏免積逋銀米七十萬。賢敏於政事，受知居正，以知府驟遷巡撫，人不以爲私。終南京吏部尚書。

曹亨。鳳孫。嘉靖進士，授刑部主事，權貴請託皆不納。遷兖州知府，討平部内積盜，政嚴治肅，課爲山東冠。擢湖廣副使。遼王憲㸅素驕恣，憚亨爲斂戢。穆宗立，擢右僉都御史，巡撫真定，有聲。隆慶時，歷南京工部尚書，劾織造中官歲冒水衡錢不貲，忤旨，致仕歸。

趙謨。信陽人。諸生。父卒於廣西之南丹，謨徒步六千里，扶櫬歸。廬墓三年，蝗不入境，盜不敢犯。嘉靖中獲旌。後爲景州訓導。

李本固。汝陽人。萬曆進士，由知縣擢御史，巡視十庫，力糾大璫。出按三秦，懲貪墨，抑驕帥，壓强藩。復按雲南，豪右屏跡。報命入都，疏請册立東宫，削籍歸。光宗立，召起，歷南京大理寺卿。卒。

傅振商。汝陽人。萬曆進士，選庶吉士，改御史，按畿南。惡少劉應第煽亂，當時有借事倖功者，振商檄所司不得株連，得解者千餘家。累遷右副都御史，巡撫南贛，以計縛巨寇邱囊等。遷南京兵部侍郎。時魏黨懷寧侯孫承蔭毒軍蠹民，道路以目，振商彈之。崇禎時，進兵部尚書。卒，謚莊毅。

秦鎬。汝陽人。性至孝，家貧，絶意仕進，肆力古文辭。御史李日宣薦於朝，與劉伯宗、萬茂先、譚元春同被徵命，鎬堅不就。後流寇陷城，脅之不從，絶粒死，時年八十二。先嘗自題墓石云：「人間貧孝子，地下老書生。」著有頭責齋集八卷、髣園銷夏録四卷。

袁永基。汝陽人。世襲汝寧所千户。闖賊攻汝，登陴，永基手刃數賊。度勢不能支，歸與母訣。束甲出，短兵巷戰，身被數創死。

郭正諤。汝陽人。諸生。流寇破汝，居民奔竄，其母老不能行，正諤負之。賊至，令置其母，正諤不從，俱被害。

劉時寵。上蔡人。有孝行。崇禎中，流寇陷城，其父宗祀，年老不能行，命之速避，遂自殺。時寵慟哭，刺死一子三女，夫婦並自刭。其妹適歸，亦從死。

楊士英。西平人。由恩貢任懷仁知縣，居官廉能，母老乞歸養。崇禎九年，流寇抵境，被執，誘之降，士英大罵，賊怒殺之。媳王氏亦罵賊死。本朝乾隆四十一年，賜謚烈愍。

張士傑。信陽人。流寇至，欲殺其父，士傑求以身代，賊遂殺士傑而貸其父，時年十八。聞者皆爲流涕。

朱榮祖。汝陽人。崇禎末，累立戰功，授遊擊，團練鄉勇。值土寇爲亂，知府李燦密授計，紿賊入城殺之，榮祖力居多。後城陷，其妻孫氏登樓自焚死。

劉璧。確山人。崇禎末，任岳州府通判，破闖賊於洞庭，陞漢陽知府。未之任，獻賊攻岳州，各官逃散，惟璧與巡按劉熙祚堅守三月。糧盡城陷，被執至長沙，脅之降，不屈，賊因以嚴刑酷逼，至死，駡不絶口。子泰，年十四，亦死焉。本朝乾隆四十一年，賜謚烈愍。

本朝

王猷著。新蔡人。順治元年貢士，四年選漢中府推官。時四川用兵，漢中爲西蜀之要，南送川餉，東迎楚米，西理茶法，兼詰兵戎，猷著悉身任其勞。撫按交疏薦之，陞寧波府同知。歲饑，捐俸施米，全活萬計。十一年，遷黄州知府。政繁民劇，又當戎馬倥偬之際，更有湖課蘆洲之害。猷著日則治兵，暮則籌餉，一切厲民之事，無不痛革。以病告歸，凡隣里有昏葬、急難、貧乏者，悉推解周邺，人皆感之。

劉士蘭。羅山人。順治丙戌進士，任肥城知縣。歷刑部主事員外，治獄多所平反。出守東昌，擢陜西驛傳道，歷左、右通政，皆有異政。卒祀鄉賢。

張沐。上蔡人。順治戊戌進士，授内黄知縣。再知資縣，行古教化，皆以慈惠著稱。後乞歸，與孫奇逢、湯斌往來講學，巡撫聘主遊梁書院。晚年闢白龜圃，草宇土壁，以受四方學者。

李若梓。遂平人。順治辛卯舉人。兄弟同爨，寸帛不入私橐。子孫守其規，同居數世。

傅鶴祥。汝陽人。廕授户部主事，歷員外，出爲德安知府。時三逆背畔，供億繁重，應山令不善督催，致民變。吏求請兵，鶴祥曰：「民不堪命耳。」單騎馳諭即散。轉福建運使，晉參政，以漕糧十九萬餉臺灣，而漕艘少，一時不及營造，乃請提八府官船，又借商艘，齊集漳州挽運，直抵厦門，海外兵餉無缺。署臬篆，却暮夜金，釋延平疑獄無辜者三百餘人。卒祀鄉賢。

傅鸞祥。鶴祥弟，廕授通政司經歷，累擢寶慶知府。寶屬武岡州，歲貢芽茶，因山賊盤踞，缺解甚多，賊平，追比積逋，民無以應，鸞祥詳請蠲免。屬邑苗、猺雜處，俗獷悍，喜劫殺，鸞祥結以恩義，終其任無敢猖獗者。洊升天津道副使。卒祀鄉賢。

程元章。上蔡人。康熙辛丑一甲進士，授編修。視學福建，拒絶請託，一無瞻徇。洊擢浙江巡撫。時黿地可墾者，以無塘禦水，遂致淪棄。元章勸喻場丁，築塘建閘，墾地萬有餘畝。官至吏部侍郎。

龍淳。遂平人。貢生。嘉慶二年，教匪入境，率鄉勇堵禦。被執，逼脅不從，駡賊被害。同時死者：其弟洛、浩，子應斗、應基、應庚，羅山則歲貢黄中理及黄子家、黄棟，父子兄弟皆死事。

梁國幹。新蔡人。任把總，緣事罷職。嘉慶十八年，投效滑縣軍營，在施家寨擊賊受傷，旋卒。賞恩騎尉世職。

流寓

漢

董永。千乘人。少失母。漢末，奉父避兵，寓居汝南。

何伯求。襄鄉人。陳蕃、李膺之敗，伯求與蕃、膺善，遂爲宦官所陷，乃變姓名，亡匿汝南。所至親其豪傑，有聲荆、豫間。袁紹慕之，私與往來，結爲奔走之友。

晉

祖逖。范陽人。永嘉末，京師大亂，逖率親黨數百家避地淮、泗，以所乘車馬載同行老疾，躬自徒步。藥物衣糧，與衆共之。又多權略，是以少長咸宗之，推逖爲行主。

唐

蕭穎士。蘭陵人。客汝南，卒。門人共謚曰文元先生。

宋

任諒。眉山人。徙汝陽。九歲而孤，舅欲奪母志，諒挽衣泣曰：「豈有爲人子不能養其親者乎？」母爲感動而止。

金

麻九疇。易州人。弱冠有文名。南渡後，寓居郾、蔡間。入遂平西山，始以古學自力。

列女

漢

翟方進母。方進少微賤，爲小史。數爲掾吏所詈辱，因辭其後母，欲西至京師受經。母憐其幼，隨之長安，織屨以給。方進既富貴，而後母尚在，方進内行修飭，供養甚篤。

戴氏五女。皆戴良女，並賢。每有求姻，輒便許嫁，疏裳、布被、竹笥、木屐以遣之，五女能遵其訓，皆有隱者之風焉。

晉

周顗母李氏。汝南人，字絡秀。顗父浚出獵遇雨，止絡秀家，會其父兄不在，絡秀與一婢於内宰猪羊，具數十人饌，甚精辨而不聞人聲。浚使覘之，獨見一女子甚美，因求爲妾，其父兄不許。絡秀曰：「門户殄悴，何惜一女？若連姻貴族，將來庶有大益矣。」父兄許之。遂生顗及嵩、謨。顗等既長，絡秀謂之曰：「我屈節爲汝家作妾，門户計耳。汝不與我家爲親親者，吾亦何惜餘年。」顗等從命，由此李氏遂得爲方雅之族。

南北朝 宋

徐元妻許氏。新蔡人。年二十一，喪夫。子甄，年三歲。父攬，愍其年少，以更適同縣張買。氏自誓不行，父逼載送買，氏自經氣絶。家人奔赴，良久乃蘇。買知不可奪，夜送還攬。氏歸徐氏，養元父季。元嘉中，年八十餘卒。

唐

董昌齡母楊氏。世居蔡。昌齡事吴元濟，爲吴房令。母嘗密戒曰：「逆順成敗，兒可圖之。」昌齡未決，徙郾城。楊復曰：「逆賊欺天，神所不福，當速降，無以我累。兒爲忠臣，吾死不憾。」會王師逼郾城，昌齡乃降。憲宗喜，即拜郾城令兼監察御史。昌齡謝曰：「母之訓也，臣何能？」帝嗟歎。元濟囚楊，欲殺者屢矣。蔡平而母在，陳許節度李遜表之，封北平郡太君。

李湍妻某氏。湍籍吴元濟軍，元和中自拔歸烏重胤。妻爲賊縛而臠食之。將死，猶號湍曰：「善事烏僕射。」觀者歎泣。重胤請以其事屬史官，詔可。

明

李思齊妾鄭氏。思齊，羅山人。元末，思齊率義兵屢復郡縣，拜太尉。降明爲中書省平章政事，卒。鄭即自縊死。事聞，追贈淑人，謚貞烈。

雷某妻田氏。上蔡人。正德六年，流賊陷上蔡，執而欲污之。大駡曰：「吾名家女，許爲雷黄門兒婦，肯從爾狗彘耶？」賊剖其腹以死。事聞，詔旌表之。

賈某妻程氏。名蘭香，上蔡人。正德中，爲流賊所執，大駡不從，賊怒殺之。程英姐，蘭香之族，適李長春。八年而長春死，有少年圖娶之，父母已受幣，英姐縊於夫柩側。與蘭香並旌。同縣王尚得妻邱氏，正德中，流賊陷城，投井死。夫死而殉者：李芬妻張氏，王應期妻魏氏。

楊佐妻李氏。新蔡人。正德七年，流賊犯境，氏被執，不從死，賊裂其屍。同縣韓珙妻李氏，史秀妻袁氏，皆以拒賊死獲旌。

魯聯芳妻鍾氏。新蔡人。聯芳死，所親勸更嫁，不應。後漸迫之，遂縊於夫柩側。又袁祚昌妻王氏，未嫁而殉。

王氏女。遂平人。名九斤，以誕時重九斤也。正德六年，流寇亂，氏被執，不辱，脅之刃曰：「將剜汝目。」氏大駡曰：「吾目可剜，而身不可污。」賊怒，遂剜其目，殺之。死三日，猶以兩手據中衣，其父母至，呼其名曰：「賊已退，父母來爲汝整衣。」手方釋。事聞，旌爲貞烈，從祀貞烈祠。同縣唐氏女福惠、楊氏女、王仲和妻張菊花、任昂妻張氏、張袁妻周氏，皆以死拒賊，並旌其門。

張氏女妙秀。西平人。少許字同邑尹琳。琳卒，妙秀請於母送葬。葬已，遂歸琳室，終身不嫁。先是，母疾甚，思鹿羹，求之不得，妙秀密封左臂肉，紿母曰：「鹿肉也。」和羹以進。母食而甘之，疾遂愈。有司署其門曰「節孝」。

周采蘋。西平人。許字王某，未嫁而王氏子卒。遂歸王氏，留養姑二十年。正德中，流賊陷城，氏與姑俱被執。賊欲毁其節，氏紿賊曰：「能脱姑於難，即從汝。」及姑得釋，卒拒不從，賊支解之。時又有同邑李氏女明良，爲流賊所掠，不從，賊斷其舌，猶怒目不已，賊復剜其目。比死，身無完膚。賈氏女慧姿，父爲流寇所殺，女駡不絶口，賊以好言慰之，女遂奪刀自刎。毛選妻劉氏，爲流賊所掠，不從遇害，以刀解其屍。夏古淵妻左氏，城陷自縊死。事聞，賜旌，並祀貞烈祠。

李某妻陳氏。西平人。夫卒，母憐其早寡，欲嫁之，氏潛出城西北隅水涯，自經於短桑之上。

橫山烈婦。不知其姓氏，家於正陽之橫山。嘉靖三十三年，盜任泰據橫山，流劫州縣，官兵會勦。適烈婦夫荷鋤田間，爲兵所執，送之縣，杖殺之。烈婦覓夫，辨其屍於積屍中，負歸，哭六日不絕聲，乃死。後二十年，推官趙南星作橫山烈婦詩弔之。

田一方妻張氏。遂平人。夫卒，長號三日，觸棺死，時年二十一。事聞，獲旌。又有王民仁妻趙氏，夫卒自縊。嘉靖十年詔旌其門。

周基妻藺氏。汝陽人。夫卒自縊，隆慶三年旌。

劉氏二女。汝陽人。父玉，生七女，家貧力田，嘗至隴上歎曰：「生女不生男，使我扶犂不輟。」其第四、第六女聞之，惻然誓不字人，著短衣，代父耕作，日以菽水承歡。及父母繼歿，二女哭之慟，無力營葬，即屋爲邱，不離親側。隆慶四年，督學副使楊俊民、知府史桂芳，詣其舍請見，年皆逾六十，椎髻而前，形容憔悴。兩人爲泣下，題其門曰「孝節雙清」。

李守貴妻孔氏。遂平人。守貴病革，氏先夫卒一日投繯死。又同縣郭維藩妻祝氏，亦夫亡，自縊死。

王瓚妻寇氏。正陽人。事姑孝謹。瓚卒，氏自經者三，爲姑救得不死。會有議婚者，姑念家貧陰許之，氏托病不食死。崇禎中旌。

温引厲妻韓氏。汝陽人。早寡。崇禎八年，爲流賊所執，不受污見殺。又同縣呂氏三女，長適楊聖化，仲適張芳遠。崇禎十二年，寇至，二夫逃去，二婦遂同縊。季適李華，壬午冬，賊破郡城，亦自縊。門琳照妻桂氏，以拒賊爲所殺。

王居一妻胡氏。上蔡人。崇禎中，流賊攻寨，氏奉姑及諸女登樓避之，賊舉火焚樓，呼曰：「下樓者，釋汝死。」胡曰：「下樓受辱，不如死。」抱兒及姑俱死焉。時甥女李氏，年十五，墜樓欲死。賊執之，以頭觸石，血濺賊衣，亦遇害。同縣死賊難者：

李卓妻梁氏、劉淵妻王氏、温國器妻李氏、李世纘妻金氏、王引賜妻高氏，及李氏女、黃氏女。

楊士選妻劉氏。西平人。流寇至，劉與二女義不受辱，母子争死。賊先殺劉，二女赴火死。同縣丁進科妻左氏，夫死寇難。將葬，令廣其壙勿封，遂縊於棺前，里人同穴葬之。劉天眷妻戴氏，城破自焚死。杜中德妻張氏，孀居二十餘載，罵賊死。張瓚妻魏氏，力拒賊，罵不絶口，賊怒刃之。

李翼倫妻高氏。信陽人。流寇陷城，高與三女度不能免，皆投井死。李呈章妻柯氏、妾高氏，携手墮城死。又蔡人俊妻辛氏，夫死，絶粒殉焉。

尚際明妻王氏。羅山人。適進士尚際明，流賊登城，王謂諸妾樊氏、徐氏、張氏曰：「汝曹爲士大夫姫，不應辱。今事急矣，吾爲汝舉火，我亦同殞命，不令汝曹獨死也。」手燃床第，火大作，四人俱燼。又李窖白妻王氏，黎淳一妻黃氏，楊楚芳妻齊氏，王用極妻徐氏，黃之柱妻黎氏，徐自植妻虢氏，祁敦化妻許氏，皆遭寇不辱死。

魏善調妻吴氏。遂平人。流賊破城，執善調殺之，吴踴躍赴火死。朱筠軒妻魏氏，爲賊所執，乘間投池死，人因呼曰節婦池。王宏祚之女，年十三，有姿色，賊至被執，盡碎其衣，不能奪志，賊恐之曰：「不從則粉身。」女曰：「願就死。」遂遇害。

本朝

李士吉聘妻黃氏。汝陽人。未婚，夫亡，殉節。康熙二十四年旌。

耿纘祖聘妻楊氏。西平人。未婚而耿殁。父陰受他姓聘，氏知之，遂自縊，歸葬耿氏。同縣王道久聘妻張氏，楊華生妻趙氏，皆夫亡殉節。

劉某妻李氏。確山人。守正捐軀。同縣林太妻季氏，俱先後旌。

蕭丑妻趙氏。確山人。守正捐軀。同縣張孝妻劉氏，均雍正年間旌。

孔傳誦妻劉氏。汝陽人。夫亡，守節。同縣節婦田文妻張氏，傅世灝妻韓氏，萬世法妻郭氏，王肇謨妻蕭氏，任起印妻陳氏，傅世燦妻孔氏，萬士琪妻張氏，李先芳妻周氏，申泓舉妻胡氏〔九〕，王世紱妻張氏，傅鶚祥妻何氏〔一〇〕，傅鸝祥妻王氏、妾張氏，傅世鈞妻王氏，杜薰繼妻王氏，尚文正妻陳氏，桂實穎妻徐氏，劉汴妻桂氏，楊春榮妻高氏；烈婦傅應菁妻鍾氏，牛氏，董氏，王氏，姜氏，黄共德妻張氏；烈女趙焕姐，徐搆姐，劉氏女，孫氏女，均乾隆年間旌。

王維宸妻袁氏。正陽人。夫亡守節，同縣烈婦孔興書妻王氏、王四妻童氏、董連茹妻王氏。貞女楊玉璧女，字龔洪典，洪典歿，女終身不字。均乾隆年間旌。

程宗道妻傅氏。上蔡人。夫亡守節。同縣節婦申密妻茹氏、劉國珍妻李氏，烈婦張奉良妻楊氏、李鴻儒妻趙氏、劉合羣妻翟氏、宋喜妻張氏、周道來妻陳氏、召大興妻王氏、又朱氏、李紹曾妻劉氏，烈女張氏，均乾隆年間旌。

李才妻彭氏。新蔡人。夫亡守節。同縣節婦劉摭妻苗氏、馬有才妻陳氏、李之應妻王氏、閻澄元妻王氏，烈婦劉布妻李氏、宋學法妻郭氏、郭磨妻朱氏、吴珠妻張氏、李士友妻賀氏、湯某妻彭氏、粱券妻李氏，烈女陳氏女，全氏女，湯氏女，均乾隆年間旌。

張方琳妻趙氏。西平人。夫亡守節。同縣節婦任鳳禄妻杜氏、陳璋妻吴氏、趙景升妻張氏、龔沛霖妻王氏、龔君佐妻李氏、龔璧妻李氏、趙天眷妻白氏、趙映昂妻李氏、陳克瑞妻張氏、温程書妻安氏、高成妻夏氏、范其德妻吴氏、彭鳴遠妻王氏、王正志妻邵氏，烈婦于黎妻張氏、李光榮妻劉氏、王見士妻戴氏、趙玉書妻張氏、吴自省妻趙氏、王建章妻于氏、趙張氏，烈女馮氏、趙鈴姐，焦嬾姐，耿氏女、王氏女、耿氏女，均乾隆年間旌。

魏班妻李氏。遂平人。夫亡守節。同縣節婦李王桂妻王氏，烈婦高某妻王氏、范某妻孫氏、李大山妻夏氏、郭呼南妻張氏、劉克妻妻李氏、安有才妻李氏，貞女王氏女、張氏女，烈女李氏女、靳氏女，均乾隆年間旌。

姚敷治妻潘氏。確山人。夫亡守節。同縣節婦潘標妻蕭氏、景林妻劉氏，烈婦張鳳妻劉氏、何成妻王氏、李某妻商氏、楊妮妻朱氏、王又佐妻孫氏、施三妻梁氏、田周來妻丁氏、又張氏，均乾隆年間旌。

袁悌妻劉氏。信陽人。夫亡守節。同州節婦高仁妻席氏、張珆妻葉氏、劉廷秀妻王氏、李貞遠妻陳氏、周文爽妻黄氏、郭象儀妻葉氏、劉洛源妻陳氏、張有祥妻饒氏、張有謨妻胡氏、蔡淑程妻蕭氏、蕭芃妻余氏、蕭芮妻李氏、周時遇妻張氏、李廷珍妻陳氏、劉飛龍妻張氏、曾文生妻周氏、潘盛妻劉氏、曾唯妻許氏、潘性恒妻楊氏、甯金榜妻魯氏、張女楫妻饒氏、陶自成妻翟氏、陶自儉妻宋氏，烈婦郭某妻李氏、王二妻郭氏、樂某妻尹氏，貞女曾氏女、李氏女，均乾隆年間旌。

劉名義妻徐氏。羅山人。夫亡守節。同縣節婦尹樂文妻唐氏、李必成妻董氏、黄之琨妻余氏、劉成妻陳氏、李之芳妻張氏、劉夢選妻楊氏、耿照兆妻劉氏，烈婦余士彦妻佘氏、郭從龍妻李氏、馬斌妻王氏、胡鎬妻韓氏、李世明妻黄氏、李琦妻羅氏、胡方武妻郭氏、鄧林氏，烈女陳氏女，均乾隆年間旌。

南風祖妻王氏。汝陽人。夫亡守節。同縣節婦羅氏、劉周氏、李劉氏、趙長妻孫氏，烈婦楊氏、朱月臣妻王氏、龔謬妻郭氏，烈女李瑩姐。均嘉慶年間旌。

李慶雲妻龔氏。正陽人。夫亡守節。同縣節婦朱克悌妻楊氏、鄴栐林妻傅氏，烈婦張成仁妻余氏，又李氏，黄氏，烈女李氏女，均嘉慶年間旌。

朱文心妻楊氏。上蔡人。夫亡守節。同縣節婦李紹湯妻郭氏、趙廷錫妻王氏、劉自然妻蘇氏、范嘉妻李氏、常永和妻范氏，烈婦劉素純妾劉玉，花遂黑妻張氏、王保妻陳氏、張范氏、齊賀氏、李郝氏、徐鄧氏、余陳氏、史朝聘妻趙氏、耿雙德妻趙氏、朱馮氏，烈女張準姐，雷號姐，均嘉慶年間旌。

時敬修妻龔氏。新蔡人。夫亡守節。同縣烈婦周松妻王氏、薛文禮妻樊氏，烈女陳氏女，均嘉慶年間旌。

趙福清妻蕭氏。西平人。夫亡守節。同縣節婦趙德清妻丁氏、郭治妻朱氏、陳士元妻萬氏、陳祚楚妻耿氏、陳文光妻耿氏、張自卓妻趙氏，烈婦陳宴海妻趙氏、馮四林妻王氏，姊馮氏、王凌妻李氏，烈女龐仙姐、吴舍妮，均嘉慶年間旌。

陳萬年妻周氏。遂平人。守正捐軀。同縣烈婦魏毓麟妻王氏、張中松妻李氏、王一妻遠氏，均嘉慶年間旌。

劉體道妻王氏。確山人。夫亡守節。同縣節婦房韓氏、牛周氏、孫氏、楊氏、張疊興妻劉氏，烈婦袁來妻趙氏、孫偏妻張氏、薛世禄妻項氏、沈福龍妻熊氏、張明智妻田氏、蔡六妻張氏，烈女程氏女，均嘉慶年間旌。

熊光照妻馬氏。信陽人。夫亡守節。同州節婦曾祥麟妻郭氏，烈婦胡志奇妻陳氏、王進法妻朱氏、李金良妻羅氏、梅李氏，均嘉慶年間旌。

熊基義妻黄氏。羅山人。夫亡守節。同縣節婦黄邦清妻黎氏，烈婦趙元興妻彭氏、孫郭氏，貞女查氏女、黄氏女，均嘉慶年間旌。

仙釋

漢

費長房。汝南人。曾爲市掾，市中老翁賣藥，懸一壺於肆頭，市罷，輒跳入壺中，市人莫之見，惟長房於樓上覩之，異焉。因往再拜，奉酒脯，翁乃與俱入壺中，惟見玉堂嚴麗，旨酒甘殽，盈衍其中，共飲畢而出。長房遂欲求道，而顧家人爲憂。翁斷一青竹使懸舍後，家人見之，即長房形也，以爲縊死。遂隨從入深山。及歸，翁與一竹杖曰：「騎此任所之。」又爲作一符，曰：「以此主地上鬼神。」長房乘杖，須臾來歸，以杖投葛陂，顧視乃龍也。家人謂其久死，不信之。長房曰：「往日所葬，但竹杖耳。」發冢，杖猶存焉。遂能醫療衆病，鞭笞百鬼。後失其符，爲衆鬼所殺。

桓景。汝南人。嘗學於費長房。一日，謂景曰：「九日汝家有大災，可令家人作絳囊盛茱萸繫背，登高山飲酒，禍可消。」景如其言。夕還，見牛、羊、鷄、犬皆暴死。

唐

應夷節。汝南人。生不喜茹葷，性敏慧。長遊天台、龍虎山，師馮惟良，得上清大法。忽一日，沐浴入静，凝神解化。是夕，清香馥郁，猿鳥悲鳴。及就窆，但空棺而已。

土産

縑。府志：西平縣出。

綿紬。府志：確山縣出。

葛布。府志：信陽州羅山縣出。

薑。明統志：汝陽縣出。

茶。明統志：確山縣出。

蓍草。明統志：出上蔡縣東八卦臺者佳。

藥。天花粉，遂平縣出。棗仁，西平縣出。紅花，各縣皆有之。黄精，信陽州出。苧麻、鹿角膠，羅山縣出。茱萸、梔子，確山縣出。按：唐書地理志：蔡州汝南郡土貢珉玉碁子，四窠、雲花、龜甲、雙距、鸂鶒等綾。

校勘記

〔一〕時毛玠崔琰選用先尚儉節　「琰」，原作「炎」，據乾隆志卷一六九汝寧府人物（下同卷簡稱乾隆志）及三國志卷二三魏書和洽傳改。按，本志避清仁宗諱改也。

〔二〕子適　「適」，乾隆志同。按，三國志和洽傳謂洽子適，晉書和嶠傳載「祖洽，魏尚書令。父逌，魏吏部尚書」，二書不同。

〔三〕官至秦州刺史　「秦州」，原作「泰州」，乾隆志同，據三國志卷一八魏書李通傳裴注引王隱晉書改。

〔四〕密使妖人李脱誣嵩及周筳潛相署置　「筳」，乾隆志同，晉書卷六一周嵩傳作「莚」。

〔五〕遷永州刺史　乾隆志同。按，隋書卷六五周法尚傳載其「轉鄂州刺史，尋遷永州總管」，此節略未當。

〔六〕孟洋信陽人　「人」，原作空圍，據乾隆志補。

〔七〕應周隨父絃匿村舍　「絃」，乾隆志同，雍正河南通志卷六四孝義作「鉉」。

〔八〕縣令楊鉞賈璘　「鉞」，乾隆志作「越」。

〔九〕申泓舉妻胡氏　「泓」，原作「宏」，據乾隆志改。按，本志避清高宗嫌名改。

〔一〇〕傅鶚祥妻何氏　「鶚」，乾隆志作「鳩」。

許州直隸州圖

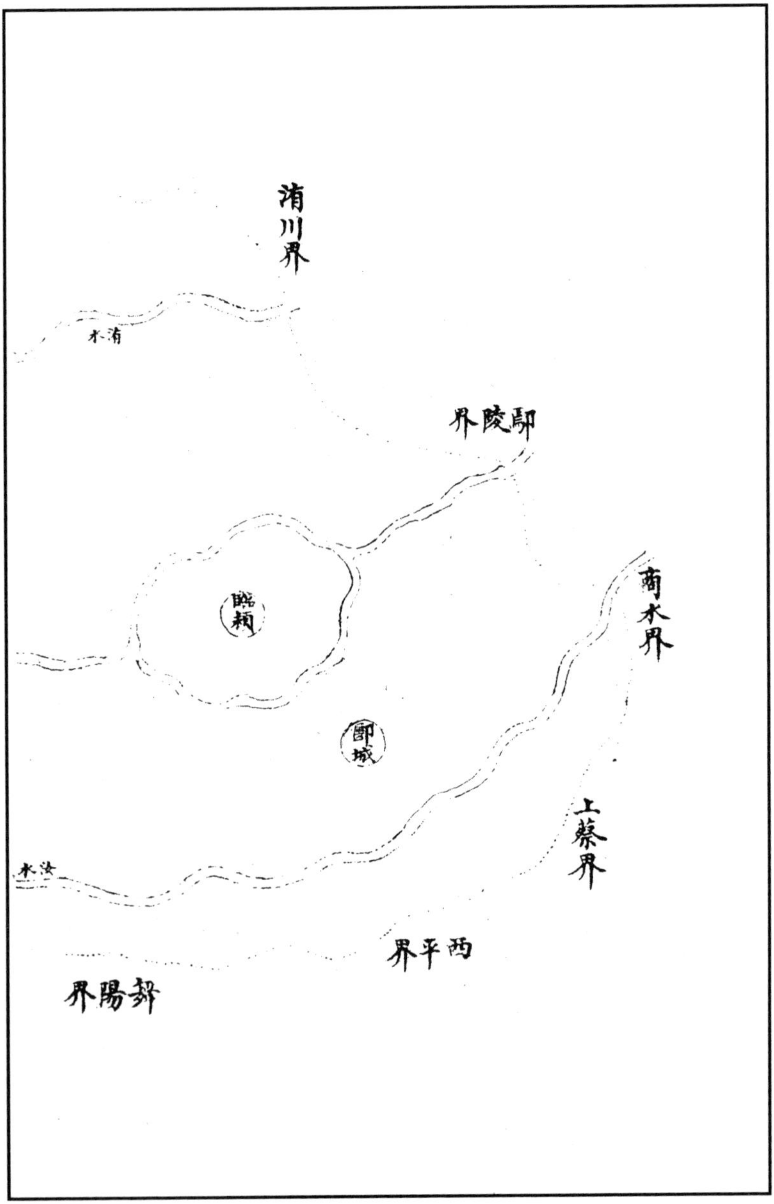
洧川界
洧水
鄢陵界
臨潁
郾城
商水界
上蔡界
汝水
西平界
舞陽界

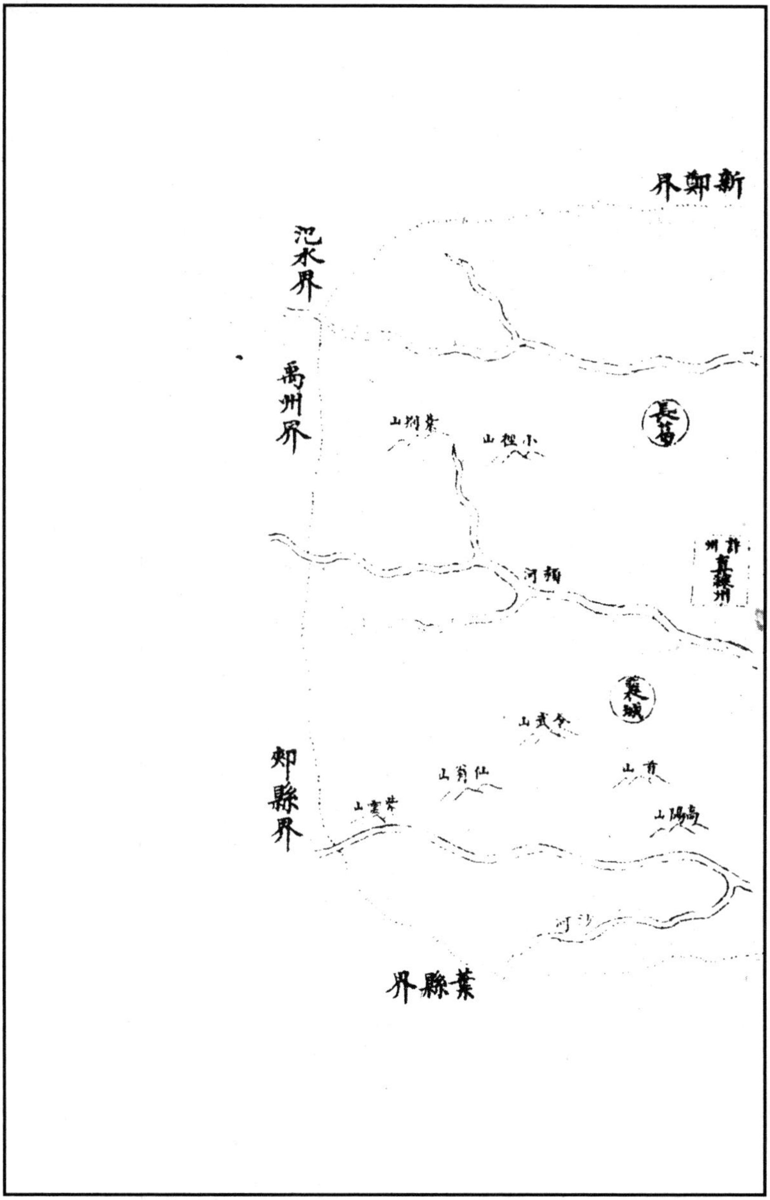
新鄭界
汜水界
禹州界
長葛
紫荊山
許州直隸州
潁河
襄城
首山
仙翁山
紫雲山
高陽山
郟縣界
沙河
葉縣界

許州直隸州表

	許州直隸州	
秦	潁川郡地。	
兩漢		潁陰縣屬潁川郡。
三國		潁陰縣
晉		潁陰縣
南北朝	鄭州潁川郡東魏武定七年自長社移潁州及郡來治，更州名。周又改名許州。	潁陰縣魏太平真君七年省入臨潁。元象二年復，武定中州郡治。齊改名長社。
隋	潁川郡開皇初廢郡，大業初州廢，復爲郡。	潁川縣開皇初改名，郡治。
唐	許州潁川郡武德四年復置州，屬河南道。貞元中置忠武軍節度使。	長社縣初復，改州治。
五代	許州梁改軍名匡國。唐復曰忠武。	長社縣
宋金附	潁昌府初曰許州許昌郡，元豐三年升府，屬京西北路。金曰許州昌武軍，屬南京路。	長社縣
元	許州仍改名，屬汴梁路。	長社縣
明	許州屬開封府。	初省入州。

續表

	臨潁縣
許縣	
許縣 屬潁川郡。後漢建安初建都。	臨潁縣 屬潁川郡。 㶏强縣
潁川郡 魏移置。 許昌縣 黄初二年改名。	臨潁縣 繁昌縣 黄初時置，屬汝南郡。 㶏强縣
潁川郡 許昌縣 郡治。	臨潁縣 繁昌縣 屬襄城郡。 省。
許昌郡 魏徙郡治長社。東魏天平初分置，屬潁州。齊廢。 許昌縣 魏屬潁川郡。東魏爲郡治。齊屬鄭州。	臨潁縣 繁昌縣
許昌縣 屬潁川郡。	臨潁縣 大業四年移治，仍屬潁川郡。 繁昌縣 屬潁川郡。 㶏强縣 開皇十六年置陶城縣，大業初更名，屬潁川郡。
許昌縣 屬許州。	臨潁縣 屬許州。 貞觀初省入。 初屬許州，貞觀初省。
許田縣 唐改名。	臨潁縣
熙寧四年省入長社。	臨潁縣 屬潁昌府。金屬許州。
	臨潁縣
	臨潁縣

襄城縣	郾城縣
襄城縣	
襄城縣 屬潁川郡。	郾縣 屬潁川郡。
襄城縣	郾縣
襄城郡 泰始二年置。 襄城縣 郡治。	郾縣 東晉廢。
廣州襄城郡 東魏武定中徙州來治。周改名汝州。 襄城縣	潁川郡 宋景平中移郡治召陵。齊改名臨潁。
開皇初廢郡，大業初廢州。 襄城縣 屬潁川郡。	開皇初郡廢，十六年置道州，大業初廢。 郾城縣 開皇初復置，屬潁川郡。
武德元年復置汝州，貞觀初廢。 襄城縣 貞觀初屬許州，開元四年屬仙州，尋復故，後屬汝州。	武德初復置道州，貞觀初廢。元和中置溵州，長慶初廢。 郾城縣 武德初復道州，貞觀初屬豫州，元和中屬溵州，長慶元年屬許州。
襄城縣	郾城縣
襄城縣 金屬許州。	郾城縣 屬潁昌府。
襄城縣	郾城縣 屬許州。
襄城縣	郾城縣

續表

	長葛縣
召陵縣	
召陵縣 屬汝南郡。 征羌侯國 後漢置，屬汝南郡。	長社縣 屬潁川郡。
召陵縣 征羌縣	長社縣
召陵縣 屬潁川郡。 省。	長社縣
召陵縣 郡治。 征羌縣 魏復置，屬汝南郡。 齊廢。	長社縣 魏移潁川郡來治。東魏天平初兼置潁州，武定七年徙治潁陰，縣廢。
大業初省入郾城。	長葛縣 開皇六年置，屬許州。大業初屬潁川郡。
武德四年復置，貞觀元年廢。	長葛縣 屬許州。
	長葛縣
	長葛縣
	長葛縣
	長葛縣

大清一統志卷二百十八

許州直隸州一

在河南省治西南二百五十里。東西距九十里，南北距一百二十五里。東至開封府鄢陵縣界四十里，西至開封府禹州界五十里，南至南陽府舞陽縣界六十里，北至開封府新鄭縣界六十五里。東南至汝寧府上蔡縣界一百五十五里，西南至南陽府葉縣界一百二十里，東北至開封府洧川縣界三十五里，西北至開封府汜水縣界一百三十三里。本州境東西距九十里，南北距六十五里。東至開封府鄢陵縣界四十里，西至開封府禹州界五十里，南至臨潁縣界三十里，北至開封府洧川縣界三十五里。東南至臨潁縣界三十里，西南至襄城縣界四十五里，東北至開封府鄢陵縣界七十里，西北至長葛縣界三十里。自州治至京師一千七百二十里。

分野

天文柳、星、張分野，鶉火之次。

建置沿革

禹貢豫州之域。周爲許國。秦置許縣，漢分置潁陰縣，皆屬潁川郡。後漢因之，建安元年自洛遷都於此。三國魏黃初二年改許曰許昌。晉爲潁川郡治，時自陽翟移治許昌。後魏又徙郡治長社。東魏分置許昌郡，屬潁州。武定七年，移潁州潁川郡治潁陰，改曰鄭州。北齊改潁陰爲長社，廢許昌郡，縣屬鄭州。北周改州曰許州。隋開皇初，郡廢。大業初，州廢，復爲潁川郡。唐武德四年復曰許州，貞觀十三年，置都督府，十六年府罷。天寶初復曰潁川郡。乾元初，仍曰許州，屬河南道。貞元十年，置忠武軍節度使。五代梁改匡國軍，後唐復故。宋初曰許州許昌郡忠武軍，隸京西北路。元豐三年，升爲潁昌府。崇寧四年，隸京畿路。宣和三年，仍屬京西北路。金曰許州昌武軍，屬南京路。元曰許州，屬汴梁路。明屬開封府。

本朝雍正二年，升爲直隸州，領縣四：臨潁、襄城、郾城、長葛。十二年，升爲府，置石梁縣爲附郭，以禹州及密、新鄭二縣來隸。乾隆六年，仍降爲直隸州，裁石梁縣，以禹州及密、新鄭二縣改屬開封府。今領縣四。

臨潁縣。在州東南六十里。東西距七十里，南北距六十里。東至陳州府西華縣界三十五里，西至襄城縣界三十五里，南至郾城縣界二十五里，北至州界三十五里。東南至郾城縣界三十五里，西南至南陽府舞陽縣界四十五里，東北至開封府鄢陵縣界四十五里，西北至州界三十五里。漢置臨潁縣，屬潁川郡。後漢至隋因之。唐初，屬許州，建中二年屬溵州，貞元二年還屬許州。五代因之。宋屬潁昌府。金、元、明俱屬許州。本朝初屬開封府，後屬許州府，今仍屬許州。

襄城縣。在州西南九十里。東西距七十五里，南北距七十里。東至臨潁縣界五十里，西至汝州郟縣界二十五里，南至南陽府葉縣界三十里，北至開封府禹州界四十里。東南至郾城縣界六十里，西南至汝州寶豐縣界七十里，東北至州界五十里，西北至禹州界九十里。春秋鄭氾邑。戰國魏襄城邑。秦置襄城縣。漢屬潁川郡，後漢因之。晉泰始二年，於縣置襄城郡。後魏永安中，以郡屬廣州。武定中徙廣州治襄城。後周改曰汝州。隋開皇初，郡廢。大業初，州廢，縣屬潁川郡。唐武德元年，復置汝州。貞觀元年，州廢，縣屬許州。開元四年，屬僊州；二十六年，改屬汝州；二十八年，還屬許州。天寶七載，屬臨汝郡。乾元初，又屬汝州。五代及宋因之。金泰和七年，屬許州。元、明因之。本朝初屬開封府，後屬許州府，今仍屬許州。

郾城縣。在州東南一百二十里。東西距九十五里，南北距七十里。東至陳州府商水縣界四十五里，西至襄城縣界五十里，南至汝寧府西平縣界三十五里，北至臨潁縣三十五里。東南至汝寧府上蔡縣界七十里，西南至南陽府舞陽縣界五十里，東北至陳州府西華縣界六十里，西北至襄城縣治一百十里。春秋楚召陵邑。秦置召陵縣。漢屬汝南郡，又置郾縣，屬潁川郡。後漢因之。晉二縣皆屬潁川郡。東晉省郾縣。宋景平中，移潁川郡治召陵。後魏因之。北齊改曰臨潁郡。隋開皇初，郡廢，復置郾城縣。十六年，於縣置道州。大業初，州廢，省召陵入郾城，仍屬潁川郡。唐武德四年，復置道州。貞觀元年，州廢，縣屬豫州。元和十二年，於縣置溵州。長慶元年，州廢，縣屬許州。五代因之。宋屬潁昌府。金、元、明俱屬許州。本朝初屬開封府，後屬許州府，今仍屬許州。

長葛縣。在州正北四十里。東西距七十八里，南北距三十五里。東至開封府洧川縣界十八里，西至開封府禹州界六十里，南至州界十五里，北至開封府新鄭縣界二十里。東南至開封府鄢陵縣治七十里，西南至禹州界四十里，東北至洧川縣界三十里，西北至新鄭縣界二十里。春秋鄭長葛邑。漢置長社縣，屬潁川郡。後漢、晉、宋因之。後魏自許昌移潁川郡來治。東魏天平初，兼置潁州。武定七年，州徙治潁陰，縣廢。隋開皇六年，復於故縣地置長葛縣，屬許州。大業初，屬潁川郡。唐屬許州，五代因之。宋屬潁昌府。金、元、明俱屬許州。本朝初屬開封府，後屬許州府，今仍屬許州。

形勢

西控汝、洛，東引淮、泗。舟車輻集，轉輸易通。原野寬平，耕屯有賴。舊志。

風俗

潁人尚忠，其敝樸野。漢書地理志。士習謹愿，民俗勤勞。周處風土記。好尚稼穡，重於禮文，其風皆近於古。隋書。

城池

許州城。周九里有奇，門四，池廣二丈三尺。城外置四關樓，左右復設小門二。郭周四十五里，俗名連環城。明正統中增築。本朝順治十四年修，乾隆二十九年重修。

臨潁縣城。周五里，門四，池廣五丈，引潁水入五里河注之。明洪武三年築。本朝康熙四十六年修，乾隆二十八年重修。

襄城縣城。周六里，門五，四門外增置西南一門。環城爲隍，西南當汝水之衝。明成化中築。本朝順治六年修，康熙二十二年重修。

郾城縣城。周九里，門五，池廣二丈五尺。明成化中築。本朝順治十年修，乾隆二十九年重修。

長葛縣城。周六里，門四，池廣二丈。明正統中建。本朝雍正七年修，乾隆十年重修。

學校

許州學。在州治東南。宋建。明洪武三年重建。本朝順治十三年修，乾隆二十四年重修。入學額數二十名。

臨潁縣學。在縣治東南。宋建。明洪武三年重建。本朝順治十年修。入學額數十二名。

襄城縣學。在縣治西北。唐貞觀二年建。明洪武三年重建。本朝順治、康熙、雍正間屢修。入學額數十五名。

郾城縣學。在縣治東。明洪武三年建。本朝順治十三年修，十六年、乾隆十年重修。入學額數十五名。

長葛縣學。在縣治東北。元泰定十五年建。明洪武三年重建。本朝順治十年修，乾隆十年重修。入學額數十二名。

聚星書院。在州學舍東。本朝乾隆四年，即殿廡旁之齋閣亭舍創爲書院，中有誠敬堂、尊經閣、品士亭及郡公七先生等祠，七年修。

紫雲書院。在襄城縣紫雲山。明成化間建。

濦陽書院。在郾城縣治西。本朝康熙二十一年，知縣蔡珠建。

陘山書院。在長葛縣學宮東。本朝乾隆十一年，知縣阮景咸建。

嘉惠書院。在長葛縣學宫西。本朝康熙十二年，知縣米漢雯建。

户口

原額人丁一十萬一千八百五十五，今滋生男婦大小共一百二十九萬八千五百一十五名口，計二十七萬四千一百二十七户。

田賦

田地三萬九千七百四十八頃四十三畝，額徵地丁正、雜等銀十五萬三千九百四十九兩三錢二分，正兑、改兑米七百二十一石有奇，麥一千六百六十六石九斗有奇，豆三千二百九十六石五斗有奇，耗米一百二十七石八斗有奇，耗麥四百二十二石一斗有奇，耗豆八百六十六石有奇。

山川

首山。在襄城縣南五里。横亘九里，縣西諸山，迤邐直接嵩、華，實起於此。上有聖泉。

高陽山。在襄城縣南十五里。山麓多泉，足資灌溉。魏書地形志：高陽有高陽山。

令武山。在襄城縣西南五里，與首陽岡隴相接。又西南五里有靈泉山，又名龜山，有二井，冬夏不竭。

仙翁山。在襄城縣西南十八里。迴出羣峯，有葛仙翁觀丹井。

紫雲山。在襄城縣西南二十五里。南、北兩山，左右拱抱。一泉湧出，由靈泉山之西麓入汝水。其郟、敖諸山，對列如屏，襄中第一勝境也。明李敏建書院於上，故又名書院山。當山隘處，有駱駝嶺。

小徑山。在長葛縣西四十里，與開封府新鄭縣接界。唐書地理志：長葛有小徑山。

紫荆山。在長葛縣西五十里，與開封府禹州分界，西北屬禹州，東南屬長葛。小洪河發源於此。

臨潁臯。今臨潁縣治在其上，亦名龍脾岡。元和郡縣志：臨潁臯，東西長五十里。

研岡。在臨潁縣東南三十里。蜿蜒若蒼龍起伏，近潁水。

天明岡。在臨潁縣西南四十里。其北有葛岡。又縣北十里有何家岡。又北十里有靈子岡。

百寧岡〔二〕。在襄城縣東四十里。兩岡相連，横亘數里，與隔河班城岡對峙。明嘉靖中，官兵破賊師尚詔於此。土宜木棉，居人賴之。

班城岡。在襄城縣東南二十里。岡上土下石。

伯達岡。在襄城縣北三十里。

召陵岡。在郾城縣東三十五里。

東紫岡。在郾城縣東南三十里。又西南十五里，對峙者爲西紫岡。

宋岡。在郾城縣西北五十里。
聚奎岡。在郾城縣北門外東隅。其西有應宿嶺。
淩河岡。在郾城縣東北二十里。每暴水至，左右卑地皆成河，惟此岡巍然獨峙。
太平岡。在長葛縣西二十五里。宋太平興國中，建寺於上，因名。
馬陵岡。在長葛縣北三十里。岡勢延亘，接開封府新鄭、洧川二縣界。史記：韓懿侯二年，魏敗我馬陵。
白草原。在襄城縣東二十五里。通鑑：唐元和十二年，裴度宣慰淮西，軍行過白草原，淮西以輕騎邀度，鎮將曹華擊卻之。
歸雲洞。在襄城縣西南，令武山西。其洞東向，南轉西折，深不可測。
艾城河。即濮水。自州東秋湖分流，經臨潁縣東北，又東南入陳州府西華縣界。曹魏屯田時，鄧艾所引河也。又新河，在艾城河南，亦自秋湖分流，入臨潁縣境。萬曆中，因野水四漲，下流無所洩，開新河四十餘里，入艾城河，以達石梁河。
五里河。在臨潁縣北五里，潁水支流也。舊志：潁水至縣西北鍋甕口，分而東流。又棗祇河，在縣北二十五里，亦潁水支流，東南合五里河。
趙家河。源出開封府禹州磨窩山。南入襄城縣界，注潁水。
乾勒河。一名土墟河，又名瑪瑙河。自襄城縣南不羹城下，匯爲朱湖潭，東南流至郾城縣西北五十里宋岡下，曰泥河，又東入陳州府商水縣界，合朱洪溝水，入大溵河。舊志：即唐征淮西運河也。又襄城縣北三十里，有庚河，一名伯達河。縣北二十里有塘河，水漫淺而不涸，居民頗引種稻，東南接乾勒河。又郾城縣西北三十里有鄢家河，東合淤泥河。

渚河。亦曰緒河。源自開封府禹州西北山谷中，東南流入襄城縣北，又東經臨潁縣東南，合潁河，又東流入陳州府西華縣界。按：通志云緒河即潁河。舊志又云「緒」當作「渚」，水之岐出者也。今以輿圖考之，石梁河實潁水分流，在潁之南，而渚河别爲一源，又在石梁河之南，流至臨潁，始受潁水，與潁水判不相涉。舊志皆誤。

洄曲河。在郾城縣東南三十里。唐元和中，吴元濟叛，以重兵委董重質守洄曲，即此。舊志：澧河，自縣東南漯灣渡北流，合沙河，其東流者，又名洄曲。

淤泥河。在郾城縣南三十里，汝水支流也。明嘉靖三十二年濬之，合大溵河。

小洪河。在長葛縣西。明流十里，伏流十里，經陳太丘祠，及後河鎮，東注二十五里，至洪庇寨，入溟水。

漷水。在臨潁縣西。水經注：青陵亭，北對青陵陂，陂縱横十里，潁水經其北，枝水爲陂，陂西則漷水注之。水出襄城縣城下，北流注於陂。舊志：在縣西二十里，北接潁水，南入瑪瑙河。

汝水。自汝州郟縣流入，東南流經襄城縣南，又東南經郾城縣南，爲大溵河，流入陳州府西華縣界，俗曰沙河。水經注：汝水東南與龍山水會，又東南逕襄城縣故城南，又東南流逕西不羹城南，又東南逕繁丘城南，又東南逕定陵縣故城北，水右則滍水左入焉，左則百尺溝出焉，又東南昆水注之，又東南逕奇頟城西北，濆水出焉，世謂之大濦水。汝水逕奇頟城西，又東南流逕郾縣故城北，又東得醴口水，又東南流逕鄧城西，又東南合潕水。又汝水於奇頟城西，别東派，謂之濦水，東北流，枝瀆右出，世謂之死汝，又東北逕召陵城北，練溝出焉，又東汾溝出焉〔二〕，又東逕征羌城北，汾水合小濦水，南流注於大濦。大濦水取稱，蓋藉濦汾注而總受其目〔三〕。寰宇記：郾城縣大濦水，在縣南一里，上承汝水，自襄城至奇頟城分流，南爲汝水，北爲溵水。通鑑：唐元和十一年，初置淮潁水運使，運揚子院米，自淮陰泝淮入潁，至項城入溵，輸於郾城，以饋淮西行營。舊志：溵河，一名沙河，在郾城縣南四十步。

湛水。在襄城縣南。自南陽府葉縣流入，入於汝。縣志有姜店河，在縣西南仙翁、高陽諸山，俱多甘泉，流入湛河，有泉水而無河形。姜店迤東，可以開渠溉田。

氾水。在襄城縣北七里，亦名七里河。由北折而南，至城東七里，入於汝。

澮水。在襄城縣東北三十五里，北流南轉，又東北入於潁。

澧水。在郾城縣南三里。自舞陽縣流入，又東至縣東南，入汝水。水經注：醴水東逕郾城縣故城南，左入汝。舊志有溏河，在縣西南二十五里，自汝州寶豐縣流入，合澧河。

潁水。自開封府禹州北東流分爲二〔四〕：一東經新鄭縣南，入長葛縣西南，南流，經州城東北，又東南流經臨潁縣北。一東南流，俗曰石梁河，經州城西南，東南流經臨潁縣東北，又東流復合潁水，又東南流入陳州府西華縣界。左傳襄公十年：晉帥諸侯伐鄭，楚救鄭，晉師與楚夾潁而軍。水經：潁水東南過陽翟縣北，又東南過潁陽縣西，又東南過潁陰縣西南，又東南至慎縣東南入於淮〔五〕，又東南過臨潁縣南，又東南過汝南㶏强縣北，洧水從河南密縣東流注之。注〔六〕：潁水自陽城關，歷康城南，東南經陽關聚，又經上棘城西，又東逕陽翟縣故城北，又東南逕潁鄉城西，又東南逕柏祠曲東，歷罡臺北陂，又逕慎縣故城南，又東南逕蜩蟟郭東，俗謂之鄭城，又東南入於淮，又東南流，陂水注之〔七〕，逕繁昌故縣北，又東南流逕青陵亭城北，又東南流歷臨潁縣西，小㶏水出焉，又東南逕澤城北，又東逕㶏陽城南，又東南潩水入焉。舊志：石梁河在州西七里，一名五吉河，宋時謂之石塘河，漕許州之粟，達於汴京，即此。按：石梁河，即潁水之分流復合，非有二水也。又小溵河亦潁水支流。舊志一名小河，在郾城縣北三十里，又東流入陳州府商水縣界。

潩水。源出開封府禹州大騩山，東流經密縣東南，新鄭縣南，又東流經長葛縣西南，又東入州界，合於潁。一作瀷水。漢書地理志：大騩山，潩水所出。水經注：潩水出大騩山阿，而流爲陂，俗謂之玉女池。東逕陘山北，又東南逕長社故城西北，南濮、北濮二水出焉，又南逕鍾亭西，又南逕皇臺〔八〕，又東南逕闕亭西，又東南逕宛亭西，又南分二水。一水南出逕胡城東，其水南結爲陂，謂之胡城陂，潩水自枝渠東逕曲强東〔九〕，皇陂水注之，又東逕武亭間〔一〇〕，又南逕射犬城東，又南逕潁陰縣故城西，又東逕許昌城南〔一一〕，又東南與宣梁陂水合，又西南流逕陶城西，又東南逕陶陂東，東南入於潁。宋志：淳化二年，自長葛開小河導潩水，分流二十里，合於惠民河。明統志：潩水一名清流河，又名魯姑河。

洧水。在長葛縣西北二十里，俗曰雙洎河。自河南府登封縣流入，經開封府密縣南，又東經新鄭縣北，又東南經長葛縣北，又東入開封府洧川縣界。左傳襄公元年：晉伐鄭，入其郛，敗其徒兵於洧上。昭公十九年：鄭大水，龍鬭於時門之外洧淵。戰國策：蘇秦説韓王曰：「東有宛、穰、洧水。」漢書地理志：洧水東南至長平入潁水。水經：洧水出河南密縣西南馬嶺山，又東南過其縣南，又東過鄭縣南，又東南過長社縣北。注：洧水東流，綏水會焉。又東，襄荷水注之，又東會瀝滴泉水，又東流，南與承、雲二水合〔一二〕，又東，微水注之，又東逕密縣故城南，又左會璅泉水，又東南與馬關水合，又東合武定水，又東與虎牘山水合，又東南，赤澗水注之，又東南流，潧水注之，又東南逕鄶城南，又東逕陰阪北，又東逕新鄭故城中，又東爲洧淵水。今洧水自鄭城西北入而東南流，逕鄭城南，又東與黄水合，又東南流，南濮、北濮二水入焉，又東南與龍淵水合，又東南分爲二水。其枝水東南流注沙〔一三〕，一水東逕許昌縣，又東入汶倉城內，又東逕隱陵縣故城南〔一四〕，又東隱陵陂水注之。括地志：洧水在鄭州新城縣北三里，古新鄭城南，與溱水合。元和志：洧水在新鄭縣西北二十里。長葛縣，洧水自西北流入，去縣十三里，流入許昌縣。明統志：洧水出密縣東，會溱水，爲雙洎河。

龍淵水。在長葛縣北。水經注：龍淵水出長社縣西北，有故溝，上承洧水，水盛則通。京相璠曰即稟水也。其水又東南逕棘城北，又東，左注洧水。

六王川。在襄城縣西十三里。當紫零、令武、靈泉、駱駝四山之中，横亘十餘里，川内有楚六公子墓，故名。

秋湖。在州城東二十五里，一名東湖。湖本二，合爲一。潩水經其中，多菱芡、魚蝦之利，元時設官徵課於此。

西湖。在州城西北七里。今涸，民田其中。又南湖，在城南五里。

襄鄧湖。在郾城縣東三十五里襄鄧山下。

蓼陵陂。在襄城縣東三十里，約及千頃。又來家陂、大鴻口陂，在縣南霍堰東北，約七十餘頃。縣志：三陂爲柳溝、馬濫二渠所經地，年久淤塞，溢水爲害。明萬曆中，縣令譚性教挑濬各二十餘里，水歸於潁，民更名譚公南渠、譚公北渠。又縣南有聶家陂、周家陂，東北有岳家陂。

濁澤。在臨潁縣西北，亦名皇陂。史記：魏惠王元年，韓、趙合軍以伐魏，戰於濁澤。注：徐廣曰：「長社有濁澤。」水經注：皇陂水出皇臺七女岡北，皇陂即古長社縣之濁澤也。其陂水北對雞鳴城〔一五〕，東南流逕湖泉城北，又東合狐城陂水〔一六〕，謂之合作口，而東逕曲强城北，東流入潩水。按：長葛志無此澤名。臨潁古蹟載及之，因改。

飲馬溝。在臨潁縣南十里，俗亦名大溝。潁水衝決所成也。

灌溝。在臨潁縣西二十五里。北接潁河，南入瑪瑙河。南北有陡門二，謂之陡門口。曹魏屯田時，引水灌田處，今淤。

沱溝。在郾城縣東南五十五里，汝水別流也。唐書裴度築赫連城於沱口，即此。溝東有粉溝，南有滾水溝，西有石界溝，北有紅溝，是名五溝。

黑龍潭。有三：一在州南十五里，即石梁河匯流處；一在襄城縣東五里；一在郾城縣東北三十里，爲大溵河匯流處。

白家潭。在襄城縣東三十里，長五里。

蝗蚧潭。在襄城縣西北二里。明天順五年，汝水決口東北，築隄於此。

田家潭。在長葛縣東北十五里。周圍約四五畝，淵深莫測，歲旱禱雨於此。亦名黑龍潭。

赤澗。在襄城縣北二十里，故大岡也。唐時鑿岡爲澗，水皆赤色，因名。

九曲池。在州西南。其水九曲環轉，中闢地畝，餘雜蒔花柳，邑人多遊憩於此。

蓮花池。在臨潁縣。有二：一在東南十里；一在西南二十里，俗稱曲尺河。

偃翁池。在長葛縣北三十里，亦名靈池。吴葛玄遺跡也。名勝志：亦名葛仙池，池有石甃。

靈井。在州城西三十里。水色黑而氣温，潦不溢，旱不涸，灌田數百畝。九州要記：許昌靈井，亦曰靈泉，今石砌方正，水旱，民必禱焉。

七星井。二井在州城北二里，五井在州城東北二里。

古蹟

潁陰故城。今州治。漢置縣，屬潁川郡。高祖六年，封灌嬰爲侯邑。後漢更始二年，封宗佻爲潁陰王。魏文帝封陳羣爲侯邑。後魏併入臨潁。水經注：潁水南逕潁鄉城西，潁陰縣故城在東北，舊許昌典農都尉治也。東魏元象二年復置。武定七年，移長社及潁川郡治潁陰。隋志：潁川郡潁川，舊曰長社。後齊廢潁陰縣入。舊志：自唐以後，許昌皆治此。

許昌故城。在州城西南。周封太岳之後於此。春秋隱公十有一年：公及齊侯、鄭伯入許。成公十五年：許遷于葉，故地屬鄭。漢志：許故國，姜姓，四岳後，太叔所封，二十四世爲楚所滅。漢置縣，屬潁川郡。後漢建安元年，曹操迎獻帝都此。三國魏志：文帝黄初二年，改許縣爲許昌縣。括地志：許昌故城，在許昌縣南三十里。文獻通考：許州許田，魏許昌縣，後唐改爲許田，熙寧四年省爲鎮，入長社。

潁陽故城。在州城西南。秦置。史記：二世二年，沛公南攻潁陽，屠之。漢屬潁川郡。後漢書：更始元年，光武徇下潁陽。又建初四年，封馬防爲侯邑。晉省。章懷太子曰：「故城在今許州西南。」

潩强故城。在臨潁縣東。漢置縣，屬汝南郡。後漢建武元年，封堅鐔爲侯邑。晉省。隋開皇十六年，置陶城縣。大業初，改曰潩强，屬潁川郡。唐初屬許州，貞觀初省入長社。

臨潁故城。在今臨潁縣西北。水經注：潁水東逕臨潁城北，城臨水闕南面。元和志：臨潁縣，本漢舊縣，屬潁川郡。歷代因之。隋大業四年，自故城移於今理。唐書：貞元十四年，淮西吴少誠叛，遣兵略臨潁。宋史：紹興十年，岳飛破金烏珠於臨潁。舊志：故城在今縣西北十五里。「烏珠」舊作「兀术」，今改。

繁昌故城。在臨潁縣西北。本漢潁陰縣地。三國魏志：文帝延康元年，爲壇於繁陽。黄初元年，以潁陰之繁陽亭爲繁昌縣，屬汝南郡。晉屬襄城郡。後魏因之。水經注：潁水逕繁昌故城北，曲蠡之繁昌亭也。隋屬潁川郡。唐初屬許昌，貞觀初省入臨潁。元和志：故城在臨潁縣西北三十里。九域志縣有繁城鎮，即此。

襄城故城。在今襄城縣西。莊子：黄帝將見大隗於具茨之山，至於襄城之野。戰國時爲魏邑。史記：魏昭王元年，秦拔我襄城。又秦二世二年，項梁使項羽别攻襄城。晉爲襄城郡治。水經注：汝水東南逕襄城縣故城南。王隱晉書地道記曰楚靈王築。劉向説苑曰「襄城君始封之日，服翠衣，帶玉珮，徙倚於流水之上」，即是水也。後乃縣之。其城南對汜水。京相璠曰，周襄王居之，故曰襄城。西魏大統十四年，荆州刺史王思政引兵屯襄城。唐建中四年，官軍討李希烈，相持於襄城。舊志：古城在今縣西墉外，遺蹟連亘，達於城隅。其南又有一城，名小古城，規制甚狹而堅。

召陵故城。在郾城縣東三十五里。春秋僖公四年：楚屈完來盟于師，盟于召陵。注：「召陵，潁川縣也。」史記：秦惠王後十四年伐楚，取召陵。漢置縣，屬汝南郡。三國魏志：黄初六年，行幸召陵。晉屬潁川郡。劉宋景平中，許昌既失，乃徙潁川郡治召陵。隋廢入郾城。唐武德四年復置，貞觀元年廢。括地志：故城在縣東四十五里。

征羌故城。在郾城縣東南。後漢建武十一年，封來歙爲征羌侯，改汝南之當鄉縣爲征羌國。郡國志：屬汝南郡。晉省。後魏復置，屬汝南郡。元和志：故城在郾城縣東南七十五里。

郾縣故城。在郾城縣南。漢置縣，屬潁川郡。後漢更始初，封尹尊爲郾王。建武二年，賈復擊郾，尊降。東晉時廢。魏地形志：曲陽縣有郾城。隋開皇初復置。括地志：故郾城在今縣南五里。舊唐志：郾城本治溵水南，開元十一年，因大水移治溵水北。元和十二年，李光顔敗淮西兵於郾城。宋紹興十年，岳飛破金烏珠於郾城。皆即今治。通志有故城，在今縣西南五里，俗謂之道州城。

長社故城。在長葛縣西。史記：秦昭襄王三十三年，客卿胡傷攻魏長社，取之，復置縣。漢初，樊噲從攻長社轘轅。地理志：長社屬潁川郡。後漢建武八年，以潁川盜賊初定，留寇恂守長社。晉末，宗室司馬楚之據長社，降魏，魏爲潁川郡治。東魏爲潁州治。武定五年，侯景以州附西魏。七年，高登復取潁川，以城多傾頹，移治潁陰，而此城廢。括地志：故城在長葛縣西一里。元和志：西魏大統十三年，王思政進拔潁川。東魏高岳率衆圍潁川，造高堰，引洧水以灌城，潁川郡陷，水自東北入城，思政爲岳所執，即此城也。

長葛故城。在今長葛縣北。春秋隱公五年：宋人伐鄭，圍長葛。注：「長社縣北有長葛城。」隋置長葛縣。括地志：長葛故城，今長葛縣北十二里。元和志：今縣舊名長箱城，東魏武定五年，高岳攻潁川時築，初以車箱爲樓，故名。

魯城。在州城東南。春秋桓公元年：鄭伯請以璧假許田。公羊傳：魯朝宿之邑也，繫之許，近許也。括地志：魯城本魯朝宿之邑，在許昌縣南四十里。

射犬城。在州城。水經注：潩水又南逕射犬城東，即鄭公孫射犬城也。寰宇記：長社縣大城，鄭公孫射犬地。

洧倉城。在州城東北。晉永嘉五年，東海世子毗東下至洧倉，爲石勒所執。水經注：洧水又東入汶倉城内，俗以是水爲汶水，故有汶倉之名，非也。蓋洧水之邸閣耳。

黄連城。在臨潁縣東南二十里，有上、下兩城，接郾城、西華二縣界。相傳曹魏築。去今縣二十里。

大陵城。在臨潁縣北三十里。亦名巨陵亭。左傳莊公十四年：鄭厲公自櫟侵鄭及大陵。注：「大陵，鄭地。」水經注：宣梁陂水，東南入許昌縣，逕巨陵城北，鄭地也。京相璠曰：臨潁縣東北二十五里，有故巨陵亭，古大陵也。寰宇記：大陵城乃陳蕃爲亭長所辱處。

御龍城。在臨潁縣北十五里。亦名豢龍城。左傳襄公二十四年：范宣子曰：「昔匄之祖，在夏爲御龍氏。」昭公二十九年：蔡墨曰：「劉累學擾龍於豢龍氏，以事孔甲，能飲食之，夏后嘉之，賜氏曰御龍，以更豕韋之後。」寰宇記：臨潁縣豢龍城，在縣西四十里，即古豢龍氏之邑也。

商城。在臨潁縣東北三十里。相傳商高宗巡狩時築。

西不羹城。在襄城縣東南二十里。左傳昭公十一年：楚大城陳、蔡、不羹〔一七〕。漢書地理志：襄城有西不羹。史記注：韋昭曰：「三國，楚別都也。〔一八〕潁川定陵有東不羹，襄城有西不羹。」水經注：汝水東南逕西不羹城南。括地志：故城在縣東三十里。舊志：今呼爲堯城。又縣東有襄亭，傅俊迎光武處。

氾城。在襄城縣南一里。春秋鄭氾邑。左傳僖公二十四年：王出適鄭，處於氾。注：「南氾也。在襄城縣南。」疏：「南氾在襄城縣南，南近於楚，西近於周，故王處於氾。及楚伐鄭，師於氾，皆南氾。其東氾在中牟縣南。三十年，秦、晉圍鄭，秦軍氾南，故爲東氾，各隨其所近而言也。」

鄭莊公城。在襄城縣北四十五里。相傳爲莊公見母處。

汾丘城。在襄城縣東北。左傳襄公十八年：楚伐鄭，治兵於汾。戰國策：楚北有汾、陘之塞。史記：秦昭王四十三年，攻韓汾、陘拔之。杜預左傳注：襄城東北有汾丘城。水經注：潁水東南歷罡丘城南，故汾丘城也。

論城。在襄城縣東北。魏武行營也，中有論事臺。

鄧城。在郾城縣東南三十五里。春秋桓公二年：蔡侯、鄭伯會于鄧。注：「潁川召陵縣西南有鄧城。」水經注：汝水又東南流逕鄧城西，蔡侯、鄭伯會於鄧者也。

道州城。在郾城縣西南五里。隋開皇十六年，置道州，築此。

裴城。在郾城縣西五十里。舊志：裴度伐蔡時所築。今爲裴城鎮。又溵亭，在縣溵水南，亦裴度建。

青陵城。在郾城縣西北五十里。唐元和十二年，李光顔討吴元濟，度溵水，圍青陵以絶郾城歸路，即此。

東、西二城。在長葛縣東。左傳隱公十一年：鄭伯使許大夫百里奉許叔以居許東偏，又使公孫獲處許西偏。寰宇記：今有東、西兩城，又縣北二十里有鳳凰城，漢黄霸治潁川時，有異政，鳳凰來集，因築此，亦東、西二處。基址猶存。

棘城。在長葛縣東，接新鄭縣境。左傳襄公二十四年：楚子伐鄭以救齊，盟于東門，次于棘澤。水經注：㶏水又東南逕棘城北，左傳所謂楚子次于棘澤者也。

許昌宫。在州城東北。魏太和中建。三國魏志：太和六年，治許昌宫。水經注：許昌城内有景福殿基，魏明帝造，準價八百餘萬。元和志：宫殿基址，今在許昌故城内西南隅。玉海：洛陽宫殿簿有魏太極、九龍、芙蓉、九華〔一九〕、承光諸殿。

時曲栅。在郾城縣西北四十里。唐李光顔破淮西兵處。

高陽里。在州城内。後漢書：荀淑有子八人，時人謂之八龍。初，荀氏舊里名西豪，潁陰令苑康改曰高陽里。注：「今許州城内西南有荀淑故宅，相傳云即舊西豪里也。」寰宇記：高陽里在州城西門内道南，時同郡人陳寔爲太丘長，往詣荀門，元方爲御，季方從後，孫長文尚幼，抱之於膝。荀使叔慈應門，慈明行酒，自餘六龍侍側，孫文若猶小，坐之於懷。言話三日，德星爲之聚。因名荀里曰德星鄉。今郡城西南故宅是也。舊志有德星亭，在州西湖上。

陳寔故里。在長葛縣西五十里紫荊山之南。後人即其故址，建德星觀以祠之。

關忠義故邸。在州城南。今即其地立廟。

曲水園。在州城北。舊志：有大竹二十餘畝，潩水灌其中，以達西湖，最爲佳處。宋文彦博爲守時，買得之。賈昌朝來代，一日往遊，題詩壁上，潞公聞之，即以地券歸賈，文元亦不辭而受。

長嘯堂。在州城内。誠齋雜記：范蜀公居許下，於長嘯堂前作荼蘼架，每春季花時，宴客其下。有花墮酒中者，飲一大白。微風過則舉坐無遺。時謂之「飛英會」。

梅花堂。在州治北。宋蘇軾建。

展江亭。在州城西西湖中。宋韓維建。

聽水亭。在州城西西湖上。宋蘇軾嘗卜宅其南，轍有詩。

岸亭。在州西北二十八里，一作岑門。史記：魏哀王五年，秦伐我，走犀首岸門。後漢書郡國志：潁陰有岸亭。水經注：潩水又東逕武亭間，兩城相對，疑是古之岑門。史遷所謂走犀首於岑門者也。括地志：岸門在長社縣西北十八里，今名西武亭。

城皋亭。在臨潁縣南。春秋定公四年：公及諸侯盟于皋鼬。注：「繁昌縣東南有城皋。」水經注：潁水又東南，逕澤城北，即古城皋亭。春秋經書公及諸侯盟于皋鼬者也。皋、澤字相似，名與字乖耳。

讓王臺。在州城東。寰宇記：在許昌縣南三十里。漢獻帝禪位，百官送之於此，因名。

灌臺。在州城南。漢潁陰侯嬰故宅。

永始臺。在州城東北。三國魏志郭皇后傳：黄初五年，帝東征，后留許昌永始臺，時霖雨百餘日，城樓多壞，有司奏請移止，后曰：「昔楚昭王出遊，貞姜留漸臺，江水至，使者迎而無符，不去，卒殁。今吾未有是患，而便移止，柰何？」羣臣莫敢復言。

尚書臺。在臨潁縣東南十五里。亦名講武臺。唐書地理志：臨潁有講武臺，本尚書臺，馬融講書之地。顯慶二年，高宗大閲於此，更名。寰宇記：臨潁尚書臺，即魏文帝受禪，有黄鳥含丹書集於尚書室，即此。

繁昌臺。在臨潁縣東南二十里繁昌城内。述征記：繁昌有臺，高七尺，方五十步。南有臺，高二丈，方三十步，即魏受終壇。水經注：繁昌城内有三臺，時人謂之繁昌臺，壇前有二碑。寰宇記：二碑，並鍾繇書。

鍾繇臺。在長葛縣治前，臺址尚存。

望嵩臺。在襄城縣城内。唐時建。劉禹錫送廖參謀詩「望嵩樓上忽相見」〔二〇〕，即此。

關隘

椹澗鎮。在州城西南三十里。舊傳漢孝子蔡順採椹供母處。金史地理志：長社，鎮二：椹澗、許由〔二一〕。許由鎮在州城東北五十里。

石固鎮。在州城西北五十里，接長葛縣界。

繁城鎮。在臨潁縣西北三十里。金史地理志：臨潁，鎮二：合流、繁城。

潁橋鎮。在襄城縣北二十里。金史地理志：襄城，鎮一：潁橋。

高橋鎮。在郾城縣東二十五里。又縣東四十里有歸村鎮。

沱口鎮。在郾城縣東南二十里，即古鮑口。後魏永平初，邢巒討懸瓠叛卒，兼行至鮑口。唐元和十二年，裴度討淮西，築連城於沱口。金史地理志：郾城，鎮二：沱口〔二二〕、新寨。

五溝鎮。在郾城縣東南五十里。又新店鎮，在縣西三十五里。小商橋鎮，在縣北三十五里。

董村鎮。在長葛縣東十五里。又石相鎮，在縣東南十八里。和尚橋鎮，在縣西南十八里。會河鎮，在縣西三十里。又西十里爲後河鎮。

潘將軍寨。在臨潁縣南十里，潁水環抱，獨一面可入。宋潘美伐南唐，道經臨潁，屯田於此。

賈店。在郾城縣東南十里。唐元和中，李光顔等與淮西兵戰於賈店，即此。

許州驛。在州治西南。

臨潁驛。在臨潁縣治西。

襄城驛。在襄城縣治北。

郾城驛。在郾城縣治西北。

津梁

大石橋。在州城東南三十里，跨石梁河上，與臨潁縣接界。

椹澗橋。在州城西三十里，跨濮河。

八龍橋。在州城北一里，跨濮河，通洧川縣。

濮水橋。在州城東北七里，跨濮河，通鄢陵縣。

小商橋。在臨潁縣南二十五里。隋開皇四年始建，下臨小㶏河，與郾城縣接界。宋楊再興與烏珠戰，死於此。

五吉橋。在臨潁縣東北，跨石梁河。

惠政橋。在襄城縣南門外，有三十六空，跨汝河。本朝乾隆三年重修。

潁橋。在襄城縣東北四十里，與州接界。唐德宗時，哥舒曜及李希烈戰於潁橋，敗之，即此。本朝康熙四十年修，乾隆十年重修。

三里橋。在郾城縣南三里，跨澧河。又縣南三十里有石界橋，跨石界溝。縣北二十五里有乾勒橋，跨土壚河。

濟衆橋。在長葛縣西南十五里，跨濮河。明嘉靖四十四年建，本朝順治十八年重修。

虹梁。在襄城縣東南四十里，潁河渡處。

高橋渡。在襄城縣西二十里。

㶏江渡。在郾城縣南一里。

陵墓

漢

愍帝陵。在州東十三里。

楚六王墓。在襄城縣西十三里六王川。

周

徐君墓。在襄城縣北十七里。墓旁有靈樹，相傳吴季子挂劍於此。

潁考叔墓。在襄城縣東北四十里。皇甫鑒城冢記：潁考叔墓，在許州城北二十里，一在登封縣，未詳孰是。

漢

鼂錯墓。在州東關外。寰宇記：在長社縣東北三里。

灌夫墓。舊志：在州南潁陰故宅，舊有灌臺。

荀爽墓。在州城北。魏書地形志：潁陰有荀爽墓。寰宇記：在長社縣東北七里，地名荀村。明統志有八龍墓，在州北五里，荀爽兄弟八人俱葬此。

徐庶母墓。在州城東北七十五里，有廟。

李膺墓。在襄城縣北二十里。

許慎墓。在郾城縣東三十五里召陵城下。

陳寔墓。寰宇記：在長葛縣西三十五里。舊志：長葛縣西，有太丘長陳寔冢，蔡邕撰銘。陳氏家傳云：紀、諶以下，八十六墓，三十六碑，並在長葛縣西陘山之陽。

唐

房玄齡墓。在襄城縣西北房村。

白居易墓。在長葛縣南三十八里白家村。一在洛陽。未詳孰是。

宋

韓億墓。在州西三十里。州志：億葬許，其子綱、綜、絳、繹、維、縝、緯、緬，皆有顯名，號「八鳳」，俱葬州北三十里，與億相望。名八鳳冢。

范鎮墓。在襄城縣北四十里。蘇軾撰墓銘。元博都里翀范墳詩序：宋開國公范鎮，其葬在襄城汝安鄉推賢里。「博都里翀」舊作「孛术魯翀」，今改。

明

五女冢。在州東四十里。州志：五女者，齊、梁時人，失其姓氏，寇攻其宅，五女盡自經死。

賈詠墓。在臨潁縣西五里。

李敏墓。在襄城縣東三里。

黃紱墓。在長葛縣北三十里馬陵岡。

祠廟

七先生祠。在州學内。祀宋儒周、程、張、朱五子及司馬光、邵雍。元至大三年建。

陳公祠。祀陳寔。有二：一在州治東南，明弘治五年建；一在長葛縣西四十里，明萬曆七年修。每歲以五月五日祀之。

蔡孝子祠。在州西南椹澗鎮。祀漢孝子蔡順。每歲四月十五日祭，蓋取椹熟時也。

潁考叔祠。在襄城縣治西南。

三賢祠。在襄城縣東北四十里。祀春秋潁考叔、後漢李膺、宋范純仁。

五老祠。在郾城縣學内。祀金麻九疇、張瑴、張從正、王予可、山堂老人。明成化間建。

忠臣祠。在郾城縣東一里。祀明主事劉校。

子産祠。在長葛縣西陘山上。晉書李矩傳：劉聰遣從弟暢討矩，矩未暇爲備，令郭誦禱鄭子産祠，使巫揚言東里有教，當相助。將士皆踊躍争進。魏書地形志：廣武郡苑陵有子産祠。

張桓侯廟。在州東三十里，亦稱西鄉侯祠。舊傳漢張飛曾守此。

商高宗廟。有二：一在臨潁縣東南三十里，一在郾城縣北四十里。

楊統制廟。在臨潁縣南小商橋東。祀宋將楊再興。

裴晉公廟。有二：一在郾城縣西裴城鎮，明成化間修，有知州邵寶碑記；一在縣東五里郝家潭，相傳裴度宣慰駐師之處。

寺觀

文明寺。在州東南二里。有塔十三層，層高丈許。明萬曆中建。

開元寺。在臨潁縣北。唐開元中建。

乾明寺。在襄城縣南三里首山之後。五代唐清泰元年建，本朝順治五年重修。今爲襄城勝境。

西寺。在郾城縣城内。名勝志：韓昌黎集云，元和十二年，愈與李正封聯句，詩刻於寺壁。按即今之西寺也。時裴晉公伐蔡，屯郾城，愈爲行軍司馬。

王孟寺。在郾城縣紫雲岡。宋太平興國三年，王、孟二商人創建，故名。

端壁寺。在長葛縣東門外。宋祥符五年建。明洪武、成化、弘治、正德、嘉靖、萬曆、天啓年間，相繼修葺。本朝康熙二十九年重修。

留村寺。在長葛縣西五十里。始建未詳。明成化間修，本朝順治十三年、康熙二十五年重修。

校勘記

〔一〕百寧岡　「寧」，原作「安」，據乾隆志卷一七二許州山川（下同卷簡稱乾隆志）改。按，本志避清宣宗諱改字也。

〔二〕又東汾溝出焉　「汾」，原作「汶」，乾隆志同，據水經注卷二二潩水改。

〔三〕蓋藉潩汾注而總受其目　「汾」，乾隆志同。按，戴震校水經注，改「汾」爲「沿」，楊守敬校謂明抄本作「沿」。

〔四〕自開封府禹州北東流分爲二　「東」，原脱，據乾隆志及輿圖補。

〔五〕又東南至愼縣東南入於淮　按，此句當是水經潁水末句，錯移於此。蓋乾隆志所據水經注誤本，本志失察，相承未改也。

〔六〕注　按，下引水經注文多有錯亂，幾不可解，蓋據水經注誤本也。參楊守敬、熊會貞水經注疏及戴震所校水經注（四庫全書本）。

〔七〕又東南流陂水注之　「流」，乾隆志同，戴震校水經注改作「江」。

〔八〕又南逕皇臺　乾隆志同。按，戴震校水經注作「又東南逕皇臺西」，謂「近刻脱『東』字、『西』字」。

〔九〕潩水自枝渠東逕曲强東　乾隆志同。按，戴震校水經注謂「强」下脱「城」字。

〔一〇〕又東逕武亭間　乾隆志同。按，戴震校水經注作「又逕東西武亭間」。

〔一一〕又東逕許昌城南　乾隆志同。按，戴震校水經注，「東」下補「南」字。

〔一二〕又東流南與承雲二水合　乾隆志同。按，戴震校水經注，謂「南」字當移「東」字下。

〔一三〕其枝水東南流注沙　「東南」，乾隆志同，戴震校水經注作「東北」。

〔一四〕又東逕隱陵縣故城南　「隱」，乾隆志同，戴震校水經注作「鄢」，是。下句「隱陵陂水」之「隱」亦當作「鄢」。

〔一五〕其陂水北對雞鳴城　「水」，乾隆志同，戴震校水經注謂衍文。

〔一六〕又東合狐城陂水　「狐」，乾隆志同，戴震校水經注改作「胡」。

〔一七〕楚大城陳蔡不羹　「大」，乾隆志同，左傳昭公十一年作「子」，此蓋據史記文。

〔一八〕三國楚别都也　「三」，乾隆志同，史記卷四〇楚世家韋昭注作「二」。按，韋昭注「不羹」也，下文云東不羹、西不羹是也。一統志史臣蓋誤以爲韋昭注陳、蔡、不羹三地，故改爲「三」。

〔一九〕九華　原脱，據乾隆志及玉海卷一五六宫室補。

〔二〇〕劉禹錫送廖參謀詩望嵩樓上忽相見　「廖參謀」，原作「廖彦謀」，乾隆志同，據劉賓客文集卷二八改。

〔二一〕許由　乾隆志作「許田」。按，當作「許田」，中華書局點校本金史卷二五地理志據元豐九域志及宋史地理志改作「許田」，是也。本志蓋承金史之誤。

〔二二〕沱口　「沱」，乾隆志同，金史卷二五地理志作「駝」。

大清一統志卷二百十九

許州直隸州二

名宦

漢

衛颯。修武人。建武二年除襄城令，政有名迹。

劉方。平原人。章帝元和二年，詔曰：「安静之吏，悃愊無華，日計不足，月計有餘。如襄城令劉方，吏人同聲，謂之不煩，斯近之矣。」

范康。重合人。桓帝時爲潁陰令，有能迹。

三國　魏

滿寵。昌邑人。爲許令。曹洪有賓客在界，數犯法，寵收治之。洪白魏武，魏武召許主者。寵知將欲原，乃速殺之。魏武喜曰：「當事不當爾耶？」故太尉楊彪收付縣獄，尚書令荀彧、少府孔融等並屬寵勿加考掠，寵一無所報，考訊如法。數日求見魏武，曰：「楊彪考訊無他辭語，此人有名海内，若罪不明，大失民望。」魏武即日赦出楊彪。彧、融聞彪因此得出，更善寵。

鄭渾。開封人。遷召陵令。民皆剽輕，不念産殖，其生子無以相活，率皆不舉。渾所在奪其漁獵之具，課使耕桑，又兼開稻田，重去子之法。民初畏罪，後稍豐給，無不舉贍。所育男女，多以「鄭」爲字。

晋

潘京。漢壽人。歷召陵令。明于政術，路不拾遺。

曹攄。譙人。惠帝時爲襄城太守。時襄城屢經寇難，攄綏懷振理，旬月克復。與流人王逌戰于酈縣，後繼不至，死之。故吏百姓，并奔喪會葬，號哭即路，如赴父母。

南北朝　魏

韋崇。杜陵人。高祖時除南潁川太守。不好發摘細事，嘗云：「何用小察，以傷大道。」吏民感之，郡中大治〔一〕。高祖聞而加賞，賜帛二百匹。

隋

柳裘。解人。開皇中，拜許州刺史。在官清簡，吏民懷之。

長孫平。洛陽人。開皇中，爲許州刺史，有善政。

公孫景茂。阜城人。開皇中，爲道州刺史。悉以秩俸買牛犢、雞、豬，散惠孤弱不自存者。好單騎巡人家，閲視産業，修理者褒揚稱述，如有過惡，隨即訓導。由是人行義讓，有無均通，大村數百户，皆如一家之務。

薛孺。汾陰人。開皇中，爲襄城郡掾，有惠政。

劉曠。開皇中，爲臨潁令。清名善政，爲天下第一。尚書左僕射高熲言狀，帝召見勞之，加以殊獎。

房彦謙。東武城人。開皇中爲長葛令。有惠化，百姓號爲「慈父」。上令使者巡察長吏，以彦謙爲天下第一。超授鄀州司馬，吏民號泣相謂曰：「房明府今去，吾屬何用生爲？」其後百姓思之，立碑頌德。

敬肅。蒲坂人。大業初，遷潁川郡贊務。五年，朝東都，帝令薛道衡爲天下郡官之狀，稱肅曰：「心如鐵石，老而彌篤。」時宇文述用事，其邑在潁川，每有書屬肅，肅未嘗開封，輒令使者持去。述賓客放縱者，以法繩之，無所寬貸。去官之日，家無餘財。

唐

燕欽融。中宗時，爲許州司户參軍。再上疏斥韋后擅政，且逆節已萌。后怒，勸中宗召至庭，撲殺之。

王珣。祁人。開元中，出爲許州長史。歲旱，珣時假刺史事，開廩賑民，即自劾，明皇赦之。

龐堅。薛愿。堅，涇陽人。愿，汾陽人。天寶中，堅歷潁川太守，安禄山反，南陽節度使魯炅表堅爲長史兼防禦副使，以愿爲潁川太守，共守潁川。賊將阿史那承慶悉鋭攻之，傅城百里，草木皆刊。城中士單寡糧少，而愿、堅晝夜戰，諸郡兵無援者，自正月盡十一月，賊踰城入，二人不降，死之。

來瑱。永壽人。天寶中，拜潁川太守。賊攻潁川，方積粟多，瑱完陴自如，手射賊皆應弦仆。前後俘殺甚衆，賊目爲來嚼鐵。

高承簡。幽州人。元和中，詔析上蔡、郾城、遂平、西平四縣爲溵州，拜承簡刺史，治郾城。始開屯田，列防庸，瀕溵緜地二百里〔二〕，無復水敗，皆爲腴田。先是，賊築武宫以夸戰勞，承簡夷其丘，庀家財以葬。葺儒宫，備俎豆，歲時行禮。野有莜實，民得以食。將吏立石頌功。

宋

李重貴。河陽人。太祖時，臨潁合流鎮將。鎮有羣盜，以其尚少，謀夜入劫鈔。重貴知之，即築栅課民習射，盜聞之，潰去。

宋濤。長安人。太宗時，知襄城縣。以政績聞，賜緋魚。

錢昆。臨安人。知許州，爲治寬簡便民。

崔立。鄢陵人。真宗時，通判許州。會滑州塞決河，調民出芻楗，命立提舉受納。立計其用有餘，而下户未輸者，尚二百萬，悉奏弛之。

李若谷。豐人。真宗時，補長社縣尉。州葺兵營，課民輸木，檄尉受之。而吏以不中程，多退斥，欲因以取賕。若谷度材，別其長短大小爲程，置庭中，使民自輸。

石普。太原人。真宗時，徙知許州。築大流堰，引河通漕京師。

李遵勖。上黨人。真宗時，知許州。水軍多不練習，遵勖命部校按劾，拔去十七八。

姚仲孫。商水人。補許州司理參軍。民婦馬氏，夫被殺，指里胥殺之。官捕繫辭服，仲孫疑其枉，知州王嗣宗怒曰：「若敢以身任之耶？」仲孫曰：「幸毋遽決，冀得徐辨。」後兩月，果得殺人者。

劉越。大名人。嘗知襄城縣，有能名。

吴育。建安人。知襄城縣。自秦悼王葬汝後，子孫從葬，皆出宦官典護，歲時上冢者，往來呼索，擾州縣。育請凡官所須，具成數，毋容使者妄索，羊豕悉出大官。由是民省供費殆半，宦官過者銜之。或中夜叩縣門，索牛駕車，育拒不應。宗子所過，縱鷹犬，暴民田，入襄城境，輒相戒約，毋敢縱者。

王舉正。鎮定人。仁宗時，知許州。光化軍叛卒轉寇旁境，而州兵有謀起爲應者，舉正潛捕首惡者斬之。

李淑。豐人。仁宗時，以右諫議大夫知許州。歲饑，取民所食五種上之，帝惻然，爲蠲其賦。

范純仁。吴縣人。仁宗時，以著作佐郎知襄城縣。襄城民不蠶織，勸使植桑，有罪而情輕者，視所植多寡除其罰，民益賴慕，後呼爲「著作林」。

梅堯臣。宣城人。仁宗時，知襄城縣。汝水暴至，堯臣親率士民救護修築，邑人賴之。

王平。爲許州司理參軍。有女騎驢單行，爲盜所殺，驢逸入他家，吏捕得驢，併致其人于獄。平力辨其非，久之果得正賊。

樂京。荆南人。神宗時，知長葛縣。助役法行，京白提舉常平官，言不便，不肯治縣事，自劾丐去。

鄒浩。晉陵人。調潁昌府教授。吕公著、范純仁爲守，皆禮遇之。純仁屬撰樂語，浩辭。純仁曰：「翰林學士亦爲之。」浩曰：「翰林學士則可，祭酒司業則不可。」純仁敬謝。

孫永。長社人。知陳州，徙潁昌。永裕起陵，許、汝當運粟數十萬斛于陵下，調民牛數萬，永請而免。

徐處仁。應天穀熟人。徽宗時，以顯謨閣直學士知潁昌府。民有得罪宫掖者，雖赦不原。處仁爲奏上，童貫乘是擠之，奪職。

葉夢得。吴縣人。帥潁昌府，發常平粟賑民，常平使者劉寄惡之。宦官楊戩用事，寄請糴粳米輸後苑以媚戩。戩委其屬持御筆來，責以米樣如蘇州。夢得極論潁昌地方與東南異，願隨品色，不報。時旁郡糾民輸鏹就糴京師，怨聲載道，獨潁昌賴夢得得免。李彦以黠吏告訐，籍郟城、舞陽隱田數千頃，民詣府訴者八百户，夢得上其事，捕吏按治之，郡人大悦。

楊再興。紹興中，岳飛敗金兵于郾城，烏珠合兵逼之。再興以單騎入其軍，擒烏珠不獲，手殺數百人而還。烏珠憤甚，頓兵十二萬于臨潁，再興以三百騎遇敵于小商橋，驟與之戰，殺二千餘人，及萬户薩巴貝勒等百人，再興戰死。後獲其屍，焚之，得箭鏃二升。「薩巴貝勒」舊作「撒八孛堇」，今改正。

元

劉天孚。大名人。至元中，知許州。時檢校屯田，臨潁鄧艾口民稻田三百頃，有欲害之者，指爲古屯。中書下天孚按實，天孚爲辨其非，章數上乃止。襄城民食滄鹽，葉縣民食解鹽，刻石湛河南岸以爲界。葉令妄徙石于北二里，誣其民食私鹽，繫治百餘家。兩縣鬬辨，葉倚挾漕勢，以淩襄城。天孚爲考其元界，移石故處，而葉縣令被罪去。歲大旱，天孚禱即雨。野有蝗，天孚令民出捕，俄羣烏來啄蝗殆盡〔三〕。明年，麥熟時，有青蟲如蠶爲害，忽生大葉蟲盡嚼之。許人立碑頌焉。

明

王通。遷安人。永樂中，爲許州判官九載。課最，當遷，民乞留，奏秩還仕。

邵寶。無錫人。成化末，授許州知州。月朔會諸生于學宫，講明義利公私之辨。巫言龍骨出地中爲禍福，寶取骨毁于庭，杖巫而遣之。躬勸農桑，倣朱子社倉立積散法。又行計口澆田法，以備凶荒。

鄭振先。武進人。萬曆中，爲許州知州。以勸農課士爲首務，治行與邵寶相埒。

韓澹。淄川人。崇禎中，爲許州同知，署知州事。李自成來攻，澹竭力守禦，賊怒，紿城上曰：「得署州首，當解圍。」澹仰天誓曰：「以我一人而得生千萬人，雖刀鋸不悸也。」遂縋城而下，爲賊所害。城破後，始收殮，顔色如生。

歐陽植。陝西人。爲長葛教諭。崇禎十四年，流賊陷城，知縣迎降。植痛哭，與舉人孟良屏、貢生黄朝聘、生員張範孔等抗志殺賊，巷戰而死。

張信。輝縣人。崇禎中，爲襄城訓導。十五年，流賊陷襄城，信將縊于文廟，爲賊所執。至北闕，指賊而罵，賊怒，以刀斷其舌，猶蘸血書「翦寇」二字于掌中。賊害之。

趙鳳豸。崇禎中，爲襄城典史。賊陷襄城，知縣曹思正被殺，鳳豸拒賊死。

本朝

李正芳。大興人。順治二年，以都司使駐鎮許州。當亂後，城垣傾圮者修築之，城濠淤塞者開濬之，民人流亡者招徠之，捐給牛種，墾荒成熟。又于城廂鄉鎮各設義學，以養以教，民咸利賴焉。

荆其惇。丹陽人。知郾城縣。初下車，民未復業，更值軍需絡繹，河工峻急。其惇安集招徠，給牛具以資開墾，減運柳鹽引，築龍塘堤百里，民免淹没。順治十四年，土寇乘夜登城，開門引衆入，其惇督家人衆役守庫印，力禦賊，受傷死，庫印卒無失。事聞賜卹。

徐世法。會稽人。知許州。葺學宫，設義塾，疏通石梁、潩水二河。時蝗蝻徧地，世法親督夫捕滅，禾稼不害。祀名宦。

沈近思。仁和人。康熙四十五年，授臨潁知縣。涖任八年，修城築堤，建學捐穀。

人物

漢

灌夫。潁陰人。父孟，從征吴、楚，死吴軍中。夫不肯隨喪歸，奮曰：「願取吴王若將軍頭，以報父仇。」乃披甲持戟，馳入吴軍。至戲下，殺傷數十人，不得進，乃還。夫身被數十創，適有萬金良藥，得不死。少瘳，復請往。吴軍破，夫名聞天下。武帝時爲淮陽太守。

王霸。潁陽人。少爲獄吏，常慷慨不樂。父遣西學長安，光武過潁陽，霸率賓客上謁，以爲功曹令史。從渡河北，從者漸引去，而霸獨留。及王郎兵起，光武南馳，傳聞郎兵在後，至滹沱河，候吏白無船不可渡，官屬大懼。令霸往視。霸恐驚衆，還即詭曰：「冰堅可渡。」遂前至河，河冰亦合。光武謂官屬曰：「霸權以濟事，殆天瑞也。」以爲軍正，爵關内侯。攻拔邯鄲，霸追斬王郎，得其璽綬。從平河北。光武即位，以霸曉兵愛士，可獨任，拜爲偏將軍，封富波侯。建武九年，拜上谷太守。累以功增户邑。三十年定封淮陵侯。

祭遵。潁陽人。少好經書。家富給而恭儉。喪母，負土起墳。光武署爲門下史。從征河北，爲軍市令。舍中兒犯法，遵格殺之，進刺奸將軍。建武二年，拜征虜將軍，封潁陽侯。討隗囂，卒于軍。遵爲人廉約小心，克己奉公。賞賜盡予士卒，家無私財，身衣韋袴布被，夫人裳不加緣，帝以是重焉。喪禮成，復親祀以太牢。博士范升疏稱遵曰：「遵北平漁陽，西拒隴、蜀，先登坻上，深取略陽〔四〕。所在吏人，不知有軍。遵爲將軍，取士皆用儒術，對酒設樂，必雅歌投壺。又建爲孔子立後，奏置五經大夫。可謂好禮悦樂、守死善道者也。」謚曰：成侯。其後，帝每嘆曰：「安得憂國奉公之臣，如祭征虜者乎！」其見思如此。

傅俊。襄城人。光武徇襄城，俊以亭長迎軍，拜爲校尉。及討河北，使將潁川兵，常從征伐。世祖即位，拜侍中，封昆陽侯。三年，拜積弩將軍，與岑彭擊破秦豐，因將兵徇江東，揚州悉定。卒，謚曰威。

堅鐔。襄城人。光武署主簿，拜偏將軍。從平河北，與朱祐擊降朱鮪，别擊内黄，平之。徇南陽諸縣。時董訢反宛城，鄧奉反新野〔五〕，吴漢敗走，萬修病卒，鐔獨孤絶，一年間道路隔塞，糧饋不至。鐔食蔬菜，與士卒共勞苦，每急輒先當矢石，自被三創，以此能全其衆。及帝擊破訢、奉，以鐔爲左曹，常從征伐。定封合肥侯。

祭彤。遵從弟。早孤，以至孝稱。遇亂，野無烟火，而獨在冢側。賊見其尚幼而有志節，皆奇而哀之。光武以遵故，拜彤黄門侍郎，累拜遼東太守。邊無寇警，威聲暢于北方，悉罷緣邊屯兵。徵爲太僕，顯宗以爲可屬重任。十六年，將萬餘騎出塞，還，坐下獄免。彤性沈毅，自恨無功，遂嘔血死。時烏桓、鮮卑朝賀京師，常過冢拜謁，仰天號泣乃去。

杜安。潁川人。年十三，入太學，號曰奇童。京師貴戚慕其名，或遺之書，安不發，鑿壁藏之。及後捕案貴戚賓客，安開出書，印封如故，遂免之。時人賢之。仕至巴郡太守。

許慎。召陵人。性淳篤，少博學經籍，馬融常推敬之。時人語曰「五經無雙許叔重」。仕爲郡功曹，舉孝廉，再遷除洨長，卒于家。初，慎以五經傳説臧否不同，于是撰爲五經異義，又作説文解字十四篇，皆傳于世。

陳翔。召陵人。少知名，察孝廉，辟舉高第，拜侍御史。時元旦朝賀，大將軍梁冀威儀不整，翔奏其不敬，請收案罪，時人奇之。遷揚州刺史，補御史中丞。坐黨事，考北寺獄，以無驗見原。卒于家。

繆彤。召陵人。少孤，兄弟四人，皆同財産。及各娶妻，諸婦遂求分異，彤深懷憤嘆，乃掩户自撾。弟及諸婦悉叩首謝罪，遂更爲敦睦之行。仕縣爲主簿，縣令被章見考，彤獨正其事，拷掠苦毒備至，體生蟲蛆。踰四年，令卒免。太守梁湛召爲決曹吏。

湛卒，彤送喪還隴西。會西羌叛，湛妻子悉避去，彤獨留，躬自負土造墳，關西咸稱傳之。共給車馬衣資，不受而歸。後辟公府，爲中牟令。卒于官。

荀淑。潁川潁陰人。少有高行，博學而不好章句，當世名賢李固、李膺等皆師宗之。舉賢良方正，對策譏刺貴倖，爲梁冀所忌。出補朗陵侯相。頃之，棄官歸，閒居養志。産業每增，輒以贍宗族知友。建和三年卒。李膺時爲尚書，自表師喪。子八人，并有名稱，人謂八龍。潁陰令苑康名其里曰高陽里。

陳寔。潁川許人。少爲縣吏，有志好學，縣令鄧邵奇之，聽受業太學。司空黄瓊辟選聞喜長，再除太丘長。及逮捕黨人，事連寔，餘人多逃避求免，寔曰：「吾不就獄，衆無所恃。」乃請囚焉，遇赦得出。寔在鄉閭，平心率物，其有爭訟，輒求判正。曉譬曲直，退無怨者。時有云：「任爲刑罰所加，無爲陳君所短。」三公每缺，議者歸之，累徵不起。年八十四卒，海内赴者三萬餘人，制衰麻者以百數，共刊石立碑，謚爲文範先生。

鍾皓。長社人。世善刑律。皓少以篤行稱，以詩律教授，門徒千餘人。桓帝時，前後九辟公府，皆不就。時皓及荀淑並爲士大夫所歸慕。李膺嘗嘆曰：「荀君清識難尚，鍾君至德可師。」兄子瑾，好學慕古，有退讓風。母爲李膺姑，與膺同年，俱有令名。膺祖太尉修，嘗言「瑾似我家性」，復以膺妹妻之。屢辟州府，未嘗屈志。

李膺。潁川襄城人。性簡亢，無所交接，惟以同郡荀淑、陳寔爲師友。舉孝廉高第，再遷青州刺史，轉烏桓校尉，徵拜司隸校尉。諸黄門常侍，皆鞠躬屏氣，休沐不敢出宫省。帝問故，並叩頭曰：「畏李校尉。」是時綱紀頹弛，膺獨持風裁。士有被其容接者，名曰「登龍門」。遭黨事，下獄免歸。陳蕃、竇武秉政，引爲長樂少府。陳、竇之敗，膺復廢，收捕鉤黨，詣獄考死。

范滂。汝南征羌人。少厲清節，爲州里所服。舉孝廉、光禄四行。使冀州，登車攬轡，慨然有澄清天下之志。坐鉤黨，下獄，釋歸。建寧二年，大誅黨人，詔急捕滂等。督郵吴導抱詔書，閉傳舍，伏牀而泣。滂聞之曰：「必爲我也。」即自詣獄，縣令郭揖解印綬，引與俱亡。滂曰：「滂死則禍塞，何敢以罪累君，又令老母流離乎？」臨訣，顧謂其子曰：「吾欲使汝爲惡，則惡不可爲。

使汝爲善，則我不爲惡。」行路聞之，莫不流涕。

劉陶。潁陰人。爲人居簡，交遊不苟。大將軍梁冀專朝，災異數見。陶時遊太學，上疏陳事，並言朱穆、李膺宜還本朝，夾輔王室。不省。後舉孝廉，除順陽長，累官諫議大夫。時寇賊方熾，陶憂致喪亂，累上疏切諫，大較言大亂皆由宦官。遂被讒，下獄而死，天下莫不痛之。

荀昱。淑兄子。爲沛相。弟曇，爲廣陵太守。兄弟皆正身疾惡，志除閹宦。昱後與大將軍竇武謀誅中官，與李膺俱死。曇亦禁錮終身。

荀靖。淑之子。少有俊才，動止合禮。弟爽亦以才顯。或問汝南許章曰：「爽與靖孰賢？」章曰：「皆玉也。慈明外朗，叔慈内潤。」不仕而終。號曰玄行先生。

荀爽。靖之弟，幼而好學。年十二，能通春秋、論語。躭思經書，慶弔不行，徵命不應。潁川爲之語曰：「荀氏八龍，慈明無雙。」桓帝時，舉至孝，拜郎中，對策陳便宜，奏入，即棄官去。後遭黨錮，隱于海上，以著述爲事。獻帝初，徵拜平原相，累官司空，與王允等欲共圖董卓，會病卒。所著禮、易、詩傳、尚書正經、春秋條例、漢語、公羊問，凡百餘篇。

陳紀。寔之子。以至德稱，兄弟孝養，閨門雍和，士皆推慕其風。遭黨錮。著書數萬言，號曰陳子。黨禁解，四府並命，無所屈就。遭父憂，每哀至，輒嘔血絶氣。服除而積毁消瘠，殆將滅性。豫州刺史嘉其至行，表上尚書，圖象百城，以勵風俗。董卓入洛陽，就家拜五官中郎將，不得已到京師。卓欲徙都長安，紀曰：「宜修德政，以懷不附。」遷移至尊，計之末者。」累官尚書令、大鴻臚。弟諶，與紀齊德同行，父子並著高名，時號「三君」。每宰府辟召，常同時旌命，羔雁成羣，當世榮之。

劉翊。潁陰人。家世豐產，周施而不有其惠。曾行汝南界中，遇陳國張季禮，遠赴師喪，寒冰車毁，頓滯道路。翊即下車與之，不告姓名而去。獻帝遷都西京，翊舉上計掾，時道路隔絶，翊夜行晝伏，乃到長安。詔書嘉其忠勤，特拜議郎，遷陳留太守。

散所握珍玩，唯餘車馬，自載東歸。出關，見士大夫病亡道次，乃以馬易棺，脱衣殮之。又逢知故困乏，不忍委去，因殺所駕牛以救其乏。曰：「視殁不救，非志士也。」遂俱餓死。

荀悦。淑之孫。年十二，能説春秋，篇牘多能記誦。性沈静，尤好著述。獻帝時，累遷祕書監、侍中。時政移曹氏，悦志在獻替，而謀無所用，乃作申鑒五篇奏之。帝以班固漢書文繁難省，復令悦依左氏傳體，撰漢紀三十篇，辭約事詳，論辨多美。

荀彧。淑之孫。少時南陽何顒異之，曰：「王佐才也。」舉孝廉，再遷亢父令〔六〕。董卓之亂，棄官歸，將宗族至冀州，袁紹待以上賓之禮。彧聞曹操有雄略，乃去從操。操大悦曰：「吾子房也。」以爲司馬。建安九年，操欲奉迎車駕，彧勸之。及帝都許昌，以彧爲侍中，守尚書令。常居中持重，操每征伐在外，軍國事皆與彧籌焉。彧進操計謀之士，從子攸、鍾繇、郭嘉等皆稱其舉。説操先取呂布，後圖袁紹。操保官渡，糧盡欲還師，彧曰：「此用奇之時，不可失也。」遂以奇兵破紹。封萬歲亭侯。董昭等欲進操國公，加九錫。彧謂不宜，操心不能平。南征孫權，表彧持節參丞相軍事，彧病，留壽春。操餽食，發之乃空器也，于是飲藥而卒。

三國　魏

荀攸。彧從子。獻帝時，拜黄門侍郎，與議郎鄭泰、何顒等謀刺殺董卓，事垂就而覺。會卓死得免，棄官歸。魏武迎天子都許，徵攸爲汝南太守，入爲尚書。魏武與語大悦，謂荀彧、鍾繇曰：「公達非常人也。吾得與計事，天下當何憂哉？」以爲軍師。冀州平，魏武表稱前後克敵，皆攸之謀。于是封陵樹亭侯。魏國初建，爲尚書令。攸深密有智防，自從魏武征伐，常謀謨帷幄，時人及子弟莫知其所言。前後凡畫奇策十二，世不得盡聞。從征孫權，道卒。魏武言之每流涕。

鍾繇。皓之曾孫。漢末舉孝廉，辟三府，爲廷尉正、黄門侍郎。魏武有事山東，表繇以侍中、守司隸校尉，持節督關中諸事，委之以後事。漢帝西遷洛陽，繇徙關中民，又招納亡叛以充之，數年，民户稍實。魏國初建，爲大理，遷相國。文帝在東宫，賜繇五熟釜，作銘以美之。累封定陵侯，遷太傅。太和四年卒。

陳羣。紀之子。爲兒時，祖父寔常奇異之。魯國孔融，先與紀友，後與羣交，更爲紀拜，由是顯名。魏武辟爲司空西曹掾屬，羣薦廣陵陳矯、丹陽戴乾，魏武皆用之。後乾忠義死難，矯爲名臣，世以羣爲知人。魏國既建，遷御史中丞，轉侍中。在朝無適無莫，雅仗名義，不以非道假人。徙爲尚書，制九品官人之法。文帝踐阼，累遷鎮軍大將軍，録尚書事，受遺詔。明帝踐位，進封潁陰侯，爲司空，録尚書事。卒，謚曰靖。羣多密陳得失，每上封事，輒削其草，人或譏其居位拱默。正始中，詔撰録名臣奏議，朝士乃見羣諫事，皆嘆息焉。

陳泰。羣之子。青龍中，除散騎侍郎。正始中，爲并州刺史。嘉平初，代郭淮爲征西將軍，假節都督雍、涼諸軍事。司馬昭語荀顗曰：「元伯沈勇能斷，必能辦賊。」後徵爲尚書右僕射，典選舉。高貴鄉公薨，泰垂涕入，昭曰：「卿何以處我？」對曰：「誅賈充以謝天下。」昭曰：「爲更思其次。」泰曰：「泰言惟有進于此，不知其次。」景元元年卒，謚曰穆。

荀粲。彧之子。諸兄並以儒術議論，而粲獨好言道。卒年二十九。粲簡貴不與常人遊，所交皆一時俊傑。至葬夕，赴者纔十餘人，皆同時知名士也。

鍾毓。繇之子。年十四，爲散騎侍郎，機捷談笑，有父風。遷黄門侍郎。時大興洛陽宫室，車駕幸許昌，于城南以氈爲殿，備設魚龍蔓延，民罷勞役。毓諫以爲水旱不時，帑藏空虚，凡此之類，可須豐年。又上宜復關内開荒地，使民肆力于農，事遂施行。正始中，爲散騎侍郎，失曹爽意，出爲魏郡太守。爽既誅，入爲御史中丞、侍中、廷尉。正元中，加後將軍，都督荆州。卒。

晋

荀顗。彧之子。性至孝，博學洽聞，理思周密。仕魏，累官侍中，討毌丘儉有功，封萬歲亭侯。遷尚書，代陳泰爲僕射，領吏部。綜核名實，風俗澄正。年踰耳順，孝養蒸蒸，以母憂去職，毁幾滅性，海内稱之。咸熙中，改封臨淮侯。入晋，進爵爲公，尋遷侍中、太尉、行太子太傅。顗明三禮，習朝廷大儀。薨，謚曰康。

荀勖。爽之曾孫。十餘歲能屬文，既長博學，達於從政。仕魏，累官侍中。入晋，封濟北郡公，拜中書監，進光禄大夫，掌樂事，修律吕。初，勖於路逢趙賈人牛鐸，識其聲。及掌樂，音韻未調，乃曰：「得趙之牛鐸，則諧矣。」遂下郡國，悉送牛鐸，果得諧者。又嘗在帝座進飯，曰：「此勞薪所炊。」帝遣問膳夫，實用故車脚，世服其明識。領祕書監，與中書令張華整理記籍，又得汲郡冢中古文竹書，詔勖撰次以爲中經，列在祕書。時議省州郡縣半吏，勖以爲省吏不如省官，省官不如省事，省事不如清心。守尚書令薨。孫綽，博學有才能，撰晋後書十五篇傳於世。

棗據。長社人。本姓棘，其先避讐改焉。據美容貌，善文詞。弱冠辟大將軍府，出爲山陽令，歷官太子中庶子，卒。所著詩、賦、論四十五首。子腆，以文章顯，仕至襄城太守。弟嵩，才藝尤美，位散騎常侍，爲石勒所害。

荀藩。勖之子。元康中，爲黄門侍郎，受詔成父所治鐘磬。以從駕討齊王冏勳，封西華縣公，累遷尚書令。

荀組。藩之弟。弱冠，夷雅有才識。建興初，爲司空、尚書左僕射。元帝承制，以組都督司州諸軍。及西都不守，組乃遣使移檄天下共勸進，帝欲以組爲司徒，問太常賀循，循曰：「組舊望清重，忠勤顯著，遷訓五品，實允衆望。」於是拜司徒，累遷太尉，領太子太保。

荀崧。彧元孫。父頵，羽林右監、安陵鄉侯。崧志操清純，雅好文學。泰始中，襲父爵，累遷侍中。王彌入洛，崧與百官奔密。未至而母亡，賊追將及，同旅散走，崧守喪號泣。賊至，被四創，氣絶。至夜方蘇，乃葬母於密山。服闋，除襄陽太守，遣主簿石覽將兵入洛，修復山陵。遷都督荆州、江北諸軍事，封曲陵公。元帝初，徵拜尚書僕射，與刁協共定中興禮儀。從弟馗，早亡，二息序、廞，年各數歲。崧迎與共居，恩同其子。會臨淮公荀顗國嗣廢絶，朝廷欲以崧子襲封，崧以讓序，論者稱焉。累遷右光禄大夫、開府儀同三司，録尚書事。年雖衰老，而孜孜典籍，世以此嘉之。蘇峻之難，帝被逼幸石頭，崧侍從不離。卒，謚曰敬。

荀邃。藩之子。解音樂，善談論。太興初，拜侍中。時刁協執權，欲以邃爲吏部尚書，邃深拒之。王敦討協，復表爲廷尉，以疾不拜，轉尚書。蘇峻作亂，邃與王導、荀崧並侍帝於石頭。卒，謚曰靖。

荀闓。邃之弟。少有名稱，京師爲之語曰「洛中英英荀道明」。齊王冏辟爲掾。冏敗，暴尸三日，莫敢收葬，闓與冏故吏李述等露板請葬，朝議聽之。論者稱焉。歷御史中丞、侍中、尚書，封射陽公。

周崎。召陵人。爲湘州從事。王敦之難，譙王承使崎求救於外，爲魏乂所獲，臨以白刃，曰：「汝爲我語城中，稱大將軍已破劉隗、戴淵，外援理絶。如是者，我當活汝。」崎僞許之。既到城下，大呼曰：「王敦軍敗於于湖，甘安南已克武昌，即日分遣大將來赴此急，努力堅守，賊今散矣」。於是爲乂所害。

鍾雅。長社人。少孤，好學，有才志。舉四行，除汝陽令。避亂東渡，元帝以爲記室參軍，補宣城内史。錢鳳作逆，周玘爲鳳起兵，雅收合士庶，討玘斬之。鳳平，徵拜尚書左丞，遷御史中丞。直法繩違，百僚憚之。蘇峻之難，雅與劉超並侍衛天子。或勸雅退，雅曰：「國亂不能匡，君危不能濟，各遜遁以求免，吾懼董狐執簡而至矣。」及帝幸石頭，雅流涕步從，爲賊所害。追贈光禄勳。

韓伯。長社人。清和有思理，留心文藝。潁川庾龢，少所推服，常稱之曰：「思理倫和，我敬韓康伯。」累官侍中。陳郡周勰，居喪廢禮，崇尚老莊。伯領中正，遂不通勰，時人憚焉。嘗作辨謙論，爲世所重。轉丹陽尹、吏部尚書、領軍將軍，卒。

荀蕤。崧之子。起家祕書郎，稍遷尚書左丞。蕤有儀操風望，雅爲簡文帝所重。時桓温平蜀，朝廷欲以豫章封温，蕤曰：「若温復假王威，北平河、洛，將何以加此？」於是乃止。後除建威將軍、吴國内史，卒官。

荀羨。蕤之弟。清和有準，拜駙馬都尉，累遷北中郎將、徐州刺史，監徐、兖二州諸軍事。時年二十八，中興方伯，未有如羨之少者，以羨在事有能名，故居以重任。尋監青州，又領兖州刺史，鎮下邳。慕容儁將王騰、趙盤寇瑯琊、鄄城，羨討擒之。慕容蘭以數萬衆屯汴城，甚爲邊害，羨自光水引汶通渠，至于東阿以征之，臨陣斬蘭。帝將封之，固辭不受。在鎮撫納降附，甚得衆心。以病解職，卒。

南北朝　宋

荀伯子。羨之孫。少好學，博覽經傳。仕晉爲著作佐郎，與徐廣同修國史。入宋，累遷御史中丞，涖職勤恪，有匪躬之節。立朝正色，衆咸憚之。卒于東陽太守。文集傳于世。

梁

鍾嶸。長社人。與兄岏、弟嶼並好學，有思理。嶸仕齊爲南康王國侍郎。明帝躬親細務，綱目繁密，嶸上書諫止。梁天監初，衡陽王引爲寧朔記室，專掌文翰。遷西中郎、晉安王記室，卒官。嶸嘗品古今五言詩，論其優劣，名爲詩評。岏位建康令，著良吏傳十卷〔七〕。嶼，永嘉郡丞。

荀匠。勖九世孫。祖瓊，年十五，報父仇成都市，以孝聞。父法超，仕齊爲安復令，卒官。匠聞，號痛氣絶，既而奔喪，每宿江渚，商旅不忍聞其哭聲。居父憂，並兄服，歷四年不出户，不櫛沐，髮皆禿落。號哭無時，目眥皆爛，形體枯瘁，雖家人不復識。郡縣以狀言，梁武帝遣中書舍人爲除服，擢爲豫章王國左常侍，竟以毁卒。

陳

荀朗。潁陰人。少慷慨，有將帥大略。侯景之亂，梁簡文帝授朗豫州刺史，令與外藩討景。景敗于巴陵，朗截破其後軍。

高祖入輔〔八〕，齊相蕭軌等寇據石頭城，朗來赴，因大破之。永定元年，賜爵興寧縣侯。世祖即位，令朗與侯安都等拒王琳。琳平，遷安北將軍、散騎常侍、合州刺史，卒。子法尚，少俶儻，有文武幹略。仕陳爲都督、郢州刺史。入隋，歷邵、觀、綿、豐四州刺史，巴東、燉煌二郡太守。

隋

庾自直。潁州人。少好學，沈静寡欲。大業中，授著作佐郎。自直解屬文，于五言詩尤善。恭慎不妄交遊。帝有篇章，先示自直，自直稱善，然後方出。後以江都之變，感激發病，卒。

唐

張善相。襄城人。大業末，爲里長。督兵迹盜，爲衆附賴。乃據許州，奉李密。密敗，挈州以來，詔即授伊州總管。王世充攻之，屢困賊，遣使三輩請救，朝廷未暇也。城陷，被執，駡賊見殺。高祖嘆曰：「吾負善相，善相不負我。」乃封其子襄城郡公。

王求禮。長社人。武后時，爲左拾遺、監察御史。后方營明堂，琱飾譎怪，侈而不法，求禮上書譏切。久視二年三月，大雨雪〔九〕，鳳閣侍郎蘇味道等以爲瑞，率羣臣入賀。求禮言：「宰相燮和陰陽，而季春雨雪，乃災也，果以爲瑞，則冬月雷以爲瑞雷耶？」后爲罷朝。然以剛正，故官齟齬，終衛王府參軍。

孔璋。許昌人。明皇時，李邕爲陳州刺史，會仇人告邕贓貸枉法，下獄當死。璋上書天子，曰：「邕折二張之角，挫韋氏之鋒，奸謀沮解，有功于國。臣願以六尺之軀，膏鈇鉞以代邕死。」疏奏，邕得減死，貶遵化尉，流璋嶺南。

王沛。許州許昌人。少勇決，爲節度使上官涚所器，署牙門將，妻以女。涚卒，它壻田偁脅涚子襲領其軍，謀殺監軍。沛知其計，密告之，支黨悉擒。德宗嘉美，即拜行軍司馬。李光顔討吴元濟，奇沛風概，署行營兵馬使，數破賊有功。時詔書趣戰，諸將觀望，不敢渡溵以壁。沛引兵五千，夜濟合流，扼賊衝，遂城以居。於是諸軍繼渡，圍郾城。蔡將鄧懷金遂降，蔡平。加兼御史大夫，復從光顔定淄、青，又救鹽州，敗吐蕃，以功擢刺史。進拜兖海沂密節度使，軍政大治。以檢校工部尚書徙忠武，卒。子逢，從父征伐，累功加檢校右散騎常侍，後亦至忠武節度使。

王博武。許州人。會昌中，侍母至廣州。及沙涌口，暴風，母溺死，博武自投於水。節度使盧貞，俾吏沈罟，獲二屍焉。乃葬之，表其墓曰「孝子墓」，詔爲刻石。

五代　梁

王重師。許州長社人。爲人沉默多智，從梁祖平蔡，攻兖、鄆，爲拔山都指揮使。苦戰齊、魯間，威震鄰敵，遷潁州刺史。梁祖攻濮州，已破，濮人積草焚之，兵不得入。時重師病卧帳中，諸將强之，重師遽起，悉取軍中氈毯，沃以水，蒙于火上，率精卒以短兵突入，遂取濮州，身被八九創。累遷佑國軍節度使，甚有威惠。

謝彦章。許州人。事梁爲騎將。善將騎兵，多而益辦。累遷匡國軍節度使。彦章爲將，好禮儒士，雖居軍中，常儒服。或臨敵御衆，肅然有將帥之威，左右馳驟，疾若風雨。晉人望其行陣齊整，相謂曰：「謝彦章必在此也。」其名重敵中如此。

唐

王建及。許州人。爲匡衛指揮使。從戰莘縣、故元城，皆先登陷陣。以功累拜遼州刺史，將銀槍効節軍。從戰胡柳，與梁争土山。莊宗呼其軍曰：「得山者勝。」建及以銀槍軍進，遂得土山，梁兵大敗。晉爲南北城于河上，梁將賀瓌攻其南城，以竹笮維戰艦于河，晉兵不得渡，南城危甚。莊宗募能破梁戰艦者，建及重鎧執矟，呼曰：「吾今破之矣。」即以大甕積薪，自上流縱火，焚梁戰艦，以二舟載甲士隨之，斧其竹笮，晉軍得渡，環解圍去。後爲代州刺史，卒。

宋

焦守節。長社人。父繼勳，仕至右金吾衛上將軍。守節初補左班殿直，擢閤門祗候。李順餘黨擾四川，命與上官正討平之〔一〇〕。咸平中，置江淮南、荆湖路兵馬都監，首被選擢。又討施、夔州叛蠻，以大義諭其酋長，皆悔過内附，因爲之畫界定約。入爲宫苑副使，奉使至遼，館伴丁求説指遠山謂曰：「此黄龍府也。」守節應聲曰：「燕然山距此幾許？」求説慚服。三選東上閤門使，歷知襄、鄧、汝三州，以右神武大將軍致仕，卒。

李兑。臨潁人。登進士第，由屯田員外郎爲殿中侍御史。按齊州叛卒，獄成，有欲夜篡囚者，兑以便宜斬之，人服其略。張堯佐判河陽，兑言堯佐素無行能，不宜以戚里故用。改同知諫院。狄青宣撫廣西，内都知任守忠爲副，兑言以宦者觀軍容，致主將掣肘，非計。仁宗爲罷守忠。擢天章閣待制，知諫院。兑在言職十年，凡所論諫，不自表暴。出知杭、越、廣州，還知河陽，徙鄧州。爲政簡嚴，老益精明。積官尚書右丞，轉工部尚書，致仕，卒，謚曰莊。

李先。兑從弟。起進士，爲虔州觀察推官，攝吉州永新令，知信州南安軍，撫楚州，歷利、梓、江東、淮南轉運使，所至治官如家。積官至祕書監，致仕。兄兑尚無恙，事之彌篤。卒年八十三。子庭玉〔一一〕，年六十，即棄官歸養，人賢其家法云。

掌禹錫。郾城人。中進士第，爲道州司李參軍。試身言書判第一。丁度薦爲侍御史，上疏請嚴備西羌。時議舉兵，禹錫引周宣薄伐爲得、漢武遠討爲失，且建畫增步卒、省騎兵。英宗即位，以尚書工部侍郎致仕，卒。禹錫矜慎畏法，居家勤儉，嘗預修皇祐方域圖志、地理新書，王洙推其稽考有勞，賜三品服。及校正類篇、神農本草，載藥石之名狀爲圖經，著郡國手鑑一卷，周易集解十卷。

靳裁之。許昌人。少聞伊洛程氏之學。胡安國入太學，以裁之爲師，裁之與安國論經史大義。安國常述其言，曰：「士之品大概有三：志于道德者，功名不足以累其心；志于功名者，富貴不足以累其心；志于富貴而已者，則亦無所不至矣。」朱子著論語集註，嘗引用之。

孫永。長社人。祖沖，給事中。永廕將作監主簿，擢進士第，至太常博士。韓琦引爲諸王府侍讀。神宗爲潁王，出新録韓非子，畀官僚讐定。永曰：「非險薄刻核，其書背六經之指，願毋留意。」及即位，擢天章閣待制、安撫陝西，歷河北、陝西都轉運使，知泰、和二州。召還，神宗問：「青苗、助役之法，於民便否？」對曰：「强民出息，輸錢代徭，不無重斂之患。」議復肉刑，永奏刻人肌膚，深害仁政，不果行。出知太原，且行，永言兵非輕用之物，願輆不戢之禍。入判將作，進端明殿學士，病不能朝，神宗虛樞密位以待，辭去益力。哲宗召拜工部尚書，永陳保馬、保甲二役三事，願一切罷去，太皇太后納之。遷吏部，改資政殿學士，未拜而卒。永外和内勁，議論常持平。事或悖於理，雖逼以勢，亦不爲屈。與人交，終身無怨讐。范純仁、蘇頌皆稱之爲國器。

杜生。潁昌人。不知其名，縣人呼爲杜五郎。所居去縣三十里，有屋兩間，與其子並居。前空地丈餘，即爲籬門，生不出門者三十年。黎陽尉孫輆往訪之，問所以爲生，曰：「昔時居邑之南，有田五十畝，與兄同耕。迨兄子娶婦，度所耕不足贍，乃盡以與兄，而攜妻子至此。鄉人借屋遂居之，唯與人賣醫藥以給飦粥，亦有時不繼。後子能耕食足，念鄉人貧以醫術自業者多，已食既足，不當更求他利，由是擇日賣藥，一切不爲。」時盛寒，布袍草屩，室中枵然，而氣韻閒曠，言辭精簡，蓋有道之士也。輆嗟歎流連，久之乃去。

金

張轂。臨潁人。大定末進士，爲同州觀察判官，累進河東南路轉運使、權行六部尚書、安撫使。卒。轂天性孝友，任子悉先諸弟，俸入所得亦委其弟掌之，未嘗問有無云。

元

謝讓。潁昌人。幼潁悟好學。及壯，推擇爲吏，調河間等路鹽司經歷，擢南臺御史。劾江浙省臣不法，臺綱益振。累遷户部員外郎。時東勝、雲、豐等州民飢，乞糴鄰部。憲司懼其販鬻爲利，閉其糴。事聞於朝，讓設法立禁，閉糴者有罪。三州之民，賴以全活甚衆。歷户部刑部尚書。仁宗即位，有旨六部事疑不决者，須讓共議而後上聞。帝命中書省纂集典章，以讓精律學，使爲校正官。拜西臺侍御史，卒。

丁文忠。郾城人。業鼓冶。母和氏疾，與弟文孝竭力調侍。母卒，文忠廬墓側，不與妻面者三年。父貴又疾，醫不能療，文忠造車一輛，兄弟共御之，載父禱於嵩山、五臺、泰安、河瀆諸祠，途遇異僧，遺藥而愈。延祐七年旌之。

明

李敏。襄城人。景泰進士，授御史。明習法律，有能名。巡按畿内，以薊州餉道經海口多遭覆溺，建議别開二河，以避險。成化中，由大同巡撫，入爲兵部右侍郎。與尚書余子俊協心共濟，部事稱理。累遷户部尚書。貴戚有請隙地及鷹房、牧馬場者，敏執不可，事得寢。極言皇莊之害，請盡革莊役，時不能用。敏生平篤行誼，所得禄賜，悉以分昆弟故人，家無餘財。卒，謚恭靖。

何清。許州人。任環縣訓導。奔母喪，徒步二千里，徑詣墓所，廬居三年。成化中旌。

賈詠。臨潁人。弘治進士，改庶吉士，授編修。嘉靖初，進尚書，入内閣，參預機務，因事納忠，從容啓沃。世宗親製詩褒諭。後致仕歸。

劉校。郾城人。性至孝。正德進士，授刑部主事。疏諫南巡，被杖將死，大呼曰：「吾死無恨，恨不見老母耳。」謂子：「善事祖母及母，毋媿爾父。」遂絶。

辛自修。襄城人。嘉靖進士，以知縣最，擢吏科。請量地劇易以除官，量事繁簡以注考。遷掌禮科，彈劾不避權貴。隆慶元年，論奪尚書顧可學、徐可成，侍郎朱隆禧、郭文英贈謚，以可成由黄冠進，文英由工匠進，可學、隆禧俱以方藥進也。歷僉都御史，巡撫保定。遷南京右都御史。劾御史沈汝梁貪狀，上嘉之，召爲左都御史。自修素剛介，至是掌計察，益持正不阿。失政府意，被訐引疾歸。卒，謚肅敏。

蘇繼歐。許州人。萬曆進士，累遷考功郎中。以楊漣黨削籍歸，自經死。崇禎初，贈太常寺卿。

邢國璽。長葛人。崇禎進士，授濰縣知縣，改石城。盡心民事，上官交薦，入爲户部主事。時議開膠萊河，國璽力陳其便，擢登萊兵備僉事，經理河道。十五年冬，畿輔戒嚴，奉詔入衛。至龍岡，遇大兵，鏖戰，墮馬死。本朝乾隆四十一年，賜謚烈愍。

孫六鳳。許州人。貢生。孝友性成，爲學務實。建宗祠，立族約，族人咸奉以爲法。明末，流寇至境，六鳳率衆抵禦，殲賊無算。歲祲，捐穀以濟貧乏，里黨賴之。本朝嘉慶十一年，祀鄉賢。

本朝

賈壯。襄城人。順治進士，爲懷寧知縣。金聲桓之叛，竭力守禦，城賴以全。督餉宣、大，分巡榆林，所至兵民稱便。祀鄉賢。

耿應張。襄城人。順治進士，授荆州府推官。鋤蠹役，釐積弊，一時治號肅清。

李溥。郾城人。順治進士，任三原知縣。值姜瓖之亂，率衆死守，賊遁去。又翦滅流寇餘孽。歷官户部郎中。

劉恩廣。襄城人。諸生，潛心理學。當流寇亂，父漢臣被執，恩廣方十歲，號呼奔救，至則父已遇害矣。乃哭收父屍，賊怒截其耳鼻，不肯去，賊憐而釋之，卒負父屍以歸。兄弟同居，終身無間言。母亡，哀毀嘔血，卒。

郭萬國。許州人。由諸生從軍，除銅仁知縣，歷仕黔中，所至有聲。康熙十四年，遷饒州知府。時耿逆攻城，萬國統家人血戰，力竭死之。事聞，贈光禄寺卿。

劉澤久。許州人。授千總，屢著戰功，旋署郿陽守備。康熙十七年，霍山之戰，主將失利，澤久突陣救援，被擒，不屈，死之。

李緝。襄城人。貢生，仕偃師訓導。天性孝友，人無間言。其教誨諸生，不專文藝，必以孝弟忠信爲本。嘉慶九年，祀鄉賢。

孫昕。許州人。年六歲，母卒，每泣盡哀。父病，出指血爲表呼天，祈減己年，以延父壽，父疾尋愈。迨没後，哀毀骨立。行年八十餘，不忘孺慕。性好施予，歲歉，鬻産遠糴，以周族鄰，全活甚衆。

馬旺。襄城人。武生，任外委。嘉慶四年，隨勦湖北教匪，於高埡子擊賊陣亡。事聞，予雲騎尉世職。又同縣額外外委崔振基，於湖北霧渡河擊賊陣亡，賞卹如例。

流寓

漢

禰衡。般人。建安初，自荆州北遊許都。恃才傲逸，人皆憎之。惟少府孔融高貴其才。或問之曰：「當今許中誰最可者？」衡曰：「大兒孔文舉，小兒楊德祖。」

南北朝　魏

王由。霸城人。罷郡後，寓居潁川。天平初，元洪威搆逆，大軍攻討，爲亂兵所害。名流悼惜之。

唐

陳夷行。其先江左諸陳也，世客潁川。由進士第，累遷吏部郎中，爲翰林學士。開成二年，進中書門下平章事。楊嗣復、李珏相次輔政，夷行介特，雅不與合，引疾求去，罷爲吏部尚書。武宗即位，召還。以足疾乞身，罷爲太子太保、河中節度使，卒。

宋

文彦博。介休人。少與張昇、高若訥，從潁昌史炤學。炤母異之，曰：「貴人也。」待之甚厚。

范鎮。華陽人。神宗時，以户部侍郎致仕，徙居許。

范純祐。吴縣人。從父仲淹之鄧，得疾昏廢，卧許昌。富弼守淮西過省之，猶能慷慨道忠義。

范純仁。與兄純祐居許。純祐有心疾，藥膳居服，皆躬親時節之。賈昌朝守北都，請參幕府，以兄辭。宋庠薦試館職，謝曰：「輦轂之下，非兄養疾地也。」

范正平。純仁子。蔡京當國，羈管象州，會赦得歸潁昌。唐君益爲守，表其所居爲忠直坊。

蘇轍。眉山人。崇寧中，蔡京當國，降朝請大夫，罷祠，居許州。再復大中大夫，致仕。築室於許，號潁濱遺老。

蘇過。父軾卒於常州，過葬軾汝州郟城小峨眉山，遂家潁昌。營湖陰水竹數畝，名曰小斜川，自號斜川居士。有斜川集廿卷。

韓駒仙。井監人。嘗在許下，從蘇轍學，轍評其詩似儲光羲。

金

麻九疇。易州人。後居郾城，徵爲翰林應奉。至大中棄官歸，與張瑴輩爲㶏上之遊。

元好問。秀容人。常寓居郾城，與麻九疇倡和。

元

王磐。永年人。年方冠，從麻九疇學於郾城。客居貧甚，日作糜一器，畫爲朝暮食。大肆力於經史百代。

列女

漢

陰瑜妻荀氏。名采，潁川司空荀爽之女，嫁爲瑜妻。明敏有才藝。年十九，瑜卒，無子。同郡郭奕喪偶，爽以采許之。

采懷刃自誓，爽命奪其刃，逼命登車，不得已，乃至郭氏。多建炬燈，正容竟夕，奕不敢近，因命左右辦浴。既入室，掩户以粉書扉曰「屍還陰」，遂自縊。

晉

王渾妻鍾氏。 繇之曾孫女。數歲，能屬文。及長，聰慧宏雅，博覽記籍。美容止，善嘯咏。禮儀法度，爲中表所則。既適渾，與渾弟湛妻郝氏，雅相親重。郝不以賤下鍾，鍾不以貴凌郝，時人稱「鍾夫人之禮，郝夫人之法」云。

韓伯母殷氏。 高明有行。鄄城吴隱之丁父憂，與伯鄰居。母每聞隱之哭聲，輟餐投箸，爲之悲泣。既而謂康伯曰：「汝若居銓衡，當舉如此輩人。」及康伯爲吏部尚書，隱之遂階清級。

荀崧小女。 名灌。幼有奇節。崧爲襄城太守，爲杜曾所圍，力弱食盡，欲求救於故吏平南將軍石覽，計無從出。灌時年十三，乃率勇士數十人，踰城突圍夜出。賊追甚急，灌督厲將士，且戰且前，得入魯陽山獲免，自詣覽乞師。又爲崧書，與南中郎將周訪請援。訪即遣兵會石覽，俱救崧。賊聞兵至，乃散走。

金

蘇嗣之母白氏。 許州人。宋門下侍郎蘇轍五世孫婦也。年二十餘，即寡居。服除，外家迎歸。兄嫂竊議改醮，氏微聞之，牽車徑歸，曰：「我蘇學士家婦，又有子，乃欲使我失身乎？」自是外家非有大故不往。嘗於宅東北爲祭室，畫蘇軾、蘇轍兩像，圖黄州、龍州故事壁間，香火嚴潔，躬自灑埽。天興元年，許州被兵，嗣之爲汴京廂官，白拜辭祭室，曰：「兒往京師，老婦死不恨矣，敢以告。」即自縊於室側。家人并其屋焚之。

張鳳奴。許州人。天興中，北兵攻蔡州。矢石之際，忽見一女子，呼於城下曰：「我倡女張鳳奴也。許州破，被俘至此。彼軍不日去矣，諸君努力爲國堅守，無爲所欺也。」言竟，投濠而死。

元

李順兒。許州儒士李讓之女也。性聰慧，頗涉經傳。年十八，未嫁。至正十五年，賊陷鈞州，密邇許昌。父謂其母曰：「吾家以詩禮相傳，此女必累我。」女聞之泣，曰：「父母可自逃難，勿以我爲憂。」須臾，於後園自經而死。

明

李逢昌妻呂氏。郾城人。夫早死，有豪强欲强娶之，遂自經死。有司驗其屍，忽怒風大作，黄霧四塞，時已踰三日，面如生。有司旌其門，豪强服辜。

邢國璽妻袁氏。長葛人。國璽官副使，殉難。流賊至長葛，子諸生爲法、爲憲以捍賊死。袁與子婦董氏、高氏，一女孫，俱投淵死。

王玉璣妻李氏。許州人。崇禎中，李自成破許城。李爲所獲，大駡遇害。

尹元正妻蕭氏、媳張氏。長葛人。崇禎中，李自成陷長葛，蕭挾張逃匿枳棘，猝遇賊。蕭被執，駡賊，將加刃。張躍出，大呼曰：「此吾姑也，願代死。」遂並遇害。

侯氏一門節烈。襄城人。崇禎末，賊將陷城。生員侯新建謂其家人曰：「城破必爲所辱，各宜自爲謀。」子抒悜妻馮氏、抒惰妻王氏、抒悰妻辛氏，皆自經死。母蔡氏，年已八旬，亦投繯死。

本朝

程氏三節婦。臨潁人。程可則妻唐氏，夫亡誓志，歷六十四年。孫蛟龍復娶於唐，二載而蛟龍歿，唐撫子國正成立。又與唐爲婚，僅半載而寡，撫遺腹子以守。程氏凡四世三節，悉出唐氏。又同縣陶正心妻呂氏、陳國平妻袁氏，均康熙年間旌。

樊廷桂妻張氏。襄城人。以守志爲鄰人王荆州、王習武所殺，三年不得主名。荆州忽發狂，自言與習武殺人狀，遂自縊死，令捕習武論抵。同縣姚邵妻張氏，苦節六十年。田玉才妻戴氏，亦守正捐軀。均康熙年間旌。

魏震妻王氏。許州人。震，拔貢生，崇禎十四年，以守城殉難。遺孤纔二歲，三世喪未葬，王悉力措持撫孤庀葬事。同州張氏女九姐，以守正被戕，均雍正年間旌。

王甲生妻呂氏。襄城人。未嫁而甲生溺死，請奔喪，母阻之，夜自經，得救甦。舅聞而逆之曰：「吾家甚貧，且汝姑歿已久，往將何依？」女哭曰：「死生王婦也。如舅言，促婦死耳。」乃逆以歸，哀號動鄰里。比葬，經潭水側，踴身下投，復以救免。取伯氏子爲嗣，守節三十餘年。同縣姚慎聘妻王氏，夫亡守貞。均雍正年間旌。

韓繼紹妻李氏。許州人。夫亡守節。同州節婦胡珍妻黃氏，周炳妻董氏，楊文彩妻張氏，商世彥妻王氏，趙文英妻馮氏，王思舜妻汪氏，孫錫域妻吳氏，劉士琦妻周氏，黄宗舜妻范氏，尚昱妻張氏，孫延修妻張氏，李從道妻樊氏，吳興洛妻許氏，蔣克明妻白氏，許長餘妻趙氏，魏之瑀妻申氏，郭于鎬妻張氏，宋蘭妻孫氏，高師允妻劉氏，張純妻李氏，王世德妻戴氏，黄鉞妻趙氏，何中立妻韓氏〔一二〕，孫公禮妻李氏，胡秉禮妻周氏，姜義妻崔氏，賀燧妻于氏，張昆妻沈氏，馬惠繼妻趙氏，任見高妻王氏，郭萬城妻王氏，李文魁妻周氏，張文學妻屈氏，王璠妻李氏，殷爾梅妻羅氏，張彩妻賈氏，郭鍇妻鍾氏〔一三〕，宿士方妻徐氏，韓佩瑱妻汪氏，袁禧妻張氏，閻盡倫妻楊氏，甄良臣妻尚氏，高宗思妻楊氏，韓廷偉妻徐氏，李兆榮妻周氏，仟洪智妻魏氏，任之昭妻徐氏，王之鵬妻宋氏，魯升堂妻賈氏，徐獻業妻王氏，沙大定妻海氏，楊生育妻張氏，俎玹妻張氏，周文禮妻楊氏，孫益敬妻任氏，孫如嵩妻王氏，周居敬妻孫氏，韓長祥妻周氏，孫掌經妻鄭氏，尚家駿妻劉氏，吴宏昭妻尚氏；烈婦于二妮妻吕氏，翟穩成妻銀氏，張馬妻張氏，楊至民妻金氏，李大顯妻蔡氏，黄粱氏；貞女張氏女；烈女李章聘妻白氏，劉桂姐，尚氏女；均乾隆年間旌。

寇璠妻賈氏。臨潁人。夫亡守節。同縣田雷妻張氏、宋汾妻周氏，烈婦宋更寅聘妻陳氏、馬悦兒妻韋氏，均乾隆年間旌。

崔興祖妻李氏。襄城人。夫亡守節。同縣節婦朱永祚妻戴氏，馬羣妻李氏，常復輝妻楊氏，傅恂悦妻侯氏，聶存惠妻馮氏，李長秀妻孫氏，耿裝妻李氏，馮原澍妻李氏，王佐妻古氏，聶存新妻王氏，田夢月妻姚氏，王文錦妻戴氏，張烈妻魏氏，張炎妻趙氏，張廷梅妻耿氏，黄甲雩妻張氏，趙乾元妻耿氏，劉文焕妻藺氏，張述秀妻劉氏，李樹烈妻賈氏，萬兆元妻朱氏，楊遂妻張氏，賀梅登妻查氏〔一四〕，張溥妻李氏，陳炳妻張氏，賈昱妻李氏，孟良才妻王氏，張本濟妻謝氏，趙俊妻賈氏，李來鳳妻紀氏，王琳妻閻氏，耿愷妻孔氏，耿坪妻閻氏，李儼妻張氏，姚九里妻王氏，魏炎妻張氏，魏可化妻袁氏，姚九井妻雷氏，劉儒妻關氏，劉琰妻李氏，劉之璠妻寇氏，侯觀妻劉氏，侯見妻劉氏，郭元瀓妻王氏，王仁安妻史氏，丁復良妻李氏，張勇妻方氏，李超妻劉氏，郭懷仁妻張氏〔一五〕，武纓妻陳氏，楊琳妻談氏，井仲義妻盧氏，冀經魁妻張氏，郭元龍妻顔氏，李淑逢妻馮氏，王淑謹妻董氏，盛士謙妻王氏；烈婦楊柱妻李氏，劉潛修妻蔣氏，趙維精妻陳氏，張某妻馮氏，郭某妻楊氏，馮勇妻牛氏，韓春妻劉氏，柏某妻陳氏；貞女張氏女；烈女李氏女，姚氏女，盛氏女，董氏女。均乾隆年間旌。

李重賞妻閻氏。郾城人。夫亡守節。同縣節婦周佺妻李氏，謝垣妻李氏，劉介石妻陳氏，趙子儉妻師氏，薛錦妻李氏，李文炳妻王氏，尚宗堯妻劉氏，尚宗禹妻孫氏，陳輝妻趙氏，彭君妻寇氏，彭楷妻閻氏，郭思德妻李氏，李文照妻王氏，秦培元妻程氏，于淳修妻温氏；烈婦馬氏，張氏，劉氏，張五敦妻郭氏，劉智媳高氏，徐驟妻高氏。均乾隆年間旌。

黄廷案妻張氏。長葛人。夫亡守節。同縣節婦李象謙妻孟氏，孫應昭妻李氏，桑挺妻陳氏，李枚妻路氏，張淑齡妻李氏，楊日升妻張氏，楊覲祖妻李氏，喬大義妻胡氏，胡濟時妻劉氏；烈婦史文奇妻杜氏，李有德妻路氏，余士元妻余氏，宋經年妻李氏，鮑承恩妻張氏；烈女王氏女。均乾隆年間旌。

徐鳳妻馬氏。許州人。夫亡守節。同州節婦王顯曾妻李氏，霍復恒妻胡氏，陳克讓妻王氏，顏秉義妻郭氏，尚奎生妻孟氏；烈婦李觀成妻董氏，史柱妻彭氏，史某妻龐氏，史西齡妻張氏，馬千里妻周氏，張平有妻張氏；烈女張一妮。均嘉慶年間旌。

王臣妻宋氏。臨潁人。夫亡守節。同縣節婦沈甲申妻王氏、毛泳和妻宋氏，均嘉慶年間旌。

姚述卿繼妻秦氏。襄城人。于歸十二日，夫亡，與妾張氏，阨窮守節。同縣節婦陳諫書妻貝氏，趙淑己妻李氏，張廷諤妻姚氏，湯九錫妻張氏，耿兆吉妻常氏，黄朝宰妻張氏，劉衣德妻常氏，孫鳴晉妻王氏，閻玉槐妻雷氏，牛九苞妻姚氏；烈婦李得春妻武氏，趙景太妻海氏，趙明妻靳氏，孫同州妻張氏；烈女李氏女。均嘉慶年間旌。

張廣基妻李氏。郾城人。夫亡守節。同縣節婦朱楫妻陳氏、尚瑋妻宋氏、尚思忠妻宋氏、尚元魁妻李氏，烈婦王添保妻黄氏、王某妻張氏，均嘉慶年間旌。

朱松妮。長葛人。守貞自盡。嘉慶年間旌。

仙釋

漢

薊子訓。建安中，詣許。公卿以下，候之者坐上恒數百人，皆爲設酒脯，終日不匱。後因遁去，遂不知所止。

李根。許昌人。有趙買者，聞其父、祖言，已見根，比買事根，年已八十四，而根年少自若。有得根素書讀之，其自記云以漢元封中學道於某甲，計之已七百餘歲矣。

唐

杜生。許州人。善易占。有亡奴者，問所從追。戒曰：「自此行，逢使者，懇丐其鞭。若不可，則以情告。」其人果值使者于道，如生語，使者異之，曰：「去鞭，吾無以進馬，可折道旁蔞代之。」乃往折蔞，見亡奴伏其下，獲之。它日，又有亡奴者，生戒持錢五百伺于道，見進鷂使者，可市其一，必得奴。俄而使至，其人以情告，使者以一與之，忽飛集灌莽上，往取之而得亡奴。衆以爲神。

土産

絹。唐書地理志：潁川郡土貢絹。

藨布。唐書地理志：潁川郡土貢藨布。

柿。唐書地理志：潁川郡土貢柿。

薏苡。許、潁田野多種之，土人採以爲食。

寒菜。州志：城東南隅者最佳。

校勘記

〔一〕郡中大治　「大」，原作「天」，據乾隆志卷一七三許州名宦（下同卷簡稱乾隆志）改。

〔二〕瀕溵綿地二百里　「地」，原作「城」，乾隆志同，據新唐書卷一七〇高承簡傳改。

〔三〕俄羣烏來啄蝗殆盡　「殆」，原作「始」，據文意改。按，乾隆志及元史卷一九三劉天孚傳作「爲」。「殆」意略近，「始」與「殆」形似而誤也。

〔四〕深取略陽　「取略」，原作「入洛」，乾隆志同，據後漢書卷二〇祭遵傳改。

〔五〕鄧奉反新野　「新野」，原作「修野」，乾隆志同，據後漢書卷二二堅鐔傳改。

〔六〕再遷亢父令　「亢父」，原作「元父」，乾隆志同，據三國志卷一〇魏書荀彧傳改。

〔七〕著良吏傳十卷　「吏」，原作「史」，乾隆志同，據南史卷七二鍾嶸傳及隋書卷三三經籍志改。

〔八〕高祖入輔　「入」，原作「八」，據乾隆志及陳書卷一三荀朗傳改。

〔九〕久視二年三月大雨雪　乾隆志同。按，久視僅有元年，次年正月丁丑改元大足，此「久視二年」必有誤。考新唐書卷三六五行志云「久視元年三月大雪」，則「二」爲「元」之誤。然新唐書卷一一二王求禮傳已誤作「久視二年」，資治通鑑卷二〇七唐紀又繫其事於長安元年三月，胡三省注云：「考異曰：統紀在延載元年，僉載在久視二年。」史載各異，姑存疑待考。

〔一〇〕命與上官正討平之　「正」，原作「征」，據乾隆志及宋史卷二六一焦守節傳改。

〔一一〕子庭玉　「庭」，原作「延」，乾隆志作「廷」，據宋史卷三三三李先傳改。

〔一二〕何中立妻韓氏　「立」，乾隆志作「位」。

〔一三〕郭鍇妻鍾氏　「鍾氏」，乾隆志作「董氏」。

〔一四〕賀梅登妻查氏　「梅」，乾隆志作「嵋」。

〔一五〕郭懷仁妻張氏　「仁」，乾隆志作「安」。

陜州直隷州圖

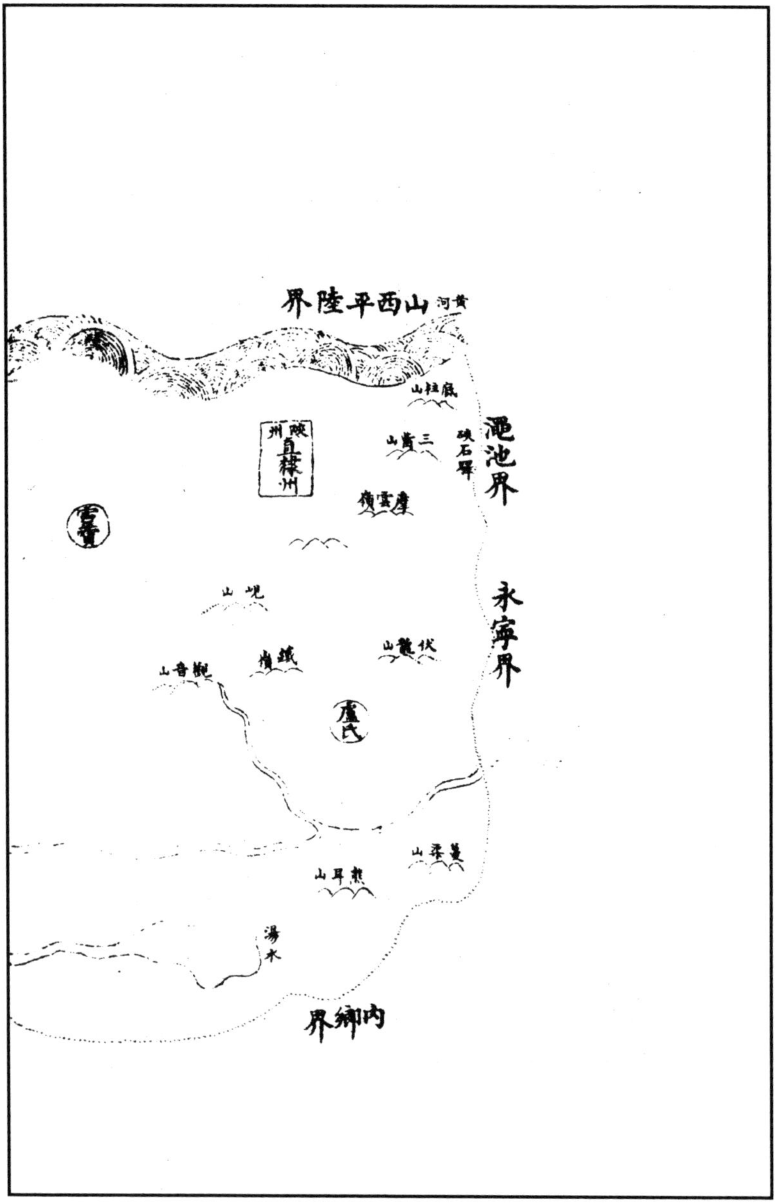
山西平陸界
黃河
底柱山
陝州直隸州
硤石驛
澠池界
摩雲嶺
靈寶
峴山
永寧界
伏龍山
鐵嶺
觀音山
盧氏
熊耳山
湯水
內鄉界

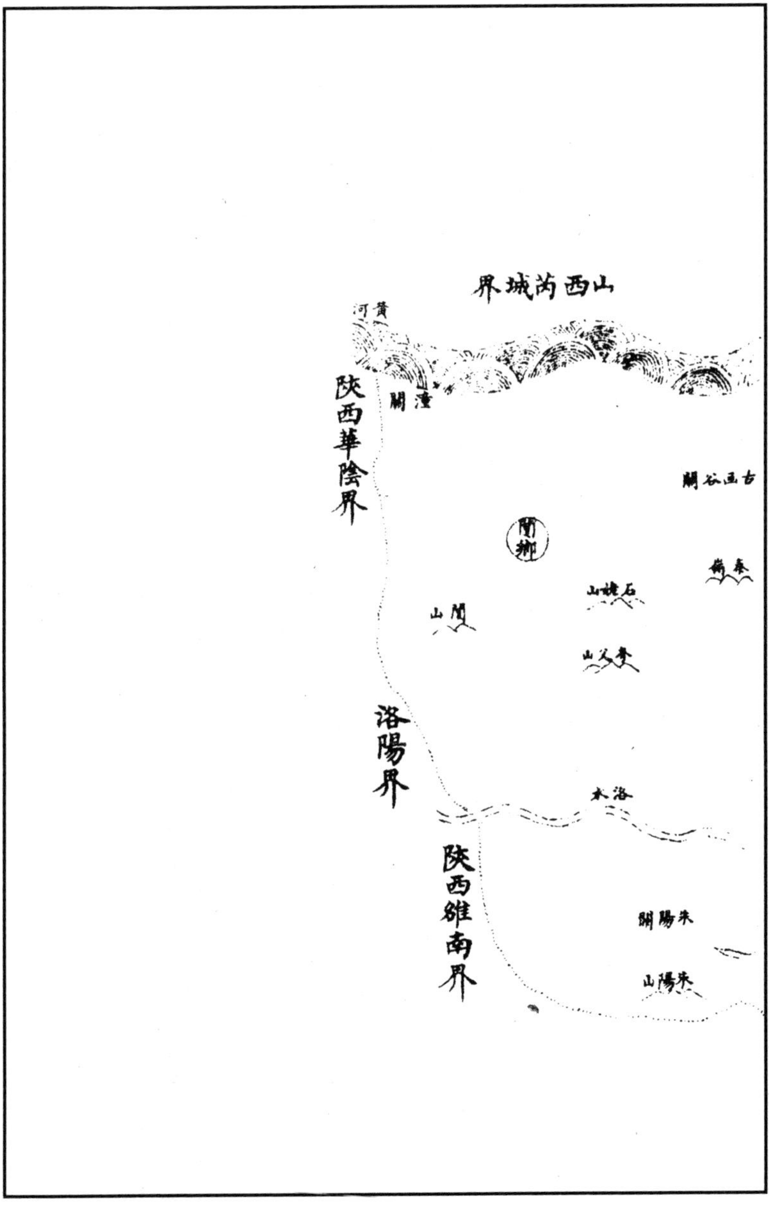
山西芮城界
黃河
潼關
陝西華陰界
古函谷關
閿鄉
秦嶺
閿山
夸父山
洛陽界
洛水
陝西雒南界
朱陽關
朱陽山

陝州直隸州表

	陝州直隸州		
秦		陝縣 屬三川郡。	
兩漢		陝縣 屬弘農郡。	
三國		陝縣	
晉	苻秦移弘農郡來治。	陝縣 苻秦弘農郡治。	
南北朝	陝州 恒農郡 魏太和十一年置州，十八年罷。太平初復，西魏大統三年罷。周明帝二年復置。	陝縣 州郡治。後改名北陝。	陝中縣 魏置，屬恒農郡。
隋	開皇初郡廢，大業初州廢，義寧初復置弘農郡	陝縣 大業初屬河南郡。	
唐	陝州 陝郡 武德初復置州，屬河南道。天寶初改郡，天祐初升興唐府，昭宣帝初罷。	陝縣 州治。	
五代	陝州 梁開平二年更軍名鎮國。唐復曰保義。	陝縣	
宋金附	陝州 陝郡 太平興國初改保平軍節度，屬永興路。金曰陝州，屬南京路。	陝縣	
元	陝州 屬河南府。	陝縣	
明	陝州 屬河南府。	初省入州。	

續表

	靈寶縣		
		函谷關地。	
宜陽縣地。		弘農郡 元鼎四年置。	弘農縣 郡治。
		弘農郡	弘農縣
		弘農郡	弘農縣
崤縣 魏置。周明帝二年置崤郡。		西恒農郡 魏改名。周廢。	恒農縣 魏改名。
開皇初罷郡，大業初廢縣，義寧元年重置縣，尋廢。	桃林縣 開皇十六年分弘農置，屬河南郡，義寧初屬弘農郡。	弘農郡 大業三年復置，義寧初改爲鳳林郡。	弘農縣 復改名。
硤石縣 武德初復置，屬函州。八年改屬陝州。貞觀十四年更名。	靈寶縣 屬陝州。天寶初更名。	虢州弘農郡 武德初置鼎州，貞觀八年廢，移虢州來治，屬河東道。	弘農縣
硤石縣	靈寶縣	虢州	弘農縣
熙寧六年省。	靈寶縣	虢州虢郡 屬永興路。金貞祐二年爲陝州支郡。	虢略縣 至道三年更名。
	靈寶縣 至元三年省入陝縣，八年復置，仍屬陝州。	至元八年廢。	至元八年廢。
	靈寶縣 屬河南府。		

	閿鄉縣
	湖關地。
	湖縣初屬京兆尹，後漢屬弘農郡。
	湖縣
	湖縣
後魏置石城郡石城縣，廢帝更縣名玉城。西魏並廢。	周明帝二年置閿鄉郡。 湖城縣魏更名。
義寧初復置玉城縣。 朱陽縣大業二年移置，屬弘農郡。又有邑陽縣，開皇末更名邑川，大業初省入。	閿鄉縣開皇三年廢郡，十六年改置縣，屬河南郡。 開皇十六年改廢，義寧初復置。
玉城縣屬虢州。 朱陽縣屬虢州。	閿鄉縣武德初屬陝州，貞觀八年改屬虢州。 湖城縣屬虢州。乾元初更名天平，大曆四年復。
玉城縣 朱陽縣	閿鄉縣 湖城縣
熙寧四年省入虢略。 朱陽縣乾德六年廢入常農，太平興國七年復。金海陵時又廢，後復置。	閿鄉縣太平興國三年改屬陝州。 湖城縣熙寧四年省入靈寶，元豐元年復置。
朱陽縣至元八年省入靈寶。	閿鄉縣 湖城縣至正元年省入閿鄉。
	閿鄉縣屬河南府。

盧氏縣			
盧氏縣屬弘農郡。			
盧氏縣			
盧氏縣屬上洛郡。			
盧氏縣魏置漢安郡。西魏改義川郡，又置義州。	朱陽郡魏置。周廢。	朱陽縣	
盧氏縣開皇初廢郡，改置虢州。大業初州廢，仍屬弘農郡。義寧元年置虢郡。		大業二年徙今靈寶界。	
盧氏縣武德初復曰虢州。貞觀八年州徙，弘農縣屬。			
盧氏縣			
盧氏縣		欒川縣崇寧三年置，屬虢州。金貞元二年廢入盧氏。	
盧氏縣至元二年屬南京路，八年屬南陽府，十一年屬嵩州。			
盧氏縣洪武三年屬陝州，萬曆初改屬河南府。			

續表

大清一統志卷二百二十

陝州直隸州一

在河南省治西六百八十里。東西距三百三十里，南北距四百三十里。東至河南府澠池縣界一百五十里，西至陝西潼關廳界一百八十里，南至南陽府内鄉縣界三百七十里，北至山西解州芮城縣界六十里。東南至河南府永寧縣界一百二十里，西南至陝西商州雒南縣界二百二十里，東北至解州平陸縣界四十里，西北至解州治一百里。本州境東西距一百五十里，南北距一百里。東至河南府澠池縣界一百十里，西至靈寶縣界四十里，南至河南府永寧縣界一百里，北至解州平陸縣界一里。東南至永寧縣界九十六里，西南至靈寶縣界四十里，東北至平陸縣界四十里，西北至解州治一百里。自州治至京師二千一百里。

分野

天文柳、星、張分野，鶉火之次。

建置沿革

禹貢豫州之域。周初，爲周、召分治之所。春秋時地入於晉。戰國屬魏，後屬韓。秦置陝縣，屬三川郡。漢屬弘農郡，後改恒農。晉復舊。苻秦爲弘農郡治。後魏避諱，復爲恒農郡。太和十一年，置陝州，十八年罷，天平初復置。後魏宣武帝分盧氏置南陝縣，故此地謂之北陝。西魏大統三年罷。後周明帝二年復置。兼置崤郡。隋開皇三年，郡廢。大業三年，州廢，屬河南郡。義寧元年，復置弘農郡。唐武德元年，復曰陝州，置總管府。貞觀元年，府罷。天寶元年，改州爲陝郡。乾元元年，復爲州。廣德元年，更置大都督府，屬河南道。天祐元年，升爲興唐府。昭宣帝初，府罷，復爲大都督府。自乾元至五代，常置節度、觀察、防禦諸使，以州爲治所，賜軍號。宋曰陝州陝郡，太平興國初，改保平軍節度，屬永興路。金曰陝州，屬南京路。元屬河南府。明省縣入州，屬河南府。

本朝雍正二年，升爲直隸州，領縣二。靈寶、閿鄉。十二年，以舊屬河南府盧氏縣來隸，今領縣三。

靈寶縣。在州西六十里。東西距五十五里，南北距一百三十里。東至本州界二十里，西至閿鄉縣界三十五里，南至盧氏縣界一百二十里，北至山西解州芮城縣界十里。東南至盧氏縣界一百十里，西南至陝西商州雒南縣界一百八十里，東北至解州平陸縣界七十里，西北至芮城縣界四十里。秦函谷關地。漢元鼎四年，置弘農縣，兼置弘農郡治焉，後改恒農。晉、宋復舊。後魏復改曰恒農，爲西恒農郡治。後周郡廢。隋復曰弘農，開皇十六年，析置桃林縣。大業初，仍置弘農郡，以桃林縣屬河南郡。義寧元年，改弘農爲鳳林郡。唐武德元年，以弘農置鼎州。貞觀八年，州廢。又自盧氏移虢州治弘農，屬河東道，以桃林縣屬陝州。天寶元年，改桃林爲靈寶。五代因之。宋曰虢州虢郡，屬永興路。至道三年，改弘農縣爲虢略，屬虢州，靈寶縣仍屬陝州。金因之。元至元三年，省靈寶入陝縣。八年復置，並虢州及虢略縣入之。明屬河南府。本朝雍正二年，屬陝州。

閿鄉縣。在州西南一百二十里。東西距八十五里，南北距三十三里。東至靈寳縣界二十五里，西至陝西潼關廳界六十里，南至陝西商州雒南縣界二十五里，北至山西解州芮城縣界八里。東南至盧氏縣界一百八十里，西南至河南府洛陽縣界五十里，東北至解州界八十里，西北至山西蒲州府界一百一十里。秦湖關地。漢置湖縣，屬京兆尹。後漢建武十五年，改屬弘農郡。魏、晉因之。梁、魏曰湖城縣。隋開皇十六年，改置閿鄉縣，屬河南郡。唐武德初，屬陝州。貞觀八年，改屬虢州。五代因之。宋太平興國三年，還屬陝州。金、元因之。明屬河南府。本朝雍正二年，屬陝州。

盧氏縣。在州西南一百四十里。東西距二百里，南北距一百三十里。東至河南府永寧縣界五十里，西至陝西商州雒南縣界一百五十里，南至南陽府内鄉縣界五十里，北至靈寳縣界八十里。東南至河南府嵩縣治一百六十里，西南至商州治三百里，東北至州治一百四十里，西北至閿鄉縣治一百八十里。春秋西虢邑。漢置盧氏縣，屬弘農郡。後漢因之。晉屬上洛郡。劉宋仍屬弘農郡。後魏屬金門郡，後又分置漢安郡。西魏改置義州義川郡。隋開皇初，郡廢，改置虢州。大業初，州廢，仍屬弘農郡。義寧元年，置虢郡。唐武德元年，復曰虢州。貞觀八年，州移治弘農，以縣屬焉。五代、宋、金因之。元至元二年，屬南京路。八年，屬南陽府。十一年，屬嵩州。明洪武三年，屬陝州。弘治四年，屬河南府。本朝雍正十二年，屬陝州。

形勢

東自殽陵，西至潼津，通名函谷，號爲天險。後魏崔浩論。南倚山原，北臨黄河，良爲形勝。戴延之西征記。

風俗

刑訟簡省，民安生業。甘棠驛記。士知嚮於詩書，民知樂於禮義，有召南之遺風。范祖禹表。

城池

陝州城。周九里有奇，門四，池廣二丈。明洪武初增築。本朝康熙十八年修，雍正七年、乾隆二十七年重修。

靈寶縣城。周三里，門五，池廣一丈五尺。明嘉靖八年建。本朝康熙二十三年修，雍正五年重修。

閿鄉縣城。周四里，門三，池廣一丈。明萬曆十八年築石隄護城。本朝順治七年修，十一年、乾隆十二年、十七年重修。

盧氏縣城。周七里有奇，門四，池廣八尺。明洪武初增築。本朝康熙十三年修，五十年重修。

學校

陝州學。在州治東，元舊址。明洪武三年建。本朝順治五年修，乾隆五年重修。入學額數十五名。

靈寶縣學。在縣治南。明洪武三年建。本朝康熙四十八年修，雍正七年重修。入學額數十五名。

閿鄉縣學。在縣治東南。明洪武三年建，後圮於水，十七年重建。本朝順治十年修。入學額數十二名。

盧氏縣學。在縣治東南，元舊址。明洪武元年重建。本朝雍正五年修，乾隆二年重修。入學額數十一名。

召南書院。在州治。本朝康熙六十年建。

湖城書院。在閿鄉縣治。本朝乾隆十四年建。

户口

原額人丁三萬六千一百八十，今滋生男婦大小五十三萬七千四百三名口，計一十萬六千九百四十八户。

田賦

田地一萬一千三百八十一頃八十二畝，額徵地丁正、雜等銀十二萬一千六百九十四兩二錢三分。

山川

羊角山。在州城内西北隅。高百餘丈，上有披雲亭。

梨山。在州東四十五里。上有廟，禱雨輒應。

三犄山。在州東五十里。上有三峯，宋李彦仙堅守三犄，即此。

擎雲山。在州東七十里。山有二峯，最高聳。相近又有馬鞍山。

橐山。在州東九十里。水經注：橐水出橐山。州志：橐山又東十里爲罌瓶山，又東南有熊耳山。

崤山。在州東南七十里。輿地廣記：二崤山，連入硤石界。金史地理志：陝州有三崤山。按：山接河南府永寧縣界，詳見「永寧縣」。

明山。在州東南一百里。石巖陡峻，旁有龍潭。

常烝山。在州城南。水經注：菑水、譙水，皆出常烝之山，俗謂之于山，在陝城南八十里。州志又有乾山，在州城南百里。

雞足山。在州西南二里。名勝志：上有虎巖，盤踞河渚。

虢山。在州城西。史記：魏文二十六年，虢山頹，壅河。注：徐廣曰：「在陝。」括地志：虢山在陝州陝縣西二里，臨黄河，今臨河有岡阜，似是頹山之餘。

底柱山。在州東北四十里黄河中。禹貢：底柱析城。注：「底柱石，在大河中流，其形如柱，今陝州陝縣三門山是也。」

漢書溝洫志：武帝時，河東守番係言：「漕從山東西，歲百餘萬石，更底柱之艱，敗亡甚多。」鴻嘉四年，河水決溢，楊焉上言：「河從上下，底柱險隘，可鐫之使廣。」從之。石裁没水中，而水益湍怒，爲害彌甚。水經注：河水東過底柱間，昔禹治洪水，山陵當水者鑿之，故破山以通河。三穿既決，水流疏分，指狀表目，亦謂之三門。隋大業七年，底柱山崩，偃河逆流數十里。唐貞觀十二年，幸河北，觀底柱，令魏徵勒銘。唐書食貨志：高宗時，江淮漕自東都，率陸運至陝，以避三門底柱之險。顯慶元年，苑西監褚朗議鑿三門山爲梁，通陸運，功不成。後大匠楊務廉又鑿棧道以輓漕，舟人以爲苦。開元二十一年，轉運使裴耀卿請於三門東西各置一倉，水險則止，水通則下，無復留滯，省費鉅萬。從之。趙冬曦三門賦序：底柱山六峯，皆生河之中流。其最北有兩柱相對，距崖而立，即所謂三門也。次南有孤峯揭起，峯頂平闊。西有孤石數丈，圓如削成。復次南有三峯，東曰金門，中曰三堆，西曰天柱。河水從黄老神前東流湍激，蹙於蝦石，折流而南，漱於三門，苞於廟山，乃分爲四流，淙於三峯之下，抵於曲隈，會流東注。陝州志：三門，中神門，南鬼門，北人門，惟人門修廣可行舟。鬼門尤險，舟筏入者，罕有得脱。三門之廣，約三十丈。本朝康熙四十二年，聖祖仁皇帝西巡，有御製三門山記。

峴頭山。在靈寶縣東南三十五里。一作峴山。又北爲寶山。唐書地理志：陝有峴山。

鹿蹏山。在靈寶縣東南四十里。水經注：田渠水逕鹿蹏山西，山石上有鹿蹏，自然成者，非人工所刊。寰宇記：在玉城縣西南二里。

燕子山。在靈寶縣東南七十里。秋燕多蟄於此。

女郎山。在靈寶縣南一百餘里。名勝志：靈泉出焉，唐李德裕有靈泉賦。

伏犢山。在靈寶縣西南。寰宇記：在弘農縣西南二十八里，東接崤、函，西連仙掌。

石城山。在靈寶縣西南。本名衡山。漢志：弘農衙山嶺下谷，燭水所出。水經注作衡嶺，世謂之石城山。開山圖曰：衡山在函谷山西南。寰宇記：石城山，在弘農縣西南三十五里。

石隄山。在靈寶縣西南六十里。水經注：柏谷水出弘農縣西石隄山。山下有石隄祠。寰宇記：石隄山，在弘農縣西南十七里，西連華山。

浮山。在靈寶縣西南九十里。縣志：上有浮丘豐濟侯廟、墓。

地肺山。在靈寶縣西南。即古枯樅山也，亦名肺山。後漢書郡國志：弘農有枯樅山。東觀漢記：徐宣、樊崇入至弘農枯樅山下，與更始將軍蘇茂戰，崇北至務鄉，轉至湖。隋志：朱陽縣有肺山。寰宇記作地肺山。縣志：山在縣西南一百里，務鄉在縣西南三十里。

夸父山。在閿鄉縣東南。水經注：湖水出桃林塞之夸父山，廣圓三百仞。山海經曰湖縣西九十里，曰夸父之山，其木多椶柟，多竹箭，其陽多玉，其陰多鐵。元和志：夸父山，在湖城縣東南三十五里。

秦山。在閿鄉縣南三十里。元和志：秦山一名秦嶺，高二千丈，周三百里。南入商州，西南入華州界。名勝志：諺云「秦爲頭，號爲尾」，與太華相連。

荆山。在閿鄉縣南三十五里。史記封禪書：黄帝採首山之銅，鑄鼎於荆山下，故名其處曰鼎湖。魏書釋老志：世宗嘗於恒農荆山造珉玉像。唐志：湖城有覆釜山，一名荆山。元和志：山在湖城縣南。韓愈詩：「荆山已去華山來，日照潼關四扇開。」李商隱詩：「楊僕移關三百里，可能全是爲荆山。」皆此荆山也。明統志：相近有鑄鼎原，又有獨遊山，世傳黄帝舊居於此。

石姥山。在閿鄉縣西南四十里。名勝志：石姥水，出石姥谷，入谷三里，飛泉百出，而下注於湖水。

閿山。在閿鄉縣西南七十里。即秦山別峯，縣以此名。

抱犢山。在盧氏縣東南九十里。山極高峻，昔人多避兵於此。一名抱犢砦。

支離山。在盧氏縣東南，東接嵩縣界。水經：淯水出盧氏縣支離山。

蔓渠山。在盧氏縣東南一百里。一名鸞山，一名悶頓嶺。水經：伊水出南陽縣西蔓渠山。注：山海經：「蔓渠之山，伊水出焉。」淮南子曰：「伊水出上魏山。」地理志曰出熊耳山，即麓大同，陵巒互別耳。括地志：伊水出盧氏縣東鸞山。明統志：悶頓嶺，伊水出焉。

熊耳山。在盧氏縣南。禹貢：導洛自熊耳。蔡傳：「洛水出冢領山，禹特自熊耳導之耳。」山海經：熊耳之山，浮濠之水出焉，西流注於洛。漢書地理志：弘農郡盧氏熊耳山在東，伊水出。水經注：洛水又東逕熊耳山北，又逕鵾渠關北，稱荀渠山。雙峯齊秀，望若熊耳，其水兩分。元和志：熊耳山在盧氏縣南七十里。寰宇記：按遁甲開山圖，熊耳山有金匱石室，夏禹藏圖書之所。

箭口山。在盧氏縣南二百里。

石門山。在盧氏縣西南。寰宇記：自朱陽邐迤向縣西界，入熊耳山，去縣二十里，山形似門。

朱陽山。在盧氏縣西南。寰宇記：自兜牟山邐迤向縣西南，入西石門山，去縣一百里。出檀木爲弓材。金史地理志：虢州盧氏有朱陽山。

兜牟山。在盧氏縣西南。寰宇記：自商州洛南縣邐迤向縣西，卻入朱陽山，去縣一百四十五里，山形似兜牟。

小青山。在盧氏縣西四十里。明統志：產青碌。永樂中，嘗採取以備營造。唐李泌傳「虢州盧氏山冶，近出瑟瑟」，即其類也。

玄武山。在盧氏縣西一百里。

盧氏山。在盧氏縣西北。水經注：開山圖曰，盧氏山宜五穀，可避水災，亦通謂之石城山。元和志：盧氏山，或言盧敖得道於此。

觀音山。在盧氏縣西北一百里。明統志：沙窩水出焉。

伏龍山。在盧氏縣北二十里。

邢公山。在盧氏縣北九十里。明統志：唐盛彦師殺李密、王伯當於此。密嘗封邢國公，故名。下有斷密澗。按：唐書盛彦師傳以爲在熊耳山，李密傳以爲在陸渾縣南邢公峴，通鑑考異以爲在邢公山。蓋始統謂之熊耳山，唐以後乃别名邢公山。

虢山。在盧氏縣東北半里許。世傳虢公初都於此。

五花嶺。在州東二十里。

分水嶺。在州東六十里。有泉分爲二支，一西經本州界，一東入河南府澠池縣界。

摩雲嶺。在州城南八十里。州志：其高插空，林木蒼翠，每遇陰雨，雲霧旋覆。

牧㰛嶺。在靈寶縣西南十五里。

將軍嶺。在靈寶縣西南一百二十里。上有竇建德冢，故名。

雲霧嶺。在盧氏縣西六里。又三十里爲野馬嶺，一百六十里爲箭幹嶺。

鐵嶺。在盧氏縣北五十里。一名車箱谷。劉宋元嘉二十七年北討，略陽太守龐法起等度鐵山嶺，次開方口。金天興元年，徒單武丹自陜州西南逕入大山，軍至鐵嶺而潰。縣志：山石色如鐵，故名。昔人鑿通道，長廣如車箱。杜甫詩「車箱入谷無多路」謂此。「徒單武丹」舊作「徒單兀典」，今改。

百丈崖。在盧氏縣南。宋書柳元景傳：太祖北討，元景引軍上百丈崖，出温谷，以入盧氏。

朱砂崖。在盧氏縣西二十里。舊産朱砂。又青崖，在縣西九十里。

疆子坂。在州東南五十里。唐乾元二年，史思明將李歸仁入寇陜州，衛伯玉敗之於疆子坂，即此。

黄卷坂。在閿鄉縣西北。潘岳西征賦：發閿鄉而警策，泝黄卷以濟潼。注：「黄卷，坡名。」水經注：河水自潼關東北流，水側有長坂，謂之黄卷。坂旁絶澗，陟此坂以升潼關。元和志：黄卷坂，在縣西北二十五里。

峪溝洞。在州東南五十里。舊産銅。

湖峪。在閿鄉縣南二十里。有大湖峪、小湖峪，湖水出焉。

棗鄉峪。在閿鄉縣西南六十里。

茅峪。在盧氏縣東十里。明統志：上有雲谿洞，相傳昔盧敖結茅於此。又文峪，在縣東南十里，有水北流入洛。

鬻谷。在盧氏縣南山中。宋元嘉二十七年北討，雍州部將龐季明自鬻谷入盧氏。

莘原。在州東南五十里。左傳莊公三十二年：虢有神降於莘。注：「莘，虢地。」元和志：莘野在硤石縣西十五里。

陜原。在州西南。亦名陜陌。後漢書郡國志：弘農郡陜有陜陌。注：「博物記：二伯所分。」括地志：陜原在陜縣西南二十五里，分陜從原爲界。歐陽修集古録：陜州石柱，相傳以爲周、召分陜所立，以别地里。

西原。在靈寶縣西南五十里。唐天寶末，哥舒翰出潼關，次靈寶西原，與崔乾祐戰，即此。

細腰原。在靈寶縣西。寰宇記：細腰原在縣西南七十九里。東西闊三里，南北長十里，俗以中心狹細如束素之腰，故名。

皇天原。在閿鄉縣西南四十五里。一名董杜原。水經注：閿山東首，上平博，方可里餘。三面壁立，高千餘仞。漢世祭天於其上，名之爲皇天原。上有漢武帝思子臺。隋書楊玄感傳：大業中，玄感至閿鄉，上盤豆布陣，復陣於董杜原。

桃原。在閿鄉縣西，即古桃林也。書武成：放牛於桃林之野。山海經：夸父山北有林焉，名曰桃林。注：「在閿鄉南谷中。」水經注：武王伐紂，天下既定，放牛桃林。又皇天原西名桃原，西征賦曰「咸徵名於桃園」者也。元和志：桃原在閿鄉縣東北十里。寰宇記：自靈寶以西至潼關，皆桃林地。通鑑地理通釋：自潼關至函谷，歷陝、華二州之地，俱謂之桃林塞。

方伯堆。在靈寶縣西南。宋元嘉二十七年，龐法起自盧氏度鐵嶺山，次開方口，又進次方伯阜，即此。水經注：開方口水側有阜，名方伯堆。堆上有城，即方伯所築也。元和志：方伯堆，在弘農縣東南五里。宋奮威將軍魯方平所築。按：唐置府兵，虢州有開方府，蓋因開方口爲名也。

九龍凹。在盧氏縣北二里。明統志：其凹有九，狀如缺環，中有九龍廟。

黄河。自陝西華陰縣界潼關，折而東，流逕閿鄉縣北，又東逕靈寶縣北，又東逕州城西北三里，又東入河南府澠池縣界。禹貢：導河東至於底柱。水經：河水又東北，玉澗水注之。又東逕閿鄉城南〔一〕，東與全鳩澗水合，又東過河北縣南，永樂澗水注之，自河北城南，東逕芮城，又會槃澗，又東逕湖縣故城北，又東合柏谷水，又東，右合門水，於此有洹津之名。又右合曹水，又東合菑水，又東合七里澗，又東合譙水，又東過陝縣北，合橐水，又西逕陝縣故城南，又東過大陽縣南，又東逕大陽縣故城南，又東，沙澗水注之，又東過底柱間，右則崤水注之，又東，千崤之水注焉，又東至五户灘。注：自底柱以下，五户以上，其間一百二十里，河水竦石桀出，勢連襄陸，蓋亦禹鑿以通河，疑此閼流也。其山雖闢，尚梗湍流，激石縈洄，澴波怒溢〔二〕，合有一十九灘。禹貢錐指：底柱之險，不減於龍門。漢成帝鴻嘉四年，使楊焉鐫廣之，而爲害甚於故。魏、晉之世，兩經修治，功卒不集。唐貞觀十一年，河溢，壞陝州河北縣。是時自洛至陝，皆運於陸。自陝至京，乃運於水。開元二十二年，從裴耀卿言，開三門山北路十八里，謂之北運。二十九年，李齊物鑿底柱爲門，以通漕，開山顛爲輓路，然棄石入河，激水益湍怒，舟不能入新門。候水漲，以人輓舟而上，歲漕經底柱覆者幾半。貞元二年，李泌益鑿集津倉山西逕爲運道，屬於三門倉，遂罷南路陸運。宋乾德初，詔重鑿底柱三門。慶曆中，陝西用兵，歐陽修請案裴耀卿舊迹，以通漕運，不果行。大抵三門之險，不專在底柱，其下皆有閼流爲之阻。蓋自底柱以東，夾河羣山之水，並注於河，上激六峯，下阻十九灘，湍波倍加洶湧。昔人但欲鐫廣三門，不惟無益，害且滋甚，則以鐫石落水，河身愈淺。三門雖廣，不能勝百二十里之閼流故也。

馬家河。在州東二十里。源出棃山，北流入於河。

公主河。在州東北四十里。三門山之左，唐開元中，鑿此通漕，以避三門之艱，流百丈許，復入河。

崤水。在州東。水經注：崤水出盤崤山西北流，水上有梁，俗謂之鴨橋。歷澗水東北流，與石崤水合。又北合西水，注於河。又有千崤水，出千崤山，北流纏、絡二道。漢建安中，曹公西討巴、漢，惡南路之險，故更開北道，自後行旅率多從之，其水北流注於河。

安陽溪水。在州東南。水經注：安陽溪水出石崤南，西逕安陽城南，東合漫澗水。寰宇記有硤石水，在硤石縣東二十里，源出土嶺，西逕硤石山，合橐水。即此。

橐水。在州南。一名漫澗。西征賦：行於漫瀆之口。水經注：橐水出橐山西，北流合逕崖硤，北流與于山之水會，兩川合注於崖水，又東北注橐水，北流入谷，謂之漫澗，與安陽溪水合，又西北逕陝城西，西北入河。金史地理志：陝有橐水。州志：水在州城南門外，一名永定澗，益以山澗諸水，勢甚暴悍。

譙水。在州西南。水經注：譙水出常烝山，二源雙導，同注一壑，西北流注於河。名勝志：譙水在城南三里，平地湧出，與橐水並流入河，俗呼三里澗。

曹水。在靈寶縣東。一名好陽澗，源出峴頭山。水經注：曹水出南山，北逕曹陽亭。晉書地道記曰，亭在弘農縣東十二里，其水西北流入於河。

菑水。在靈寶縣東。水經注：菑水出常烝山，西北逕曲沃城南，又屈逕其城西，西北入河。隋書地理志：桃林有淄水。縣志：即菑水也，在縣東二十里。

田渠水。在靈寶縣東南。一名五陽水。水經注：田渠水，出衡山之白石谷，東北流逕故丘亭東，又逕鹿蹏山西，又西北流注於燭水。寰宇記：五陽水，在玉城縣西十五里，北流與開方水合。縣志有壩底河，源出乾山，北流逕川口南道，至十字口北，入弘農澗，即一水也。

燭水。在靈寶縣南。後漢書郡國志：燭水出衡山嶺下谷〔三〕。水經注：燭水有二源。左水南出石城山東北，流逕石城西，東北合右水。右水出石城山東北，逕石城東，東北入左水。亂流東注於緒茹之水，歷澗東北出，謂之開方口。又東北逕邑川城南，又東北，田渠川水注之〔四〕，又北入門水，北流而注於河。

柏谷水。在靈寶縣西南一百里。水經注：柏谷水，出石隄山，北流逕柏谷亭下，又北入河。寰宇記：一名鏊澗水。縣志又有稠桑河，在縣西二十里。

門水。在靈寶縣西南。一名弘農澗，又名鴻臚澗。山海經：陽華之山，門水出焉。水經注：門水即洛水之支流也。洛水自上洛縣東北，於拒城之西北〔五〕，分爲二水，枝渠東北出爲門水，又東北歷陽華之山，又東北歷峽，謂之鴻關水。上洛有鴻臚圍池，是水津渠沿注，故亦謂之鴻臚澗。又東北歷邑川，燭水注之。水左右即函谷山也。又北逕弘農縣故城東，側城北流而注於河。元和志：弘農縣有鴻臚水，過縣北十五里，入靈寶界。寰宇記：鴻臚水，經朱陽縣南一百五十步，東北逕弘農縣西一里。舊志：在縣西一里，亦謂之弘農澗。漢興平二年，李傕等追乘輿，與楊奉等大戰於弘農澗，即此。

盤澗水。在閺鄉縣東。水經注：盤澗水出湖縣夸父山，北流逕思子宫東，又北流入河。明統志：在廢湖城縣西二十五里。

湖水。在閿鄉縣東。水經注：湖水出夸父山，又北逕湖縣東，北流入河。隋志：朱陽有湖水。括地志：湖水即鼎湖也。名勝志：秦山谷中，湖水所出，與盤澗水、石姥水、玉澗水同流入河。明統志：在廢湖城縣西門外。

全鳩水。在閿鄉縣西南三十五里。漢書戾太子傳：東至湖，藏匿泉鳩里。注：「泉鳩水，今在閿鄉縣東南十五里。」水經：河水又東逕閿鄉城南，與全鳩澗水合。注：水出南山北，逕皇天原東，注於河。隋志：閿鄉有全鳩澗。元和志：一名全節水。

玉澗水。在閿鄉縣西南五十里。水經注：玉澗水，南出玉溪，北流逕皇天原西，又北逕閿鄉城西，世謂之閿鄉水，又北流注於河。縣志：源出秦山，流逕文底鎮，北入於河。又有文峪水，在縣西南，會玉澗水入河。

洹水。在閿鄉縣西盤豆鎮。源出棗鄉峪，北流入河。

盧氏川水。在盧氏縣東。水經注：盧氏川水北出盧氏山，東南流逕盧氏故城，東注於洛水。

伊水。在盧氏縣東南。源出熊耳山，又東入河南府嵩縣界。漢書地理志：盧氏熊耳山，伊水出，東北入雒，行四百五十里。水經注：伊水出南陽縣西蔓渠山，水自熊耳東北，逕鸞川亭北，世人謂伊水爲鸞水，故名斯川爲鸞川也。又東爲淵潭，又東北逕東亭城南。

洛水。在盧氏縣南，自陝西商州洛南縣流入，東北流入河南府永寧縣界。水經注：洛水，又東逕熊耳山北，東北過盧氏縣南，逕隝渠關北，又東逕盧氏縣故城南，有盧氏川水注之。又有葛蔓谷水，自南山流注洛水，又東逕高門城南，入永寧界。舊志：水在縣南一里。

湯水。在盧氏縣西南一百三十里。一名温湯水。名勝志：源出惡峪，匯於鸞川，而注洛水。又有湯池，在熊耳山，西流入湯水。

東澗水。在盧氏縣北。明統志：源出鐵嶺，流入城中，析爲衆渠，灌溉蔬圃，又東南入洛。

馬回川。在盧氏縣東北七十里，南流入洛。明統志：相傳唐初，盛彦師殺李密於此，振旅而回，故名。舊志又有失迷川，在縣西一百二十里。

七里澗。在州西。劉宋元嘉二十七年北伐，將軍龐季明自弘農引軍向陝西七里谷。水經注：七里澗在陝縣西七里，自南山通河，亦謂之曹陽坑。元和志：曹陽墟，俗名七里澗。州志：今名石橋溝。

廣濟渠。在州東。唐武德元年，陝東道行臺長孫操所開，引水入城，以代井汲。州志：起自州東三十里交口村，堰水入城，金大定間，耶律翼民重濬，今淤。本朝康熙年間濬，乾隆元年重疏。

利人渠。有二：一在州城南，一在州城北。元和志：北利人渠，隋開皇六年，蘇威引橐水西北流入城。南利人渠，東南自硤石界流入，與北渠同時疏導。又唐貞觀十一年，使丘行恭開利人南渠，今皆廢。

弘農渠。在靈寶縣南。唐志：弘農縣南七里有渠，貞觀元年，令元伯武開，引水北流入城。縣志：又函谷、豐盛等五十渠，歷代修浚，皆引山水溉田。

坊郭渠。在閿鄉縣南。縣志：明弘治間開，自縣東南二里，引水西流，繞城西而北折。又有陽平、趙村、吴村、堡裏、方庠、西董諸渠。

墨池。在州城内。名勝志：州治内有墨池。後漢張芝所居，芝好書，故池水盡墨。

瑞蓮池。在州治東。州志：金大定間，蓮生並蒂，明嘉靖間復生，故名。

南泉。在州南門外。東、西二眼，州人汲以資用。又濛泉，在州城西南隅，冬夏不竭。

温湯池。在州西南三十里。隋志：陝有温湯。寰宇記：在州南十六里。

蝦蟆泉。在州西門外。州志：水自石眼流出，内生蝌蚪，禱雨輒應。唐韓愈硤石西泉詩「聞説旱時求得雨，祇疑蝌蚪是蛟龍」，謂此。

九龍泉。在閿鄉縣南十五里。州志：有泉九，唐開元間，敕封躍泉侯，廟在泉側。宋邵康節有九龍泉詩。

故縣泉。在閿鄉縣西南二十里，平地湧出。

阿對泉。在閿鄉縣西五十里。明統志：泉在縣西南。阿對，漢楊震家僮也，嘗引泉灌蔬，故名。唐吴融詩「阿對泉頭一布衣」，即此。

古蹟

硤石故城。在州東南。隋書地理志：河南郡熊耳有後魏崤縣，大業初廢入。元和志：硤石縣，西北至陝州五十里。本漢陝縣地。後魏孝文分陝縣置崤縣。周明帝二年，分陝、崤二縣，置崤郡。隋文罷郡，以崤縣屬陝州。大業二年，廢入陝縣。義寧元年，重置，理硤石塢。貞觀中爲硤石縣。舊唐書志：隋崤縣，義寧二年省。武德元年復置。二年，割屬函州。三年，自硤石塢移至鴨橋。八年，改屬陝州。十四年，移治硤石塢，因改爲硤石縣。寰宇記：硤石縣，乾德五年，割河南府永寧縣胡郭一村屬焉。宋志：陝州陝，熙寧六年，省硤石縣爲石壕鎮入焉。按：硤石故城在今州東南七十里，又二十里爲故崤城，接河南府永寧縣界。隋志謂入熊耳，熊耳即今永寧也。

桃林故城。即今靈寶縣治。隋開皇十六年置，屬河南郡。唐武德元年，改屬陝州。天寶元年更名。元和志：靈寶，本漢弘農縣，隋置桃林縣。天寶元年，於縣南古函谷關尹真人宅，掘得天寶靈符，遂改爲靈寶。

弘農故城。在靈寶縣南。秦函關地。漢武帝元鼎三年，徙關於新安，以故關置弘農縣。四年，置弘農郡治焉。後漢獻帝時，改恒農。晉復故。後魏又改恒農。永熙三年，分爲西恒農郡治。北周明帝仍改「恒」爲「弘」。隋初，郡廢。大業二年，縣廢。尋復於故湖城置縣，兼置弘農郡，移治弘農川。義寧元年，又移郡治陝，以弘農縣爲鳳林郡。唐武德元年，移虢州來治。神龍元年，又改「弘」爲「恒」。開元十六年復故。宋建隆初，又改常農。至道三年，改曰虢略。金貞祐二年，割爲陝州支郡。元至元八年，並虢略治靈寶。縣志：縣南四十里，有虢略鎮。

邑川故城。在靈寶縣南。後周縣也。水經注：燭水東北逕邑川城南，即漢封寶門之故邑，川受其名，亦曰寶門。城在函谷關南七里。隋志：朱陽舊置郡，有邑陽縣。開皇末，改爲邑川。大業初併入。

朱陽故城。在靈寶縣西南一百里。後魏置縣，在今盧氏縣界。隋移置於此，屬弘農郡。唐龍朔元年，隸商州。萬歲通天二年，隸洛州，後屬虢州。元和志：縣東北至州七十里。寰宇記：盧氏有朱陽山，因別立朱陽縣。周大象二年，移縣於今盧氏西南鴟渠谷中。隋開皇四年，移理洛水北。大業二年，移於芹池川，即今治也。宋乾德六年，廢入常農。太平興國七年，復置。金海陵時，又廢，後復置。元至正八年，併入靈寶。按：盧氏縣志南朱陽鎮，明成化中嘗設巡司。金史虢略縣有朱陽鎮，疑即移治之舊址。

湖縣故城。在閿鄉縣東四十里。本秦時湖關。史記：秦昭王三十六年，王稽載范雎入秦，至湖關。漢置胡縣，武帝更名湖縣，屬京兆尹。漢書戾太子傳：東至湖。注：「湖，縣名，今虢州閿鄉、湖城二縣皆其地也。」水經注：河水又東逕湖縣故城北。魏土地記曰，弘農湖縣有軒轅黄帝登仙處。隋志：河南郡閿鄉，舊曰湖城，開皇十六年改焉。元和志：湖城縣，本漢湖縣。至宋加「城」字，爲湖城縣。寰宇記：湖城縣，隋於古上陽宮置。唐乾元三年，又移於上陽宮東南一里，即今地也。宋熙寧四年，省入靈寶。元豐元年，復置。金因之。元至正元年，省入閿鄉。

閿鄉故城。在今閿鄉縣西。本古湖縣鄉名。漢書戾太子傳：以湖閿鄉邪里聚爲戾園。注：孟康曰：「閿，古閿字。」後漢志：弘農郡湖有閿鄉。水經注：玉澗水，又北逕閿鄉城西，魏尚書僕射閿鄉侯河東衛伯儒之故邑。元和志：周明帝二年，置閿鄉郡。開皇三年，廢。十六年，移湖城縣於今所，改名閿鄉縣。縣志：故城在縣西四十里，又有故縣鄉，在縣西南三十里。

陝縣廢縣。在州治。周初，周公、召公於此分治。史記：秦孝公元年，東圍陝城。又惠文王十三年，使張儀取陝，出其人以與魏。漢置縣，後漢因之。晉永和十一年，秦苻生以苻庾爲豫州牧，鎮陝城。太和四年，苻堅以鄧羌爲洛州刺史，鎮陝城。五年，又以桓寅爲弘農太守，戍陝城。後魏始光三年，遣將軍周幾等襲夏陝城〔六〕，弘農太守曹達棄城走，自是遂爲弘農郡治。太和中，始爲陝州治，後又改縣曰北陝。隋初，仍爲陝縣。大業初，改屬河南郡。唐復爲陝州治。五代、宋、元因之。明初省入州。

芮城廢縣。在州東南。後周置。唐初置州。寰宇記有廢芮城縣，在硤石縣南四十里，蓋廢入久矣。

玉城廢縣。在靈寶縣東南八十里。隋書地理志：弘農郡弘農，舊有石城郡玉城縣，西魏並廢。元和志：玉城縣西北至虢州六十里，本漢盧氏縣地，屬弘農郡。後魏正始二年，分立石城縣，廢帝改爲玉城。周武天和中廢，隋義寧元年重置。寰宇記：義寧初，復於今縣西北一百五十步再置縣，貞觀八年移今理。宋志：虢州虢略，熙寧四年，省玉城縣爲鎮入焉。

欒川廢縣。在盧氏縣東南。水經注：伊水東北經鸞川，後訛爲欒川。宋史地理志：虢州欒川，元祐二年以欒川治爲鎮。崇寧三年改爲縣。金志：盧氏鎮欒川，舊爲縣，海陵貞元二年廢爲鎮。縣志：欒川鎮，在縣東南二百里，路通嵩縣。

長城。在州東。元和志：魏長城在硤石縣北二十二里。魏惠王十九年所築，東南起崤山，西北至河，亘三十七里。

安陽城。在州東南。水經注：安陽溪水，西逕安陽城南。西征賦所謂「我徂安陽」者也。寰宇記：安陽在硤石縣西四十里，唐貞觀八年嘗移硤石縣治北〔七〕。十四年，移治向南。

上陽城。在州東南。周爲虢國都。左傳僖公二年：晉假道於虞以伐虢。五年：晉侯圍上陽，冬，晉滅虢。注：「上陽，虢國都，在弘農陝縣東南。」漢志：弘農郡陝，故虢國。北虢在大陽，東虢在滎陽，西虢在雍州。水經注：陝縣東城，即虢邑之上陽。寰宇記：虢城，在硤石縣西三十六里。鄭樵通志：虢都上陽，今虢州虢略，虢仲之封也，謂之西虢。而虢叔之封在鳳翔虢縣，謂之南虢。復有一虢，居於滎陽，謂之東虢。通鑑地理通釋：虢，姬姓，西虢虢叔之後，陝州陝縣上陽故城在縣東，兼虢州爲南境。

按：春秋傳曰：虢仲、虢叔，王季之穆。賈逵、馬融以此爲虢叔國，酈道元又云虢仲所都，賈、馬指此爲西虢，班志則爲北虢，道元又謂南虢，迄無定論，今以通志、通釋爲正云。

焦城。在州城南。周初封國。春秋時，晉邑，後屬魏。左傳僖公三十年：燭之武見秦伯，曰：「許君焦、瑕，朝濟而夕設版焉。」注：「焦、瑕，晉河外五城之二邑。」史記周本紀：武王追思先聖王，乃褒封神農之後於焦。又魏襄王五年，秦圍我焦。注：「弘農陝縣，故焦國。」漢志：弘農郡陝有焦城。水經注：陝縣大城中有小城，故焦國也。括地志：焦城在陝城內東北百步，因焦水爲名。　按：春秋傳虞、虢、焦、滑、霍、陽、韓、魏，皆姬姓。史記云「焦，神農氏後」，則又爲姜姓之國。疑莫可定。鄭樵氏族略亦兩存其說。

曲沃城。在州西南四十里，即今曲沃鎮。史記：秦惠文君十一年，歸魏焦、曲沃。注：「焦、曲沃，二城相近，本魏地。」又：魏襄王五年，秦圍我曲沃。注：「曲沃在陝縣西南。」魏書地形志：恒農郡北陝有曲沃城。水經注：菑水逕曲沃城南。

按：春秋晉使詹嘉守桃林之塞，時以曲沃之官守之，故名。括地志曲沃有城，在陝縣西南三十二里，因曲沃水爲名。

項城。在靈寶縣南七十里。又有霸王城，在縣南三十里。相傳皆項羽屯兵處。

沙城。在靈寶縣西北五里。三面距河，南有深塹，相傳唐武后幸洛陽時築。

盤豆城。在閿鄉縣西南。西魏大統三年，東伐至潼關，遣于謹徇地至盤豆。隋大業九年，楊玄感自皇天原走上盤豆。縣志：今爲盤豆鎮，在縣西南二十里。

瑕城。在閿鄉縣西。春秋時晉河外邑。顧炎武日知録：晉有二瑕，其一，左傳成公六年諸大夫皆曰：「必居郇瑕氏之地，今臨晉縣地。」其一，文公十三年晉侯使詹嘉處瑕以守桃林之塞。漢書地理志：「湖故曰胡。武帝建元元年更名湖。」古瑕、胡二字通用，是瑕轉爲胡，又改爲湖。而瑕邑即桃林之塞也。酈道元以郇瑕之瑕爲詹嘉之邑，誤矣。

陰地城。在盧氏縣東北。左傳哀公四年：蠻子赤奔晉陰地。注：「河南山北，自上雒以東至陸渾皆陰地。」城即其戍守之所。

徽伯壘。在州城南。元和志：徽伯故壘，在陝縣南二里。東魏武定初，高歡使李徽伯戍陝，周太祖攻之，徽伯築壘於此以拒周，故名。舊志：壘因雞足山爲址。

曹公壘。在閿鄉縣西。水經注：漢末，魏武征韓遂、馬超，連兵此地。今際河之西，有曹公壘，道東原上云李典營。西征記曰：沿路逶迤，入函道六里，有舊城，周百餘步，北臨大河，南對高山，姚氏置關以守陝。宋武入長安，檀道濟、王鎮惡或據山爲營，或平地結壘，爲大小七營，濱帶河嶮。姚氏亦保據山阭，原阜之上，尚存故跡。元和志：曹公壘，在閿鄉縣西二十五里。

七寶冶。在盧氏縣西七十里。元統志：亦名清水冶。

弘農宫。在州城内。隋建，唐改爲陝城宫。隋志：河南郡陝，大業初，置弘農宫。唐志：陝州陝有陝城宫。

繡嶺宫。在州城東南。唐顯慶三年置。唐志：陝州硤石有繡嶺宫。寰宇記：在硤石縣東三里。

桃源宫。在靈寶縣城内。唐志：陝州靈寶有桃源宫，武德元年置。

軒遊宫。在閿鄉縣城内。唐書地理志：虢州閿鄉有軒遊宫，故隋别院宫，咸亨五年更名。

上陽宫。在閿鄉縣東。隋書地理志：河南郡桃林有上陽宫。按：上陽蓋沿虢都舊名。今縣南二十里有上陽鄉。

思子宫。在閿鄉縣舊城東北。漢書戾太子傳：上作思子宫，爲歸來望思之臺於湖。注：「臺在今湖城縣之西、閿鄉之東，基址猶存。」水經注：槃澗水北逕思子宫歸來望思臺東。元和志：思子宫，在閿鄉縣東北二十五里。

太原倉。在州城西南。隋置常平倉，唐改今名。隋志：河南郡陝有常平倉，自太原浮於渭以實關中。元和志：太原倉，在縣西南四里，隋開皇二十二年置。以其地臨焦水，西俯大河，地勢高平，故謂之太原。周迴六里。

集津倉。在州東北底柱山東。又山西有鹽倉。並開元二十二年置。

田千秋園。在靈寶縣南三十里，今號田村。宋范鎮詩「自古桃林漢相園，至今精舍號田村」，謂此。

西樓。在靈寶縣舊虢州治西。名勝志：西城樓曰西樓，唐岑參有題陝州西樓詩。

澄瀾堂。在州治東召公祠内。宋吴育建，有記。後劉敞來作守，有詩。

魏野草堂。在州城東三里。宋史隱逸傳：野居州之東郊，手植竹樹，清泉環遶，旁對雲山，景趣幽絶，鑿土袤丈，曰樂天洞。前爲草堂，彈琴其中。真宗遣使圖其所居觀之。

三堂。在靈寶縣舊虢州治内。名勝志：唐岐、薛二王刺史時建，呂温記。韓愈有和劉伯芻三堂二十一詠。

三鱣堂。在閿鄉縣西十里。後漢楊震講堂也。一名校書堂。震嘗客居於湖，有冠雀銜三鱣魚，飛集講堂前，因名。按：寰宇記有楊震宅，在靈寶縣柏谷亭，亦指此堂也。遺址在華嚴寺後。本朝乾隆十二年，知縣楊溥訪得「關西夫子楊伯起校書處」碑記數字，餘皆漫漶，因即其地構堂三楹，勒石志之。

燕居堂。在盧氏縣東南。世傳孔子周流至此，後人建堂。

傳道堂。在盧氏縣西北。有孔子及曾子像。

臨虛亭。在州治内。宋知州吴育建，司馬光有詩。

披雲亭。在州城西南隅羊角山上，高百尺。

古柏谷亭。在靈寶縣西南朱陽鎮。水經注：柏谷水，北流逕柏谷亭下。昔晉公子重耳出亡及柏谷，卜適齊、楚。又漢武帝微行此亭，見饋亭長妻，故西征賦曰「長傲賓於柏谷，妻覩貌而獻餐」，謂此亭也。九域志：虢州朱陽縣有柏谷。

古曹陽亭。在靈寶縣東。水經注：曹陽亭，陳涉遣周章入秦，少府章邯斬之於此。魏氏以爲好陽。晉書地道記曰，亭在弘農東十三里。縣志：好陽鋪，在縣東十里。

神雀臺。在州城東。唐志：硤石東有神雀臺。天寶二年，以赤雀見置。寰宇記：臺在硤石縣東北四十五里，高五十丈。

晉靈公臺。在州城西南。寰宇記：在陝縣西南三十二里。晉靈公登臺彈人即此。俗號女臺，高五十餘丈。按：晉侯彈人處，應在國都内，此疑附會。

望仙臺。在州城西南。寰宇記：在陝縣西南十三里，漢文帝築以望河上公。

尹喜臺。在靈寶縣南。亦名望氣臺。相傳即尹喜故宅。舊唐書明皇紀：天寶元年，陳王府參軍田同秀上言：「老子降見於丹鳳門之通衢，告賜靈符在尹臺之故宅。」遣使就函谷故關尹喜臺西發得之。寰宇記：在縣南十二里。春秋時關令尹喜，見紫氣丈餘飛入關，曰：「必有異人過此。」次日老子果騎青牛至，後人即其處立臺。

天寶臺。在靈寶縣南關。唐明皇因獲靈符築此。

雞鳴臺。在靈寶縣南十里，與望氣臺對峙。相傳即齊田文客爲雞鳴脱關處。

平吴臺。在閿鄉縣西。元和志：赫連氏京觀，俗號平吴臺，在縣西二十二里。晉末，赫連昌攻劉裕將朱齡石於潼關，築臺以表武功。

鐵牛。在州城北黄河中。頭跨南，尾在河北。世傳禹鑄以鎮河患。唐賈至嘗作鐵牛頌。又州城譙樓下有二鐵人，蓋亦古時鎮水患所鑄。

校勘記

〔一〕又東逕閿鄉城南　乾隆志卷一七五陝州山川（下同卷簡稱乾隆志）同。按，戴震校水經注改「城南」作「城北」，是。陝州皆在黄河南，河水何能逕閿鄉城南？

〔二〕濩波怒溢　「濩」，原作「環」，乾隆志同，據水經注卷四河水改。

〔三〕後漢書郡國志燭水出衡山嶺下谷　乾隆志同。按，此爲劉昭注引漢志文，非後漢志本文。「衡」，漢志作「衙」。

〔四〕又東北田渠川水注之　「北」，原作「川」，乾隆志同，據水經注卷四河水改。「田渠川水」，戴震校删「川」字。

〔五〕於拒城之西北　乾隆志同。按，「拒」下當脱「陽」字，讀史方輿紀要卷五四引水經注作「拒陽城」是也。

〔六〕遣將軍周幾等襲夏陜城　「周幾」，原作「周畿」，乾隆志同，據魏書卷四世祖紀及讀史方輿紀要卷四八河南改。按，周幾於北史卷二五、魏書卷三〇有傳。

〔七〕唐貞觀八年嘗移硤石縣治此　乾隆志同，疑誤。查太平寰宇記卷六河南道陝州硤石縣安陽城下云：「唐貞觀八年移崤縣在此城内置，十四年移治向南，改名硤石縣。」

大清一統志卷二百二十一

陝州直隸州二

關隘

雁翎關。在州東南。路通河南府永寧縣。明時有兵戍守。

大陽關。在州北黄河津濟之處，即大陽津，本古茅津。左傳文公三年：秦伯伐晉，自茅津濟，封崤尸而還。注：「茅津在河東大陽縣西。」水經注：河北對茅城，晉敗之大陽也，津亦取名焉。又稱陝津。唐志：陝州有大陽故關。元和志：大陽關在陝縣西北四里，後周大象元年置。

虢略關。在靈寶縣南。即故虢略縣，後省爲鎮，舊設巡司。通志又有火燒關，在縣南一百里。

函谷關。在靈寶縣西南里許。戰國時秦故關也。戰國策：蘇秦曰：「秦東有崤、函之固。」史記：秦始皇六年，楚、趙、魏、韓、衛合從伐秦，至函谷敗還。二世三年，沛公入咸陽，守函谷關，項羽至，不得入。漢時置關都尉守之。武帝元鼎三年，徙於新安，以故關爲弘農縣。西征記：關城在谷中，深險如函，故名。其中東西十五里，絶崖壁立，崖上柏林蔭谷中，殆不見日。關去長安四百里。日入則閉，雞鳴則開，秦法也。東自崤山，西至潼津，通名函谷，號曰天險。水經注：故函谷關校尉舊治處也，終軍棄繻於此。燕丹、孟嘗亦義動雞鳴於其下。寰宇記：其城北帶河，南依山，周五里餘，高二丈。通鑑地理通釋：秦函谷關，在陝州靈寶縣西南十二里。函谷故城，在縣南十里。秦函谷關城，漢弘農縣，隋桃林縣也。顏師古漢書注：今桃林縣南有洪溜澗水，即古所謂函谷，其水北流入河。夾河之岸，尚有舊關餘跡焉。

洪關。在靈寶縣西南。亦名鴻關。宋元嘉二十九年，雍州部將柳元景等北伐，進據洪關。水經注：門水東北歷陝，謂之鴻關，水東有城，即關亭也。水西有堡，謂之鴻關堡。通志又有轆轤關，亦在縣西南。

浢津關。在靈寶縣西北黄河津濟處。後漢建安十年，杜畿爲河東太守，衛固絶陝津，畿乃從浢津渡。後魏正平二年，宋侵弘農，將軍封禮赴救，自浢津南渡。皆即此。水經注：河水東合門水於此，有浢津之稱，以河北有浢水爲名。唐書地理志：陝州靈寶有浢津，義寧元年置關，貞觀元年廢關置津。

大谷關。在閿鄉縣西南秦山谷。

白華關。在盧氏縣西重山之中。又有青石關，路皆通陝西。元末嘗設兵戍守。

硤石關巡司。在州東南，亦曰崤陵關，即古硤石縣也。設驛丞兼巡司駐此。

朱陽關巡司。在盧氏縣西南五十里。舊設巡司並千總駐防，本朝乾隆五年復移州判駐此。

葭蘆戍。在盧氏縣西。隋大業九年，楊玄感爲隋兵所敗，自董杜原將奔上洛，至葭蘆戍自殺。

土剗。在盧氏縣東南四十五里。通典：古之塞垣也。後周以爲鎮防。

張茅鎮。在州東五十里，設遞運所。又横渠、七里店皆有遞運所。

乾壕鎮。在州東九十里。舊與閿鄉之關東鎮並屬靈寶。金史地理志：陝州靈寶，鎮二：乾壕、關東。

石壕鎮。在州東南七十里。唐杜甫有石壕吏詩。寰宇記：神雀臺在陝州硤石縣東北四十五里石壕鎮。宋志：熙寧六年，省硤石縣爲石壕鎮。按：唐、五代時，硤石現爲縣，而石壕邨已見杜詩。宋志合爲一地，恐誤。

上郖鎮。在州東北十里。舊名陵山鄉。

靖遠鎮。在靈寶縣西三十里。金史地理志：虢州虢略，鎮：清遠。

關東鎮。在閿鄉縣西五十里。舊置分司。九域志：縣有歇馬、關東二鎮。

毛葫蘆砦。在盧氏縣西南百餘里。明徐達入河南，遣兵徇虢州，襲取毛葫蘆砦，於是諸山砦次第降下。

太平砦。在盧氏縣東北塔山上。四壁陡絶，惟小徑可通。

晉王斜。在靈寶縣西，接閿鄉縣境。唐書地理志：虢州湖城縣東，故道濱河，不井汲，馬多渴死。天寶八年，館驛使御史中丞宋渾開新路，自稠桑西由晉王斜。寰宇記：晉王斜路，即古函谷關路，西接湖城，東至靈寶界，六十一里。舊塞。隋開皇九年，晉王自揚州回，復行此路，因名晉王斜。

甘棠驛。在州治南。

硤石驛。在州城東七十里，有驛丞。

桃林驛。在靈寶縣治西。又縣西有稠桑驛，其地即春秋之桑田，今廢。左傳僖公二年：虢公敗戎於桑田。注：「桑田，虢地，在弘農陜縣東北。」通典：靈寶東北有桑田亭。元和志：稠桑驛在縣西十里，即虢之桑田也。

鼎湖驛。在閿鄉縣治東。

津梁

硤石橋。在州城東。

橐水橋。在州南門外。

譙水橋。在州城西南。

大陽橋。在州城東北。元和志：大陽橋長七十六丈，廣二丈，架黃河爲之，在陝縣東北三里。貞觀十一年，太宗東巡，遣丘行恭造。尋廢。

張茅橋。在州城張茅鎮東。

好陽橋。在靈寶縣東一里。

虢州橋。在靈寶縣南虢略鎮東。

雙虹橋。在靈寶縣西弘農澗。

鴻蘆橋。在靈寶縣西。

湖陽橋。在閿鄉縣西門外。

盤豆橋。在閿鄉縣西二十里。

井泉橋。在閿鄉縣西三十里。

雙橋。在閿鄉縣西四十里。相近又有玉谿橋。

文華橋。在盧氏縣東門外。

通津橋。在盧氏縣南洛水上。

大陽渡。在州城西一里。俗名上河頭。

茅津渡。在州城北四里。亦名沙澗。

陵墓

古

女媧陵。在閿鄉縣北黄河側。舊唐書五行志：乾元二年六月，虢州閿鄉縣界黄河内女媧墓，天寳十三載，因大雨失其所在。至今年六月一日夜，河濵人家，忽聞風雨聲，曉見其墓湧出。上有雙柳樹，下有巨石。郡守圖畫以聞。今號風陵堆。

軒轅陵。在閿鄉縣南十里鑄鼎原。本朝乾隆十一年，重修廟宇。

夏

關龍逢墓。在靈寳縣南十里孟郙之西。寰宇記：唐太宗東巡致祭，開元十三年立碑。

漢

欒巴墓。在靈寳縣東南下磑里。

戾太子墓。在閿鄉縣南。漢書戾太子傳：太子葬湖，宣帝即位，置奉邑二百家，以湖閿鄉邪里聚爲戾園。注：「閿鄉東南十五里，見有戾太子冢在湖東。」寰宇記：在今縣南十六里，高一百五十尺。縣西三十五里泉鳩水東旁，有太子子史皇孫冢。

楊修墓。在閿鄉縣西北五十三里原北寨。

晉

楊駿墓。在靈寶縣東南十里。寰宇記：故吏潘岳等收葬於此。

王濬墓。在閿鄉縣東十五里。有廟。

唐

姚懿墓。在州城東衛郉社。崇之父。崇及裔孫煒並葬此。

梁文貞墓。在閿鄉縣東十五里。

吴融墓。在閿鄉縣西四十里。

宋

魏野墓。在州城東門外。

明

許進墓。在靈寶縣南二里。

許讚墓。在靈寶縣東南五里。

耿九疇墓。在盧氏縣東。

祠廟

召公祠。在州治東。寰宇記：在縣東三里。州志：即召公聽政處。明弘治九年，增入劉昆、姚崇、李泌、范祖禹陪祀。

義烈祠。在州城南門内。祀宋死事李彦仙。宋紹興九年，宣撫使周聿請即陝州立廟。明嘉靖中修。

昭忠祠。在州城東門外。祀明死事崔儒秀。

二賢祠。在州城南關，爲唐姚崇、宋魏野建。

河上公祠。在州城南雞足山。唐明皇曾經其祠作詩。

五户祠。在州城東北。水經注：五户，灘名也。有神祠，通謂之五户將軍。

關龍逢祠。在靈寶縣城東。縣志：明弘治二年，邑令李恭掘得元時修廟碑記〔一〕，即立祠於其地。

石隄祠。在靈寶縣西南。水經注：石隄山下有石隄祠。銘云魏甘露四年，散騎常侍、征南將軍、豫州刺史、弘農太守南平公之所經建也。

周天子祠。在閿鄉縣南。漢志：湖縣有周天子祠二所。寰宇記：在湖城縣西南十里。

三聖姑行祠。在閿鄉縣盤豆鎮。明楊智碑記：景泰間爲修殿一所，相傳唐開元時有媪生三女，孟曰光、仲曰威、季曰哀，少孤，俱未適人而死，其後皆爲神。

禹王廟。在州治東。舊唐書紀：貞觀十二年二月，次陜州，祀夏禹廟。本朝乾隆三十二年，高宗純皇帝御書扁額曰「功垂疏鑿」。

神農廟。在州城東。唐天寶元年建。

老子廟。在州城東。有隋薛道衡碑記。

姚崇廟。在州城東，即崇故居也。宋元祐八年建。

峴山廟。在州城西南。宋正隆二年，知州徐文建〔二〕。

靈泉廟。在靈寶縣西南女郎山。遇旱，禱雨輒應。

漢高帝廟。在靈寶縣西南七十里。縣志：即帝與項羽持守處。

黄帝廟。在閿鄉縣東南鑄鼎原上。本朝乾隆十一年修。

扁鵲廟。在盧氏縣東。

虢仲廟。在盧氏縣東北。宋咸平二年建。

晉文公廟。在盧氏縣東北。

寺觀

寶輪寺。在州東南隅。唐僧道秀建，金僧智秀復置磚塔焉。記見藏經。

洪崖寺。在州城東二十里。上有仙人洞。

大通寺。在州城東。唐建。

開元寺。在州東四十里三門山。

空相寺。在州城東一百里熊耳山西。即初祖達摩葬此。

興國萬壽寺。在州城東南。隋開皇中建。

奉慈寺。在靈寶縣東五底邨。唐永徽中建，本朝乾隆十年修。

延壽寺。在靈寶縣南門内。相傳唐德宗爲雍王，征史朝義過此，題詩於壁後。即位，僧請寺額，詔以御題爲名。

法雲寺。在閿鄉縣南二里。明楊英夢遊軒記：法雲寺，唐武后時國師萬迴寺也。寺有萬迴井。

臨高寺。在閿鄉縣西三十里。

佑聖觀。在州城南門内。建有混元圖碑。

祥符觀。在閿鄉縣西，即軒遊宫。唐開元中建，有明皇御書道德經二碑。舊名承天觀，宋真宗改今額。

紫微宫。在州城東硤石鎮。内有石洞。

太初宫。在靈寶縣南十二里，即尹喜故宅。通志：唐天寶初，敕建天寶觀。宋徽宗時，因甘露降正武殿，改爲太初宫。元大德四年修。

老祖宫。在靈寶縣北二里。即老聃故宅。

名宦

漢

馮揚。魏郡人。宣帝時，爲弘農太守，多善政。

尹翁歸。平陽人。宣帝時，舉廉爲弘農都尉。

翟義。上蔡人，丞相方進子。平帝時，爲弘農太守，政有父風。

金欽。哀帝時，擢弘農太守，著威名。

劉昆。東昏人。建武中，遷弘農太守。先是，崤黽驛道多虎災，行旅不通，昆爲政三年，仁風大行，虎皆負子渡河。

劉興。齊武王縯次子。建武中，遷弘農太守，有善政。弘農縣吏張申有伏罪，興收申案論，郡中震慄。時年旱，分遣文學循行屬縣，理冤獄，宥小過，甘雨乃降。

公沙穆。膠東人。爲弘農令，縣界有螟蟲食稼，百姓惶懼。穆乃設壇，請以身禱，於是暴雨，既霽，而螟蟲自消，百姓稱曰神明。永壽元年，霖雨大水，三輔以東莫不淹没，穆明曉占候，乃豫告令百姓徙居高地，故弘農人獨得免害。

皇甫規。安定朝那人。永康元年，遷弘農太守。

三國　魏

賈逵。襄陵人。操征馬超，過弘農，曰：「此西道之要。」以逵領弘農太守。召見計事，大悦，謂人曰：「使天下二千石悉如賈君，吾復何憂。」進封陽里亭侯。

孟康。安平人。正始中，爲弘農太守，領典農校尉。康到官，清己奉職，息獄訟，緣民所欲，因而利之。

令狐邵。太原人。爲弘農太守，清如冰雪。妻子希至官省，舉善而教，不好獄訟。時郡無知經者，乃歷問諸吏有欲行就師，輒假遣，令詣河東就樂詳學經，粗明乃還，因設學，由是弘農學業轉興。

南北朝　魏

崔寬。東武城人。高宗時，爲弘農太守，後拜陝城鎮西將。崤地險，民多寇劫。寬誘接豪右宿盜魁帥，與相交結，傾襟待遇，不逆微細，是以民庶忻心。又弘農出漆、蠟、竹木之饒，路與南通，販貿來往，家産豐富，而百姓樂之，號爲能政。

劉道斌。灌津人。宣武時，爲恒農太守。有清名，修學館，建廟堂，繪聖賢形像。去後，民追思之，復繪道斌像於廟堂中。

周

庾信。新野人。閔帝時，出爲弘農太守，爲政簡静，吏民安之。

趙昶。天水西人。閔帝時，遷陝州刺史。蠻酋向天王以兵攻信陵、秭歸，昶襲擊破之，二郡獲全。

隋

楊智積。高祖弟整之子。大業中，授弘農太守。委政僚佐，清静自居。楊玄感自東都引軍而西，智積謂官屬曰：「玄感欲西圖關中，當以計縻之，使不得進。」及玄感軍至城下，智積登陴詈辱之，玄感怒甚，留攻之。城門爲賊所燒，智積乃更益火，賊不得入。數日，宇文述等軍至，合擊破之。

楊義臣。代郡人。高祖時，拜陝州刺史。性謹厚，能馳射，有將領之才，帝甚重之。

唐

長孫操。洛陽人，無忌之弟。高祖時，徙陝州刺史。城中無井，人勤於汲，操爲釃河流入城，百姓利安，長老守闕頌遺愛，封樂壽縣男。永徽初，卒於陝州。

崔善爲。武城人。貞觀初，爲陝州刺史。時議户猥地狹者徙寬鄉，善爲奏畿内户衆，而丁壯悉籍府兵，若聽徙，皆在關東，虚近實遠，非經通計。詔可。

姜師度。魏人。神龍初，出爲陝州刺史。太原倉水陸運所湊，轉屬諸河。師度使依高爲廥，而貯米於舟，以故人不勞。

盧奂。滑州人。爲陝州刺史。開元二十四年，帝西還，次陝，嘉其美政，題贊於廳事，曰：「專城之重，分陝之雄。外既利物，内存匪躬。斯爲國寶，不墜家風。」

李齊物。天寶初，陝州刺史。開底柱，通漕路，發重石，下得古鐵戟，銘曰「平陸」〔三〕，上之。詔因以名縣。

韓休。長安人。明皇時，爲虢州刺史。虢於東、西京爲近州，乘輿所至，常税廏芻，休請均賦他郡。中書令張説曰：「免虢而與他州，此守臣爲私惠耳。」休復執論，吏曰：「恐忤宰相意。」休曰：「刺史幸知民之敝而不救，豈爲政哉？雖得罪，所甘心焉。」訖如休請。

魏少游。鉅鹿人。肅宗時，陝州刺史。王師潰於鄴，河洛震駭，少游鎮守自若。

衛伯玉。肅宗時，領神策兵馬使，出鎮陝州行營。乾元二年，賊將李歸仁以騎五千入寇，伯玉與戰彊子坂，破之。史思明遣子朝義夜襲陝，伯玉迎擊破之。

崔衍。安平人。虢州刺史。虢居陝、華間，而賦數倍入。衍白太重，裴延齡領度支方聚斂，私謂衍：「前刺史無發明，公當止。」衍不聽。復奏州部多巖田，又郵傳劇道，屬歲無秋，民舉流亡，不蠲減租額，人無生理。德宗詔度支減賦。

李泌。京兆人。貞元元年，拜陝虢觀察使。泌始鑿山，開車道至三門，以便饟漕。

衛次公。河東人。順宗時，爲陝虢觀察使。蠲横租錢歲三百萬。

薛苹。寶鼎人。歷虢州刺史。憲宗時奏最，爲治務在安人。

崔郾。武城人。敬宗時，爲虢州觀察使。先是，上供財乏，奪吏俸助輸。郾曰：「吏不能贍私，安暇恤民？吾不能獨治，安得自封？」即以府常費代之。又詔賦粟輸太倉者，歲數萬石，民困於輸輦而致之河，郾乃傍流爲大廒受粟，寶而注諸艚。民悦，忘輸之勞。

崔咸。博平人。敬宗時，爲陝虢觀察使。日與賓客僚屬飲，夜分輒決事，裁剖精明，無一毫差，吏稱爲神。

韋温。萬年人。爲陝虢觀察使。民當輸租而麥未熟，吏白督之，温曰：「使民貨田中穗以代賦，可乎？」爲緩期而賦辦。

李商隱。河内人。開成中，調弘農尉。以活獄，忤觀察使孫簡，將罷去，會姚合代簡，諭使還官。

高少逸。渤海人。宣宗時爲陝號觀察使。中人責硤石驛吏供餅惡，鞭之。少逸封餅以聞，宣宗怒，召使者責曰：「山谷間是餅豈易具耶？」謫隸恭陵，中人皆斂手。

宋

杜審進。安喜人。乾德中，知陝州，就改保義軍節度，累加開府儀同三司。鎮陝二十餘年，勸農敦本，民庶便之。

李若谷。徐州豐人。真宗時，知陝州。盜聚青灰山，久不散，遣牙吏持榜招諭之，盜殺其黨與自歸。

師頏。內黄人。真宗時，知陝州。時西鄙用兵，餫道所出，軍士多亡命，嘯聚爲盜。頏嚴其巡捕，盜越他境。

趙良規。洛陽人。真宗時，知陝州。歲饑，百姓請閣殘税二分，爲官伐芟，以給河埽。或以爲須報乃可行，良規曰：「若爾無及矣。」檄縣遂行，而以擅命自劾。

查道。休寧人。真宗時，知號州。蝗災民歉，道不候報，出廩米設粥糜以賑之。又給州麥四千斛以爲種。民賴以濟，所全活者萬餘人。

孫唐卿。青州人。仁宗時，通判陝州。於吏事若素習。民有母再適人而死，及葬其父，盜母之喪而同葬之。有司論以法，唐卿時權府事，乃曰：「是知有孝，不知有法耳。」釋之以聞。

李及之。濮州人。知陝州。吏事精明，居官稱職。

劉永年。并州人。仁宗時，爲陝州都監。郭邈山等爲盜，永年密遣壯士夜渡河，殺其兇桀二十餘，衆遂散。

李彦仙。彭原人。靖康初，爲石壕尉。堅守三觜，民爭依之。分兵四出，下五十餘壁，復陝州。乘勝渡河，郡邑皆響附。

事聞，即命知陝州。盡取家屬以來，曰：「吾以家徇國，與城存亡。」金再攻陝，彦仙極力禦之。城陷，率衆巷戰，矢集於身，左臂中刃不斷，戰愈力。金人惜其材，欲生致之，彦仙投河死。金兵害其家，屠其城，全陝遂没。裨將邵雲、呂圓登、宋炎、賈何、閻平、趙成皆死，並贈官。

邵興。靖康初，李彦仙知陝州，興在神稷山，以其衆來，願受節制。彦仙辟爲統領河北忠義軍馬，屯三門，賴其力，復虢州。

趙叔憑。宋宗室。建炎中，爲陝州都監。金兵圍陝既久，援兵不至，城危，遂死之。通判王滸，職官劉效、陳思道、馮經、李岳、杜開，縣令張玘〔四〕，將佐盧亨等五十一人俱死，無降者。

金

尼瑪哈富勒瑚。明安人。貞祐四年，爲陝州宣撫副使。元兵取潼關，戍卒皆潰。富勒瑚禦戰，兵敗，死焉。「尼瑪哈富勒瑚」舊作「尼龐古蒲魯虎」，「明安」舊作「猛安」，今並改正。

完顔仲德。海蘭路人。天興元年，行尚書省事於陝州。時武丹新敗，陝州殘破，仲德復立山寨，安撫軍民。「海蘭」舊作「合懶」，「武丹」舊作「兀典」，今並改正。

元

陳祐〔五〕。寧晉人。中統元年，除陝洛總管。時州縣官以未給俸，多貪暴，祐獨以清慎見稱，在官八年，如始至之日。

明

康茂才。蘄州人。洪武初，留守陝州。規運饋餉，造浮橋，招徠解、絳諸州，扼潼關，秦兵不敢東向。茂才善撫綏，民立石頌德焉。

史記言。當塗人。崇禎中，遷知陝州。陝當賊衝，記言出私財募士訓練之，屢有斬獲。老回回率數萬人攻城，不得志去；乘雪夜來襲，而所練士方調他郡，城遂陷。賊欲降之，叱曰：「有死知州，無降知州也。」遂被殺。贈光禄少卿。

吴茂徵。浙江人。崇禎中，爲陝州判官。十四年，流寇入，死之。里人葬於大南關舊寺之西，有碣。

本朝

金鎮。山陰人。順治七年，爲閿鄉知縣。秋旱，步禱，霖雨霑足，士民咸謂至誠所感。十年春，山南渠賊楊結子聚黨劫掠，大爲民患，鎮請發兵會勦，卒皆就撫，邑賴以安。

江蘩。漢陽人。知靈寶縣。能持廉，遇事敢言。時軍興旁午，蘩督運糧餉，軍需無缺，而民不爲累。户有逋賦逃亡者，繪圖以請，悉獲蠲免。

劉瀾。霸州人。順治初，爲盧氏知縣。時葛黨餘孽未平，瀾夜襲賊巢於鷄冠山，獲賊獻馘，民始安堵。既而清地畝，均賦税，勸文學，課農桑，建學宫，立縣治。張天澤謀叛襲城，瀾登陴守禦，左髆中矢，請兵勦除，從此大定。

張有年。濟寧人。乾隆十三年，爲河陝道。興利除弊，號令嚴明。四十六年，河決儀封北岸，躬立壩頭，督役堵禦。新築陡陷，遂致漂没。事聞，賡卹。

人物

漢

公乘興。京兆尹王尊坐免，吏民惜之，湖三老公乘興等上書訟尊。

成瑨。弘農人。拜南陽太守。下車欲振威嚴，聞岑晊高名，請爲功曹。又以張牧爲賊曹吏，瑨委心晊、牧，褒善糾違，肅清朝府。

杜衆。弘農人。延熹中，爲五官掾。時白馬令李雲送北寺獄，衆傷雲以忠諫獲罪，上書願與雲同日死。帝愈怒，遂併下廷尉，俱死獄中。

張芝。弘農人。少持高操，稱有道。好草書，家之衣帛必書而後練，臨池學書，水爲之黑。韋誕謂之草聖。

三國　魏

董遇。弘農人。明帝時，爲大司農。遇善治老子，作訓注；又善左氏傳，更爲作朱墨別異。有從學者，遇云：「必當先讀百遍而義自見。」學者云苦無日。遇言當以「三餘」。或問「三餘」之意，遇言：「冬者歲之餘，夜者日之餘，陰雨者晴之餘也。」

晉

董景道。弘農人。少好學，千里隨師，晝夜誦讀，不與人交通。明春秋三傳、京氏易、馬氏尚書、韓詩，皆精究大義。三禮之義，專遵鄭氏，著禮通論，非駮諸儒，演廣鄭旨。永平中，隱於商洛山，彈琴歌嘯以自娱。

王濬。弘農湖人。恢廓有大志。州郡辟河東從事，守令有不廉潔者，皆望風引去。後參征南軍事，羊祜深知待之。累遷益州刺史，加龍驤將軍，監梁、益諸軍事。上疏請伐吴，濬自率師，兵不血刃，攻無堅城，夏口、武昌，無相支抗。於是順流鼓棹，逕造三山，入於石頭。晧乃備亡國之禮，造於壘門。濬收其圖籍，封其府庫，軍無私焉。轉撫軍大將軍，開府儀同三司。卒，謚曰武。

隋

劉士龍。弘農人。開皇中，官考功，以明幹稱。

楊尚希。弘農人。少孤。入太學，周文帝釋奠，令講孝經，奇之，擢國子博士。隋受禪，拜度支尚書。出爲河南道行臺，上表罷天下諸郡，奉詔巡省淮南，還授上儀同。尚希性惇厚，兼以學業自通，甚有雅望，爲朝廷所重。拜蒲州刺史，卒官。謚曰平。

張須陁。閿鄉人。性剛烈有勇略。弱冠，從史萬歲討西爨，以功授儀同。後從楊素擊平漢王諒，加開府。大業中，爲齊郡丞。賊帥王薄寇掠郡境，須陁大破之。賊裴長才、石子河等縱兵大掠，須陁簡精兵，倍道進擊，斬數萬級。賊左孝友等衆各萬計，悉討平，威振東夏。以功遷齊郡通守，轉滎陽通守。李密取洛口倉，逼滎陽，須陁拒之。密先伏數千人邀擊，須陁敗，乃仰天曰：「兵敗如此，何面見天子乎？」乃下馬戰死。

唐

常達。陝人。初從高祖征伐，命爲統軍，拜隴州刺史。時薛舉方强，達敗其子仁杲，舉遣將仵士政紿降，伺隙劫之，併其衆歸賊。達不爲懾。仁杲平，帝見達，勞曰：「君忠節，正可求之古人。」爲執士政殺之。終隴西刺史。

張士貴。盧氏人。本名忽峍。彎弓百五十斤，左右射，無空發。從征伐有功，又從平洛，授虢州刺史。帝曰：「顧令卿衣錦晝遊耳。」進封虢國公。貞觀七年，爲龔州道行軍總管。破反獠還，帝聞其冒矢石先登，勞之曰：「嘗聞以忠報國者不顧身，於公見之。」

上官儀。陝人。當貞觀初，擢第，召授弘文館直學士，遷祕書郎。高宗時，進西臺侍郎。儀工詩，其詞綺錯婉媚，人多效之，謂爲「上官體」。麟德元年，坐梁王忠事，下獄死。初，武后專威福，帝不能堪，將廢爲庶人，召儀與議，使草詔。左右奔告后，后自申訴，帝曰：「上官儀教我。」后由是深惡儀。

張齊賢。陝人。仕武后朝，爲太常奉禮郎，議告朔禮，久之遷博士。時東都置太社，皆齊賢等參定。中宗即位，因武后東都廟改爲唐廟，議滿七室，以涼武昭王爲始祖。齊賢上議，不祖武昭王，詔可。累遷諫議大夫。

楊温。閿鄉人。漢太尉震十八代孫。居父喪，七日不食。服除，補平棘令。武后時，五遷州刺史，有風績。初，張柬之代爲荆州，共乘艫江中，私語外家革命。温悲涕慷慨，志在王室。柬之執政，引爲右羽林將軍，與李多祚等定計斬二張。進雲麾將軍，封弘農郡公。敬暉爲武三思所搆，温知禍未已，悉還官封。不許。睿宗立，封魏國公，令太子拜之。卒，謚曰忠。子仲昌，以通經爲修文生，對策擢第一，累遷監察御史。坐累爲孝義令，終吏部郎中。仲昌資長於吏，常分父祖賑宗黨，御身以約，善與人交，士樂從之遊。

姚崇。硤石人。父懿，貞觀中爲巂州都督。崇少倜儻尚氣，節長好學，下筆成章，授濮州司倉參軍，遷夏官郎中。遼兵擾河北，兵檄叢集，崇奏決如流。拜侍郎。垂拱後，以告言爲功，號曰羅織，甚於漢之鉤黨，崇請以一門百口保内外百官無反者。進同鳳閣鸞臺三品。張柬之等謀誅二張，崇參計議。先天二年，明皇講武新豐，密召崇至，曰：「卿宜遂相朕。」崇因奏十事，帝曰：「朕能行之。」遷紫微令。時承權戚干政之後，綱紀隳壞，崇常先有司，罷冗職，修制度，擇百官各當其材。開元中，還宰政，引宋璟自代。授太子少保。卒，謚文獻。

獨孤信。陝州人。特達高才，爲河南刺史，有惠政。

張彖。陝州人。力學有名。時楊國忠權傾天下，人勸彖修謁，彖曰：「君輩倚右相如泰山，吾以爲冰山耳，皎日一出，得無失所恃乎？」後及第，授華陰尉。勤於政事，每有伸舉，輒受抑制，遂拂衣長往。

楊憑。弘農人。善文詞，與弟凝、凌皆有名，大曆中踵擢進士第，時號「三楊」。憑重交遊，尚氣節然諾。召爲監察御史，累遷湖南、江西觀察使，入拜京兆尹。與李夷簡有隙，劾憑不法，憲宗以憑治京兆有績，但貶臨賀尉。以太子詹事卒。凝爲兵部郎中，凌最善文，終侍御史。

楊敬之。憑弟凌之子。元和初擢第，累遷屯田、户部二郎中。文宗尚儒術，以宰相鄭覃兼國子祭酒，俄以敬之代。未幾兼太常少卿，是日，二子戎、戴登科〔六〕，時號「楊家三喜」。轉大理卿，檢校工部尚書，兼祭酒，卒。敬之嘗爲華山賦，示韓愈，愈稱之，士林傳布。愛士類，得其文章，孜孜諷詠，人以爲癖。雅愛項斯爲詩，所至稱之，由是斯擢上第。

梁文貞。閿鄉人。少從軍守邊，逮還，親已亡，自傷不得養，即穿壙爲門，晨夕汛掃。廬墓左，瘖默三十年。家有所問，畫文以對。會官改新道，出文貞廬前，行旅見之，皆爲流涕。有甘露降塋木，白兔馴擾，縣令刊石紀之。

陸扆。嘉興人。宰相贄族孫。客於陝州，遂家焉。累進翰林學士。工屬辭，敏速若注射然，一時書命，同僚自謂不及。昭宗優遇之，累官尚書左丞。後爲柳璨所害。

五代

梁

高季興。硤石人。梁初，拜荆南節度使。荆州當唐之末，爲諸道所侵。季興始至江陵，一城而已，兵火之後，井邑凋零。季興招緝綏撫，人士歸之。

宋

魚崇諒。其先楚州山陽人，後徙於陝。幼能屬文。歷仕至學士。周祖踐阼，書詔繁委，皆崇諒爲之。以母老，求解官歸養，訖太祖朝不起。太宗即位，詔授兵部侍郎，致仕。

魏野。陝州人。嗜吟咏，不求聞達。有草堂集十卷。大中祥符初，遼使至，言本國得其上帙，願求全部，詔與之。與李瀆並被薦，遣陝令招之。野上言，願守畎畝，永荷帝力。詔州縣長吏，常加存撫。卒，贈秘書省著作郎。

韓川。陝州人。進士上第。元祐初，爲監察御史，極論市易之害。遷殿中侍御史，疏言：「近制歲舉守臣，遇大州闕，率在京師馳騖請求者得之，至於奄歷郡縣、治狀應法者顧出其下。」於是詔吏部更立法。改太常少卿，進吏、禮二部侍郎，歷知潁、虢、坊、鄜、青、襄州，卒。

宋炎。陝州人。蹶張命中，補秉義郎。金師圍城，炎射死數百人，比再圍，炎以勁弩數百，發毒矢，殺千餘人。城陷，金師聲言求善射者貴之，炎不應，力戰死。

元

岳藏齋。陝州人。幼篤志勤學。丞相史天澤征西，過其家，訪以治體，具陳方略，天澤以聞。歷官河南總管，終國子監祭酒。

明

耿九疇。盧氏人。永樂進士，天順初，累遷右都御史。石亨用事，九疇將率屬劾之，爲所誣，出之外。亨敗，召爲南京刑部尚書。卒，謚清惠。子裕，景泰進士。孝宗朝，官禮部尚書。時公私侈靡，裕隨事救正，歸於節儉。改吏部，卒，謚文恪。

許進。靈寶人。成化進士，除御史。陳鉞激變遼東，進率同官論之，忤汪直，廷杖幾殆。弘治初，巡撫大同，邊防修整，與分守中官石巖相訐，坐謫官。土魯番攻陷哈密，使其將雅蘭守之。馬文升薦進巡撫甘肅，進謀潛師襲寇，親率四千人出嘉峪關。奄至城下，雅蘭已先遁去，餘八百人守臺未下。總兵官劉寧耳語曰〔七〕：「斬之即封侯可得也。」進不聽，撫降之，西域遂定。正德間，代劉大夏爲兵部尚書，改吏部，卒，謚襄毅。次子誥、三子讚，皆知名。讚官至文淵閣大學士。「雅蘭」舊作「牙蘭」，今改正。

許誥。進次子。弘治己未進士。由户科給事中歷官南京户部尚書。其所學不襲前人，要以踐諸實行、達之世務爲主。爲户科，則劾中官貪暴；爲講官，則有緝熙聖學疏；爲祭酒，則奬風節、抑華競，以經世爲士筌、尊德爲學軌。一時成均翕然化之。由吏部擢户部，所至稱治。卒，謚莊敏。學者稱函谷先生。

崔儒秀。陝州人。萬曆進士，歷户部郎中，遷開原兵備僉事。時開原已失，儒秀募壯士，攜家辭墓而行。經略袁應泰以兵馬甲仗不足恃爲憂，儒秀曰：「恃人有必死之心耳。」遼陽被圍，分守東城，矢集如雨，不少卻。會兵潰，北嚮拜自經。事聞，賜卹。

本朝乾隆四十一年，賜謚節愍。

張我德。陝州人。崇禎六年，賊入陝州，我德驅一家二十七人登樓自焚。本朝乾隆四十一年，予祀忠義祠。

許煇。靈寶人。爲縣陰陽官。崇禎六年，爲賊所掠，大罵見殺。本朝乾隆四十一年，予祀忠義祠。

梁可棟。陝州人。仕平定知州。家居，值陝州陷，罵賊死。本朝乾隆四十一年，賜謚烈愍。

趙良棟。陝州人。仕蓬萊教諭。罷歸，寓澠池。寇陷澠城，父子挺身罵賊死，其媳及孫亦赴井死。本朝乾隆四十一年，予祀忠義祠。

張我正。陝州人。素豪俠，集衆保鄉里，一方賴之。崇禎十四年，勒衆禦賊。賊大至，衆悉奔，奮臂獨戰。賊愛其勇，欲生致之，詬罵自刎死。本朝乾隆四十一年，予祀忠義祠。

蕭大成。陝州人。嘗官淮安同知。陝州陷投井死。本朝乾隆四十一年，賜謚節愍。

李中正。盧氏人。官車駕司主事，以禦賊死。本朝乾隆四十一年，賜謚烈愍。

靳謙吉。盧氏舉人。賊入城，被執不屈，罵賊死。

本朝

蔡金鵬。陝州人。性孝友。嫡母早喪，事父及繼母克盡子道，歿後，各廬墓三年。墓故在深山，多猛獸，或勸之歸，弗聽，爲文以祭之，虎狼屏跡。金鵬有同母弟、異母弟各二人，俱交歡無間，鄉里稱焉。

張鵾。陝州人。康熙乙未進士。淹通經史，又邃於易。仕古浪知縣。舊屬衛所，時新改爲縣，察土俗民情，政簡而寬。邑人祀名宦祠，勒石志之。

張鷟。陝州人。康熙時，歷官蕪湖、霍丘知縣，並有惠政。致仕歸，修廣濟渠，竭力爲州人倡。有四書精解、鷄足山詩集、道善堂文集。

張愈聚。陝州人。乾隆己卯舉人。歷任四川州縣，所至有惠政。尤勤獄訟，案無留牘，法令嚴明。川省嘓匪不敢入其境。升嚴州知府，潔己率屬，六邑肅然。

師系淵。陝州人。事親以孝稱。嘗拾遺金，俟還主者。

朱貽培。盧氏人。嘉慶二年，聞教匪將擾境，護其父母入山藏匿，而身率鄉人禦賊，力盡被執，不屈死之。同時死難者高照魁、梁彦朝、胡江、王義、賀銓及其子某、朱君愛及其弟某、余純粹及其姪某。

流寓

漢

劉茂。晉陽人。王莽專政，茂棄官避世弘農山中教授。

鄭興。開封人。好古學。建武中，客居閿鄉，以講授終，不復仕。

楊震。華陰人。嘗客居於湖，不答州郡禮命數十年，衆人謂之晚暮，而震志益篤。

唐

吴融。山陰人。昭宗時，進户部侍郎。鳳翔劫遷，融不克從，去，客閿鄉。

王適。幽州人。善詩，尤好讀書，懷奇負氣。聞金吾將軍李惟簡年少喜士，見之語合，遂薦爲衛參軍。歲餘若有所不樂，一日載妻子入閿鄉南山。時中書舍人王涯、獨孤及諸人發書訊，固辭不起。

宋

張庭堅。廣安軍人。蔡京欲引爲己用，先令鄉人諭意，庭堅不肯往。京大恨，遂編管虢州。

列女

晋

陜州婦。不知姓氏。年十九，劉曜時嫠居陜縣。事叔姑甚謹，其家欲嫁之，婦毁面自誓。後叔姑病死，叔姑女誣婦殺其母，有司不察，婦竟坐罪。其境經歲不雨，曜遣呼延謨爲太守，知其冤，斬叔姑女，以少牢祭婦墓，謚曰孝烈貞婦。是日大雨。

吕纂妻楊氏。弘農人。纂被吕超所殺。楊與侍婢十數人，殯纂於城西。將出宫，超慮齎珍物出外，搜之，楊厲聲曰：

「我旦夕死人，何用金寶！」超將妻之，謂其父桓曰：「后若自殺，禍及卿宗。」桓以告，楊曰：「大人本賣女於氏，以圖富貴，一之已甚，其可再乎？」乃自殺。

呂紹妻張氏。弘農人。年十四，紹死，即請爲尼。呂隆見而悦之，欲穢其行。張升樓自投於地，二脛皆折而死。

元

亢起鳳妻張氏、媳韓氏。皆靈寶人。起鳳歿，張鞠彌月子，甫受室而夭。流寇至，張挈韓避砦中，韓恐砦破受辱，紿姑出，取薪火自焚死。張孤守至九十七歲卒。

明

陳所見妻薛氏。閿鄉人。弱齡喪夫，姑强受他聘，薛置毒衣衽間，服之，至中途死，衣履皆紉不可解。事聞旌表。以守節旌者：呂材妻李氏、蘇六妻屈氏，皆靈寶人。以殉夫旌者：唐情妻李氏，陝州人；康栗妻楊氏、楊宋妻康氏，靈寶人；又任宏道妻王氏，李雙印妻員氏，陝州人；任民妻杜氏，盧氏人；皆以死殉夫。李嘉實妻朱氏，王圖昌妻林氏，田有采妻申氏，張星鐸妻王氏，劉曰仕妻楊氏，皆閿鄉人，均遭亂死節。

張琨妻李氏。靈寶人。守節至九十餘歲卒。子悦，廬墓哀慟而死。

李門三烈。靈寶人。崇禎末，流寇破城，生員李明沆妻李氏、廩生李明夔妻張氏、生員李明龍妻陳氏，同心死節，各以線密縫衣帬，共投井而死。本朝雍正十年旌。

本朝

張玉衡妻史氏〔八〕。陝州人。夫亡殉節，康熙年間旌。

王居謙妻黄氏。陝州人。早寡，奉姑育子，子殁，又撫嗣孫。雍正年間旌。

唐京妻張氏。陝州人。夫亡守節。同州節婦李廷輔妻刁氏、霍文昇妻高氏、趙文焕妻曹氏、韓璵妻張氏、王訓妻趙氏、劉燻妻張氏、劉焜妻李氏、石嵋妻王氏、張成貴妻孫氏、劉曰瑜妻荆氏、范家祥妻張氏、孫鍾轅妻劉氏、趙可禄妻尚氏、衛廷寵妻高氏、尤永年妻張氏、張守仁妻李氏、鄧文彲妻楊氏，烈婦賈見虎妻李氏、趙崇僅妻聶氏、趙三妻劉氏、郭九丹妻張氏、蕭音和妾張氏、尚立均妻郭氏、李天命妻王氏，均乾隆年間旌。

茹大順妻康氏。靈寶人。夫亡守節。同縣節婦王隆治妻史氏、齊卿孟妻王氏、王杰妻杜氏、王大議妻張氏、王一忠妻曾氏、李鳳林妻張氏、常松齡妻吕氏、許涵妻韓氏、焦經綱妻蘇氏、王依中妻曾氏、葛延壽妻辛氏、孟清儒妻何氏、何承清妻張氏、趙文錦妻常氏、薛大臨妻張氏、許朝賓妻張氏、亢天相妻張氏、王國林妻張氏，烈婦葛延樞妻杜氏、某某妻張氏、毋知前妻閻氏，均乾隆年間旌。

蔣梅妻張氏。閿鄉人。夫亡守節。同縣節婦馬曰校妻蔣氏、王順天妻楊氏、王文章妻嚴氏、馬震妻張氏、張宏妻王氏、屈紹祖妻杜氏、趙世傑妻許氏、郭光昭妻薛氏、任信妻劉氏、杜有詩妻薛氏、李洋妻周氏、王選妻薛氏、屈繩祖妻尚氏、李楷之妻張氏、趙鐸妻張氏、張雲妻劉氏、杜源妻高氏、吴應才妻許氏、尹承奇妻蔣氏、焦自省妻趙氏、張三知妻荀氏、張三捷妻續氏、薛天申妻姚氏、趙國成妻張氏、何廷舉妻劉氏，烈婦嵇興盛妻郭氏、員進秀妻王氏、李茂纓妻蔣氏，貞女王氏女，均乾隆年間旌。

孫蕙妻杜氏。盧氏人。夫亡守節。同縣節婦常鍾妻李氏、王縉妻杜氏、李允秀妻任氏、常士俊妻郭氏、李秉敬妻常氏、王允祚妻趙氏、羅升亮妻王氏、甯九敘妻張氏、張其琰妻劉氏〔九〕、王圖遠妻劉氏、常廷琨妻王氏、常文浡妻王氏、蘇仁妻張氏、王宏緒妻權氏、蔡國英妻李氏、賈名時妻權氏、王澤溥妻李氏、杜興祚妻雷氏、常家駒妻王氏、王行仁妻范氏、王明發妻閻氏、常作柱妻王氏，烈婦陳法妻李氏，均乾隆年間旌。

蔡建法妻趙氏。陝州人。夫亡守節。同州節婦李克長妻張氏、李繼統妻張氏、呂賜讓妻喬氏、張文舉妻劉氏、陳師聖妻王氏、孫軼羣妻蕭氏、劉建妻張氏、趙興祚妻盧氏、白方聲妻李氏、張思明妻戚氏、衛中元妻高氏、白學仲妻曲氏、尚學穆妻張氏、楊德精妻王氏、員懷仁妻劉氏、崔景林妻鄭氏、辛泌妻尚氏、孫統羣妻白氏、尚林默妻員氏、崔長城妻張氏、戚文英妻柴氏、王登科妻馮氏、王增力妻刁氏、張雲妻鄧氏、沈於農妻甯氏、衛邦妻李氏、曲彥聖妻張氏、張文舉妻王氏、段玉壽妻王氏、楊萬杰妻楊氏、水長泰妻孫氏、李仲芳妻趙氏，烈婦張隨成妻高氏、黃登元妻王氏、吳鴻南妻劉氏，均嘉慶年間旌。

何兆麟妻疆氏。靈寶人。夫亡守節。同縣節婦杜龍章妻張氏、任克容妻建氏、盧思常妻程氏、史存誠妻張氏。李淩霄妻王氏，烈婦陳嗣忠妻王氏、趙來成妻劉氏、楊某妻王氏，均嘉慶年間旌。

姚學純妻王氏。閿鄉人。夫亡守節。同縣節婦李賢妻王氏、杜堂彥妻柴氏、張壎妻靳氏、王步洛妻姚氏、樊從善妻李氏，烈婦楊作廂妻張氏、楊張氏、段玉兒妻黨氏、馬得祥妻王氏，均嘉慶年間旌。

常卜豫妻英氏。盧氏人。夫亡守節。同縣節婦張月林妻戴氏、孫念祖妻郭氏、常庚妻雷氏、耿桂妻莫氏，烈婦白氏、周大興妻楊氏、王洛安妻張氏，均嘉慶年間旌。

朱氏。盧氏人。嘉慶二年，教匪突至，罵賊遇害。同縣賈劉氏、李氏、趙氏、黨談氏、馮升妻田氏，俱不屈死。三年，教匪復至，王某妻翟氏、趙某妻邢氏、彭某妻徐氏、劉某妻李氏、呂某妻陳氏、呂某妻張氏、賈氏女，俱罵賊死。

仙釋

漢

河上公。居河之濱。文帝讀老子有疑義，遣使問之。曰：「道德尊重，非可遥問。」帝枉駕訪之，遂授道德經注解二卷。

唐

萬迴。姓張氏，閿鄉人。兄戍役安西，父母憂思。迴曰：「此甚易耳。」乃裹衣糗，朝往視之，暮持兄書返其家。弘農抵安西萬餘里，故號曰「萬迴」。

宋

柴通玄。閿鄉人。爲道士於承天觀，年百餘歲。善辟穀。真宗時，召對語，無文飾，多以修身慎行爲説。祀汾陰。召至行在，命坐，問以無爲之要，作詩賜之。

土產

紬絁。州出。唐書地理志：虢州土貢絁。宋史地理志：陜州貢紬絁。

麰麥。境内俱出。唐書地理志：陝州土貢麰麥。

棃。靈寶縣出。唐書地理志：虢州土貢棃。

藥。唐書地理志：陝州土貢栝蔞、柏實。虢州貢地骨皮、麝。通志：陝州出柏子仁，盧氏出鹿茸。

瓦硯。唐書地理志：虢州貢瓦硯。説郛：虢州澄泥硯，唐人品之以爲第一。硯理細如泥，色紫可愛，發墨不滲。

瓷。明統志：陝州出。

錫。明統志：靈寶縣出。

麢羊。通志：盧氏出。

校勘記

〔一〕邑令李恭掘得元時修廟碑記　「時」，原作「特」，據乾隆志卷一七五陝州祠廟（下同卷簡稱乾隆志）改。

〔二〕宋正隆二年知州徐文建　乾隆志同。按，正隆爲金年號，此「宋」疑是「金」之誤。考金史卷七九有徐文傳，然傳文未言徐文曾知陝州。存疑待考。

〔三〕銘曰平陸　「銘」，原作「名」，據乾隆志及新唐書卷七八李齊物傳改。

〔四〕縣令張玘　「玘」，原作「圮」，乾隆志同，據宋史卷四五二忠義列傳改。

〔五〕陳祐　「祐」，原作「祜」，據乾隆志及下文改。按「陳祐」史書多訛作「陳祜」，中華書局點校本元史據秋澗集卷五三陳祐去思碑銘、卷五四陳祐神道碑、張文忠集卷一八陳天祥神道碑銘改作「陳祐」，是。

〔六〕二子戎戴登科　「戴」，原作「載」，據乾隆志及新唐書卷一六〇楊敬之傳改。

〔七〕總兵官劉寧耳語曰　「寧」，原作「凝」，據乾隆志及明史卷一八六許進傳改。按，本志避清宣宗諱改字也。

〔八〕張玉衡妻史氏　「玉」，原作「王」，據乾隆志及雍正河南通志卷六八列女改。

〔九〕張其琰妻劉氏　「琰」，原作「炎」，據乾隆志改。按，本志避清仁宗諱改字也。

光州直隸州圖

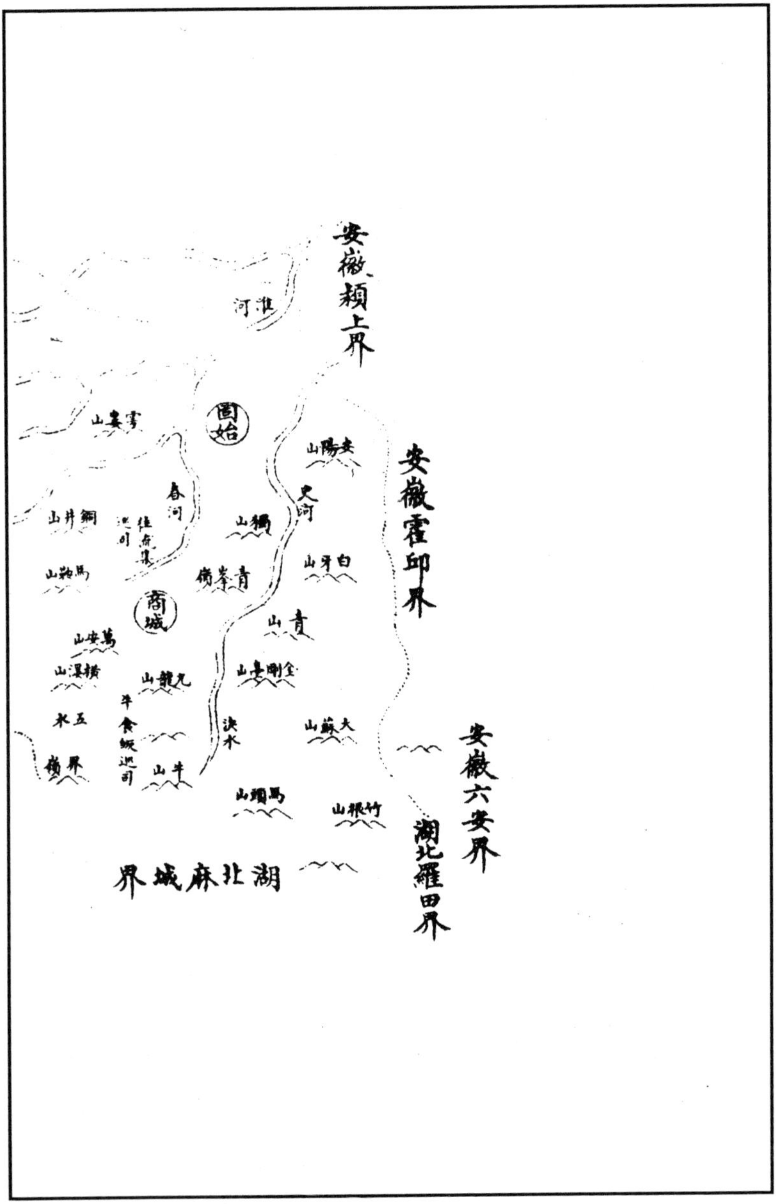
安徽潁上界
淮河
雩婁山
固始
安陽山
安徽霍邱界
春河
史河
銅井山
往流集巡司
獨山
白牙山
馬鞍山
青峯嶺
商城
青山
萬安山
九龍山
金剛臺山
五水
牛食畈巡司
決水
大蘇山
界嶺
牛山
安徽六安界
馬頭山
竹根山
湖北羅田界
湖北麻城界

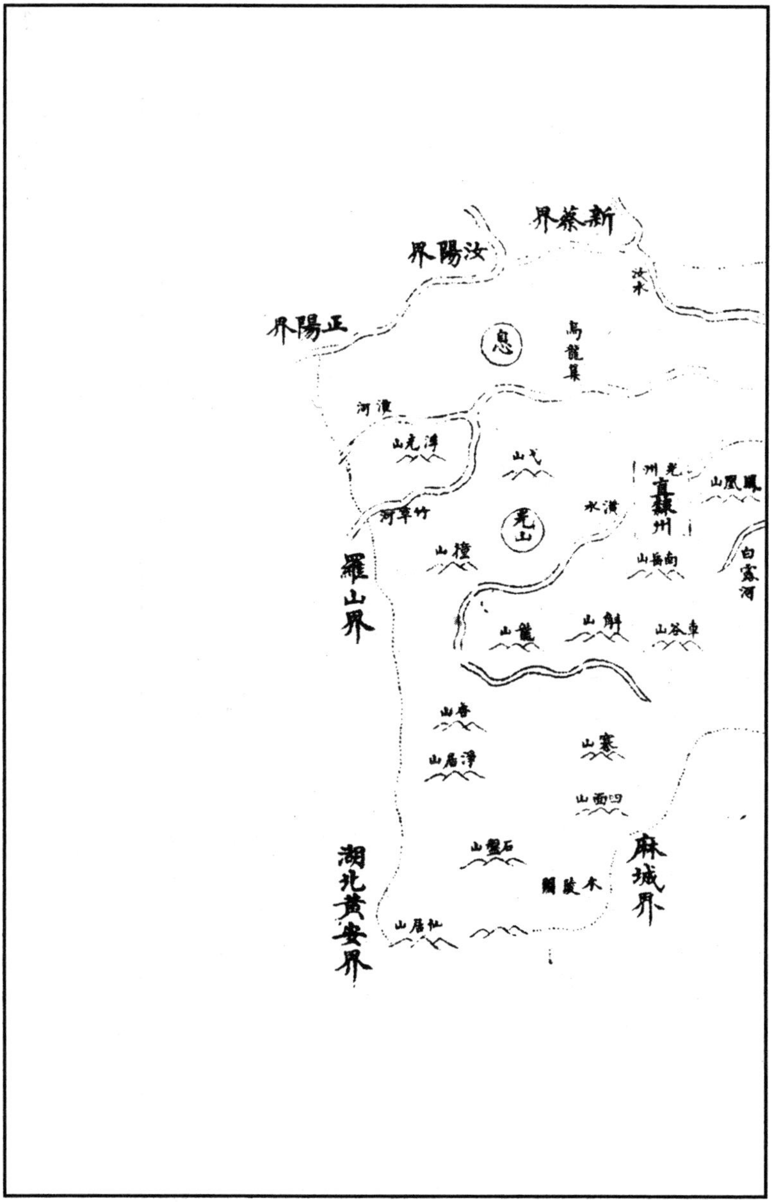
新蔡界
汝陽界
正陽界
汝水
息
烏龍集
潢河
弋山
光州直隸州
鳳凰山
潢水
竹竿河
光山
檀山
南岳山
白露河
羅山界
龍山
東谷山
寨山
四面山
石盤山
木陵關
麻城界
仙居山
湖北黃安界

光州直隸州表

	光州直隸州	
秦	汝南郡地。	九江郡地。
兩漢	弋陽郡 魏置。	弋陽縣 屬汝南郡。
三國	弋陽郡	弋陽縣 郡治。
晉	弋陽郡 治北弋陽。	弋陽縣
南北朝	弋陽郡	南弋陽縣 魏分置南、北弋陽縣。齊省北弋陽，改名定城。
隋	光州弋陽郡 武德三年置弦州，貞觀初廢。太極初移光州來治。天寶初復置弋陽郡，乾元初復曰光州。	定城縣
唐	光州弋陽郡	定城縣 州治。
五代	光州弋陽郡 紹興二十八年更名蔣州，尋復故。	定城縣
宋金附	光州 屬汝寧府。	定城縣
元	光州	定城縣 初省入州。
明		

續表

	光山縣
	西陽縣 屬江夏郡。
	西陽縣
	西陽縣 惠帝置西陽郡，永嘉後徙廢。
南郢州 梁置，領定城、邊城、光城三郡。齊又置齊安、新蔡、東光城郡。 新城郡 梁置。東魏屬南朔州。 新城縣 郡治。	光城左郡 宋大明中分弋陽置。梁置光州。 光城縣 宋元嘉二十五年置，後爲郡治。
開皇初州郡並廢。 廢。 開皇初廢入殷城。	弋陽郡 開皇初廢郡，大業初改州置。 光山縣 開皇三年廢光城縣，十八年改置郡治。
	廢。 光山縣 屬光州。
	光山縣
	光山縣 紹聖末更名期思，尋復故。後廢。
	光山縣 至元十二年復置，屬光州。
	光山縣 屬汝寧府。

續表

	固始縣
軑縣 屬江夏郡。 鄳縣地。	
軑縣	
軑縣 初屬弋陽郡，惠帝仍屬江夏郡，永嘉後徙廢。	
茹由縣 宋元嘉二十五年置，屬光城左郡。後魏改屬邊城郡。齊廢。 樂安縣 宋元嘉中置，屬弋陽郡，尋屬光城左郡。魏屬北光城郡。 宋安縣 梁置，屬宋安郡。	新蔡郡 宋泰始中僑置。齊曰北新蔡郡。周置滄州。
樂安縣 屬弋陽郡。 開皇三年省入樂安。	開皇初州郡並廢。
仙居縣 天寶初更名，屬光州。 初復，析置宋安縣，并置谷州。貞觀初州廢，省縣入樂安。	
仙居縣	
建炎初省。	

續表

	息縣
蓼縣 屬六安國。後漢屬廬江郡。 安豐縣 屬六安國。後漢屬廬江郡。 期思縣 屬汝南郡。	
蓼縣 安豐縣 期思縣	
蓼縣 屬安豐郡，東晉徙廢。 安豐縣 屬安豐郡，東晉徙廢。 期思縣 屬弋陽郡。	
固始縣 宋泰始中僑置，爲郡治。梁復曰蓼縣。東魏復故。 梁廢。	東豫州 汝南郡 魏太和十九年置。梁曰西豫州，又改曰淮州。東魏復曰東豫州。周改名息州。
固始縣 屬弋陽郡。	開皇初廢郡，大業初廢州。
固始縣 屬光州。	初復置息州，貞觀初廢。
固始縣	
固始縣	息州 金太和八年復置，屬南京路。
固始縣	息州 屬汝寧府。
固始縣	息州 洪武初降州爲縣，屬潁州。七年改屬光州。

新息縣屬汝南郡。		褒信縣後漢置，屬汝南郡。
新息縣		褒信縣
新息縣		褒信縣屬汝陰郡。
南新息縣宋更名。齊復故。	北新息縣宋分置，屬汝南郡。齊省。 長陵郡梁置。齊廢。 長陵縣梁初置郡治。	苞信縣宋更名，屬新蔡郡。梁兼置梁安郡。
新息縣屬汝南郡。	長陵縣大業初省入褒信。	褒信縣開皇初郡廢，大業初復舊名，屬汝南郡。
新息縣屬蔡州。	初復置，屬息州，貞觀初廢。	褒信縣
新息縣		褒信縣屬蔡州，天祐更名苞孚。
新息縣		褒信縣復故名。金改屬息州。
至元三年省入州。		省。

續表

商城縣
雩婁縣屬廬江郡。
雩婁縣
雩婁縣屬安豐郡，尋廢。
西苞信縣宋僑置，屬新蔡郡。齊屬北新蔡郡。梁改名苞信，兼置義州，尋廢。雩婁縣宋復置，屬弋陽郡，後屬邊城郡。魏改名宇婁。齊廢。南建州梁置，領七郡。邊城郡宋置縣，屬弋陽，後置郡。史水縣宋置，屬邊城郡。齊屬安豐郡，後廢。
殷城縣開皇初改名，屬弋陽郡。開皇初廢。開皇初郡廢。
殷城縣武德初復置義州，貞觀初廢，屬光州。
殷城縣
建隆初更名商城縣，尋省入固始。
商城縣成化十一年復置，仍屬兖州。

大清一統志卷二百二十二

光州直隸州一

在河南省治南八百里。東西距二百四十五里，南北距二百里。東至安徽潁州府霍丘縣界一百二十五里，西至汝寧府羅山縣界一百二十里，南至湖北黄州府麻城縣界一百二十里，北至汝寧府新蔡縣界八十里。東南至湖北黄州府羅田縣界一百八十里，西南至湖北黄州府黄安縣界二百十里，東北至安徽潁州府潁上縣界一百六十里，西北至汝寧府汝陽縣界一百三十里。本州境東西距一百里，南北距一百十里。東至固始縣界七十里，西至光山縣界三十里，南至湖北黄州府麻城縣界七十里，北至息縣界四十里。東南至商城縣界六十里，西南至光山縣界三十里，東北至固始縣界七十里，西北至息縣界六十里。自州治至京師二千四百里。

分野

天文角、亢分野，壽星之次。

建置沿革

禹貢揚州之域。周初爲蔣、黄、弦三國。春秋時爲黄、弦二國地。戰國屬楚。秦屬九江郡。

漢置弋陽縣，屬汝南郡。後漢因之。三國魏始置弋陽郡。南境爲廬江郡地，西北境爲江夏郡地。晉書地理志：弋陽郡，魏置。晉及宋、齊因之。宋於西南境分立光城左郡。後魏分置南、北二弋陽縣，郡治北弋陽。梁置南郢州及定城郡。時始置光州，在今光山縣。東魏因之。北齊廢定城郡，省北弋陽入南弋陽，改曰定城縣。隋開皇初，州郡皆廢，以縣屬弋陽郡。唐武德三年，置弦州。貞觀元年州廢，縣屬光州。太極元年，始移光州來治。天寶元年，又改曰弋陽郡。乾元初，復曰光州，屬淮南道。五代因之。宋置光山軍節度，屬淮南西路。宋史地理志：宣和元年，賜軍額。紹興二十八年，改蔣州。嘉熙元年，徙治金剛臺，尋復故。元省定城縣入州，屬汝寧府。明洪武初，屬鳳陽府，十四年仍屬汝寧府。

本朝雍正二年，升爲直隸州，領縣四。

光山縣。在州城西南四十里。東西距一百五里，南北距二百里。東至本州界二十里，西至汝寧府羅山縣界八十五里，南至湖北黄州府麻城縣界一百二十里，北至息縣界八十里。東南至商城縣界七十里，西南至湖北黄州府黄安縣界一百八十里，東北至本州界二十里，西北至息縣治九十五里。春秋弦國地。漢置西陽縣，屬江夏郡。後漢因之。晉改屬弋陽郡，惠帝分置西陽郡。永嘉後，郡縣俱廢。劉宋元嘉二十五年，以豫部蠻民置光城縣，屬弋陽郡。大明中，分置光城左郡。蕭齊因之。梁於縣置光州。東魏因之。隋開皇初郡廢，十八年，始置光山縣，爲光州治。大業初，改州爲弋陽郡。唐武德三年，復曰光州，置總管府。貞觀元年，府罷。太極元年，移州治定城，以縣屬焉。五代因之。宋紹聖中，改曰期思，尋復故，後廢。元至元十二年，復置，仍屬光州。明並屬汝寧府。本朝雍正二年，改屬光州。

固始縣。在州城東一百四十里。東西距一百二十里，南北距一百二十里。東至安徽潁州府霍丘縣界五十里，西至本州界七十里，南至商城縣界六十里，北至潁州府阜陽縣界六十里。東南至安徽六安州界九十里，西南至商城縣治一百二十里，東北至潁州府潁上縣界九十里，西北至息縣界九十里。春秋蓼國地。漢置蓼縣，屬六安國。後漢改屬廬江郡。晉屬安豐郡。劉宋初省，泰始中，僑置新蔡郡及固始縣。蕭齊爲北新蔡郡。後魏仍曰新蔡郡。梁復曰蓼縣。東魏復曰固始。後周改置澮州。隋開皇初，州郡皆廢，以縣屬弋陽郡。唐屬光州。宋、元因之。明初屬鳳陽府，洪武十四年，還屬光州。本朝因之。

息縣。在州城西北九十里。東西距七十五里，南北距八十五里。東至本州界四十里，西至汝寧府正陽縣界三十五里，南至光山縣界十五里，北至汝寧府汝陽縣界七十里。東南至本州界六十里，西南至汝寧府羅山縣界十八里，東北至安徽潁州府阜陽縣界一百四十里，西北至汝陽縣界七十里。春秋時息國，漢置新息縣，屬汝南郡。後漢、晉因之。劉宋分置南、北二新息縣。蕭齊因之。後魏太和十九年，置東豫州及汝南郡。梁大通元年，改曰西豫州。太清元年，又改曰淮州。東魏武定七年，復曰東豫州。北齊復并爲新息縣。後周改曰息州。隋開皇初，郡廢。大業初，州廢，縣仍屬汝南郡。唐初復置息州，貞觀初州廢，屬蔡州。五代及宋因之。金太和八年，復置息州，屬南京路。元中統三年，州廢。四年復置。至元三年，省縣入州，屬汝寧府。明洪武初，降州爲縣，屬潁州。七年，改屬汝寧府光州。本朝雍正二年改屬光州。

商城縣。在州城東南一百二十里。東西距一百七十五里，南北距一百八十里。東至安徽潁州府霍丘縣界一百十五里，西至光山縣界六十里，南至湖北黄州府羅田縣界一百二十里，北至固始縣界六十里。東南至羅田縣界一百二十里，西南至黄州府麻城縣界九十里，東北至固始縣治一百二十里，西北至本州界六十里。春秋吴雩婁邑。漢置雩婁縣，屬廬江郡。後漢因之。晉改屬安豐郡，後廢。劉宋元嘉二十五年，復置，屬弋陽郡，尋屬邊城郡；又僑置西苞信縣，屬新蔡郡。蕭齊時以西苞信屬北新蔡郡。後魏改雩婁曰宇婁。梁改西苞信曰苞信，兼置義州。齊、周時，宇婁縣廢。隋初改縣曰殷城，屬弋陽郡。唐武德初，復置義州。貞觀初，州廢，縣屬光州。五代因之。宋建隆初，始改曰商城。至道三年，省入固始。明成化十一年，復置商城縣，屬汝寧府光州。本朝雍正二年，改屬光州。

形勢

襟帶長淮，控扼潁、蔡。面山負野，四望平舒。圖經。

風俗

士貞慤而好文，民樸勤而尚質。舊志。

城池

光州城。州有南、北兩城，北城門五，南城門六，周九里，池廣二丈。明正德七年甃甎。本朝順治六年修，十六年、康熙六十一年、乾隆二十九年屢修。

光山縣城。周七里有奇，門四，池廣三丈。明正德十二年甃甎。本朝順治十四年修，康熙二十七年、雍正七年、乾隆元年重修。

固始縣城。周六里，門五，池廣五尺。本朝順治十五年修；康熙二十七年圮，重建；乾隆八年修。

息縣城。周五里，門四，池廣二丈五尺。本朝順治七年修，十五年、康熙二十四年、雍正七年重修。

商城縣城。周六里，門四，池廣二丈五尺。本朝順治三年修。

學校

光州學。在州治西。元泰定間建，馬祖常有碑。明洪武中重建。本朝康熙十年修，二十一年、雍正十一年、乾隆八年重修。入學額數十五名。

光山縣學。在縣治東南。明洪武七年建。本朝康熙九年修。入學額數十五名。

固始縣學。在縣治東南。明洪武八年建。本朝康熙二十九年修。入學額數十五名。

息縣學。在縣治西南。明洪武八年建。本朝順治十三年修，康熙二十七年重修。入學額數十五名。

商城縣學。在縣治東。明成化十一年建。本朝順治七年修，康熙二十五年重修。入學額數十五名。

弋陽書院。舊設州城北隅喻家巷。本朝乾隆二十五年，知州吴一嵩重建於南城官湖北岸。

涑水書院。在光山縣治西。宋司馬光父池知光山縣，生光於此，後人搆書院祀之。本朝乾隆二十四年重建，四十七年修。

户口

原額人丁一十九萬九千五百七，今滋生男婦大小共一百三十五萬二千三百二十一名口，計二十九萬九千九百八十八户。

田賦

田地二萬五千一百九十五頃二十八畝，額徵地丁正、雜等銀十萬九千七百五兩六錢三分有奇。

山川

鳳凰山。在州東七里，爲州之左翼。又州西二十五里浦口岡，爲州之右翼。皆長嶺蹲峙，勢如卧龍。又商城縣北二十餘里有鳳凰山，對峙有錦雞山，河流其中，爲縣之門户。

彭山。在州東南七十里。上有古塔，俗名甎塔岡。中有九子巖、三教洞，下有小川百折，入小商河。

南岳山。在州南三十里。淠水出焉。水經注作垂山。

東谷山。在州南七十里。羣峯擁抱，清流縈繞。

斛山。在光山縣東南五十里，以形似名。又商城縣西南十里有斛山，曲河源出其下。

龍山。在光山縣南十五里。其隔河對峙者有會龍山。又迎春山，在縣南四十里。相近又有仙人山。

通山。在光山縣南五十里。相近又有白駒山、張果老山。

杏山。在光山縣南六十里。

寨山。在光山縣南七十里。上有三井，元有陳老者立寨避兵於此。又有三山，亦在縣南，千峰萬壑，迴出雲表，延亘二百里。

四面山。在光山縣南八十里。四壁横攢，一水迴繞。

白壓山。在光山縣南八十里。絶頂有洞，洞中有泉，流入高陌河。

龍蟠山。在光山縣南八十里。雲出則雨。

石盤山。在光山縣南九十里。縣志：山岫險峻，其巔平衍若盤。其麓爲棋盤山，相近爲花石山，有洞產五色石。

磨雲山。在光山縣南一百里。山頂出雲，常盤旋不散。相近有黑石山、馬鞍山、千金山。又金泉山，亦在縣南百里，有泉流爲梅林河〔一〕。

五馬山。在光山縣南一百二十里。相接者爲黄茅山，又有木陵山。

撞山。在光山縣西南二十里。兩山夾河，中流浮小石山。

淨居山。在光山縣西南四十里。金定興五年伐宋，璞薩安貞出息州，軍於七里鎮，宋兵據淨居山，即此。「璞薩安貞」舊作「僕散安貞」，今改正。

仙居山。在光山縣西南六十里。寰宇記：仙居山原名樂安山，唐天寶初敕改名。亦名北仙居山。名勝志：唐改樂安縣爲仙居，以縣有南、西二仙山，中藏石室，仙人所居也。

牢山。在光山縣西南一百四十里。勢極險峻，中有石洞。

天臺山。在光山縣西南一百五十里。壁立萬仞，一望千里。上有鐵瓦寺，下有龍池。

霧山。在光山縣西七十里。高插霄漢，常有雲霧蒙其上。又商城縣東五十里有霧山。

浮光山。在光山縣西北八十里。一名浮弋山，即弋陽山也。漢書地理志：弋陽縣有弋山在西北。水經注：淮水東逕浮光山北，亦曰扶光山，即弋山也。元和志：光山一名弋山。寰宇記：山周圍二十里，俯映長淮，每有光耀，因名光山。舊志謂之濮公山。

鐓山。在固始縣東。唐元和十年，壽州帥李文通奏敗淮西兵於固始，拔鐓山，即此。

安陽山。在固始縣東南四十里。一名大陽山。寰宇記：一名太山，上有白龍池。

白牙山。在固始縣東南九十里。名勝志：山産桑中弓材。又縣東南八十里有大步山。

獨山。在固始縣南七十里。山高五里，岸然獨立。相近又有三峯山，峭出雲表，如筆架。

木賊山。在固始縣南百里。名勝志：山産木賊草，故名。

雩婁山。在固始縣西四十里。大灌水出焉，俗訛爲霧露山。

金剛臺山。在商城縣東南三十里。舊名石額山，高二十餘里，延袤六十餘里，雙峯並峙，上有風洞、龍井。宋嘉熙元年，光州徙治金剛臺山。元至元七年，都元帥伊素德爾略地光州，敗宋兵於金剛臺山。元末，土豪余思銘據之。明初置巡司。「伊素德爾」舊作「也速帶兒」，今改正。

大蘇山。在商城縣東南五十里。下有蘇仙市。水經注：灌水出大蘇山。又有聚雲山，在縣東南一百里。葛藤山，在縣東南一百七十里。

牛山。在商城縣東南九十里。下有泉，流爲牛山河，即史河之上源也。

竹根山。在商城縣東南一百八十里。羣山列峙，中有招軍、躲軍、三官、鉢盂、金家、蠻王等寨，同羅、松子等關，皆高峻險隘。元末，徐壽輝曾據其地。

章山。在商城縣南三十餘里。聳秀爲諸山之冠。相近又有𡺸隤山、石鼓山。又縣南六十里有上天山。

九龍山。在商城縣南七十五里。上有九龍廟及古井。又五里爲金雞籠山。又縣南八十里有冠石山。

花陽山。在商城縣南九十里。元末，土人立寨於此。相近又有黄蘗山。又縣南百餘里有東葛山，與安徽六安州接界。

馬頭山。在商城縣南一百五十里。晉咸和中，譙國内史桓宣將其衆營於馬頭山，即此，今山有古寨遺址。明正德中，巡撫原傑言商城南接六安州，二百餘里，四野曠達，而金剛臺巡司乃在北偏，請置於馬頭山。從之，因置巡司爲戍守處。

蓮花山。在商城縣西南十五里。形如蓮花。又縣西南四十里有七里山，五十里有茅山。

萬安山。在商城縣西南三十里。爲楚、黄通徑，上有古寨遺址。

横溪山。在商城縣西南二百五十里。有溪夾山横流，分爲十八道，即五水關河上源。又縣西七十里爲磨盤山，西北有懸劒山。

馬鞍山。在商城縣西北。詔虞水出焉。

銅井山。在商城縣西北五十里。山頂有土穴，色如銅。

熊山。在商城縣北三十里。屹然雄峙，自梅山之西，勢相連接，澗壑峯巒甚勝。

梅林山。在商城縣東北十里。山溪險隘，或以爲即梅山。相近又有車轂山。

鐵林山。在商城縣東北三十里。相近爲鼓鎮山、客龍山。

青山。在商城縣東北七十里。一名峽口，兩山對峙，道通安徽六安州及霍山縣。峽口有五龍洞，幽邃險峻。又峽中有泉湧出，流爲寨河。又縣東南十五里有火炮山。

春風嶺。在光山縣南六十里。

青峯嶺。在固始縣南一百里，接商城縣界。有泉流爲梅仙河。

八摺嶺。在商城縣南四十里。嶺勢蜿蜒，起伏凡八。又有參差嶺，在縣南九十里，峯巒錯出。

界嶺。在商城縣西南九十里，南接湖北麻城縣界。

棗林岡。在固始縣北九十里。上有古城。

白鹿崖。在固始縣南。昔時戍守處，有故寨存。

老鸛崖。在商城縣東南一百五十里。

九女原。在商城縣東。唐元和十年，壽州刺史李文通討吴元濟，夜出九女原，即此。元和志：九女原在殷城縣界。

泊陂河。在光山縣東南四十五里。合商城縣之五水關河，北流入淮。

臨仙河。在光山縣南二十里。入官渡河，北流入淮。

紅石河。在光山縣南三十里。西北會臨仙河。

高陌河。在光山縣南四十五里。源自白壓山東，流入臨仙河。

梅林河。在光山縣南八十里。源出金泉山，東北流入官渡河。又縣南九十里有陡山河，又南十里有三道河，俱東北流入官渡河。

清流河。在光山縣西四十五里。東流入柴水。

曲河。在固始縣西十五里。源出商城縣之斛山，東北流經縣北，又東入史河。

泥河。在息縣東南四十里。源出萬安塘，東流入淮。

谷河。源出息縣北二十里豎斧堰。東南流經息縣東四十里，入淮。又縣北十里有澺河，源亦出豎斧堰，東南流至縣東十里入淮。

閭河。在息縣東北九十里。自汝寧府正陽縣流入，又東南入淮。又謍河，在縣東北九十里，汝水支流也，東南流入淮。

五水關河。在商城縣西南。源出銅井山，流爲考溪十八道河，旋轉紆迴，西南流爲五溪，合流五水關下，入光山縣界，合泊陂河，又東北經州東，至固始縣入於淮。

龍潭河。在商城縣西十里。源出金剛臺山黑龍潭，西北流爲皂靴河，又北爲琉璃河，繞縣西北八里爲木頭河，至縣北二十里爲馬家河，至固始縣爲子安河，北流入淮。又縣東有梅仙河，源出青峯嶺，流六十里入龍潭河。縣南有鄭家河，西南有桂家河、栲栳河，俱匯入龍潭河。又滷水，源亦出金剛臺山西北，下爲大蘇河，繞縣城南，歷西北入木頭河。

澤水。在州東三十里，北流，又東入固始縣界，合春河注於淮，亦曰白露河。水經注：澤水出弋陽縣南垂山，西北流，歷陰山關，西北出山，又東北流逕新城戍東，又東北得詔虞水口，西北去弋陽虞丘郭二十五里，又東北注淮，俗謂之白鷺水。

淮水。在州北三十里。自汝寧府正陽縣流入息縣南，經光山縣及州界，又東北經固始縣，又東北入安徽潁州府阜陽縣界。水經：淮水東得浉水口，又東經新息縣南，又東經浮光山北，又東，右合壑水，又東北，申陂枝水注之，又東經淮陰亭北，又東經白城南，又東經長陵戍南，又東，青陂水注之，又東北合黃水，又東過期思縣北，又東北，淠水注之，又東，汝水從西北來注之，又東過廬江安豐縣東北，決水從北來注之。元和志：淮水經息縣南五里，經褒信縣南七十五里，經定城縣北六十七里，經固始縣北八十里，經光山縣北七十里。汝寧府志：淮水自羅山至息縣東南，合汝水，東注固始朱皋鎮出境。

黃水。自湖北麻城縣界流入光山縣，名官渡河。東流至州西北，名潢河，又曰小黃河。水經注：黃水出黃武山，東北流，木陵關水注之，又東逕晉西陽城南，又東逕南光城南，又東北逕高城南，又東北逕弋陽郡東，又東北入於淮，謂之黃口。寰宇記：潢水源出黃土、白沙兩山之間，東流至州南，抱城而東，與淮水合。舊志：至州城西，流貫南、北兩城之間，東出又折而北，入於淮。

柴水。在光山縣北二十里，合清流河入淮，亦名寨河。水經注：鍪水出白沙山，東北逕柴亭西，俗謂之柴水，又東北流與潭溪水合，又東北入淮，謂之柴口。寰宇記：柴水源出仙居縣南，屈曲流一百二十里，入淮。

陽泉水。在固始縣東。水經注：陽泉水，首受決水，東北流逕陽泉縣故城東，又西北流，左入決水，謂之陽泉口。縣志：泉河在縣東四十里，上承商城縣石梁堰水，北流入史河。

詔虞水。在固始縣西南七十五里，亦名春河。水經注：詔虞水，出南山，東北流入淠水。縣志：春河源出商城縣馬鞍山，東北流入白露河。

慎水。在息縣西，自汝寧府正陽縣流入。水經注：慎水自上、中、下慎陂，又東逕息城北，又東逕南入淮〔二〕。府志有清水港，自正陽縣流入，逕縣南三里，入淮。

申陂水。在息縣北。水經注：申陂水，自息縣北分爲二，東南流爲蓮湖，又東南入淮。

青陂水。在息縣北。水經注：青陂水，上承慎陂，東逕新息亭北，又東爲青陂，又東分爲東瀆，東瀆水又東南流逕白亭西，又南逕長陵戍東，又東南入於淮。

汝水。在息縣東北四十里，與汝寧府新蔡縣接界，又東北入安徽潁州府阜陽縣界。元和志：汝水自西流入，經新息縣北八十里，經褒信縣東北五十五里。

決水。源出商城縣之牛山，名牛山河。東北流固始縣東南，名史河。又東至安徽霍丘縣界入淮。漢書地理志：雩婁，決水所出，過郡二，行五百六十里，北至蓼入淮。水經注：決水出雩婁縣南大別山，北過其縣東，又北經雞備亭〔三〕，又北過安豐縣東，又西北經蓼縣故城東北，又西北，灌水注之，又北，右會陽泉水，又北注淮，謂之決口。寰宇記：決水在固始縣東三里。商城縣志：牛山河有三源：一出大牛山，一出羅田縣北鶴皋峯，一出霍山縣西之蓮花尖，三水至水東寨，匯流入固始縣界。固始縣志：史河至縣東南分爲清河，舊有閘二，灌塘堰三十有六。北爲沙河，又北爲堪河，亦有閘二，灌湖堰一十有六，仍合流入淮。

灌水。自商城縣流入固始縣界，名石槽河，北流入史河。漢書地理志：雩婁，灌水所出，北至蓼入決。水經注：灌水導源大蘇山，俗謂之澮水，東北逕蓼縣故城西而北注決水。元和志：澮水，在殷城縣西五里。寰宇記：大灌水在固始縣西四十里，亦曰澮水。又有小澮水。

火炮山水。在商城縣東，源出火炮山，流經縣東二十里，又北經客龍山東，至石梁堰入史河。

馬家湖。在州西二十里，爲瀦水溉田處。又州北一里有捍城湖。

勝湖。在固始縣東南六十里。亦名聖湖。

沙湖。在息縣東六十里。又縣西有管子湖，縣西南有浣子湖，縣東又有馬鼈等湖。縣境之湖，凡有三十。

太湖。在商城縣北四十里，周五里。又秔陂湖，在縣東四十里，長五里。皆灌溉所資。

小弋陽陂。在州東。魏賈逵爲豫州刺史，造新陂及運渠，又斷山溜長溪水，造小弋陽陂以溉田，今堙。

雨施陂。在光山縣南八里。唐永徽四年，光州刺史裴大覺所開，積水溉田凡百餘頃。

茹陂。在固始縣東南四十里。後漢末，揚州刺史劉馥所築，爲耕屯之利。

玉梁渠。在息縣境。唐書地理志：新息有隋故玉梁渠。元和志：玉梁渠在新息縣西北五十里，隋仁壽中浚，開元中，縣令薛務增更加疏導，爲陂十六所，溉田三千餘頃。

亞港。在州東二十五里。舊時引黄水及白露河諸川匯流入港，資以灌溉。

黄漂港。在息縣東八十里，下流入淮。又縣東北一百四十里有曲呂港，又東北二十里有澗頭港，下流俱入汝水。

潢天澗。在固始縣南十里。發源山澗，東流入史河。

蓼潭。在固始縣東南，決、澮之間，宋劉勔擊龐孟虬於此。

九姑潭。在商城縣南六十里。又縣西五十里有石潭，相近又有仙潭。

仰天窪。在商城縣西南一百八十里。下有溪澗，上有深洞。

金波池。在固始縣東城下。

金線泉。在州南七里。常湧不竭，下流入小黄河。宋趙抃詩「玉甃常浮顥氣鮮，金絲不斷縣南泉」，即此。

温泉。在商城縣西南三十里。冬夏沸熱，昔人以石甃爲池，凡四，第一池甚熱不可浴，至三、四池方温和，浴之愈瘡瘍疾。

司馬井。在光山縣學内，井上有亭。名勝志：司馬光父池爲光山令，生光於此，汲井水浴之，因名。

古蹟

黄故城。在州西十二里。春秋時黄國。左傳桓公八年：楚子合諸侯於沈鹿，黄、隨不會，使薳章讓黄。僖公十一年：黄人不歸楚貢，楚人伐黄。十二年：夏，楚滅黄。注：「黄，嬴姓國，今弋陽縣。」括地志：故黄城在定城縣西四十里。元和志：黄國故城，在定城縣西十二里。

弋陽故城。在州西。本漢縣，屬汝南郡。漢昭帝元鳳元年，封任宫爲弋陽侯。後漢建武二年，封族弟國爲弋陽侯。三國志：建安中，田豫遷弋陽太守。晉志：弋陽郡，魏文帝置。劉宋太始二年，弋陽太守郭確擊周伯符於金丘〔四〕。水經注：黄水東北逕弋陽郡東。後魏分置南北二弋陽縣。北齊併入定城縣，而弋陽之名遂廢。寰宇記：弋陽城，在定城縣西二里。

光城故城。今光山縣治。劉宋元嘉二十五年，以豫部蠻民立光城縣。大明中，分弋陽立光城左郡。八年罷郡。太始初，西陽蠻田益宗、田光興等起義〔五〕，攻克郢州。周復以蠻户立光成郡，以光興爲太守。水經注：黄水東逕南光城，南光城郡治也。東魏天平三年，梁光州刺史郝樹以城内附。隋始改縣曰光山。唐太極元年，始爲光州屬縣。元和志：縣東北至州三十里。九域志：縣在州西六十里。按：九域志與元和志道里不同，疑宋時曾移治。

茹由故城。在光山縣南六十里。劉宋元嘉二十五年置縣，屬弋陽郡。大明初，分屬光城左郡。齊因之。後魏改屬邊城郡。北齊廢。

黄川故城。在光山縣西南。後魏置黄川郡，治定安縣。梁廢入光州。寰宇記：故黄川城，在光山縣南四十里，相傳古黄國别都，以帶黄水，故名。梁天監元年廢。

西陽故城。在光山縣西二十里。漢置縣。晉太康十年，封汝南王亮子羕爲西陽公〔六〕，元康元年，進爵爲王。東晉後徙廢，爲蠻所據。劉宋元嘉二十八年，西陽蠻殺南川令。大明四年，沈慶之討西陽蠻，即故縣也。水經注：黄水東逕晉西陽郡城南。

仙居故城。在光山縣西。本漢軑縣地。劉宋元嘉二十五年，以豫部蠻民置樂安縣，屬弋陽郡，尋改屬光城左郡。齊因之。後魏屬北光城郡，隋屬弋陽郡，唐屬光州。天寶元年，改曰仙居。元和志：仙居縣東至光州一百里，宋南渡初省。縣志：仙居店在縣西五十里。

宋安故城。在光山縣西。梁置。魏書地形志：光城有宋安郡，治大城，領宋安縣，又領樂寧縣。隋開皇三年，郡縣皆省入樂安。唐武德三年，以廢宋安郡置谷州，貞觀元年州廢，又省宋安入樂安縣。

豐安故城。在光山縣西。本後魏所置永安郡也，治新城縣。北齊改曰豐安，隋廢郡，以其地并入樂安。

軑縣故城。在光山縣西北。漢高后二年，封朱蒼爲軑侯〔七〕。元封元年除爲縣，屬江夏郡。後漢永平中，封王霸子符爲軑侯。晉屬弋陽郡。惠帝還屬江夏郡。永嘉後徙廢。元和志：軑縣故城，在仙居縣北四十里。

安豐故城。在固始縣東。漢置縣，屬六安國。後漢建武八年，封竇融爲安豐侯，改屬廬江郡。東晉時，徙置於霍丘、壽陽縣界，故縣遂廢。水經注：決水北過安豐縣故城東，今邊城郡治也。舊志：齊、周時郡廢。

期思故城。在固始縣西北。楚期思邑。左傳文公十年：楚期思公復遂爲右司馬。漢高帝十二年，封賁赫爲期思侯。後爲縣，屬汝南郡。後漢因之。晉屬弋陽郡。劉宋、蕭齊因之。後廢。按：地形志長陵郡安寧縣有期思城。寰宇記在固始縣西北七十里，自梁以來廢。隋志復有期思，在今商城縣界，非故縣也。

蓼縣故城。在固始縣東北。古蓼國，皋陶之後。左傳文公五年：楚人滅六，臧文仲聞六與蓼滅，曰：「皋陶、庭堅不祀忽諸。」註：「蓼國，今安豐蓼縣是也。」漢高帝六年，封功臣孔藂爲蓼侯邑。後置縣，屬六安國。劉宋時省，梁復置，東魏改固始，故縣遂廢。元和志：縣西南至州一百五十五里。縣志：今有蓼城岡，在縣東北七十里。

廣陵故城。今息縣治，本漢新息縣地。後魏太和十七年，光城蠻田益宗來降。十九年，置東豫州於新息廣陵城，以益宗爲刺史。梁大通元年，譙州刺史湛僧智克廣陵，詔以僧智領東豫州，仍鎮廣陵。尋改爲西豫州。太清元年，又改北廣陵爲淮州。東魏武定七年，復取之，仍曰東豫州。陳大建五年北伐，將軍樊毅攻廣陵楚子城，拔之。後周大象元年南伐，梁士彥復攻廣陵，拔之。遂移新息縣於此，改置息州，廣陵郡及宋安縣俱廢入焉。通鑑注：魏廣陵城與齊義陽隔淮對壘，有太倉在淮北岸，與廣陵相近，蓋魏人置戍廣陵，此其積粟處也。

新息故城。在息縣東，古息國。左傳隱公十一年：息侯伐鄭。莊公十四年：楚子滅息。漢置新息縣，應劭曰：「縣，故息國，其後東徙，故加『新』也。」後漢建武十九年，封馬援爲新息侯。劉宋分置南北二新息縣。北齊省北新息，以廣陵城爲新息，而故城遂廢。元和志：新息故城，在縣西南十里。縣志：今爲新息里。又有古息里，在縣西南十五里，即息侯國，爲楚所滅者。

長陵故城。在息縣東八十里。梁置長陵郡，領長陵等縣。東魏因之。北齊廢。隋大業初，省入褒信縣。唐初復置長陵縣，屬息州。貞觀初廢。今爲長陵鎮。

褒信故城。在息縣東北七十里。後漢順帝初，封宦者李元爲褒信侯國，屬汝南郡。晉屬汝陰郡，劉宋改苞信縣屬新蔡郡。蕭齊、後魏因之。梁置梁安郡。東魏因之。隋開皇初，郡廢。大業初，復曰褒信，屬汝南郡。元和志：縣西北至蔡州一百八十里。天祐中，改曰苞孚。宋復故。金泰和八年，改屬息州。元省。今爲褒信鎮。

殷城故城。在商城縣西。本漢期思縣地。劉宋僑立苞信縣於此，曰西苞信。州郡志：新蔡郡，領東、西二苞信縣。蕭齊時，苞信縣屬北新蔡郡。梁以苞信縣爲義州。隋改曰殷城。隋書地理志：弋陽郡領殷城縣，舊曰苞信，開皇初改名。元和志：縣北至光州一百二十里。元和十一年，討吴元濟，壽州將李文通奏敗殷城之衆。宋初避宣祖諱，改今名。明成化十一年，復置縣於今治。

南郢廢州。在州治南。魏書地形志：南郢州，梁武置，治赤石關，領定城、邊城〔八〕、光城三郡。隋書地理志：定城縣，北齊置南郢州定城郡，後廢。

新蔡廢郡。在固始縣東。劉宋僑置。州郡志：南豫州領新蔡郡新蔡縣。蕭齊曰北新蔡郡，建武中，以夏侯詳爲建安戍主，帶邊城、新蔡二郡太守，其後又以席法友爲安豐、新蔡二郡太守、建安戍主。後魏景明初，克建安，以李神爲新蔡太守，領建安戍主。地形志：揚州領新蔡郡新蔡縣。北齊、北周郡縣俱廢。舊志：建安鄉在今縣東，蓋即古城爲名，亦即新蔡郡也。

梁安廢郡。在固始縣東北七十里。隋書地理志：梁置梁安郡，開皇初廢。縣志：今爲梁安里。

邊城廢郡。在商城縣東。劉宋置。州郡志：南豫州領邊城左郡。元嘉二十五年，以豫州蠻民置邊城縣，屬弋陽郡，尋置郡。大明八年，省爲縣，仍屬弋陽，後復置郡。泰始初，西陽蠻田益宗起義，封爲邊城郡王。齊志：豫州領邊城郡。後魏正光中，梁義州刺史文僧明、邊城太守田官德等，舉州内屬。地形志：南郢州、南朔州、揚州、霍州皆有邊城郡，霍州又有西邊城郡，北齊、北周時廢。

南建廢州。在商城縣東。魏地形志：南建州，梁武置。魏因之，治高平城，領高平、新蔡等七郡。隋志：殷城縣，梁置義城郡，及建州並所領高平、新蔡、新城三郡，開皇初俱廢。

雩婁廢縣。在商城縣東北。春秋時吴地。左傳襄公二十六年：楚子侵吴及雩婁。漢置雩婁縣。東晉時廢。宋元嘉二十五年，以豫部蠻民復置。水經注：決水北過雩婁縣東。晉地道記云：在安豐之西南。魏地形志：南郢州定城郡、霍州西邊城郡，皆有宇婁縣，即雩婁之訛。寰宇記：雩婁廢縣，在霍丘縣西南一百八十里。

史水廢縣。在商城縣東北。劉宋置。元嘉二十五年，以豫部蠻民置史水縣，屬弋陽郡，尋屬邊城郡。齊志：屬安豐郡。魏地形志：霍州邊城、西邊城二郡皆有史水縣。北齊、北周時廢。

漢王城。在州東北六十里。又有考城，在州北二十里。

裏羅城。在息縣東南三十里。元余思銘築，以避兵。遺址猶存。

白公城。在息縣西南七里。有楚太子建廟。左傳哀公十六年：楚太子建之子勝在吴，子西召之，使處吴境爲白公。注：「褒信縣西南有白亭。」括地志：白亭在褒信縣東南十里。元和志：在褒信縣東南四十二里。舊志：今有白亭里，在縣東北八十里。

神丘城。在息縣東北一百五十里。又縣東一百五十里有固城。

春申君宅。在州治。楚考烈王賜春申君黄歇淮北地十二縣，故有宅。

鎮淮樓。在州城東。又有籌邊樓，在州城上。皆宋建，今廢。

玩花樓。在息縣治西。一名藏春塢。相傳春秋時，息侯所建。

愚閣。在州學東南圃内。宋盛度於此賦弋陽十詠，閣前有修竹臺。

會景閣。在固始縣仙居鎮，宋紹聖初建。今廢。

忠清堂。明統志：在州治便廳之東。宋知州王闢詩建，以祀司馬光。

烟水堂。在光山縣治西，有唐李陽冰碑。

杏亭。在州治圃内。宋盛度有詩。

歸雁亭。在州西北滑城内。名勝志：光之舊治所也。宋歐陽修有詩。

雲坳亭。在州城北淮河上。元馬祖常詩「八月淮南雁又來，雲坳亭畔菊花開」，即此。

豳風亭。在光山縣治西。元縣令孔凝道治縣有聲，縣人爲建此亭。

古雞備亭。在固始縣東南。春秋昭公二十三年：吳敗頓、胡、沈、蔡、陳、許之師於雞父。注：「雞父，楚地，安豐縣南有雞備亭。」

廣豐亭。在息縣東廣豐陂内。宋治平四年建。

古賴亭。在商城縣南。左傳昭公四年：楚滅賴。後漢書郡國志：褒信有賴亭焉，故賴國。

釣魚臺。有二：一在光山縣南龍山雙河口；一在商城縣南六十里，有石屹立潭上。

卧龍臺。在光山縣西，上有龍池。

石田山房。在州城北淮河之東。元馬祖常少時居此。又有小圃，亦祖常所築，自爲記與圖。

珉玉坑。在息縣西南。唐書地理志：蔡州土貢珉玉。元和志：珉玉坑在古息城東南五步，周迴一百八十步，深三尺，其玉顔色潔白，堪爲器物。隋置官採用。唐貞觀中亦令採取，其後爲淮水所没。開元中，淮水東移，珉坑重出，玉温潤勝昔時。蔡州以爲厥貢之首。縣志：今仍没於淮。

校勘記

〔一〕有泉流爲梅林河　「泉流」，原倒爲「流泉」，據乾隆志卷一七六光州山川（下同卷簡稱乾隆志）及雍正河南通志卷八山川乙。

〔二〕又東逕南入淮　「逕」，乾隆志作「流」。按，戴震校水經注，謂「逕」爲衍文，删去。乾隆志改作「流」，似無據。

〔三〕又北經雞備亭　乾隆志同。按，據水經注卷三二決水，此句當在下文「又北過安豐縣東」後，且文當作「自雩婁縣北逕雞備亭」，爲注語。今經注混雜，又删略未當，遂使水流難明。

〔四〕弋陽太守郭確擊周伯符於金丘　「周伯符」，原作「趙伯」，乾隆志同，據宋書卷八七殷琰傳改、補。

〔五〕西陽蠻田益宗田光興等起義　「田益宗」，乾隆志作「田益光」，南史卷七九夷貊列傳、宋書卷五七夷蠻列傳作「田益之」。按，田益宗，魏書卷六一南齊書卷五八皆有傳，亦作西陽蠻（光城蠻），任東豫州刺史。資治通鑑卷一四〇齊紀則有「光城蠻帥田益光」，亦任東豫州刺史。疑史有訛誤，疑尚待考。

〔六〕封汝南王亮子羕爲西陽公　「羕」，原作「義」，乾隆志同，據晉書卷五九汝南王亮傳改。

〔七〕封朱蒼爲軑侯　「朱蒼」，乾隆志同，漢書卷一六高惠高后文功臣表作「黎朱蒼」，通志氏族略「來氏」引漢功臣表及資治通鑑卷四一漢紀、卷一七七隋紀胡注引姓譜皆作「來蒼」。「軑」，原作「軟」，據乾隆志及漢書功臣表改。本志「軑」皆訛作「軟」，均同據改。

〔八〕邊城　「城」，原作「地」，據乾隆志及魏書卷一〇六中地形志改。

大清一統志卷二百二十三

光州直隸州二

關隘

木陵關。在光山縣南一百二十里木陵山上，至湖北麻城縣八十里。水經注：木陵關，在黄武山東北，晉西陽城東南。南北朝爲戍守要地。後魏景明三年，梁將張囂之侵魏淮南取木陵戍，任城王澄擊走之。元和志：木陵故關，在光山縣南一百三十里，隋開皇九年平陳後廢。

白沙關。在光山縣西南一百四十里，接湖北黄安縣界。後魏景明四年，元英攻梁義陽，破梁將吴子陽於白沙。又有土門關，在縣南九十里。斗木嶺關，即墨斗關，在縣西南百里。黄上嶺關、修善衙關，俱在縣西南一百二十里。謂之「五關」，詳見「麻城」。

長嶺關。在商城縣南一百二十里。以嶺亘百里而名。又松子關，在縣東南一百二十里。同羅關、栗子關，俱在縣東南一百四十里，接湖北羅田縣界。又見「羅田」。

五水關。在商城縣西南五十里。以五水合流於關下而名。

定城關。在商城縣西南九十里。元和志：關在縣南四十里，北齊時，以南迫陳境，因置此關，隋廢。又有陰山關，在縣南一百里，接湖北麻城縣界。詳見「麻城」。

往流集巡司。在固始縣西南七十里。有巡司。

牛食畈巡司〔二〕。在商城縣南七十里。乾隆十八年設巡司駐此。

牛山鎮。在光山縣東一百里。明洪武七年置巡司，萬曆中移置於長潭驛。

中渡鎮。在光山縣北八十里淮水側。宋嘉定十年，金兵略光州中渡鎮。今爲中渡店。

朱臯鎮。在固始縣東北六十里，與江南阜陽縣接界。九域志：固始縣有商城、子安、朱臯三鎮。元末劉福通倡亂，據朱臯。明置巡司，今裁。

楊莊鎮。在息縣北九十里。明景泰七年置巡司，隆慶中移置於固城倉。

水東寨。在商城縣東南九十里，舊名金家寨。明初置於金剛臺，嘉靖二十七年移於此，今裁。

長潭驛。在光山縣南六十里。舊在牛山鎮，明萬曆中移置。

浉港店。在州東南二十里，道出商城。

津梁

鎮潢橋。在州治東。舊亦爲跨潢橋。明萬曆中建，本朝順治十七年修。

謝靈橋。在州城西二里。元至順間建。

南關橋。在光山縣南門外。

政通橋。在固始縣南關。

清風橋。在固始縣南三十五里。

唐莊橋。在息縣東北九十里，跨閭河上。

衛母橋。在商城縣北六十里。本朝順治四年建。

大窪渡。在息縣東十五里。又縣東六十里有堡子口渡，路通本州。

楊明渡。在息縣西南十五里，路通羅山縣及信陽州。

苞信渡。在息縣東北七十里，路通新蔡縣。

閭河渡。在息縣東北九十里，路通固始縣。

隄堰

羊陂港堰。在州城東三十里，又有沙湖、黄龍、石陂諸堰，凡十有五，俱瀦水爲民利。

千工堰。在光山縣城西。遶城而東，延數十里，衆水所匯。明嘉靖五年，知縣王寶築石障水〔二〕，溉田數千畝，今壞。

豎斧堰。在息縣東北二十里。縣境有二十八堰。

滷河堰。在商城縣東南十五里，即大蘇河上流。又縣東南三十里有千工堰，東北五十里有石梁堰。

濟陂塘。在州城北二十里。

清水塘。在光山縣東五里。又有島石、孔雀諸塘，凡二十六。

蓮花池塘。在息縣東五里。縣境有一百八十餘塘。

白露河壩。在固始縣西南。旱則障水，入黄道人等港，灌湖堰一十有七。

曲河壩。在固始縣西。地名石嘴頭，旱則障水，東入串子等堰，灌湖一十有四，至九里溝，灌湖堰二十有八。

陵墓

商王墓。在商城縣西門外。三冢巍然，不知何王之墓。縣志：後漢建武五年，封殷後孔安爲殷紹嘉公；十三年，改爲宋公。建初四年，徙封宋公於汝南，故有墓在此，後傳爲商王墓。明縣令樊玉衡有商王碑，考據甚詳。

周

孫叔敖墓。在固始縣北七十里期思鎮，遺愛祠後。

漢

丁蘭木母墓。在固始縣北梁安里。名勝志：在縣北六十里丁村，舊謂蘭本此地人。

馬武墓。在息縣東五里，今没於淮。

晋

劉伶墓。在州北三十里。塚以鐵爲磚，旁有井，相傳伶葬於此。名勝志：旁有劉伶井。

唐

盧祖尚墓。在光山縣北三里。

宋

司馬池墓。在光山縣西南。池嘗知光山縣，相傳死葬於此。又山西夏縣亦有墓。

郝公墓。在息縣東北。有碑，其文剥落，惟元豐年號可識。

元

馬祖常墓。在州西二里。

孝女墓。在光山縣東門外，世傳唐氏女負土葬父，後女死，亦葬於此。

龔友福墓。在光山縣南。

明

喻時墓。在州東二十五里。

黄炯墓。在州城東十五里石家鬭堂〔一〕。

許逵墓。在固始縣東。

祠廟

司馬温公祠。在州學東南。宋慶元中建，明洪武六年重建。又有祠在光山縣治西。光生於此，故邑人祀之。

許忠節祠。有二：一在州西門内，一在固始縣東。祀明副使許逵。

憫忠祠。在州城西。宋紹興末，知淮安府陳亨祖闔門殉難，詔立祠祀之，賜額「憫忠」。

東坡先生祠。在光山縣南浄居寺。東坡嘗讀書其内，故後人祀之。今與蔡毅中同祠，名二學士祠。

孔公祠。在固始縣治東。祀明署縣事孔貞會。

五節婦祠。在固始縣治西南。祀明高氏五節婦，今廢。

孫相祠。在固始縣北期思鎮。祀楚相孫叔敖。水經注：期思城西北隅有楚相孫叔敖廟，廟前有碑。元和志：孫叔敖祠，在固始縣西北七十五里。

賈君祠。在息縣治後。祠後漢新息長賈彪。元和志：在縣北一里。
忠誠祠。在息縣城内。祀明黄綰。
漢光武廟。有二：一在州西北滑城内，一在息縣東一百里。
仙人廟。在光山縣西南。寰宇記：在仙居山頂。相傳葛洪先時曾宰樂安縣，人户饉厄，濟之以丹，至今祀之。
皋陶廟。在固始縣東關。
桐柏廟。在息縣南。祀桐柏山之神。
岳忠武王廟。在息縣南門外。
息侯廟。在息縣西南十里。祀周息國君。又有息嬀廟，亦在縣西南，一名桃花夫人廟，唐杜牧有詩。
吴王廟。在固始縣南獨山上。祀楊行密。

寺觀

普惠寺。在州治西。元時建。
普明寺。在州北二十五里。名勝志：寺有梁大同七年石柱。
崇興寺。在光山縣南門外。元時建。
净居寺。在光山縣南净居山頂。唐神龍中建，有塔。宋蘇軾詩序：寺在光山縣南四十里大蘇山之南〔四〕，小蘇山之北。

寶相寺。在光山縣西門外。始建未詳，明天順間修。

觀音寺。在固始縣治西南，明洪武三年建。

華嚴寺。在固始縣南華嚴里。始建未詳，元馬祖常有詩。

圓覺寺。在固始縣南馬塘里。元大順中建。

釋迦寺。在息縣東三十里明灣里。宋皇祐二年建。今稱興福寺。

大慈寺。在息縣東。明永樂中建。

興國寺。在息縣東南二里。始建未詳，明洪武初修。

開化寺。在息縣東北褒信鎮。中有浮圖。本朝順治九年修。

崇福寺。在商城縣西北。始建未詳，舊名龍泉寺，明成化中，改今名。

玉清觀。在州治東南。明正統中建。

白雲觀。在光山縣南石盤山。唐時建。

玉虛觀。在息縣北關外。明天順中建，本朝順治十三年修。

名宦

漢

賈彪。定陵人。桓帝時，補新息長。小民困貧，多不養子，彪嚴爲其制，與殺人同罪。城南有盜劫害人，北有婦人殺子，彪出案發，掾吏欲引南，彪怒曰：「賊寇害人，此則常理。母子相殘，逆天違道。」遂驅車北行，案驗其罪。城南賊聞之，亦面縛自首。數年間，人養子者千數，僉曰「賈父所長」。生男名爲賈子，生女名爲賈女。

三國 魏

田豫。漁陽人。文帝初，遷弋陽太守，有治聲。

晉

唐彬。鄒人。泰始初，遷弋陽太守，明設禁防，百姓安之。

北周

滎建緒。無終人。静帝時，拜息州刺史，有能名。

隋

韋鼎。杜陵人。開皇中，除光州刺史。以仁義教導，務在清静。有土豪外修邊幅，而内行不軌，常爲劫盜。鼎於都會時，謂之曰：「卿是好人，那忽作賊？」其人驚懼，即自首伏。又有人客遊，通主家妾。及還去，妾盜珍物夜亡，尋爲人所殺。主家告客殺之，縣鞫獄成。鼎覽之曰：「此客實姦而非殺也，乃某寺僧殺之。」即遣客掩僧，並獲贜物。自是部内肅然，咸稱其神，道不拾遺。

公孫景茂。阜城人。開皇中，遷息州刺史。法令清静，德化大行。時屬平陳之役，征人在路病者，景茂減俸禄爲饘粥湯藥，分賑濟之，賴全活者千數。上聞嘉之，詔宣告天下。

韋協。杜陵人。爲息州刺史，有能名。

柳謇之。解人。仁壽中，轉息州刺史，有惠政。

唐

裴大覺。永徽中，爲光州刺史。積水雨施陂，溉田百餘頃。

薛務增。開元中，爲新息令。浚玉梁渠，爲陂十六所，溉田三千餘頃。

王晏宰。温人。文宗時，爲光州刺史。有美政，觀察使段文昌薦之。

柴再用。汝陽人。天祐初，爲光州刺史。時朱全忠攻淮南，遇雨，自申抵光，道險，士馬困乏。使人謂再用曰：「下我，以汝爲蔡州刺史。不下，且屠城。」再用嚴爲守禦，戎服登城，謂全忠曰：「光州城小兵弱，不足以辱王威，王苟先下壽州，敢不從命。」

全忠去。比及壽州，壽人堅壁清野以待之，全忠渡淮而去。再用抄其後軍，斬首三千級，獲輜重萬計。

宋

辛仲甫。孝義人。乾德中，知光州。州有黄水與城直，會霖潦暴集，溢漬廬舍。仲甫集船數百艘，軍資民儲，皆賴以濟。

史珪。洛陽人。開寶中，爲光州刺史。會歲饑，淮、蔡流民入州境，珪不待聞，即開倉減價以糶，全活甚衆。吏民詣闕請植碑頌德者數百人〔五〕。

刁衎。昇州人。太平興國中，知光州。轉運使狀其政績，優詔嘉奬。

劉越。大名人。仁宗時，知固始縣，有能名。

司馬池。夏縣人。知光山縣。禁中營造，詔諸州調竹木，州符期三日畢輸。池以土不産大竹，轉市蘄、黄，非三日可致，乃更與民自爲期約，過不輸者罪之，既而輸竹先諸縣。盛度薦於朝，改秘書省著作佐郎。

鄭俠。福清人。治平中，調光州司法參軍。有疑獄，俠讞議傳奏，悉如其請。

葛密。江陰人。爲光州參軍。豪民李新殺人，嫁其罪於邑民葛華，且用華之子爲證。獄具，密得其情出之。法當賞，密白州使勿言。

王聞詩。樂清人，十朋子。知光州。爲治能守家法，人思慕之。

柴中行。餘干人。嘉定初，知光州。嚴保伍，精閲習，增闢屯田，城濠、營寨、器械、糗糧，百爾俱備。治行爲淮右最。又條畫極邊、次邊緩急事宜，上之朝廷。

王霆。東陽人。理宗時，金兵至浮光，民奔逼，相屬於道。朝論以爲霆可守，乃知光州，兼沿邊都巡檢司使。冒雪夜行，倍道疾馳至州，分遣間探，整飭戰守具。大戰於謝令橋，光人遂安。

周虎。臨淮人。理宗時，知光州。時州爲邊境。虎計切根本，疏乞省差豪右爲將佐，以寬役脚；乞免民兵久役，以便民時；乞寬諸路民積草，恐資敵寇；乞原兩淮生聚，以繫邊人之思。朝議允行，民困以蘇。

王迸。樂平人。紹定中，爲固始簿，攝邑。金兵至淮，守令望風逼，迸度力不能禦，懷印投井死。

元

特穆爾布哈。至治間，爲光山令。政平訟理，教化大行。建涑水書院，有碑記。「特穆爾布哈」舊作「帖木兒不花」，今改正。

明

車誠。餘姚人。洪武初，以賢良方正知光州。擔簦而至，菲衣惡食，勞來安集，孜孜匪懈，爲一時良牧最。

宣仲庸。無錫人。洪武中，知息縣。時苦傜役無常，仲庸驗其丁口，使貧富得均，每有徵發，民樂於趨事。尤留心教育，士多成材。

周洪。武城人。宣德間，以御史謫光山知縣。剛方廉介，臨事不撓，豪猾畏憚之。值歲饑，悉心賑救，全活甚衆。

薛良。和州人。天順中知固始縣。邑故有十二渠，分流受水，後爲豪强併兼，貧弱坐困。良悉爲修復，嚴立限次，其利始均。

李鏜。新城人。正德中，知光州。時當寇亂之後，村落爲墟，枹鼓時起。鏜下令，帶刀劒者爲賊，持鋤鉤田器者勿問。由是盜皆屏跡，蕪田盡墾。

李允恭。平原人。正德中，知商城縣。時流寇方亂，允恭預築城爲守禦計。役未畢而賊至，擐甲登城，竭力捍禦。賊攻三日不克，乃解去，城獲全。

陳釴。常熟人。嘉靖間，謫光州州同。嘗決疑獄數十，當道薦才行第一。

党承賜。忻州人。嘉靖中，知光山縣。邑有大猾，恣睢日久。承賜下車，摘奸按律。其黨四出求援，屬書盈案，皆不聽，竟杖殺之，一邑稱快。

秦可大。陝西人。嘉靖中，知光山縣。剖決如流，獄無淹滯。時編氓輸賦，雜辦浮於正供。可大悉令如舊額，歲省萬金。

張問明。猗氏人。嘉靖間，知光山縣。邑故衝道，里甲日費不貲。問明爲立會錢法，以節縮其用，夙弊頓革。

滕霽。建安人。嘉靖中，知息縣。善用方略，摘發如神，奸盜屏跡。嘗遣其妻子還，或密餽以錢帛，霽峻却之，曰：「吾終不以妻孥溫飽違吾心也。」

趙如崑。沙河人。隆慶初，知息縣。盡心撫字，省里甲，行均輸，刊定條邊法，至今便之。

陳錫爵。南海人。萬曆中，知光州。爲政精明仁恕，吏不敢欺。息縣有宦某恣横，至抉人目置水甌以爲快。錫爵廉得其狀，竟繩以法。州兩城對峙，一水中流，每山雨泛漲，渡舟多覆溺，錫爵創爲石橋，迄今利賴。

薛敷教。武進人。萬曆中，以言事謫光州學正。教諸生以孝讓廉信，勤課藝文，士多成就。時嘗稱之曰：「元臺壁立千仞，真足風世。」

牛應元。涇陽人。萬曆中，知光山縣。民苦貢葛，以採辦爲艱。應元乃教民織葛以應。黄河草運費甚繁，應元請改爲折色。又建置義倉，興復水利。在任七年，多行惠政，民甚德之。

陳于廷。宜興人。萬曆中，知光山縣。舊有義倉，貯穀數萬斛，歲久吏胥侵漁，于廷按籍清稽，公私有備。縣南當麻城孔道，二百里無傳舍，于廷乃請建長潭驛，往來稱便。

樊玉衡。黄岡人。萬曆中，知商城縣。首罷諸保伍，使民便於輸賦，省浮費。爲息訟歌、悟囚歌，聞者無不流涕。猾胥作奸犯法，玉衡次第按治。中使奉敕採礦，氣張甚，長吏多折節下之，比至商城，玉衡獨抗賓主禮，中使爲氣讋，即馳去。有訴人竊茄，玉衡佯拒之，潛令以竹絲貫茄腹，明旦市茄得之，一訊伏罪，相戒不爲竊。

潘曾鉉。烏程人。萬曆末，任商城知縣。會大饑，竭力賑濟。流民襁負歸者七千餘人，寒予繒布，疾予藥餌，至春麥熟，各給行資，遣歸故里。後擢去，民攜老幼追送之，歌泣載道。

張國光。大興人。崇禎末，知商城縣。縣經殘破，國光勞來安集，不遺餘力。甲申夏，聞郡城陷，從容具衣冠，曰：「主辱臣死，我雖外吏，豈敢偷生！」遂自縊。

本朝

李葆玉。濰縣人。順治二年，任光州知州。時兵燹未靖，葆玉勞來撫字，流民以次歸業。政暇，闢樂育館以教士，文風興起。

徐化成。奉天人。順治五年，任光州知州。州疊經寇難，元氣未復，化成加意撫綏，草萊日闢，户口日增。修學校，繕城垣，興廢振敝，民利賴之。州治東鎮潢橋圮，修費不貲，爲捐俸以勸其成。

衛貞元。陽城人。順治三年，知商城縣。邑賦役册籍舊以兵燬，田混入固始，而糧則累於商城。貞元力請上官，爲檄令丈撥之。

楊臣鄰。桐城人。康熙十八年，知光山縣。值歲饑，亟請立粥廠賑之。公費不足，益以私俸；私俸又不足，益以勸捐。閱四月，全活甚衆。又捐修温公祠，每朔望，率諸生拜畢，即闡明温公教旨，反復啓導，諸生咸守其訓。去任後，士民立祠祀之。

談永祚。奉天人。康熙二十二年，知商城縣。清丈田地，計畝定税，與縣丞龔戴銓躬履原隰，不辭勞悴，使豪强無隱占之虞，愚弱免偏苦之累。民甚德之，爲立生祠以祀。戴銓，潛江人。

陸經遠。宛平人。康熙二十四年，知息縣。邑鹽引奏銷，按畝派銀，商鬻無引之鹽，民納無鹽之引。經遠力陳其弊，請募商給本，運鹽銷引，永革按畝科派之害，民困霍然。

楊汝楫。奉天人。康熙二十六年，知固始縣。邑舊有史、曲諸河，可資灌溉，渠道久湮没。汝楫相其原隰高下，開渠置閘，以通其流，鑿陂樹塡，以防其洩。經營三載，凡邑中巨浸，如白鷺、急流、羊行諸河，以次濬築，并教以啓閉之法，定爲分灌之令，詳委縣丞專司其事。又建書院，立齋房，設義學數十處，絃誦之聲，達乎四境。

吴一嵩。新建人。乾隆中，任光州知州。值軍需、河工大役，不以絲毫浮費累民。創建弋陽書院以處學者，并擴置龍門書院學田以贍寒士。

人物

漢

郭憲。字子横，宋人。王莽篡位，拜憲郎中，賜以衣服，憲受焚之，逃於東海之濱。光武即位，徵拜博士，再遷光禄勳。車駕西征隗囂，憲諫曰：「天下初定，車駕未可以動。」乃拔佩刀以斷車靷。帝不從，遂上隴。後潁州起兵，駕還，歎曰：「恨不用子横之言。」時匈奴數犯塞，召百僚廷議，憲以爲天下疲敝，不宜動衆，諫争不合，乃伏地稱眩瞀不復言。帝令兩郎扶下殿，憲亦不拜。帝曰：「嘗聞關東觥觥郭子横，竟不虚也。」憲遂以病辭退，卒於家。

高獲。字敬公，新息人。少與光武有舊，師事司徒歐陽歙。歙下獄當斬，獲冠鐵冠，帶鐵鑕，詣闕請歙，帝謂曰：「敬公，朕欲用子爲吏，宜改常性。」對曰：「臣受性於父母，不可改之於陛下。」出便辭去。三公争辟不應。太守鮑昱每行縣，輒式其閭，獲遂遠遁江南。

三國　吴

丁奉。安豐人。少以驍勇爲小將，數隨征伐，戰鬬常冠軍。孫亮即位，爲冠軍將軍，封都亭侯。魏遣諸葛誕等攻東興，奉率麾下三千人據徐塘。天寒雪，敵置酒高會，奉使兵解鎧、持短兵斫之，魏兵遂潰。遷滅寇將軍。尋進封安豐侯。孫休即位，奉與張布斬孫綝，遷大將軍。徙家臨川，卒。

唐

盧祖尚。樂安人。以俠聞。隋大業末，募壯士捕盜，時年十九，善禦衆，所向有功，盜畏不入境。歸高祖，封弋陽郡公，從趙郡王孝恭討輔公祏，爲前軍總管，下宣、歙，進擊賊帥，破之。貞觀初，詔爲交州都督，托疾固辭。帝怒，命斬朝堂。既而悔之，詔復其官。

陳元光。光州人。博覽經書。總章間，從其父政，領將卒五十八姓以戍閩。政卒，元光代領其衆，任玉鈐衛翊府左郎將，會廣寇諸蠻陳謙等攻陷潮陽，元光往平之。詔進嶺南行軍總管。垂拱二年，上疏請建一州於泉、潮間，以控嶺表，乞刺史主其事。裴炎、狄仁傑等議非元光不可，遂允其請，仍世守刺史。由是方數千里無枹鼓之警。後蠻寇復叛，元光輕騎以往，步兵後期，遂爲賊所殞。事聞，賜謚忠毅。百姓立廟祀之。

方竦。弋陽人。景雲初進士，累官鸞臺侍郎。開元中封禪，爲禮儀使，竦搜舉典禮，容止閒雅。明皇歎其知禮，封雲亭侯。

王潮。固始人。僖宗入蜀，王緒合郡盜取光州，劫豪傑置軍中。潮署軍正，拔衆南走，次南安，伏叢翳，狙縛緒以狥衆，曰：「天子蒙難，今當出交廣入巴蜀，以幹王室。」悉師將行，會泉州刺史廖彦若貪暴，州人迎潮殺之，遂有其地。昭宗假潮福建觀察使，進節度使、檢校尚書左僕射。卒。

王審邽。潮弟。爲泉州刺史、檢校司徒。喜儒術，通書、春秋，善吏治。中原亂，公卿多來依以免禍，審邽作招賢院禮之。

董陽。光山人。三世同居，外無異門，内無異烟，詔榜其門曰「篤行董氏之門」。

李植。弋陽人。數世同居，天子旌表門閭，賜粟帛，州縣存問。

五代　梁

王延嗣。光州人。唐亡，梁太祖封王審知爲閩王，延嗣力諫曰：「義不帝秦，此其時也。」時强藩巨鎮多僭號，審知雖不樂其言，然終其身不失臣節，延嗣之力也。

詹君澤。光州人。避亂遷閩，隱植德山下。嘗詣閩王上書，閩王昶欲留之，君澤以詩謝曰：「周粟縱容安忍食，葛廬頻顧漫勞思。」

宋

王彬。固始人。年十八，以賓貢入太學。淳化三年進士及第，歷雍丘尉、通判筠州，歷知撫州，皆有異政。累遷太常少卿，卒。

王宗望。固始人。以蔭累擢夔州路轉運副使。哲宗即位，賞軍萬州，彌旬不給，庖卒朱明謀亂。宗望聞變，自夔疾驅至，先命給賞，然後斬明以狥。朝廷嘉之，遷倉部郎中、司農少卿、江淮發運使。以集賢殿修撰知鄆州，卒。

董道明。褒信人。母死出葬，道明潛匿墓中，人瘞之。經三日，家人發塚取之，道明無恙，終身廬於墓側。

元

詹士龍。固始人。父宋都統筠，歿於鄂州。士龍甫三歲，隨母北徙。董文炳以見元世祖，世祖歎曰：「此忠臣子，汝善養之。」既長，士龍知己非董出，即晝夜痛哭。他日從獵滹沱，懇求復姓，文炳戲曰：「試爲投石水中，浮則爾從。」士龍祝天曰：「吾父有靈，石當暫浮。」因以石投水，沉而復浮者數四。文炳愕然曰：「天也。」遂許之。歷官廣西道僉事，致仕，卒。

馬祖常。本天山人。父潤，同知漳州路總管府事，家於光州。祖常七歲知學，得錢即以市書，既長益篤。延祐初，鄉貢、會試皆第一，廷試第二，授應奉翰林文字，拜監察御史。上書請御正衙，立朝儀，御史執簡，太史執筆。英宗爲太子，又請慎簡師傅。姦臣圖瑞德爾威權自恣，祖常劾奏其十罪，仁宗黜罷之。兩知貢舉，時稱得人。元統初，拜御史中丞，以疾辭歸。復除江南、陝西行臺中丞，皆不赴。卒，謚文貞。祖常立朝久，多所建明，薦賢拔滯，知無不言。工文章，宏贍而精核，自成一家言。尤致力於詩，密圓清麗。文宗嘗謂中原碩儒惟祖常云。　「圖瑞德爾」舊作「鐵木迭兒」，今改正。

賽音布哈。息州人。幼卓犖不羈，善騎射，有膽略。至正間，紅巾陷郡邑，倡義翦捕。嘗單騎斬數十級，裂眥一叱，所向辟易，城邑望風皆下。復從平章洪霍討博洛於大同，破之，遂於漠北拓地數千里。累進太傅、中書左丞相、河南江北知樞密院事〔六〕。「賽音布哈」舊作「賽音不花」〔七〕，「洪霍」舊作「擴廓」，「博洛」舊作「孛羅」，今並改正。

明

何德。光州人。元季江淮兵起，德杖策來歸，從定江南諸郡。轉征吴、楚，屢立戰功，授驍騎衛千户。累擢左軍都督僉事，扈從北征。還，卒。追封廬江侯，謚壯毅。

王平。息縣人。有高才，善辨論，以清白自持。洪武中，以國子監生擢監察御史。永樂初，累官右僉都御史。後以福建左參政，從英國公張輔平交阯，進交阯右布政使。時蠻夷梗化，平與都督黄中往鎮其地，民賴以安。

熊翀。光州人。成化進士，授武進知縣。以薦拜監察御史，按江西。時宸濠戚屬毛氏横於鄉，翀密訪追捕，悉置之法，豪强屏息。累陞南京户部尚書，致仕，卒。翀剛介嚴毅，人不敢干以私。所著有止菴集。

閻倫。息縣人。弱冠舉於鄉。父殁，哀毁骨立，既葬，築室冢側，晨夕悲號，感動行路。登成化進士，歷官禮部郎中，乞歸，卒。子道隆，亦以孝稱，居父母喪，廬墓六年。仕爲章丘主簿。

岳仲明。固始人。少多清節，隱居不仕，嘗廬墓九年。有司以孝廉舉，三召不起，賜號純孝先生。同邑諸生陳璋，亦母殁廬墓，事聞旌表。

喻謙。光州人。母卒，哀毁幾至滅性，廬墓三年，悲號無間寒暑，墓産靈芝，地湧甘泉。事聞，旌爲孝子。

熊驂。固始人。弘治初，舉於鄉，授萊蕪知縣，與流賊戰死，贈光禄寺丞。

龔來富。光州人。宣德間，以軍功世襲錦衣衛指揮。正德中，上數出遊，來富犯顔極諫，上怒殺之，時年一百二十八歲矣。

汪壁〔八〕。商城人。弘治進士，官御史。正德間，抗疏劾劉瑾，爲權璫排陷而死，中外惜之。

王相。光山人。正德進士，授沭陽知縣〔九〕，擢監察御史。抗疏諫南巡，劾江彬等結黨亂政。出按山東，爲彬等搆陷，逮謫高郵州判官，卒。

熊榮。光山人。正德進士，授行人。諫武宗南巡，被杖，降學録。尋擢御史，按山東，平礦賊之亂。移按雲南，協征岑猛有功。歷官參政。

邢祥。息縣人。以歲貢任滿城主簿，致仕歸。正德六年，流寇來攻，祥助有司守城，城陷被執，叱賊聲厲，遂遇害。贈知縣。

周敘。息縣人。正德進士，爲大理寺正。武宗南巡，敘抗疏極諫，杖闕下，謫縣丞。嘉靖初，復官，累遷工部尚書，卒。

黄綰。息縣人。正德進士，授刑部主事。諫武宗南巡，受杖。嘉靖初，遷郎中。守法不阿，治奸人陳洸獄，忤桂萼，出爲紹興知府。坐前議獄事，被逮，死獄中。隆慶初，贈太常少卿。

許逵。固始人。正德進士，授樂陵知縣。流賊犯境，逵多方禦戰，俘馘甚衆。擢山東僉事，遷江西副使。時宸濠謀逆，伏甲縛巡撫孫燧，逵争之，賊斫其頸，屹不動，遂遇害。累贈禮部尚書，謚忠節。子易，孫郊，俱以孝稱。

朱冠。固始人。正德進士，授監察御史，巡兩淮鹽政。疏陳四事，上嘉納之。未幾，寇陷固始，父紀率義兵與賊戰，闔門遇害。冠聞變痛絶，水漿不入口者八日。比歸，哀毁骨立，屢薦不起。言及家難，輒涕泣不絶，竟以是感疾卒。

王建。固始人。母卒，廬於墓側，晨夕哭奠，值歲荒，盗過其廬，相戒勿擾。弟述有犯，建輒自鞭其背以警弟，述遂愧改行。

周澤。商城人。性篤孝，人比之黄香。兄洋爲里黨所誣陷，澤時年十二，挺身代罪，幽囹圄者二十四年。後巡按御史得其情，嘉歎，遂釋之。

黃榮。商城人。年甫弱冠，母卒，終身廬於墓側。鄉人名其里曰孝子里。

劉繪。光州人。磊落負奇氣。嘉靖中，舉鄉試第一，成進士，授行人。改户科給事中，屢抗疏論事，兩劾大學士翟鑾、夏言及尚書許讚、巡撫劉臬、楚書，給事中邢如默等，狥私植黨。出繪爲重慶知府。上官交薦其賢，而政府憾之，遂罷歸。子黃裳，以進士歷兵部員外郎。時倭破朝鮮，以黃裳贊畫宋應昌軍事，擊賊城下，追殺金甲倭，録功擢邊道副使。

喻時。光州人。嘉靖進士，授吴江知縣，以治行卓越，擢御史。疏劾嚴嵩諸不法事，素服候訊闕下，上弗究。累遷右副都御史、總理漕運，立賞格，擒大盜，奏減部税額，江淮間德之。尋總督三邊，協理戎政，以南京户部侍郎卒。

汪若霖。光州人。父治，歷官保定知府，有異政。若霖，萬曆進士，累遷禮科給事中。歲久旱，疏稱洪範傳云：「言之不從，其罰恒暘。」因歷舉數事。尋又言廷推不宜一人專主，當參衆論，並籍舉主姓名，復連坐之法。詔允行。其他彈劾甚多，皆切直有體。

扶克儉。光山人。萬曆進士，選庶吉士，改御史。出按遼東，發李成梁冒功欺蔽狀，忤執政意，謫縣丞。後歷太常卿，奏復天下學校，禮儀悉遵祖制。累遷刑部侍郎，卒，謚忠毅。

蔡毅中。光山人。祖鳳翹，父光，俱以理學稱。毅中性至孝，母病，夏月思冰，盂水忽凍，居喪廬墓，有紫芝、白烏之祥。登萬曆進士，授翰林檢討。時礦税爲民害，毅中取祖訓、會典諸書禁戒礦税者，集爲二卷上之。天啓初，歷官禮部右侍郎，進呈六經注疏。會楊漣以劾魏忠賢被譴，毅中抗疏請除肘腋之奸，忤旨斥歸。卒，謚文莊。

夏之令。光山人。萬曆進士，授攸縣知縣，調歙縣，俱有聲。擢御史，疏劾中官魏忠賢，矯旨逮訊，笞掠極慘，卒。崇禎初，贈太僕寺卿。

李若星。息縣人。萬曆進士，授武强知縣。調正定，以廉幹稱。擢御史，論事皆洞切時弊。累陞右僉都御史，巡撫甘肅，忤魏忠賢被逮，杖戍廉州。崇禎初，擢工部右侍郎，總河道，歲節省十七萬金。後以兵部左侍郎總督川貴五省，卒。

周汝璣。商城人。萬曆進士。以池州推官，擢御史。忤權璫，出爲淮陽僉事，疏通鹽利。轉淮海副使，築隄捕盜。遷武昌道，勦流寇有方略。陞湖廣左布政使，奏免逋賦百五十餘萬，民德之。

洪引衡。商城人。萬曆進士，歷官陽和道副使，歸鄉里。崇禎中，獻賊破城，引衡守北門，率衆力戰，遇害。本朝乾隆四十一年，予入忠義祠。

唐時明。固始人。性孝友，博通經籍。萬曆末，鄉舉第一，累官鳳翔知府。崇禎中，闖賊破西安，時明登陴誓守。賊入城誘降，不從，執赴西安，自縊於道。本朝乾隆四十一年，予入忠義祠。

朱耀。固始人。與父允義及兩兄炳、思成並以勇聞〔一〇〕。崇禎八年，流寇圍城，耀父子四人力戰却之。明年，賊復至，耀領兵奮擊，手馘賊數十級。陷伏中，爲賊所得，大駡死。本朝乾隆四十一年，予入忠義祠。父及兩兄賈勇報仇，賊大敗奔竄，固邑得全。

王多福。息縣人。舉明經，嘗爲項城教諭。里居，闖賊强官之，不從，自經死。本朝乾隆四十一年，賜謚節愍。

黄烔。光州人。天啓進士，授南宫知縣，政治卓異。累擢陝西按察使。崇禎中，城陷被執，不屈，與妻王氏投水死。贈太常寺卿，謚忠烈。子彝如，亦戰死於賊，詔旌表。

吴大樸。固始人。天啓進士，知江南當塗縣。值江漲泛決，以精誠默祝，水立下三尺。調任無錫，時魏璫煽焰，所在争建祠稱頌，獨大樸不拜。歷兵、刑二部郎中，出知廬州府。崇禎乙亥春，流寇薄城，大樸率士民嚴守備，極力捍禦，城賴以全。積勞卒於官，贈太僕寺卿，入祀名宦祠。

董㢠。光州人。以明經爲尉氏教諭。崇禎中，流寇襲城，欲汚以官，自刎死。本朝乾隆四十一年，予入忠義祠。

馬剛中。商城人。崇禎進士。由大同推官，擢翰林檢討。以省墓歸，會獻賊攻城，剛中率義勇力戰。或勸以他避，剛中曰：「吾誓死守，倡此言者，斬。」賊入北門，剛中遂遇害。本朝乾隆四十一年，賜謚忠愍。

余容善。商城人。崇禎中，領鄉舉。獻賊陷城，大罵死之。時同殉難者，盧詔德、黄焯、陳廷對、陳廷璋、鄭光啓、劉澤長、楊士琦，皆邑諸生。本朝乾隆四十一年，予入忠義祠。

孫自一。光山人。少孤貧，事母以孝聞。登崇禎進士，授黄岡知縣，政尚恬静。值流寇薄城，城陷死之。本朝乾隆四十一年，賜謚節愍。

藍臺。光山人。由選貢歷官鞏昌同知，駐甘州。流賊襲城，被執不屈死。本朝乾隆四十一年，賜謚節愍。

王者琯。光州人。崇禎中，舉於鄉。父敏，死於乙亥流寇之難。辛巳，城復陷，琯率衆奮擊，兵盡矢竭，猶以空拳搏賊。被執，大罵死。本朝乾隆四十一年，予入忠義祠。

本朝

祝昌。固始人。順治進士，由黄州府推官，擢辰沅道。吴逆至，諭兵民固守星沙，力竭自縊。

唐紹光。固始人，時明子。髫年即知温凊禮。時明死難，冒白刃，夜行晝伏，奉母扶柩歸。廬墓三年，未嘗見齒。雍正七年旌。

胡煦。光山人。康熙壬辰進士。由檢討洊擢禮部侍郎，入直上書房。煦幼好學，能文章，著有農田要務、周易函書、韻玉函書。致仕，卒。謚文良，祀鄉賢。

吴用烈。光州人。歲貢，官淇縣訓導。天性孝友，推産讓兄，族人貧不能葬者，以己地與之。康熙己亥，淮水漲，用大舟二載錢米，拯溺哺饑，全活甚衆。

吴鉞。光州人。監生，任營山縣典史。大兵征金川，委守澤爾多糧站，於木果木遇賊，有勸鉞走者，鉞拔佩刀立木城旁曰：「敢言走者，斬。」遂被害。詔贈鑾儀衛經歷，入祀昭忠祠。

謝鳳山。光山人。監生。以孝義稱。嘉慶二年，教匪至境，偕其子家棟督率鄉勇禦賊，遇害。

胡季堂。煦子。廕生。由順天府通判，洊擢府道，所至有聲。爲甘肅按察使時，辦理巨案，持正不阿。調江蘇，改置獄田，查復范文正公義莊，賴以不廢。歷擢刑部尚書，讞獄平允。嘉慶三年，授直隸總督，飭官常，重農事，疏濬河渠，民皆稱便。卒，贈太子太傅，謚莊敏。

周逾籛。商城人。自少及壯，事親不離左右，讀書不求聞達。生平無戲言，無矯飾，一以至誠，閭里矜式。

曾椿年。固始人。優貢。幼失怙，事母以孝聞。兄欲與析居，椿年曰：「詩書從吾好，田産奚爲？」以沃産歸兄，自取薄田數頃奉母，里人義之。著有説理粹語。卒，入祀鄉賢祠。

流寓

宋

蘇軾。眉山人。神宗時，忤王安石，貶黄州團練副使。嘗避暑於光山淨居寺，有遊淨居寺詩。

列女

元

馮文舉妻馬氏。光州人。文舉爲雲南學政提舉。明玉珍攻雲南，文舉謂氏曰：「我爲進士，蒙厚恩。今軍至，有死無二。汝中丞子孫，其從之乎？」氏曰：「夫既死，妾生何益？」即自縊。

葛聚妻彭氏。彭平女。隱士葛聚，避兵金剛臺，平以女妻之。後聚偕還鄉，道路多寇，聚爲所執，欲兵之。氏以身代，傷其左手，賊義而釋之。

明

高氏五節婦。俱固始人。高希鳳妻劉氏，希鳳在遼東，爲軍所掠，不從亂，斷腕而死。氏罵不絕口，亂兵殺之。仲弟岳肅圖妻李氏，早寡，因亂避難高麗。洪武初，歸守夫墓，誓不再適。季弟巴顏布哈爲納噶出所殺，其妻郭氏自縊死。從子塔什丁爲父讎誣陷死，其母邢氏、妻金氏俱自縊於室。一門殉節，詔並旌表。「岳肅圖」舊作「藥師奴」，「巴顏布哈」舊作「伯顏不花」，「納噶出」舊作「納哈出」，「塔什丁」舊作「塔失丁」，今並改正。

佟欽妻盧氏。光山人。洪武初，欽戍臨海衛，戰歿。踰年有巨商張某謀娶盧，盧斷髮自誓。張强致聘，揮諸門外，號哭三日，赴海死。

郝昂妻沈氏。光州人。昂死，氏年少子幼，父母勸令改適，氏焚香籲天，斷指爲誓，年八十五卒。又同州胡氏，夫卒，絶粒七日，端坐而逝。俱被旌。又史嘉法妻王氏，年二十，夫卒，自經死。里人爲治棺合葬。

孔秋香。光山民家女。正德中，遇賊於白雀園，將犯之，女大駡，舉刃傷賊，賊怒，支解之。又同縣霍氏女，亦爲賊所殺。詔並旌表。

朱門雙節。固始人。李氏，適御史朱紀；王氏，適御史朱冠。正德七年，賊掠固始，臨變抗節，有司嘉其烈，事聞旌表。

錢寧妻麻氏〔一二〕。光山人。年十四，許字錢寧。寧闔門病疫，寧死，女懇同母往視，奉姑湯藥，姑稍愈，即自經於夫側。事聞旌表。又同縣劉氏女，年十七，聘於崔，崔卒，女絶粒求殉，乘間距户縊死。

朱氏女。固始人。父疾革，以諸子尚幼，命其撫育。父卒，撫弟成立。名門禮聘皆辭，終身不字，鄉鄰高之，號曰「女士」。年八十，無疾卒。

蕭可才妻張氏。固始人。盜入室，欲殺其夫，氏乞以身代，盜乃殺氏，釋其夫而去。又同縣李棠妻葛氏，正德中，避賊史河，賊至，夫婦俱投水死。事聞旌表。又陸氏女，幼許字某，某後別娶，女誓不他適，母欲奪其志，遂自縊死。

徐蘭妻吴氏。固始人。許字徐蘭。蘭卒，女欲往弔，母不聽，遂縊死。及葬，百人舁之不動，許與蘭合葬，棺乃起。又同邑夏單氏、孫守貞妻申氏、胡登仕妻吴氏、許允臧妻閻氏、汪本源妻張氏、周光宣妻單氏、商城俞永泰妻黄氏，俱自經以殉其夫云。

張九方妻董氏。名妙聰，息縣人。正德中，流賊至，驅使從行，氏引刀自毁其面，大駡而死。事聞旌表。

桂容妻喻氏。商城人。正德七年，遇賊於廟子岡，氏駡賊被殺。賊平，收葬，貌如生。

繆某妻扶氏。光山人。許聘而繆卒，女詣繆弔哭，遂破面截耳，終身不字。崇禎中，遇寇掠，不從，見害。

李建元妻吕氏。光山人。年二十一，夫卒，子方月餘。值流寇薄城，乃運磚石以砌夫棺。城陷，攜子赴水死。其姊適舉人劉奇勳，亦罵賊遇害。又同縣闞隆雲妻余氏、子碧霞妻張氏，亦以拒賊，先後死節。

楊君明妻孟氏。息縣人。崇禎中，流賊掠境，孟奉姑避賊，執其姑拷索，孟以身覆姑，代受挺刃。賊舍姑逼孟同行，孟厲聲罵賊，賊怒殺之，姑得脱去。事聞，旌曰「節孝」。又胡封臣妻朱氏，遇賊大罵不從，賊縛之樹，割其兩耳，射殺之。亨士悦之女年十六，誓不從賊，亦被害。

楊所修妻沈氏。商城人。所修官副都御史，寇陷商城，死難。妻沈氏暨妾王氏相抱赴水死。

何士弘妻熊氏。商城人。流賊陷城，氏與女避於密室，賊逼，俱投井死。又同縣黄炫妻陳氏、王説妻張氏、彭商哲妻朱氏、任容妻楊氏、高侗妻任氏、藍斯茂妻汪氏，及諸生謝維翰二女，城陷，俱罵賊死。

吴大樸妾徐氏。固始人。大樸死，氏年二十有二，子德昌，甫三歲，氏受遺命撫孤。值兵燹，挈子避寇江南。及歸里，家貧如洗，守節教子。又大樸長子業昌妻陳氏，年二十四而寡，與徐氏同心矢志，時稱「吴門雙節」云。

本朝

李福生妻任氏。固始人。拒暴不從，爲鐵椎擊中，腦裂而死。同縣鄭氏女喜孜，亦守正被戕。均康熙年間旌。

方承恩妻仇氏。光州人。夫亡，年少家貧，奉姑撫子。子殁，又撫孀媳，育孤孫，守節五十餘年。雍正十年旌。

吴夢璲妻胡氏。固始人。夫亡撫孤，孤死，又撫幼孫，守節六十餘年。同縣金銘妻周氏、唐士驕妻周氏、董論道妻周氏、陳蔚起妻胡氏，均雍正年間旌。

周弘基妻邱氏。商城人。夫亡，父母欲奪其志，乃就縊。同縣程家瑞妻彭氏，夫亡自縊。

黄永裔妻陶氏。光州人。夫亡守節。同州節婦黄永正妻唐氏，方希聖妻黄氏，曹緘妻余氏，鄭慶緝妻賀氏，黄永賢妻方氏，王迪思妻陳氏，黄乘妻周氏，楊子麟妻王氏，楊綏妻雷氏，胡易妻熊氏，許維城妻阮氏，羅恒體妻陳氏、妾鄒氏，謝廷瑞妻楊氏，胡順妻吴氏，唐虞亮妻李氏，婁惠妻田氏，張我功妻吴氏，周應期妻徐氏，龐孕珍妻宋氏，蔡萬選妻陳氏，劉仲嗣妻汪氏，阮圖麟妻胡氏，吴士允妾張氏，唐才妻蕭氏，武成孚妻馬氏，唐協卜妻李氏，涂來宗妻朱氏，陳纘會妻祝氏，吴士良妻鄭氏，胡珣妻鄭氏，徐信妻張氏，任鑣妻楊氏，李國平妻汪氏，王士元妻彭氏，楊堂妻方氏，王佩妻史氏，王國幹妻方氏，王朝幹妻吴氏，吴球妻蔡氏，周家德妻楊氏，田洪妻陳氏；烈婦周士功妻張氏、黄朝忠妻龔氏、宋椅妻王氏；烈女龔氏女；貞女熊氏女。俱於乾隆年間旌。

胡國明妻毛氏。光山人。夫亡守節。同縣節婦鄒郇妻戴氏，盛遂珍妻楊氏，沈宗妻余氏，胡希銓妻劉氏，胡建妻陸氏，黄嗣遠妻張氏，梁入信妻楊氏，孔文達妻邱氏，孔緝文妻陳氏，周繼昌妻李氏，彭彬妻袁氏，胡長壆妻甘氏，熊某妻唐氏，朱尚實妻王氏，李化龍妻韓氏，張玢妻甘氏，葛亮妻胡氏，孔才妻周氏，熊陳氏，陳陸氏，彭琳妻胡氏，李化妻楊氏；烈婦馬金國妻余氏，梅芳妻劉氏；烈女張氏女。均乾隆年間旌。

許志行妻周氏。固始人。夫亡守節。同縣節婦竹九秩妻湯氏，竹鳳儀妻王氏，周大觀妻余氏，周治岐妻胡氏，李鍾恒妻朱氏，王孫妻吴氏，黄銓妻馬氏，葉蔚蕃妻甄氏，常曰智妻王氏，吴玫妻任氏，王重禮妻陳氏，李基美妻汪氏，王有民妻汪氏，孟養性妻金氏，陸國聖妻李氏，范士璽妻秦氏，任懷瑾妻孫氏，熊名駒妻賀氏，知府任燠妾陳氏，王珍妻梁氏，臧於忠妻張氏，祝日正妻劉氏，葉碩士妻劉氏，董佐妻田氏，許士瑞妻藺氏，孫永侯妻李氏，王希賢妻劉氏，張延齡妻孫氏，張鶴齡妻陳氏，崔兆玉妻張氏，石元善妻黄氏；烈婦楊同得妻張氏，趙柱甫妻于氏，吴謙妻胡氏，王以禄妻曾氏，郭宏妻錢氏，黄三妻蔡氏；貞女楊氏女。均乾隆年間旌。

王璇妻龐氏。息縣人。璇没，投繯以殉〔一二〕，賴救得免，守節終。同縣節婦王軒妻任氏，任仁妻許氏，祝杲妻蔡氏，任以讚妻張氏，任輅妻賈氏，陳本敬妻張氏，王繩武妻趙氏，陶印妻彭氏，姜海妻李氏，余天顯妻龐氏，劉珣妻何氏，雍鳳岐妻薛氏，何仕仲妻孫氏，任澤萬妻吴氏，潘恒太妻盧氏；烈婦王偉妻劉氏，劉甲妻湯氏，楊勞妻黄氏，張作正妻汪氏。均嘉慶年間旌。

盛世龍妻熊氏。商城人。夫亡守節。同縣節婦高安仁妻雷氏，洪天材妻汪氏，周天奇妻熊氏，楊一道妻王氏，熊學顯妻廖氏，羅璽妻吳氏，王程妻周氏，張世德妻洪氏，吳緒伯妻李氏，黃綬妻王氏，李芝妻熊氏，黃正萬妻熊氏，王逾曾妻黃氏，熊家渾妻王氏，黃緒妻郭氏，張晧義妻程氏，吳方侃妻周氏，黃策萬妻熊氏，周可徵妻沈氏，熊家淳妻楊氏；烈婦熊學賢妻黃氏，黃約妻周氏，張榮宗妻陳氏，張作正妻李氏，張秋妻張氏，盛典妻李氏，王儉妻李氏，王佛妻劉氏，劉國安妻湯氏，楊萬德妻黃氏，張鳳祥妻單氏，王大朋妻王氏，劉某妻楊氏；烈女馮氏。均乾隆年間旌。

吳大扶妻胡氏。光州人。夫亡守節。同州節婦張氏，馬士佩妻唐氏，陳樸妻王氏，吳大樹妻周氏，李先第妾陳氏，徐毓麟妻朱氏，羅一桂妻張氏，吳覲階妻施氏，董瑀妻馮氏，胡森妻馮氏，祝萬年妻馮氏，吳振濂妻柴氏；烈婦謝氏，陳氏，劉氏，杜氏，楊允妻蔡氏，郭明妻雷氏；烈女劉氏女，阮氏女。均嘉慶年間旌。

胡銘妻查氏。光山人。夫亡守節。同縣節婦胡銀妻楊氏，周基茂妻吳氏、妾羅氏，徐宗可妻鄒氏，談佐龍妻方氏，戴元喜妻彭氏，李大鵬妻丁氏，吕克孟妻章氏，王宗德妻朱氏，楊琨妻甘氏，張國凝妻胡氏，陳環妻王氏；烈婦夏必先妻許氏，姚榮華妻陳氏，余中敏妻李氏，李太和妻朱氏，彭玉昆妻程氏。均嘉慶年間旌。

汪大英妻鄭氏。固始人。夫亡守節。同縣節婦易淮南妻馬氏，詹萬林妻許氏，王希康妻柴氏，丁萬選妻王氏，許家齊妻黃氏，鄧允泗妻吳氏，張國仕妻胡氏，祝綏慶妻吳氏，翁雲飛妻祝氏，董司教妻黃氏，張廷俊妻章氏，吳元中妻涂氏，張朝相妻馬氏，周運壽妻梅氏，黃立淳妻許氏，任正統妻鄭氏，夏聯第妻閻氏，陳綗妻楊氏，汪旭妻程氏，何哲妻黃氏，曹之富妻高氏；烈婦段如錫妻劉氏，陳於妻方氏，李燦妻汪氏，陶鎮德妻喬氏。均嘉慶年間旌。

王永極妻董氏。息縣人。夫亡守節。同縣節婦劉思晏妻王氏，任嘉琬妻鄭氏，任殿颺妻孫氏，徐重文妻趙氏，張克敬妻馬氏，裴士林妻趙氏，孫鶴齡妻詹氏；烈婦張氏，王氏，和氏，王林妻劉氏，龔瑣妻趙氏，徐卜年妻周氏；烈女蘇三姐。均嘉慶年間旌。

李炤妻吴氏。商城人。夫亡守節。同縣節婦周作覩妻宋氏，張萬明妻吴氏，薛玢妻宋氏，張映椿妻楊氏，許必恒妻朱氏，丁用章妻王氏，王永榮妻周氏，李天成妻方氏，郭煦妻顧氏，趙秉彝妻汪氏，張瀛妻楚氏，王佩妻余氏，丁宏猷妻楊氏，王世珊妻汪氏，何毓珽妻武氏，馮應綬妻李氏，李思彭妻楊氏，馮恢妻章氏，馮承言妻胡氏，馮愷繼妻胡氏，楊一德妻王氏，賈晰理繼妻周氏，高元仁妻任氏，白宗賢妻吴氏，周之煦妻陳氏，朱道魯妻余氏，黄思泰妻張氏，金起龍妻董氏，熊傳品妻吴氏，楊心愉妻張氏，洪錞妻汪氏，吕忠廷妻李氏，黄思謨妻王氏，周廷珊妻彭氏，楊克綵妻鄧氏，張振吉妻汪氏，楊文驥妻陶氏，徐元瑜妾朱氏，徐琅妻盧氏，吴元勳妻張氏，余長庚妻劉氏，吴元度妻王氏；烈婦夏之文妻彭氏，劉應魁妻余氏。均嘉慶年間旌。

仙釋

北齊

慧思。姓李氏，武澤人。天保中，過光山縣浄居山，見老人，問其姓，曰蘇。又見浄居在大蘇山之南〔一三〕，小蘇山之北，歎曰：「吾師告我遇三蘇則住。」遂留結菴。而老父竟無有，蓋山神也。

陳知顗。天嘉初，謁慧思於大蘇山。一見即謂曰：「昔靈鷲同聽法華經，今復來矣。」示以普賢道場，説四安樂行，師入觀七日，身心豁然。慧思曰：「非汝弗證，非吾莫識。」

唐

僕僕先生。居舊仙居縣黄土山，嘗餌杏丹，乘雲往來。刺史李休光以爲妖，叱左右執之，龍虎見於其側，先生乘之而去。

天寶初因以仙居名縣。

明

褒信道人。失其名。與人較弈，每局祇讓人一子。嘗有詩云：「爛柯真訣妙通神，一局曾經幾度春。自出洞來無敵手，得饒人處且饒人。」後卒於褒信，托後事於一村叟。數年叟爲改葬，但空棺衣衾而已。

萬凰。光州人。事母至孝，人稱爲萬孝子。嘗登武當天柱峯，見老人，語甚秘。歸隱銀山，閉關習静，遇事先知。嘉靖中，詔訪巖穴，不赴，佯跛山中。嘗謂人曰：「甲子迫矣。」果以甲子正月沐浴而化，人以爲仙去云。

土産

絁絹。州出。元和志：光州開元賦絁絹。

糅麻。

葛布。光山固始縣出。唐書地理志：光州土貢葛布。

綿紬。息縣出。

茶。固始、商城縣出。

藥。唐書地理志：光州貢石斛。紅花，息縣出。木賊，固始縣出。黄精，州及各縣俱出。

校勘記

〔一〕牛食畈巡司　「畈」，原作「皈」，據清乾隆朝實録卷四三三「乾隆十八年二月」條記事改。

〔二〕知縣王寶築石障水　「王寶」，乾隆志作「五寶」，讀史方輿紀要卷五〇河南作「王室」。按，其人姓王，乾隆志訛作「五」，其名爲「寶」爲「室」，疑不能定。

〔三〕在州城東十五里石家闗堂　「堂」，乾隆志作「側」，疑此誤。

〔四〕寺在光山縣南四十里大蘇山之南　「光山縣」下「南」字，原脱，據乾隆志及蘇軾集卷一一詩遊浄居寺并敘補。

〔五〕吏民詣闕請植碑頌德者數百人　「闕」，原作「闗」，乾隆志同，據宋史卷二七四史珪傳改。

〔六〕河南江北知樞密院事　乾隆志同，疑「河南江北」下有脱文。

〔七〕賽音布哈舊作賽音不花　「賽音不花」，乾隆志作「賽因不花」。

〔八〕汪壁　乾隆志作「汪璧」，疑是。

〔九〕授沭陽知縣　「沭」，原作「沐」，乾隆志同，據雍正河南通志卷六〇人物改。

〔一〇〕與父允義及兩兄炳思成並以勇聞　「思成」，原作「思城」，據乾隆志及明史卷二九四忠義列傳改。

〔一一〕錢寧妻麻氏　「寧」，原作「凝」，據乾隆志改。按，本志避清宣宗諱改字也。下文同改。

〔一二〕投繯以殉　「繯」，原作「環」，據乾隆志改。

〔一三〕又見浄居在大蘇山之南　「又」，原作「人」，據乾隆志改。

汝州直隸州圖

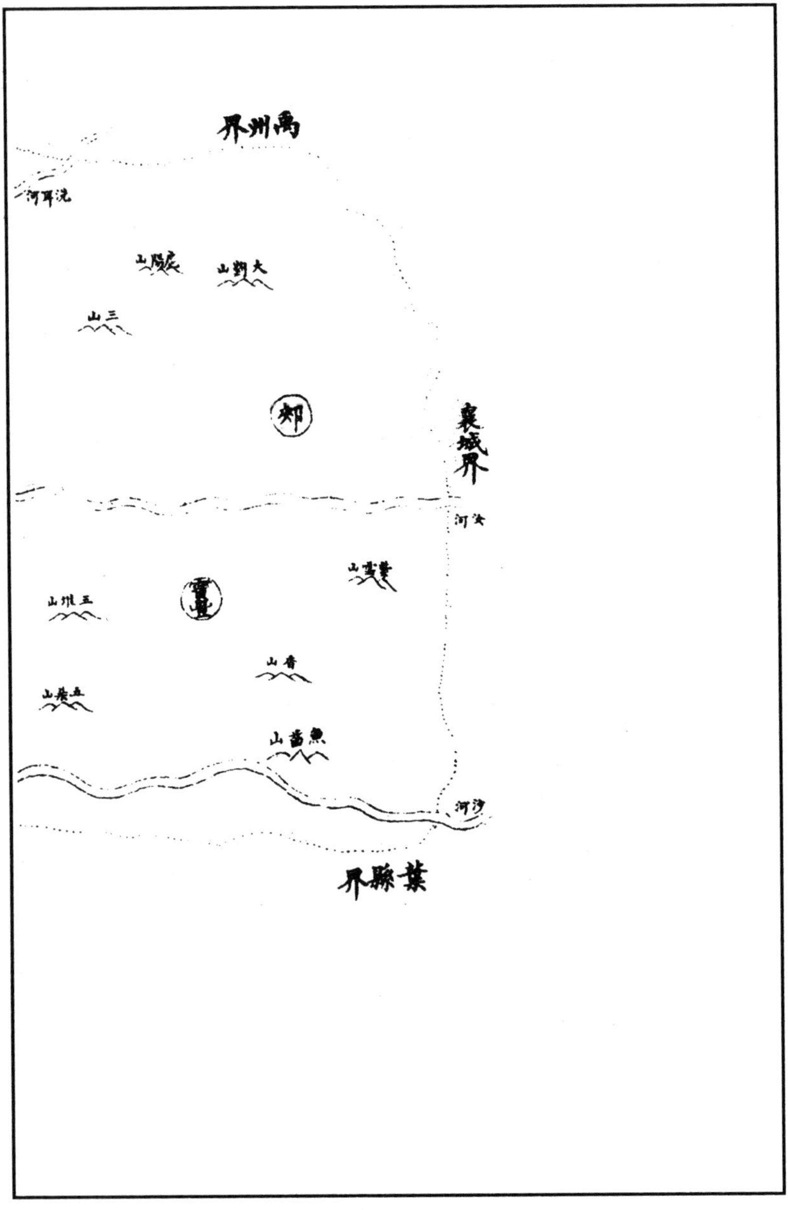

禹州界
洸耳河
辰陽山
大劉山
三山
郟
襄城界
汝河
紫雲山
五朵山
香山
魚齒山
沙河
葉縣界

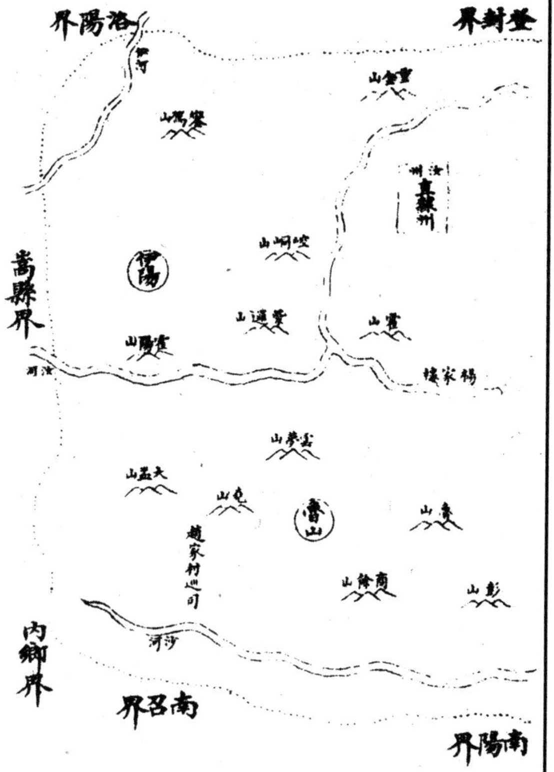
洛陽界
登封界
伊河
汝州直隸州
崆峒山
嵩縣界
伊陽
汝河
楊家樓
雲夢山
魯山
彭山
趙家村巡司
沙河
內鄉界
南召界
南陽界

汝州直隸州表

	汝州直隸州		
秦	三川郡地。		
兩漢	河南、潁川兩郡地。		梁縣 屬河南郡。
三國			梁縣
晉			梁縣
南北朝	汝北郡 魏孝昌二年置，天平二年罷，武定元年復置。齊改郡曰汝陰。周廢	汝原縣 魏初置南汝原縣，屬汝北郡，後改。	梁縣 魏孝昌中改屬汝北郡。
隋	襄城郡 開皇四年移伊州來治。大業初更名汝州，尋改爲郡。	承休縣 大業初更名，州治。	梁縣 屬襄城郡。
唐	汝州臨汝郡 武德四年復置伊州，貞觀八年改汝州，天寶初改郡名，屬河南道。	梁縣 貞觀初更名，州治。	貞觀初省。
五代	汝州臨汝郡	梁縣	
宋金附	汝州 政和四年升陸海軍節度，屬京西北路。金曰汝州，屬南京路。	梁縣	
元	汝州 至元八年改屬南陽府。	梁縣	
明	汝州	洪武初省入州。	

續表

	魯山縣
周承休侯國 屬潁川郡。後漢廢入梁縣。 成安侯國 屬潁川郡。後漢省。	魯陽縣 屬南陽郡。
	魯陽縣
	魯陽縣
治城縣 魏置，屬汝北郡。齊廢。	廣州魯陽郡 魏太和十八年置荆州，二十二年罷州置郡。永安中改置廣州。周改名魯州。 山北縣 魏太和十一年改名。周更名魯縣。
	開皇初廢郡，大業初廢州。 魯縣 屬襄城郡。
	武德初復置魯州，貞觀九年廢。 魯山縣 屬汝州。
	魯山縣
	魯山縣
	魯山縣
	魯山縣

	郟縣
犨縣	
犨縣屬南陽郡。	郟縣屬潁川郡。後漢省。
犨縣	郟縣魏復置，屬潁川郡。
犨縣	郟縣屬襄城郡。
犨縣宋永初置，後省。	夾城縣魏改名，屬南陽郡。齊廢。 順陽郡東魏置。 龍山縣魏太和十八年置，郡治。 南陽郡東魏置。 南陽縣東魏置，郡治。
	郟城縣大業初復置，屬襄城郡。 開皇三年廢。 開皇初更名汝南，十八年改曰輔城。大業初廢。 開皇三年廢。 開皇十八年更名期城，大業初廢。
	郟城縣屬汝州。
	郟城縣
	郟城縣崇寧四年改屬潁昌府。金屬汝州。
	郟縣至元三年省入梁縣，後復置，改名，屬汝州。
	郟縣

續表

寶豐縣
魯陽、郟二縣地。
汝南郡 魏永安初置。齊廢。 汝南縣 魏太和十八年置，屬汝南郡。齊廢。 雉陽縣 魏置。
汝南縣 開皇十八年復置，屬襄城郡。大業末廢。 犨城縣 開皇十八年更名湛水，大業初又改名，屬襄城郡，後廢。
龍興縣 證聖元年析置武興縣，神龍初更名中興，尋又改名，屬汝州。 武德初改置滍陽縣，屬魯州。貞觀初廢。
龍興縣
寶豐縣 熙寧五年廢入魯山，元祐初復置。宣和二年更名，仍屬汝州。
至元三年省入梁縣。
寶豐縣 成化〔十二〕年復置，屬汝州。

	伊陽縣
父城縣屬潁川郡。	陸渾、新城、梁縣、魯陽四縣地。
父城縣	
父城縣屬襄城郡。東晉後廢。	
	臨汝縣先天二年置，屬汝州。
	周顯德二年廢。
	伊陽縣成化十二年析汝州及魯山、嵩縣地置，屬汝州。

大清一統志卷二百二十四

汝州直隸州一

在河南省治西南四百九十里。東西距二百二十里，南北距二百二十里。東至許州襄城縣界一百三十里，西至河南府洛陽縣界九十里，南至南陽府南陽縣界一百八十里，北至河南府登封縣界四十里。東南至南陽府葉縣界一百四十里，西南至南陽府南召縣治二百十里，東北至開封府禹州治一百七十里，西北至洛陽縣界九十里。本州境東西距一百里，南北距八十里。東至郟縣界四十里，西至伊陽縣界六十里，南至寶豐縣界四十里，北至河南府登封縣界四十里。東南至寶豐縣治九十里，西南至魯山縣治一百二十里，東北至開封府禹州治一百七十里，西北至河南府洛陽縣界九十里。自州治至京師一千九百里。

分野

天文星分野，鶉火之次。

建置沿革

禹貢豫州之域。春秋時戎蠻子地。戰國楚梁邑。漢置梁縣，屬河南郡。又置周承休國，屬潁川郡。南境爲南陽郡地。後漢省承休入梁縣。晉因之。後魏孝昌二年，始置汝北郡，治石臺縣。北齊移郡治南汝原縣，尋改郡，曰汝陰。後周郡廢。隋以南汝原爲伊州治。大業初，改州曰汝州，縣曰承休，尋又改爲襄城郡。唐武德四年，仍爲伊州。貞觀元年，改縣曰梁縣。八年，復改州曰汝州。天寶元年，改曰臨汝郡。乾元初，復故，屬河南道。五代因之。宋曰汝州臨汝郡。政和四年，升爲陸海軍節度，屬京西北路。金曰汝州，屬南京路。元屬南陽府。明初，省梁縣入州，仍舊屬。成化十二年，升爲直隸州。

本朝因之。領縣四。

魯山縣。在州西南一百二十里。東西距一百四十里，南北距八十里。東至南陽府葉縣界七十里，西至伊陽縣界七十里，南至南陽府南召縣界五十里，北至寶豐縣界三十里。東南至葉縣界七十里，西南至南召縣治九十里，東北至寶豐縣界三十里，西北至伊陽縣界一百十里。漢置魯陽縣，屬南陽郡。後漢、魏、晉因之。後魏太和十一年，改縣曰山北，置魯陽鎮。十八年，置荆州。二十二年，罷州，置魯陽郡。永安中，改置廣州。後周改曰魯州，縣曰魯山。隋開皇初，郡廢。大業初，州廢，縣屬襄城郡。唐武德初，復置魯州。貞觀九年，州廢，縣屬汝州。五代因之。宋屬汝州陸海軍。金、元、明俱屬汝州。本朝因之。

郟縣。在州東南九十里。東西距九十里，南北距四十五里。東至許州襄城縣界四十里，西至本州界五十里，南至寶豐縣界十五里，北至開封府禹州界三十里。東南至南陽府葉縣治九十里，西南至寶豐縣治四十里，東北至禹州治七十里，西北至河南府登封縣治一百五十里。春秋鄭郟邑，後屬楚。漢置郟縣，屬潁川郡。後漢因之。晉改屬襄城郡。後魏曰埉城，僑置南陽郡，又置順陽郡及龍山縣。北齊廢埉城縣。隋開皇初，改龍山曰汝南。三年，二郡皆廢。十八年，改縣曰輔城。大業初，又改曰郟城，屬襄城郡。唐屬汝州，五代因之。宋崇寧四年，改屬潁昌府。金屬汝州。元至元三年，省入梁縣。大德八年，仍置郟縣，屬汝州。明仍屬汝州。本朝因之。

寶豐縣。在州東南九十里。東西距一百二十里，南北距四十里。東至南陽府葉縣界七十里，西至魯山縣界五十里，南至魯山縣界二十里，北至郟縣界二十里。東南至葉縣界五十里，西南至魯山縣界三十里，東北至郟縣界二十五里，西北至本州界二十五里。周初應國。春秋楚城父邑。漢置父城縣，屬潁川郡。後漢因之。晉改屬襄城郡，東晉後廢。後魏太和十八年，置汝南縣。永安元年，僑置汝南郡。北齊天保七年，郡縣皆廢。隋開皇十八年，復置汝南縣，屬襄城郡。大業末廢。唐證聖元年，析魯山、郟城二縣地置武興縣。神武元年，改曰中興，尋又改龍興，屬汝州。五代因之。宋熙寧五年，廢入魯山。元祐元年，復置。宣和二年，始改曰寶豐。金因之。元至元三年，省入梁縣。明成化十一年，復置，仍屬汝州。本朝因之。

伊陽縣。在州西南九十里。東西距九十里，南北距一百十里。東至本州界五十里，西至河南府嵩縣界四十里，南至魯山縣界四十里，北至河南府洛陽縣界七十里。東南至魯山縣界四十里，西南至南陽府鎮平縣界二百八十里，東北至本州界四十里，西北至嵩縣治九十里。古伊川地。漢爲弘農郡之陸渾，河南郡之新城、梁縣，南陽郡之魯陽四縣地。唐先天二年，置臨汝縣，屬汝州。五代周顯德二年廢。明成化十二年，析汝州及魯山、嵩縣地置伊陽縣，屬汝州。本朝因之。

形勢

面環汝水，背負嵩山。左控襄、許，右聯伊、洛。舊志。

風俗

士尚端慤，民知勤苦。方輿勝覽。士爲道德性命之學，民有絲絹紬絁之富。風土記。墾田不廣，民多財賦，亦由儉嗇而然。宋史地理志。

城池

汝州城。周九里，門四，池廣三丈。本朝順治八年營繕，康熙二十五年修，乾隆八年、二十七年重修。

魯山縣城。周六里，門五，池廣二丈。明崇禎十三年甃甎。本朝乾隆二十八年修。

郟縣城。周十二里，門五，池廣三丈。明嘉靖十四年甃甎。本朝順治九年修。

寶豐縣城。周四里，門四，池廣三丈。明嘉靖中甃甎。本朝順治九年修，康熙二十五年、乾隆六年重修。

伊陽縣城。周四里，門四，池廣一丈。明成化中築。本朝順治三年修，雍正七年、乾隆二十八年重修。

學校

汝州學。舊在州治西。明永樂三年，因元舊址重建。天啓四年，徙建於州治西北。本朝康熙三十九年修，雍正六年、乾隆八年重修。入學額數十五名。
魯山縣學。在縣治東南。元至正中建。明洪武八年重修。本朝順治十六年、雍正七年重修。入學額數十二名。
郟縣學。在縣治東南。金太和六年建。明洪武三年重建。本朝順治五年修。入學額數十二名。
寶豐縣學。在縣治東。明成化十二年建。本朝順治十六年、康熙二年屢修。入學額數八名。
伊陽縣學。在縣治西。明成化十二年建。本朝康熙三十九年修，雍正五年重修。入學額數八名。
汝陽書院。在州學旁。本朝順治中巡道張汧建，康熙五十三年修。乾隆六年，知州宋名立拓建宇舍，率五屬生童肄業其中。
崇正書院。在郟縣城内東北隅。明弘治十五年，知縣曹豹改高陽寺爲之。本朝康熙中修，雍正二年重修。

户口

原額人丁六萬九千七百九十五，今滋生男婦大小共八十三萬一千一百九十七名口，計一十七萬一千五百五十五户。

田賦

田地二萬六百五十二頃八十畝，額徵地丁正、雜等銀七萬六千四百五十九兩九錢三分有奇。

山川

石樓山。在州東三十里。上有巨石，層累如樓，故名。魏書地形志：東汝南有石樓山。

三山。在州東三十里。一名排衙山，下有龍池。

望雲山。在州東南十八里。自伏牛山蜿蜒而來，與三山相對。

檀樹山。在州南四十五里。

竈君山。在州西南三十里。上有石刻「竈君山」三字。相近有龍山。

崆峒山。在州西南六十里。莊子：黄帝聞廣成子在空同之上，往問至道之精。唐汝州刺史盧貞碑：山名崆峒者有三，一在臨洮，一在安定，而莊子述黄帝問道崆峒，遂言遊襄城，登具茨，訪大隗，皆與此山接壤，則此爲近是。山下有洞，其户上向。傳有白犬往往出遊，故號山冢爲玉狗峯。寰宇記：崆峒山，在梁縣西十里，即黄帝問道於廣成子之所。

霍山。在州西南六十里。漢置霍山縣，以此得名。亦曰霍陽山。左傳哀公四年：楚襲梁及霍。杜預注：「霍，即梁縣南霍陽山也。」京相璠曰：「在周平城東南。」

狼皐山。在州西南六十里。亦曰明皐山。水經注：汝山自狼皐山東出峽，謂之汝阨。寰宇記：明皐山，即放皐山也，在梁縣西南六十里。

鑾駕山。在州西五十里。通志：軒轅問道經此。

玉羊山。在州西北四十里。明統志：山石多羊跡，故名。

鹿臺山。在州北二十里。名勝志：有臺狀如蹲鹿。

紫金山。在州北三十五里。上有聖井。其相近有獅子山。

重金山。在州北四十里。山多黄石，層累相成，日夕掩映，色若黄金。

風穴山。在州東北二十里。州志：上有風穴，風將作，穴中先有聲。山麓有大慈泉，南流入黄澗。名勝志：宋吴幾復隱此。舊有吴公洞、讀書菴、雅才亭諸勝。李廌俱題詠之。其上有翠嵐亭。

灌頂山。在州東北三十五里。有水流入黄澗。

魯山。在魯山縣東十八里。孤高聳拔爲一邑巨鎮，縣以此得名。元和志：魯山在魯山縣東北十里。

彭山。在魯山縣東南三十八里。水經注：彭水出魯陽縣南彭山。下有彭山廟，廟前有彭山碑，漢元嘉三年杜仲長立。

簸箕山。在魯山縣南十八里。上有白塔寺，山多紫石，可研。春月夾溪桃花，頗有武陵之致。又東南三十五里商餘山，五十里嶂蚪山，峯巒峭削，界連南召。

壺山。在魯山縣南二十里。形圓如壺。後漢書樊英傳：隱於壺山之陽。

交口山。在魯山縣西南五十里。兩山相交，故名。

堯山。在魯山縣西十五里。俗謂即滍水所出之堯山，誤。

大盂山。在魯山縣西五十里。山頂低窪，四圍若城，俗呼爲大團城、小團城。

五朵山。在魯山縣西北八十里。上有烏婆寨。

穀積山。在魯山縣西北九十里。養、激二水出焉。或謂即將姑山。

牛蘭山。在魯山縣西北。後漢書郡國志：魯陽縣有牛蘭山〔二〕。水經注：牛蘭水發魯陽縣北牛蘭山。

陰山。在郟縣東三十里。汝水遶其下。

紫雲山。在郟縣東南三十里。又二十里有落凫山。

平頂山。在郟縣東南五十五里，接南陽府葉縣界。延袤十里，絶頂平坦，無峯巒，故名。

白龍山。在郟縣城南三十里。見寰宇記。

大劉山。在郟縣西北三十里。水經注：扈澗水，北出大劉山。舊志：脉自嵩嶽南來，延亘起伏，至此突然高峙，羣山環拱，爲縣之主山。世傳漢高祖入關駐此，名沛公壘。其南又有小劉山，云光武嘗駐此，山峽有高門洞。按：隋志郟城有大留山，疑大劉之名傳譌也。

小峨嵋山。在郟縣西北三十五里。相傳宋蘇軾在汝州見之，以其形類蜀之峨嵋，故名。

扈陽山。在郟縣西北四十里。扈澗水出其下。西麓有婁景洞，世傳婁景隱此。又蒼山，在扈澗西，去縣五十里。舊志：自縣而西北，則山巖層叠，直接關陝。天地之氣，自此中分，形勝與成臯相似。自縣而東南，道多平坦。

鳳翅山。在郟縣北三十里。上有靈泉。又縣南二十里有鳳山。

緑石山。在郟縣北三十五里。一名岫崋嶺，即大劉之枝山也。

九里山。在寶豐縣東三十里，延袤九里。又有黑馬山，在縣東十里。

香山。在寶豐縣東南三十里。舊名火珠山，中巒圓净如珠，旁兩峯高峙，巒頂建浮圖，下有天池，上架石梁。

龍山。在寶豐縣東南四十里。水經注：龍山水源出龍山。魏書地形志：龍山有龍水。元和志：大龍山，在魯山縣東南三十五里許。劉累以擾龍遷於魯縣，故名龍山。

魚齒山。在寶豐縣東南四十餘里。湛水出焉。左傳襄公十八年：楚伐鄭，次於魚陵，涉於魚齒之下。注：「魚陵即魚齒山，在犨縣北。」後漢書郡國志：襄城有魚齒山。元和志：在魯山縣東六十里。

鳳凰山。在寶豐縣東南五十里。前有沙河環遶。又伊陽縣北三里有鳳凰山。

蓮屏山。在寶豐縣西南九十里。一名五朵山，五峯疊翠，儼若屏障。

三堆山。在寶豐縣西三十里。縣志：唐白居易曾居此。

紫邏山。在伊陽縣東十里。相傳山口乃大禹所鑿，導汝水自東出。杜甫送賈至出汝州詩「雲山紫邏深」，即此。九域志：梁縣有紫邏山。

練溪山。在伊陽縣東十五里。其西有龍潭及曬龍臺。

雲夢山。在伊陽縣東南七里。縣志：相傳鬼谷子修道處。其北有水簾洞、懸崖石，洞闊數武，内穿一道，崎曲約二里許。洞口有澗隔之，一小石塔，自頂滴水下注。

瑞雲山。在伊陽縣南三里。岡巒聳拔，形勢如屏。

霍陽山。在伊陽縣南四十里。寰宇記：俗名現山，在梁縣西南七十里。明統志：唐太宗經此，以其危峯獨現，故名。

堯山。在伊陽縣西南。滍水所出。水經注：堯之末孫，夏孔甲時遷於魯縣，立堯祠於西山，謂之堯山。山在太和川、太和城東北〔二〕。元和志：滍水出魯山縣西大陌山。寰宇記：堯山俗名大陌山，亦號大龍山，因擾龍見稱。舊志有天息山，在縣西南，沙水所出，即堯山也。以汝水所經，故俗謂天息耳。

篩子垛山。在伊陽縣西七十里。産錫礦。

甘泉山。在伊陽縣北四里。十三州志：伊陽有甘泉山，中有泉，水味甘。

天馬山。在伊陽縣東北十五里。

歇馬嶺。在魯山縣西八十里。水經注：波水出霍陽西川大嶺東谷〔三〕，俗謂之歇馬嶺，即應劭所謂「孤山，波水所出」也。

吳大嶺。在魯山縣西九十里。亦名没大嶺。沙河所出，即滍水也。又縣南五十里有白沙嶺。

青條嶺。在寶豐縣西四十里。嶺四面有水，東南爲浄腸河，流合滍水，西爲棉封河，北爲馬渡河，東北爲達老河，俱流合汝水。

分水嶺。在伊陽縣西四十里。有水自嶺上南北分流。

滴水崖。在寶豐縣西七十里。巖石峭壁，水自石隙流出，激嚳相應，舊名噴珠崖。

洗耳河。在州西門外。源出河南府登封縣箕山，西南流入汝。相傳許由洗耳於此。

清水河。在魯山縣東二十里。源出赤城村，東流入沙河。按：舊志疑達老河即清水河。但達老河源出縣西北雞冠山，清水河源出縣東北三十里赤城村，二水自不相涉。

當齊河。在魯山縣西三十里。源出縣西北焦山，南流入沙河。

浄腸河。在寶豐縣北門外。發源青條嶺，自城西環遶而東，又東流入汝。一名玉帶河。又有棉封河、馬渡河，皆流逕青條嶺下，東合於汝。

馬欄河。在伊陽縣東南五里。又縣北六十里有夾河。

汝水。自河南府嵩縣東北，流入伊陽縣界。經縣南，又東經州城南，又東南經寶豐縣北，又東經郟縣南，又東南入許州襄城縣界。水經注：汝水逕太和城北，又東屈堯山西嶺下，水流兩分，一水東逕堯山南爲滍水，一水東北出爲汝水，歷蒙柏谷，北歷長白沙口，狐白溪水注之。又東北趨狼皋山，東出峽，謂之汝阨，東歷麻解城北，又經周平城南，又東與三屯谷水合，又東與廣城澤水合，又東得魯公水口，又東合霍陽山水，又右合三里水，又東逕成安縣故城北，又東爲周公渡，又東，黄水注之，又東與張磨泉合，又東分爲西長湖，又東合扈澗水，又右迤爲湖，俗謂之東長湖，又逕郟縣故城南，澂水注之，又東南，左合藍水，又東南流與白溝水合，又東南與龍山水會，又東南至襄城。元和志：汝水逕梁縣南三里，在龍興縣北四十五里，西去郟城縣七里。

黄水。在州東三十里，南流合於汝，一名黄澗河。水經注：黄水出梁山東南，逕周承休縣故城東，爲承休水，又東南逕白茅臺東，又南逕梁瞿鄉西，水積爲陂，世謂之黄陂，東轉逕其城南，東流右合汝水。魏書地形志：東汝南有黄陂。元和志：黄陂在梁縣東二十五里，東西十里，南北七里。隋時修築，有灌溉之利，隋末廢壞。乾封初，有詔增修，百姓賴其利。明統志：黄澗俗名趙落河，源發左郝之北山，流合汝水。

廣成澤水。在州西四十里。水經注：廣成澤水出狼皋山北澤中，自澤東南流，逕温泉南，與温泉水合，又東南入汝水。魏書地形志：梁縣有廣成澤。元和志：澤在梁縣西四十里，周一百里。隋大業初，置馬牧於此。輿地廣記：廣成澤，今名廣潤河，蓋避朱梁諱，改名。

彭水。在魯山縣東南。水經注：彭水俗謂之小滍水，出魯陽縣南彭山蟻塢東麓，北流逕彭山西，又東北流，直應城南而入滍。

牛蘭水。水經注：出牛蘭山，東南流逕魯陽城東，又東南與柏樹溪水合，南注於滍。魯山縣志：源發縣北牛蘭山東南，逕魯陽城東，又東南與柏樹溪水合，逕魯山南，注於滍。考其形勢，即達老河也。

房陽川水。在魯山縣西南。水經注：水出南陽雉縣西。房陽川北流注於滍。

魯陽關水。在魯山縣西南。自南召縣流入，亦名鵶河。水經注：魯陽關水，出魯陽關外分頭山横嶺下夾谷，東北出，入於滍。元和志：俗謂之三鴉水，徑縣西七里許。九域志：魯山縣有鴉河。舊志有穰河，在縣西南十五里，流入沙河。

波水。在魯山縣西，出縣西南歇馬嶺下，流入汝。周禮職方氏：「豫州，其浸波、溠。」馬融廣成頌：「浸以波、溠。」應劭曰〔四〕：「孤山，波水所出。」水經注：波水出霍陽西川大嶺東谷〔五〕，俗謂之歇馬嶺，即孤山也。又南逕蠻城下，又南分三川於白亭東，而俱南入滍水。

滍水。源出魯山縣西吴大嶺，東流逕縣南，又東逕寶豐縣南，又東入南陽府葉縣界，亦名沙河。漢書地理志：滍水出魯陽縣，東北至定陵入汝。水經注：滍水出魯陽縣西之堯山，歷大和川，東逕小和川，又東，温泉水注之。又東逕胡木山，東流又會温泉口，又東，房陽川水注之，又與波水合，又東逕魯陽縣故城南，右合魯陽關水，又東北合牛蘭水，又東逕應城南，彭水注之，又左合喬水，又東逕犨縣故城北，出於魚齒山下，又東，犨水注之，又東南逕昆陽縣故城北。元和志：水出魯陽縣大陌山。通志：沙河在魯山縣南五里。按：左傳僖公三十三年「楚救蔡，與晉師夾泜而軍」，注：「泜水出魯陽縣，東經襄陵、定陵，入汝。」與漢志源流符合，是泜水即滍水也。

藍水。在郟縣東。水經注：藍水出陽翟縣重嶺山，東南流逕紀氏城西，又東南流逕黄阜東，而南入汝水。舊志：名長橋河，在縣東三十里，源出禹州神后山，東南入汝。又有團造溪，在縣東北三十里，源出禹州洪暢都，南流入長橋河。又有安梁溪，在縣北十八里，源出十字溝，流入團造溪。

龍山水。今曰封家溪，在郟縣東南。水經注：龍山水出龍山龍溪，北流際父城故城東，又東北流，與二水合，俱出龍山，北流注之，又東北入於汝。舊志有封家溪，在縣東南三十里，源出寶豐縣香山，東北流入汝。

扈澗水。在郟縣西四十里。源出縣西北扈陽山，南流入汝。水經注：扈澗水北出大劉山，南逕水蓼堆東郟城，西南流入於汝。元和志：源出縣西北三十里。

湛水。在寶豐縣東，東南流入南陽府葉縣界。周禮職方氏：荆州，其浸潁、湛。水經注：湛水出犨縣魚齒山西北，東南流，歷魚齒山下，爲湛浦，方五十餘步。又東南逕蒲城北，又東於汝水九曲北，東入汝。元和志：在龍興縣東三十里。明統志：源出汝州馬跑泉，流經葉縣東北入汝。

應水。在寶豐縣南十二里。一名瀴河，又名石渠。水經注：橋水出魯陽縣北峙山，東南逕應山北，又南逕應城西，謂之應水。

犨水。在寶豐縣南。水經注：犨水俗謂之秋水。水有二源，東源出犨縣西南踐犢山東崖下，東北流逕犨縣南，又東北屈逕其縣東，而北合西流水；西源出縣西南頗山北阜下，東北逕犨城西，又屈逕其縣北，東合二水，亂流北注於滍。明統志：秋河，源出魯山縣楊家林，流注寶豐縣界，入沙河。

養水。在寶豐縣北十八里。亦名沙水，又曰石河。水經注：養水出魯陽縣北將孤山北長岡下，數泉俱發，東歷永仁三堆南，又東逕沙川，世謂之沙水。歷山符壘北，又東逕沙亭南，故養陰里也。又右會堇溝水，水出沛公壘西六十許步。養水又東北入東長河，亂注汝水也。

激水。在寶豐縣北。水經注：激水出魯陽縣之將孤山，東南流入父城縣，與桓水會。桓水出魯陽北山，二源合爲一瀆，逕賈復城北，東北流至父城縣北，右注激水亂流，又東北至郟入汝。

伊水。在伊陽縣西北六十里。自河南府嵩縣流入，又北流入偃師縣，入於洛。

戴液溪。在郟縣西北四十里。自州界流入，又南入汝水。舊志：疑即水經注所謂張磨泉也。

湖也。

太史湖。在州城内。宋州守王素所濬，爲一郡之勝，李廌有記。

西湖。在州西八里。一名龍塘陂，溉田千餘頃。

長湖。在寶豐縣東北。水經注：汝水又東分爲西長湖，湖水南北五六十步，東西三百步。汝水又右迤爲湖，湖水南北八九十步，東西四五百步，俗謂之東長湖。湖水下入汝。舊志：縣東北有楊家湖，闊二十里，相傳唐時楊汝士居此，蓋即東、西二長湖也。

葉家湖。在伊陽縣北六十里。

摩陂。在郟縣東南。亦名龍陂。水經注：白溝水南逕龍城西，城西北即摩陂也，縱廣可一十五里。魏太和六年，如摩陂，明年正月有青龍見摩陂井中，魏主臨觀，紀元曰青龍，改摩陂爲龍陂。明統志：唐時於此置馬監，曰龍陂監。

惠民渠。在郟縣西南。縣志：縣舊無水利，元至正十一年，邑人引扈澗水入城，民咸利之。其後惟縣西等村田尚得溉。明嘉靖二十八年，開惠民渠以溉田，引水自石橋建磴入城濠，繞城自小東門入汝。尋湮。

嚴陵渠。在伊陽縣東七里。又有永昌渠、仁義渠、沮洳渠、聖王渠、永惠渠、永平渠、永定渠、永泉渠、惠民渠、泉水渠，永遠渠、小渠、摘口渠，皆在縣界。

玄洞潭。在州西南四十里。又東南有黑龍潭。

九女潭。在魯山縣東北十八里。又伊陽縣南有九女泉。

白虎潭。在郟縣東南三十里，紫雲山之陰。

黑龍潭。在郟縣東南三十里。一名龍池，中有三穴，爲龍所居。又伊陽縣北二十里有黃龍潭。

溫泉。有二：一在州西南六十里，東南流入廣潤河。水經注：廣成澤與溫泉水合，泉水數源，揚波於川左。泉上華宇連蔭，茨甍交拒，方池石沼，錯落其間，其水東南流注廣成澤。唐書地理志：梁西南五十里有溫湯，可以熟米。宋蘇軾記：天下溫泉有七，其一汝州。明統志：源有九眼是也，一在魯山縣西。水經注：滍水東逕小和川，又東，溫泉水注之，水出北山，七泉奇發，炎熱特甚。湯側又有寒泉，地勢不殊，而炎涼異致，渾流同溪，南流注滍水。又逕胡木山，東流又會溫泉口水，出北山阜，炎勢奇毒，去湯十許步，別池然後可入。湯側有石銘，云皇女湯，可以療萬疾。元和志：溫湯泉在魯山縣西四十里。舊志：皇女湯有上、中、下三泉，上水微溫，中水平溫，下水最熱如沸，在縣西六十里。又有涼泉，在縣西八十里是也。

龍泉。在州西南。其側有石龍淵，四壁千仞，散泉如雨。明統志：其水瑩潔，中秋之夕，陰靈蔽月，俯視泉中，魄影自若。又寶豐縣西四十里有五龍泉。

大慈泉。在州東北風穴山之麓，南流合澗水。又州東三山下有野狐泉，南五十里有懸珠泉。

龍骨泉。在郟縣西北大劉山下，流經縣北十里，亦名小龍河。其水多伏流，或數十里，或一二里復出。又有馬跑泉，在縣北十餘里。

校勘記

〔一〕魯陽縣有牛蘭山　「有」，原脱，據乾隆志卷一七四汝州山水（下同卷簡稱乾隆志）補。

〔二〕山在太和川太和城東北　乾隆志同。按，熊會貞校水經注云：「汝水東流，逕太和城北，又東屈堯山西嶺下，是堯山在太和城東北無疑。至太和川則異。湍水東流，此云出堯山下，云又歷太和川，是堯山在太和川西，而不在東北。『太和川』當『太和山』之誤。」

〔三〕波水出霍陽西川大嶺東谷　乾隆志同。按，熊會貞校水經注云：「霍陽山詳汝水篇，此『西川』當『西山』之誤。」

〔四〕應劭曰　「劭」，原作「邵」，據乾隆志改。

〔五〕波水出霍陽西川大嶺東谷　乾隆志同。按，「川」當作「山」，參校勘記〔三〕。

大清一統志卷二百二十五

汝州直隸州二

古蹟

汝原故城。今州治。後魏置南汝原縣，後改汝原縣。隋曰承休。唐改梁縣，爲汝州治。宋、金、元因之。金史：州南通鄧州，西接維陽，東則汴京，使傳所出，供億三面是也。明洪武初，始省縣入州。

承休故城。在州東。漢爲國，屬潁川郡。漢書：元鼎四年，詔封姬嘉爲周子南君，以奉周祀。注：臣瓚曰：「初元五年，爲周承休侯。元始四年，爲鄭公。」後漢建武十三年，更爲衛公，移於東郡畔觀，故國遂廢。水經注：黄水東南逕周承休縣故城東。括地志：漢承休故城，一名梁崔塢，在今梁東北二十六里。

成安故城。在州東南。漢置縣，屬潁川郡。元鼎五年，封韓延年爲侯國。後漢建武二年，封臧宫爲侯國，後省。水經注：汝水逕成安縣故城北，世謂之白泉城，非也。括地志：成安故城在梁縣東三十里。

梁縣故城。在州西。春秋時爲周小邑，後屬楚。左傳哀公四年：楚爲一昔之期，襲梁及霍。國語「楚惠王以梁與魯陽文子，文子辭曰，梁險而在北境」是也。漢置縣，屬河南郡。後漢及晉因之。水經注：霍陽山水逕梁城西，俗謂之治城，非也。括地志：故城在今梁縣西南四十里。杜佑通典：梁，戰國時謂之南梁，以别大梁、少梁也。寰宇記：漢舊梁縣，在汝水之南。

治城故城。在州西，本古注邑。史記：魏文侯三十二年，敗秦於注。後漢志：梁縣有注城，後訛爲治城。北魏、晉，治城縣屬汝北郡。水經注：梁縣北有注城，今置治城縣是也。高齊省入梁縣。括地志：注城在汝州梁縣西十五里。寰宇記：注城南面已爲汝水所毁。

魯陽故城。今魯山縣治。本古魯縣。左傳昭公二十九年：蔡墨曰：劉累學擾龍以事孔甲，遷於魯縣。注：「魯縣，今魯陽。」春秋時爲楚邑。國語：楚惠王以梁與魯陽文子。史記楚肅王十年，魏取魯陽是也。漢置魯陽縣，屬南陽郡。漢書注：「古魯縣，御龍氏所遷。」師古曰：「即淮南所云魯陽公與韓戰，日返三舍者也。」後魏改曰山北，後周始改曰魯山。元和志：縣北至汝州一百五十里。縣志：故城有二，一在城南，亘若連阜，俗呼望城岡；一在城西北，基址四周，尚隆起如壁立。

犨縣故城。在魯山縣東南五十里。春秋時楚犨邑。左傳昭公元年：楚公子圍使公子黑肱、伯州犂城犨。秦置縣。史記：秦二世二年，沛公與南陽守齮戰犨東。注：「地理志南陽郡有犨縣。」後漢及晉因之。劉宋永初後省。通典：魯山縣東南有漢犨縣故城。

郟縣故城。今郟縣治。春秋時，鄭邑，後屬楚。國語：史伯謂鄭桓公曰：「謝、郟之間，其君驕侈。」左傳昭公元年：楚公子圍使公子黑肱、伯州犂城郟。又十九年：令尹子瑕城郟。注：「郟，楚邑。」漢置郟縣。後漢書：建武十七年，有鳳凰見於潁川之郟縣。注：「今汝州郟城縣是也。」魏書地形志：襄城郡郟城。水經注：汝水又東南，逕郟縣故城南。

龍山故城。在郟縣東南。後魏太和十八年，置龍山縣，屬順陽郡。隋志：郟城，舊曰龍山，開皇初改曰汝南，十八年改曰輔城，大業初改曰郟城。元和志：父城故城，在縣東南四十里。蓋「父」、「輔」聲近而訛也。

南陽故城。在郟縣西北。魏書地形志：南陽郡南陽。隋志：郟城，東魏置南陽郡南陽縣。開皇三年郡廢，十八年改南陽曰期城，大業初置郟城縣，廢期城入焉。

龍興故城。今寶豐縣治，即賈復城。水經注：桓水逕賈復城北，復南擊郾所築也。唐證聖元年，析郟城、魯山，置武興縣。神龍元年更名中興，尋又改名龍興。元和志：龍興縣，西北至汝州九十里，縣在通鴉城。魏太和二十三年，孝文親征馬圈，行至此城，昏霧得三鴉引路，遂過南山，故亦名通鴉城。宋宣和二年，以縣有冶鑄場，改曰寶豐。縣志：賈復城在縣城西北隅。

父城故城。在寶豐縣東四十里。春秋時楚城父邑。左傳昭公十九年：楚城城父而寘太子建焉，以通北方。故太子建居於城父。史記：秦李信攻楚鄢、郢，破之，引兵而西，與蒙恬會城父。漢改置父城縣，屬潁川郡。後漢書光武掠地潁川，攻父城不下，是也。晉改屬襄城郡。杜預左傳注：「城父，即襄城之父城。」括地志：故城在郟縣東南四十里。縣志：今縣東有父城保。

滍陽故城。在寶豐縣南。本漢犨縣地。後魏末，置雉陽縣。隋開皇十八年，改曰湛水。大業初，又改曰犨城，屬襄城郡。唐武德四年，改曰滍陽，屬魯州。貞觀九年省。元和志：滍陽城，一名應城，在龍興縣南二十五里。舊志：今爲滍陽鎮，在寶豐縣東南三十里。

符壘故城。在寶豐縣西北。魏書地形志：汝南郡，永安元年置，治符壘城，領縣符壘，太和中置。隋書地理志：汝南有後魏汝南郡及符壘縣，並北齊廢。

汝南故城。在寶豐縣北。後魏縣。地形志：汝南郡汝南，太和十八年置，北齊省。隋初復置，屬襄城郡。九域志：寶豐縣有汝南鎮。縣志：今有古城，在縣北二十里，即古汝南城。

石臺廢縣。在州西南四十里。魏書地形志：汝北郡石臺。縣志：今有石臺店，蓋猶以古縣爲名。

臨汝廢縣。在伊陽縣東。唐置縣。元和志：縣東南至汝州六十里。本漢梁縣地。先天二年置。舊唐志：臨汝縣，貞元八年移治石濠驛。寰宇記：廢臨汝縣，初置於今縣西南二十里紫邏川，以城南臨汝水爲名。貞元中，刺史陸長源以舊縣荒殘，移於東北李城驛側，當大路。周顯德三年，廢爲鎮，入梁縣。

蠻城。在州西南。春秋戎蠻子國也。左傳成公六年：蠻氏侵宋。昭公十六年：楚殺戎蠻子嘉，遂取蠻氏。漢志：新城，惠帝四年置。蠻中，故戎蠻子國。後漢志：新城有鄤聚，古鄤氏，今名蠻中。水經注：汝水東歷麻解城北，故鄤鄉城也，謂之蠻中。俗以爲麻解城，非也。通典：汝州，春秋戎蠻子之邑。有蠻中聚，在梁縣西南。

周平城。在州西南。水經注：汝水逕周平城南。魏書地形志：石臺有平周城。按：即周平之訛。

繞角城。在魯山縣東南。左傳成公六年：楚伐鄭，晉救鄭，與楚師遇於繞角。注：「繞角城，鄭地。通典：古繞角城，在魯山縣東南。

平高城。在魯山縣西南九十里。通典：後周置三鵶鎮以禦齊，亦名平高城。

魯城。在魯山縣東北十七里。通典：高齊置魯城以禦周。

赤城。在魯山縣東北三十里。今爲赤城村，有故城遺址，舊傳劉裕伐秦時築。

紀氏城。在郟縣東。水經注：藍水逕紀氏城西，有增臺，記謂之紀氏臺。續漢書曰：「世祖車駕西征，盜賊羣起，郟令馮魴爲賊延裦所攻，力屈，上詣紀氏，羣賊自降。」即是此處。在郟縣城東北十餘里。

夏亭城。在郟縣東。水經注：白溝水南逕夏亭城西。括地志：夏亭故城，在汝州郟城縣東北五十四里，蓋夏後所封。

龍城。在郟縣東南。水經注：魏青龍元年，有龍見於郟之摩陂，於是改摩陂曰龍陂，其城曰龍城。詳前「摩陂」。

豢龍城。在寶豐縣東南五十里。古豢龍氏所居也。寰宇記：在龍興縣東南五十里。九域志：寶豐縣有豢龍城。

應城。在寶豐縣西南。周武王子所封國也。左傳僖公二十四年：富辰曰：「應，武之穆也。」注：「應國在城父縣西南。」漢志：父城，應鄉，故國。魏地形志：山北縣有應城。括地志：應國因應山爲名，去魯山縣東三十里。

古城。在伊陽縣南三里瑞雲山腰。宋翟興、翟進據此恢復，廢址尚存。

霍陽聚。在州東南，亦名霍陽城。左傳哀公四年：楚襲梁及霍。注：服虔曰：「梁、霍周南鄙也。」水經注：汝水之右有霍陽聚，汝水逕其北，又東北流逕霍陽聚東。世謂之華浮城，非也。通典：梁縣有漢霍陽縣，因山爲名，俗謂之張侯城。

陽人聚。在州西，亦名陽人城。戰國策：鄭縞以新城、陽人予韓太子。史記：秦莊襄王元年，以陽人地賜周君，奉其祭祀。注：「河南梁縣有陽人聚。」水經注：魯公水上承陽人城東魯公陂。城，古梁之陽人聚也。括地志：在汝州梁縣西四十里。

按：魏書地形志孝昌二年，置汝北郡，治陽仁城。「陽仁」疑即「陽人」之訛。

𢠸狐聚。在州西北四十里。史記周本紀：秦取九鼎寶器，而遷西周公於𢠸狐。注：徐廣曰：「𢠸狐聚，與陽人聚相近，在洛陽縣南百五十里，梁、新城之間。」水經注：三里水出梁縣西北，而東南流逕其縣故城西，故𢠸狐聚也。括地志：汝州外古梁城，即𢠸狐聚。

巾車鄉。在寶豐縣東南五十里，今留村也。後漢書馮異傳：光武略地潁川，攻父城不下，屯兵巾車鄉。注：「巾車，鄉名也，在父城界。」

清暑宮。在州西南。唐書地理志：臨汝有清暑宮，在鳴皋山南。貞觀十四年，太宗詔閻立德按爽塏建離宮以清暑，乃度地汝州西山，控汝水，睨廣成澤，號襄城宮。宮成，煩燠不可居，廢之以賜百姓。

廣成苑。在州西四十里，故廣成聚也。按：後漢書注：廣成聚有廣成苑。永元五年，以上林廣成囿假貧民。永初元年，以廣成遊獵地假貧民。延熹六年，校獵廣成，遂幸函谷關〔二〕。初平元年，置八關都尉，廣成其一也。

養陰里。在寶豐縣西北。左傳昭公三十年：楚使監馬尹大心逆吳公子，使居養，莠尹然、左司馬沈尹戌城之。注：「養，即所封之邑。」後漢書郡國志：襄城有養陰里。水經注：養水東逕沙亭南，故養陰里也。俗以是水爲沙水，故亦名沙城。

婆娑園。在郟縣西。一名石牛莊。宋時崔鶠寓居於此。

望嵩樓。在州治子城内。唐劉禹錫送廖參謀詩「望嵩樓上忽相見」〔二〕，即此。

鄭公堂。在州治内。宋富弼兩徙判於汝，汝民爲建此堂。

此君堂。在州治内。宋元祐中，知州文大方建。

流杯池。在州南三十里。唐武后嘗與從臣姚元崇、蘇頲、畢曜等於此遊宴賦詩，命李嶠爲序，舊有碑尚存。

致雨亭。在州治北，圍跨西池上。宋咸平中，州守趙況建。有蘇轍祈雨文刻於石。

思賢亭。在州治後。宋楊億知汝州，有賢名。後守王珣瑜因建此亭，劉攽爲記。

香遠亭。在州治後圃。舊有荼蘼三株，宋時物。金大定中，知州烏古倫建，取蘇軾詩「無風香自遠」之句命名。「烏古倫」舊作「烏古論」，今改。

虚舟亭。在州治後。金興定初建，趙思文有記。

觀風亭。在州東北風穴山。

翠嵐亭。在州風穴山上。登亭，則山可見。

修禊亭。在魯山縣西温泉上。唐歐陽詹爲令，以三月三日集僚吏禊飲於此。

安樂臺。在州東南。舊傳漢光武所築。又有思父臺，在魯山縣西北，亦云光武築。

琴臺。在魯山縣北。寰宇記：在故子城東南牆上，廣二百步。唐開元中，元德秀爲令，彈琴其上。縣志：琴臺，顔真卿撰文。金趙秉文書二大字，刻之石。元好問詩云：「千山爲公臺，萬籟爲公琴。夔曠不並世，月露爲知音。」

釣天臺。在郟縣西。舊傳黄帝問道廣成子，聞鈞天之樂，即此地。
神龜臺。在郟縣西。隋開皇初，曾獲神龜於此。
郟府臺。在郟縣東北二十五里。
雙酒務。在寶豐縣西北二十五里。通志：其務有六，惟銅斗、正酒二務其址尚存。宋程子監酒稅於此，有春風亭。
汝帖。金石録：在州治内。舊凡十二刻，今殘闕。通志：本朝順治七年，巡道范承祖修整，并詩跋二十四刻，移置道署賓館。
虞世南書碑。通志：伊陽縣學宫後壁有唐虞世南碑，書「攀龍附鳳」，字大如斗，體勢遒邁。

關隘

魯陽關。在魯山縣西南六十里，與南陽府南召縣分界。史記：趙惠文王九年，趙、梁將兵與齊合軍攻韓，至魯關下。注：「即魯陽關也。」通典：後周置三鵶鎮在縣西南十九里，亦名平高城，以禦齊。高齊亦於縣東北十七里置魯城以禦周。詳見南陽府。
歇馬嶺關。在魯山縣西北八十里。路出河南府嵩縣界，明設巡司。
普救關。在伊陽縣西南百里。明設巡司。
上店鎮關。在伊陽縣西南一百三十里，其西南接鄧州内鄉，北接河南府盧氏。崎嶇險阻。舊設巡司，今裁。

趙家村巡司。在魯山縣西九十五里。乾隆三年，設巡司駐此。

趙洛鎮。在州東三十里。今爲趙洛鋪。又州西北六十里，今爲臨汝鎮。九域志：梁縣有趙洛鎮、臨汝鎮。

長橋鎮。在郟縣東三十里。今爲長橋鋪。九域志：郟城縣有長橋鎮。

黄道鎮。在郟縣西北二十五里。金史地理志：郟城，鎮：黄道。

宋村鎮。在寶豐縣東南二十五里。宋建炎四年，牛皋邀敗金兵於宋村，即此。

曹鎮。在寶豐縣東南五十里。

陽石寨。在郟縣西北。宋紹興初，李横敗劉豫兵於陽石，即此。

心成堡。在寶豐縣西南，通三鴉路。相近又有敦仁堡。皆明末所設。

薛店。在郟縣西三十里。唐建中四年，討李希烈，官軍自汝州前進至薛店，即此。

楊家樓。在州南。本朝乾隆七年，移州同駐此。

汝州驛。在州治。

郟縣驛。在縣治。

津梁

仁義橋。在州東十五里。又十五里有黄澗橋。州西郭外有洗耳橋，本朝乾隆七年修。

董家橋。在魯山縣東南四里。又縣東有大石橋，一名三里橋。

汝河橋。在郟縣東十五里，跨汝河。

長橋。在郟縣東四十里，一名藍橋，跨長橋河上。本朝雍正二年修。

扈澗橋。在郟縣西五里。又五里爲義濟橋，縣西北三十里爲孝濟橋。

通都橋。在寶豐縣東門外。又南門外有惠衆橋，西門外有永濟橋，北門外有仁政橋。明正德十一年建，本朝乾隆八年重修。

達魯橋。在寶豐縣南十里，跨纓河上。明正德五年建。

通濟橋。在寶豐縣西北。又有西橋，俱跨浄腸河上。元延祐四年建。

石河橋。在寶豐縣東北二十里，跨石河上。

紫羅橋。在伊陽縣東十五里。又縣西三十里有棗林橋。

永定橋。在伊陽縣北茹店鎮，爲汝、洛大道，跨長壽河上。明萬曆二十一年建，本朝順治十年修。

夾河渡。在州東南十里。

隄堰

聚寶堰。在州東。又有龍泉堰、荆河堰、興濟堰、保生堰、黄道堰，皆在州界。

護城石堰。在州西門外，洗耳河東。舊堰殘闕，本朝康熙、雍正、乾隆間累經修築。

陵墓

周

魯陽公墓。在魯山縣西北二里。淮南子：魯陽公與韓搆難，戰酣，日暮，援戈揮之，日爲之反三舍。寰宇記：墓在露山東北五里，有石碑。

漢

薄姬冢。在郟縣東薄姬保。寰宇記：薄姬冢，在郟縣城東四十里。

賈復墓。在寶豐縣城内南街西，有廟。

馮異墓。在寶豐縣城東父城保。

唐

元結墓。在魯山縣西北三十里。明統志：在縣北青條嶺陂泉之原，有顏真卿所書碑碣。

馬燧墓。在郟縣南。

宋

秦王墓。在州西北牛碑山。宋時秦王廷美葬此，追封魏王，謚曰悼，亦名魏悼園。

二蘇墓。在郟縣西北小峨嵋山。蘇軾卒於常州，其子過卜葬於此。宋史蘇過傳：過葬軾汝州郟城小峨嵋山。東坡年譜：葬於汝州郟城縣鈞臺鄉上瑞里。明統志：後蘇轍亦葬此。

寇瑊墓。在寶豐縣東南。

明

滕昭墓。在州北。

李貞佐墓。在郟縣南。貞佐知郟縣，死流寇之難。友人王昱收葬於南郊，每歲寒食，鄉人傾邑祭奠，廣其冢至一畝餘。按：郟縣志辨誤云：葬貞佐者，爲所舉孝子王錫胤〔三〕，而作傳者門人仝廷舉也。至史所稱友人王昱，則縣前後志並無是人，因附注以備考。

李希顏墓。在郟縣西。

劉濟墓。在郟縣西北大劉山之麓。

祠廟

二程祠。在州治西聖學書院内。又寶豐縣西北有明道先生祠。

滕公祠。在州西關。祠有二，俱祀明滕昭。

二賢祠。在魯山縣。祀唐元德秀、元結。

三蘇祠。在郟縣西北小峨嵋山。元至正中建。

三賢祠。在郟縣治北。祀漢銚期、臧宫、唐馬燧，明嘉靖中建。

顔魯公廟。在州治東龍興寺内。

廣成子廟。在州西南崆峒山。

風伯廟。在州東北風穴山。

膠東侯廟。在寶豐縣治西南，祀漢賈復。本朝乾隆七年建。

寺觀

龍泉寺。在州城東北二十五里。又魯山、郟城、寶豐俱有龍泉寺。

仙林寺。在州東北四十里。唐岑參有詩。

荷福寺。在魯山縣城後街，一名卧佛寺。晉大安三年建，本朝康熙年間修，雍正二年重修。

潤國寺。在魯山縣陽石保。隋開皇十六年建，宋太和五年重修〔四〕。

開化寺。在郟縣治東，後魏時建。本朝順治十一年修。

香山寺。在寶豐縣東龍山内。有古塔，唐時建。

乾明寺。在伊陽縣南現山之麓。北齊天保中建，敕名彌陀寺。後唐曰天成寺，宋改今名。

金山寺。在伊陽縣城北五十里。周天復十一年建。

玉陽觀。在郟縣治南。元泰定中建。本朝順治十年修。

名宦

漢

馮魴。湖陽人。建武中，爲郟令。時郟賊延褒等聚衆三千餘，攻圍縣舍。魴率吏士七十餘人力戰連日，城陷。帝聞馳赴，按行鬭處，嘉之曰：「此健令也。」褒等降，帝以還魴，魴責讓以行軍法，聽各反農桑，爲令作耳目。是時每有盜賊，並爲褒等所發，無敢動者，縣界清浄。

晉

華譚。廣陵人。惠帝時爲郟令。兵亂之後，境内饑饉，譚傾心撫卹。司徒王戎聞而善之，出穀三百斛以助之。甚有政績。

南北朝　魏

酈道元。涿鹿人。景明中，試守魯陽郡，表立黌序，崇勸學校，山蠻服其威名，不敢爲寇。弟道約，繼兄守魯陽，爲政清淨，吏民安之。

隋

公孫景茂。阜城人。開皇中，爲伊州刺史，以疾徵，吏民號泣於道。

柳旦。解人。開皇中，魯州刺史，有能名。

唐

張善相。襄城人。爲伊州總管王世充攻之，糧盡，善相謂僚屬曰：「我爲唐臣，當效命。君等無庸死，斬我首以下賊，可也。」衆泣曰：「與公同死，愈於獨生。」城陷，被執，罵賊見殺。

李暠。開元初，爲汝州刺史。政嚴簡，有治稱。昆弟繇東都省暠，往來微行，州人無知者，其清慎如此。

元德秀。河南人。爲魯山令。有盜繫獄，會虎爲暴，盜請格虎自贖，許之。吏白彼詭計，德秀曰：「不可負約。」明日盜尸虎還，舉縣嗟歎。玄宗在東郡，酺五鳳樓下，命三百里縣令、刺史各以聲樂集。河内太守輦優伎數百，被錦繡，或作犀象，瓌譎光麗。德秀唯樂工數十人，聯袂歌于蔿于。于蔿于者，德秀所爲歌也。帝聞歎曰：「賢人之言哉。」乃黜太守。德秀益知名。所得俸禄，悉衣食人之孤遺者。歲滿，笥餘一縑，駕柴車去。

陸長源。吴人。爲汝州刺史，清白自守。將去，送車二乘，曰「吾祖罷魏州，有車一乘，而圖書半之〔五〕，我愧不及先人」云。

薛平。龍門人。爲汝州刺史，治有風績。

五代

漢

令狐緒。華原人。宣宗時，爲汝州刺史。有佳政，汝人請刻石頌德，緒以弟綯當國固讓。宣宗嘉其意，乃止。

劉審交。文安人。隱帝時爲汝州防禦使，有能名。卒，州人聚哭柩前，上疏乞留葬近郊。詔特贈太尉，使民得歲時祠祭。

周

姚内斌。盧龍人。世宗時，爲汝州刺史。將代，吏民詣闕舉留，恭帝詔褒之。

宋

竇卞。冤句人。通判汝州。秦悼王葬汝，宗室來汝者衆，役兵三千。郡守林濰以汝與其鄉近，因使輦薪芻鐵石致其家，衆怨憤，遂挾大校叛。卞啓關招諭之，少定，乃密推首惡羈之，請於朝。詔濰致仕，悉配從亂者。

江翱。建陽人。景德中，爲魯山縣令。邑多曠土，亢魃連歲。翱以黍稻性耐旱，宜高原，乃自建邑取種，教民藝植，自是皆爲膴田。

王素。莘人。仁宗時，知汝州。政餘，書不去手。遇事立決。待僚賓以謙恭，待吏民以寬厚。

朱景。偃師人。英宗時，知汝州。葉驛道遠，隸囚爲送者所虐，多死。景重禁以絶其患。

富弼。河南人。神宗時〔六〕，以僕射判汝州。言：「新法臣所不曉，不可以治郡，願歸洛養疾。」許之。

李大臨。華陽人。由進士歷絳州推官，用薦爲祕閣校理，以事責官監税，家故貧。神宗擢知制誥，累格詔命。出知汝州，徙知梓州，復官天章閣待制，致仕，卒。世稱爲三舍人之一。

程明道。河南人。監汝州鹽税。哲宗召爲宗正丞，未行而卒。

葛勝仲。丹陽人。徽宗時，知汝州。李彦括田，破産者衆。勝仲請蠲不當括者，彦怒，劾勝仲，帝寢其奏。

趙子櫟。燕懿王五世孫。靖康中，知汝州。金兵破荆湖諸州，獨子櫟能保境土。李綱言於朝廷，除寶文閣學士。

李安仁。安慶人。慶元中，爲寶豐令。軫恤民依，作興士類，開渠以興水利。三年之間，致民富庶，百弛具舉，有能聲。

金

姬汝作。汝陽人。授汝州招撫使。天興初，元兵至城，城垂破。汝作至，招集士卒，以死拒之。兵退，授防禦使。其冬戰於襄、郟，得馬百餘，士氣頗振，遂爲總帥。二年，中京破，部曲謀以城降，懼汝作不敢言，乃以遷州入山白之。怒曰：「朝廷以州事帥職委我，生爲金民，死爲金鬼，汝輩欲避，非欲降乎？再言遷者，斬！」八月，州人梁皐作亂，徑入州廨，遂爲所殺。事聞，哀宗甚嗟惜之。

元

尚野。蒲城人。至元中，爲汝州判官。廉介有爲，憲司屢薦之。

明

官謙。長汀人。永樂中，知汝州。恭慎慈愛，爲政知緩急，招撫流亡，貸種免役，民歸者千數。

沈貴。石門人。宣德中，知汝州。均徭役，課樹藝，作陂堰溉田。延耆賢以訪政治得失，教化頓興。

范衷。豐城人。正統中，知汝州。吏部尚書王直察天下廉吏，擢第一。

傅子榮。南城人。正統中爲郟縣丞。有幹才，葺廨舍，修橋梁，設倉庾。秩滿，士民乞留。詔進七品俸，復任。

彭綱。清江人。弘治中，知汝州。鑿池溉田數千畝。

錢祚徵。掖縣人。崇禎中，知汝州。土寇竊據山中，祚徵訓練壯士，好言招撫，且晝閉城門，以示懼，賊果不疑。乃夜半取間道擣其巢，大敗之。令民千家立一大寨，有急鳴鉦相應，卒降其魁。十四年，李自成驟來寇，祚徵擐甲乘城，身中流矢，益自力。守月餘，城陷，罵賊而死。汝人立廟祀之。

顧王家。仁和人。崇禎中，爲汝州吏目。撫賊有功，當遷。汝人乞留之，助守郟城。十五年，城陷，大聲叱賊，賊亂刃斫死。其子國，擊賊殺之。又朱任卿，徽州人，亦以吏目殉難。

楊呈秀。山海衛人。崇禎中，知魯山縣。有撫字恩。練總詹思鸞與進士袁熊瑞等謀不軌，呈秀捕斬之。十五年，城陷，不屈死。

邵子灼。會清人。崇禎中，知郟縣。李自成陷城，遂被殺。郟吏先後死賊難者：知縣徐廷試；教諭雷振揚，山西人；訓導董耿光，舞陽人，皆署縣事；主簿陳維孝，紹興人；典史胡士奇，江西人；劉名揚，湖廣人。

李貞佐。安邑人。崇禎十四年，知郟縣。土寇竊發，貞佐練鄉兵以備之，又勞農課士。邑有殉難二女，拜其冢祀之，民大悦。李自成來寇，貞佐集衆死守，城陷有勸微服遁者，不可。賊執之，見殺人，厲聲曰：「驅百姓固守，我也，妄殺何爲？」賊支解之。母喬氏亦死。贈河南僉事。

朱由棫。明宗室。知寶豐縣。崇禎十四年，死於李自成之難，贈僉事。又周之德，陵縣人，以洛陽丞署縣事，亦死賊。

張人龍。遵化人。崇禎中，知寶豐縣。流寇陷城，不屈死。妻年少，家奴數人欲亂之，妻飲以酒，潛遣婢告丞尉捕殺之，乃扶櫬歸。

孔貞璞。曲阜人。崇禎中，知伊陽縣。時值流寇，多方守禦。賊懼，不敢入城。後至汝陽，被執，不屈死。

陳惟孝。紹興人。崇禎末，爲郟縣丞。流寇陷城，被執，斷鼻斬手，終不從，遂殉節。

本朝

徐鳳鳴。奉天人。順治十一年，知郟縣。招集河朔流民，給牛種，墾荒田，創立鴻宅保以居之。祀名宦。

張震維。吴縣人。康熙二十年，知郟縣。縣多水患，震維設法開渠，疏通淤滯，遂成膏壤。祀名宦。

王登魁。奉天人。康熙二十八年，知汝州。時疫癘盛行，飛蝗蔽天，魁率衆捕蝗，開倉賑貸，全活甚衆。魯邑拐河山逆寇揭竿嘯聚，魁率民兵殲其渠，餘黨悉平。祀名宦。

楊宫建。浙江人。康熙三十六年，知寶豐縣。廉介自矢，庭無私謁。開溝疏渠，以備旱澇，邑人賴之。祀名宦。

章世麟。宛平人。康熙時，知汝州。聽斷明決，以興廢舉墜、鋤强扶弱爲己任。培文風，賑饑民，奸宄斂跡。

康其武。河陽人。康熙三十九年，爲伊陽知縣。廉公有威，卹民重士。凡雜派諸弊，革除殆盡。涖任二載，卒於官。靈輀西歸，士女泣送者數十里不絶。

人物

漢

馮異。父城人。好讀書，通左氏春秋、孫子兵法。光武道經父城，異開門奉迎，署爲主簿，拜偏將軍。從破王郎，封應侯。異爲人謙退不伐，行與諸將相逢，輒引軍避道，進止皆有表識。每所止舍，諸將並坐論功，異常獨屏樹下，軍中號曰「大樹將軍」。拜孟津將軍。北攻天井關，拔上黨兩城，南下河南成皋以東十三縣，及諸屯聚。與寇恂合破蘇茂，因渡河擊走朱鮪。建武二年〔七〕，封陽夏侯，代鄧禹討赤眉，拜征西大將軍，大破赤眉於崤底〔八〕。又擊走延岑，威行關中。懷來百姓，申理枉結，出入三歲，上林成都。六年，朝京師，帝賜以珍寶衣服，異謝曰：「願國家無忘河北之難，小臣不敢忘巾車之恩。」詔異軍栒邑，未及至，隗囂遣行巡取栒邑，異潛往閉城，乘其不意，擊鼓建旗而出，大破巡軍。帝下璽書曰：「征西功若丘山，猶自以爲不足。」薨於軍，謚曰節侯。

銚期。郟人。容貌絶異，矜嚴有威。光武聞期志義，召署賊曹掾，拜偏將軍。別徇真定宋子，攻拔樂陽、稾、肥纍。從擊王郎將於鉅鹿下，先登破陣，被創中額，攝幘復戰，遂大破之。拜虎牙大將軍。從擊青犢、赤眉，身被三創而戰方力，賊遂破走。光武即位，封安成侯，拜衛尉。期重信義，自爲將，有所降下，未嘗擄掠。及在朝廷，憂國愛主。其有不得於心，必犯顔諫諍。十年，卒。謚曰忠。

臧宫。郟人。從光武征戰，諸將多稱其勇。光武察宫勤力少言，甚親納之，以爲偏將軍。從破羣賊，數陷陳卻敵。建武二年，封成安侯。擊更始將於沮陽、酈〔九〕，悉降之，拜輔威將軍，更封期思侯。十一年，將兵屯駱越，破荆門，拔綿竹，破涪城，斬公孫恢，復拔繁、郫，滅公孫述。定封朗陵侯。斬妖巫等，還，遷城門校尉，轉左中郎將。擊武谿賊，降之。宫以謹信質樸，故常見任用。永平元年卒，謚曰愍。

張宗。魯陽人。鄧禹定河東，聞宗素多權謀〔一〇〕，表爲偏將軍。禹軍到栒邑，赤眉大衆且至，禹欲引師進就堅城，衆多憚爲後拒。宗曰：「死生有命，宗豈辭難！」遂留後，以死當之。及禹還，光武以宗爲京輔都尉，與馮異共擊關中，破之。建武六年，拜大中大夫。擊潁川桑中、青、冀、瑯琊盜賊，悉皆破散，於是沛、楚、東海、臨淮羣盜，懼其威武，相捕斬者數千人，青、徐震慄。後遷瑯琊相。

樊英。魯陽人。少受業三輔，習京氏易，兼明五經，隱於壺山之陽。州郡前後禮請，公卿舉賢良方正、有道，皆不行。建光初，策書徵英不至，順帝備禮，玄纁徵之，復固辭。乃詔切責，郡縣駕載上道，英不得已到京。天子爲設壇席，賜几杖，待以師傅之禮，延問得失。英不敢辭，拜五官中郎將。數月，稱疾篤，詔以爲光禄大夫，賜告歸。

延篤。犨人。少從潁川唐谿典受左氏傳。稍長從馬融受業，博通經傳及百家言。舉孝廉，爲平陽侯相。桓帝時，徵拜議郎，與朱穆、邊韶共著作東觀。帝數問政事，篤密對，動依典義。遷左馮翊，又徙京兆尹。病免，歸。篤論解經傳，多所駮正，後儒以爲折中。所著詩、論、銘、書、應訊、表、教令凡二十篇。

張楷。本成都人。父霸葬梁縣，遂家焉。楷通嚴氏春秋、古文尚書，門徒常百人。自父黨夙儒，皆造門焉，車馬填街，楷輒徙避之。舉茂才，除長陵令，不至官。隱居弘農山中，學者隨之，所居成市，後華陰山南遂有公超市。五府連辟，舉賢良方正，不就。順帝詔曰：「張楷行慕原憲，操擬夷、齊，徵命不至，將主者優賢不足歟？郡時以禮發遣。」復告疾。建和三年，詔安車備禮聘之，辭以篤疾不行。

張陵。楷子。官至尚書。元嘉中，歲首朝賀，梁冀帶劍入省，陵呵叱之令出，敕羽林、虎賁奪冀劍，即劾奏冀，請廷尉論罪。有詔以一歲俸贖，百僚肅然。初，冀弟不疑爲河南尹，舉陵孝廉，因謂曰：「昔舉君適所以自罰也。」陵曰：「明府不以陵不肖，誤見擢序，今申公憲以報私恩。」不疑有愧色。

張處虛。陵弟。沈深有才略。司空張温，數以禮辟，不能致。中平二年，温出征凉州，將行，處虛自田廬被褐帶索，要説温以誅黄門常侍，温不能行。遂去，隱居魯陽山中。及董卓秉政，舉侍御史，不就。卓臨以兵彊起，至道，疾終。

唐

孫處約。始名道茂，郟城人。貞觀中，爲齊王祐記室。祐多過失，數上書切諫。王誅，帝得其書，咨嘆之，擢中書舍人。高宗即位，中書令杜正倫請增舍人員。帝曰：「處約一人，足辦我事。」止不除。累遷司禮少常伯。麟德初，以西臺侍郎同東西臺三品。爲少司成，以老致仕。

孟詵。梁人。擢進士第。武后時，爲台州司馬。相王召爲侍讀，拜同州刺史。神龍初致仕，居伊陽山。睿宗召將用之，以老固辭。詔河南春秋給羊酒糜粥，尹畢構以詵有古人風，名所居爲子平里。

馬炫。郟城人。少以儒學聞，隱蘇門山，不應辟召。至德中，李光弼鎮太原，始署書記。常參軍謀，光弼器焉。歷連、潤二州刺史，以清白顯。卒兵部尚書。

馬燧。炫弟。姿度魁傑，沈勇多算。李抱玉署爲趙城尉，累進至鄭州刺史。代宗聞其才，詔拜檢校左散騎常侍，爲河南三城節度使。討李靈耀，破其餓狼軍，又擊走田悅，汴州平。遷河南節度使，威震北方。建中二年，朝京師，封豳國公，還軍。田悅攻臨洺，燧與李抱真、李晟大破之，進同中書門下平章事，封北平郡王。詔燧爲副元帥，討李懷光，不閱月，河中平，遷光禄大夫兼侍中。帝賜「宸扆」、「台衡」二銘，以言君臣相成之美，勒石起義堂，榜其顔以寵之。與李晟皆圖像凌烟閣。卒，贈太傅，謚莊武。

王虔休。梁人。少涉學，有材武。大曆中，李抱真聞其名，厚以幣招之，授兵馬使。以功擢步軍都虞候，封同昌郡王。德宗時，擢潞州左司馬，令留後。號令撫循，軍中大治。討司馬元誼之叛，破之。治潞二歲，遷昭義節度使。卒，贈尚書左僕射。謚曰敬。虔休性恪敏，節用度，既殁，所部帑廩可支數歲。嘗得太常樂家劉玠撰繼天誕聖樂以獻，後中和樂本此。

宋

寇瑊。臨汝人。擢進士，授蓬州軍事推官，徙開封推官。會施州蠻叛，轉運使移瑊權領施州。瑊擒其酋領，以白艻子弟數百人築栅守其險要。後爲開封府判官。真宗詢施州備禦之術，命爲梓州路轉運使，擢樞密直學士。時有議茶法者，帝訪利害，瑊曰：「河北兵食，皆仰給於商旅。若官盡其利，則邊民困。」帝然之。天禧中，河決澶淵，瑊視役河上，隄墊數里，衆皆奔潰，而瑊獨留自若。須臾，水爲折去。天聖末，使遼，未行，卒。

沈宣。梁人。母亡，既葬，不塞墓門三年，晝負土，夜拊棺而卧，爲墳廣百尺。妻高氏，亦有孝行。元豐中，褒賜粟帛。

孔旼。隱居汝州灅陽城。性孤潔，喜讀書。遇歲饑，分所餘賙不足者。聞人之善，若出於己。動止必依禮法，環所居百餘里，人皆愛慕之。葬其父，廬墓三年。州以行義聞，賜粟帛，授祕書省校書郎。致仕，卒。贈太常丞。

牛臯。魯山人。初爲射士，與金兵戰，屢勝。累遷蔡唐州、信陽軍鎮撫使。會岳飛制置江西、湖北，臯隸飛軍，拔隨州，復襄陽。從平楊么，與金師戰汴、許間，以功最，除捧日天武四廂都指揮使。紹興十七年，都統制田師中大會諸將，臯遇毒，卒。

金

宗端修。汝州人。大定中進士。好學，喜名節。明昌間，補尚書省令史。承安初，詔拜監察御史。時元妃李氏兄弟干預朝政，端修上書乞遠小人。詔問：「小人爲誰？」對曰：「小人者，李喜兒兄弟也。」復上書言事，宰相惡之，坐以不實，削一官，改大理司直。遷大理丞。召見謂曰：「汝以幹能見用，盡乃心力，惟法是守，勿問上位宰執所見如何。汝其志之。」端修終以直道不振於時，自守愈篤。妻死不更娶，獨居二十年，士論高之。爲節度使，卒官。從孫汝作，正大末，保山棚有功，入守汝州。盡力，城陷，兵入，欲降之，不屈而死。哀宗遣近侍張天錫贈昌武軍節度使。

明

李希顔。郟縣人。隱居不仕。太祖徵爲諸王師，規範嚴峻，授右春坊右贊善。諸王就藩，希顔歸隱。部使騶輿訪之，途遇一老枕橐卧，前驅蹴之起，乃希顔也。倚橐與語，一時重其清德。

安德。汝州人。元季隱居不仕。洪武初，州舉爲訓導。兵燹之後，家無藏書，德手寫以授生徒。以明經徵，召對稱旨，擢湖廣左參政。

劉濟。郟縣人。景泰中舉人，仕至遼東苑馬寺少卿。濟性至孝，父喪，廬墓三年，哭奠如一日。時邑内蝗，獨不近塋域者十餘里。成化間，詔表其閭。

滕昭。汝州人。正統中，由舉人歷御史。四川有殺人獄，久不决。命昭往，一訊伏罪。成化初，累官副都御史，總督漕運。召還，理院事。踰年，命往視福建，置歸化縣以弭寇。尋詔巡撫蘇松，分立靖江縣，民便之。遷兵部左侍郎，致仕。

黄錦。郟縣人。邑庠生。事親至孝，親卒，廬墓三年。弘治中，奉詔旌表。王錫胤亦郟人，有孝行，知縣李貞佐嘗造廬禮之。

劉茂。正德間，流賊犯魯山，闔境逃竄，茂獨守母柩，抱哭不去。賊感爲致賻，堅卻不受，因未屠一人、焚一室，境内保全，孝所感也。鄉人至今祀之。

徐文旆。寶豐人。父母繼殁，廬墓六年，有靈芝、異烏之應。人爲歌曰：「孝哉徐柏林，生異草，集靈禽。」柏林，其字也。以貢士終。

高嵩。郟縣人。嵩孫光霽，光霽子定之，三世廬墓。

王裔昌。郟諸生。父敬臣，殺賊不勝，投井死。裔昌慟哭曰：「吾生何爲？」亦投井死。

王暘。汝州諸生。賊執其母，暘請代，賊並殺之。

周卜曆。郟縣人。崇禎中舉人，授内黄知縣。以父喪旋里，流賊李自成執而欲官之，不從，賊曰：「爲我執知縣，可代汝死。」卜曆曰：「殺人以利己，仁者不爲。」賊怒，遂殺之。同邑陳心學以選知縣，不就歸，亦不屈賊，見殺。本朝乾隆四十一年，賜謚烈愍。

李愷。汝州人。廪生。崇禎十四年，李自成攻州城，從知州錢祚徵守城，晝夜不懈。時城中乏食，愷殺牛餉士。二月，城破。愷妻温氏投井死。愷被執，駡賊遇害。本朝乾隆四十一年，予祀忠義祠。

陳維明。魯山人。崇禎末，流寇起，率子襄九，修寨鑿濠，保護鄉里。本朝乾隆八年，祀鄉賢。

本朝

李模。郟縣人。順治己亥進士。明末，父世清爲流寇所害，模號哭檢父屍，躬負至城藁葬。後任武強知縣，革除加賦之弊。累官廣西提學道。

仝軌。郟縣人。康熙乙酉舉人。精洛、閩之學，言行可師，從學甚衆。所著有夔園、真志堂等集。

任楓。汝州人。康熙丁未進士。少遭寇亂，奉親避難。寶豐城破，賊逼令降，楓罵不屈，賊刃其耳鼻，罵益厲，身被數創，死而復甦。後官靈石知縣，有惠政。

趙運會。郟縣人。任星子知縣。嚴禁溺女之俗，修白鹿洞書院，增廩餼，多所成就。

傅麟瑞。魯山人。諸生。七世同居。乾隆五十二年旌。高宗純皇帝御書賜額曰「敦睦傳家」。

趙鋭。魯山人。嘉慶二年，教匪至境，鋭率鄉勇堵禦，被害。同時禦賊遇害者，陳德功、劉文章、郭忠，俱魯山人。

流寓

三國　魏

韓暨。堵陽人。避亂魯陽山中。山民合黨欲行寇掠，暨散家財，以供牛酒，請其渠帥，爲陳安危，山民化之，終不爲害。

宋

崔鷗。陽翟人。蔡京籍上書人，以鷗爲邪等，免官。移病居郏城，治地數畝，爲婆娑園，屏處十餘年。人無貴賤長少，悉尊師之。

范祖述。華陽人。靖康初，避地至汝州。汝守趙子櫟邀與共守，於是旁郡盡陷，汝獨全。

元

王磐。永年人。金末遷汴，乃舉家南渡河，居魯山。年方冠，從麻九疇學。擢進士第，授官不赴，大肆力於經史百氏，文辭宏放，浩無涯涘。

郝經。澤州人。金末，父思温避地魯山。河南亂，居民匿窖中，亂兵以火熏灼之，民多死。經母許氏亦死，經以蜜和寒菹汁，決母齒飲之，即蘇。時經九歲，人皆異之。

列女

唐

李廷節妻崔氏。乾符中，廷節爲郏城尉。王仙芝攻汝州，廷節被執，賊見崔美，將妻之。詬曰：「我士人妻，生死有命，奈何受賊污！」賊怒，剸其心，食之。

宋

王氏二婦。汝州人。建炎初，金兵至汝州。二婦爲所掠，擁置舟中，乘間投漢江死。屍皆浮出不壞，收葬城外江上，爲雙冢以表之。

明

趙志業妻于氏。郟縣人。刲股療母。既歸趙，姑病，復刲股療之。

張鐸妻于氏。汝州人。崇禎十四年，流賊破城，入其門，氏謂兩婢曰：「吾輩今日必死，曷若先出殺賊而斃，猶不失爲義烈鬼。」於是執梃而前，賊先入者三，出不意，悉爲所踣。羣賊怒，攢刺之，皆死。

任楓妻王氏。汝州人。楓遇賊不屈，將見殺。氏以身捍刃，賊欲牽之去，不聽，遂遇害。

宗引芳妻江氏。魯山人。崇禎十五年，流賊之亂，與長男進士麟祥妻袁氏，率孫女、孫婦九人，登樓俱縊。視其已死，乃引刀自刎，血濺於壁。

張美含二女。郟縣人。流賊破城，二女相繼投井死。

胡中珠女。汝州人。年十四，罵賊，賊怒，殺於樹下。

本朝

翟廣寒妻朱氏。汝州人。廣寒歿，氏遭寇亂，負姑攜子，涉歷艱險，守志彌篤。康熙三十二年旌。

張光妻程氏。汝州人。光歿，氏年十八，姑欲奪其志，自縊。

焦璨妻馬氏。汝州人。早寡，翦髮自誓，遺腹產一男，授室而亡。氏率寡媳，撫弱孫，堅守苦節。同州詹四福妻袁氏、姚紀妻喬氏，均雍正年間旌。

劉坤妻宋氏。魯山人。守正捐軀。同縣烈婦劉得賢妻蕭氏、劉柱妻吳氏，烈女李愈女，均雍正年間旌。

丁欽妻楊氏。汝州人。夫亡守節。同州節婦于文會妻翟氏，佘國璋妻扈氏，王崑妻丁氏，張振騫妻錢氏，張天培妻郭氏，侯愫妻劉氏，金君澤妻尚氏，崔巍然妻閻氏，閻藟妻劉氏，金鼎九妻張氏，張洪猷妻崔氏，閻守正妻魯氏，王鳳鳴妻魯氏，吉殿才妻趙氏，趙之頗妻于氏，杜士標妻王氏，李卓然妻張氏，楊渤妻吳氏，陳建勳妻石氏，閻岱妻馬氏，郭俊善妻郭氏，高起義妻何氏，張一桂妻穆氏，張思敬妻李氏，張晏妻王氏，辛翟妻王氏，李謙妻黄氏，温珧妻趙氏，文登科妻姚氏，程作霖妻梁氏，宋敏妻張氏，畢士秀妻邢氏，馬鴻妻張氏，王棟臣妻白氏，沈執中妻陳氏，王燦妻連氏，趙邦俊妻張氏，馬繼倫妻滕氏，楊明妻劉氏，馬亮妻屈氏，王楚妻李氏，馬珧妻竇氏，王翠峯妻趙氏，張全妻翟氏，陳嗣騫妻黄氏，韓鳳和妻屈氏；烈婦曹景詩媳孟氏，趙海玉妻任氏，趙景生妻周氏，李小保妻馬氏，杜雲妻王氏，杜士榮妻焦氏；烈女李氏女；均乾隆年間旌。

郭郛妻李氏。魯山人。夫亡守節。同縣節婦陳潤妻何氏，陳仁繼妻張氏，葉其華妻張氏，杜宗伯妻高氏，蕭苛妻李氏，趙曰志妻李氏；烈婦任方書妻金氏，吳洛妻栗氏，張采妻佘氏，晏仁妻王氏，宋某妻張氏，崔某妻張氏；烈女董氏女毛氏女；均乾隆年間旌。

馮熙世妻李氏。郟縣人。夫亡守節。同縣節婦劉璿妻王氏，袁自盛妻張氏，孫有禄妻王氏，李應元妻馮氏，李應會妻王氏，劉于豳妻姚氏，靳道妻宋氏，史諤妻趙氏，李孔碩妻趙氏，張見妻宋氏，梁嵋妻鄭氏，李怡妻李氏，趙有容妻張氏，王子煜妻徐氏，周積德妻王氏，劉養慎妻張氏，趙汝明妻季氏，馮良妻馬氏，徐楷妻劉氏，王一樟妻宋氏，張克獻妻袁氏，劉曰温妻柳氏，李聲烜妻王氏，朱錦妻曹氏，邵忠妻王氏；烈婦程二貴妻王氏，凌秀妻朱氏，魏如敬妻杜氏，董保妻李氏，趙清門妻田氏，李小保妻馬氏；烈女趙魁；均乾隆年間旌。

張琇妻劉氏。寶豐人。夫亡守節。同縣節婦李斯羽妻劉氏，姬纘武妻李氏，田種秫妻張氏，李元静妻張氏，黄懋賞妻温氏，彭景韓妻劉氏，王理得妻李氏，白濬妻李氏，王琚妻吴氏，張懷德妻王氏，杜祚偉妻王氏，丁之平妻牛氏，杜延祚妻傅氏，李作梅妻宋氏，何而温妻陳氏，翟梅妻王氏，馬文舉妻邱氏，姬纘康妻孫氏，褚文蘭妻賀氏，何思媌妻柏氏，孫振妻張氏，吴嘉林妻馬氏，徐鴻妻陳氏，王鏻妻趙氏，孫宜祥妻劉氏，郭玉道妻何氏；烈婦雷汎妻張氏，王江妻杜氏，李繩妻王氏，褚是來妻楊氏，孟西平妻郝氏，劉鐸妻閻氏；烈女路氏女，任氏女；均乾隆年間旌。

張其績妻王氏。伊陽人。夫亡守節。同縣節婦趙炎妻張氏，秦琛妻沈氏，劉華峙妻孫氏，趙藴妻霍氏，翟乂秀妻李氏，陳汝翼妻曹氏，陳汝爲妻龔氏，劉得馨妻宋氏，劉得芳妻張氏，張藺妻陳氏，趙晉輔妻丁氏，王文元妻范氏，楊天申妻劉氏，邢可教妻傅氏，趙良士妻梁氏，吴珍妻石氏，趙之相妻宋氏，杜正魁妻鄔氏，陳火妻孫氏，李思忠妻尤氏，馬士友妻申氏，傅舉妻李氏，師頌颺妻員氏，孫士振妻師氏，杜溯然妻曹氏，張平章妻吕氏，喬芒妻王氏，張淑銘妻屈氏，范君成妻趙氏，趙元魁妻李氏，辛曰正妻沈氏，孫振發妻丁氏，傅岱妻劉氏，魏于瑞妻杜氏，張鋑妻黄氏，張天秩妻孫氏，張夢賚妻馬氏，張應拔妻劉氏，張子輿妻汪氏，黄巨琨妻趙氏，李常繼妻胡氏，劉需植妻傅氏，劉需楷妻張氏，許秉健妻張氏，段瑾妻黄氏，靳智妻李氏，馬琇妻閻氏；烈婦陳琰妻孫氏，張詩妻武氏，張董氏，郭省子妻宋氏，楊天保妻張氏，劉得子妻常氏；均乾隆年間旌。

馬樂羣妻王氏。汝州人。夫亡守節。同州節婦楊克恭妻馬氏、薛梓妻王氏、黄森妻羅氏、姚賡虞妻李氏、梁國相妻楊氏、梁鉞妻陳氏、孫永壽妻吴氏、張文信妻馬氏，烈婦李某妻孫氏、程珍妻王氏，均嘉慶年間旌。

胡鳳岐妻王氏。魯山人。夫亡守節。同縣節婦史秉策妻趙氏、史永清妻丁氏、相觀妻史氏，烈婦王建媳蕭氏、郭台妻賈氏、晏晚成妻王氏、魏陳氏、胡掄秀妻張氏，均嘉慶年間旌。

郭埕妻王氏。郟縣人。夫亡守節。同縣楊應良妻鄭氏，烈婦王氏，均嘉慶年間旌。

烈婦郭氏。寶豐人。守正捐軀。同縣烈婦張鎮妻程氏，烈女楊麥妮、尹氏、劉氏，均嘉慶年間旌。

馬鏴妻劉氏。伊陽人。夫亡守節。同縣節婦張毓相妻吴氏、劉模妻張氏、王鯁忠妻吴氏、趙鳳妻常氏、楊生財妻雷氏、王亮妻閻氏、張書令妻杜氏、楊芳妻趙氏、王槐蓬妻邢氏，均嘉慶年間旌。

仙釋

古

廣成子。軒轅時人。隱居崆峒山石室中，黄帝問以至道之要。

周

鬼谷子。姓王，名詡，楚人。嘗入雲夢山，採藥得道。

晉

張元化。葛玄弟子，嘗寓汝州。有前知之明。一日，召道士周元亨戒之曰：「吾化之後，毋損吾軀。」既化，元亨遵其命葬之。後五年，有汝卒戍蜀者，逢一道士於山峽間，謂曰：「我新去汝，若爲我持書與胡司馬、周尊師達之，無遺。」卒返投書二人，開緘乃元化親札，謝二人葬之厚也。遂率郡人發冢視之，惟空棺，有故履存焉。

唐

真禪師〔一一〕。開元間，駐錫風穴山〔一二〕。嘗習衡陽三昧，其化大行。示寂後，守宰李暠闍維之，得舍利千粒。明皇謚爲七祖。

土産

絁。唐書地理志：土貢。寰宇記：土産絁絹。

鐵。州境出，有冶。

錫。州境出，有洞。

石灰。魯山縣出。

蜜。境内俱出。寰宇記：土産蜜蠟。

橡。櫟木子，出汝州山谷中。其殼堪染皂，以不經雨者爲佳。詩謂之栩，爾雅謂之杼，皆即此。

綿棗。伊陽縣出，似菰而色白，可食，值歲饑，民多賴之。

藥。荆芥、何首烏、牽牛草、烏牛膝，皆州境所出。

校勘記

〔一〕延熹六年校獵廣成遂幸函谷關　「延熹」，原作「延嘉」，乾隆志卷一七四汝州古蹟（下同卷簡稱乾隆志）同，誤，後漢無「延嘉」年號，據後漢書卷七桓帝紀改。「六年」，原作「元年」，乾隆志同，亦據桓帝紀改。按，延熹元年，桓帝亦校獵廣成，遂幸上林苑，非函谷關。

〔二〕唐劉禹錫送廖參謀詩望嵩樓上忽相見　「廖參謀」，原作「廖彦謀」，乾隆志同，據劉賓客文集卷二八改。按，許州古蹟亦有望嵩樓，亦引劉禹錫此詩，疑此爲附會。雍正河南府志卷五二汝州古蹟「望嵩樓」下引宋張耒詩：「臨汝城中春雪消，望嵩樓上對岧嶢。」庶更切合。

〔三〕爲所舉孝子王錫胤　「胤」，原作「允」，乾隆志同，據明史卷二九三忠義列傳改。按，清一統志避清世宗諱改字也。

〔四〕宋太和五年重修　「宋太和」，乾隆志及雍正河南通志卷五〇寺觀同。按，宋無「太和」年號，疑指唐文宗大和年號。

〔五〕而圖書半之　「半」，原作「牛」，據乾隆志及新唐書卷一五一陸長源傳改。

〔六〕神宗時　「神宗」，原作「神宋」。考宋史卷三一三富弼傳云「熙寧元年，徙判汝州」，熙寧乃宋神宗年號，此「宋」當「宗」之形誤，因據改。乾隆志「神宗」作「熙寧」。

〔七〕建武二年　「二」，原作「一」，據乾隆志及後漢書卷一七馮異傳改。

〔八〕大破赤眉於崤底　「赤」，原作「亦」，據乾隆志及後漢書卷一七馮異傳改。

〔九〕擊更始將於沮陽酈　「沮」，乾隆志同，當作「涅」，中華書局點校本後漢書卷一八臧宫傳徑改作「涅」是也。

〔一〇〕聞宗素多權謀　「素」，原作「數」，乾隆志同，據後漢書卷三八張宗傳改。

〔一一〕真禪師　「真」，乾隆志同，明一統志卷三〇南陽府仙釋、雍正河南通志卷七〇仙釋均作「貞」，當是。大唐開元寺故禪師貞和尚塔銘并序即作「貞」。

〔一二〕開元間駐錫風穴山　「開元」，原作「開化」，明一統志、河南通志作「天元」，皆誤，唐無此二種年號。考唐沈興宗撰大唐開元寺故禪師貞和尚塔銘云其以開元十三年九月十八日示寂，蓋貞禪師開元間即隱此風穴山。故「開化」爲「開元」之誤，據改。